近代日本都市経営史

上巻

高寄昇三

公人の友社

は　し　が　き

　日本の都市づくりは，どのように展開されていたのが，すでに多くの研究があるが，その「成功の秘訣」「失敗の本質」は，追求されていない。

　戦前，東京市長に阪谷芳郎・後藤新平・市来乙彦といった，大臣経験者の大物市長が選任されたが，めぼしい実績はあげられず，無念の辞職を余儀なくされた。都市づくりが如何に至難な命題であるかがわかる。

　ただ都市づくりは，単なる公共投資ではない，都市経営による思想・政策・戦略の実践である。本書は戦前の明治・大正・昭和にわたる，六大都市の都市政治・行財政・都市計画の実態を，都市経営の視点から分析・評価を試み，それぞれの都市の「首長の決断」「行政の知恵」が，どれほど成果をみたかを検証し，もっとも実効性のある都市づくりへの方策を探ってみた。

　ただ制度論と異なり，都市経営は実践論であり，異質の基本的視点を列挙してみる。第1に，都市経営にあって，都市行財政制度といった制度改革論で政府を非難し，都市政治での党弊を悲憤慷慨しても，都市問題の解決にはならない。これら欠陥をどうすれば，克服できるかの戦略が重要である。

　都市経営は，財源なき・権限なき状況にあって，これらの欠陥どう治癒していったのか，たとえば土地制度をみると，地租付加税は配分比率が少ないだけでなく，低い法定地価賦課方式で，開発利益吸収は絶望的であった。しかし，都市自治体は，区画整理・海面埋立事業で，開発利益の公共還元にある程度の成果をみている。

　第2に，日本は極端な中央集権国家で，地方自治体は閉塞状況にあった。それでも各都市の都市づくりをみると，制度的に弱い市長であったが，市長が経営能力を発揮し，制度の拘束を脱皮して，都市づくりを遂行していった。

　典型的事例が公営企業であった。ただ大阪だけは公営交通の直接創業に成功したが，東京は失敗し，民営交通買収となったが，結果として大阪市の公営交通直接的創業のメリットは，明治36年から44年までの9年間で民営方式との差は，約2,500万円のメリットで，東京市の買収方式と，直接的創業との同期間損失約3,300万円という驚くべき数値となった。

　都市ガバナンスの相違で，如何に巨額の損益が発生していたかがわかる。制

度的欠陥を都市経営手腕で治癒できるかどうかは，各都市の力量・風土の差であった。

　第3に，都市経営は実践的行政である。政治運動による制度改革・政府支援の達成は，あくまでも手段である。都市経営は，都市経営思想による都市経営戦略の策定，そして都市経営の実践と，思想・政策・実施が連動して展開されなければならない。

　経営実践には現実の臨場感のある具体的施策選択の評価を実施して，その成功と失敗の原因を究明して，はじめて将来への政策指針も設定できる。要するに都市づくりの施策評価の分析が，まず前提条件となる。

　都市経営にあって，都市づくりとか公営企業とかの事業に関心がいくが，都市経営の核心は，如何に有能な経営センスの優れた市長を，市会が選任するかにあった。都市のガバナンスからみて，大阪市は大物市長選好・官僚市長信奉でなく，実務・実績重視で鶴原・関市長を選任し，市長・市会が協調して，公営一元化を達成していった。

　第4に，都市経営にあって，先にみたように基本的理念・戦略が必要であるが，実際は外部・内部の政治・経済・行政環境に撹乱され，ほとんどの市長が，実績をあげられず，失意の辞職となっている。

　その原因は，地方自治体の行政風土・市長の経営姿勢にもあったが，それでも戦前，都市自治体が築いた経営実績は，評価に値するものである。個別の経営事実については，本書の内容を参考にしていただければ幸いであるが，参考までに制度・政策との関連で経営実績を検証してみた。

　第1に，日本の都市自治体に対して，政府はほとんど権限・財源を付与しなかった。もし都市自治体が，地方外債による起債主義で，公営交通・電気事業を創業しなければ，都市は耐え難い悲惨な状況になっていたであろう。

　東京は銀座煉瓦街・市区改正事業で，全額補助・特別税といった政府支援で都市づくりを実施したが，都市づくりシステムの創造的破壊はなく，単なる基盤整備に過ぎなかった。

　対照的に大阪・京都は自前の都市づくりとなったが，企業的手法で持続的成長のシステムを創出していった。

　第2に，明治期の東京・大阪・京都の三大都市をみると，東京は首都として

成長は確約された。しかし，大阪・京都は遷都によって大打撃をうけた。しかし，東京は政府保護もあり，緊張感なき市政となり，都市整備に没頭するだけであった。

大阪は都市基盤先行型の築港，京都は内発的開発の文化産業都市をめざしたが，時代の変化に即応し，大阪は公営交通創業，京都は疎水事業の再編成によって，持続的発展のメカニズムを自主培養していった。

第3に，戦前の都市を救ったのは，公営企業による集積利益公共還元，区画整理による開発利益吸収である。地租は低い評価の法定地価方式で，制度的には都市財政は貧困を極めた。

制度改革でなく，実質的な制度改革効果を，事業型都市経営で達成していった。下巻でふれるが，戦前，市街地整備目的の耕地整理事業による公共財減歩メリット4.9億円，土地区画整理による公共減歩メリット2.5億円と推計できる。市街地整備の効果だけでなく，財政メリットも大きかった。

第4に，都市ガバナンスは，政党の行政介入・利権行為によって，都市経営は劣化していった。そのため都市自治体の企業的経営は，細民重課による市民犠牲の方策として，きびしい非難にさらされた。では企業的経営によらずして，どう都市問題を解決するのかの具体的戦略の提示はなかった。

ひるがえってみると，公営交通の繰入金は民営方式の私的独占の公共還元であり，区画整理の減歩は開発利益の公共還元であり，細民重課のような負担転嫁ではない。従来，民間が不当に収奪していた独占利益を，公共還元しただけである。

ここにも，机上演習的観念論と都市経営による，現実的利益配分論の対立がみられる。都市経営は政府の頑迷な農本主義との抗争であったが，同時に観念的都市論との理論抗争も避けられなかった。現実妥当性を追求した，都市経営の苦悩でもあった。

本書では，戦前の中央支配の地方制度のもとにあっても，都市経営の余地は大きかった。むしろ都市自治体にあって，制度の欠陥・政党の弊害に責任を転嫁することなく，如何に克服してきたかを論及してきた。

このような都市経営をリードしていったのが，都市経営思想であった。ただ都市経営は，思想・政策・実践が三位一体となって実施されなければ成功しな

い。戦前でも政策と現実を連動させた都市経営論は，片山潜『都市社会主義』，安部磯雄『都市独占事業論』，関一『都市政策の理論と実際』など優れた政策論である。

　戦前，地方自治体は，政治の劣化もあり，全体としてみれば，都市経営は十分には成熟しなかった。ビーアド博士の『東京市政論』も根付くことはなかった。この点，戦後にあっても同様である。

　本書は戦前都市経営の苦難をたどって，その経営戦略を検証してきた。今日，都市は人口減少を迎え，縮小都市への転換を余儀なくされているが，明治前期の都市も人口減少に見舞われた。時代・環境がかわっても，都市経営の本質はかわらない。戦前の都市経営から何を学び，どう活かしていくかである。

　都市経営は，都市・市民の自治性が試されるといえる。思想・政策・実践をつねに磨き，自立・自主性に溢れた都市経営を形成していかなければならない。本書は，思想は拙書『都市経営思想の系譜』など，政策は『地方自治の政策経営』など，実践は『現代都市経営論』などで論じてきたが，戦前六大都市に絞って，総合的都市経営論としてまとめた。

　なお都市経営と関連の深い地方財政については，拙著『明治・大正・昭和地方財政史・全13巻』を参照していただきたい。また都市経営の実績については，六大都市の事実をくわしく紹介することはできなかったが，『神戸・近代都市の形成』で神戸市の事績は分析しているので，政策論としては一般性を有するので参考にしていただきたい。

　現代の都市経営は，ハードの公共投資より，ソフトのサービスが主流となりつつあるが，「都市の選択」として，経営戦略はおなじで，如何にして効果的で実効性のある施策を選択できるかである。歴史をたどることは，必ず政策的示唆をうけ，創造的破壊へのインセンティブが，得られるはずである。

　本書が都市経営に少しでも貢献できれば，著者の喜びである。なお出版に際しては，この度も「公人の友社」武内英晴社長が示された好意に感謝します。

2019年7月

高寄昇三

近代日本都市経営史　上巻

第1章　殖産興業の奨励と都市振興の実践 ・・・・・・・・・・・・・・・・・・・・・1

第1節　明治前期の都市形成と都市経営の原型　1

都市再生と地域経営　1　　　　　　　都市財政特例システムの評価　7

都市経営思想のルーツ　15　　　　　　府県・地域の都市振興思想　22

都市経営思想の類型　28　　　　　　　反都市思想と農本主義　37

殖産興業と地域振興効果　42　　　　　政府投資・融資と経済開発効果　50

都市振興施策と都市経営の選択　56

第2節　都市成長の方策と都市開発のビジョン　67

東京の都市形成と首都機能集積　67　　都市美観主義と銀座煉瓦街建設　72

大阪の経済復権と公共投資先導　82　　京都の都市再生と文化産業創造　91

名古屋の産業創出と広域圏経済集積　102　　横浜の都市開発と特定産業振興　112

神戸の都市整備と官民デベロッパー　120

第2章　都市経営の課題と都市政治の構図 ・・・・・・・・・・・・・・・・・・137

第1節　明治後期の都市経営と都市政治の再生　137

都市膨張と都市の対応策　137　　　　都市経営思想の誕生　146

都市社会主義と実践的都市経営論　153　　自治体経営化の実践的課題　161

起債主義と企業的都市経営　169　　　地方外債と市設貯蓄銀行　179

政党政治と市長の政治生命　189　　　市長強化・市会浄化の処方箋　198

市長選任システムと政党・政府の介入　206　　都市経営の類型と市長の業績評価　215

第2節　政党政治の台頭と市長の経営実績　228

東京大物市長と短命政権　228　　　　官僚市長の定着と政党介入　235

大阪実務市長と長期政権　251　　　　京都官僚・学者市長の功罪　262

横浜政党主導市長と名古屋地元志向市長　273　　神戸民間・官僚市長の経営能力　286

第3章　都市開発の展開と公営企業の戦略　‥‥‥‥‥‥‥‥‥‥‥‥301

第1節　都市基盤整備の経営化と公共利益還元　301

東京市区改正と事業実施方式　301　　　　市区改正事業の実績評価　310

築港事業と港湾法人化構想　315　　　　主要築港事業と国庫補助　323

開港貿易港と築港システム　330　　　　国営港と直轄事業負担　338

海面埋立と公共性の確保　345　　　　企業誘致と臨海工業用地造成　352

第2節　公営企業の独占利益と公営一元化政策　362

公営企業化への理論と政策　362　　　　報償契約と公営企業の経営原則　368

公営企業創設と発展の系譜　379　　　　水道創設と公営主義の選択　392

大阪市公営交通創設と市長決断の成果　402　　　東京市民営交通容認と失敗の本質　411

民営交通買収の軌跡と政策評価　418

第1章　殖産興業の奨励と都市振興の実践

第1節　明治前期の都市形成と都市経営の原型

都市再生と地域経営

　日本の近代都市づくりは，明治維新（明治元年；1868）から始まったが，戦前六大都市をみても，横浜・神戸はゼロからの出発であり，東京・大阪・京都・名古屋にしても，近世都市から近代都市への改造が迫られた。

　明治初期（明治元〜10年，1868〜1877），大都市では居留地建設・港湾造成・鉄道敷設などの拠点開発が，政府直轄事業で実施され，府県が現地主義から都市振興・整備の主導性を発揮していった。しかし，地域社会（区）も事業参加し，都市経営の萌芽がみられた。

　第1の視点として，明治前期（明治元〜21年，1868〜1888）の都市形成をみると，都市は経済・政治の大変動に翻弄されながら，如何にしてその経営資源を，都市づくりに活かすかに腐心したが，外部環境はきびしかった。

　第1の「経済動向」をみると，政府は直轄事業・官営工場・勧業奨励などの施策によって，国力強化を鋭意図っていった。第1に，明治初期，政府は官営工場など，官主導の殖産興業策が行われたが，西南戦争の財政出費，その後のインフレによって，軌道修正を余儀なくされた。明治14（1881）年，松方デフレ対策によって，当初の官営方式から，官業払下げによる民間方式へと転換するが，その後も過剰な民業保護育成策は変わらなかった。

　第2に，政府は封建体制整理のため，秩禄処分・士族授産・勧業融資で，大量の資金散布をしたが，都市開発・農村救済に必ずしも連動しなかった。一方，民間経済は成長していったが，都市公共資本は貧弱で，市民生活だけでなく企業活動も，深刻な被害・損失に見舞われた。

　第2の「政治情勢」をみると，第1に，明治初期，維新政府は戊辰・西南戦役

などに，農民一揆も加わり，統治システムを固める余裕はなかった。しかし，やがて藩閥政府の体制は強化され，地域社会も中央統制網に組み込まれ，殖産興業・富国強兵の尖兵として動員されていった。

政治環境は国会創設をふまえて，民権運動が盛んとなり，やがて明治10年後半には，自由党・改進党が結成されていった。[1] しかし，民権運動はいずれにしても，政治活動が目的で，地域経済について民力休養をかかげ，生活への関心はうすく，やがて利権をめざす政治集団に変質していった。

第2に，都市（区町村）をめぐる政治環境は，中央集権システムへの民権運動の反発もあり，府県会規則（明治11年7月22日，太政官布告第18号布告）で府県会が，区町村会規則（明治13年4月8日，太政官布告第18号布告）で町村会も設立された。[2] しかし，区町村は官治統制・国費転嫁によって地域の自主性による，地域経営の風土醸成は期待できず，政府施策の実施・費用を分担する下請機関に過ぎなかった。

第3の「社会環境」をみると，農村は地租負担が重く，地域産業の発達も低迷し，農村の過剰人口は都市への流入となった。しかし，人口増加は都市行財政能力をこえ，行政区域も経済・生活圏の膨張テンポに追いつけなかった。

第1の「人口動向」をみると，明治初期，東京・大阪・京都の三都市も，人口減少に苦しんだが，やがて官僚・企業家といった支配層，立身出世をめざす中間層，農村からの貧困層流入で人口増加に転じた。[3]

第2の「行政区域」をみると，市制実施以前，中心区は，周辺町村合併で都市経済圏拡大・効率的都市整備をめざす思惑があったが，先行的合併は例外的小規模であった。東京をみると，旧幕府時代の南北奉行所所管のいわゆる「朱引内」が，明治11（1878）年の郡区町村編制法で15区となり，22年の東京市成立で市域となった。[4]

大阪の面積は，明治12（1879）年15.06㎢で，市制実施時でも同じで，横浜市も5.40㎢，名古屋市も13.34㎢の狭い市域であった。京都では疏水事業で，開発がすすむ鴨東9ヵ村を21（1888）年に合併し，面積は20.0㎢が29.8㎢へと拡大している。神戸は三新法制定で，神戸・兵庫・坂本村が一体化され，神戸区となったが，面積10㎢以下で，市制実施にそなえて，周辺の葺合・荒田村を合併

2　第1章　殖産興業の奨励と都市振興の実践

し，面積21.28㎢と順調に拡大している。

　第2の視点として，「区町村行財政システム」をみると，明治維新後，中央政府・府県は，大きな変革をへて強化された。しかし，都市はやっと明治11（1878）年に三新法（郡区町村編制法・府県会規則・地方税規則）の郡区町村編制法（明治11年7月22日，太政官布告第17号）で区制となったが，実質的には町村と同じであった。(5)

　第1の課題として，区町村の「行政制度」をみると，行政統治システムは，まず国家が強化され，ついで府県が明治4（1871）年の廃藩置県で制度化され，強力な中央統制システムが形成され，底辺の町村まで支配力は浸透していった。

　第1の「明治初期の町村」をみると，第1に，明治4年4月，戸籍法で従来の町村の区域に関係なく，行政区（戸籍）が設置され，町村は，「一朝にして制度としての存在を失ふことになった」(6) が，政府・府県・戸籍区という人為的統制システムでの施策遂行は，円滑には機能しなかった。

　第2に，行政制度の権限・事務配分は，政府が権限を掌握し，中央集権国家を構築して，府県を地方支配の橋頭堡として，官選知事に区町村の監督権を付与し，府県経由の統治システムを確立していった。

　第3に，行政事務は，近世村落に等しい町村に，明治5（1872）年の学制実施で，国政委任事務として分担が強要された。しかし，国庫補助金はほとんどなく，その補助金も14（1881）年に廃止され，府県補助が代替したが，やがて全額地元負担となり，貧困な区財政をさらに窮乏に追い込んでいった。

　第2の「三新法期の区制度」をみると，近世以来の協同体である町村は，容易に消滅せず，大都市は区制となった。区長は官選，下部行政機関の戸長は公選であったが，明治17（1884）年の改正で戸長も官選となり，区町村の官治性は強まった。

　第1に，大都市といっても，区制度では戸籍など，国政委任事務の処理機関として位置づけられ，都市づくりの行政体とはみなされず，土木費といっても道路・側溝の管理・修繕費であった。

　第2に，行政権限をみると，区町村に決定権はほとんどなく，区戸長の認可，職員の懲戒処分，道路・学校などの設置もすべて，府県許認可の対象であった。

区政をめぐる行政・政治環境は，地域自治権の育成・拡大といった，正常な発展を遂げるのでなく，地域利害で紛糾し，政策論議をする雰囲気ではなかった。

第3に，区町村は制度的には沈滞していたが，京都の上下京連合区会は疏水事業で存在感を示し，吉田禄在名古屋区長・村野山人神戸区長などは，個人的にはめざましい行政手腕を発揮していった。

大都市の区は，権限・財源さえ与えられれば，潜在的には都市づくりの意欲・能力を秘めており，都市形成を遂行する素質は，十分に保有していた。

第2の課題として，「区町村の財政制度」をみると，区財政は経常行政処理で精一杯で，都市整備への財源投入する余裕はなかった。

第1に，「三新法期以前の町村財政」をみると，府県財政は廃藩置県で先行し，民費以外の財源があり，財政システムもそれなりに整備されていた。[7]

しかし，町村財政は独自財源なく，府県と共同の民費が認められたに過ぎない。民費は賦課基準・財源配分・支出内容も曖昧で，しかも税収規模は貧弱であった。[8] それでも住民サイドからみれば，国税・府県税負担，区費・学区負担に追加して，地域共益費負担がありかなりの負担となっていた。

第2に，「三新法期の区財政」をみると，府県・町村民費から区町村協議費と独立財政となったが，府県は地方税規則（明治11年7月，布告第19号）で，府県税が認められた。しかし，区は民費から協議費となったが，「地方税ヲ以テ支弁スルノ限リニアラズ」と，区税は制度として認められなかった。[9]

そのため協議費として実質的に区税を賦課しているに過ぎなく，税源配分における不利は免れなかった。[10]

第3に，区財政は本質的な改革はなく，人口増加にもかかわらず，財政規模はそのままであった。なお明治9年の「区町村金穀公借共有土木起工規則」（太政官布告第130号）で，借入金は認められたが，名古屋区財政をみても，県の民費への侵蝕は激しく，借入金すらする能力はなかった。[11]

都市化がすすむと，国政委任事務だけでなく，都市整備費の支出が膨張していった。区財政支出は，小学校費のみでなく，道路整備をみても無限ともいえ，区税は，府県税なみの税収が必要であった。しかし，税収は伸びず，結局，制度外の地元負担として，住民に転嫁されていった。[12]

4　第1章　殖産興業の奨励と都市振興の実践

第3に，「三新法後の区税」をみると，区税の配分は少なく，財政力は胎児の時から虚弱体質であった。[13] 財政規模が拡大しても，区税の伸びはなかった。卑近な事例が地租付加税割で，明治6（1873）年，地租改正がなされたが，区税の地租付加税率は圧縮されていった。[14]

　しかし，この脆弱な区財政に上水道敷設の外圧が襲う，政府・府県の勧告でお雇い外国人によって，各区で近代水道建設の調査がなされたが，区税の10倍以上の事業費で，調査費を捻出するのがやっとであった。

　しかも明治前期の地方財政の致命的欠陥は，地租賦課額は，地価修正がなされず，地租割は，極論すれば明治前期，ほとんど伸びていない。[15] 税制システムからみて，公共投資が区税収入に反映されず，区が都市づくりを担うシステムにはなっていなかった。

注

（1）自由党が農民・中産階級を支持母体とし，改進党が都市商工業者・知識人を中心に，それぞれ結成された。自由党は，実利本位で実効性のある地域支援をめざしたが，改進党は，理論的であったが実行力に欠け，民力休養をかかげ都市整備には批判的であった。その後，自由党（政友会）は，公共投資の郡部への散布によって，勢力拡大を図っていったが，都市派の立憲改進党は，負担軽減をかかげて都市ブルジョアジー利益を擁護するが，都市公共資本を負担する意図は欠如したままであった。

（2）これら民会は，「地主層と商工ブルジョアジーの地方自治要求への譲歩，すなわち，彼ら住民の政治参加への容認であると同時に，自由民権運動に対する防波堤として意味を持つもの」（大霞会『内務省史第1巻』130頁，以下，前掲「内務省史Ⅰ」）とみなされている。しかし，官治的統制のもとでは，地域経営といった自主的独創的行政が，実践される余地はきわめて小さかった。

（3）東京（区部）人口は，最盛期の100万人以上であったが，明治2年には50万人にまで減少した。しかし，6年88万人，21年138万人，29年137万人と伸び悩んでいる。大阪の人口も最盛期42万人であったが，明治5年28万人，12年29万人と低迷したが，15年33万人，22年47万人，29年50万人と回復しているが，回復テンポは鈍い。京都の人口は最盛期30万人で，明治4年23万人に減少したが，市制実施の22年28万人で最盛期を回復していない。名古屋の人口は，明治6年13万人であったが，22年市制実施時に16万人とわずかに増加しているだけである。横浜は明治元年2.9万人，22年市制実施時11.6万人と増加している。神戸市は新興都市で明治元年人口2.7万人，10年5.2万人，20年10.4万人，22年13.5万人と，市域拡張もあり増加している。

（4）明治初期，政府・東京府の行政処理をみても，実質的市域は明確でなく，明治2年，

50区が設定され，4年には44区に縮小されている。戸籍法による大区小区制で，東京府は6大区97小区に編成された。「朱引内」の該当する小区は75区であったが，しばしば変更された。明治初期，東京市の区域については，東京百年史編集委員会『東京百年史第2巻』133〜150頁参照。以下，前掲「東京百年史Ⅱ」，東京市『市政50年』（昭和13年；1938，巻末参考文献として掲載しない文献は出版所・年次を記する）62〜75頁参照。

(5) 三新法については，大霞会『内務省史第2巻』121〜128頁，以下，前掲「内務省史Ⅱ」。亀卦川浩『自治50年史（制度編）』4・5頁参照，以下，亀卦川・前掲「自治50年史」参照。なお内務省史は三新法について，「当時の公議世論と自由民権を尊重する風潮と維新以来の封建制を打破し中央集権を確立せんとする新政府の要求とを巧みに調和」（前掲「内務省Ⅱ」95頁）した，改革とみなしている。しかし，その意図は，極端な中央集権では，中央政府が攻撃の的となり，責任を追求されるので，地方実務は地方に委任し，中央統制を温存する意図であった。要するに事務事業は委任するが，権限・財源は委譲しないという統治原則は，その後も変わらなかった。

(6) 亀卦川・前掲「自治50年史」3頁。

(7) 当時，地方負担は混在状況にあった。三新法以前の明治11年度東京府をみると，政府負担・補助金を財源とする官費（庁費・土木費）会計（27.5万円），民費を財源とする民費（教育・警察・水道費）会計（22.1万円），賦金・府税を財源とする府税会計（21.0万円），共有金を財源とする共有金会計（8.4万円）の合計79.1万円から成立している。東京都財政史研究会『東京都財政史上巻』160〜230頁参照，以下，前掲「東京都財政史上」。

(8) 民費については，藤田武夫『日本地方財政制度の成立』37〜63頁参照，以下，藤田・前掲「地方財政の成立」。なお大阪市の民費をみると，明治6年度総額20.2万円であるが，行政費10万円，学校費2.7万円，警察費5.2万円，土木費1.1万円などで，土木建設費はなく，道路修繕費である。その後，8年度20.9万円，10年度15.1万円，三新法後でも15年度20.3万円であったが，20年度10.7万円と人口増加にもかかわらず減少している。新修大阪市史編集委員会『新修大阪市史第5巻』89頁参照，以下，前掲「大阪市史Ⅴ」。

(9) 地方税規則については，藤田・前掲「地方財政の成立」86〜93頁参照。

(10) 三新法後の区町村財政は，民費が府県税と区町村協議費に分離されたが，府県有利のシステムであった。改革によって「民費の府県税への吸収は町村財政の府県への吸い上げを意味した。……地方税規則は，町村財政への圧迫と人民の負担増大の犠牲の上に府県財政を確立しようとする」（名古屋市『新修名古屋市史第5巻』112頁，以下，前掲「名古屋市史Ⅴ」）制度ときびしい評価がなされている。なお区町村協議費については，藤田・前掲「地方財政の成立」94〜130頁参照。

(11) 名古屋区の財政は，明治16年度2.4万円，17年度3.0万円，18年度2.3万円，19年度2.7万円，20年度1.0万円，21年度0.7万円に過ぎない。財政の伸びは鈍化しているが，松方デフレの影響で，戸長役場経費の削減など圧縮が強行されたからである。17年度名古屋区は戸数割にかえて家屋割を採用したが，区税の伸びはみられない。名

古屋区の財政内容について「きわめて消極的且つ従属的な性質を有する」（名古屋市『大正昭和名古屋市史第7巻』15頁，以下，前掲「大正昭和名古屋市史Ⅶ」）と評されている。

（12）大阪区の明治15年道路面積をみると，総面積39.2万坪，国道1.2万坪，府道2.1万坪，里道35.9万坪で，しかも道路面積は，25年50.1万坪，45年83.3万坪と増加しており，その大半は里道であった。ところが地方税配分は府県税有利で，市制後も変化はなかった。

（13）地方税・区税の配分は，京都では明治21年度，地方税（府県税）18.0万円，聯合区費7.3万円，聯合学区5.4万円の合計30.7万円で，地区内の府税は，区税の2倍であり，都市整備は府の分担であったが，疏水事業をみても，地域負担への転嫁が目立った。京都市『京都市政史下』14頁，以下，前掲「京都市政史下」。

（14）地租への付加税率は，明治7年，地方税地租は本税の3分の1となったが，8年には2.5に引下げられた。11年には府県地租は，本税の5分の1となったが，町村は協議費の戸数割に埋没してしまったままであったが，19年には地租の7分の1に制限された。大阪区町費の地価割は18年度5万1,208円が19年度1万3,374円激減し，区財政は大打撃を受けた。

（15）たとえば神戸区地租割は，明治12年1万1,353円，15年1万3,423円，21年4,341円と減収となっており，しかもこの状況は，市制後の22年4,596円，25年776円，29年4,312円と低迷し，戦前改正されず都市財政を悩ますことになる。

都市財政特例システムの評価

　大都市区財政が，惨めな状況では都市整備は，絶望的であったが，特例措置によって，辛うじて対応していった。一般収入は経常費に充当され，特例財源の活用が，都市振興・整備の成否を決定した。もっとも政府による積極的認可でなかったため，府県が特例財源の囲い込み，さらには府県財源化を画策したので，府県・都市（区）・事業者（納付者）との間で紛糾は絶えなかった。

　第1の対応策が，特例財源の創設・付与・捻出である。第1の特例措置は，京都「基立金」で，遷都という政治的変動への救済措置で，大都市特例という制度ではないが，政府は京都に明治2年勧業基立金15万両の貸与，3年産業基立金10万両を下付している。[1]

　第1に，勧業基立金は，貸付金で政府は当初，救済貸付金1.5万円の返済免除で帳消しにしようとした。しかし，実際，明治初期，京都の遷都は，政治的災害ともいえ，衰退を阻止する支援責任を，新政府は免れなかった。その後の土

第1節　明治前期の都市形成と都市経営の原型　　7

族授産金・勧業貸付金との比較からみても，政策的根拠は十分にあった，むしろわずか15万両では少な過ぎる金額であった。

第2に，産業基立金は下賜金で，府は府管理とせず，上下京連合区会に運用を委託した。区は明治22年までに10万円を，約20年間で39万6,970円と約4倍に増殖させている。

もし府が同基金を行政費補填などへの流用とか，利殖をせず公会計で保管していたら，疏水事業は財源不足で，挫折の憂き目をみていたであろう。この京都の公的資金の利殖は，三大事業の為替差益でも発揮される。[2]

第2の特例措置，「神戸の貿易五厘金」は，長崎で創設された措置で，明治元（1968）年の創設で，「横浜の歩合金」は，横浜独自の発想で万延元（1860）年に創設された，ともに貿易港の特別財政需要財源として，貿易額の0.5%を，政府が地元の要望をいれて創設を認めた。[3]

第1に，貿易五厘金（歩合金）の性格的は，政府は公費とみなしていなかったが，外国から関税の二重取りとの抗議を受けて，貿易業者の共益金と抗弁したが，実際は府県が公費として貿易五厘金の流用を行い，あたかも県特例財源として処理していた。

府県費への流用に対して，貿易業者から反発を受けると，業者管理へと移管するなど，管理形態は定まらなかった。ただ基金管理をめぐって府県・区と貿易業者との利害が，からみあい紛争が絶えなかった。さらに横浜では歩合金をめぐって紛糾し，有名な「横浜の三紛争」として，歩合金問題・瓦斯局事件・共有物事件が発生する。[4]

第2に，貿易五厘金・歩合金の使途は，制度の趣旨からいえば，一般的行政費でなく，都市・港湾整備，貿易業者融資などに充当されるべきであったが，神戸の貿易五厘金をみても，県一般行政費に散布されてしまった。

長崎では水道創設資金に充当し，水道建設反対の住民運動鎮静化に寄与しているが，神戸の貿易五厘金の地域デベロッパーへの融資をみると，わずかな金額に過ぎなかった。[5]

第3に，歩合金・貿易五厘金の規模は，横浜歩合金は明治6・7年度実績が2.3〜4.0万円であり，約100万円前後と推計される。また神戸の貿易五厘金は，明

治元〜18年（19年1月廃止）までの収入額は，約40万円である。当時，横浜・神戸区の財政規模が，単年度1・2万円に過ぎなく，貴重な財源であった。横浜の歩合金は一部ガス事業に充当されたが，神戸は，京都の産業基立金のように将来の都市経営に貢献する，資金としては運用されなかった。

第3の特例措置は，旧幕以来，人民救済の「東京の七分積金」で，寛政3（1791）年に貧民救済資金として創設された。[6] 旧幕府は，七分積金を消費せず，明治維新政府に引き継いだ。[7]

上野騒乱などの罹災者に米・金銭を支給したので，原資が減少した。そのため明治元年12月に積金を再開している。なお管理は町会所・営繕会議所・東京会議所・東京府などと，転々と変わったが，明治9年11月以降，東京府管理となった。

第1の課題として，七分積金の管理・運用の変化をみてみる。第1に，当初，町会所が引き継いだが，明治4年県治条例が制定され，窮民一時救助規則の発令もあり，七分積金による救恤負担は軽減された。

そこで由利府知事は，七分積金・大蔵省拝借金などを原資として，東京銀行設立案を策定した。この案を正院は賛成したが，大蔵省は大反対で遂に設立構想は葬りさられた。[8]

もし成立していれば，庶民銀行として大きな成果をもたらし，六大都市が求めた市設貯蓄銀行の設立を容易にしたであろう。

第2に，七分積金をどう管理・運用・支出するか，明治維新後も問題であったが，「維新政府は財政困難のため，あらゆる方面にこの金の助けを求め」[9]，教育・道路修築・ガス事業・商法講習所費などに散布された。

第3に，由利府知事が海外視察で不在となったので，明治5年8月，大蔵省は営繕会議所を設立し，七分積金を実質的に大蔵省所轄下に収め，東京府も同調し，銀座煉瓦街などの補填財源として利用した。

このような大蔵省サイドの井上馨・渋沢栄一らの運営に，営繕会議所の市民代表は不満で，東京府に改革案を申請した。この「建白の精神こそは民会的精神を発揮しようとする劃期的なもの」[10]と，官治方式に対する抵抗として称賛されている。

しかし，明治5年10月，東京会議所の名称変更がなされ，市民議会による運営をめざしたが，改革は内務省より下げ戻しとなった。

会議所サイドでは，渋沢栄一を会頭に選出し，組織を整備したが，「このような陣容の整備は，業務を府に返還して，議決のみを会議所が行おうとする前準備」[11]で，実際，府に移管されている。

第4に，府に管理が移れば，府財政の財源として流用され，必ずしも市民本位の運用とならない。むしろ会議所の貴重な資産・特別資金としての運用が，地域自治からみて選択すべきであった。

明治9（1876）年1月，会議所は事務事業の一切を府に移管し，会議所は議事のみの処理機関となる提案を府に提出し，同年4月に認可されている。なお会頭の渋沢栄一は，養育院・瓦斯事務長を命じられ，東京府庁の一員となっているが，10年2月に東京府は会議所を廃止している。[12]

第2の課題として，七分積金の運用実績についてみる。第1に，会議所管理時代の府基金規模は，明治初期の区財政に比較して，大規模であった。明治5年8月から9年5月の3年10か月間の歳入143.3万円（単年度37.4万円），歳出105.7万円（単年度27.6万円）で，かなりの規模であった。[13]

支出内容をみても，先の決算では道路水道橋梁費40.7万円，瓦斯局繰出金17.1万円，学資10.1万円などで，府庁の都合で，土木費など一般行政への転用，さらに東京湾浚渫・瓦斯事業・銀座煉瓦街の補完機能としても流用されていった。[14]

第2に，府管理時代の明治9年6月から12年6月の3年9か月をみると，歳入63万5,550円，歳出46万8,224円である。支出内訳は，瓦斯局繰替金14.7万円，商法講習所2.3万円，事業貸付金4.8万円，金録公債買入10.1万円などである。

財政規模は，年平均歳入17.0万円，歳出12.5万円と縮小しているが，「地方財政の未だ十分に確立し得なかった当時の東京府の財政にあって，謂わば財産収入として歳入上重要な地位を占めていると同時に，その歳出に於ても事業の功績多大で極めて意義深いものであった」[15]と評価されている。

しかし，七分積金の本来の趣旨からいえば，府管理は好ましくなく，使途も都市開発的性格が過ぎ，手ばなして肯定できる運営とはいえない。

第3に，東京府時代の七分積金は，明治12年以降をみると，七分積金事業は東京府事業に吸収され，共有金と名称も変更された。養育院・商法講習所などは12年度より府事業となった。共有金は独自性を喪失していき，府管理下のもとでスラム・クリアランス・瓦斯事業などへの支出が目立つようになった。[16]

　第4に，明治16年から東京湾澪浚・月島埋立事業に充当され，七分積金の流用は開発事業にまで拡大されていった。[17] なお同事業竣功について，「七分積金の終わりをつげる高らかな勝利のうた声ともきこえたであろう。七分積金最終の事業にふさわしい事業であった」[18] と評価されているが，七分積金の趣旨を逸脱する事業ではなかろうか。

　しかも七分積金の浚渫事業の土砂で，造成された埋立地は，区有地として一部譲渡され，区共有財産とする措置がとられるべきであった。神戸の新川運河開削事業（明治7～9年）による浚渫土砂で1.7万坪の埋立を，地元数町が実施し町財産として，川崎造船所に売却するなど，巨額の利益（134頁注9参照）を満喫している。[19]

　第5に，東京市に引き継がれた公債71万円なども，都市開発基金など蓄積されず，市費に埋没してしまった。もし京都産業基立金のように積立金として利殖していれば，公営交通創業資金となりえたのであろう。

　第2の対応策が，「三部経済制」である。制度的大都市特例といえるのは，三部経済制のみであったが，財源付与でなく，府県財政内での都市負担転嫁への防御システムという消極的救済措置であった。

　三部経済制については，各市史において記述も多いので割愛するが，昭和15（1940）年の愛知・兵庫県の廃止まで，半世紀余にわたり存続して，間接的であるが府県財政の枠組みのもとでの，大都市財政への負担転嫁を防御してきた。

　第1に，三部経済制成立の背景をみると，東京をはじめとして都市は，郡部と異なり財政需要がきわめて大きい。しかし，政府は明治11年の三新法でも，都市は町村と同様に特別税な財源を付与されなかった。[20]

　当時，府県が都市づくりも分担していたが，都市部の府県議員は，政治的に劣勢であったので，このままでは郡部経費の市部転嫁で，都市整備は停滞するとの不安があった。[21] ことに明治14（1881）年府県土木費への国庫補助が廃

第1節　明治前期の都市形成と都市経営の原型　11

止され，市部への負担増加の圧力が増加した。[22]

　三部経済制は，まず明治11年地方税規則に13年5月に区の地方税に関する経費は府県会で郡部経費から分離することが，内務卿の裁決でできるとされた。

　ただ東京府にあっては，三新法の趣旨をふまえて，明治12（1879）年1月に「郡区地方税分離条例」が議決されていた。

　そして14年2月「三府神奈川県区部郡部会規則」（太政官布告第8号）が制定され，この規則によって，3府と神奈川県に適用されたが，以後，愛知・兵庫・広島県に拡大されていった。

　第2に，三部経済制の仕組みをみると，府県財政を共通経費の連帯経済，市部経費の市部経済，郡部経費の郡部経済の3経済に区分して，府県財政の費用・サービスの配分システムを創設した。

　しかし，市部・郡部部会にわかれ，負担・支出を決定していったが，市部・郡部経済のそれぞれ別個に市部議員・郡部議員の決議が必要で運営は紛糾した。[23] さらに市部府県税負担が軽く，郡部府県税負担が重いという負担不公平の不満が郡部にあったが，市税負担も含めた実質的負担で判断すべきで，郡部に不利な制度とはいえない。[24]

　第3に，三部経済制は変則的システムで，ひるがえって考えてみるに，政府が都市需要に即応した都市財源，たとえば特別税営業税とか宅地開発税とか，超過課税の例外を認めるとか，また府県・大都市の税源配分にあって，都市需要に応じて府県税の一部（府営業税・車税など）を，市税とすれば済む問題であった。しかし，政府は地方税制度の改革を嫌い，中途半端な三部経済制で府県行政を混乱させ，大都市財政を疲弊させた。

　歴史的にみれば，「大都市の対応は，三部経済制の負担不均衡という，狭い論点での論戦を展開していったが，大都市が一体となり，大都市財政の根本的財源問題として，六大府県・六大都市の財源・負担区分の適正化という，正攻法の論陣を形成していく」[25] べきであった。

　もっとも明治前期の未成熟な制度のもとにあって，独自の政策的対応を発揮していった，都市自治の行為は特筆に値するものである。

注

（1）京都勧業・産業基立金については，京都市『京都市政史第1巻』20〜22，74〜82
頁，以下，前掲「京都市政史I」，前掲「京都市政史下」31〜34頁参照。

（2）産業基立金の利殖については，前掲「京都市政史I」96頁参照。為替差益について
は，佐野方郁「京都市の都市改造事業と外債」（以下，佐野・前掲「京都の外積」）
伊藤之雄編『近代京都の改造』（以下，伊藤・前掲「京都の改造」）107〜137頁参照，
前掲「京都市政史下」351〜354頁，高寄昇三『明治地方財政第6巻』282〜288頁
参照，以下，高寄・前掲「明治地方財政VI」。

（3）神戸貿易五厘金については，高寄昇三『明治地方財政史第1巻』286頁，以下，高
寄・前掲「明治地方財政史I」，高寄昇三『神戸・近代都市の形成』114〜119頁参
照，以下，高寄・前掲「神戸近代都市」。横浜歩合金については，横浜市『横浜市
稿・政治篇3』315〜325頁，以下，前掲「横浜市史稿・政治篇III」，横浜市『横浜市
史第3巻下』50〜58，77〜80，133〜197頁参照，以下，前掲「横浜市史III下」。

（4）歩合金問題は，明治12年神奈川県は，歩合金の県税化を画策するが挫折する紛争で
ある。県会議員47名中，横浜議員5名で，議会は県税化を可決する。しかし，県議会
の決議を内務卿は認可しなかった。「豪農的立場にある郡部選出議員による貿易商の
特権にたいする攻撃であるとすれば，政府がその建議を採用しなかったことは，国
家権力と貿易商の融合を示すもの」（前掲「横浜市史III下」80頁）と判断されてい
る。前掲「横浜市史稿・政治篇III」299〜314頁参照。ガス局事件は，町会所管理の
歩合金を，区長独断でガス会社創設の高島嘉右衛門に労力金として支出した条件で
ある。前掲「横浜市史III下」13〜32，81〜106頁，横浜市『横浜市史第4巻下』4〜
6頁，以下，前掲「横浜市史IV下」，前掲「横浜市史稿・政治篇III」315〜325頁参
照。共有物事件は，町会所が所有・管理する物件については，歩合金による施設は，
業者の資産とする原則論から返還・移管を求める事件である。共有物事件について
は，前掲「横浜市史III下」133〜147，165〜190頁。前掲「横浜市史稿・政治篇III」
326〜354頁参照。

（5）神戸の民間デベロッパー加納宗七は，明治5〜7年にかけて，5.2万円で生田川跡地
整備，2.0万円で加納湾造成事業を手がけるが，貿易五厘金融資はわずか2,000円前
後であった。公的融資は五厘金しかなく，造成地は資金力不足から三井組に6.3万坪
を12.7万円で，6年11月の売買契約を締結し，開発利益の自己還元を断念している。
高寄・前掲「神戸近代都市」65〜67頁参照。

（6）東京七分積金については，東京都『都史紀要7・七分積金』参照，以下，前掲「七
分積金」，前掲「東京都財政史上」40〜46，231〜240頁，前掲「東京百年史II」249
〜253頁参照。高寄・前掲「明治地方財政史I」278〜279頁参照。

（7）注目すべきは「幕府の財政は窮乏の極に達し，正にその大樹倒れんとする際にも，
この莫大な積金米穀に一指も触れることなく，積金はあくまで市民のもので救恤の
ための費財として保存され，維新政府に引継がれた」（前掲「七分積金」2頁）。一方，
維新政府は「この積金を飢える鷹が餌を見付けたように，ガツガツとこれを利用し，
使い果そうとした」（同前176頁）と非難されている。

第1節　明治前期の都市形成と都市経営の原型　13

（8）同前101〜106頁参照。（9）同前2頁。（10）同前122頁。（11）同前135頁。

（12）会議所への変更・廃止については，同前119〜140頁参照。

（13）七分積金の明治5年8月から22年6月の全歳入・歳出をみると，歳入211万8,770円，歳出238万6,334円である。主要歳入は，共有地売却代54.6万円，公債利子48.9万円，道路橋梁費府下渡金11.0万円，共有地貸付料10.6万円，養育院府下渡金2.9万円，瓦斯局収入35.8万円，商法講習所月謝1.6万円，公債益金18.2万円，吾妻橋繰換償却17.4万円などである。前掲「七分積金」248〜253頁，松元崇『山県有朋の挫折』69頁参照，以下，松本・前掲「山県有朋の挫折」。主要歳出は，営繕事業諸費85.2万円，瓦斯局諸費45.2万円，商法講習所費3.2万円，学資金10.2万円，元町年寄給与・町入用費等5.4万円，旧会議所諸費8.0万円，備荒儲蓄金支出5.4万円，不動産買入費5.9万円，諸公債買入費31.3万円，吾妻橋架換費17.4万円などである。なお明治22年に東京市に引き継がれた資産は，金録公債など70.7万円，道路用地など5万5，87坪，地価1万7,421円で，行政財産は一部で普通財産が大半で，どう活用されるかであった。

（14）明治11年3月，銀座煉瓦街空家解消対策として17万円余を支出している。小木新造「銀座煉瓦街考」（以下，小木・前掲「銀座煉瓦街考」）林家辰三郎『文明開化の研究』（以下，林家・前掲「文明開化」）285頁参照。また明治16年，東京府は東京湾浚渫工事費として，共有金4.8万円を支出している。東京都港湾局『東京港史第1巻・通史各論』44頁参照，以下，前掲「東京港史I」。

（15）前掲「七分積金」232頁。

（16）明治14年2月，スラム・クリアランスとして，七分積金で神田区橋本町民有地6,650坪を買収し，5.14万円を支出し府有地としている。「東京に於ける不良住宅地区の改良のさきがけをなした点，東京の社会事業史上特筆すべきものであって，これが共有金によって行われたことは記憶されるべきである」（同前239頁）と，称賛されているが，東京府による府費への脱法的流用である。また瓦斯事業創設・売却をみても，民間に売却するのは，「都市の選択」として疑問であった。東京府瓦斯事業は，明治5年に七分積金で建設され，7年に創業されたが，18年の瓦斯局払下げまでに，約62万円以上（純計45.2万円）を支出してきたが，渋沢栄一の努力によって，事業収益金で弁済し，20万5,000余円まで圧縮した。そこで府は売却を決定し，売却金27.3万円の収入を得ている。前掲「七分積金」239〜240頁参照。

（17）東京湾澪浚費10.9万円（明治16〜21年）は，当初，同事業によって恩恵を受ける入港船舶から入港税を徴収し，共有金は返還する計画であった。しかし，区部会で田口卯吉などが反対し廃案となった。結局，七分積金で3万8,432円を負担している。前掲「七分積金」254〜258頁参照，なお浚渫関連事業月島埋立事業は，東京湾浚渫事業の土砂で，佃島隣接の海面23万坪を造成する事業で，明治16年から着工された。その後，東京市が誕生し，事業が継承され，東京湾澪浚費18.0万円，月島造成費約60万円で29年に竣功している。これら経費78万円は，共有金立替で施行されたが，東京市に移管され返済されたか不明である。前掲「七分積金」258〜267頁参照。なお15年度，新川開さく事業費16.3万円，18年度吾妻橋架換費一時立替額17.3万円な

ど，府事業への流用が目立った。前掲「七分積金」258・267頁参照。
（18）前掲「七分積金」266頁。
（19）高寄・前掲「神戸近代都市」72頁参照。
（20）三部経済制創設・廃止については，東京都『東京百年史第4巻』164〜166頁，以
　　　下，前掲「東京百年史Ⅳ」，前掲「東京都財政史上」252〜274頁，508〜572頁，前
　　　掲「東京百年史Ⅱ」808頁，前掲「京都市政史下」51〜62頁，前掲「明治地方財政
　　　Ⅵ」45〜93頁，高寄昇三『昭和地方財政第5巻』551〜608頁，以下，高寄・前掲
　　　「昭和地方財政Ⅴ」，高寄・前掲「神戸近代都市」119〜121頁参照。
（21）明治12年の京都府会議員総数95名であったが，市部議員わずか10名に過ぎない。
　　　13年には総議員定数56名に削減されたが，市部議員10名はかわらず，14年の三部経
　　　済制実施で，郡部・市部議員いずれも46名の同数となった。
（22）神奈川県の場合，国庫補助廃止の措置として，河川改修費への5割補助を実施した
　　　が，郡部は治水費の全額連帯経済支弁を求め，数度の提案をしたが実現しなかった。
　　　原因は，郡部にあっても河川派と道路重視の山岳派にわかれ，山岳派が賛成しなかっ
　　　たためであり，最終的には郡部全額負担で決着している。高村直助ら『神奈川県の
　　　百年』（山川出版 1984年）58・59頁参照，以下，高村・前掲「神奈川県の百年」。
（23）三部経済制によって，府県・市財政のシステムは複雑化していった。運営が煩雑
　　　であっただけでなく，府県税と市税を市が市税として一括徴収し，府県費分担とし
　　　て府県財政へ納入する分賦金システムが採用されたからである。京都市でみると，同
　　　制度は明治23年の府県制で定められたが，33年度に採用し昭和5年度まで31年間つ
　　　づいた。府負担明治32年度22.4万円（市税38.4万円），44年度41.9万円（市税118.9
　　　万円），大正14年度206.0万円（市税623.0万円），昭和5年度314.8万円（市税696.6
　　　万円）で，負担金だけ市税は水膨れしている。前掲「京都市政史下」55・56頁，前
　　　掲「明治地方財政Ⅵ」91頁参照。
（24）三部経済制郡部不利への反論については，以下，高寄・前掲「昭和地方財政Ⅴ」
　　　583〜596頁参照。
（25）高寄・前掲「昭和地方財政Ⅴ」555頁。

都市経営思想のルーツ

　明治前期（明治元〜21年，1868〜1888），明治維新から市制実施前の期間は，
政府の旺盛な殖産興業の影響を受け，都市経営の独自性は乏しかったが，それ
でも明治3（1870）年，京都では文化産業振興を選択し，16（1883）年には疏
水事業を着工し経営思想の実践がみられた。

　明治後期（明治22〜44年，1889〜1911），都市経営思想は，海外都市経営思想
の導入・公営企業創業の創設もあり，経営意識が刺激され，戦略的思想へとレ

ベルアップしていった。象徴的事実は，大阪市の公営交通創設・東京市の民営
交通買収であった。

　ただ明治前期，都市振興を主導したのは，都市自治体でなく，国・府県・地
域であり，その施策・事業展開から都市経営思想の原型を探ってみる。第1の
類型として，「政府の殖産興業思想」をみると，明治初期（明治元〜10年，1868
〜1877年）の都市振興派から，明治10年代には地方振興派へと変貌し，政府の
開発施策と都市政策とのギャップは深まっていった。

　第1の課題として，殖産興業施策の思想をみると，第1の都市振興派の思想は，
工部省（明治3年閏12月創設）による都市開発で，明治初期，鉄道・都市改造・
築港，さらには官営工場の設置などで，都市経済を公私にわたってリードして
いった。

　都市派は伊藤博文・井上馨・大隈重信らで，外債発行での東京・横浜間鉄道
を敷設し，さらに欧米技術移植の官営工場設置などを実施していった。[1]

　日本経済力の速効的強化を狙っての国費投入で，経済効果を重視した事業化
であった。築港・都市開発をみても，事業コストを意識した施策選択がなされ
た。神戸居留地造成でも分譲方式，防災事業でも生田川付替工事方式（124・
125頁参照）を採用し，費用効果にもとづく事業戦略を実施していった。

　政府自身の典型的事例が鉄道建設で，着工済みの中山道から東海道へと，経
済合理性にもとづく施策転換を決断している。[2]

　明治初期の都市振興時代の中央官僚の発想は，大阪復興をみても，自力築港
をめざす「築港義社」（85頁参照）を，政府は民間への過重負担でかえって，自
力経済復権を阻害するとして断念させている。経済合理性に富んだ指導・計画
を実践しており，必ずしも偏狭な開発至上思想ではなかった。

　第2の地方振興派の思想をみると，主導的役割を担ったのは大久保利通で，内
務省（明治6年創設）による殖産興業施策の推進を提唱し，事業効果より政治的
効果を狙って国費投入を実施した。[3]

　西南戦役後は，地域開発による地方振興，士族授産による地域救済を意図し
た，政治・社会効果優先へと変貌し，その対象も都市より農村となった。大久
保利通の地方開発への転向は，性急な改革の歪み是正であった。その象徴的施

策が明治11年の起業公債（1,250万円）であった。[4]

　この起業基金（54頁注5参照）で大久保利通は，東北開発・士族授産を重点においた，地域振興をめざした。[5] 以後，内務省から農商務省（明治14年創設）に勧業施策は移管され，そして戦前，過剰な国策意識による上からの地域振興・農村救済をめざすが，費用効果を無視した公的資本・資金の注入・散布であった。以後中央省庁の体質となるが，都市経営の思想とは相容れなかった。

　第2の課題として，政府の地方振興派の殖産興業施策を政策的評価すると，第1の論点は，「振興施策の誤謬の選択」である。大久保利通がすすめた地域振興派の士族授産・勧業奨励は，政策選択からみて大きな欠陥を内蔵していた。

　第1に，「費用効果無視の国費投入」である。士族救済のため帰農主義による開墾事業を奨励したが，事業効果はきわめて小さかった。安積開墾事業（起業基金40.7万円，勧業資本金・委託金21.1万円）は最終的には87戸の定住しかみなかった。[6]

　第2に，「地域経済無視の資金注入」である。東北開発は，典型的公共投資先導型となったが，中心は起業基金での河川改修・築港などの水運施設が大半であった。しかし，地域経済の成熟度が低く，公共投資を支えきれなかった。さらに河川工事の低水工事から高水工事となり，交通手段も鉄道へと移行し，政府方針に翻弄され，先行投資効果も薄れた。

　第3に，「地域経済振興の誤算」で，地方開発・士族授産の急ぎすぎた改革が原因となった。何よりも公共投資は，懐妊期間が長く効果は小さかった。また勧業融資も，事業結社が乱設され経営破綻が続出した。いずれも地域経済から遊離した国費投入が原因である。[7]

　第2の論点として，地方開発派の殖産興業の実態をみると，第1に，「政策的矛盾」である。ある意味では支離滅裂で，農村は国策遂行のための財源搾取の対象とされ，地域経済振興の自己財源は枯渇し，国策を活用できなかった。

　第2に，「国策先導・依存型の強制的事業」で，地域振興は政府資金によるとしても，地域企業を生みだす地域のマンパワー・起業化精神が不可欠であったが，地域経済が未成熟では，経営に失敗し解散の憂き目をみている。

　要するに殖産興業施策で地域経済力は無用の負担で疲弊し，独自の地域振興

事業を手がける資金力を喪失し，政府の士族授産・勧業貸付金によってますます疲弊していった。公共投資をみても費用効果はほとんどなく，地元負担のみがふくらんだ。

第2の類型として，殖産興業一色のうねりのなかでも，政府の殖産興業施策への反対・批判思想は主張された。第1の反対・批判思想は「地域主義の農村振興思想」である。中央官僚の前田正名で，国家主義者であり，農村保護思想家であったが，上からの殖産興業に対する，下から地域振興優先の思想であった。

農務官僚であった前田正名の思想をみると，地域農業派の地域振興主義で，杜撰な殖産興業施策によって，農民・農村の疲弊はすすんだ。明治17（1884）年12月，農商務省大書記官前田正名の『興業意見』が，政府に提出される。衰退する農村救済のための，「興業意見」は政府に容れられなかった。[8]

第1に，前田正名の『興業意見』にみられる政策構想は，「人民の悲惨の救済と，先進諸外国に迫る経済近代化の達成という後進資本主義的な課題を同時的に実現しようと腐心した点」[9]にあった。戦略的には「生糸・茶・織物など当時の輸出部門を中核とする地方産業の優先的近代化を主張し，漸次近代的大工業による漸進的段階的発展の政策構想」[10]であった。

第2に，松方デフレ以降の政府政策は，「移植近代工業と在来産業の対立・拮抗を軸とし，前者に優先的な道を拓く」[11]政策で，「移植大工業の政商資本への特権的授与」[12]という方式で行われた。

しかもその財源は在来産業・農民から収奪されたため，「在来諸産業の資本蓄積は制約され，その自生的近代化への道ははなはだ険しいもの」[13]になった。

第3に，前田正名は，「日本型資本主義形成過程にあって，豪農層・地方産業群の切実な問題を捉え，その要請を担っていた」[14]が，政府施策を覆すことは不可能であった。

しかし，「各地の名望家を啓蒙し彼らが動き出しとき，それぞれきわめて個性的なしかたで，経済だけでなく，地域社会の発展という側面も含む地域運動として具体化していっている」[15]が，その後の官製的地方産業施策と相容れず，「下からの盛り上がりによってその具体化を目論んだ地方産業振興運動も，結局

は異端とみなされ終熄せざるを得なかった」[16] のである。

　第4に，近代工業化を急ぐ政府に対して「地方人民の生活の向上，民富の形成と，地方産業の近代化の優先」[17] をめざす農業振興策は，政府の主流である松方財政の「政商資本を中心とする移植大工業偏重」[18] による施策に反対で，当然，消滅を余儀なくされた。

　そして前田正名による地域主体の地域振興策は，明治32（1899）年農会法・明治33（1900）年産業組合法の制定，地方改良運動などの上からの施策によって包摂され，国策として官治的補助施策による地域振興策にとってかわられてしまった。[19]

　第2の反対・批判思想は，都市経営派の反対思想である。第1に，明治前期，不思議なことには，明治官僚のなかで，都市の劣悪な状況を憂え，前田正名に匹敵する憂国の都市官僚は，誕生しなかった。

　中央省庁は内務・農商務省にしても，いわば農本主義の牙城であり，都市問題に正面から対応するには，余りにも硬直した思想で支配されていた。

　要するに殖産興業の遂行をつうじて，すべての国家官僚が，殖産興業と農本主義に洗脳されてしまったのか，都市繁栄の表面だけをみて，都市の底辺にある都市問題を見過ごしてしまったのか，いずれにしても日本近代化にとって大きなマイナス要素となった。

　このような殖産興業が主導性をもった，風潮のもとで，都市経営という異質の思想培養を都市自治体が実践をつうじて育んでいけるかであった。

　第2に，明治後期になると，都市官僚・都市主義思想家・環境主義運動家などの批判グループが胎動してくる。ただ都市経営派の思想は，後の「都市経営の類型化」でみるが，都市社会主義思想は例外であるが，政府の殖産興業・都市開発施策に包摂され，全体として独自性は脆弱であった。それでも実践的都市経営は，公営企業化をつうじて都市政策の実績を築いていった。

　大正期の都市計画派も，後藤新平が，大正8年都市計画法制定を指導し，都市整備をめざすが，内務省内部をみても，農村・河川派が主流であり，都市派は少数派であり，都市計画局も3年の寿命に過ぎなかった。

　しかも都市計画事業も実施過程をみると，国策として産業基盤整備に貢献す

る事業法に変質していった。前田正名の地域経済振興運動と同じく，官製的制度へと換骨奪胎の軌跡をたどっていった。

注

（1）殖産興業施策については，鈴木淳編『工部省とその時代』117〜151頁，以下，鈴木・前掲「工部省の時代」，梅村又次・中村隆英編『松方財政と殖産興業政策』3〜34，53〜84頁，以下，梅村・前掲「殖産興業政策」，石塚裕道『日本資本主義成立史研究』1〜184頁参照。

（2）注目すべき事実は，東京・大阪間のルートは，明治16年，中山道ルートと決定され，着工され建設費427万円が支出された。山県有朋らの軍部意見が，東海道筋では外国の攻撃対象となるとの理由であった。鉄道局サイドは井上勝局長の指示で，中山道・東海道のルート比較を実施した。1マイル（約1.6km）当たりの建設費は，中山道8.4万円（事業費1,500万円），東海道4.5万円（事業費1,000万円），運転時間は中山道19時間，東海道13時間，資本収益率は中山道1.95に対して東海道4.85と，すべての数値で東海道がすぐれていた。この調査結果を踏まえて中山道建設費427万円は支出済であったが，東海道ルートが有利と判断して変更された。ビッグプロジェクトにおけるトップの勇気ある決断が，工事費数百万円，運営費算入で1,000万円，時間短縮・沿線開発効果を算入する億単位のメリットをもたらしている。日本国有鉄道『日本国有鉄道百年史第1巻』（日本国有鉄道1966年）155〜159頁参照。ただ問題はその後の新線建設をみると，日本海との連絡ルートとして，敦賀・大垣，高崎・直江津間が建設されている。本来ならば投資効率の良い山陽・東北本線を建設し，列島の大動脈を整備するべきであった。鉄道局は明治21年11月，「鉄道資本増額ノ儀」を黒田総理大臣に申請し，全国鉄道網建設を要望している。明治22年の国鉄の益金211万円，営業比率44.1％，益金に対して固定資産比率6,7％で，益金によって新線建設費は十分償還できると主張したが，国庫全体の負債額が莫大であるとの理由で，鉄道局起債は認められなかった。

（3）大久保利通の殖産興業・地域開発の思想は，明治7年，大久保利通が太政大臣三条実美への「殖産興業に関する建議」にみられる。建議の要点は「大凡国ノ強弱ハ人民ノ貧富ニ由リ，人民ノ貧富ハ物産ノ多寡ニ係ル。而テ物産ノ多寡ハ人民ノ工業ヲ勉励スルトニ胚胎スト雖モ，其源頭ヲ尋ルニ未ダ嘗テ政府政官ノ誘導奨励ノ力ニ依ラザル無シ」（中村政則ら『日本近代思想大系・経済構想』16頁，以下，「経済構想」）と，政府施策注入の急務を強調している。その後，大久保利通の殖産興業への建議は，8年5月，「本省事業ノ目的ヲ定ムルノ議」でも「専ラ内治ヲ整ヘカヲ根基ニ尽シテ体裁ノ虚文ヲ講セス奇功ヲ外事ニ求メス民産ヲ振励スルコトニアリト信シ」（前掲「内務省史Ⅰ」107頁）と，内治優先である。そして「商船管掌実地着手方法之儀ニ付伺」（8年8月）は海運保護育成策であり，「海外直売ノ基業ヲ開クノ議」（8年10月）は貿易振興会社設立では，都市派の殖産興業の性格が濃厚であった。しかし，9（1878）年8月，「内務省ニ授産局ヲ置キ士族授産ノコト当ラシメ又殖産興業ノ発展

ヲ計画」を建議する。ただ西南戦役で実施は延期されるが，11年3月，太政大臣三条実美に「一般殖産及士族授産ノ儀ニ付伺」を建議し，士族授産と東日本開発を目的した7大プロジェクトを提唱し，地方振興派への転換に踏み切っている。なお明治初期の内務省勧業施策については，前掲「内務省史Ⅱ」439～458頁参照。

（4）大久保利通は，なぜ都市振興派から地方振興派への転換したのかは，欧米視察中ビスマルクに面談し，イギリスの利権による植民地政策への警戒を吹く込まれたことが要因と推測されている。国土開発でも工部省のイギリス技術者による鉄道方式より，オランダ技術者による水運交通網の整備を選択した。さらに士族抑圧の反省・士族授産の必要性から，地方振興の開墾事業・勧業結社などの地域殖産興業へ重点をおいていった。その背景には工部省・内務省の対立があったが，行き過ぎた士族淘汰・農民搾取への緩和措置でもあった。鈴木・前掲「工部省の時代」117～151頁参照。

（5）大久保利通の意図は，「東北地方の資源に着目し，そうした未開発資源を多く持つ東北地方を東京に首都を移した明治国家の後背地にすること」（岩本由輝『東北開発120年』18頁，以下，岩本・前掲「東北開発」）をもくろんでいた。この東北開発投資は「戊辰戦争後くすぶっていた東北地方の人々の不満は懐柔され……この投資は藩閥政府にとって安い買い物であった」（同前22頁）といわれている。しかし，事業効果が小さく，しかも事業破綻となり，国策によってかえって地域・農村の疲弊をもたらした。公共投資でも投資効果は疑問で，象徴的事例が宮城・野蒜港の完璧ともいえる失敗で，その原因として，場所の選定・設計のミス・台風の襲来などがあげられているが，「地域の経済的進展や後背地との関連が顧慮されることの少なかった」（同前33頁）ことが根本的原因といわれている。

（6）安積開墾事業については，矢田洋三『安積開墾政策史』（日本経済評論社 1997年）参照，以下，矢田・前掲「安積開墾」

（7）東北開発では11年起業基金125万円をもって，開発投資がなされた。しかし，官治的事業方式で，投資額にふさわしい効果が必ずあるとの固定観念に囚われていた。地域格差是正・地方振興開発は必要であるが，政府資金を散布すれば，地域経済が活性化する単純な施策ではない。たとえば東北開発の福島道路建設・野蒜港造成・安積疏水事業はいずれも，費用効果からみて失格であった。士族授産も半分は失敗で，巨額の損失が発生し，地域疲弊をかえって深めていった。

（8）前田正名の思想と活動については，祖田修『地方産業の思想と運動』1～173頁，以下，祖田・前掲「地方産業」，祖田修『前田正名』83～173頁，以下，祖田・前掲「前田正名」，太田一郎『地方産業の振興と地域形成』（法政大学出版会 1991年）39頁，長幸雄ら『近代日本経済思想史Ⅰ』85～133頁，以下，長・前掲「経済思想史Ⅰ」85～133頁，吉川秀造『明治財政経済史研究』196～245頁，以下，吉川・前掲「明治財政経済史」。

（9）祖田「地方産業」はしがき2・3頁。

（10）同前3頁。（11）同前291頁。（12）同前123頁。（13）・（14）同前291頁。（15）同前2頁。（16）同前278頁。

（17）・（18）中村・前掲「経済構想」447頁。
（19）前田正名の地域産業振興策と農会法・地方改良運動などの官治的農業振興策の関
　　係については，松元・前掲「山県有朋の挫折」54〜61頁参照。

府県・地域の都市振興思想

　第2の思想として，「府県の思想」をみると，明治前期，府県が都市の存続を
期して，都市振興策を策定していった。府県の都市経営思想は，ある意味では
政府殖産興業の地方版であったが，東京の政治都市，京都の文化都市，大阪の
港湾都市など，各都市の地域特性がみられた。

　第1の事例として，「首都東京の経営思想」をみてみる。第1の要素は，「産業
・都市開発志向」が濃厚である。首都として成長が確約されたが，歴代府知事
は，政治都市に満足せず，品海築港を提唱し，また都市整備にあっても，都市
環境より都市開発を追求した。

　政府の影響を受けたとしても，銀座煉瓦街・市区改正事業しても，東京府は
ある意味では政府より強烈な成長重視・開発優先であった。

　第2の要素は，「政府への依存性」「都市自主性の欠落」である。戦前，東京
は一貫して政府干渉にさらされ，都市経営思想の自主性が乏しかった。銀座煉
瓦街・市区改正事業・震災復興事業・首都防衛都市改造にあって，政府は常に
国策意図で方針を示して，東京都市形成を統制していった。

　そのため東京は政府支援依存型で，市区改正事業で築港は政府に拒否された
が，政府の抑制策に抵抗して，東京の経済ブルジョアジーは，地元負担金で築
港を遂行する気概なかった。[1]

　大阪・名古屋・広島・福岡などは，地元負担で築港を為し遂げていったが，東
京は負担をきらい本格的築港は大幅に遅れた。[2]

　第3の要素は，「経営思想の形骸化」である。都市形成をめぐって百家争鳴の
感があったが，東京築港論をみても，東京経済界は，議論はするが自主的プラ
ンで実践意欲もなかった。結局は政府に主導権を奪われ，都市独自の思想は培
養できなかった。

　この点，大阪市のような公営一元化主義の確固たる経営思想，また京都のよ

うな伝統文化への擁護・育成という戦略思想は浸透しなかった。後藤新平にしても，「8億円計画」で都市づくりのビジョンを提示したが，単なるプランの提示に終り，めざすべき都市像は描ききれなかった。

第2の事例として，「大阪の都市経営思想」をみてみる。大阪の経済衰退は，東京遷都によって歴然としていた。この大阪の衰退を救済する方策は混迷し，明治前期，かつての商業資本主義を踏襲するか，産業資本主義に求めるか，「都市の選択」が迫られた。

第1要素は，「商業都市復権の断念」であった。大阪商法会議所は，明治16年7月，大阪復活策につき検討した結果を，大阪府に提出している。「旧幕時代に大阪が我国商業の中心地となったのは，手形流通による金融の便と株仲間制度とに基因するものであるから，此両制度を復活せば，必ずや大阪の商業は昔日の繁栄に立帰る」[3]と結論している。

しかし，政府は近世商業資本主義より，近代産業資本主義に転換しつつある今日にあっては，「復古的な対策のみでは，其の頽勢を挽回することは到底不可能」[4]と批判され，大阪も政府方針を遵守する決断をする。

第2の要素は，「工業都市による再生」である。大蔵権大書記官河島醇が，明治16年10月，松方大蔵卿に「大阪復興に関する対策」を上申している。[5]問題は産業都市への転換を，どう達成するかであったが，政府は具体策を提示しておらず，地域の自主決定となった。

第3の要素は，「公共投資牽引型の都市振興戦略」を，大阪は選択する。企業奨励融資・工場用地造成・公営企業創設といった施策でなく，公共投資先導型の築港を最優先施策とした。

この硬直した築港至上主義の都市振興策が，大阪の都市経営思想となった。公共投資先導型の施策は，官庁の得意の分野であるが，ただ投資成果が可視的に表出されるので，安易な選択となる恐れがあった。

大阪でも築港実施戦略は検証されないまま，地域ぐるみで推進されたが，実際，南大火復旧・水道建設・淀川改修事業で，大阪築港は明治30年着工と，大幅に遅れ目算が狂った。

要するに築港という産業基盤優先思想が提唱されたが，現実的要請に押され

第1節 明治前期の都市形成と都市経営の原型 23

て都市整備思想が先行したが，これら2つの思想は相互に交錯しながら，競合・優位・劣位を繰り返し，やがて企業的都市経営へと融合されていった。

第3の事例として，「京都の都市経営思想」をみると，第1の要素が，「文化産業都市の思想」である。明治3年7月，府権大参事の槇村正直が，文化産業都市の施策を太政大臣三条実美に「京都府施政ノ大綱ニ関スル建言書」を提出している。[6]

この建言書への政府回答は，「やりたいようにやるべし，ただし，緩急をよくわきまえて」[7]であった。京都府は政府からの勧業基立金15万円を原資として，文化産業施設を整備していき，地域資金は温存できた。

第2の要素が，「地域産業の育成」である。槇村正直知事は，明治初期，文化産業都市を提唱し，実施の財源も獲得する豪腕ぶりを発揮していった。[8]この文化産業振興は，都市振興策として内発的開発・地域循環経済という，公共投資先導型の外部経済依存型とは対照的戦略思想で，高く評価されるべきである。

残された課題は，外国技術移植の官営工場を先導とする，性急な産業都市化でなく，外国技術の移植であっても，あくまでも地域伝統産業の近代化であった。槇村正直は，伝統文化という京都固有の経営資源価値を尊重し，民間活動の支援による地域産業再生という，地域適合性にみあった，都市経済振興策を成功させていった。

第3の要素は，「都市振興の優先」であり，救済行政との決別である。京都を衰退危機から脱皮するには，政府の指針・世論の感情にそった人民救済主義では，生活も経済の共倒れになる。

行政としては生活福祉に固執・安住するのでなく，経済振興への政策のコペルニクス的転換を図っていくべきとの戦略であった。それは単なる救護でなく，生活再建をめざす非難覚悟の決断で，福祉拡充のために経済再生という逆転の思想であった。[9]

第3の思想として，「区・地域の思想」をみると，官庁サイドの都市整備を支援するため，地域名望家・経済人が，デベロッパー・起業家として，率先して私財を投げ打っての事業を展開した。

その経営思想は，歴史的文献も少なく，個人の都市づくりへの事業実績・行

為から推測するしかないが，地域活動の実績から，地域への献身性をささえとする「都市公益資本主義」であった。都市づくりへの行動を類型化し，その思想をみてみる。

　第1のタイプが，「自己犠牲型」である。旧幕府・維新政府も，地域への寄付を強要したが，名望家・地域経済人は，献金要請に応じ，さらに公的施設への用地・施設の寄付をいとわなかった。

　神戸でも神戸駅・県庁舎などの用地提供がみられたが，これらの経済的行為は，地域づくりには実質的には寄与せず，公的機関の負担軽減に貢献しただけで，地域経済力の弱体化となった。[10] もっとも京都の三井のように新政府への利権確保の前払いのような政治献金もあった。

　第2のタイプが，「地域貢献型」で，地域名望家・経済人は，眼前の都市整備に対応するため，事業収支を度外視して，都市整備事業を起こしていった。その行為は，地域社会の経済活動効率化とか，災害の回避とかといった，公益性の動機からであった。

　神戸港の礎を築いた網屋吉兵衛は，私財を投入し，生涯をかけて船たで場を築造している。また横浜の高島嘉右衛門の意気に感じて，埋立事業・ガス事業に参加していった。

　明治前期の都市整備への参加思想は，非収益主義であり，開発利益の自己還元という意識は希薄であった。民間デベロッパーという企業活動でなく，個人として地域社会への寄与であり，したがって事業経営としては持続性が欠落していた。

　第3のタイプが，「デベロッパー型」である。注目されるのは，政府は明治初期，横浜・神戸などでは民間デベロッパーに，多くの事業を委託させたが，事業認可条件として公共用地提供・公共施設整備を付した。先にみた神戸の加納宗七（133頁注8参照）は，典型的民間デベロッパーであった。

　地域名望家・経済人は，その委託条件を遵守し，公益資本主義を実践し，公共的水準の高い事業を施行している。

　第4のタイプが，「プロモーター型」である。渋沢栄一・五代友厚などは，企業創設のプロモーターとして有名であるが，地域社会にあっても横浜の高島嘉

右衛門・神戸の村野山人などは，地域整備の策定・企業創設の幹旋に活躍した。それぞれの地域経済の推進・地域経営資源の活用であった。[11]

京都にあっては，明治4年10月に三井八郎右衛門・小野善助・熊谷直孝（鳩居堂）の経済人が，全国ではじめての民間主導で組織的博覧会を開催し，入場者1万1,211人，入場料収入731両を得ている。地域経営資産を活用した，プロモーター活動による地域経済振興策であった。[12]

第5のタイプが，「知識活用型」である。名古屋区長吉田禄在（109頁注2・110頁注14参照），京都商法会議所副会頭浜岡光哲，神戸経済人関戸由義（135頁注19参照）は，自己の知識・ネットワークを活用して，都市形成へ大きなインパクトをあたえ，かつ実績を残している。[13]

第6のタイプが，「起業活動型」である。京都の伝統工芸の近代工業化にしても，明治5年11月の3人の織工を，フランス・リヨンに派遣しているが，西陣の近代化に貢献している。[14] また現在の島津製作所の創始者である島津源蔵は，府舎密局明石博高の知遇を受けて，明治8年島津製作所を創設する。[15]

これら地域振興活動の特徴をみると，第1に，明治前期の名望家・経済人は，事業リスクを度外視して，地域への犠牲的精神で活動するが，ほとんどが事業としては収益性を無視し，継続性も欠けていたので失敗の運命をたどっている。

第2に，企業創業タイプの人物の高島嘉右衛門・村野山人などは，公益企業の創設に意欲を示している。実際，高島嘉右衛門は瓦斯事業を創設し，また村野山人も山陽鉄道を創設している。

しかし，明治前期の民営公益企業は苦難の経営を余儀なくされるが，やがて馬車鉄道・電気・ガス事業は，収益事業に転化し，私的独占利益の弊害が顕在化し，地方自治体と対立・抗争することになる。

第3に，地域名望家でも，企業経営センスのある人物，たとえば神戸の神田兵右衛門（134頁注9参照）はじめ，多くの名望家は，デベロッパー事業を実施し，企業的事業の先鞭となり，明治後期，これらの地域事業活動で経営土壌は培養されたので，産業資本家誕生への布石となり，行政でも企業経営的センスをもった市長を生み出していった。

注

（1）経済界をみても渋沢栄一は，経済界をまとめて，東京再生ビジョンを担うといった，公益資本主義の発想は乏しかった。あくまで私的資本の育成強化が主眼で，都市づくりにあっては企業的事業に私的資本の利殖の機会を見出そうとしただけで，都市全体の"公共性"への認識は希薄であった。政府から明治初期，莫大な資金援助を，個人だけでなく，第一銀行をはじめ多く関連企業が受けたが，地域還元の思想は欠落していた。東京市の公営交通創業にあっても，行政参加をしたが，参事会では民営推進派で星亨と呉越同舟で，民営交通に賛同し，公営交通の芽を摘んでしまった。

（2）後藤新平は，自治性について「東京は大阪に比して遥に遜色ある」（後藤新平「市政の興廃と市民の自覚」『都市問題』第2巻第1号2頁）と明言している。近世の各藩の藩邸にしても大阪では「江戸に於ける公用人のやうな政治外交的駐在官にあらずして寧ろ経済財政的特派員の格であった。…明治時代になっても大阪は東京ほどに中央の威圧を蒙ることなく，従って今日の自治の成績」（同前3頁）がみられるのは興味ある事実といわれている。

（3）大阪市『明治大正大阪市史第2巻』40頁，以下，前掲「明治大正大阪市史Ⅱ」。

（4）同前41頁。

（5）建野郷三大阪府知事の懇請を受けて，河島醇は大阪の商工業をつぶさに視察し，松方正義大蔵卿に「大阪経済の復興は，大阪商法会議所の提唱する手形流通および株組合の復活だけでは十分でない。従来大阪は商業都市であることを生命としたが，世態の急変した今日，工業都市としての発展を期すべきであり，それが唯一の進路」（大阪市港湾局『大阪築港100年上』26頁，以下，前掲「大阪築港100年上」）と復命している。

（6）その方針は，「京都市中ヲ挙テ職業街トシ，追年諸器械ヲ布列シ，専ラ物産ヲ興隆スベキ事」「尽ク無用ヲ開キテ地産ヲ盛ニスベシ」「水理ヲ通シ道路ヲ開キ，運輸ヲ便ニシテ，以テ商法ヲ弘大ニスベシ」「職業教授場ヲ開キ，遊民ヲアゲテ職業ニツカシスムル事」「広ク海外ノ形勢ヲ示シテ人智ヲ発明スル事」（明田鉄男『京都を救った豪腕知事』83頁，以下，明田・前掲「豪腕知事」）であった。

（7）同前84頁。

（8）槇村知事は，人物には問題があり，明治後期には独断府政として，府会などから糾弾され，府県知事を罷免されるが，文化産業都市を選択し，京都再生をした不朽の功績を残した。なぜ文化産業都市を選択したのかは，京都は地勢的に産業基盤型の都市開発はできないという地勢的制約があった。また勧業基立金は貸付金で，返済が必要であり施設整備がふさわしい使途であった。そのため地場産業である伝統産業振興策となった。ただ槇村正直は，近代技術導入への積極策，文化教育研究機能充実のための施設拡充と，地域産業の振興策を拡大適用していった。それは当時の京都には，文化産業都市を推進するだけの近代思想・知識，そして起業化精神の成熟という土壌が培養されていたことが，文化産業都市採用の理由となったのではないか。

（9）文化産業都市への背景には，槇村正直は明治3年7月，これまでの恤救重視の政策

を，勧業優先政策への転換を図る。それは「東京遷都という経済的危機によって，一地方都市に転落した京都を救済しなければ，地域社会の崩壊は免れないという危機感であった」（高寄・前掲「明治地方財政史Ⅰ」281頁）が，産業か生活かという選択でなく，当時，仁政のみにいそしんでいては，生活すら破滅するという深刻な状況にあった。要するに「凋落する都市経済を傍観して，いたずらに救済してもそれは真の救助になりえない。すなわち福祉優先のみでは，市民福祉そのものも保障されないとう逆説が成り立つことを悟ったから」（高寄昇三『都市経営思想の系譜』54頁，以下，高寄・前掲「都市経営思想」）である。くわしくは鎌田道隆「京都と『御一新』」林家・前掲「文明開化の研究」348・349頁参照。

(10) 神戸・豪商北風正造は，地域名望家として，地域社会への貢献として，小学校創設・県庁舎・湊川神社などに巨額の寄付をなしているが，肝心の家業を疎かにして没落の憂き目をみる悲劇に見舞われる，今すこし近代的企業家精神があればと，悔やまれるのである。高寄・前掲「神戸近代都市」30～32頁参照。

(11) 高島嘉右衛門は明治前期，横浜にあって海面埋立事業・瓦斯事業などで活躍した。松田裕之『高島嘉右衛門』（日本評論社 2012年），前掲「横浜市史Ⅲ下」11頁参照。村野山人は山陽鉄道創設に奔走し，設立後は副社長となっているが，全国各地の鉄道創設にも尽力している。赤松啓介『神戸財界開拓者伝』44～48頁，以下，赤松・前掲「神戸財界開拓者」。高寄・前掲「神戸近代都市」40～42頁参照。

(12) 前掲「京都市政史Ⅰ」79頁参照。

(13) 吉田禄在は，笹島道路造成・名古屋港築港・東海道線ルート設定などである。関戸由義は三宮駅設置・栄町通建設などである。浜岡光哲は府知事北垣国道と上下京連合区会の間にあって産業基立金の疏水事業への充当を斡旋している。関戸由義については，松田裕之『港都神戸を造った男《怪商》関戸由義の生涯』（風詠社 2017年），以下，松田・前掲「関戸由義」，赤松・前掲「財界開拓者」505～514頁，高寄・前掲「神戸近代都市」44～48頁参照。

(14) 西陣近代については，前掲「京都市政史Ⅰ」77・78頁参照。

(15) 島津源蔵については，明田・前掲「豪腕知事」214～220頁参照。

都市経営思想の類型

　明治前期，都市経営思想の萌芽がみられたが，殖産興業施策に包摂され，開発的性格が濃厚な思想へと変質していった。そのため本来の都市経営思想は誤解され，正当な評価は得られなかった。まず都市経営思想の重要ポイントを指摘し，あるべき都市経営像の明確化を試みる。

　第1の視点として，「都市経営」思想のポイントは，まず都市化にともなう地価上昇・交通渋滞・環境悪化などの，都市問題解決の都市政策を策定し，「都市

経営」によって，都市政策を実現するシステムである。[1]

　第1に，都市経営の目標は，「市民福祉の極大化」であり，戦略は「最小の経費で最大の福祉」の達成である。その戦略のキーポイントは，都市が，開発・集積利益の公共還元に成功し，どれだけ生活・環境行政に還流するかである。

　第2に，都市自治体の使命は「公共信託」の遂行にある。都市自治体は，市民から生命・健康・財産・環境を付託されており，市民の信頼にこたえて，可能最大限の努力をする責務がある。都市自治体は間違っても，目的と手段を逆転させ産業優先ため，市民生活を犠牲にしてはならない。

　第3に，都市経営戦略の基本的理念は，"公共性"の確保，すなわち都市全体の経済・生活向上の極大化である。都市経済が成長しても，その成果が国家・企業に吸収され，市民生活が苦難に喘ぐ状況は，"公共性"の失格である。社会資本・サービスの不足をきたし，市民のみでなく民間企業も被害を被る。[2]

　第4に，都市経営は「実践的思想」であり，思想・行為・技術（システム）が，三位一体での成果達成が目標である。思想は公共性であり，行為は都市政策の最適選択であり，システムは都市経営戦略の実現である。

　ただ思想・政策・行為が貧困であれば，都市経営は経済開発優先による"公共性"軽視という堕落の危機にさらされる。[3]

　第5に，「都市経営成果の実効性」である。都市自治体として，理想をかかげ行財政システム改革をめざしても，実現は容易でない。現実は現行制度の枠組みのもとで，都市自治権を可能最大限に発揮し，実効性のある成果獲得ができるかであった。

　第2の視点として，都市経営思想の類型化によって，都市経営思想をめぐる関連思想との相違・特性をみてみる。明治前期，都市経営思想は，政府の殖産興業・地域開発の奔流に埋没していたが，その後の市区改正をめぐって，都市全体を視野に入れた都市改造・発展論争で原型が醸成されていった。[4]

　第1の類型は，「都市開発資本主義」である。政府の殖産興業思想を継承した，都市開発のための都市資本投入論で，都市産業・資本ブルジョアジーの意向が，強く反映した思想である。

　第1のタイプが，「産業開発論」（産業基盤整備論）で，明治前期，産業開発推

進論によって，鉄道・港湾建設が実施された。第1に，大阪の築港論をはじめ，横浜・神戸でも築港を含めた都市振興論が展開された。市区改正事業でも，松田府知事は，明治13年5月「東京中央市区区劃定之問題」で，「早晩東京湾ヲ開クヨリ善ナルハアラズ」[5]という築港論を展開しているが，田口卯吉・福沢諭吉などが提唱した，品海築港論の影響を受けた，都市開発的性格の濃厚なビジョンである。[6]

　第2に，大阪築港は，財政負担が巨額であったが，執拗に築港を求め，明治29年に決定をみる。東京築港は市区改正では，政府によって拒否されたが，明治33（1900）年，星亨によって3,600万円の大規模構想となったが，実現寸前に星亨の横死で挫折し，昭和16年にやっと実現する。

　第3に，産業開発思想は，各都市における経営思想の深層にあって，その後も根強く残った。明治36年の市原横浜市長による工業都市化への転換は，44年市税減免による海面埋立地への企業誘致へと発展し，戦後，高度成長期の地域開発のルーツとなった。

　第2のタイプが，「都市開発論」（都市基盤整備論）で，都市開発は必要であるが，基盤整備優先か環境整備重視かで事業結果は大きく異なる。第1の事業は，明治5年の銀座煉瓦街製造の思想が代表事例である。

　第1に，火災後の都市再開発事業で，都心の不燃化・スラムクリアランスでもあった。しかし，事業化の動機は，条約改正のため東京都心を欧米に匹敵する市街地で飾るという不純な都市づくりで，局所的整備にもかかわらず整備コストは200万円となった。

　第2に，銀座煉瓦街以後の神田橋本町のスラム・クリアランスをみても，松田府知事は「第一衛生上ノ点ヨリシ，第二火災予防ノ点ヨリシ，第三都府ノ体面」[7]と，銀座煉瓦街の発想と同様の環境・防災主義で臨んだが，事業実施の結果は局地的整備で貧民追放となっている。[8]

　第2の事業事例は，明治22年の市区改正事業で，ただ都市経営思想として，全体的都市づくり論争がはじめて行われた。貧民放逐論・都心改造論といった，露骨な都市開発論は抑制されたが，都市開発優先の基調は変わらなかった。

　第1に，松田知事が，明治13（1880）年，市区改正の過程で提唱した「中央

市区劃定」は，都心改造・美化，スラム撲滅・貧民層駆逐論であった。「中央市区ハ豪商輻輳ノ所トナリテ，商業隆盛，地価亦随テ騰貴シ，尺寸ノ余地ナキ日，即チ巍乎タル層楼林立ノ時ナリ」[9] と，都心再開発論であった。

第2に，芳川顕正の明治17（1884）年11月の「市区改正意見書」は，松田知事の都市改造論をふまえての東京の都市整備論であった。[10]

東京市区改正事業の背景には，都心整備の拠点開発方式による都市開発の意図が秘められていた。この区画論は，都市不燃化実現には，市街地を限定して，公共投資の集約的投入を図っていく，都市整備効率論で，その負担に耐え得る企業・富裕層のみが，立地すべきとの発想であった。[11]

第3に，市区改正事業の都市開発資本主義については，近世の「三都分立の枠組みを変えすべてを新東京に集中しようという明治政府の強い中央集権意識の表現といっていい。この意識は今日の日本の国土の"一極集中体制"の原点にほかならない」[12] といわれている。

政府は地方開発論をかかげて分散主義を提唱し，殖産興業施策を実施しているが，本音は東京一極集中主義が露呈している。ご都合主義の地方開発では，地方分散が成功するはずはなかった。

第4に，市区改正事業への過程で，「中央市区論・商都論・帝都論」が脱落し，「機能的都市論」が残っていったので，極端な産業都市論は後退していったが，それでも都市開発優先の都市づくりの思想は，都市計画法の道路至上主義の都市整備論をへて今日まで脈々と受け継がれている。[13]

第2の類型は，「都市経営論」で，「都市開発資本主義」との対比では「都市公益資本主義」で，都市をベースにした都市政策実現の思想である。次章の明治後期の経営思想として紹介するが，都市経営自体が都市振興・開発思想を内蔵しているため，都市開発資本主義との訣別が迫られた。

明治後期（明治22〜44年；1889〜1911）に，本来の都市経営思想が浮上してくるが，思想の担い手・思想の狙いによって相違がみられた。これらの思想は，都市づくりの閉塞状況を，外部からは都市社会主義が経営思想を注入し，内部からは実践的都市経営論が公営企業創設・築港事業などの事業化を通じて，都市自治体の経営思想を育んでいった。

第1のタイプが，「都市社会主義論」（153〜156頁参照）で，きわめて単純明快に基本的論理を論述している。[14] 思想の担い手は，片山潜・安部磯雄などの民間思想家であり，都市経営戦略としては，都市経営資源の土地のみでなく，電気・交通・水道など公益企業も公有化し，都市開発・集積利益の公共還元での都市経営をめざした。

　単なる理念的思想でなく，片山潜のように市民を，構成要員とする株式会社に都市をみたて，市民主権によって運営をめざす市民経営論で，公営交通にあって都市自治体の国営化を支援する運動を実践していった。

　第2のタイプが，「実践的都市経営論」で，外部経営を対象として，都市づくりの事業・都市行財政の施策をつうじて，都市経営の政策科学化を図っていった。

　明治後期，地方外債による三大事業を成功させた西郷菊次郎市長，築港事業の再編成と公営交通創設という難問を一挙に解決した鶴原定吉市長の実績が，都市経営のまさに原型として，後世に引き継がれていった。

　大正期の後藤新平は，都市ビジョンにもとづく事業成果を求める性格が強いが，昭和期の関一は，市長主導型都市経営であり，それぞれ性格・手法は異なるが，都市経営の理想をめざして実績を残していた。[15]

　もっともこのような実利的経営論に対して小林丑三郎のように，正当派の「理念的地方財政論」からの批判が浴びせられた。しかし，実践的都市経営論は，区画整理・公営企業導入によって，開発・集積利益の公共還元システムを形成して，陳腐な地方財政財源配分論をこえた，財源獲得を達成していった。

　第3のタイプが，後藤新平が招いた，ビーアド博士（C.A.Beard）の「政策科学経営論」で，下巻でみるが，主として内部経営を対象として，自治体の人事・給与・資金・財産の管理運営を，ビーアド博士が，アメリカの市政改革・経営科学にもとづく，政策合理性を重視した「政策科学経営論」を紹介した。移植思想であり，都市社会主義と同じように根づくことはなかった。[16]

　第4のタイプが，「実務的行政管理論」である。実践的都市経営の経営管理論（149〜151頁参照）は，農本主義の地方団体管理論が，内部経営論としては，在来の自治体管理で減量経営の域にとどまり，人為・資金・組織管理にあっても，

現状維持型であり施策選択の志向性は弱いという欠陥を克服していった。減量経営的管理論とことなり，都市経営の一環としての経営資源効率化，有効活用として施設・人事・資金運営論である。

これら実務管理論を政策科学経営論，さらにより実効性のある実践的経営論へレベルアップさせるかが課題であった。

内部経営にあっても，自治体の施策・政策決定レベルの向上に寄与する改革で，たとえば情報システムを開放して，内外さらには市民・職員からの提言も吸収し，行財政実践に受け入れる体制づくりをすることである。

第5のタイプが，「生活環境都市論」で，ここでまとめて解説をする。都市社会主義思想にもみられるが，明治前期，この流れとは別に公衆衛生の視点から，開発優先の都市づくりへの批判を展開していった。

明治7・8年の国庫補助による東京・神田下水道，長崎では水道より下水道を優先的整備していった。そして内務省衛生官僚による水道公営主義で，これらの事実は都市環境主義のルーツといえる。

明治後期になると，環境思想は明確な主張をもって登場する。その代表的論者が「時代の先駆者」（柴田徳衛），戦闘的啓蒙（石田頼房）といわれた森鴎外である。

環境主義の背景をみると，第1に，都市開発・都市経済がすすめば，必ず都市環境の破壊がすすみ，市民の健康・都市の空気も損なわれる。そのため公園・下水道などの生活環境施設の整備を，道路より以上に整備しなければならない。改正事業に触発された，森鴎外などが都市衛生論を展開していった。[17]

第2に，明治期にあっても，産業公害が発生し，防災施策とともに都市環境論の重要性が指摘された。マクロの経済視点からみて，産業基盤優先の都市整備への警鐘をならした。

実際，水道公営主義は，都市環境論によって制定された。上水道優先を政府は決定したが，下水道事業は，仙台市・兵庫県明石町などでは，補助金なして上水道より，下水道を優先させ鋭意実施し，思想として環境主義を実践していった。[18]

森鴎外の環境論をみると，海外留学から帰国した明治20年代前半に「日本家

屋説自抄」「屋制新議」「造家衛生の要旨」「街衢の灑掃」などの論文で，住宅・清掃・下水道等の問題を論じていき，当時，制定された市区改正条例への批判を強めていった。[19]

　第1に，「市区改正は果して衛生上の問題に非ざるか」と，公衆衛生の欠落を指摘し，間接的に道路開発優先の姿勢を批判する。

　第2に，「貧民駆逐論」に対して，スラム・クリアランスを実施し，都心の高所得者層の街区を建設しようとしているが，「而れども此区は細民の居ること能わざる処なり。細民は漸く逐はれて此区を逃れ，勢必ず別の悲惨の小天城を成さむ」[20]と，その施策の拙劣さを非難している。

　公衆を無視しては都市衛生はなりたたないと，貧民無視の都市づくりの無慈悲さを鋭く批判している。

　第3に，過密狭小住宅の弊害を指摘し，生活破綻を誘発していると警告し，さらに「今日本にて立都建家の改良を計らんとすれば，宜しく根底より一新するの大事業を起こすべし。是れ地中汚水の排除を以て着手の第一点とし，次で家屋に及ぶの法なり」[21]と，下水道第一を主張し，公衆衛生の視点からも住宅水準・政策を論じている。

　第4に，道路清掃についても，その主体・コスト・技術などを論じているが，道路の条件として「磨滅少なきこと」「磨滅の平齊」「音響少ないこと」「潔めやすきこと」「燥き易きこと」「射温少なき導温多きこと」[22]などをあげている。また「車道の敷材」「人道の構造」などについても論じているが，コストと衛生上からその優劣を論じている。[23]

　第5に，汚物の収集については，その責任は都市と農村では異なるが，都市部については，「個人と市との緊密なる作業を得て始めて功あり」[24]，警察が罰則をもって対応しても清掃は上手にはいかない。

　外国では「掃街の事は一切自治体之を負ふ事となれり」[25]，そのため「市の負ふべき掃除費は頗る大なり」[26]となった。

　また清掃形態については，「請負掃除はまま市掃除より廉なり。而れども不完全を免れず」[27]と，市直接方式をよしとしている。[28]市方式の理由として，「機関清掃は学理を応用し，方法を改善するに便なり。…掃除に人力及び器力あ

り。敷陳宜しきを得たるときは器力を用ゐるに若かず」[29]と，市直営の業務
改善意欲・能力をあげている。

　都市環境主義でも，森鴎外のように汚物・清掃について，「明治維新以来最近
にいたるまで，海外を歩いた日本人は非常な多くの数となろうが，道路清掃の
実体をこれほど細かく観察した例はきわめて少ない」[30]と，驚嘆されている。
これら議論は，政府によって無視されたままで，産業基盤優先の都市づくりを
阻止できなかった。[31]

注

（1）都市経営思想の概念については，高寄・前掲「都市経営思想」1〜37頁参照。
（2）公共経済的視点からみれば，民間企業の設備投資が，旺盛であれば，なるほど都市
　　経済が活性化するが，公的資本が貧弱であれば，交通渋滞による損害・港湾荷役の
　　ロス，都市災害・伝染病の発生など，市民生活のみでなく，企業活動にあたえる損
　　失も甚大である。この"見えざる損失"は，不思議にも市民・企業は鈍感であるが，
　　都市は複眼的視野で，殖産興業策の弊害を払拭し，全体福祉という"公共性"を自覚
　　しなければならない。
（3）要するに都市経営は実践過程で，悪しき都市経営の政治化・企業化・効率化に陥る
　　危険がある。たとえば都市経営の悪しき政治化は，都市経営の施策を歪め，利権行
　　為で都市に甚大な損失をもたらす。また都市経営の安易な企業化は，過剰な開発投
　　資で財政破綻を招く。さらに都市経営の短絡的効率化は，減量経営による市民への
　　負担転嫁となりかねない。対症療法でなく，構造改革・メカニズム変革をもたらす
　　経営化，すなわち経営の質・戦略のセンスを，つねに検証しながら，都市経営をす
　　すめる必要がある。高寄・前掲「都市経営思想」1〜21頁参照。
（4）都市経営論の類型化については，高寄昇三『大正地方財政史下巻』192〜203頁，
　　以下，前掲「大正地方財政史下」，高寄・前掲「都市経営思想」37〜62頁，高寄・
　　前掲「明治地方財政VI」6〜16頁。なお市区改正事業の思想については，前掲「東京
　　百年史II」939〜968頁，高寄・前掲「都市経営思想」72〜93頁参照。
（5）藤森照信『日本思想大系：都市・建築』41頁から引用，以下，藤森・前掲「都市・
　　建築」。
（6）また田口卯吉・福沢諭吉の東京改造論・東京築港論については，前掲「東京百年史
　　IV」941〜949頁，高寄・前掲「都市経営思想」74〜76頁参照。
（7）「東京15区臨時議事録」（藤森・前掲「都市・建築」）10頁から引用。
（8）神田橋本町改良事業については，石田頼房『日本近代都市計画史研究』70〜125頁
　　参照，石田・前掲「都市計画史」。
（9）藤森・前掲「都市・建築」40頁から引用。松田府知事の「中央区画論」について
　　は，石田頼房『日本近現代都市計画の展開』40頁参照，以下，石田・前掲「都市計

画」，藤森・前掲「都市・建築」39〜41頁，

（10）芳川府知事の「市区改正意見書」は，藤森・前掲「都市・建築」60〜85頁参照。

（11）そこには「有力商人や製造業者だけが集まる繁栄の街を画したい……ここに表明された〈囲い込み〉と〈貧富の住み分け〉の2つの考え」（藤森照信『明治の東京計画』82頁，以下，藤森・前掲「東京計画」）が濃縮され，銀座煉瓦街は拡大継承であった。

（12）藤森・前掲「都市・建築」413頁。

（13）そこには都市環境論も都市空間論も脱落し，総合的都市計画論はなく，それだけでなく都市づくりへの戦略的要素とか，都市経済メカニズムへの公共性の抵抗要素とかいった，現実の都市形成の葛藤などは，消去された都市論であった。思想的にも政策的都市づくりのシステム創出は不可能であったが，その思想は，物理的基盤整備法として，そのまま都市計画法に継承されていった。藤森・前掲「都市・建築」429〜454頁参照。

（14）都市社会主義思想については，高寄・前掲「都市経営思想」94〜183頁参照。

（15）実践的都市経営論は，大正期の後藤新平の都市経営論と昭和期の関一の都市経営論では，かなり異なるが，ともに事業型都市経営論であり，岡実などの政策型都市経営論とも相違点がみられる。高寄・前掲「都市経営思想」184〜607頁参照。

（16）ビーアド博士の政策科学型都市経営論については，ビーアド博士『東京市政論』以下，ビーアド博士・前掲「東京市政論」。高寄・前掲「都市経営思想」608〜647頁参照。

（17）森鴎外の都市衛生論につては，石田頼房『森鴎外の都市論とその時代』（日本経済評論社 1999年）参照。

（18）仙台市・明石町の事例は，日本下水道協会下水道編さん史委員会編『日本下水道史・行財政編』（日本下水道協会 1986年）37・40頁参照。

（19）柴田徳衛『日本の都市政策』33〜37頁参照，以下，柴田・前掲「都市政策」。

（20）森鴎外「市区改正論略」（『鴎外全集』第29巻，岩波書店 1971年）394頁。

（21）森鴎外「日本家屋説自抄」（『鴎外全集』28巻 岩波書店 1974年）47頁。

（22）森鴎外「街衢の敷陳」（『鴎外全集』18巻，岩波書店 1955年）316・317頁。

（23）同前317〜319頁参照。

（24）〜（27）森鴎外「街衢の灑掃」同前323頁。（28）同前323頁参照。（29）同前323・324頁。

（30）柴田・前掲「都市政策」37頁。

（31）この点について，「今日からみても相当高い水準を示すが，不幸にしてせっかくの日本への紹介もそれを受け入れる社会基盤が薄く，これを受けつぎ発展させる研究者・政治家も十分得られないで終わってしまった」（柴田・前掲「都市政策」37頁）と悔やまれている。思想として優れていても，現実の行政を覆し，実践することはきわめて困難なことであった。

反都市思想と農本主義

　第3の類型として，反都市主義の思想で，限定された国家資源を，国策として農村・郡部・農民に優先的に投入するため，農本主義による反都市・非都市の思想が培養された。大久保利通の士族授産・農村振興の思想の影響を受けたともいえる。

　しかし，政府施策は，農業振興をめざしたが，それは国策によって犠牲となった農村・農民の救済という矛盾の施策であった。内務省の施策をみても，明治の地方改良運動・大正の民力涵養運動・昭和の経済更正運動でも，農村は救済されず，農民はより悲惨な状況に陥っていった。[1]

　第1のタイプは，「農本主義思想」である。思想としては，都市を「農民の共同墓地」「貧民の巣窟」と非難し，都市の存在価値を否定し，国家経済は農業経済を基礎とすべきで，国策として農業振興・農民救済が優先され，実際，政府は時代のニーズを汲み取り，精神運動・農業振興策注入を推進していった。[2]

　第1の課題として，農本主義の思想をみると，第1に，「農本主義論」の思想によって，政府施策の基調は農村重視となったが，農村財政は国策の負担で悪化していった。松方デフレ後の明治18年2月，山県内務卿の「地方経済改良ノ議」，また同年4月，山県内務卿・松方大蔵卿連名の「区町村費節減ノ議」をみても，有効な町村財政再建策は提示されなかった。

　中央省庁の官僚も，「農村型社会」の発想をベースとして，農村経営・町村財政を指導していったが，農村経済の構造的矛盾には眼を閉じて，農村振興策を注入するだけで，農村の疲弊が治癒されることはなかった。

　第2に，都市・農村とも矛盾を深めていったが，地方振興の担当官庁内務省の苦悩も深刻であった。内務省関係の多くの啓蒙書が刊行されたが，減量経営的・精神運動的な指針であった。

　ことに日露戦争後，政府は，「地方自治体経営の積極的経営指導論が強調されるに至った」[3]が，地方局編『模範的町村』(明治36年)，『37・38年地方経営大観』(明治40年)，『地方自治要鑑』(明治40年) など，啓蒙書を盛んに刊行していった。農村構造改革はなく農民困窮は放置され，農村再生は幻想で，模範的

農村経営で救済されるのは，例外的町村でしかなかった。

　第3に，内務省地方局編纂『地方経営小鑑』（明治44年）は，その序文で，地域振興のみでなく，事務の改善まであらゆる施策を説いているが，「問題の核心にふれることなく地元住民の刻苦勉励にその解決を委ねた」(4)が，個人が生活費節減で捻出した財源は，義務教育補助廃止の補填で消え，政策科学的にみても農村が，豊かになるはずがなかった。

　第2の課題として，農本主義の施策対応をみると，第1に，政府は農業基盤整備・勧業事業融資などの施策で，地主・小作問題の構造改革，農民の公課軽減もすすまなかった。要するに農村救済より農民搾取のメカニズムがより強力に作用していた。丁度，都市経済における公私資本アンバランスから，都市問題が深化していったのと同様であった。

　第2に，政府がすすめる農村経営といっても，補助・融資による農村振興・財政再建をめざしたが，農村の経営努力で解決できる類ではなかった。しかも農村救済策は提唱されるが，政策合理性にもとづいた財源注入はなく，発生した構造的歪みの彌縫策のみが強調された。

　結局，政府施策も優良町村表彰とか，零細補助の散布の類であった。むしろ日露戦争の「戦後経営として国民組織の再編成をはかろうとしたもので，…地方改良運動へと展開していった」(5)が，成果はみられず，やがて昭和期の経済更正運動へと連動していくが，成功をみていない。

　第3に，国家との関係で，地方団体の運営方針・首長・議員・職員の精神の理論化したのが，内務官僚井上友一の『欧西自治の大観』（明治39年），『自治要義』（明治42年），『自治之開発訓練』（大正2年）などで，上から包摂を狙うものであった。(6)

　これらの意図するところは，農村社会の共同体意識の涵養による報徳精神の実践であったが，農村問題解決への寄与はわずかであった。要するに農村と都市との連携でなく，農村の疲弊を，都市集中に責任転嫁し，都市を蔑視・非難することで，農村の再生・農民の奮起をうながす姑息な施策をめざした。

　第2のタイプが，「都市否定論」の思想である。第1に，国策設定のメカニズムは，都市整備より国益優先の思想で，市区改正条例・都市計画法制定過程に

あって，その法制審議会で主張された，軍備優先・民力休養から都市整備の抑制を主張した，国策・企業優先論である。

都市整備事業は都市の装飾であり，緊急性のない無駄な事業と執拗に反論を展開している。都市否定論は財源抑制では，説得力がないのでやがて，大都市集中への批判，さらにエスレートさせ，過激な大都市過大・過密都市論となっていった。

第2に，国家財政のメカニズムは，民間優遇・公共冷遇で運用され，民間企業の都市集積を財政メカニズムで阻む意図はなかった。すなわち市場メカニズムによる都市集積メカニズムを，公共メカニズムによる地方分散メカニズムで是正する，高次の政策的対応は欠落していた。

ただ心情的に地方・農村の疲弊救済を口実として，地域開発による国土の均衡発展を提唱していったが，本音は民間企業の東京一極集中による国家経済の成長であった。国策として民間経済抑制より，都市財政・都市整備削減が主張されたが，実効性のない施策では都市集積は阻止できなかった。

第3に，国土開発のメカニズムは，昭和期の戦時体制下では，国土計画論への発展していき，都市・農村とも固有の存在価値を抹殺され，国策への追随を強要された。国家経済の振興のため，その経済資源の拠出となった。都市では築港・道路事業のため，都市環境・公営企業などが犠牲となった。

第3のタイプは，「擬似都市経営論」である。内務省もまったく都市と無縁ではいられない。しかし，都市問題・都市政策・都市経営に直接的に論及する意欲・自信もなかった。内務省地方局『欧州大陸市政論』（明治32年）などは，一連の先進欧米著作を翻訳し，地域経営への意識普及を図っていった。

そのなかで，内務省サイドの都市経営に関係の深い注目すべき出版として，第1の著作が，井上友一の『都市行政及法制・上下』（明治44年，1911年）である。都市問題の深化・都市社会主義の普及などに対して，内務省としてどう対応するか。正面から土地問題・都市財政・公益企業などの政策を論ずるには，中央省庁として限度があった。

したがって同書は，一般的啓蒙書と同様に欧米の都市政治・行政を制度・運用面から，施策を類型化し，そのメリット・デメリットを指摘しながら，都市

は中央統制の枠組みのなかで，国家の分任機関として，政府施策に協力すべきであるとの懐柔策でもあった。

第1に，地方行政の基本的構造として，中央集権主義・地方分任主義として，分任主義を認めるが，都市自治体の権限も国家統治権から委任であるとの論理から，自由放任主義でなく保護関与主義を，今日の都市膨張から暗に推奨している。

第2に，都市行政の類型として，協同主義（保護主義），民主主義（実利主義），政治主義（利権主義）に分類し，明確な選別はしていないが，協同主義に同調している。しかし，都市問題などは，心情主義で解決できるはずがなく，政策科学的に対応すべき対象である。

第3に，都市行政における個別問題にも論及しているが，興味をひかれるのが，公益企業を収益行政とみなし，公営・民営比較論を展開している。民営企業の弊害から都市公営主義を紹介しているが，対応として放任主義・制限主義があるとの法制論に止めている。まして日本の公益企業施策が，どうあるべきかの論及はない。

第4に，都市行財政の土地税制・人事管理についても論じているが，決して都市自治権を尊重したものでない。たとえば地方債発行について，フランスの立法監督・米英の立法制限主義を紹介しているが，地方債は個別許可主義を遵守すべとしている。

理由は勧業銀行・農工銀行さらには郵便貯金融資もあるからとしている。起債許可とは異なる次元の融資問題であり，的はずれの論理の展開である。[7] 最終的には都市政策・都市経営の視点から，都市行財政課題の解決は，これらの理論・記述からは，困難とみなさなければならない。

第2の著作が，内務省地方局有志編纂『田園都市』（明治40年，1907年）である。第1に，ハワード（E.Howard）の田園都市をモデルに，都市と農村の融合による地域問題の同時解消をめざしたもので，善意に解釈すれば，「『富国強兵』への道でなくて，『富国富民』，豊かな自然と文化に彩られた田園都市国家建設への平和的な道についての夢だった」[8]といわれている。

『田園都市』は，都市問題を周辺都市への分散で処理しようとする対応策で，

田園都市によって都市問題が解決されるかの幻想を抱かせるが，政府は実効性のある分散施策を注入しておらず，むしろ殖産興業・民間優遇の政府施策によって，都市集積メカニズムは，分散メカニズムにより，はるかに遅しく，問題が解決されるはずがない。[9]

第2に，『田園都市』論は，都市・農村問題を政策科学的に解決する実効性がきわめて薄く，願望論であり，都市への偏見に満ちた思想である。政府の都市政策の怠慢を棚上げし，都市の貧民窟・不道徳を非難し，都市化への意図的な警鐘を提唱している。

さらに精神論でもって都市・農村の蘇生をめざした。「同胞の互い一致戮力して，斉しく誠実勤勉の美徳を積み，協同推譲の美風をなして，隣保相互の福利を進め」[10]と，『田園都市』序文で，都市・農村の繁栄を築くとしている。最終章の「わが邦田園生活の精神」は，農村篤志家の美徳・功績による農村改良運動へ連動させ，農村救済をめざすとしている。

内務省の『田園都市』は，内務官僚の都市へ正常な認識を歪め軽視し，都市計画法の内容を形骸化させただけでなく，地方財政にあっては国庫補助金の都市冷遇・農村への傾斜配分となり，都市形成への阻害要素となった。

第3に，井上友一の『自治要義』によると，都市農村の共栄共存をめざしており，その実施思想は，「協同主義」で「国家と地方団体との協同主義」「名望家行政と専門行政の協同主義」「富者と貧者の協同主義」といった古色蒼然としたものであった。[11]

注

（1）内務省・農商務省の農村振興策については，高寄昇三『明治地方財政第5巻』397〜422頁，以下，高寄・前掲「明治地方財政Ⅴ」，前掲「内務省史Ⅰ」273頁，前掲「内務省史Ⅱ」437〜456頁，509頁，高寄・前掲「大正地方財政史下」139〜150頁，高寄・前掲「昭和地方財政Ⅳ」335〜394頁参照。

（2）地方改良運動については，前掲「明治地方財政Ⅵ」377〜384頁，前掲「明治地方財政Ⅴ」390〜422頁，民力涵養運動は前掲「大正地方財政史下」139〜150頁，経済更正運動は高寄昇三『昭和地方財政史第4巻』335〜394頁，以下，高寄・前掲「昭和地方財政Ⅳ」。なお農本主義論争については，高寄・前掲「都市経営思想」294〜

301頁参照。
（3）前掲「内務省史Ⅱ」97頁。
（4）高寄・前掲「都市経営思想」64頁。
（5）前掲「内務省史Ⅰ」259頁。
（6）井上友一の地方改良論については，小路田泰直『日本近代都市史研究序説』192〜
194頁，以下，小路田・前掲「都市史研究」。
（7）井上友一『都市行政及法制下』494〜496頁参照。
（8）内務省地方局有志『田園都市と日本人』（『田園都市』復刻版，講談社 1980年）解
説7頁。
（9）田園都市批判については，高寄・前掲「明治地方財政史Ⅵ」6〜12頁参照。
（10）内務省地方局有志『田園都市』序文1頁。
（11）井上友一は「都市の発達は農村の衰退を意味する」（「自治要議」井上会編『井上
博士と地方自治』56頁）が，政府の農村振興策によって，農村都市は「二者両存併
立の策を促がすに至れり。都鄙何れを問はず，自治の精神によりては将来力を竭し
て之を作興せざるべからず」（同前56頁）と，都市農村を対立関係とはみなしていな
いが，机上演習論の域をでないのではないか。地域の現実は，国策の過重な負担金
で，農村のみでなく都市も疲弊していった。都市政策をめぐる理論は，井上理論は
都市経営を認めるが，国家の枠組み・指導のもとでの都市経営であり，田園都市論
は都市問題解決策でなく，分散主義による非現実的理念に過ぎない対応策であった。

殖産興業の地域振興効果

　明治初期，都市は政府直轄事業の拠点開発事業に対応して，都市振興・都市
整備を実施し，都市経営への兆しがみられたが，政府殖産興業は圧倒的な感染
力で，地方開発志向の思想を浸透させていった。しかし，政府の地域開発施策
は政策的効果からみて大きな欠陥を内包していた。

　第1の欠陥は，「国家施策の矛盾」である。第1に，政府殖産興業の資金は，農
民の過重な負担から捻出され，地域疲弊をもたらしたが，その窮状救済のため
勧業施策の注入という矛盾である。さらに都市にあっても，政府の民業保護は，
大企業・財閥が肥大化していき，所得・地域格差拡大をもたらし，都市問題は
拡大したが，政府は民業保護を止めなかった。

　第2に，政府殖産興業策の被害者救済としての士族授産・勧業貸付事業は，
「武家の商法」で失敗をみ，地域経済の自主財源枯渇をもたらした。財源に限度
がある以上，政府施策は，自ら播いた矛盾を，政府施策で治癒していこうとし

たが，恩恵者である企業・高所得者層から収奪しないかぎり，都市も農村も浮かばれなかった。

第3に，政府施策による農村疲弊・地方衰退の救済策として企業・高所得者層への課税強化，農民・農村の負担軽減という財政改革は実践されなかった。その失敗の責任を，都市経済成長に転嫁し，都市成長を罪悪視する風潮がひろがった。農民搾取の責任を都市に転嫁し，スケープゴートに仕立てていったが，この誤謬の偏見は，以後，現実に過密過大都市論・大都市財政富裕論となって，直接的被害をともなって，都市を追い詰めていくことになる。

第4に，政府施策は都市・農村を，対立・利害相反と仕立てているが，地域関係にあって都市・農村を，連携・相互関係としてとらえなければ，都市・農村問題も解決できない。柳田国男の『都市と農村』も，相互理解による問題解決をすすめている。

実際，「農業を保護してそれで農村が栄えるならば，現代の保護は可なり完備して居る」[1]と，勧業施策を皮肉っている。したがって殖産興業施策といっても，まず農村への財政支援による農民負担軽減が，勧業施策より実効性のある施策の前提条件であった。[2]

第2の欠陥は，「地方振興・開発の偏重」である。政府施策は，政策的合理性なき過剰な開発促進・性急な地域振興によって，郡部・農村は政府施策に組み込まれていった。政府首脳の思惑とか，上層部官僚の発想とかで決定され，合理的な政策科学の論議にもつづくものでない。

第1に，国土開発施策は，北海道拓殖に加えて，政府は戊辰戦役の贖罪から，東北開発を鋭意すすめていったが，多く事業が国費の浪費となった。[3]さらに当時，不平等条約による貿易収支赤字に，悩まされていた政府にとって，生糸貿易による収支改善は至上命題であった。そのため生糸生産地の北関東開発が重要課題となったが，最終的には地域開発による国土の均衡発展をめざした。

第2に，地域経済は未成熟で，過剰な投資・融資を有効活用できなかった。公共投資・融資は無駄な支援となり，本来の効果を発揮できないままであった。一方，都市では公共資本不足で経済活動・市民生活は大きな損失を被っていた。[4]その間に経済環境は変化し，交通では水運から鉄道へとなり，起業

資金による先行投資の河川・道路投資の効用は激減した。

第3に，政府の地方・農村偏重施策の現実をみると，政府投資・融資は無駄の増殖で，地方・農村の疲弊をかえって深化させており，マクロ経済・財政からみても由々しき問題である。

内務・農商務省の勧業施策をみても，誤解を恐れず評価すれば，構造改革を棚上げして，彌縫策を講じて自己満足しているだけである。政府施策は，性急で地域無視の上からの強要で，現地総合性がなく，ほとんどの事業の効果は小さい。政府施策でも地元負担が発生し，地域独自の施策への財源不足となり，ますます地方・農村の救済を困難にしている。

第4に，結果として農村の疲弊はすすみ，都市は貧困農民層の流入によって，都市問題の肥大化に悩まされた。都市として政府施策の失敗を糾弾し，積極的に政府施策の是正を求める必要に迫られたが，農村はもちろん，都市・民間にあっても，政府批判は低調であった。都市経営といっても，国策の被害を如何に最小限に食い止め，実利を確保する受動的対応に終始してしまった。

第3の欠陥は，「民間資本優遇の経済振興」で，周知のように政府資金は直接的投資から，官業払下・企業貸付金・勧業施策など，間接的保護・奨励策となったが，政商・企業とならんで府県・郡部への重点配分となった。

第1に，後にみる銀行会社人民貸付金（55頁注14参照）をみても，府県とならんで，三菱・三井の大企業，渋沢栄一・五代友厚などが，多額の融資を受けているが，都市への公的資金は欠落していた。公的資金の配分の適正化・有効性が問われる杜撰な運用であった。

第2に，政府補助は，台湾征討・西南戦役などで，巨額の三菱助成がなされ，多くの政商が誕生したが，さらに官業払下は露骨な財閥助成であった。[5]しかし，大企業となった政商が，公益資本主義を実践し，その利益を公共還元しなかった。もっとも安田善次郎などの個人的寄付行為はあったが，制度として軽微な所得税で，依然として高所得者層は優遇されたままであった。

第3に，明治前期の秩禄処分・士族授産にしても，有力者への傾斜配分であったので，余剰資金の活用が問題であった。都市部では銀行・公益企業への投資が比較的安全であったが，郡部では政府・府県は開墾事業とか農業関連会社と

かへの投資を奨励し，多くが事業経営の失敗をみている。[6]

　そのため政府がお膳立てしたのが，民営鉄道会社である。東海道は政府資金で建設されたが，資金切れとなり，以後，上層華士族の秩禄処分資金による，民営鉄道奨励となった。代表的事業が，東京青森間の日本鉄道会社などへの手厚い政府助成措置が注入され，全国的な鉄道建設ブームとなった。[7]

　第4に，都市は公私資本のアンバランスに喘いでいたが，私的企業は虚業として利益追求を反省し，公共負担を受任する意識はなかった。[8] むしろ地域社会（都市・農村）を犠牲にし，市民・農民の生活を破滅させながら，企業膨張がなされた。

　都市経済メカニズムにあって，私的投資に対して公的規制を媒介として，社会（公共）利益への寄与する公的施策は実施されなかった。公的措置を強いてあげれば，水道公営主義による補助金と市区改正条例の特許命令分担金（民営交通の道路拡幅分担金）ぐらいであった。

　第5に，都市に致命的打撃となったのは，地租賦課の据置である。明治政府の地域対策は，都市にとって次第に政策的合理性を喪失していった。明治3年に神田孝平が「田租改革建議」を提出し，地租改正事業によって封建的土地制度を打開したが，その後，都市宅地の暴騰によって，地租制度は近代的制度の資格を喪失していった。[9]

　このような都市宅地地租の軽課は，実質的には民間負担の軽減であり，都市への企業立地促進の誘因となった。さらに明治20年所得税が創設されたが，最高税率3％で譲渡所得課税などはない。32年法人所得税が創設されたが，税率2.5％に過ぎなかった。

　第4の欠陥は，「国土形成における不均等発展」である。地方経済の底上げか，「経済効率化の達成」をめざして，一極集中・大都市優先かの，二者択一とみなされているが，政策的には都市振興と農村救済は，二律背反でなかった。

　第1に，公共メカニズムによって，大都市で公課強化をすれば，都市経済の集積は抑制され，郡部で公課軽減を実施すれば，地域経済余力で地域産業の育成が培養される。

　しかし，政府施策は大都市では企業負担軽減（地租実質的軽減），郡部では地

域負担強化（戸数割過重方式）で，都市も郡部も地域財政力は活力を喪失していった。民間経済のみが恩恵を満喫し，都市部への企業集積はつづき，「分散メカニズムの機能不全」と化した。

　第2に，政府の地域開発は，都市基盤整備を抑制すれば，地方分散メカニズムが作用するという稚拙な発想であったが，集積のメリットは企業が享受し，集積のデメリットは，都市・市民へ転嫁されたので，民間投資の都市集中がつづいた。

　民間産業資本への奨励措置抑制がなければ，分散施策達成は不可能であった。政府の融資・公課における民間優遇で，国土構造の歪みを増幅させていった。にもかかわらず過った分散施策は，昭和期になると，国土計画における過大・過密都市といった，非科学的大都市抑制論となった。[10]

　第5の欠陥は，「政府施策の杜撰な浪費」である。膨大な国費が散布されたが，その効果は疑問であった。第1に，明治初期の都市拠点開発事業は，鉄道布設・港湾造成をみても，それなりの需要があり，投資効果を発揮したが，10年代以降の地方開発・勧業奨励は，先行投資型で約半分はムダな支出という，杜撰な結果（53・54頁参照）となった。

　第2に，厄介なのは，政府は条約改正・農村救済といった国策を大義名分として，投資・融資効果を犠牲にしてでも，事業化の遂行をすすめていった，政府の暴走である。しかし，条約改正のための銀座煉瓦街とか，東北開発のための宮城・野蒜港が最適選択であったか疑問である。

　国策として長期・波及効果を免罪符として，無駄な施策が実施されるのは，最終的には国民負担への転嫁となり，都市経営への阻害となる。

　第3に，政府公共投資の拙劣性である。政府投資は，政策的戦略はなく，国策的視点から施策選択をするだけであった。港湾施策（表24参照）における地方港湾の優先・優遇的築港が代表的である。

　しかし，より巨額の施策選択のミスは，鉄道政策でみられる。直轄事業方式の官営から補助金・奨励金による民業奨励・保護施策へ，さらに民営方式の欠陥・弊害から，明治39年の鉄道国有法にもとづく公共性重視の官営と変化している。

このような一貫性のない鉄道施策は，誤謬の選択となり，政府民間鉄道買収で2億円の公費の浪費（49頁注11参照）を生み，また都市自治体も民営電車買収で，大阪以外の五大都市でも約0.7億円の損失（411頁注20参照）と，政府・自治体とも政策ミスから巨額の損失を被っている。「政策選択のミス」が，如何に巨額の浪費をひき起こすかの実例である。[11]

　第4に，政府施策による国庫のムダは，明治・大正・昭和とますます肥大化していったが，政治家・政府官僚の政策科学欠如の産物であったが，都市への抑制措置は強化されていった。やがて都市・農村をめぐる不毛の対立を増幅させていった。

　第6の欠陥は，「都市開発・整備の財源不足」である。政府殖産興業の基調が，地方開発・農村振興へとスライドしたことは，政府投資・融資の都市への絶対額が削減された。しかも民間企業の保護施策は持続拡大されたので，直接的には都市問題悪化の要素となり，間接的には都市公共資本の劣化となった。

　第1に，明治前期，都市振興にあっても，政府資金が死命を握っていた。卑近な事例は，京都再生をなし遂げたのは，明治3年のたった10万円の政府の産業基立金であった。明治10年代には政府の投資・資金は，都市への注入は限られたが，都市サイドからみると，政府の地方開発・地域振興は，放漫な投資・資金の散布をつづけており，都市として納得しがたい無駄が目立った。

　第2に，都市振興の財源は逼迫していった。もっとも政府措置のあった，東京銀座煉瓦街・市区改正事業は，一応，財源手当がなされたが，京都の文化産業振興と疏水事業では，財源不足は歴然としている。

　築港にいたっては明治初期横浜・神戸の築港申請は，政府の門前払いにあい，大阪・名古屋築港も目途がたたない状況にあったが，地方港の築港へはかなりの国費の散布がなされた。

　第3に，都市での公共資本需要はきわめて旺盛で，その投資効果は絶大である。民間企業は，都市公共資本が脆弱であれば，企業経済活動のマイナスは肥大化する。対応策としては，都市財源は国庫に大半吸い上げられたが，都市公共資本への受益者負担を強化すれば，財源は十分に調達でき，分散のメカニズムも稼動し，国庫も恩恵を受け，企業もまた生産活動効率化のメリットは大きい。

この都市経済における公共メカニズムの発動を，政府は活用しなかった。卑近な事例が都市港湾のポート・オーソリティー方式による築港方式であった。残る手段が都市による都市経営の実践であった。公共デベロッパー・区画整理・公営企業・法定外普通税などによる，開発・集積利益の都市還元であり，すべてが「都市の選択」として「市長の決断」にかかっていた。

注

(1) 柳田国男『朝日常識講座第6巻・都市と農村』（朝日新聞社 1929年）49頁。

(2) 農村財政支援・貧困農民層の救済といっても，現実の政府施策は十分に機能していない。勧業奨励策といっても，地元負担がともない，農村の起業資金を奪って実施されている。明治14年の義務教育補助廃止でも，都市より農村の打撃ははるかに深刻である。大正7年義務教育国庫負担制度が遂に実現したが，文部省は教員給与引上げを強要したので，かえって町村財政の負担額は膨張した。高寄昇三『大正地方財政史上巻』208〜315頁，以下，高寄・前掲「大正地方財政上」，高寄昇三『明治地方財政史2巻』188〜217頁参照，以下，前掲「明治地方財政Ⅱ」。また昭和15年，念願の財政調整制度として地方分与税が創設されたが，国税が自腹を切って財源を確保したのでないので，貧困町村は救済されたが，中間町村の財政力は低下し，都市財政は全般的財源喪失となった。高寄昇三『昭和地方財政史第3巻』178〜235頁参照，以下，高寄・前掲「昭和地方財政Ⅲ」。

(3) 北海道拓殖・東北開発については，蝦名賢造『北海道拓殖・開発経済論』（新評論 1983年）27〜69頁，岩本・前掲「東北開発」15〜41頁，大霞会『内務省史第3巻』671〜699頁参照，以下，前掲「内務省史Ⅲ」。なお明治期の国土開発については，松浦茂樹『明治の国土開発』2〜46頁参照，以下，松浦・前掲「明治の国土開発」

(4) 典型的な事例としては，明治初期，横浜・神戸港はともに政府に築港（事業費30〜40万円）を要望したが，財源不足を口実に拒否された。一方，宮城・野蒜港（68万円全額国庫），福井坂井港（23万円，国庫補助金率63％）実施されたが，地域経済の成熟度を読み間違って，無駄な投資となっている。

(5) 民業支援の典型的事例は三菱助成である。「征台役のため政府が購入し三菱に運輸を委託した船舶13隻を無償で下渡し，また運航費助成として1ヶ月25万円を下附することゝしたのである。次いで郵便蒸気船会社の解散に際して，同社の汽船18隻を政府は32万5千円をもって買上げこれを三菱に下附し，また太平洋郵船会社上海支線の船舶及び神戸・上海の倉庫等を買取らしめるため70万弗を貸下げた」（土屋喬雄・岡崎三郎『日本資本主義発達史概説』263頁；有斐閣 1937年）。これら援助は800万円以上になり，そのうち約390万円は返済不要の助成金であり，残りの貸下金も無利子・低利で，しかも10〜50年の長期年賦返済であった。要するに企業支援は当時の国際経済状況からみて已む得ざる措置としても，無利子融資にとどめるべきであっ

た。なお大蔵省の三井保護政策・内務省の三菱保護政策については，大江志乃夫『日本の産業革命』19〜24頁参照，以下，大江・前掲「産業革命」。

(6) 明治前期の府県殖産興業事業については，梅村・前掲「殖産興業政策」265〜294頁，前掲「内務省史Ⅱ」439〜458頁，高寄・前掲「明治地方財政史Ⅰ」185〜197頁参照。

(7) 東京—青森間の鉄道敷設のため，華族出資2,000万円の日本鉄道会社が明治14年に設立された。「沿線必要なる官有地は無代貸下げ，民有地は一旦公用地として政府で買上げて会社に払い下げ，鉄道所属の土地は国税を免除し，株金払込後は払込資本金に対し開業までは年8分の利子を下附し，開業後収益率年8分以下なる時は，東京—仙台間は10ヶ年間，仙台—青森間は15ヶ年間政府よりその不足分を補給することを約束した」（土屋・岡崎前掲「日本資本主義発達史」262頁）のである。

(8) 近代日本における「実業」観念の特質・矛盾については，長・前掲「日本経済思想史Ⅰ」157〜185頁参照。

(9) 政府は都市地租の積弊を指摘し，さらなる改革を実施しなかった。地租時価課税方式は，農民負担過重をきたすと危惧したからであったかも知れないが，地租では田畑・宅地は区分されており，その心配はなかった。しかし，「改正地租が台帳主義を採り，地価の一般的更改を怠ったため，地価の固定化を伴ひ，町村がその地の時々の土地価格の変動に適応して課税することを妨げられ，土地課税の弾力性を一層多く害された」（藤田・前掲「地方財政成立」32頁）が，付加税主義のもとで課税自主権が欠如した自治体ではどうにもならなかった。地租評価は据置かれ，日本の都市問題は解決されず，地方自治体は，「財源なき」状況で，都市問題との苦闘を余儀なくされた。都市地租をみると，明治44年度六大都市地租割55.5万円で，所得税割172.9万円，営業税割204.5万円と比較しても少ない。時価賦課方式では少なくとも5倍，277,5万円となる。なお東京市内の地租収入は国税236.6万円，府税41.8万円，市35.7万円（市区改正特別税地租付加税28.7万円含む）で，国税の15.1％，約7分の1しかない異常な状況であった。高寄・前掲「明治地方財政史Ⅵ」161〜177頁参照。

(10) 戦前・戦後にわたる国策としての政府による地方優先・大都市抑制の国土開発の系譜につては，高寄昇三「地域開発思想史Ⅰ〜Ⅹ」『甲南経済学論集』（第33巻1号〜第39巻2号）参照。

(11) 政府補助で奨励した民間鉄道も，明治後期には政府買収によって，政府は二重の支出を強いられる。明治39・40年になると，買収日の建設費の6営業期間の益金平均割を乗じ，その額の20倍を基準としたので，資産価値の2.0〜3.0倍という高額買収となり，主要9社を買収時建設費推計1億9,428万円を4億381万円で買収しているが，官営方式を貫いていれば，約2億円の損失は避けられた。高寄昇三『近代日本公営交通成立史』28〜35，276〜283頁参照，以下，高寄・前掲「公営交通史」。地方自治体も，政府の失敗を目撃しながら，都市における民営交通の容認，その後，民営交通買収による公営交通創業という，政府失敗という前車の轍を踏んで，約0.7億円の損失をみている。もっとも大阪市のみは直接的創業方式で，巨額の創業者利得を懐に収めることに成功する。

政府投資・融資と経済開発効果

政府の殖産興業施策の欠陥・弊害をみてきたが，明治前期，政府が直接・間接的に投入した殖産興業費は，「明治元年から工部省の廃止される18年までの中央・地方財政における殖産興業関係資金は合計2億1,000万円」[1]の巨額に達したが，秩禄処分の1.7億円のうち投資資金への転用が4分の1として約4,000万円で，合計約2.5億円弱になる。

この巨額の財源配分は，政策的合理性の欠落した，過剰な国策意識のもとでの膨張的散布で，都市にあっては民間経済の肥大化・都市公共資本の脆弱化をもたらす要因となった。個別施策を分析して，都市投資・資金の打開を模索してみる。

第1の施策は，政府直轄事業による直接的投資である。第1に，明治初期，工部省の政府投資（明治3～18年度）は，総額2,972万円で。内訳は鉱山932万円で大都市への投入はなかったが，鉄道1,429万円で，東京・横浜298万円，大阪・神戸445万円，京都・大阪287万円など，約1,030万円で3分の2を占めていた。官営工場245万円で東京の赤羽工作分局など101万円，兵庫造船所82万円など183万円で，六大都市合計1,203万円の比率は，40.5％と高い比率であった。[2]

ことに大都市は，鉄道が明治初期に整備されたので，地域経営で優位であった。その後，都市への政府直轄事業は縮小したが，企業成長力・地勢的吸引力によって，集積メカニズムを増幅させていった。

第2に，内務省の勧業投資（明治8～13年）は，総額1,037万円であるが，施設費は約200万円で試験所80万円，牧畜79万円，紡績製糸工場81万円，その他39万円である。施設の多くが東京に立地し，89万円の投資がなされ，愛知紡績4.4万円などを加えた大都市分115万円と55.7％を占めた。[3]

内務省の殖産興業策は，明治初期，模範的農場建設とか農業試験所などが主流であったが，富岡製糸・千住製絨・愛知紡績などは，地域経済の起爆剤となった。これら施設は農商務省に引き継がれ，やがて勧業奨励の農業振興へと重点は移っていったが，大都市は資金力と起業力を活かし，紡績工場などが創設さ

れ，都市経済の牽引力となった。

第3に，陸軍・海軍省も，積極的整備拡充を図っていった。工部省の官営企業以外に，官営軍事工場では，大都市に陸軍省の東京・大阪砲兵工廠，海軍省の神戸小野浜造船所・東京兵器製造所などが設置された。[4] これら施設は，都市機械産業育成の要素となっていった。

第4に，注目すべきは，明治初期，政府直轄事業は，都市への傾斜投入であったが，明治10年代になると，政府の直轄事業の潮目も変わった。政府は明治11年に起業公債1,250万円を発行し，起業基金（54頁注5参照）を設置する。手取金1,000万円を得，そのうち120万円が東北を中心とした地域開発拠点事業に投入された。残余は鉱山開発・勧業貸付となった。[5]

第5に，政府の勧業関係総支出は，明治18年までの総額2億942万円と集計されている。経常支出4,244万円，臨時支出9,268万円，別途金（資金）7,269万円であり，別に地方財政の府県勧業費164万円がある。[6]

勧業貸付金・政府直轄事業費・北海道拓殖費などが大口であり，大都市への投資は一部であったが，都市経済力が直轄事業・貸付金を都市経済に有効に活用していった。地勢的利点もあったが，既存資金・技術・精神が成長をうながした。

逆に地方・郡部での起業化はハンデが大きく，地域経済の活性化へ政府投資・資金を連動させるには，地域経済の成熟が不可欠であり，施策実施はいずれにしてもリスキーな事業であった。

第2の施策として，政府の国庫補助金は，それほど大きくはない。第1に，明治前期は政府直轄事業費が，大きな支出額を占めていた。居留地造成・港湾整備・道路建設も，府県経由の代替施行であるが実施された。

第2に，明治第1期から12年度までの政府地方財政関連支出をみると，開拓使1,364万円，三府開港地707万円，諸県4,277万円，土木費1,475万円，救助勧業貸出579万円，教育・警察・営繕費など2,110万円の合計1億512円である。大都市への投資は三府開港地であるが，第8期にはなくなり，一般費に吸収されている。[7]

第3に，国庫補助金は，明治11年度でみると，府県土木下渡金124.6万円など

合計930.2万円である。府県補助がほとんどで，町村補助はあっても府県経由方式で府県補助として処理されている。

公共投資への国庫補助は，地域での災害復旧・地方振興の点から切実な要望があったが，政府サイドとしても，地方支配のため人事権とともに補助金配分を通じて，地方を操作する有効な手段であった。[8]

そのため松方デフレによる廃止後，不死鳥のように土木補助は甦っているが，教育補助は消滅したままであった。

ただ土木補助をみると，府県ベースで処理されていたので，明治18年度府県土木補助は，全国合計34万3,271円，六大府県6万4,085円で構成比18.66％で，人口比19.85％からみて高い比率ではない。むしろ明治10年以降は政府直轄事業で北海道拓殖・東北開発があり，圧倒的地方優遇といえる。

第3に，明治前期，公的補助より大きな問題は，民間資本への補助で，先にみたように三菱（48頁注5参照）・日本鉄道会社（49頁注7参照）は，都市補助よりはるかに優遇された。[9] これらの優遇措置によって，大企業が形成され，大都市経済は膨張したが，必ずしも大都市財政への還元は大きくなかった。

第3の施策として，政府融資をみると，政府は財政不如意にもかかわらず，直接投資に加えて，間接的資金援助がなされた。ただ政府資金融資をみると，殖産興業・士族授産・民業保護など，施策融資の比重がきわめて大きく，都市整備融資は皆無にちかかった。[10]

しかし，明治初期，都市民間企業融資については，為替会社・国立銀行などの機関設置で整備されていったが，地方団体への政府融資機関は創設されなかった。[11] 明治前期の政府貸付金は，多様・多彩であるが，政府内部の相互融資・救済貸付金など除外して，典型的勧業関係資金（表1参照）のみについてみる。

第1の融資は，常用部貸付金3,638万円で，救助貸は罹災窮民への貸付であり，石高貸は太政官札発行で財源を調達し，旧藩への貸付金で，いずれも一般的貸付金である。

勧業貸は，殖産興業貸付で商法司・商法会所などへの貸付金であり，勧業貸付金は各藩県・開拓使・事業会社・国立銀行などへの貸付金である。民間・旧藩融資で都市融資はなかった。[12] ことに民間資本には手厚い政府融資がなさ

れたが，都市公共資本融資は，大蔵省預金部融資をまたなければならなかった。

第2の融資は，政府準備金貸付金（明治8期〜22年）の融資額は，1億7,716万円であるが，各庁繰替貸1億1,035万円，各庁営業資本貸1,382万円は，中央省庁会計の資金操作による官庁相互の貸付金である。

純粋の貸付金は，銀行会社人民貸5,299万円（55頁注14参照）のみが，「真に貸付金たるの性質を有するもの」[13] で，都市整備への貸付金はほとんどなく，府県・民間企業貸付金が大半であった。[14]

第3の融資は，起業基金のうち貸付金は，中央省庁の開発資金に充当した残余300万円（融資実績267万円）で，農商務省（明治14年以前は内務省）で所管し，主として士族に貸付けられ，築港・道路・疏水・鉄道・鉱山開発・勧業貸付金に充当された。[15]

ただ起業基金では不足したので，明治15〜20年にかけて，政府資金で勧業資本金307万円，勧業委託金20.6万円が，士族授産融資として貸し付けられた。[16]

政府投資・補助・融資を総括すると，第1に，明治前期，大都市は先行的優先的施策によって，都市集積力は強化され，都市経済は成長していった。しかし，明治10年代以降は，都市公共資本投資は激減したが，政府の民間企業保護施策はつづいたので，官民格差による都市問題が深刻化していった。

第2に，地域開発・振興施策の投資効果は，地域経済への浮上へとは連動せず，過剰・性急な投資はかえって地方経済を衰退させていった。勧業施策・地域整備の事業は悪化していった。

第3に，これら貸付金の収支は，返納金3,543万円，損失及除算額3,452万円と回収額は半分である。[17] その成果は，「中には大きく成功したものもあったが，結局これにより産を興し，業を立て得たものは，誠に寥々たるものであって」[18] といわれている。しかし，政府は国策的融資として，回収率悪化は覚悟しており，施策失敗として認識していない。

これら貸付金によって，「各種新産業勃興の機運が，醸成され，……わが国資本家階級の中核を形づくるに至った」[19] のであって，「明治中期以後における産業の発達，ならびに資本主義社会の形成に貢献した功績は，極めて大なるも

のがあった」[20] と評価している。

しかし，政策的にみて殖産興業関連融資は，地元資金も動員されており，その後の自主的起業資金の枯渇となった。しかも殖産興業の財源は農村・農民から搾取しており，地域の自主振興策を阻み，自立復興の意欲を減退させ，結果として政府の勧業施策を失敗させた事実は重視すべきである。

第4に，さらにその反動で都市公共資金は，深刻な資金不足に見舞われ，市制実施以前であり市債発行もなく，みすみす都市開発・集積利益の公共還元を逃がした。市制誕生後，財源なき都市経営を余儀なくされた。その卑近な事例が，公共デベロッパー・公営企業創業の資金不足であった。

表1　明治前期政府貸付金の状況

（単位　千円）

一般会計貸付金	期　間	金　額	特別会計貸付金	期　間	金　額
救助勧業貸付金	明元～11年	36,382	準 備 金 貸 付		177,158
救　　助　　貸	明元～11年	2,904	銀行会社人民貸	明8期～	13,815
勧　　業　　貸	明元～11年	4,673	各 庁 繰 替 貸	22年	52,990
勧 業 資 本 貸	明1～8期	681	各庁営業資本貸		110,353
石　高　割　貸	明1～8期	12,735	起業基金貸付金		5,954
勧 業 貸 付 金	明1～8期	15,389	起　業　基　金	明12～	2,672
※ 秩 禄 処 分	明6～9年	金禄公債1億 7,383万円	勧 業 貸 付 金	22年	3,075
			勧 業 委 託 金		207

資料『明治前期財政経済史料集成』，吉川秀造『明治財政経済史』から作成。
出典　高寄昇三『明治地方財政第1巻』126頁。

注

（1）中村・前掲「経済構想」431頁。
（2）前掲「東京百年史Ⅱ」689頁参照。
（3）内務省の勧業政策支出については，前掲「東京百年史Ⅱ」697頁参照。
（4）前掲「東京百年史Ⅱ」694頁参照。
（5）起業基金の内訳は，内務省420万円（地方開発120万円，勧業貸付金300万円），工部省420万円（鉄道建設248万円，鉱山172万円），開拓使150万円，大蔵省10万円に充当された。これらのうち内務省の起業公債による地方投資120万円で，野蒜港67.8万円，宮城・山形県新道開設10.1万円，岩手・秋田県下新道開設9.3万円，清水

越新道開設34.7万円，猪苗代湖疏水事業42.7万円など，主として東北開発のために投資された。注目すべきは，士族授産の目的で多くの開墾事業が実施されたが，事業は多難な経過をたどっている。明治維新の開墾政策については，矢部・前掲「安積開墾」74〜115頁，なお起業基金と殖産興業については，吉川秀造『士族授産の研究』（有斐閣1942年）80〜113頁参照，吉川・前掲「明治財政経済史」80〜113頁参照。

(6) 経常支出内訳は，工部省1,540万円，内務省312万円，農商務省493万円，開拓使1,813万円，その他85万円である。臨時支出の内訳は，官営事業諸費5,299万円，開拓事業費463万円，貸付金3,291万円，勧業資本68万円，会社補助金147万円である。別途金の内訳は，準備金5,826万円は政府内部資金操作額である。起業基金1,229万円，中山道鉄道公債支出金30万円，勧業貸付金166万円，勧業委託金18万円である。前掲「東京百年史Ⅱ」702頁参照。

(7) 明治初期の政府間財政関係については，高寄・前掲「明治地方財政史Ⅰ」6〜28頁参照。

(8) 国庫補助金の財政統制については，高寄・前掲「明治地方財政史Ⅱ」281〜319頁参照。なお土木補助廃止と復活については，同前319〜393頁参照。

(9) 日本鉄道に対する優遇措置は，中西健一『日本私有鉄道史研究・増補版』12頁，以下，中西・前掲「私有鉄道研究」。

(10) 明治前期の地方への政府貸付については，吉川・前掲「明治財政経済史」64〜113頁。高寄・前掲「明治地方財政史Ⅱ」393〜412頁参照。

(11) 民間融資機関として明治2年に政府指導で為替会社が，東京・大阪・京都・横浜・神戸・新潟に創設された。東京為替会社をみると，政府貸下し金33.2万両，身元金（民間出資金）100万両で，年貸付金も100万両をこえたが，焦げ付きで負債が発生し，6年には解散している。都市でも国策経済機関の運営は破綻し，これら民間金融機関は5年の「国立銀行条例」に移行していった。前掲「東京百年史Ⅱ」254〜267頁参照。

(12) 貸付金の概要については，吉川・前掲「明治財政経済史」17〜29頁参照。また貸付金の実績については，前掲「明治地方財政Ⅰ」128頁，府県勧業資金の事業については，高寄・前掲「明治地方財政史Ⅲ」103〜112頁。前掲「明治地方財政Ⅱ」86〜93頁，393〜402頁参照。

(13) 吉川・前掲「明治財政経済史」30頁。

(14) 銀行会社人民貸付金をみると，府県では秋田県21.1万円，鹿児島県13.6万円の合計80.7万円，銀行は第1銀行764.9万円，第2銀行962.8万円など合計4,164.3万円，会社は三菱247.9万円，三井物産65万円など734.0万円，人民は五代友厚69.0万円，渋沢栄一50.0万円など319.9万円である。都市における公私資本格差を拡大させていった。もし都市融資が，民間融資と折半していれば，都市整備・公営企業は飛躍に拡充されたであろう。吉川・前掲「明治財政経済史」41・42頁。

(15) 前掲「東京百年史Ⅱ」670頁。

(16) 要するに，一般的融資は起業基金のみで，勧業資本金・委託金は明治15年度より

士族授産の特別融資として追加設定された。これらの貸付金も都市整備には無縁で
あった。また明治前期の府県の起業資金・勧業貸付金・勧業財政については，吉川・
前掲「明治財政経済史」84〜113頁参照。前掲「東京百年史Ⅲ」670頁，高寄・前掲
「明治地方財政史Ⅰ」124〜140頁，185〜196頁，高寄・前掲「明治地方財政史Ⅱ」
86〜93，393〜400頁参照。
（17）吉川・前掲「明治財政経済史」58頁参照。（18）同前62頁。（19）・（20）同前63
頁。

都市振興施策と都市経営の選択

　明治中期になると，都市は都市産業基盤優先の先入観から脱却し，複眼的視
野で都市集積・成長を涵養していく，人材育成・技術開発・融資導入・経営シ
ステム活用などが，実効性がある施策となった。

　しかし，都市は公共投資先導型と都市経済振興型の葛藤がつづき，都市経営
への展開は方針が定まらなかった。

　第1の視点として，政府殖産興業施策の呪縛を脱皮し，都市独自の主体性の
ある，都市振興策への実践が始動していったが，公共投資脱皮は容易でなかっ
た。第1の課題として，都市振興策の外部状況の変化への対応である。

　第1に，明治初期，都市は殖産興業施策の潮流に沿って，政府拠点開発事業
を牽引力として，発展の処方箋を描くのが，即効的効果が見込めた。しかし，
明治10年代になると，政府殖産興業施策は，地方開発・農村振興優先となり，
都市への拠点開発事業が削減され，都市振興策の練り直しが迫られた。

　第2に，明治10年代，都市振興・開発は，都市の経済力・既存の社会資本・
都市社会のエネルギーの活用という自主的施策への転換がのぞまれたが，現実
は都市化の圧力に対応して，東京の街区整備，京都の疏水建設，大阪の港湾整
備など，公共投資型の施策への傾斜を逆に深めていき，京都の文化産業都市施
策以外は，ソフトの都市経済振興策に専念できなかった。

　第3に，都市経営の外部・内部環境はきびしかったが，都市経済は，明治初
期の政府優遇措置で明治10年代，成長軌道に乗りつつあった。都市としては地
勢的な都市集積メカニズムの吸引力，地域マンパワーによる起業力，そして都

市経営の実践力で，地域エネルギーを融合し，都市成長の原動力として，企業的都市経営による都市成長戦略が，最適選択であった。

第2の課題として，市制が実施されると，東京市区改正・大阪築港・京都三大都市と，ビッグプロジェクトが始動するが，殖産興業の都市版となった。都市は公共投資型の都市振興策を選択したが，ソフトの都市振興策よりリスキーな選択となった。政府殖産興業施策の前車の轍を踏まないためにも，都市振興策の欠陥を治癒し，都市経営能力の向上が不可欠となった。

第1に，「都市政策ビジョンの形成」である。当時，都市づくり・都市経営といっても個別事業の効率化の域をでていない。都市とても，都市政策といった総合意識はなく，都市環境には無関心で，都市スラム・スプロールといった，都市空間形成も眼中にはなかった。

都市形成戦略としては，都市開発投資による開発利益の公共還元がもっとも有効な対策であったが，そのような高次の戦略意識は浸透していなかった。

第2に，「都市経営システムの成熟化」である。都市づくりの主体は，政府・府県・区町村・地域社会（名望家・企業家）が混在していた。そのため公共セクターでは，都市再生へと結集する，プランナー・プロモーター・オルガナイザーの役割も明確でなかった。

しかし，東京では明治5年政府主導の銀座煉瓦街築造，大阪では府主導の築港プロジェクト，京都では官民協力の文化産業都市と，3市でさまざまの施策が展開された。しかし，都市経営システムが未熟では，将来のビッグプロジェクトの実行は，無理で前途は暗かった。実際，東京市区改正，大阪の築港事業，京都の三大事業をみても，難問山積であった。

第3に，「都市振興策の"公共性"確保」である。都市振興といっても肝心の，"公共性"が希薄であった。しかも都市投資にあって，私的資本の資本形成が先行し，都市開発利益の私的吸収をもたらし，都市公共資本の劣勢は，公共投資による開発利益をみすみす，私的資本に収奪される悪循環となっていた。

しかし，都市自治体は，この財源不足を都市財政制度の欠陥に責任転嫁する余裕すらなかった。この窮地を打開したのが，明治末期の起債主義による地方外債であった。

第4に、「企業的都市経営の創出」で、産業基盤整備型の都市振興策からの脱皮をめざした。東京市は銀座煉瓦街・市区改正事業といった、基盤整備・都市改造事業の域をでず、持続的都市づくりのシステムが欠落していた。しかし、大阪市は築港事業への傾斜を公営交通創業で修正し、京都市は疏水事業の再編成を三大事業で実現し、ともに企業的対応で都市振興策の軌道修正に成功する。

　明治末期から大正期にかけて、都市自治体は地方外債発行・公営企業一元化・区画整理事業活用など、事業型都市経営によって、都市開発・集積利益還元に成功するが、政策型都市経営の実績は乏しかった。

　第3の課題として、「都市集積メカニズムの活用」である。ただ都市自治体はこの効用について、明確な政策的認識・戦略的意図は乏しかった。

　都市は都市産業基盤優先型の公共投資優先の先入観から脱却し、むしろ「都市集積メカニズム」の吸引力、「民間経済の成長メカニズム」の起業力の活用がベターな選択であった。都市は経済・生活圏の中心地という地勢的条件の集積力、政治・産業・文化・軍事都市といった、人為的吸引力をより有効に活用する、「都市の選択」が重要な要素となった。

　第1に、首都は全国の中心、大阪・名古屋・福岡・広島・仙台などは、広域経済圏の中枢都市として、集積メカニズムの吸引力は優れている。ついで府県経済圏の中心である府県庁所在都市にも、同様の機能集積がみられる。

　要するに「都市は一定の政治・軍事・経済その他組織を通じて、広範な地域と結合」[1]して、中心都市への集中のメカニズムがはたらく、集積の利益だけでなく、所得・成長格差といった多様な要素が、集積・吸引力として稼動する。これら要素の何を選択するかであったが、東京は首都としてあらゆる要素が付与されていたため、逆に都市経営センスを磨く機会を喪失してしまった。

　第2に、都市発展は、地勢的条件に大きな制約を受けるが、人為的施策でどうカバーするかである。名古屋市は産業基盤整備では出遅れたが、広大なヒンターランドを有し、競合する都市もなく、工業集積地として、有利な都市成長の条件にめぐまれた。

　この点、神戸は六甲山が神戸港に迫る地形で、狭い市街化は工業用地がなく、明治後期、日本毛織は、加古川に工場を立地させている。しかし、貿易港とし

ての集積メカニズムが吸引力をもって，港湾・交通機関の相乗効果で，これら
ヒンターランドの工業力を都市成長力に利用していった。

　しかし，東京・大阪・名古屋は，河口港で港湾として水深が浅く，貿易港と
しては不向きであった。それでも「都市の知恵」として，浚渫方式の海面埋立
によって，立地条件のハンデを逆転の発想によって，自前で整備されていった。

　第3に，日本経済の資本主義が，創成期は政府官営工場などが，都市経済成
長の誘因力ととなり，また鉄道・港湾が，成長牽引力となった。しかし，離陸
期になり，産業資本主義の成長期となると，民間産業の創業・発展が，主導力
を発揮し，都市成長を持続させていった。

　しかし，都市の基盤整備と都市成長は相関関係にあるが，正比例するもので
なく，極論すれば企業は，用地さえあれば立地し，産業基盤は選択の一要素に
過ぎない。むしろ先行的産業基盤整備の財政的負担が，都市の政策選択肢を狭
めるマイナス症状のデメリットが大きい。都市の吸引力，いいかえれば都市の
魅力をどう高めるか，マクロの視点から成長戦略を策定するべきである。

　第4に，都市は，地勢的要因で港湾・炭鉱・観光都市などが形成されるが，人
為的努力で工場・軍隊・大学などの施設誘致が可能である。ただ施設誘致は，
外部依存型で，一般的には資本投入・支援を要するが，成功すれば成果は大き
いが，失敗すれば無駄な浪費と化する。

　そのため都市は，官庁・軍隊・大学・工場などの施設誘致をめざし，各都市
で鎬を削った。誘致に成功すれば，軍事都市にみられるように，その費用効果
は大きい。[2] ただ政府・企業は，地域社会の足元をみて，不当・理不尽な費用
負担の転嫁を求め，施設・企業誘致も，地域社会の負担となりかねない。[3]

　第2の視点として，都市振興の基本理念・戦略は，しっかりと保持していな
ければ，「都市の選択」が誤謬の選択となり，都市形成に失敗する。都市経済の
持続的発展，内発的・外部依存開発，企業的都市経営の実践など，都市がこれ
らの戦略要素を駆使し，成長軌道に乗れるかであった。

　第1の課題は，「地域循環経済社会」の形成である。自治体の発想として，ま
ず自己の地域経済力の涵養に努め，さらに地域経済力を結合し成長エネルギー
とする方策が，もっとも確実で有効な施策である。

第1節　明治前期の都市形成と都市経営の原型　59

第1に，ヒト・モノ・カネの地域調達である。都市はさまざまの経営資源を保有しており，まず自己の資源活用で，京都の伝統文化・神戸の外来文化・大阪は商人文化であった。ただ危機意識がなければ，経営資源も見のがしてしまう。地域は独自の歴史・文化・自然があり，住民の精神でささえてきたが，地域衰退の危機にあっては，まずこれらの資源戦略化がベストの戦略である。

第2に，「地域資源の融合」である。人的資源・地勢的条件などを配慮して，「地域循環社会」形成の結合力となしうるかである。政府融資にしても，地域の環境・条件を度外視して起業化を試みても失敗する。

横浜・神戸では，政府資金散布の恩恵はなかったが，内部・外部からの冒険的投資家などの資金が，起業資金となった。さらに田畑の値上りによる土地資本家の資金を，産業資本に転換させた。「企業家の資質」が都市経済の成否を決定し，公共投資は支援措置の要素に過ぎなかった。

第2の課題が，都市振興戦略としての，「内発的開発・外部依存経営の融合」（第2表参照）である。実際の都市振興にあっては，外部依存開発と内発的開発の両面作戦併用となるが，外部依存開発の成功報酬は大きいが，リスクをともなう。内発的開発は成功報酬は小さいがリスクも小さい。

両者の都市経営戦略としてのメリット・デメリットを考慮して，適正な選択をしていかなければならないが，第1の対応が，内発的開発活性化である。第1に，文化産業のように即効性がないが，全国普遍の手法である。実施過程で人材育成・資源開発・地域連携など，持続的発展への可能性を高めていく効果がある。

第2に，内発的開発の多くは，自己資源活用型であり，複合・連携型地域振興となり，個別事業の効果は小さくとも，経営化・複合化をすることで，効果は増幅される。

第3に，既存制度・システムにとらわれない，都市振興策が可能である。外部依存開発ではシステムも固定されているが，自主事業であれば拘束はない。資金調達でも，政府資金にこだわらず，出資金・起債資金で調達し，自由な企画力で事業化ができる。

表2　外部依存・内発的開発の地域振興へのシステム

区　分	外部依存の地域開発	内発的開発の地域振興
政 策 主 導 理 念	経済優先・開発投資主導型	共 生 ・ 生 活 ・ サ ー ビ ス 主 導
政 策 目 標	均衡ある国土・地域格差の是正	生 活 ・ 環 境 ・ 地 域 特 性 の 重 視
政 策 戦 略	拠点開発構想・殖産興業	地域エネルギー結集・公共施策遵守
政策実施システム	財源誘導による投資誘導戦略	地域参加・連携による地域複合形態形成

　第2の対応が，外部依存開発の活用である。第1に，政府官営工場のように，外部依存型開発は成功すれば，経済効果は速効性があり，しかも大きな成果が見込まれる。しかし，官営施設・民間企業の誘致となると，都市そのものの立地条件が魅力的かどうかであるが，さらに先行的基盤整備とか財政支援が問われ，安易な誘致は失敗すれば後遺症となる。

　第2に，政府施策は，施策化で拘束性があり，国策重視の施策実施となり，必ずしも地域経済の実情に合致するとは限らない。特定の拠点開発・施策であり，しかも乱発され地域独自の適応力がなければ，事業破綻となる危険性をはらんでいる。

　第3に，工場に限定せず，港湾・軍隊・大学などさまざまの施設があり，「都市の選択」として当該都市に見合った産業・施設の最適選択ができるかである。ただ先行的な受け皿整備，誘致対策として財源支援は，失敗のダメージが大きく，無理な誘致は自己抑制すべきである。

　第3の対応が，内発的開発・外部依存開発の相乗効果の発揮である。第1に，正攻法の外部依存都市振興は，まず内発的開発で魅力ある産業・商業・文化都市として，都市吸引力培養に努め，結果として外部経済力の地域への立地を成功させる戦略である。港湾が企業立地を促がし，文化が教育施設の吸引力となる。

　第2に，特定産業主導性・外部依存開発の経済成長は，外部経済環境の変化で，低迷を余儀なくされる恐れがある。その点，内発的開発による地場産業・文化産業は，地域経済の経済力・地元自治体の財政力が融合して，持続的成長を可能とする有効な戦略である。要するに都市として多彩な都市振興策による

多様な産業構造をめざすべきである。

　第3の課題として，「都市公益資本の企業的実践」である。都市振興策を実践していくには，先行的集約的投資が求められるが，単なる市税による基盤整備では限界があり，都市整備の戦略的投入による実効性があり，収益性がる事業形態の選択が求められる。

　第1に，「都市独自の財政運営戦略」である。政府追随でなく，各都市での都市再生への独自の対応がとられたが，大きな相違がみられた。先にみたように東京は都市整備の市区改正事業，大阪は築港事業，京都は疏水事業とさまざまであった。

　しかし，京都が明治22年疏水事業竣功でもっとも先行し，ついで大阪が36年の公営交通創業で追随し，東京の市区改正事業に企業的要素はなく，44年の民営交通買収でやっと着手し，三大都市ではしんがりであった。

　第2に，「都市整備・公共投資の複合化」である。都市は産業基盤であれ，生活基盤であれ，単発・単独投資では効果は小さい。有効な公共投資をなしうるには，公共投資効果の複合化で必要であった。

　明治期でみると，大阪市の公営交通創業は，交通サービスと道路整備を同時に可能として，道路拡幅は都市防災・都市経済の機能強化という複合効果を発揮していった。京都の疏水事業は，電力・水道・交通の市営化の再編成，そしてこれら事業による道路整備であったが，都市基盤整備をつうじて文化産業を支え，活性化させていく，総合的振興策となった。

　東京の銀座煉瓦街は局地整備であり，市区改正事業は，個別事業の羅列であり，都市整備システムの効率化・生活環境改善の促進といった複合効果を発揮する戦略ビジョン・システムは欠落していた。

　第3の視点として，都市振興策の実効性を確保するには，まず都市自身の都市投資優位の形成によって，公共投資の外部効果の極大化を図ることであった。都市にあって都市自治体の公共投資と民間の企業投資との連携が理想であるが，現実の都市投資にあって，都市自治体は民間競合で劣勢にあり，公共セクターの優位による外部効果確保は困難であり，この状況逆転が焦眉の案件であった。

　明治後期，後にみるように巨額の地方外債によって，この劣勢を挽回していっ

た。第1のタイプが，公共デベロッパー投資で，宅地開発・海面埋立などの土地造成・売却で利益を確保し，その収益で再度投入・拡大適用するメカニズム活用の方式である。

　第1に，明治前期では，本格的導入がみられなかった。むしろ基盤整備にあって，民間デベロッパーを活用していった。原因は資金不足もあるが，都市自治体の経営戦略が，そこまで明確な利益追求意欲に欠けていた。

　都市経営事業は，都市自治体が経営認識を，十分に組織に浸透させ，経営力をもって事業化すれば，事業リスクがあるが，都市成長と地価上昇という長期トレンドを考えると，事業リスクはきわめて小さい。

　また外部効果の大きい事業は，事業収支が仮に赤字であっても，築港の防波堤・河川の付替事業など防災事業などは，外部効果が大きく総合収支では，ほとんど黒字となる。この外部効果への非収益的投資を，受益者負担で補填できるかであった。ただ民間デベロパーの事業収支では，外部効果は不算入で，必然的に都市基盤整備事業水準が低くなる。

　第2に，純粋の公共デベロッパーでなく，名古屋・大阪港では，築港施行者が海面埋立を同時に実施し，築港事業の非収益事業の赤字補填として活用していった。ことに名古屋市で運河開削・整備事業は，湿地を超過買収し，埋立造成し，運河事業の採算性を確保していった。

　都市開発戦略として，事業収支を均衡化，さらに収益化する方策は，先行・超過買収方式，さらには区画整理方式となり，事業資金は起債で調達でき，都市自治体の事業実施姿勢の積極性が前提条件となる。

　第2のタイプは，公営企業方式である。路面電車・電気供給分野とも高収益事業で，ことに電気供給事業は，都市財政のドル箱であり，文字どおり持続的都市づくりを可能とした。公営企業の経営課題については，第3章第2節でみるので，ここでは要点だけを指摘する。

　第1に，公益企業が経営的に成功するには，一定規模の都市集積が前提条件である。明治初期の旧水道・ガス事業は，ほとんど経営危機に見舞われていた。しかし，明治15年営業の東京馬車鉄道は，創業期の独占利益を満喫し，高収益企業に成長していった。以後，官民セクターの公益企業創業をめぐる紛糾が頻

発するが，政治力・資金力でまさる民営企業優位の情勢がつづいた。

　第2に，水道が公営企業として先行したので，都市自治体では公営企業の収支悪化の先入観が培養され，脅迫観念となったが，交通・電気事業は，はるかに高い収益性がある。公共経済学の知識があり，先発団体の経営をみれば，容易にわかる事実である。

　たとえば公営交通創設は，単に交通サービスの供給だけでなく，都市集積利益の公共独占というメリットがあった。この公共経済への認識欠落が，都市自治体による民営容認という誤謬の選択となった。

　第3のタイプは，行政指導による民間事業で，民間活力の活用といっても，本来，公益・私益は対立しており，民間事業の都市公共分野で活用は，集積・開発利益の民間吸収となった。

　第1に，「公共投資受託型」で，明治初期，公的資金不足もあり，民間デベロッパーに公共用地無償提供などの厳しい条件を付し，開発事業を受託された。民間デベロッパーも公益資本主義を遵守し，立派な事業実績を残した。そのため横浜の海面埋立事業，神戸の運河・避難港造成では事業赤字で，その分公共セクターサイドが，実質的には利益を受けた。

　しかし，明治後期になると，神戸の湊川付替事業（135頁注23参照）のように民間の資本・経営力は向上し，工事費・用地提供の条件があっても，莫大な開発利益の内部化に成功する事業がみられた。民間は政治力を駆使し，公共サイドの甘い事業認可を獲得するなど，公共セクターが弱点をさらしたからである。

　第2に，「公益企業認可型」にあって，政府が事業認可権を有していたが，都市自治体は別途，報償契約で民間公益企業に特許条件を付して，事業を容認した。都市自治体は資金力不足から民営化を容認したが，設立後の民間交通は報償契約を履行せず，集積利益の私的独占を貪欲に追求した。

　第3に，「事業奨励協力型」である。典型的事業は土地区画整理で，組合施行であったので，自治体が補助をして，開発利益の一部公共還元であったが，都市空間整備と開発利益還元に大きく寄与する。要するに都市資本形成における都市公共資本の劣位を救ったのは，公営企業と土地整理事業であった。

　第4の視点として，民間セクターの都市経済・都市づくりといった，公的分

野の貢献・参加である。第1のタイプが，民間投資・民間企業の役割である。明治前期，都市経済振興は，公共セクターの投資は，民間投資のための条件整備であり，民間企業投資をどう呼び込み，どう都市振興へ寄与させるか，都市の実効性のある施策とみなされた。

第1の施策が，地域企業の起業・育成であった。ただ明治前期，勧業貸付金・官営工場払下げといった政府施策への受動的対応でなく，リスクに挑戦する起業精神にとんだ活動が必要であった。

第1が，民間企業の創設であった。民間独自の資金による起業もあるが，名古屋では政府の勧業貸付金・士族授産資金などを原資として，電気事業とか紡績事業が創設され，地域経済の起爆剤となった。

神戸では兵庫造船所の払下で，川崎造船所が基幹企業として成長していったが，名古屋・神戸をみても，政府の殖産興業策の役割が大きい。

第2に，明治10年代以降になると，都市では紡績・造船業などの民間投資が旺盛となる。土地・金融の商業資本でなく，産業資本が都市経済を牽引していった。ただ起業化は，公的施策とは別個の地域経済人の企業家精神・チャレンジ精神が問題であった。このような起業精神を政府融資・地域融合システムが，どれだけまとめていけるかであった。

第3に，民間企業を創設し，成功させるには，東京の渋沢栄一・大阪の五代友厚といったオルガナイザーが，資本を集め，技術を導入するなど，地域社会の経済力の結集を図っていった。

結果として旺盛な利益追求をめざす民間企業は，無数の事業を創設していき，政府支援もあり，日本の産業革命は軌道に乗っていた。

第2のタイプが，民間の都市振興・整備への参加である。その思想・動機・対応もさまざまであり，また事業形態の多種・多様であった。ただ公共セクターが，都市経営事業における民間方式を利用するのは，許認可権で民間デベロッパーを規制できるか，公共還元を図りながら，民間の事業化をどう認めるか，匙加減が問題であった。

第1に，「民間デベロッパー型」で，宅地開発より海面埋立事業が活発で，大阪・横浜・神戸などでは盛んに行われた。しかし，基盤整備事業などと異なり，

第1節　明治前期の都市形成と都市経営の原型　65

事業認可については，きびしい条件が賦課されなかったので，結果として公共セクターは開発利益の喪失となった。

　第2に，無難なのが「公益企業型」で，都市経済・市民生活にとって，電気・ガス・交通などの公益企業は，きわめて重要な投資であり，事業領域としては，官民競合の分野である。

　都市集積利益が確実に見込めるため，ほとんどの資本家が参画していった。実際，公共セクターの資金不足から，民間資本が事業認可を得て事業化されていったが，私的独占利益の配分が，大きな社会問題と化していった。

　第3に，「不動産投資型」で，明治後期になると，土地会社が続出するが，民間デベロッパーとしてより，土地ころがしで利益を稼ぐ，浮草稼業であった。東京で焼失跡地とか大名屋敷とかの再生でも，用地の切り売りがほとんどであった。民間では，土地成金が誕生していった。

　第4に，「金融資本型」で，公益企業など確実な収益が見込める場合は，資本参加するが，デベロッパー事業などでは，企業資金を提供する形で活動を支援する本来の融資ではなく，民間デベロッパーの資金不足につけ込み，造成用地を買い叩く利権的融資であった。

　都市における民間活力活用は，都市経営が公共施策の精一杯で，民間活動の規制までは不十分であった。都市自治体としては，公共セクターの分野拡大とともに，民間開発活動への規制・負担強化が大きな政策課題となった。

　注

（1）矢崎武夫『日本都市の発展過程』（弘文堂 1962年）6頁。
（2）軍事都市として広島・横須賀・佐世保・呉・京都・札幌・旭川・金沢などで，軍隊の誘致のメリットは大きかった。松下孝昭『軍隊を誘致せよ：陸海軍と都市形成』（吉川弘文館 2013年）参照。広島では広島第五師団と呉鎮守府が設置され，広島第五師団は明治22年で7,000人以上が駐在し，呉鎮守府には造船部・製鉄所が設置された。軍港は当然，港湾施設は軍事費で負担し，軍需工場も設置され，地域産業に活性化していった。興味ある事実として，広島市では水道費の3分の2，約50万円を広島師団が負担して建設され，広島市は思わぬ恩恵を受けた。広島市水道局『広島市水道百年史』94〜107頁，以下，前掲「広島市水道百年史」。高寄昇三『近代日本公営水道成立史』165〜172頁参照，以下，高寄・前掲「公営水道史」。なお鉄道建設

の地域の対応については，松下孝昭『鉄道建設と地方政治』（日本経済評論社 2013年）参照。
(3) 国立施設誘致の地元支援をみると，京都市は明治40年に当時，市域外であった深草村（伏見）に第16師団誘致のため15万円を寄付している。前掲「京都市政史Ⅰ」270～273頁参照。大正9年京都大学農学部誘致・敷地買収費80万円寄付を支出している。同年横浜では国立高等工業学校誘致で設置費88万円の半額45万円を負担している。前掲「横浜市史Ⅴ下」46頁参照。

第2節　都市成長の方策と都市開発のビジョン

東京の都市形成と首都機能集積

　明治初期，政治経済の激変で，全国都市は人口減に陥り，都市再生が緊急課題となった。当時の三大都市，東京・大阪・京都も例外でなかったが，興味深いのは，この3市を含めてそれぞれの都市が，独自の都市振興策を実施していったことである。

　東京の都市整備をみると，首都として政治・経済・文化機能の集積が確実視されたが，都市開発・整備をする自主的意欲がみられず，常に未完の都市形成で終わっている。明治5年の銀座煉瓦街，22年の市区改正事業，大正12年の震災復興事業のいずれも，官治的都市づくりで，東京自身が都市整備をリードする，主導性は見られなかった。

　第1の視点として，都市経営視点から東京の都市づくりの評価を試みると，第1の特徴は，「都市ガバナンスの欠如」である。大物市長と短期政権，市会の行政介入・利権汚職によって，本来の都市経営能力は歪められた。

　しかも東京では国庫依存症は根強く，政府に都市づくりの主導性を握られ，決断すべき時に決断できす，"見えざる損失"が肥大化していった。武家地処理をはじめ多くの施策で，誤謬の選択がみられ，推計では2億円にもなるが，「首長の決断」が問われた。[1]

東京の財源が，欠乏していたのでない。たとえば法定外普通税の歩一税（不動産取得税）の本格的導入は明治43年度で，大阪市の22年度より20年も遅れ，約600万円（146頁注12参照）の市税喪失となっている。[2]

　第2の特徴は，「都市経営システムの欠落」で，中央政府は東京の都市づくりにも介入し，政府の威光を浸透させようとした。要するに「東京は，都市として"自治"をもたないまま，統一国家の政治的拠点となり，各府県へ向けて新政の最初の"実験台"としての役割」[3]を負わされた。

　しかし，歴代府知事の努力にもかかわらず，事業は完遂されたが，事業システムはお粗末であった。銀座煉瓦街の街区設計は豪華であるが，他都市が見習うに値する事業システム，たとえば目的税・用地取得・移転補償・街区整備システムなどで，画期的方式は構築されていない。市区改正事業でも先進的模範でなく，反面教師的先例が多く，その悪影響は全国に広がっていった。[4]

　財源システムでも都市ブルジョアジーが，費用負担覚悟で都市基盤・環境整備をすれば，負担以上の効果が得られるが，政界・経済界も"公共性"を重視したリーダはおらず，民力休養論をかかげて反対するだけで，負担システムを創出できなかった。要するに都市整備といっても土建屋的発想の域をでなかった。例外が後藤新平ぐらいであった。

　第3の特徴は，「企業的都市振興策の欠如」である。東京は明治22年市区改正事業を開始するが，京都は疏水事業を竣功し，24年電気事業，45年交通事業を直接方式で創業している。東京市の公営交通は，44年民営買収で創業するが，大阪は36年直接創業方式で8年早く，明治44年時点で実質的財政利益は，約2,500万円（411頁注20参照）で，東京の買収方式の実質的財政損失（430頁注25参照）は，約3,300万円であった。

　大阪市は，東京市区改正事業のような政府公認の超過課税（東京市収入実績明治36〜44年度，619万円）導入がなかったが，公営交通が同期間1,082万円の交通事業道路負担（411頁注20参照）で財源を捻出し，都市整備を遂行していった。一方，東京では民間の都市独占利益への吸収意欲は旺盛であったが，対抗すべき東京市の経営意欲は，大阪・京都に比べ希薄で，公営交通は大幅に遅れ割高な買取方式となった。

第2の視点として，東京における都市づくりの実態をみると，第1期は，明治前期（明治元〜21年，1868〜1888）で，市制実施以前としての都市形成模索期（焼失跡地整備期）で，封建都市から近代都市への移行期で処方箋はなく，政府官僚・府知事の思惑ですすめられた。

　第1の施策は，明治維新期の武家地処理問題である。[5] 第1の課題は，武家屋敷の上地命令の実施状況で，第1に，東京の土地利用は，武家地は江戸の面積の3分の2を占め，残り6分の1は社寺，6分の1は民間で，市民は高密度の人口居住地であった。維新政府は，武家屋敷などの約1,169.2万坪（明治3年5月調査）を，上地命令で没収したが，無人の屋敷の維持管理に苦慮する事態となった。

　第2に，府内武家屋敷跡地の処理は，東京府の所管として処理していくが，慶応4（1868）年7月に旧将軍家に対して用地没収を宣言し，同年8月に将軍家以外の藩用地に対して，いわゆる「朱引内」は藩邸1ヶ所，「朱引外」は，10万石以上は藩邸2ヵ所，10万石以下は藩邸1ヵ所とした。

　第2の課題は，桑茶政策の実施状況で，武家跡地を召し上げたが，明治初期，人口・産業が低迷し，土地価格が下落したので，管理に困り，明治2年8月，東京府知事（大参事）大木喬任（在任期間明治元年4月〜2年7月）は，「知事の選択」として，武家屋敷跡地の桑茶政策を実施する。[6]

　ただ「桑茶政策はさびれている間は，案外『いいプラン』として好評であった。しかし，東京の回復が意外にはやく，東京となって新しい繁栄がはじまると，次第に農村化が批判される」[7] 情勢となった。

　第1に，士族授産の関係から物産局が設置され，開墾が奨励された。そのため「政府も府に命じて開墾人になるべく借すより入札で払下げた方が，一層開墾に精出すであろう」[8] と，払下げを奨励していった。この点につき後年，大木府知事が大失敗であったと後悔している。

　第2に，桑茶政策は，栽培の収支も悪く，人口も増加に転じたので，4年12月，由利公正東京府知事（在任期間明治2年10月〜5年7月）によって廃止されたが，一部用地売却が行われた。明治6年3月時点の調査では，910.7万坪の広大な用地が武家地から農園に転化されていった。[9]

　第3の課題は，上地命令の実績で，第1に，上地令の実施は難航し，実際は無

償で全部が上地できていない。一応の原則はあったが，東京府の方針が確固たるものでなく，管理に困り払下げて，地租収入源とする対応策も採用された。

明治2年6月，拝借願をだした者には，地代をとって貸し与える布告をだしている。また没収される側の抵抗も，東京が回復するにつれて激しくなった。明治4年8月に人口も増加に転じたので，上地命令が廃止となると，没収は不可能となり，彦根藩などは，兵部省の要求を拒絶している。(10)

第2に，桑茶政策後の武家地処分をみると，廃止前の払下価格基準は，明治3年「千坪に付，上等25円，中等20円，下等15円の値段を定めたのである。それでも容易に買手のつかぬ処もあり，政府もその処置に大いに苦労した」(11) 状況であった。それにしても1坪当り2.5銭という驚くべき安価であった。

しかし，廃止後の明治5年には現存する拝借地については，無税地をなくするとの方針で，「低価払下げ」で民有地として課税対象としたが，そのため約1,600万円の地価値上り利得を喪失している。(12) 6年には払下基準を決めているが，1坪当り3〜5円と200倍以上に急騰している。(13)

第3に，東京府は，全面的に土地没収を徹底させ，売買収入で，都市整備をする方式が瓦解してしまった。この桑茶政策からの教訓は，都市変貌に対する「冷徹な洞察力」が，なければ都市経営の失敗は免れないが，当時の官僚には無理であった。

都市経営的には，この没収した広大な用地を，都市整備用地として活用し，一方余裕用地は地価上昇を期待し保有し，如何に高価で売却するか。さらに市有地を拡大し，賃貸料収入の増加を図っていくかであった。

明治39年の大地主をみると，三菱23.1万坪，三井17.1万坪であるが，東京市は14番で3.5万坪に過ぎない。(14)

第4に，政府は軍用地の一部を，明治23年，三菱払下げとし，国庫に約128万円の財源を確保したが，東京駅が丸の内に設置され，丸の内ビジネス街の地価が暴騰した。(15)

この事実から公有地と都市開発を連動させた，七分積金を原資として，公共デベロッパー的経営を実現できれば，その利益は莫大となるはずであった。しかし，実際は都市整備の開発利益を，民間に全部吸収されては，都市経営戦略

は水泡に帰するだけである。

注

（1）誤謬の選択による東京損失額は，武家跡地払下で1,600万円（72頁注12参照），歩一税創設遅れで600万円（146頁注12参照），民営交通容認で約3,300万円（430頁注25参照），武家地払下で約1,600万円など合計7,300万円となる。さらに政治汚職による行政損失，たとえば水道鉄管汚職では工事費が650万円から850万円にハネあがっているが，これらを加算すると，「推定損失」8,000万円を超えるであろう。また公共投資不足の民間損失は，東京築港断念による横浜経由方式の運搬費増加だけで，約年20〜100万円（平均60万円）の無駄と推計すると，明治元年から昭和16年の開港までの73年間の損失は約4,380万円をこえ，火災・伝染病・交通渋滞などのその他損失を，加算すると合計2億円を超えるであろう。

（2）大阪市と同様の22年度であれば，明治43年度ベースで推計すると，29.3万円の21年間615.3万円となる。もっとも41年度で臨時財源として15.0万円を収入しており600.3万円となる。

（3）石塚裕道『日本近代都市論』6頁，以下，石塚・前掲「近代都市」。

（4）大火復興でも明治13年府会は，府債75万円をも可決しているが，実施されていない。銀座煉瓦街が政府直轄事業で先行されたので，府負担で事業化する意欲はなかった。もっとも神田橋本町の大火後のスラム・クリアランスは実施したが，財源は七分積金5.1万円でまかなっている。要するに自己財源で自主的都市づくりをする意欲は乏しかった。神田橋本町のスラム・クリアランスについては，石田・前掲「都市計画史」70〜125頁，藤森「東京計画」45〜75頁参照。

（5）武家地処理の概要について，東京都公文書館編『都史紀要13・明治初年の武家地処理問題』以下，前掲「武家地処理」，豊田武ら編『講座・日本の封建都市第1巻』（文一総合出版 1982年）255・256頁，持田信樹『都市財政の研究』97〜101頁参照，以下，持田・前掲「都市財政の研究」，前掲「東京百年史Ⅱ」177〜186頁，前掲「東京都財政史上」85〜96頁参照。

（6）桑茶政策の概要について，前掲「武家地処理」70〜94頁。（7）同前89頁。（8）同前79頁。（9）同前90頁参照。

（10）まず桑名藩は1万5,000坪の土地を2万両で，上地命令以前に民間売却済みで，政府は没収を断念している。同前46頁。明治3年4月，後楽園を有する水戸藩邸の兵部省用地は，3万両の高額をもって購入している。また彦根藩私邸・郡上藩の青山藩邸の兵部省用地への上地要求は，藩の抵抗で諦めている。東京復興の兆しがみられ，藩側・政府側とも用地への需要が増大していった。したがって無償の上地方式は社会不安を醸成するとして，政府方針も民心安定策優先へと傾斜していった。同前49〜159頁参照。

（11）同前212頁参照，前掲「東京百年史Ⅱ」184・185頁参照。

（12）没収地1,169万坪のうち，桑茶政策・旧居住者などに払下げられ，民有地となった

面積は不明であるが，大胆に推計すると，明治12年の官有地769.6万坪で，その差約400万坪が，旧領主への返還・買戻，政府官僚の邸宅用地売却などなり，明治4年の払下時価坪4円としても，それまでに二束三文で400万坪を払下げたとして，約1,600万円の売却損となる。前掲「東京百年史Ⅱ」190頁

（13）前掲「武家地処理」212・213頁参照。

（14）前掲「東京百年史Ⅱ」1290〜1299頁参照。

（15）明治20年前後から，政治情勢の安定し，軍事施設の東京西部への移転がすすみ，麹町などの中心部には，陸海軍省・近衛連隊などの一部に限定された。明治23年，結果として丸の内一帯（13万5,0331坪）が128万円で，三菱払下げで，反当り平均3,590円（1㎡当り3.53円）で，三菱は割高の用地買収となったが，「丸の内一帯の土地買収で，それまで低調であった三菱の地主的土地所有は，一挙に激増し，以後，その資本主義経済活動の一環を支える有力な部門となった」（前掲「東京百年史Ⅱ」1292頁）といわれている。三菱の土地経営は，土地取得面積をみると，明治5年0.05町がはじまりで，9年までは1.38町と微々たるもので，19年でも78.32町であったが，20年代になると大規模用地取得がつづき，26年には2,273.67町と巨大している。事業用地だけでなく，投資を兼ねた資産蓄積目的もかねた取得をすすめたからである。なお岩崎弥太郎は「半ばは献金の趣意」で購入したといわれるが，10年「東京府統計書」では1㎡当り平均4.49円，上等地8.96円，下等地0.02円で，高い買い物でなかった。前掲「東京百年史Ⅱ」654頁。その後丸の内は，東京駅の設置で一気に都心となり，地価は高騰し，50年後の昭和初期には坪1,500円前後となり，造成費坪50円としても，約1,450円ちかい地価上昇益をみている。安部磯雄『土地公有論』39・40頁参照，以下，安部・前掲「土地公有論」。なお東京市会は同用地の安価な払下を期待して，購入に委員会を設置し，賛否両論が激突したが，その間に政府は三菱に払下げを決定した。結局，財源問題がネックで決定が遅れたが，七分積金を蓄積していれば購入できたかもしれない。もっとも特例市制下で東京府知事が，容認するか疑問であった。前掲「明治地方財政Ⅵ」5頁参照。

都市美観主義と銀座煉瓦街建設

第2の施策は，銀座煉瓦街の不燃化事業（明治5〜10年，事業費約200万円）で，以後，市区改正・震災復興事業とつづいていく。[1] 明治維新後も東京の火事は頻発した。明治元〜23年間に100戸以上を焼失の火災121回，うち1,000戸以上焼失の火災18回であった。都心整備をめぐって多くの構想があったが，結局，不燃化事業は銀座煉瓦街に集約されていった。[2]

第1の課題として，銀座煉瓦街事業の動機は，第1に，近世都市「江戸」を，近代都市「東京」への改造であった。名目的目的は，火災跡地整備であったが，

政府は条約改正ため，「市街改正の実質的裏付けとして，東京の中心部を欧米都市に比肩し得る程度に都市的偉容を整える」[3] 国威高揚の背伸びした改造であった。さらに東京府は，貧民追放によって都心純化を目論んでいた。

第2に，政府も不燃都市の必要性は，認識していたが実施となると，「統一国家権力の成立，それを背景にした行政指導と巨額な経費の投入，それに外国からの建築技術の導入・移植」[4] などを，クリアしなければならなかった。しかし，この政府のためらいを一変する災害が発生し，「政府の選択」として事業を決断する。

それは明治5（1872）年に発生し，銀座・京橋・築地一帯を焼き尽くした大火で，全焼3,000戸という大惨事となった。復興は都市全体の防火対策・再建手法がないまま，銀座煉瓦街という点的整備がなされた。東京の都市整備は，計画的政策的でなく，災害というショック療法としての緊急事業でなされた。

第3に，銀座煉瓦街事業化への当初の意図は，あくまで全市的都市計画であった。[5]「この機会に都市計画を行い，それによって東京の大都市への発展の基礎をきづかんと考えるのは当局者たるものの当然の成り行き」[6] であった。

しかし，事業実施システムは，街区設計は華麗であったが，開発利益の公共還元とか，スラム改善といった政策的対応はお粗末で，買収方式による高コスト・局所整備で都市不燃化構想は挫折となった。

第2の課題として，事業システム欠陥による損失である。銀座煉瓦街事業はスタートしたが，さまざまの問題が，事業処理を混乱させ停滞させていった。

第1に，焼失跡地処理の方法で，街路拡幅と家屋の不燃化が，直接的目的であったが，財政力・負担能力を無視し，完全な欧米煉瓦街を，しかも政府直轄事業方式で建築まで処理していった。

第2に，執行体制は，確固たるものでなかった。銀座煉瓦街の発想は，東京府知事の由利公正の発想が動機であったが，大蔵サイドの大蔵大輔井上馨・大蔵官僚渋沢栄一らも積極的に関与していった。しかし，主導権争いもあり，最終的には両者とも実施段階では，所管からはずれていたが，大蔵省の主導のもとに，東京府が実施面を担当するシステムとなった。

第3に，事業方式の疑問である。焼失跡地整備は，用地全面買上方式は実施

されず，道道路用地は買収・非道路用地は払下・建築用地は別途買収との方式で，これでは実質的には全面買収と同様であり，しかも開発利益の公共還元はなく，民間が独占する最悪のシステムとなった。[7]

　結果としてこの方式では，地権者は道路整備による地価上昇利益を，全部吸収することになった。もし地券方式による全部買上では，開発利益は全額公共還元され，道路費は地価上昇分で補填し，非道路部分用地は，道路用地分だけ減歩し，縮小用地払下で換地処分すればよい。要するに所有権を一時停止し，換地処理をして公共負担はゼロで，事業はできるシステムとなる。[8]

　だが銀座煉瓦街では，地券方式は導入されず，超過買収方式も採用されず，先駆的事業として期待されたが，無策の悪しき先例となった。ことに貧民退去は汚点となった。[9] そのためその後，災害復旧事業にあって，区画整理方式が主流となったが，面倒な手続きと再度の建物除却という，無駄な費用のかかる方式が定着していった。[10]

　第4に，政府直轄事業による建築分譲方式である。渋沢栄一が「東京借家会社」構想による民間建築方式が提唱したが，政府直轄事業となった。[11] しかし，この直接的施工方式では公的資金は，長期に固定され，金利負担も発生する。用地費・建築費の完全回収は容易でない。

　用地と違い建物を建造しても，開発独占利益が発生しないので，民間方式でも問題はなかった。[12] 政府は，必要以上の重装備の建築群を直営で建築し，分譲方式を採用したが，官庁の事業経営能力からみて，跡地処理方式・建物直営方式と二重の誤謬の選択を犯す結果となった。[13]

　第3の課題は，銀座煉瓦街建設への評価である。一点豪華主義の産物でも，都市づくりへの貢献度は高いが，建築物の外観効果であった。しかも焼失跡地整備システムを形成できなかっただけでなく，さらに上物まで官庁直接事業で実施し，事業コストの増大をきたした。

　第1の論点として，同事業の欠陥をみると，第1に，明治5（1872）年4月から10（1877）年5月にかけて，政府の直轄事業で行われた。完成した銀座煉瓦街は，広い街路・歩車道分離・ガス灯・街路樹など近代街区が形成されたが，一点豪華主義の局地的成果である。

74　第1章　殖産興業の奨励と都市振興の実践

その背景には、「政府としても対外的にも国内的にも、東京市街の改造により維新政府の偉容を示す為に驚異的努力を払っていたと言うも過言でない」[14]といわれている。

先進的事業であるが、「欧米都市構築技術を直接的に導入し無理に咲かせた花」[15]と批判され、全市的都市形成への波及効果はのぞめなかった。

第2に、銀座煉瓦街の工事費は、180万円（建築費90.62万円）で、明治6年の政府歳入予算4,873万円の27分の1に匹敵する。[16]しかも空屋の大量発生によって、実質的赤字はふくらんでいった。

事業収支は、事業竣功後は、売却の難航・建築物の不具合など、金利負担だけでも約43万円（81頁注18参照）が発生し、完全分譲までの維持・修繕費を加算すると50万円をこえ、しかも用地全面買収方式の割高費用を加算すると、とても成功といえなかった。この点について「当局の指導者層が市民より一歩も二歩も進みすぎていたので」[17]立派な建造物となったと弁明されているが、赤字原因の説明にはなっていない。[18]

第3に、事業システムの硬直性である。無理で性急な事業化は、実施段階で困難に直面し、譲歩を余儀なくされた。事業計画は縮小、営業補償もない強制移転に対する住民の抵抗、街区裏通の木造建築増殖、煉瓦街払下条件緩和にかかわらず空き家続出など、事業の欠陥から経費膨張となり赤字となった。[19]

第2の論点として、銀座煉瓦街の評価は、さまざまであるが、第1の銀座煉瓦街の「肯定的評価」は、主として建築技術サイドからであった。第1に、政府の先進的開発プロジェクトは、近代都市形成に大きな刺激をあたえた。銀座煉瓦街・築地居留地・新橋ステーションは、都心形成となり、銀座煉瓦街は、帝都第一の繁華街として発展し、地価も煉瓦街の権利も高騰していったと評価されている。しかし、開発利益は民間に帰属した。

第2に、市街都開発にあって、短期で評価すべきでない「封建都市を超える商店街、そして、文明開化の空間、この2つの功を、銀座煉瓦街計画は今も誇ってよいであろう。これほど幅広い影響を歴史に与えた都市計画はほかにない」[20]と賞賛されている。銀座煉瓦街が建造物としての景観的顕示効果はあったが、多分に過大評価であった。[21]

第2の「批判的評価」としては，第1に，事業の性格である。条約改正もあり，対外的威信と焼失跡地整備という，官治的要請が無理なハード優先の事業となった。再開発事業としても過剰な美観主義で，必要以上のコストを注入している。民間方式の建築では少なくとも約50万円の経費削減となってであろう。

　要するに「そこに住む市民の幸福なり発展をはかったものではなかった。後進国日本が奥行を削って間口だけを飾ろうとする『虚栄の市』であった」[22] ときびしい評価がなされている。

　第2に，貧民追放を意図したスラム・クリアランスであっため，住民との間で強制的移転，借家権の補償，移転地の幹旋などさまざまの紛争が発生したが，まずいシステムのため住民の泣き寝入りという結果になっている。その後の都市計画事業の悪例となった。[23]

　第3に，都市形成という視点からみると，銀座煉瓦街は局地事業で，都市再生・都市計画システムとしては，なんら先駆的実績を残さなかった。同時進行ですすめられていた，日比谷官庁街集中計画は，日比谷練兵場跡地を中心に諸官庁を集め，国家の威信を顕示させる企画であった。

　しかし，直接責任者の外相兼臨時建築局総裁井上馨が，条約改正に失敗し，外相を辞任したため，同計画も一部をのぞいて崩壊してしまった。要するに都市改造といっても，官僚個人の意図に依存しており，官庁組織に定着したものでなかった。

　第4に，明治初期の東京都市整備は，完全に瓦解し，不燃化システムも消滅してしまった。東京都市づくりの悲劇は，近代都市形成の優れた感性と才覚をもった，すぐれた指導者がえられなかった悲劇ではなかろうか。[24]

　銀座煉瓦街以後の都市づくりは，「東京の都市計画は総合性を欠いたままで，建築制限のかたちをとる防火対策，道路・築港問題などを中心とする市区改正，日比谷官庁街の建築計画の3つの方向に分裂し，それぞれ別個にすすめられること」[25] になった。

　第3の視点として，東京都市形成の第2期は，明治後期（明治22〜44年，1889〜1911）の都市基盤整備期（東京市区改正事業期）といえ，第1の中核事業は，市区改正事業であるが，次章でみるので概括的評価にとどめる。「知事の決断」と

して，東京府知事の楠本正隆（在任期間明治8年12月〜12年12月）・松田道之（明治12年12月〜15年7月）・芳川顕正（明治15年7月〜18年6月）の一貫した姿勢での，行政努力の成果である。

しかし，都市整備としては実施手法の実効性・対応性に欠け，事業計画の類で，都市空間秩序化・開発利益の還元など，都市計画の基本的機能が欠落していた。大正期の都市計画法も，この欠点をそのまま踏襲された。

第2の事業が，幻におわった東京築港であった。市区改正事業で消滅したが，明治33年，星亨が大築港案3,600万円を策定したが，推進者の星亨が横死し挫折してしまう。東京港は隅田川口工事として事業化されるが，貿易港となるのは昭和16年であった。[26]

第4の視点として，3期の都市形成が，大正期（大正元〜14年，1912〜1925）の都市建設拡充期（関東大震災復興事業）であるが，下巻でふれるので省略するが，大正7年都市計画法が制定され，関東大震災復興事業は，システムとしては都市計画事業の実践であった。

復興事業は，当初の原案より事業は激減されたが，それでも都市整備というハードの面ではそれなり成果がみたが，復興事業の市費負担はきびしく，昭和期の財政危機の誘因となった。

第5の視点として，第4期の都市形成は，昭和期（昭和元〜20年，1926〜1945）の都市再編成期（周辺町村大合併）で，第1に，合併による市域拡大で，郊外を含めた都市整備が実施されたが，一般的区画整理で，むしろ民間デベロッパーの郊外一団地開発が目立った。

ただ昭和15年の戦時体制以降となると，防空都市造成で建物疎開・防衛緑地などが提唱され，正常な都市形成ができる状況ではなかった。

第2に，注目すべきは，国土構造計画との関連で，東京過大・過密都市論が提唱され，都市整備が抑制されるが，戦時経済ブームで人口・企業の集積はすすみ，東京の巨大都市スラム化がすすんだ。戦前の東京は戦時空襲で廃墟と化し，その悲運の幕を閉じる。

第6の視点として，戦前東京の都市整備事業（表3参照）をみると，第1に，明治初期，東京横浜鉄道は早期に建設され，銀座煉瓦街といった全額補助の街区

整備は，東京のみであったが，神田下水道は2年目で，補助が打ち切られ中絶となり，水道建設で大阪に遅れをとった。

　第2に，明治後期，市区改正事業（表22参照）は，明治20年代の都市整備事業として大規模であった。しかし，事業システム・財源措置は，銀座煉瓦街から拡充はみられなかった。もっとも道路には補助金はなく，特許命令分担金が実質的補助であった。

　また超過課税方式の特別税が認められ，普通経済地租付加税に匹敵する額であり，他の都市は少額の課税権しか認められなかった。要するに政府お墨付きの財源付与があったが，かえって政府依存心が増幅され，自主的都市づくりの精神は，容易に涵養されなかった。

　第3に，大正期には，関東大震災復興事業で，一気に都市整備を遂行する。復興事業はきびしい負担とされているが，普通経済復興事業3億6,479万円，国庫補助金1億4,4466万円で，39.66％の高率補助で，下巻でみるが他都市の災害復旧と比較して高い水準といえる。

　もっとも政府直轄事業負担金が別枠で，事業費3.3億円の約3分の1と巨額の負担が，追加され財政的にはきびしい負担となった。

　第4に，公営企業にあっては，水道公営は当然であるが，電気・ガス・交通では民営事業でスタートしていた。ガス事業に公営事業を，東京府がわざわざ売却しているし，明治44年民営交通を6,458万円で買収するが，約2,500万円程度の割高買収であり，公営化のメリットも半減してしまった。

　第5に，港湾事業は市区改正事業で築港は駄目と，政府に引導をわたされたので，第1期・第2期事業をみても，200万円前後に過ぎない。大阪市の明治29年の第1期築港事業（明治30〜38年）2,249万円と比較してかなり見劣りがする。

　しかし，その分浮いた財政力で，下水道・区画整理事業が格段に高水準・大規模になされたかというと，昭和11年度までの下水道実績（内務省土木局『土木局統計30回年報』）では，大阪市の1.86倍と人口規模からみるとやや高い水準であるが，区画整理は面積比で名古屋市の9割程度しかない。全体として標準なみでしかなかった。

　第6に，昭和期になると復興事業の負担・路面電車の財政悪化で，財政再建

が迫られ，都市づくりは停滞期に見舞われる。公営地下鉄鉄事業認可を政府に拒絶され，公営一元化のみでなく，路面電車の経営再建にも，支障をきたす状況になった。

　ひるがえって考えてみると，東京は市街地整備にあって国費投入で優遇され，財源的に余裕ができたはずであるが，公益企業の直接的公営化ができなかった。関東大震災復興も優遇されたが，復興地方外債の為替差損で，昭和期になって財政危機に見舞われた。地下鉄建設を断念したが，財政再建はできなかった。

　明治期以来の財政運営の拙さが，累積され財政基盤をきわめて脆弱化させてしまった。その病状の兆候は莫大な市債残高で，昭和7年5月の周辺町村の大合併は，東京市消滅の葬送序曲となった。[27]

表3　東京市主要都市整備事業
（単位：万円）

事 業 名	期 間	事 業 費	事 業 名	期 間	事 業 費
◎ 東京横浜鉄道	明3～5	298万	◇ 東京電気鉄道	明28	資本金100万
◎ 銀座煉瓦街	明5～10	180万（建築費91万）	◇ 東京市街鉄道	明32	資本金1500万
◇ 東京馬車鉄道	明15	30万（資本金）	○ 東京下水道	明17～昭11	1億4,859万
◇ 東京瓦斯	明18	売却26.9万	◇ 東京鉄道	明39	資本金2700万
○ 神田下水道	明17・18	9.2万（補助8万）	○ 公営公営交通	明44	買収額6458万
○市区改正事業	明21～大6	9,870万（補助322万）	○ 震災復興事業	大9～昭5	4億5107万
◇丸の内用地払下	明23	128万（45.5万㎡）	◇第1期隅田川工事	明39～44	251万円（埋立53万㎡）
○水道建設事業	明26～31	1,134万（補助294万）	◇第2期隅田川工事	明44～大5	192万円（埋立72万㎡）
◇土地区画整理	大12～昭10	596万（918万㎡）	◇第3期隅田川工事	大11～昭10	1794万（埋立370万㎡）

注　◎政府直轄事業　●府事業　○市事業　◇民間事業。耕地整理事業は，小栗忠七『土地区画整理の歴史と法制』251～259頁。下水道事業は内務省土木局『土木局統計30回年報』396～402頁参照。

注
（1）銀座煉瓦街については，東京都公文書館編『都史紀要3・銀座煉瓦街』，以下，前掲「銀座煉瓦街」，藤森・前掲「明治の東京計画」1～44頁，石田・前掲「都市計画の展開」22～31頁，前掲「東京百年史Ⅱ」927～940頁参照。
（2）由利公正は，「不燃都市計画を樹立したが，具体的実行プランが明確でなく，そのうえ大蔵省，工部省，東京府との権限争いもからみ，また財源のすべてを負担しな

ければならないとされた府民の抵抗も大きく，結局，銀座煉瓦街の一部の建設に終わった」（前掲「東京都財政史上」244頁）のである。明治初期の都市づくりは，中央省庁の所管は流動的で，しかも官僚個人の思惑・ポストによって左右され混迷状況にあった。この点については，御厨貴『首都計画の政治』参照，以下，御厨・前掲「首都計画」。

（3）前掲「銀座煉瓦街」14頁。

（4）前掲「東京百年史Ⅱ」927頁。

（5）この点については，「市街改正の布告を行った時は飽く迄東京全区を改造する旨を府民に告げたのであるが，それの第1段階として焼失区域に之を施行して漸次他地区に及ぶ予定で」（前掲「銀座煉瓦街」158頁）あった。復興事業のシステムさえ定着されれば，全市への普及がみ込まれたが，単なる事業消化に過ぎなかった。

（6）前掲「銀座煉瓦街」24頁。

（7）銀座煉瓦街の用地処理については，石田・前掲「都市計画」23・24頁参照。

（8）公的資金での買収方式でなく，資金をつかわず，地券交付方式処理が理想である。要するに従前地権者に地券を発行し，用地整備後，整備費を含めて地価値上り価格分で，交換する方式あれば，事業者の負担はゼロで，机上操作だけですむ。また不同意・移転者は，事業者が買上げる方式で，保有地は競争入札で売却すれば，事業者は開発利益を自己還元でき，売却益を獲得でき，事後の都市整備の資金が捻出できる。地券方式は机上演習的に，一時所有権を公共団体が留保する方式で，土地区画整理方式では所有権を認めているが，実質的には用地交換方式で，事業手続きは面倒である。なお神戸の栄町通（135頁注19参照）は，超過買収で公費支出なき道路整備を完成させている，超過買収方式の典型的事例である。

（9）公共用地部分買収で，従前の住民はほとんど，短期，撤去を迫られた。「政府が土着住民救済，永久不燃都市建設を旗印としながらも，その拙速・強行政策によって，その当初の目的を喪失し，民政無視の深い傷を庶民に与えた事実は消却し難い」（小木・前掲「銀座煉瓦街考」323頁）と批判されている。移転者・売却希望者には，火災前の時価で借地・借家権を公共補償で実施するのが，事業者にとっても事業の円滑処理・コスト削減に寄与するところが大きい。

（10）関東大震災では，幼稚全面買収方式が挫折し，区画整理方式となったが，事業実施がきわめて手続き的に煩雑である。地券方式であれば，公共買収を組み合わせて，払下用地の配置分合も円滑に処理され，仮設建築補償という無駄も回避できる。明治初期，災害復興における用地整備方式を確立できず，その後の全国の復興事業を阻害し，事業コスト上昇の不味い結果となっている。

（11）銀座煉瓦街事業は，政府が拙速をモットーとしたが，空き家の大量発生を生み，払下条件の緩和など，さまざまの拙い事態を処理せざるを得なくなった。銀座煉瓦街の分譲・空家状況については，前掲「銀座煉瓦街」170〜191頁，小木・前掲「銀座煉瓦街考」287〜305頁参照。

（12）官庁は都市開発にあっては，用地という底地のみを整備し，開発利益を上乗せして売却するという方式がすぐれている。実際，大蔵省は借家造営会社・東京借家会

社構想で賃貸方式で，建築資金は半分融資し，資金回転の効率化をめざしたが挫折している。建築物について一定の条件をつけ競争方式で対応し，用地は売却がベストの方法であろう。

（13）都市改造にあって，公営方式か民営方式かの選択は容易でないが，選択のポイントは，集積・開発利益の吸収が確保できるかどうかである。安易な民間方式は，都市独占利益を民間放出になるが，公共方式に固執すると事業収支悪化で赤字となる。この収支分岐点を判別する基準は，開発利益が発生するかどうかである。神戸の外国人居留地（124・125頁参照）は，政府直轄事業で土地分譲方式で建物は民間方式であったが，「東洋一の街区」と絶賛されている。事業面積26万㎡，公共用地率50%で以後火災発生はなく，今日まで当時のままの街区設計である。

（14）前掲「銀座煉瓦街」157頁。

（15）石田・前掲「都市計画」31頁。

（16）前掲「銀座煉瓦街」156頁。（17）同前194頁。

（18）事業収支は，明治11年3月の楠本知事の報告では，売却額102万6,952円，返納金26万8,952円で，返納未済金75万8,324円となっている。未納金のうち58万円は150か月の分割に納入，残余17万円は人民共有金から43ヵ年年賦で弁済となった。前掲「銀座煉瓦街」158頁参照。問題は金利である。未納金中間時点の28万円×12.5年×0.06%＝21.00万円，共有金利8.5万円×43年×0.06%＝21.93万円で合計42.93万円となる。実際は水道事業でも建設中の金利が莫大であったが，銀座煉瓦街は普通経済方式であり公費で処理されているが，特別会計で処理されるべきであった。

（19）前掲「東京百年史Ⅱ」927～938頁参照。

（20）藤森「東京計画」44頁。

（21）銀座煉瓦街の評価は，「東京案内，各新聞，錦絵等による美化されたイメージの増幅効果の結果である」（小木・前掲「銀座煉瓦街考」323頁）が，払下条件緩和によって銀座煉瓦街は各新聞社の進出をみたので，より宣伝されていった。

（22）柴田徳衛『現代都市論』74頁，以下，柴田・前掲「現代都市論」。

（23）石塚・前掲「近代都市論」29頁参照。

（24）東京の都市づくりは，不燃都市計画が最大の目的として，明治9年には楠本府知事によって，委員会が設置され，市区改正と防火対策が計画されたが，松田府知事が引き継いだが，13年，府議会が防火対策・市区改正府債75万円を可決したが，発行がされず，防火事業は頓挫した。14年には防火線路・家屋制限などの行政規制に矮小化されてしまった。前掲「東京都財政史上」244頁参照。

（25）前掲「東京百年史Ⅱ」938頁。

（26）星亨と東京築港については，東京都公文書館編『都史紀要25・市区改正と品海築港計画』114～150頁参照，以下，前掲「品海築港計画」。

（27）昭和初期，周辺町村大合併をなしたが，東京府内では東京市大半で，三多摩地区のみが，府直轄監督地域として残されただけとなり，東京府の存在価値は著しく低下した。残された選択肢は東京市の吸収だけとなった。状況からみて大東京市は自ら，消滅への墓穴を掘る結果となった。東京市の状況は，財政的にみて周辺合併町

村でさらに悪化し，自主的再建は不可能で，東京市は東京府に身売りする形で財政破綻を回避せざるを得ない窮状にあった。問題解決を官制都政に託したが，結局，畸形的大都市として，戦前と同様にガバナンスは，その能力をこえ，今日にまでつづいている。

大阪の経済復権と公共投資先導

大阪の都市形成は，都市経済の復権が最優先課題であった。大阪遷都論もあったが，大阪の面積狭隘などの理由で破棄され，大阪経済に致命的打撃を与えた。

しかも政府の殖産興業にあって，「相対的に政府の保護育成を受けることが少なかったし」「大阪の『政商』資本は政府との結びつきが弱かったため」[1]，明治維新後の大阪復興には，経済牽引力不足となった。

明治初期，三大都市といわれた東京・大阪・京都は，いずれも経済・人口の衰退にみまわれたが，東京は首都となり，いわば他力本願で成長していった。

しかし，大阪・京都は政治経済変動による打撃は深刻で，大阪はリスクの大きい公共投資先導型の経済復権をめざしたが，京都はリスクの少ない文化産業振興による都市再生をめざし，ハード・ソフトの対照的対策を選択した。

第1の視点として，大阪都市振興策の選択と都市経済復権の推移をみてみる。問題はなぜ大阪は，公共投資先導型（23頁参照）の築港に執着したかである。

第1の課題として，都市復権策の特徴をみると，第1の特徴は，商業都市から「産業都市への転換」であるが，第1に，工業都市をめざすとしても，公共投資先導型か企業育成誘致型かの選択余地はあった。都市経済復権の即戦力としては外国技術移植などに実効性があった。政府は，造幣局（寮）・砲兵工廠など政府機関の設置をし，大阪経済の底上げを図っていった。

東京に比して官営企業が少ないが，それでも官営施設をベースとする関連企業の創業などが，工業都市化には有効な戦略であった。名古屋の工業成長をみても，地場産業の技術開発が大きな成長エネルギー源となっている。

大阪の経済復権は紡績工業であったが，企業創業策に専念する選択肢も可能であった。しかし，大阪府・市は都市経済復権として，地域産業育成は主流ではなく，大阪築港を切札としてその吸引力に期待した。

第2に，大阪は築港による産業基盤整備を選択した。直接的な経済強化でないが，官庁の通弊として公共投資への信奉性は高く，公共投資の経済牽引力に過度に執着した。しかし，公共投資には政府事業認可・建設財源の調達など難問があり，事実，大阪築港は明治30年着工と遅れ，この間，大阪経済振興・都市再生ビジョンも描くことができず，「失われた30年」となった。

　第3に，企業育成・誘致の速効的効果をねらうならば，公共デベロッパーによる工業用地として大阪湾沿岸部の湿地帯の埋立事業を実施し，工場誘致の種地とするとともに，開発利益を築港財源として獲得する長期経営戦略が有効であった。しかし，公共デベロッパーの進出はみられず，民間デベロッパーの埋立への工場立地で，大阪経済は復権の軌道に乗っていった。[2]

　第2の特徴は，「築港による都市経済再生」であるが，どうして築港となり，築港に固執したのかである。近世の大阪は，市内の掘割運河をめぐらし，港運は発達していたが，近代になると河口港の欠点として大型船舶の入港には不向きとなった。そのため大阪は築港による産業基盤整備が，産業都市創出の原動力とみなされ，産業都市創出に執着した。

　第1に，明治初期，不利な港湾状況のもとでも，官民一致して費用負担覚悟で築港を実施する気概があり，東京とは異質の自主・独立の都市風土であった。[3] 実際，大阪居留地の分譲地価は，神戸居留地の分譲地価をはるかに上回る高価格であった。[4]

　しかし，明治7（1874）年大阪・神戸間の鉄道が開通すると，開港都市にもかかわらず，貿易機能は神戸が優位となり，大阪生産物の神戸経由という状況となった。この予想外の事態に築港延期より，逆に築港が大阪経済浮上の起死回策とみなされた。[5]

　第2に，大阪港は，河口港湾で港湾整備には浚渫工事のみでなく，淀川改修と密接に連動しており，巨額の公共投資注入となり，早期築港が実現したとしても，その財政負担は苛酷なものであった。[6] そのため明治期，各都市で道路整備がすすめられたが，大阪は築港関係から投入金額は抑制された。[7]

　第3に，明治前期の築港にあっても，明治2年にブラントン（R.H.Brunton）が124万円で築港計画を策定し，5年にはファン・ドールン（C.J.van Doorn）が工

費320万円の築港計画を策定した。

　これらの動きを受けて，歴代府知事は，民間募金によって築港をめざすが，早期築港は下手をすると，宮城野蒜港・福井坂井港の二の舞になる恐れもあった。自主築港事業では，地元負担は市営港で8割負担となり，大阪の財政の負担はきわめて重くなる。[8]

　第2の課題として，大阪築港は難航し，しかも実施後の財政負担がつづいた。「都市の選択」としてどうみても最適選択といえなかったが，この窮状を救済したのが，広域経済圏の集積メカニズムによる沿岸部埋立への工場進出と，公営一元化をめざした公営企業による財政再建であった。

　大阪経済は広域経済圏中枢地の集積メカニズムによって，築港に関係なく復権し，築港後の事業は財政圧迫となったが，公営交通の収益で補填していた。築港優先という誤謬の選択は，大きな禍根を残すことなく回避された。

　第1の対応が，「広域経済圏集積力による経済振興」である。築港はたしかに産業集積の誘因であるが，直接的起爆剤ではなかった。第1に，明治10年代になると，大阪経済は成長し，20年代には集積メカニズムが稼動し，築港がなくとも成長を遂げていき，港湾が必須条件ではなかった。

　第2に，民間ベースでの地域経済復興は，五代友厚のリーダーシップによって，明治10年代には企業創設，明治20年代には外部資本の誘致と，大阪経済の復興は軌道に乗っていった。さいわい民間デベロッパーによる沿岸埋立地の受け皿があり，工場立地がみられた。商業・金融機能も拡充され，明治20年代には大阪経済復権は一応達成された。

　第2の対応策は，「公営企業による都市経営戦略」である。都市財政運営からみて築港による産業基盤先行型の財政破綻を回避したのは，企業的都市経営の活用であった。築港事業は財政圧迫となったが，公営交通収益で補填していき，築港先行の財政圧迫をカバーし，大きな禍根を残すことなく回避された。

　第1に，2代目鶴原定吉市長は，公営交通創業で有名であるが，実際の功績は築港抑制による財政再建であった。築港による財政危機を，超積極的主義という逆転の経営戦略で事態の打開を図っていった。

　「市長の決断」として，築港費削減・延期，築港会計の適正化という行財政

改革で，築港財政の肥大化・築港行政の伏魔殿の切開手術で，築港事業の正常化を図っていった。[9]

　要するに公営交通創業・築港事業圧縮という，至難の政策修正を同時に為し遂げたのである。もしこの「市長の決断」がなけれ，築港事業膨張・民営交通容認という，二重の誤謬の選択で都市財政の挫折を招いていたであろう。

　第2に，公営企業による道路負担額は，明治36〜大正11年度までで約1,082万円（411頁注20参照）と推計され，この交通事業の路線拡幅で道路整備を負担するシステムを可能にした。普通経済サイドからみると，道路整備費の負担軽減で，浮いた財源が迂回方式で普通経済から港湾経済への負担（表23参照）の補填機能として役割を果した。

　本来ならば築港関連の埋立事業で補填すべきであったが，築港財政の処方箋が誤算となり機能不全と化してしまったが，広域経済圏の集積力と市長の都市経営力によって，破綻を免れたといえる。

　第2の視点として，大阪の都市づくりをみると，第1期の明治前期の事業は，東京の銀座煉瓦街・京都の疏水事業といった，メインのプロジェクトは欠落していた。大阪築港事業を模索する混迷がつづいたが，その軌跡をみると，開発プロジェクトの選択の難しさがわかる。

　第1の課題は，大型プロジェクトの築港は，外部条件から実施まで長期化を余儀なくされた。第1に，計画から築港認可までの長期間の調査・運動である。実際，大阪築港は計画から実施までの30年という年月を費やしている。

　大阪築港は，明治初期から提唱されていた。[10] 明治2年，ブラントンが設計した新港開削計画が，領事などに示され，安治川尻に工費40万円で，導流堤が建設され，波止場も敷設され，浚渫もなされたが，築港へと至らなかった。[11]

　第2に，築港財源調達の困難性である。大阪は自力築港をめざす方針を固め，主要財源は国有地払下げと民間寄付金であった。明治5年で民間寄付10万円の申し出があり，さらに大阪府権府知事渡辺昇が，築港義社を設立し，320万円を募金する方針で，築港をめざした。[12]

　しかし，募金はかなり強引に行われたので，政府は負担過剰で都市経済力の疲弊をきたすとの理由で禁止され，築港は頓挫する。[13]

第3に，都市振興・整備施策と築港との調整・選別である。明治13年，建野剛三が府知事に就任すると，府議会では再度築港の要請があった。「今日の急務速やかに川口開築の一挙を企つるあるのみ」(14)と築港をせかしたが，知事は財政難から築港を見合せている。

　第2の課題は，大型プロジェクトの実施プロセスの選択である。第1に，明治22年西村捨三知事となったが，23年にはコレラ流行・新町大火もあり，水道建設が急務となり，築港は水道より後になった。しかし，経済界は大阪築港研究会を組織して，大阪府市に圧力をかけた。25年4月には400余名の連署で建議書を提出し，ついに測量費の支出をみることになる。

　第2に，関連事業との同時施行である。大阪築港には，さらに難問があった。明治18年の淀川洪水によって，大阪市の大きな被害を受けたが，大阪築港は，淀川改修工事をなさなければ，さらなる浚渫という事態となる。

　工事方法としては，外国人技術者は，「築港と淀川改修を同時に行うほうが工事費支出の期間が短縮されるし，18年洪水の被害を思えば，大阪の富豪も沿岸の農民も出費をいとわない」(15)と考えられていた。

　そのため，大阪築港の市支出でみても，明治28年0.1万円，29年0.3万円，30年度118.8万円と，30年度の築港以前の支出は少ない。結局，明治29年，築港は淀川改修工事と同時決定となる。

　第3の視点として，第2期の明治後期都市整備をみても，第1のプロジェクトは，大阪築港事業で明治29年，政府認可となる。官民あげての運動の成果であった。もっとも明治31年まで，大阪は当時，特例市制下であったので，西村・山田・内海大阪府知事などの主導ですすめられたが，後でみるように築港（表23参照）は苦難の連続であった。

　第1に，築港費は，2,249万円をこえるプロジェクトであった。当時の市予算100万円の22倍であったが，築港費の当初歳入は，国庫補助金187万円，河岸地売却198万円，市税160万円，公債費1,704万円の合計2,249万円で，特定財源は約17％であった。

　公債償還財源として浚渫土砂で約491.1万㎡の海面埋立を予定していたが，実際の埋立地は約152.5万㎡，日露戦争後の不況で，埋立地価が下落し，築港債

償還を埋立地売却でおこなう目算が狂い，市財政は極端な収支不均衡に陥る。

第2に，日露戦争で大阪港は活況を呈したが，戦後，先行投資が裏目となり，利用は激減した。大正5年大阪市が埠頭拡充の約600万円の工費捻出ができないと財政難から大阪築港中止（336頁注5参照）をうちだし，艀荷役処理で対応すべきと訴えたが，経済界は艀方式は無駄が多いと反論している。

しかし，築港の効果は，港湾関連業者にとってきわめて大きく，受益者負担金で実施しても，早期整備が選択されるべきといえる。

第2のプロジェクトが，公営企業の創設である。第1の事業が，水道事業の創設であり，当時，築港事業優先のムードであったが，水道事業が優先された。築港が重要といっても，水道の火災防止・伝染病予防の効果を，認めないわけにはいかなかった。

第2の事業が，公営交通創業である。当時，東京では民営交通が先行していたが，その独占経営への風当たりも強くなった。それでも多くの都市自治体は，財源的余裕がないとして，民営交通創業を断念し，民営容認となってしまった。

ただ大阪市のみは，水道事業の創業・市営大阪港の建設で財政は逼迫していたが，公営交通着工を決断した。2代目鶴原市長の確固たる公営交通主義による収益性への信念が実現の原動力となった。

鶴原市長の公営交通創設への思想・軌跡（160頁注22・24参照）は，具体的対応として，先行的路線拡充で，民営交通の動きを封殺して，公営交通の直接的創業にこぎつけている。もし公営交通もなく，築港事業が暴走し，肥大化していれば，都市財政の破綻は，避けられなかったであろう。

第4の視点として，第3期の大正期における都市整備をみると，明治期に設定された，既定路線の拡大方針を踏襲するだけであった。都市計画法が制定されたが，都市づくりの手法にあって革新的改革はなく，財源の受益者負担・特別税という陳腐なシステムであった。それでも大阪市は公共投資の持続的膨張を遂行していった。

第1の事業が道路整備で，都市計画法が施行され，第1次都市計画事業が策定された。しかし，事業規模は大きく，先行的整備であったが，都市計画法の忠実な施行でしかなかった。

第2の事業が港湾整備（表23頁参照）で，第1次築港事業が継続されたが，運営は日露戦争の反動景気もあり，必ずしも順調に推移しなかった。財政的に行き詰まり，民間委託方式を導入していった。

　第3の事業は公営企業で，水道・交通事業とも，拡張工事が実施された。ことに交通事業は，不況にもかかわらず，好収益事業として発展していった。

　第5の視点として，第4期は昭和期で，関市長による都市計画事業実施・大電買収による公営一元化の達成・大阪築港の完成で，大阪市の都市形成は一応の到達点にたどりついた。

　しかし，昭和9年の室戸台風で大阪市は大被害を受け，関市長は復興事業の最中に殉死する悲劇に見舞われる。そして東京と同様に第2次大戦の戦災によって，廃墟となり戦後の戦災復興で再起をめざすことになる。

　しかし，大正・昭和期をみれば，関市長による市長主導型都市経営による都市基盤整備はすすみ，都市経済も拡大していった。東京と比較してみれば，大阪市のガバナンスは卓抜した実績を残していった。

　第6の視点として，戦前大阪の都市公共投資（表4参照）を，都市経営戦略からみると，第1に，明治前期，政府直轄事業以外に積極的プロジェクトはなく，東京は明治22年の市区改正事業，京都も疏水事業と市制実施時には，大規模な都市経営事業を実施していたが，大阪は築港にこだわり出遅れた。

　第2に，明治後期になると，明治25年水道，30年築港，36年公営交通と企業的事業が開始され，普通経済に対する特別経済（港湾・下水道・水道・電気）の比率は，明治22年79.0対21.0，30年度23.3対76.7，40年17.3対82.6と，特別経済の圧倒的比率で推移している。

　明治20年代，道路・街区整備事業は計画的な事業化ができず，都市整備は遅れたが，30年代になると，公営交通の積極的展開で道路整備もすすんだ。

　第4に，大正期になると，公営交通事業が拡充され，市政は軌道に乗ってくる，第1次都市計画が実施される。そして昭和期になると，昭和5年に第1次築港事業が完了し，財政的にも余裕がみられるようになった。

　大電買収・地下鉄創業，そして更正第1次都市計画事業が本格的に実施され，既成市街地整備が一気に大規模に実施される。

しかし，東京市との経済格差は，総合力では歴然としており，大阪市の都市機能高次化のビジョンは不鮮明で，拡充策は地勢的市域拡大・企業生産額増加で，都市機能の高次再編成の施策は欠落していた。

表4　大阪市主要都市整備事業　　　　　　　　（単位：万円）

事 業 名	期 間	事 業 費	事 業 名	期 間	事 業 費
◎大阪神戸鉄道	明3〜7	445万	○更正1次都市計画	大14〜昭17	2億6,462万（補助170万）
◎大阪京都鉄道	明6〜10	277万	○路面電車第1期	明36	14.8万
○水道事業建設	明25〜28	256万（補助75万）	○路面電車第2期	明38〜42	360万
○第1期築港・当初	明30〜38	2,249万（補助187万）	○路面電車第3期	明39〜大5	1,440万
○第1期築港・完成	明30〜昭4	4,997万（補助199万）	○大　電　買　収	大12	6,465万
◇大阪瓦斯創設	明29	資本金29万	○地　下　鉄　建　設	昭4〜7	7,913万
○第1期水道拡張	明30〜42	151万（補助8万）	○青　バ　ス　買　収	昭13	1,188万
○第2期水道拡張	明41〜大3	943万	○下　水　道　整　備	昭11年まで	7,993万
○第1次都市計画	大7〜昭3	1億8,120万	◇土　地　区　画　整　理	大12〜昭10	1,581万（1,008万㎡）

注　◎政府直轄事業　●府事業　○市事業　◇民間事業。耕地整理事業は，小栗忠七『土地区画整理の歴史と法制』251〜259頁。下水道事業は内務省土木局『土木局統計30回年報』396〜402頁参照。

注

（1）前掲「東京百年史Ⅱ」684頁。

（2）近世初頭以来，町人請負埋立による新田造成が行われていたが，明治維新後も継続されていた。明治10年代に西欧からの技術導入があり，大規模埋立が盛んになった。工場進出は「人家が密集している市内を避けて，郡部とくに新田地帯への進出」（大阪都市整備協会『大阪の土地区画整理』111頁，以下，前掲「大阪の区画整理」）となった。明治12年硫酸製造所，14年大阪鉄工所，16年大阪紡績会社の創設がみられた。「大阪鉄工所と大阪紡績は，大阪の近代工業発展の先導役」（同前110頁）で，以後，各種工場が次々と設立された。民間埋立はその後，明治40年市岡地区の地主埋立組合は，85万坪の埋立地を造成し，運河・道路・下水整備をしている。大正6年，安治川土地株式会社（資本金1,500万円）は，芦原・沼地であった一帯を埋立て，運河開削・区画整理などで，40.7万坪を整備し，市立運動場・遊園地として利用された。前掲「大阪の区画整理」107〜128頁参照。

（3）大阪の精神風土について，町人の都として「大阪に於ける経済の発達に自主独立の力強く，政府の保護干渉を受くること少なく，財閥との関係も著しからず，……市民の自覚によって，自由進取的なる企業精神が各方面に発揮せらるゝに至った」（前掲「明治大正大阪市史Ⅱ」54頁）と，自負している。

（4）居留地売買の状況については，大阪市『明治大正大阪市史第3巻』28〜41頁参照，以下，前掲「明治大正大阪市史Ⅲ」。

（5）大阪が明治元年に貿易港となったが，明治2年，当時80隻の入港をみたが，数年後には入港はまったくなくなり，7年に大阪・神戸間の鉄道が開通すると，居留の貿易商人もすべて神戸に移住してしまった。大阪市『大阪港史第1巻』38頁，以下，前掲「大阪港史Ⅰ」38頁参照。貿易額も全国比率でみると，明治元年20.1万円（比率0.7％），10年70.2万円（1.3％）20年210万円（2.1％），30年677万円（1.5％）と，明治中期まで振るわず，築港が急務の課題となった。前掲「大阪市史Ⅴ」342頁参照。

（6）大阪築港と淀川改修については，服部敬『近代地方政治と水利土木』（思文閣出版1995年）241〜292頁，前掲「大阪市史Ⅴ」385〜439頁，新修大阪市史編纂委員会『新修大阪市史第6巻』450〜497頁参照，以下，前掲「大阪市史Ⅵ」。

（7）明治初期の民費による道路修繕費のみで建設費支出はない。市制後の土木費77.6万円（明治22〜30年）で，また築港がはじまる30年代の土木費168.8万円（明治31〜40年）に対して築港費1,896.8万円と土木費の10倍以上である。大正・昭和期に道路建設を鋭意すすめたが，明治期に一気に整備するほうがはるかに低コストの整備ができたはずである。京都の三大都市・東京の市区改正事業に比して大阪は，公営交通だのみであった。

（8）明治期の大阪都市経営戦略については，持田信樹「都市財政の成立Ⅱ」『社会科学研究』第36巻第6号（1985年3月）96〜97頁参照，以下，持田・前掲「都市財政の成立Ⅱ」。なお戦前大阪市の積極的財政運営については，高寄・前掲「昭和地方財政Ⅴ」142〜160頁参照。

（9）明治35年の土木費は，東京市166万円（市区改正事業費含む），大阪市407万円（築港費含む）で，東京を上回る水準であるが，築港費支出が膨張の要因であった。築港着工以後の30〜36年度7年間事業費合計1,646万円，市費負担8割で1,318万円となる。同期間の市税収入978万円で，市税収入の1.35倍の負担となる。鶴原市長となり37〜43年度築港合計640万円，市費負担は8割で512万円，その間の市税収入1,268万円で，市税収入の0.41倍と改善されている。鶴原市長は大阪市財政における築港費の別格措置への改革のメスをいれていった。築港事務所長には西村捨三（元大阪府知事・内務省土木局長・農商務省次官）が築港費予算約1,800万円はつかみ予算で一括預託され，大阪市が予算・決算について関与できない状況で伏魔殿の様相を呈していた。西村所長の処遇は市長給与3,000円の2倍で，築港竣功褒賞として4.5〜5.5万円を付与する厚遇であったが，36年に病を得て所長を辞任している。西村所長に全面包括委任していた築港財政を，市長管理下の毎年予算方式に改革する。一方で埋立面積を149万坪から46万坪に縮小し，さらにインフレメリット放棄となるが，市有浜地売却で1,300万円を捻出する苦渋の選択を決断する。以後，市長が所長を兼務し，築港改革に取り組む。埋立地暴落で築港債の信用がガタ落ちとなったので，「築港公債の信用挽回のため，未償還額に対する利子支払の準備金として市税の一部を10年間積み立てる方針を定め」（前掲「大阪市史Ⅵ」465頁），市税10分の1を拠出して，返済基金を設定している。築港事業が縮小されたが続行された。それでも大

正15年までの第1期築港完成までの29年間築港費（表23参照）は8,717万円で，築港自己負担7,587万円となっている。前掲「明治大正大阪市史Ⅳ」583頁参照。

（10）政府が派遣した治河使は明治元年11月の府への達書で，「浪華ヨリ運送等モ，是マテノ三十石通船ニテハ徒ニ人力ヲ費シ実以不便利故，……是非共蒸気船ニテモ仕掛ケ利用可有」（『法令全書』前傾「大阪市史Ⅴ」390頁）と，大阪築港を勧告している。もっとも　衰退の原因は「銀目制度の廃止，御用金の調達・蔵屋敷の撤廃・株仲間の開放・旧藩債の処理等種々点があげられるが，何としても港湾がこのような状態では到底繁栄を期すできではない」（前掲「大阪港史Ⅰ」40頁）と，築港を経済復権の必須条件とみなしている。

（11）大阪港は河口港湾の宿命として，土砂の堆積に悩まされていたが，比較的流砂の少ない安治川河口に築港し，浚渫土砂で堤防・埋立地を造成することで，一石二鳥の効果が見込める目算が描かれた。さすがに政府も大阪築港の必要性を痛感し，数度にわたりお雇い外国人を派遣し，築港案を作成させるが，工事費は200～300万円が必要であった。政府とても巨額の築港費を支弁することは不可能であった。

（12）その募金提唱の告示には，「海陸四達天成の美を占むるもの之を天下に求むるに恐らくは大阪の右に出るものなし……今や大阪従前頼む処の諸侯は既に廃せられ天成の海港は土砂の為め塞がり……されば今日の急なる第一人心を振作し……新港を築き府下万世の便利を開き天下の公益を創せんが為に同志の面々財資を募て需要に充て心を合せて此の偉業を成さんとす」（前掲「大阪港史Ⅰ」41頁）と，築港への自信を表わしている。

（13）募金はかなり強引に行われたので，政府は「其名誘勧ニシテ其実民ヲ強迫スルニ近ク，……人民自主ノ権利ヲ妨害スルニ当ル。……是出金ヲ課シ候掛リ物ニ類シ，……治民ノ法ニ於テ大ニ注意セサル可カラサル処ナリ」（前掲「大阪市史Ⅴ」402頁）と，厳しく叱責している。要するに政府はこの寄付は，強制的寄付であり，かえって大阪経済の沈滞をもたらすとして，この構想は挫折する。しかし，市内富豪藤田伝三郎は，「独力で築港事業を企て……たが，たまたま地方制度の改正により個人事業が」（前掲「大阪港史Ⅰ」233/234頁）許されぬこととなり断念している。このような公共投資先導型の地域経済疲弊が，殖産興業などの府県地域振興策で多くみられていた。

（14）前掲「大阪港史Ⅰ」234頁。

（15）前掲「大阪市史Ⅴ」419頁。

京都の都市再生と文化産業創造

　京都の都市形成は，文化産業を戦略要素として，都市再生に成功した特異なケースである。その根底には「維新後の首都が東京に移った後も，京都は日本文化を象徴する都市であるという誇りを持ちつづけた」[1] 精神的風土があった。

この矜持が，伝統文化を蘇生させ，近代産業として都市を支え，なおかつ今日でも京都が，最高の都市品格を保持している要因は，明治初期の優れた都市再生策にある。

　第1の視点として，京都の都市形成における特徴を，都市経営戦略の視点からみると，第1の特徴は，「京都没落の危機感」であった。東京遷都で第2の奈良化する衰退への恐怖があったが，この窮地をまず槇村正直（知事在任期間　明治10～14年；1978～1881）が，文化産業振興で展望をひらいた。[2]

　以後，北垣国道（明治14～25年；1881～1892）が疏水事業で，第2代西郷菊次郎市長（市長在任期間　明治37～44年；1904～1911）が三大事業で，都市再生を達成していった。

　この危機感の緊張と京都文化の誇りが，市民が京都再生プロジェクトへの負担に耐え，協力を惜しまなかった潜在的要素であった。さらに府・市の連携が，特例市制といういびつな制度にもかかわらず，円滑に行われた特筆すべき歴任的事実は特記されるべきである。[3]

　第2の特徴は，「文化産業都市の創造」で，槇村正直の炯眼である。[4]地勢的条件から産業基盤整備型の都市振興は不向きであったが，京都の多彩な伝統産業の蓄積に着目し，文化資源を経営資源として蘇生させていった。内発的開発の典型的事例で，公共投資型と違い，疏水事業への資金が温存できた。

　第3の特徴は，「都市再生策の適正対応」である。文化産業振興・疏水事業・三大事業という振興策が，順次実施された。もし疏水事業・三大事業が，先行していれば，その間に京都の伝統文化は衰退し，基盤整備も無駄な過剰投資と化した恐れがあった。

　また疏水事業も完成した時点では，経済環境は激変し，水運・潅漑機能の効用は小さくなっており，疏水事業も無用の長物と化する恐れがあった。しかも都市の選択として，経営政策の停滞がみられた。明治23年疏水事業竣功，24年蹴上発電所完成をみたが，39年の三大事業まで15年の空白が発生し，肝心の交通は28年京都電気鉄道が営業を開始している。

　三大事業はインフラ整備だけでなく，疏水事業の水道・交通・電気の公営企業化が急務であった。まず電気事業で活路を見出し，三大事業で電力・水道・

交通事業を収益的装置として再編成していった，将来への洞察力が企業収益施設として再生を可能にした。

　第4の特徴は，「都市戦略の複合化」である。文化産業・疏水事業・三大事業のすべてが，単一プロジェクトでなく，複合目的の総合事業であった。文化産業は裾野の広い地場生活産業振興であり，疏水事業も電気・水利・水道の多機能装置となった。さらに三大事業は，電気・水道・交通事業の都市装置化であり，文化産業を近代産業に成熟させていった。

　そして大正・昭和期にかけて，南部町村を合併し，ハイテク産業の育成・誘致に成功している。旧市域の文化産業機能との連携で，素材産業型でなく，知識集約型のハイテク企業が，京都の経済力を牽引していった。文化産業だけでは，片肺飛行になっていたが，文化・生産機能の相乗効果で都市成長を遂げていった。

　第2の視点として，都市市形成をみると，第1期は，明治初期の「文化産業振興策」であった。リーダは長州藩出身の槇村正直で，明治2年，京都府権大参事（現在の副知事）に就任し，明治10年には府知事となり，14年まで府政を運営していった。槇村正直は，文化産業という独自の戦略で都市再生をめざした。[5]

　第1に，「財源獲得・涵養の手腕」である。文化産業施策といっても，施策実施には財源が必要で，槇村正直らは遷都補償金の獲得をめざしたが，政府は京都救済には無関心で，当初，京都府貧民救済貸付金残債1万3,947両を，帳消しで済ますつもりであった。

　槇村正直は不満足で，50万両拝借を願いでて，政府・府の攻防がつづき，明治2年，貸付金勧業基立金15万両，明治3年交付金産業基立金10万両を獲得する。合計25万両であるが，大阪の勧業基立金が3,000両で，京都の優遇が目立つ。遷都に対する京都市民の不安を鎮静化するため，政府の配慮があったが，豪腕知事が，「対政府交渉力」で見事な行政手腕を発揮した。[6]

　第2に，文化産業の特徴は，「内発的開発の振興」である。槇村正直は，伝統産業の近代化をめざし，広汎な既存産業の再生であり，公費負担が軽少であった。具体的には産業技術育成（舎蜜局設置），集客都市形成（京都博覧会開催・名

勝地保全），教育芸術振興（大学誘地・伝統工芸助成）などを，基本とした伝統産業の相乗効果をもたらした。

文化産業施策で注目すべきは，博覧会開催である。さまざまの機会をとらえて博覧会を開催している。最初は明治4（1871）年の民間経済人による博覧会で，新旧あらゆる展示物であったが事業は成功し，京都博覧会協会を創成した。

京都府が積極的に支援し，官民協力体制を整え，5年府主催の第1回「京都博覧会」開催となり，18年の第14回までつづけられ，以後，専門分野の博覧会にわかれ，大正15年まで開催された。[7]

第3に，「文化産業策の継続」である。槙村知事は，明治14年に更迭され，都市再生策は疏水事業・三大事業への公共投資型へと性格転換をとげる。しかし，生活文化産業振興の方針は，明治後期・大正期・昭和期にあっても継続された。

明治28年の全国規模の第4回内国勧業博覧会は，関西初の開催であった。京都市は施設整備費として岡崎会場に8.5万円を支出したが，入場者130万5.600人に達した。地方開催としては大成功であった。[8]

以降も，コンベンションシティとして，大規模博覧会・式典を都市振興策として実施している。このように記念事業などを，市政の重要事業とみなしたのは，全国から人々が集まり裾野の広い波及効果が見込めるからである。[9]

博覧会跡地は，博覧会会館・美術館などを建設し，また伝統工芸産業振興のため，陶磁器・染織試験所なども創設している。教育施設でも，同志社大学・京都大学など都市経済を支え，さらに軍隊の誘致にも成功している。巨大開発プロジェクトでなく，小規模個別施策の集積による，都市経済の活性化であった。

第2期の都市振興施策は，明治中期の琵琶湖疏水事業（明治17〜23年；1884〜1890）で，都市経済活動を支える大動脈として建設された。推進したのは北垣国道で，道路・港湾といった基盤事業でなく，収益性があり総合的効果が見込める企業的施設で，最適選択をなしたといえる。[10]

疏水事業は，京都の都市経営のルーツとして，以後，その事業分野を拡大しながら，京都発展の牽引力となった。[11] 第1に，「官民協力のシステム」であった。政府への陳情は，京都府のみでなく，上下京聯合区会も政府へ陳情し，さ

らに工事費増加について，費用負担も同意し，官民一致の協力で事業化され遂行されていった。しかし，京都市民の事業負担への反対，さらに滋賀県サイドの治水行政から，都市振興のみに力点をおいた開発と批判されている。[12]

第2に，「経営手腕の冴え」である。疏水事業の建設・運用における実績は見事で，京都市の疏水事業は，明治16（1883）年，京都府県令北垣国道が，上下京区共有恩賜産業基立金30万円，国庫補助金15万円，府下渡金15万円の60万円で，運輸・灌漑・利水などの複合効果をめざすプロジェクトであった。

産業基立金（明治3年10万円）は，一般経費に散布せず，上下京区が利殖し，20年間で約40万円にふやし，うち30万円を当初資金として拠出している。国庫・府資金に匹敵する地元負担で，この負担がなければ，疏水事業は着工できなかったといえ，疏水事業達成は，上下京連合区会の利殖の才覚と，都市再生へ熱意の賜物といえる。[13]

京都府が，基金運用・管理を地域に委託したのは優れた判断で，もし東京の七分積金・横浜の歩合金・神戸の貿易五厘金のように，府県管理となり，府県行政費・建設費などに流用されていれば，利殖効果を得て疏水事業の財源とはなりえなかった。疏水事業は当時として技術的難工事であり，技術陣の辛苦は高く評価されているが，京都市民が示した経営感覚は抜群のセンスであり，事業はソフト・ハードの結合した結晶といえる。

明治23年3月に完成した最終的事業費は，125.7万円にふくらんでいたが，その差額65.7万円は，国庫下渡金5万円，市税23.2万円（明治23年度市税8.2万円），市費負担3.4万円，市債20.5万円，産業基立金9.7万円，その他3.9万円などで補填している。市負担47.1万円，当時の市税の5.74倍であった。

府事業として開始されたが，事業増加分は，京都市，最終的には京都市民の負担で処理しているが，市制直後であったが，起債主義で京都市は，市税を補填し，市民負担の激変緩和を図っていった。全体として事業を支えたのは，産業基立金39.7万円であった。

第3に，「疏水機能の再編成」である。事業目的は当初，明治16年11月に住民に説明された「起工趣意書」では，疏水事業は，水利事業そして琵琶湖・京都の水運事業であった。[14]事業が完成する明治20年代には，鉄道・電気が発

達し，運河・水利・水車動力の需要は低下していた。

　そのため「都市の選択」として，事業戦略を再編成し，日本最初の蹴上発電所を明治23（1890）年1月に着工し，翌年5月に完成させ，工業用電力供給を開始している。ただ水力発電事業は，京都電燈会社への経営委託でなく，市営電気事業の電力とした。[15]

　後にみる三大事業によって，疏水事業は電力による市営電気軌道へと，経営戦略を拡大し，機能再編成と同時に事業収益化によって，疏水を京都市財政のドル箱とした。

　第3期の都市振興策は，明治末期の三大事業である。北垣国道が京都をはなれ，西郷市長が就任するまで12年の歳月が経過していたが，その間，京都は膨張をつづけていき，都市インフラの不足が憂慮された。

　西郷菊治郎は「市長の決断」として，三大事業（明治39〜大正3年；1906〜1914年）を実施し，疏水事業を拡充・再編成し，都市再生をはたした。三大事業によって，電力・水道・交通事業を創設し，京都を支える企業的収益資産とした。[16]

　第1に，京都振興策として，明治25年に京都実業会は，「三大問題」を提唱する。京都市の経済発展は，旧態依然たる道路整備が緊急課題として浮上してきたが，財源をどうするかで，容易に事業化はできなかった。西郷市長は，明治39（1907）年，いわゆる三大事業（第2琵琶湖疏水事業・上水道・道路拡幅）を実施する。事業費1,726万円で，同年度市税73.1万円の23.61倍であった。

　第2に，この三大事業は「①第2琵琶湖疏水をつくり，多くの水や電力を得る，②第2疏水からの大幅な水量増加を利用して，上水道を敷設し，市の衛生状態を改善する，③主な7つの道路を拡築することであった。そこに市街地電気鉄道を敷設し，複線の広軌でスピードの出る市営市街電車（市電）を走らせ，電灯を市で経営する計画も付随していた」[17]のである。

　疏水水量は2.8倍以上にも増加した。西郷市長の実施能力が遺憾なく発揮され，京都都市インフラ整備が実現されていった。

　第3に，財政運営は綱渡りであったが，疏水事業の収益化によって，積極財政は安定化をたどっていった。[18]資金は外債で調達する予定であったが，欧米の金融事情が悪く，当面，一時借入金で対応し，フランス外債を明治42（1909）

年1,755万円（4,500万フラン），明治42年195万円（500万フラン），合計1,950万円，年率5％，償還期間22年であった。外貨債がふくらんだのは，疏水・水道事業だけでは発行額が小さいので，道路事業を追加したからである。[19]

いずれにしても財政力・事業規模・外債資金からみて，リスキーなプロジェクトであった。さらに道路拡幅への住民反対，公営交通創設への既存京都電気鉄道の抵抗など，無数の事業障害があった。

しかし，この破天荒ともいえる事業を，西郷市長は，市政で三大事業を最優先にして，技術的にだけでなく事業運営にあっても細心の注意を払った。[20] それでも道路拡幅事業は，必然的に立ち退き住民の犠牲は避けられなかった。[21]

第4に，公営電気事業の創業である。電力事業は先にみたように疏水事業は再編成の段階で，京都電燈会社の疏水電力事業民営化を市営化で阻止し，水道はもともと公営独占制度で，問題は交通であった。

明治45年京都市は公営交通を創設したが，京都電気鉄道との競争が激化したが，同社の事業拡大を不認可とする行政工作で，買収に成功した。[22] ビッグプロジェクトは，市長の行政・財政・政治力のいずれが欠落しても失敗する，総合経営力が問われた。

第4期の都市振興策は，大正期の京都改造である。大正期，第1次世界大戦後，都市計画事業によって，都市基盤拡充を図っていき，大正7（1918）年，昭和6（1931）年，周辺市町村の大合併を実施し，工業化への布石をうっている。

第1の事業は，都市計画事業（大正7〜昭11年）で，事業規模は5,490万円であった。事業内容・財源内訳は，下巻でふれるが，その特徴は公営交通の繰入金によって，公債費ゼロという注目すべき実績である。さらに土地区画整理による用地提供によって，事業は円滑に施行されていった。

第2の事業は，文化産業都市施策の継続であるが，工業都市への転換を図っていった経過である。第1に，京都は工業都市には不向きであったが，大正7（1918）年に周辺市町村の大合併を実施し，南部工業化への布石をうった。

第2に，第1次対戦後，安藤市長は，観光産業による京都「繁栄策」を提唱した。市政の重要施策としてつづけられ，昭和5（1930）年には観光課を設置する。京都は六大都市にあって人口規模は，横浜・名古屋・神戸など同規模であっ

たが，工業生産額は半分以下であったが，文化産業としての消費が，人口・経済を支えていた。[23]

第3に，馬渕市長は「工業都市たるとともに遊覧都市」たるべしと，観光と工業をともに追求すべきとした。京都市は，文化産業都市だけでは，都市成長力はひ弱いという懸念はもっていたので，合併町村の南部には工業地帯として整備し，ハイテク産業の集積がつづいており，製造業にあっても，文化産業都市の伝統は継承されている。

第3の視点として，戦前京都の都市公共投資（表5参照）を，都市経営戦略からみると，第1に，明治前期の文化産業都市振興は，施設整備だけであったので，疏水事業は，当時としては事業費125.7万円のビッグプロジェクトであったが，財政余力をもって耐えられた。しかも国庫補助金・府下渡金・産業基立金といった，特定財源の負担が74.7万円で事業費125.7万円の59.4％と6割で，市税・市債負担4割ですんでいる。

第2に，三大事業は1,726万円と巨額であったが，償還財源のない道路は736万円があった。事業規模は市税73.1万円の23.6倍でかなりの負担であった。しかし，電力・交通水道などの企業支援で補填していった。

表5　京都市主要都市整備事業

（単位：万円）

事　業　名	期　　間	事　業　費	事　業　名	期　　間	事　業　費
●勧業施設整備	明4〜7	18万	○公営交通創業	明42〜大6	943万
◎第4回勧業博覧会	明28	37.7万	○民営鉄道買収	大7	425万
●疏　水　事　業	明17〜23	126万（補助20万）	○公営バス事業	昭3〜11	165万（設備費累計）
●公営電気供給	明23〜31	52.6万	○第1次都市計画	大7〜昭11	5,490万（補助338万）
◇京都電気鉄道	明27	30万（資本金）	○第1期水道拡張	明45・46	75万
○三　大　事　業	明39〜45	1,726万	○第2期水道拡張	大8〜12	180万
水　道　事　業	明39〜45	300万（補助75万）	○第3期水道拡張	大13〜昭2	250万
水　利　事　業	明36〜46	378万	◇土地区画整理	大12〜昭10	705万（322万㎡）
道路・電気創業	明39〜46	1.038万	○下　水　道　事　業	昭11まで	2,883万（補助157万）

注　◎政府直轄事業　●府事業　○市事業　◇民間事業。耕地整理事業は，小栗忠七『土地区画整理の歴史と法制』251〜259頁。下水道事業は内務省土木局『土木局統計30回年報』396〜402頁参照。

大正期の都市計画事業（377頁参照）も，繰入金59％，補助・負担金など特定財源10.19％で，市税（特別税）負担17.7％しかない。しかも為替差益もあり実質的負担を軽減させていった。

　第3に，大正・昭和期は，明治期の残された課題への処理となったが，文化産業都市の拡充・工業都市への転換・財政再建の実践が課題であった。南部町村合併で素材産業でなく，知識産業の集積がみられ，工業機能の兼ね備えた総合的都市化がすすみ，財政視点からみて模範的運営であった。

注
（1）前掲「京都市政史Ⅰ」2頁
（2）槇村正直は行政手腕はすぐれていたが，府議会設置によって，その独断的手法が批判され，明治14（1881）年に更迭され，高知県令であった北垣国道が着任する。槇村正直は明治元年以来，府政に従事しており，文化産業は軌道に乗っており，実質的14年の長期政権で転換すべき時期であった。もっとも長期政権が都市再生を可能にしたといえ，北垣政権も11年の長期であり，西郷政権も7年で市長としてもっとも長い任期であった。
（3）なお北垣国道は，辞任し北海道庁長官へと転出するが，以後，10年で5人の知事が交代し，京都市への影響力も低下していった。しかし，明治初期，府知事統制下での都市再生策ができたのは，「市制特例による官史市長の存立は，自然自治体の軽視を免れず，民意伸暢の充分ならざるものをあるを懸念せられたるにも拘らず，本市にありては比較的その憾みなく，市会の意思は充分尊重せられた」（京都市『京都市政史・上巻』140頁，以下，前掲「京都市政史上」）と，府知事として良き人材を得た賜物といわれている。
（4）文化産業選択の背景（94～97頁参照）はすでにみたので，施策内容をみると，貸付金支出をみると，西陣各社への貸付金，養蚕場・製糸場建物・器械費，製紙場器械購入などに充当している。総計18万1,955円，製品売却収入4万6,000余円で，実質的投入額13万5,900円となっている。一般的な府県勧業貸付金と同様であるが，地場産業の成熟度が高く，行政指導も先進的欧米技術を導入・活用と，企業的経営意識のある行政風土があった。なによりの豊富な人材が，官民による経営意識の相乗効果で，文化産業を近代産業への変貌させていった。京都市『京都の歴史・第8巻』41～50頁参照，以下，前掲「京都の歴史Ⅷ」，前掲「京都市政史Ⅰ」29・30，74～82頁参照。明田・前掲「豪腕知事」80・81頁参照。
（5）文化振興策については，鎌田道隆「京都と『御維新』」林家・前掲「文明開化の研究」325～351頁参照，前掲「京都市政史Ⅰ」29・30，74～82頁，高寄・前掲「都市経営思想」37～62頁参照。勧業施策については，前掲「京都市政史Ⅰ」20～32

頁，伝統産業振興については，同前278〜282頁，観光産業の育成については，同前318頁参照。

（6）槙村正直による産業基立金など，政府の京都救済措置の獲得については，明田・前掲「豪腕知事」75〜82頁参照，前掲「京都市政史Ⅰ」20〜22，74〜80頁，前掲「京都市政史下」30〜34頁参照。なお政府は恩着せがましくいうが，一般京都市民の維新政府への寄付金だけでも5万両はこえており，富豪の寄付を算入すれば，10万円をはるかにこえていたであろう。明田・前掲「豪腕知事」38・39頁参照。

（7）前掲「京都市政史Ⅰ」78・79頁参照。なお博覧会の経過については，明田・前掲「豪腕知事」156〜161頁参照。

（8）第4回内国博覧会は，第1回明治10年東京（開催地），観覧人数45.4万人，経費10.6万円，第2回明治14年東京，観覧人数82.2万人，経費27.6万円，第3回明治23年東京，観覧人数102.4万人，経費48.6万円，第4回28年京都，観覧人数113.7万人，経費37.7万円，第5回35年大阪，観覧人数530.5万人，経費106.7万円であった。大阪博覧会の入場者数は東京をはるかに上回っており，大阪の集積力・市長の経営力の大きさを示している。前掲「東京百年史Ⅱ」700頁参照。

（9）京都にとって「当時沈滞せる本市の民心を，精神的に，又文化的に刺激し，千年の帝都，文化の都市としての矜持と責務を自覚せしむる上において大いなる収穫があった」（前掲「京都市政史上」140頁）といわれている。京都の博覧会効果を調査した大阪市の報告書は「直接・間接の利益は不動産価格の騰貴，人口の増加，新事業の発達，輸出品の増加，美術工芸品の隆盛など多方面に及んだ」（前掲「大阪市史Ⅵ」36頁）と分析している。

（10）なお疏水事業は，明治3年には槙村正直も建設調査も実施していたが，文化産業施策推進のため，疏水事業は後回ししたといわれている。明田・前掲「槙村正直」171〜173頁参照。

（11）京都疏水事業については，前掲「京都市政史Ⅰ」24〜27頁，64〜66頁，97〜99頁参照，以下，前掲「京都市政史Ⅰ」。前掲「京都市政史下」28〜51頁参照，白木正俊「明治後期の琵琶湖疏水と電気事業」伊藤・前掲「京都の改造」102〜106頁，以下，白木・前掲「疏水と電気事業」，松浦・前掲「明治の国土開発」106〜121頁参照，持田・前掲「都市財政の成立Ⅱ」91〜96頁参照。なお疏水事業推進者の北垣国道については，前掲「京都の歴史Ⅷ」20〜22，51〜56頁参照。

（12）市民は過重な負担緩和のため事業期間延長，寄付金方式への転換などの連署による陳情があったが，結局，地域有力者に慰撫されている。前掲「京都市政史上」115頁，前掲「京都市政史下」36頁参照。また滋賀県サイドの反対としては，琵琶湖の水資源を京都が山の手入れをせず，滋賀県が治山治水で涵養してきた水を，短絡的に利用する京都に不満があった。織田直文『琵琶湖疏水』（サンブライト出版 1987年）67頁参照。

（13）区利殖は，「上下京聯合区会の評定を以て公債証書を買入れ売却し，漸次利殖の方法を講じた結果，22年度には元利合計39万6,970円の巨額に達した」（前掲「京都市政史下」31頁）といわれている。単に金融機関に預金しただけであれば，これほど

の利子をみなかったであろう。事業成功の影の功労者は，聯合区会の利殖センスであった。ちなみに京都市は，三大事業のフラン債では為替差益146.8万円を確保しているが，六大都市の地方外債で唯一の事例で，京都市の資金運用は見事といえよう。

（14）前掲「京都市政史Ⅰ」98頁参照。

（15）疏水事業の電力利用については，北垣知事は田辺朔郎・高木文平をアメリカに派遣し，電力利用が得策との調査報告を受け，300馬力発電（事業費12万円）を決定する。明治20（1887）年，京都電燈会社が疏水の発電事業及び供給事業を一手に引き受けようとして，府会議員も参加して京都市に政治的圧力を加えてきた。市会で市営直営方式と京都電燈委託方式とが対立したが，最終的に市会は「市有財産である疏水からあがる利益を一私企業に委ねることに対して批判的意見があいつぎ」（前掲「京都市政史Ⅰ」27頁），21年には電力事業の市営化を決議している。白木・前掲「疏水と電気事業」83～106頁参照。

（16）三大事業については，京都市役所『京都市三大事業・第1～3集』（1912～1914年）。前掲「京都市政史Ⅰ」207・208頁，前掲「京都市政史下」599～650頁，伊藤之雄「都市経営と京都市の改造事業の形成」（以下，伊藤・前掲「京都市の都市改造」）伊藤・前掲「京都の改造」31～6頁参照。

（17）前掲「京都市政史Ⅰ」4頁。

（18）京都市の財政運営については，持田・前掲「都市財政の成立Ⅱ」100～103頁，高寄・前掲「昭和地方財政Ⅴ」156～160頁参照。

（19）三大事業の内訳は水利事業378万円，水道300万円，道路735万円，交通265万円で，道路費を水道・疏水・交通事業の収益で補填する予定であった。外債は据置期間があっても元本のみで，当初から利子支払は年100万円にもなった。「市長の決断」としての思惑は，道路拡築による公営市街電車敷設，電力供給事業の拡大による収益力拡充に期待した方針で，常識的には無理ともいえる事業であったが，都市成長を膨張テンポは急速であり，公営企業の収益性に期待したといえる。前掲「京都市政史Ⅰ」192頁，なお明治期の京都市債状況は，前掲「京都市政史下」338～364頁参照。

（20）ただ西郷市長は，道路事業拡幅にともなう住民との紛争は避けられないと覚悟し，家屋税・学区統一などの重要案件は先送りして，三大事業を優先させていった。大胆なプロジェクトのため，一般的行財政改革を犠牲にした苦渋の対応である。前掲「京都市政史Ⅰ」209頁参照。その後の歴代市長も家屋税創設・学区制廃止を先送りしていった。松下孝昭「京都市の都市構造の変動と地域社会」伊藤・前掲「京都の改造」250～275頁参照。

（21）『京都市史』は，「三大事業および都市計画事業の道路拡築や，建物疎開では，多くの市民が不本意ながら十分な補償もなく立ち退きをせざるをえなかった。現在の京都市の繁栄は，これら市民の犠牲の上に成り立っていることを忘れてはならない」（前掲「京都市政史Ⅰ」6頁）とのべている。ビッグプロジェクトの蔭には，つねに市民の被害がみられた。鈴木栄樹「京都市の都市改造と道路拡築事業」伊藤・前掲「京都の改造」138～151頁参照。問題は事業遂行への能力発揮より事業実施システムの公平化への行政努力，そして「行政の知恵」が求められた。負担公平化のシス

テムとしては，超過買収方式で表道の用地をより高値で分譲し，裏道の零細用地を高価で買収し，全体の公平化を図っていくしかなく，都市自治体の裁量で処理できる対応である。

(22) なお京都電気鉄道は，疏水電力を利用して，明治28年に営業を開始したが，京都電鉄は，京都公営交通創業の動きを察して，明治40年先制対抗策として道路拡幅街路に，費用の半分を会社が負担して電車を走らす事業申請をなした。まず会社が市会工作で民営派多数を形成したので，窮地にたった府・市は会社の新規路線不許可という中央政府への政治工作で，会社の路線拡大を阻止した。45年に市営電気電車を創設し，熾烈な競争をへて大正7年に買収する。公営主義による民営京都電気鉄道を圧迫し，露骨な公営主義となって露呈している。田中真人「京都電気鉄道の『栄光』」伊藤・前掲「京都の改造」152〜174頁，前掲「京都市政史上」119〜122頁，302・303頁参照。参照。

(23) 六大都市工業生産額比較については，前掲「大正昭和名古屋市史Ⅱ」64頁参照。

名古屋の産業創出と広域圏経済集積

　名古屋の都市形成は，中部経済圏の中心都市として，有利な地勢的条件を活かし，着実に経済成長を遂げていった。管理中枢機能だけでは，都市成長は減速する恐れがあるが，第2次産業の拡充によって，日露戦争以後，飛躍的に成長していった。

　第1の視点として，名古屋経済成長は，六大都市でももっとも遅れたが，その要因は何であったか，第1の課題として，その原因をみてみる。第1の原因は，近代産業創設・産業基盤整備の遅れである。第1に，「近代化精神の遅れ」である。明治初期，都市経済の沈滞もあり，従来からの現状維持の気風は，一層浸透していった。[1]

　第2に，「産業基盤整備の遅れ」が，都市成長の阻害要素となった。むしろ気風より実際は大きな要因で，交通機関が整備されれば，外部からの人・資金・情報の交流で，人心も刺激を受け，産業化へのエネルギー源となっていったはずである。

　鉄道・港湾などのインフラは，大都市は明治初期に整備されたが，名古屋のみ東海道線が，明治22（1889）年7月の全線開通と遅れ，致命的打撃となった。港湾も市域外の熱田港で，産業振興・企業創設の培養とならない，憂慮すべき

状況にあった。[2]

　第3に，「近代都市整備の遅れ」である。名古屋は典型的近世城下町で，比較的に町割は，格子状に整備されていたが，何分，街路は狭く，大火に悩まされたが，近代都市への改造は，難工事であった。[3]

　名古屋の都市整備は，明治前期はほとんどなく，それ以後も運河開削事業以外は目立った事業はなく，他都市と同類のものだけで，しかも都市創成期に名古屋市だけが，明治24（1891）年10月28日，濃尾大地震に襲われている。[4]

　第4に，「近代産業起業化の遅れ」である。名古屋工業化への政府支援は，「明治初年の政府の産業政策が名古屋にほとんど及ば」[5]なかった。実際，明治初期，政府殖産興業は，愛知県栽培所ぐらいで，起業化への刺激とならなかった。

　さらに地元経済も，「維新後秩禄公債などを資本として商業を試みたが，いわゆる士族の商法となって失敗に終わったものが多く」[6]，このような状況で起業化精神が低迷し，地元経済人による企業化もすすまなかった。

　第2の課題は，明治初期，起業化・基盤整備で遅れた名古屋経済が，明治後期には近代産業都市へと，急成長していった要素は，地元経済がそれなりの精神・資金・技術で起業化を促がす土壌があった。

　第1に，「近世都市の伝統産業」の存在である。近代産業を扶植しようとしても，従来の産業土壌のないところでは育たない。名古屋では産業基盤は遅れたが，多彩な伝統産業があり，「明治10年代にはいると，政府の士族授産政策を含む殖産興業政策を受けて，近代的な工業の新たな展開が進行」[7]していった。注目すべきは郡部と異なり，勧業貸付金などを活用して，紡績会社がつぎつぎと創業されていった。[8]

　第2に，「起業化の連鎖反応」である。大阪市と同様に紡績産業が，地域経済を牽引していったが，伝統産業である陶磁器・時計など，地場産業も近代的工業へと転換していった。[9]

　第3に，「独自技術産業の胎動」である。明治後期の産業革命の波にのって，近代化を達成していった。産業構造は，「繊維工業（紡績工業）と機械器具工業を代表とする少数の近代的な比較的規模の大きな工場と，織物業・陶磁器工業に代表される多数の小規模な伝統産業の工場とによって構成されていた」[10]

第2節　都市成長の方策と都市開発のビジョン　103

が，地域創造型の技術開発がすすんだ。

　陶磁器産業は伝統的産業の近代化であったが，機械器具産業は，伝統的工業の技術的継承と外来技術の改良・新開発による近代化であった。明治20年代は，「名古屋の機械器具の発明・改良が一気に花開き，機械器具工業とその関連事業が胎動した時期でも」[11] あった。

　京都は伝統産業に特化した近代産業化であったが，名古屋は広汎な地域産業が，独自の発展を遂げて，時計・車両産業が成長していった。それには濃尾平野という広大な立地空間という，地勢的条件にめぐまれていた。[12]

　第2の視点として，名古屋経済の軌跡をみると，国鉄東海道線・名古屋築港は未整備であったが，名古屋経済は独自の成長を遂げつつあった。大阪経済が築港に関係なく成長したのと同じパターンであるが，もっとも港湾・鉄道も長期にわたって整備されないと，成長力が失速する恐れがあった。

　第1期の明治前期の都市整備は，第1の事業は，道路整備事業であった。工業化が遅れたので，差し迫ったプロジェクトもなかった。中心部は，築城当時の碁盤割で整然と区画され，3〜4間の街路が整備されていた。

　明治11（1878）年，吉田禄在が名古屋区長になると，街路系統の整備として，4幹線の整備を提唱し，笹島街道が整備されている。明治初期，名古屋駅設置をみこして，事前に笹島街道拡幅事業（幅員23.4m・延長1,373.5m）を遂行していった。[13]

　第2の事業は，市域外であったが，熱田港の造成であった。吉田区長は，当時の熱田港築港を政府に要望しているが，却下されている。[14] 要因は，港湾としては四日市港があり，明治18年には武豊港が整備され，さらに19年には武豊港・名古屋の鉄道が敷設され，熱田港は軽視された。

　しかし，政府が中山道線を中断し，東海道線建設を優先させ，明治22年7月に開通をみたため，熱田港が名古屋の門戸として，重要視されるにいたった。

　第2期の都市整備事業は，明治後期，名古屋都心と名古屋港が地理的にはなれていたので，その連絡のための道路・運河の整備が基本であった。明治22年の東海道線全線開通に加えて，27年に中央線敷設が本決まりとなり，東海道線名古屋駅との連結が決まった。

第1の事業は，道路拡張工事で，市制実施後，明治27年には柳本市長が，道路整備の5期計画を策定し，第1期17路線を決定する。主要道路は熱田街道（南大津通）道路改良事業であった。[15]

　その後，歴代市長がこの計画を実施していった。大正7（1919）年には佐藤市長が，市区改正条例の適用を機に，新道路計画を策定し，8年の都市計画法で，5大幹線事業の事業化に踏み切っている。

　第2の事業は，名古屋港の建設である。当時，熱田港とよばれていたが，築港は容易に決定されなかった。それは河口港として土砂流入が膨大で，遠浅の地形が致命的欠陥であったからである。[16]

　第1に，明治27年12月，県議会の市部選出議員28名は，時の時任知事に熱田湾築港調査建設案を提出し，知事の賛意を得た。時任知事は築港前に転任となったが，後任の江木知事が引き継いだが，郡部議員の猛烈な反対にあい実施は難航したが，知事は地域振興の将来性から築港を決断した。

　第2に，築港事業は，当初，熱田町が市域外であったので，愛知県営事業で施行され，その後も県営事業であった。第1期築港は明治29年から35年の7ヵ年計画で，当初事業費233万円で実施されたが，日清・日露戦争の影響もあり，43年に完了した。

　事業費は285.6万円に膨張していた。不足分は埋立売却費・築港債などで補填とされたが，埋立造成55万坪（181.5万㎡）が高価で売却できるかであった。国庫補助金はなく，財政負担は免れなかった。40年には名古屋港に改称され，同年11月には開港場に指定された。[17]

　第3に，明治43（1910）年，第2期工事（明治40～43年）が開始され，築港費396万円で，埋立造成80.7万坪（266.3万㎡）であった。しかし，度重なる災害被害と物価上昇で事業費は膨張し，「不況の折から既成の埋立の埋立地を売却するのは容易でなく，資金難は明白であった。まして新規に広大な埋立地を造成し，その売却費を財源に繰り入れるというのは，とても堅実な財政計画とはいえなかった」[18]と批判されている。工事は大正8年度に竣功した。

　第3の事業は，運河開削事業で，名古屋市営事業であった。都心部と港湾とはかなり離れていたが，名古屋市内には多くの河川が貫流していた。港湾・南

部工業地区の連絡機能からみて，運河開削は急がれた。[19]

　第1に，精進河を掘削し，新堀川運河として南北交通の便宜を図っていくため，運河工事が計画された。この精進川は，高低差がなく，しかも蛇行がいちじるしく，汚水が停滞し，豪雨時には氾濫する厄介な小河川であった。明治前期からしばしば政府・県に陳情していたが，改修工事は一向になされず，住民は臭気と災害に悩まされていた。

　第2に，南部の工業化がすすみ，放置できない深刻な状況となったが，明治37年に熱田町に東京砲兵工廠熱田兵器製造所が建設された。低湿地の造成用地改良のため54万㎡の土砂が必要となり，精進川の改修工事の掘削土砂で埋め立てられれば，一石二鳥で双方の利益となり，多年の宿願の解決できることになった。

　第3に，新堀川運河は明治38年10月に着工され，43年竣功している。幹線の延長5,736m，支線の延長391mで，工事総額98万5,912円，財源内訳は公債56万7,166円，借入金15万3,670円，一般市債24万9,522円であった。

　第4の事業は，民間公益企業の鉄道・電気・ガスなどの創設であるが，とくに交通事業は都市経済にあって，重要な役割を担っていた。しかし，名古屋市は公益企業について，積極的に公営化を図っていく，意欲は示さなかったが，有利な地勢的条件で順調な都市発展が見込まれたからであろうか。

　第1に，名古屋市の市内鉄道の創設は，明治21年，愛知馬車鉄道で計画されたが，27年になってやっと資本金15万円で会社成立をするが，株式3,000株のうち未払い株1,804株にもなり，事業は中止となった。

　しかし，京都電気鉄道の支援を受け，明治29年名古屋鉄道（資本金25万円）として設立され，電気鉄道の認可を得て，名古屋電気鉄道と名称変更され，明治30年に第1期工事に着工し，31年5月に京都についで全国2番目の電気鉄道開通となった。営業状況は順調に推移し，収入に対する利益率は，当初から30～40％で，やがて50％を上回る高収益状況となった。[20]

　第2に，公営水道創設は，明治27年のバルトン（W.K.Burton）の調査では175万円で，市財政約10万円で時期尚早で断念している。結局，着工42年7月，竣功大正3年3月，工事費592万円で国庫補助金117万円，残余は全額市債で調達予定であったが，日露戦争後で金利が高騰し，地方外債発行となった。[21]

106　第1章　殖産興業の奨励と都市振興の実践

第3に，民営電燈会社は，旧名古屋藩士に対する10万円の勧業貸付金が付与されたので，これを原資として，明治22年12月に開業している。県勧業貸付金が，地域経済の起業化に活用された事例となった。[22]

　名古屋瓦斯事業は，明治40年10月に名古屋瓦斯（資本金200万円）で開業している。創業は遅れたが，需要拡大期にあり，44年には資本金400万円に倍額増資され，順調に発展していった。[23]

　第3期の事業は，大正期で都市計画法制定もあり，都市計画事業が中心で，運河開削事業も都市計画事業として実施され，関連事業として大規模な土地区画整理が実施された。また築港事業に加えて，待望の公営交通がスタートした。

　第1の事業は，都市計画事業である。事業実績（大7～昭3年度）で，3,971万円であるが，繰越金などを除外すると，2,382万円である。財源内訳などについては，下巻の都市計画でふれるが，市債収入が41.5％と高い比率を占めている。[24]

　第2の事業は，土地整理事業で，下巻でふれるが，耕地整理事業で3,850万㎡，区画整理で5,108万㎡，合計8,958万㎡の広大な事業を実施している。[25]

　第3の事業は，中川運河である。第1に，都市計画事業として施行された。大正15年に着工し，昭和7年に全線が開通している。都心と名古屋港をむすぶ基幹運河であった。運河は上流836m（幅員90.9m），中間3,709m（幅員63.3m），下流1,818m（90.9m），支線1,818m（幅員36.4m）であった。

　運河開削だけでなく，事業は総面積92.6万㎡の用地造成が行われ，倉庫・物揚場だけでなく，工場・住宅用地として分譲された。

　大正15（1926）年10月に着工され，昭和5年11月に竣功している。工事総額1885.9万円，財源内訳は公債721.6万円，第1期運用金繰入185万円，特別税173.0万円，受益者負担金411.5万円，523.2万円は整理地売却代金であった。[26] なお港湾関連事業として，愛知県は大正15年から昭和2年にかけて，工事費193万円で堀川運河改修工事を施行している。

　第4の事業は，公営交通創業である。名古屋電気鉄道は明治31年に開業しているが，料金問題で大正2年9月6日，民衆による電車焼討事件が発生する。市は大正10年11月，名古屋電気鉄道を1,192万円で買収し，公営交通を発足させ

第2節　都市成長の方策と都市開発のビジョン　107

ている。(27)

　第5の事業は，第3期築港で当初計画は事業費2,050万円，工事期間15年であったが，内務省で修正され，工期大正12〜昭和2年，事業費867万円，工期7年となった。(28)

　第3の視点として，戦前名古屋の都市公共投資（表6参照）を，都市経営戦略からをみると，第1に，明治前期，政府の産業基盤整備の鉄道・築港も遅れたので，目立った事業は笹島街道整備しかなく，都市経済への成長も阻まれた。

　第2に，明治後期になると，東海道線誘致・熱田築港が，名古屋の広域経済圏中心都市への優位を決定づけた。熱田港（名古屋港）との連絡が焦眉の案件となり，道路整備が行われたが，運河開削事業が連絡道路機能を代行したので，道路事業費は抑制された。

　産業基盤整備の港湾・運河が主要プロジェクトであったが，いずれも埋立事業を兼営し，企業的事業として実施され，普通経済への負担は免れた。もっとも名古屋港整備は愛知県所管で，三部経済制で都市部負担で整備されたので，実質的には名古屋市民の負担となったが，ともあれ市財政の負担は軽微で処理された。

　第3に，大正・昭和期になると，公営水道・交通が本格的に整備されるが，他の五大都市からみて，ワンテンポ遅れた事業化であったが，水道は水源が大阪と同じく市内河川であり，交通は民営買収であったが，比較的安価な買収に成功している。

　注目すべきは，中川運河の埋立地は，港湾の海面埋立より立地条件にめぐまれ，しかも運河浚渫工事土砂による用地造成で，建設コストの割安で，面積は約28万坪と戦前の埋立事業としては大規模で，名古屋経済の産業都市化を下支えした。

　また郊外の土地区画整理（大正14〜昭和27年）約9,000万㎡の広大な事業面積で，郊外が濃尾平野という地勢的条件に恵まれ結果でもある。無理な先行型基盤整備を避け，郊外型の区画整理を大規模で実施したので，全体として安価な都市づくりとなったといえる。

表6　名古屋主要都市整備事業　　　　（単位　万円）

事　業　名	期　　間	事　業　費	事　業　名	期　　間	事　業　費
●笹島街道拡幅	明20.2竣工	6.7万	○第1期街路事業	大7〜14	900万
○新堀川開削	明38〜43年	98.5万	○第2期街路事業	昭4〜17	4,551万
○中川運河	大15〜昭7年	1,885.9万	◇土地整理事業	明38〜昭5	面積3,850万㎡
●熱田街道	明40〜41	50万	○区画整理事業	大12〜昭10	1,948万（1,052万㎡）
◇名古屋電気鉄道	明29	25万（資本金）	○下水道整備	昭13まで	1,933万（補助478万）
◇公営電気鉄道	大11	買収1,192万	●第1期築港事業	明29〜43	286万
○公営水道創設	明42〜大3	519万（補助117万）	●第2期築港事業	明43〜大8	396万（埋立266万㎡）
○第1回水道拡張	大15〜昭15	700万	●第3期築港事業	大9〜昭2	867万（埋立155万㎡）

注　◎政府直轄事業　●県事業　○市事業　◇民間事業。下水道事業は内務省土木局『土木局統計30回年報』396〜402頁参照。注耕地整理・区画整理事業は認可期間

注

（1）名古屋の都市経済は，「この変革期において動揺を免れず，倒産に瀕するものが多く，加うるに秩禄を離れた士分の多くは失業し」（名古屋市『大正昭和名古屋市史第1巻』13頁，以下，前掲「大正昭和名古屋市史Ⅰ」），経済低迷状況にあった。実業家として活躍するには，「幕末の開港後における西洋文化との接触が稀薄であったこと」「明治初年の政府の産業政策の恩恵が名古屋にはほとんどおよばなかったこと」（名古屋市『大正昭和名古屋市史第2巻』22頁，以下，前掲「大正昭和名古屋市史Ⅱ」）など，海外刺激・政府支援の欠乏があげられている。

（2）名古屋の都市基盤整備打開に奔走したのは，名古屋区長を明治9〜21年の12年余つとめた吉田禄在であった。鉄道ルートの中山道から東海道への変更，名古屋築港重要性の指摘，さらに都心道路の早期整備など，名古屋市の発展をささえた，ビッグプロジェクトのすべてに関与しており，名古屋の近代都市への実現の蔭の功労者といえる。ことに鉄道については，東京・大阪間のルートは，明治16年，中山道ルートと内定されたが，吉田禄在はこのルートでは，名古屋を大きくそれ，都市発展の阻害となると憂慮し，中山道鉄道と名古屋を結ぶ連絡鉄道「愛知鉄道会社」の設立をめざした。しかし，連絡鉄道建設は容易でなく断念し，国鉄ルートそのものを，東海道ルートに変更させる方針に変えた。愛知県知事の賛成を得て，工務省鉄道局長井上勝に面会した。「かつて尾張藩の木曽山主管でもあった吉田禄在は，自らの実地踏査した山河地勢の地図を示しながら木曽の開発がいかに難工事かを力説した」（「名古屋市史Ⅴ」264頁）そのためか，鉄道局も東海道ルートが有利と判断して変更された。

（3）万治3年（1660）の大火後，中心街路堀切筋は15間（約27.3m）に拡幅され，また元禄年間には，大火復興には幅員は4間にするが，問屋街では東側は全面土蔵にして防火壁を設定しているが，近代都市として産業が活動するには，都市基盤は脆弱そ

のものであった。

（4）濃尾大地震の名古屋市被害は，死者187名，家屋全壊1,097戸，商工業者損害250余万円の甚大な被害を受ける。名古屋市は民間事業救済費として営業資金327.6万円の無利子融資を請願するが認められず，土木復旧費国庫補助4.6万円が認められたに過ぎなかった。河川災害と異なり，都市災害は復旧システムが整備されておらず，ほとんど国庫補助がない状況であった。前掲「名古屋市史V」623頁，復旧事業については，同前389・390頁参照。

（5）前掲「大正昭和名古屋市史II」22頁。（6）前掲「大正昭和名古屋市史I」20頁。

（7）前掲「名古屋市史V」209頁。

（8）明治10（1877）年，県営織物工場が設置され，多数の伝習生が養成され，11年に政府の官営紡績工場が設置され，払下を受けて，18年には名古屋紡績会社（資本金1万7,350円）として操業を開始し，21年資本金15万円に成長する。さらに20年には尾張紡績会社（払込資本金36万円）が設立される。注目されるのは，名古屋紡績の資本金15万円（1,500株）のうち，徳川義礼の127株（2,500円）以外は地元出資金で，尾張紡績も全額地元出資金であった。前掲「名古屋市史V」213〜232，449〜466頁参照。

（9）時計産業にしても，尾張藩の時計職人による技術の土壌があった。この点，京都と同じ経済土壌であった。七宝焼については，前掲「名古屋市史V」227〜230頁，時計産業については，前掲「名古屋市史V」479〜483頁参照。

（10）前掲「前掲「名古屋市史V」433頁。（11）同前437頁。

（12）生産額でみると繊維産業は，明治22年27.7万円，39年1,045万円，陶磁器産業は22年44.5万円，39年343.7万円，機械器具産業は22年ゼロであったが，39年125.5万円であった。前掲「名古屋市史V」434頁参照。

（13）笹島街道工事費用は6.7万円と巨額となり，20年度名古屋区予算の76.1％に匹敵した。吉田禄在は整備資金調達のため，県知事を委員長，自身は副委員長となり，1世帯10銭・20銭といった零細な募金をあつめて，調達していった。工事竣功は，名古屋駅が開業した19年5月の翌年の20年2月であった，前掲「名古屋市史V」270頁参照。ただ募金はかなり強行に行われたため，徴収担当者のなかには，目標額に到達できず，住民と区長の板ばさみになって，切腹者がでる悲劇までみている。明治初期の都市づくりは，文字どおり自己犠牲的行為のうえに達成されていった。しかし，巨額事業を短期・区費での整備は不可能で，区会計より分離し，15年以降は地方税支弁としている。近代的都市経営システムの形成がいそがれたのである。

（14）熱田港建設にも，吉田禄在の活躍がみられた。当時，名古屋の物流は，四日市港経由で東京などに輸送されていた。明治14年，天皇に随行してきた大蔵卿大隈重信に，熱田築港を要望し，当時の井上馨参議・山県有朋陸軍卿が現地視察したが，築港には乗り気でなかった。吉田禄在は，16年には国貞愛知県知事に上申書を提出し，熱田築港を訴えた。この時，奥田正香県議員も知事へ建議書を提出している。知事はこの上申書を政府に提出するが，なんの回答も得られなかった。名古屋港史編集委員会『名古屋港史・建設編』15頁参照，以下，前掲「名古屋港史・建設編」。

（15）熱田街道（南大津通）道路改良事業は，青山市長が明治36年3月に県に道路拡幅を申請した。それは31年名古屋築港がはじまり，南部の熱田町など工場進出が盛んであり，道路整備が必要とみたからである。また名古屋電気鉄道は路線延長として，県に15万円，熱田町も3万円を寄付する意向を示したので，深野知事は明治38年11月の議会に同道路の建設を提案した。道路延長8,771m，幅員15,5mであった。費用負担区分は，名古屋市分は市部経済（名古屋市），熱田町分は郡部経済であったが，郡部会はこの提案に二度にわたって否決したので，知事は内務省に原案執行を申請し，内務省から認可を受けている。新任の加藤名古屋市長は，将来の発展を考えると，8間道路では狭く，13間道路（23.4m）に拡大し，費用は名古屋市の寄付でまかなうと提案し，知事も了承し，やっと工事着工となった。明治40年8月に着工され，41年4月に竣功しており，工費50.0万円であった。新修名古屋市史編集委員会『新修名古屋市第6巻』29〜33頁参照，以下，前掲「名古屋市史Ⅵ」。

（16）前掲「名古屋市史Ⅴ」415〜422頁，前掲「名古屋市史Ⅵ」35〜38頁参照。

（17）名古屋港第1期築港は当初，埋立地売却180万円，県有地売却26万円，不用品売却11万円，県税34万円（市部14万円，郡部20万円）であったが，埋立地売却をはじめ予想どおりにはいかなかった。前掲「名古屋港史・建設編」33〜61頁，前掲「名古屋市史Ⅴ」412〜424頁，第2期築港については，前掲「名古屋港史・建設編」62〜85頁，前掲「前掲「名古屋市史Ⅵ」35〜38頁参照。

（18）前掲「名古屋市史Ⅵ」36頁。

（19）新堀川運河建設については，同前34・35頁，名古屋市『名古屋市史政治篇第3巻』519〜528頁，名古屋市都市計画局『名古屋都市計画史』189・190頁参照，以下，前掲「名古屋市都市計画史」。

（20）名古屋電気鉄道創業については，前掲「名古屋市史Ⅴ」534〜539頁参照。前掲「名古屋市史Ⅵ」136〜140頁参照。

（21）水道建設については，名古屋市『大正昭和名古屋市史第4巻』211頁，以下，前掲「大正昭和名古屋市史Ⅳ」，前掲「名古屋市史Ⅵ」17頁，前掲「名古屋市史Ⅴ」526頁，なお外債発行については，前掲「名古屋市史Ⅵ」21頁

（22）前掲「名古屋市史Ⅴ」233〜238頁参照。（23）同前501〜504参照。

（24）事業内訳は，第1期街路事業（大8〜14年）費900.0万円，覚王山線街路新設拡築事業（大8〜14年）費110.0万円，中川運河開削事業（大15〜昭5）1,939万円，第2期街路事業（昭4〜17年）費4,551.3万円である。

（25）前掲「名古屋市都市計画史」217〜223頁，前掲「名古屋市史Ⅵ」379〜389頁参照。

（26）中川運河については，前掲「名古屋市都市計画史」30.186.411頁，前掲「名古屋市史Ⅵ」600〜602頁参照。

（27）民営交通買収については，名古屋市『電気軌道買収顛末』（名古屋市電気局 1922年），前掲「名古屋市史Ⅵ」267〜269頁参照。

（28）前掲「名古屋港史・建設編」86〜114頁参照。

横浜の都市開発と特定産業振興

　横浜の都市形成は，貿易港の絶対的優位を背景とした，港湾都市の確立であった。都市ガバナンスは，政治的対立が激しくて，褒められた状況ではなかったが，東京に近い地勢的に有利な条件，そして政治紛糾で鍛えられた政治力は，政府交渉で遺憾なく発揮され実益を獲得していった。

　しかし，港湾機能に依存し過ぎた都市成長戦略は，明治後期になると，都市成長の鈍化がみられ，工業都市への転換をめざした。海面埋立地による工場誘致で活路を見出すが，都市経済は膨張したが，都市財政への貢献度は小さかった。さらに震災復興事業・復興債の為替差損などで財政悪化が深まり，東京開港も浮上し，昭和期，波乱にとんだ軌跡となった。

　第1の視点として，横浜の都市形成の特徴をみると，第1の特徴は，「政府施策の連続的注入」である。居留地建設・築港事業・鉄道敷設・水道創設などが，全国的に例をみない政府施策が集約してなされた。しかも貿易港として早期開港で，明治元年全国貿易比率84.9％と，港湾都市として揺るぎない地位を占めていた。

　居留地造成は，明治維新前であったが，当然，全額幕府負担で，明治5年東京横浜間鉄道は，政府拠点開発事業が，全国的に先行整備された。水道は建設費100万円全額政府融資で，20年神奈川県が敷設し，23年横浜市に移管された。明治22年，第1期築港費235万円も全額国庫負担で実施された。

　第2の特徴は，「対外交渉力の卓抜さ」である。国際貿易港として政府は横浜を重視し，また首都東京の近接都市として，政府への陳情・要望も容易で，そのメリットを享受していた。もっともその分，中央政治の余波で，東京と同様に政治的紛争が頻発し，都市ガバナンスは翻弄された。

　目立ったのは横浜経済界の活発な市政への関与で，対政府交渉のみでなく，市の都市づくりについて経済界の要求をかかげて，市政に大きな影響力をおよぼした。しかし，対外的危機にあっては，都市全体が結束して自己利益を主張・擁護していった。明治初期の歩合金県管理への拒否反応（13頁注4参照），民営瓦斯負債への政府融資棒引（19.4万円を2.6万円に減額『横浜瓦斯史』335・336頁参照），明治後期の第1期築港費国庫全額負担（337頁注11参照），横浜米貨債為替

差損政府肩代わり（186頁注5参照）などを獲得している。

　第3に，「都市戦略転換の即応力」である。明治36（1903）年市原市長が，都市経済の変調を察知し，工業都市化への方向転換を提唱する。特筆すべきは，この市政の政策転換に呼応して，政治紛争の自粛・経済界の結束など，政党・財界・行政が一体となり，全市あげて工業都市化へ融合し，施策推進力となった。

　その後，横浜市は，本格的な海面埋立による工業用地造成で，工場誘致策を実施し，京浜工業地帯という有望な立地条件にめぐまれたが，事業収支は芳しくなく，都市経営戦略としては疑問が残った。[1]

　第2の視点として，都市づくりの系譜をみると，第1期は，開港から市制実施までで，第1の事業は，開港時の居留地造成である。第1に，横浜居留地の規模は，神戸居留地の数倍で，中央に運上所を設置し，外国人居留地をはさみ，反対側には日本商人が強制的に移住させられ，日本人街が設置された。周囲を水路がかこみ，租界地・出島のような設計となっていた。

　居留地に日本人街区を併設したのは，貿易政策上は「江戸の問屋を横浜に移すことによって，横浜の貿易を統制させる意図」[2]であった。なお居留地造成費は9.2万両であったが，何分急造工事であり，明治12〜32年にかけて追加工事81.7万円が投入されている。[3]

　第2の事業は，海面埋立事業で，「横浜に於ける土木費事業の主たるものは，海岸地先埋立工事である」[4]といわれている。第1に，政府は鉄道・道路用地を高島嘉右衛門など，民間デベロッパーで海面埋立事業を実施させ，埋立事業権利の代償として，公共用地を無償提供させていった。これらの事業が，都市整備への布石となった。官にとって自腹を少しも痛めることなく，巧妙な開発手法であった。[5]

　第2に，もっとも事業を請負った，民間事業者は，政府の事業認可条件が厳しく，事業収支は悪化し，政府に事業融資・地租免除などを申請し，さらに埋立地の買上を陳情している。デベロッパー事業のアキレス腱は，景気変動による地価下落であるが，実際は数年持ちこたえられる資金力があれば，再度の景気上昇でインフレメリットを満喫できる。要するに資金力が最終的に事業の成

第2節　都市成長の方策と都市開発のビジョン　113

否を，決定するといっても過言ではない。

　第3に，民間独自の埋立事業も実施された。明治3年，吉田新田埋立事業（353頁参照）のように，外国人融資を受けて施行したが，利子を含めて約81万円の資金返済が，埋立地価暴落で返済不能となり，国際問題にまで発展し，政府が最終的に処理している。[6]

　第3の事業は，横浜港整備で，明治前期は政府直轄事業で実施された。明治初期，有利な地位を確保してきたが，港湾施設は貧弱な突堤・波止場が数ヵ所あるのみで，防波堤もなかった。

　第4の事業は，公益企業で，開港都市として，文明開化の窓口となり，水道・瓦斯事業など，多難な事業化が試みられたが，早すぎた起業化のため，経営危機に見舞われている。

　第1に，旧水道事業は，居留地外国人の要請もあり，やむなく横浜商人は奮起し，事業費13万円の旧水道を明治4年着工，6年完成するが，借入金利子がふくらみ17万円余の赤字に見舞われた。やむなく神奈川県が引き継ぎ，18万円の融資を内務省から7年6月に受け，事業を継続するが，巨額の赤字負担に悩まされた。

　結局，旧水道は水道としての機能を発揮できないまま，近代水道完成と同時に残務整理をして解散している。[7]

　第2に，横浜民営瓦斯事業は，近代都市として文明開化を，意欲的に取り入れる気風もあり，高島嘉右衛門などが事業化に踏み切った。しかし，創成期の公益企業経営環境は厳しく，赤字経営となり，貿易五厘金を融資し，政治問題化していった。

　第2期は，明治後期の事業であるが，横浜築港・公益企業など整備がすすんだが，明治30（1900）年代にはいると，横浜の貿易港としての絶対的優位性は揺らぎ，都市経済の再編成が迫られた。

　第1の事業である港湾整備事業をみると，第1に，貿易量の膨張に比して，港湾機能は貧弱であった。第1期築港が，明治22（1889）年，235万円全額国庫負担の事業で施行された。当時としては大規模事業で，絶対的有利な地位を形成した。整備財源（336頁注12参照）は，下関事件賠償金をアメリカが，日本政

府に返還してきたので，港湾整備に充当となったが，横浜が東京・神戸などを抑えて，全額確保した政治的果実であった。

第2に，横浜の貿易港としての絶対的に有利な地位は，他都市の築港で，明治20年には全国比率59.5％に低下していった。[8]しかし，横浜港の状況は貿易額が増加し，港湾荷役機能が停滞し，港湾整備が急務となった。応急措置として，大蔵省税関拡充直轄事業，内務省委託神奈川県浚渫事業が実施されているが，どうしても本格的第2期築港事業が急務であった。

第3に，市原市長は，「此の際大いに政府に熱請する所あり，且本市も応分の資力を傾注して1月も速かに着手施設を要すべき最大緊切の事業なりとする」[9]と，「市長の決断」として，明治39年，第2期築港費の3分の1を地元負担という，思い切った施策を申し出て，強引に築港を実現させる。

第4に，市原市長は貿易港として，絶対的優位が崩れたので，工業都市への転換をめざした。[10]注目すべきは，この産業政策の推進のため，横浜政治・経済・行政の糾合（284頁注3・5参照）がなされた。この政治変革で従来の地主・商人派といった政治紛争を終結させ，公和会に統合された。[11]

第2の海面埋立事業をみると，明治30年代，生麦地先に工業用地埋立をしたが，港湾施設への影響を憂慮して積極的でなかった。[12]

明治44年には市原市長の工業都市化の構想に応じて，子安・本牧知先など合計62万坪（204.6万㎡）の埋立構想を策定し，5年間の埋立地市税減免の恩典を付していた。このような横浜市の動きは，すでに進出していた浅野グループの埋立事業との激しい競争となった。

第3の事業は，鉄道・水道・ガス・電気など，公益企業の創設・発展である。第1に，横浜水道は，近代水道が居留地外国人の要請もあり，政府融資100万円を得て，建設され，全国初の神奈川県水道創設をみる。

神奈川県が政府融資100万円を受け，明治20年に完成した神奈川水道は，横浜市に24年に移管されたが，水道条例以前で後発の水道創設が受けた，3分の1の国庫補助金の恩恵に浴することができなかった。

第1期拡張計画の補助金（395頁参照）にからめて，実質的には補助を確保している。横浜市の対政府交渉能力は，卓越している。

第2の横浜市営ガス事業は，歩合金の民営事業でスタートしたが，経営資金をめぐる歩合金問題が発生し，事業運営はなかなか軌道に乗らなかった。最終的には横浜市に移管され，公営瓦斯事業として経営されていった。[13]

　第3の交通事業をみると，明治37（1904）年7月，民営横浜電気鉄道が創業され，市内電車の運行が開始される。電車経営は順調であったが，運賃値上げ・不動産経営の失敗など，さまざまの問題が市民との軋轢を生んだ。横浜市は報償契約もあり，会社買収をめざし，大正9年4月，620万円で買収している。

　第3期の大正期事業をみると，関東大震災復興事業が最大かつ緊急事業であった。都市経済力からみて，東京市より実質的には甚大な被害であった。そのため経済界には，横浜港の地盤沈下に対する危機感がひろがっていた。

　第1の事業は，関東大震災復興事業である。横浜市の都市計画は，大正13年2,300万円の31路線の道路計画が策定されていた。しかし，関東大震災で中絶となり，復興事業が引き継ぎ実施されていった。[14]

　第1に，事業費（国・県・市）総額2億739万円で，市施行分1億952万円で，補助金2,856万円，市債7,140万円（うち地方外債3,960万円）で，補助率26.1％，市債構成比73％で，東京市復興補助率32.6％に比べて低い。

　第2に，事業の中心は道路整備と土地区画整理で，道路整備事業は区画整理によって道路用地を生み出され，18.4万坪（60.7万㎡）に達した。しかし，事業関係機関が多く，事業実施は難航し，「財政負担を市民に多く負わせながら，計画・実施段階では市民の主体的参加を拒否していく自治体制否定・官製計画押しつけの姿勢が貫かれていた」[15]と批判されている。

　第2の事業は，港湾整備で横浜港の貿易に占める全国比率は低下しており，横浜財界は危機感を強めていた。しかし，「横浜財界の危機感は，生糸貿易不安定性によって増幅されている面が強く，彼らが抱いた危機感ほどには，横浜港の地盤沈下はすすんでいなかった」[16]と批判されている。要するに横浜市の過剰反応ではなかったか。[17]

　第1に，港湾整備状況をみると，第3期・第4期築港事業が実施される。関東大震災復旧工事（1,513万円）は，大正12（1923）年に実施される。第3期築港（1,345万円），第4期築港（5,000万円）が実施される。[18]

港湾をめぐる環境は，京浜運河・京浜工業地帯・東京開港問題と波乱含みの状況となり，横浜市は「都市の選択」を迫られる。

第2に，海面埋立事業は，震災後は，港湾貿易都市と工業産業都市をめざす三大事業をかかげて，積極的埋立事業を展開した。第4期築港は港湾機能拡充だけでなく，海面埋立による約150万坪（495万㎡）の工場用地造成が主要事業になっていた。

有吉忠一市長は，海面埋立を当面の重要課題として，昭和2年着工，昭和11年竣功で，総面積61.7万坪（203.6万㎡）を造成している。やがて大規模工業用地埋立・東京開港問題と大きな環境変化に見舞われる。[19]

第3の事業は公益企業である。民営交通買収を大正10年に達成している。瓦斯事業は市営後も順調に公営方式で運営されていった。

第4期の昭和期事業は，第1の事業は，工場誘致を目的とした海面埋立事業が主要施策であり，第2章第2節でふれるので省略する。復興事業が完了した横浜市は，「大横浜建設の三大事業」（大防波堤の築造・工業地帯の造成・隣接町村の編入事業）に対応していくことになる。[20]

第2の事業は，東京開港問題への横浜市の対応である。第1に，東京の開港問題は，明治期から始まり，内国港の施設整備も着々と実施され，昭和7年の東京港改築で，開港はさけられない状況になった。しかし，外国貿易は横浜経済の生命線で，絶対に譲れない，経済界のみでなく，市民も反対であった。

第2に，戦時体制が深まると，東京への貿易貨物の急増し，開港はさけられない事態となり，青木市長は「事変中のみの開港で，事変後は終了する」という条件付きでの妥協案を模索する状況となった。[21]

第3に，県・市・経済界・市民の反対は依然として強硬であったが，政府は国策として東京開港を迫るため，半井市長は，政府の横浜米貨債為替差損（7,500万円）の肩代わり条件をのみ，開港実現の被害を最小限とする案を，昭和16年5月に選択した。[22]

第5の視点として，戦前横浜の都市公共投資（表7参照）を，都市経営戦略からをみると，第1に，明治前期，貿易の独占的優位性に対応して，海面埋立・ガス・水道・交通などにあって，先験的な民間デベロッパーの活躍があったが，

第2節　都市成長の方策と都市開発のビジョン　117

経営は苦しく，都市経営からみて経営手腕は未熟で，財政的にも禍根を残した
が，政治・行政力で無難に処理している。

第2に，明治後期，水道創業・第1期築港など，政府支援で有利な条件にあっ
たが，公営交通・区画整理など，都市整備へのプロジェクトへの展開が乏しい。
しかし，築港負担は第1期築港が全額国庫負担であり，第2期築港も市負担270
万円で，神戸港の半分で，築港の市財政への負担必ずしも重い負担でなかった。
ただ公営企業の収益性が低いため，神戸とともに下水道整備はきわめて劣悪な
状況にあった。[23]

第3に，大正・昭和期をみると，関東大震災復興事業の負担が圧倒的重かっ
たが，それでも工業都市化をめざして，臨海工業地帯造成・工場誘致事業に挑
戦し，京浜地域の有利な立地条件にめぐまれ，工場立地に成功する。

しかし，民間との競合もあり，市税減免措置・安価な分譲価格などで，開発
利益の公共還元をみていない。

表7　横浜主要都市整備事業

(単位　万円)

事　業　名	期　　間	事業費	事　業　名	期　　間	事業費
◎横浜居留地造成	安政6	9.2 万両	◎第1期築港事業	明22〜29	235万・全額国庫
◇野毛浦地先埋立	明2〜4	14.4 万坪	◎第2期築港事業	明39〜大6	817万・市負担270万
◇吉田新田埋立事業	明3〜6	80万（205万㎡）	◎第3期築港事業	大10〜昭20	8,467 万
◇旧水道建設事業	明4	35.0 万	○公　営　交　通	大10	買収620万
◇横浜瓦斯事業	明5	20.0 万	○関東大震災復興	大13〜昭5	1億9520万（補助2856万）
○公営瓦斯事業	明21	12 万	△土地区画整理	大12〜昭10	44万（58万㎡）
● 水 道 建 設	明20	107万・補ゼロ	◇第1期海面埋立	明32〜38	234万（面積15.8万㎡）
○水道拡張工事	明30〜34	183万・補103万	○工業地帯造成	昭3〜11	1,483万（205万㎡）
◇横浜電気鉄道	明37(開業)	100万（資本金）	○下　水　道　事　業	昭11まで	10.4 万円

注　◎政府直轄事業　●県事業　○市事業　◇民間事業　△国・県・市複合事業。耕地整理事業は，小栗
　　忠七『土地区画整理の歴史と法制』251〜259頁。下水道事業は内務省土木局『土木局統計30回
　　年報』396〜402頁参照。

注

- （1）横浜の工業誘致施策は，民間・川崎との競争関係にあり，明治44年年，市税減免措置という優遇措置を導入するが，大正初期の工場誘致の状況は，誘致には成功するが，零細企業がほとんどで，都市経済の工業化・市財政への税収増加の効果は芳しくなかった。横浜市『横浜市史Ｖ上巻』558～563頁参照，以下，前掲「横浜市史Ｖ上」。
- （2）前期「横浜市史Ⅱ」197頁。
- （3）横浜居留地建設については，横浜市『横浜市史第2巻』195～230頁，以下，前掲「横浜市史Ⅱ」。
- （4）前掲「横浜市史稿・政治篇Ⅲ」613頁参照。
- （5）高島町埋立については，同前631～634頁参照。
- （6）吉田新田埋立と外資導入・返済については，同前328～353頁参照。横浜市『横浜市史第3巻上』328～353頁参照。
- （7）横浜旧水道については，横浜水道局『横浜水道百年の歩み』17～45頁参照。以下，前掲「横浜水道百年史」，高寄・前掲「公営水道成立史」36～44頁参照。
- （8）横浜・神戸港比較については，横浜港史刊行会『横浜港史・総論編』145頁，以下，前掲「横浜港史・総論編」。なお日清・日露戦争後，神戸港の成長によって，貿易額は明治21年，横浜0.77億円，神戸0.43億円，大正4年横浜4.46億円，神戸4.66億円，14年横浜15.21億円，神戸19.36億円と逆転し，その独占的地位を脅かされる事態となった。
- （9）前掲「横浜市史Ⅳ下」91頁。
- （10）市原市長による港湾施策の転換は，「阪神工業の発展を背景として急速に発展した神戸に劣らぬ横浜の工業都市化であった……神戸港の輸入額は明治25年を境にして横浜港を凌ぎ，貿易港としての横浜の地位はみじめに低落したが，このことは資本主義化の趨勢に立遅れるという横浜市の危機感に油を注ぎ，市原盛宏をして市長に就任せしめた」（持田・前掲「都市財政の成立Ⅱ」99頁）といわれている。
- （11）前掲「横浜市史Ⅳ下」116頁参照。
- （12）横浜市の海面埋立への対応をみると，「明治45年川崎町議会が積極的な『工業誘致ノ方針』を掲げ，川崎瓦斯，味の素等を立地して工業地帯としての胎動を開始したのに対し，横浜市は貿易業者とともに将来の横浜港貿易関連施設整備に支障を与えないよう政府，内務省に具申している」（前掲「横浜港史・総論編」163頁）状況にあった。
- （13）前掲「横浜市史Ⅲ下」13頁。
- （14）横浜市都市計画事業については，横浜市『横浜市史Ⅱ第1巻（下）』69～81頁参照，以下，前掲「横浜市史Ⅱ－Ⅰ下」，関東大震災復興事業については，横浜市『横浜市史第5巻下』75～128頁，以下，前掲「横浜市史Ⅴ下」，前掲「横浜市史Ⅱ－Ⅰ下」72・78頁参照。
- （15）前掲「横浜市史Ⅴ下」110頁。
- （16）横浜市『横浜市史Ⅱ第1巻（上）』736頁，以下，前掲「横浜市史Ⅱ－Ⅰ上」。
- （17）実際，横浜の将来発展の可能性は，横浜高等商業学校長田尻常雄が提言した，大

正15（1925）年の「横浜港発展策」では，神戸港との比較で「地勢上に於いても神戸は背面直に六甲山を帯び，僅に東方に延び得るだけであるが，横浜は平地の背面は台地であって住宅建設の余地多く，なほ北方は市街拡張の余地が多くあって，遥かに勝ってゐる」（同前730頁）と，横浜の優位を強調し，横浜の不安は杞憂に過ぎないと断定している。

（18）第3・4期の築港・工業地帯造成については，同前736〜748頁参照。

（19）市営埋立事業については，同前463〜469頁；前掲「横浜市史Ⅱ－Ⅰ下」31〜111頁，前掲「横浜港史・総論編」162〜168頁，横浜港史刊行会『横浜港史・各論編』201・207頁参照，以下，前掲「横浜港史・各論編」。

（20）三大事業については，前掲「横浜市史Ⅱ－Ⅰ上」82〜95頁参照。

（21）東京開港と横浜反対運動については，前掲「横浜市史Ⅱ－Ⅰ下」360・380頁参照。

（22）震災米貨処理については，前掲「横浜市史Ⅱ－Ⅰ下」36〜53，375〜379頁参照。

（23）昭和11年までの下水道事業実績は，東京1億4,459万円，大阪7,934万円，京都2,883万円，名古屋1,933万円であるが，横浜10万円，神戸74万円，ちなみに豊橋市344万円，岐阜市250万円であり，横浜・神戸は恥ずかしい実績である。内務省土木局『土木統計年報第30回』（内務省土木局河川課 1938年）395・402頁参照

神戸の都市整備と官民デベロッパー

神戸の都市形成は，横浜市と同様に，港湾という特定産業振興型の都市振興であったが，開港都市としては，横浜より8年余遅れ，貿易港としての地位は低かった。しかし，兵庫地区は人口2万人の瀬戸内屈指の商都で，明治初期，混乱期の神戸を支えた。また注目すべきは居留地外国人による起業化が，神戸経済の起爆剤としての機能をはたしていった。[1]

一方，神戸の都市整備は，ゼロからの出発であったが，ただ近世都市改造と比較して，新開地として熱意と知恵で，都市整備がしやすい利点があった。政府拠点開発事業だけでなく，官民セクターによる多くの関連事業がみられた。

第1の視点として，神戸都市づくりの特徴を，都市経営戦略の視点からみると，第1の特徴は，「不利な政治環境の克服」である。開港が明治元（1868）年で，幕府崩壊・維新政府誕生という，政治的激動期で，同年神戸事件も発生し，世情騒然とした最中でのスタートとなった。

政府直轄事業として，港湾整備・居留地・神戸駅などが事業化されたが，その誘発効果で市街地のスプロール化がひろがった。居留地は横浜と異なり，外

国人居留地のみであり，清国・日本人だけでなく，欧米人も周辺雑居地に居住し，雑然とした市街化となる恐れがあった。しかも都市づくりの人材・資金の蓄積はなく，都市整備は難航し，新開発都市として外部の利権対象となり，土地買占めが横行し，都市整備の障害となった。[2]

第2の特徴は，「官民デベロッパーの創意発揮」である。明治6年，当時の兵庫県令神田孝平が，神戸港長マーシャル（Jon Marshall）に命じて，30万円の神戸築港計画を策定し，政府に事業申請を要望したが，財源不如意で却下された。

そのため神戸築港というリーディング・プロジェクトなき，都市づくりは不経済な散発的投資となり，都市化の波にもまれながら漂流していった。結果として築港が遅れ，防波堤なき“裸体の港湾”といわれ，災害に年々おそわれる惨禍が40年もつづいた。

神戸の都市形成は，窮地に立たされたが，官民デベロッパーが奮起し，「行政の知恵」と「民間の起業力」で，生田川付替・跡地整備，新川運河・加納湾造成，兵庫新市街地・栄町通開設など実施された。ことに公益資本主義の模範というべき，良質の民間デベロッパーが，拠点開発事業を補完し，効果的都市整備に成功している。

第3の特徴は，「都心・街区形成の設定」である。築港挫折によって，ビジョンなき都市づくりとなったが，この都市形成の混迷を救済したのは，県の都心形成であった。県庁所在地を旧兵庫地区から新神戸地区へと移転させ，周辺街区整備（125・126頁参照）を実施し，都心形成を達成する。さらに神戸駅に近接して三宮駅（現元町駅）の設置に成功した。[3]

第2の視点として，明治前期の都市整備を，具体的にみてみる　第1の開発事業は，神戸港整備であるが，既存施設を補修・拡充する姑息な事業であった。そのため民間デベロッパーが，避難港・埠頭など補完事業を実施していった。

第1の事業が，政府の神戸港整備事業であるが，開港当時の神戸港は，貧弱な船だまりがあるだけで，それすらも開港前，地元の網屋吉兵衛が整備した，船たて場を利用したものであった。その後，護岸工事などがなされたが，防波堤なき港湾施設は，台風でしばしば損壊し，政府は明治前期20万円以上の整備

費を投入したが，その多くは海の藻屑と化した。

　以後，神戸港は政府・兵庫県・民間デベロッパーが，散発的に整備事業を追加していくが，荷役機能の効率化はすすんだが，肝心の防波堤がなく，年々の災害被害額は膨大であった。神戸の心情としては，地方港湾整備（表24参照）と比較して，国営神戸港が放置されているのは，歯がゆい思いであった。⁽⁴⁾

　第2の事業が，港湾関連事業で民間デベロッパー方式の埠頭造成・避難港・運河事業である。第1の船たで場は，網屋吉兵衛が，開港以前に造成し，神戸港の礎を築いたが，営利性を度外視した，地域社会への自己犠牲型の事業であった。この苦難の事業によって，経済的利益を獲得し，また名望家として名誉を得たわけでない。

　にもかかわらず網屋吉兵衛をして，事業に没頭させたのはなにか，地域社会の損失と難儀を見るに忍びなかった，地域貢献への心情であった。この網屋吉衛門の地域愛と事業意欲こそ，地域貢献のルーツといえる。⁽⁵⁾

　第2の加納湾造成事業は，神戸港は南東の風に弱く，開港後，しばしば災害に見舞われた。加納宗七の所有船舶も犠牲になったので，一念発起，明治6年，避難港加湾造成（事業費2万円）を試みた。政府の下請け事業でなく，利用料を徴収し，建設費を償還していく，事業経営方式を採用した。

　この近代的な事業経営について，「神戸市民として新しい都市造成に参与したのであり，その着想といい，業績といい，古い兵庫町民の及ばぬものがあり，新しい近代的市民形成の一典型とみてよかろう」⁽⁶⁾と評価されている。⁽⁷⁾

　加納湾造成の事業効果は，大きかったが経営は苦しく，明治17年の海軍省買上で破綻を免れている。企業方式による経営戦略が欠如していたが，外部効果が大きいプロジェクトにもかかわらず，公的支援が欠落していたのも問題であった。⁽⁸⁾

　第3の新川運河開削事業は，初代神戸市会議長神田兵右衛門は，代表的地域名望家で豊かな資産を活用して，明治6年，事業費は12.7万円で新川避難運河を開削する。衰退する兵庫の起死回生事業であり，地域貢献型の事業であった。

　しかし，事業そのものは困難の連続あったが，地域経営者としてみると，見事な経営の冴えをみせている。公共セクターではなし得なかった，海面埋立に

よる開発利益の公共還元に成功しているが，開発利益を事業内部に吸収せず，外部の地域社会に還元してしまったので，事業継続性はなかった。[9]

　第4の小野浜鉄桟橋事業は，明治17年に「神戸桟橋合本会社」（資本金16万円）が，14.9万円で建設する。神戸港でははじめて3,000トンの外航船舶が，接岸できる本格的埠頭であり，艀による沖係方式の荷役は不要となった。この埠頭は五代友厚の提唱で，大阪資本によって建設・運営されたが，大阪資本は，その後も湊川付替事業など，神戸を利権対象として触手をのばしていった。[10]

　第3の開発整備事業は，政府直轄事業の神戸居留地造成と，関連事業の生田川付替工事・跡地整備事業であるが，ともに「政府の選択」としては，見事な経営センスの冴えをみせている。

　第1の居留地事業は，慶応3年12月7日（1868年1月1日）の完成を目途に着工され，幕府滅亡後は，明治新政府が事業を引き継ぎ，慶応4年6月26日に完成させている。具体的設計は，上海租界の建設を手がけた，イギリス人測量技師J.W. ハートが設計し，伊藤俊輔と協議して成案となり事業化された。[11]

　神戸居留地は，近代的都市空間として高い評価を受け，英字新聞「The Far East」（明治4年4月17日）も，東洋一の設計・美観と激賞している。

　車歩道分離の広い街路，下水道整備，街路樹・街灯の設置など，開港都市にふさわしい整然とした，近代的街区として建設された。都市経営戦略からみて注目すべき点を列挙してみる。

　第1のポイントは，公共用地比率が半分という，都市空間の形成である。実際，居留地面積約約25.63万㎡で，宅地13.23万㎡，道路など公共用地12.40万㎡と半分ちかくあった。今日まで道路拡幅はなされず，開港当時の街路までで，長期でみればきわめて低コスト事業であった。

　なお居留地の規模は，横浜114.8万㎡と比較して5分の1とかなり小さいが，長崎10.6万㎡，東京2.6万㎡，大阪0.8万㎡，函館0.2万㎡よりは大きい。

　第2のポイントは，居留地造成の事業システムにあって，旧幕府官僚の経営意識も自立性が向上し，用地の分譲方式を採用し，造成原価を回収し，建設資金回収を早期に実現させている。事業費22万両であったが，横浜居留地が賃貸方式であったが，神戸居留地では画期的な競売方式が採用された。1区画200〜

600坪で126区画，13万2,554㎡，総額12万1,647円で売却するが，事業費22万両で事業収支は約10万円の赤字であった。[12]

　ただ総合事業収支は，売却用地と同面積の道路・公園という社会資本蓄積効果は，売却用地と同額の10万円以上の価値が見込めるので，実質的収支は黒字となっている。非経済効果としての新産業創出・海外文化導入・都市美観効果など多彩な効果がみられ，経済効果より大きな効果をもたらしている。

　第3のポイントは，付帯事業による事業収益化であったが，神戸居留地は外国人居留地しかなく，欧米人・清国人も含めて，周辺雑居地に居住を認めたので，居留地周辺はスラム化の兆しがあり，兵庫県は周辺整備を，政府と交渉したが失敗している。[13]

　この周辺雑居地先行整備の挫折は，痛恨の結果となり，財政的にも大きな損失となった。ただ県庁を中心とする，山手地区の広大な雑居地（面積141ha）は，後でみるように県の指導で変則的街区整備が実施され，スラムのスプロール化を未然に阻止している。

　第2の生田川付替事業は，政府直轄事業であるが，事業の選択・実施の方式にあって経営的判断が求められた。居留地は急造工事で，盛土などの応急工事が追加されたが，生田川がしばしば氾濫した。本来の生田川は，今日神戸のフラワーロードを流れていたので，外人からも堤防の改修工事が迫られた。

　第1のポイントは，生田川付替工事費は，十数万両が見込まれ，成立間もない明治政府にとって，大きな負担となった。明治3（1870）年，外務大輔寺島陶蔵は，民部・大蔵両省官吏と共に実地を検分し，堤防の修築よりも，寧ろ河川付替が経費的に河川敷跡地を捻出でき，治水的にも都心を回避でき有利と判断した。

　明治4年2月，生田川を東に移し，真直ぐ港へ南下させる改良工事を策定し，工費3万672両で4年3月に着工し，6月9日に竣功している。[14]この「政府の決断」によって，防災効果だけでなく，都心用地が捻出でき，当時の中央官僚の的確な行政指導が，神戸都心形成をより確実にし，今日におよんでいる。

　第2のポイントは，良心的受託業者加納宗七の指名である。生田川付替工事の事業収支は，税関・加納宗七などへの払下げ用地売却費8,249円しかなく，事

業収支は2万2,423円の赤字となる。

　ただ兵庫県の払下条件は，「川床埋立堤引平均町場並道路取開ハ自費引受」けであったが，加納宗七は生田川付替事業にともなう，河川敷13.8万㎡の払下げを5,518両で受けて，今日の都心目抜き通となる，面積3.6万㎡のフラワーロードを3.2万両で造成し，その貢献によって加納町と命名されている。

　結果として道路用地費（1,439両）・道路整備費（3.2万両）の合計3万3,439両は，公共資産となったので，政府の実質的事業収支は1万4,174両の黒字となる。(15)

　加納宗七の収支は，払下面積の26.0％で道路整備をし，購入額の5.8倍で道路整備をし，用地購入費を含めた3万7,518両を，残余の10.2万㎡の売却で補填しなければならない勘定となった。

　ただ地価上昇まで用地を資金不足で保有できず，三井組に安価に買い上げられ，事業収益をあげていない。加納宗七は払下条件を順守し，自己の事業収益を犠牲にした，地域貢献型のデベロッパーの模範的先駆事業となった。(16)

　第3の開発整備事業が，「街区・道路整備事業」である。居留地・港湾事業などで市街化がすすみ，道路だけでなく街区整備事業が実施された。明治初期に法制度はなく，兵庫県と地元との共同事業であったが，都市整備への貢献度は大きかった。(17)

　第1の「街区整備事業」をみてみると，道路と同様にさまざまの手法で行われている。第1の第1次山手整備事業は，都心地区整備事業で明治5年着工，全額国庫補助金4万円で実施されたが，第2次事業は明治21年と遅れ，事業費6.7万円，国庫補助金は3分の1となり，早期実施をしておければ，事業は少なくてすみ，補助率も高かったであろう。(18)

　第2の仲町部整備事業は，居留地からの集団移転先で，全額国庫事業で，明治4年着工であったので，事業費も2.1万円ですみ，道路整備面積10％と公共還元率も大きく，街区整備事業の先駆の実践となった。

　第3の兵庫新市街事業は，明治7年着工，事業費1.2万円であるが，減歩率10.8％と公共還元率は高い。東西幹線の国道西国街道の迂回路是正の工事を分担し，街区整備による道路事業の先駆的事業となった。なお自主事業で事業費

は，無用となった河川外輪堤を削平し，用地を売却し補填している。

　第2の「道路整備事業」をみてみると，特記されるのは，道路補助システムも未成熟でさまざまの事業手法で実施されているが，独自のシステムを創出していった。

　第1の「広域幹線道路」の西国街道は，東西連絡国道で国庫補助事業として実施され，都心部から周辺部へと順次整備されたが，30年以上の長期事業となっている。都心地区については，土地整理事業によって，西国街道の路線変更・拡幅事業を実施し，早期事業化に成功している。

　第2は「都心主要道路」整備である。海岸通は，護岸整備事業として実施され，並行事業で道路用地を捻出している。しかし，元町通は明治後期になってから補助事業で実施され，建物移転費などがかさみ，事業効率は悪かった。

　経営センスからみて特筆されるべきは，三大都心街路のうち栄町通開設は，超過買収方式で公費を全く充当せず，独立採算制で施行された。恐らく全国的にみても稀有の事例ではないか。[19] 関戸由義は，明治初期の道路設計に大きな影響をもたらし，加納宗七のフラワーロードも彼の示唆によるとされている。

　もし関戸由義が，県官僚として神戸の都市づくりを，生涯リードしていれば，経済メカニズムを活用し，公共デベロッパーとして，海面埋立事業を遂行し，開発負担金・埋立賦課金などで収益をあげ，神戸港のポート・オーソリティーを実現し，政策型都市経営の先駆的実践となったかも知れない。

　第3の「地域連絡道路」で，都心と北部の連絡道路・有馬街道は，実質的には有料道路方式で整備されている。小規模町村が連合して，補助なして早期事業着工となったが，建設費返済に衆知を集め考案した方式であった。

　山間部を含む道路で開発利益発生が見込めなかったのできびしい負担となったが，神戸北部の地域にとって，神戸との連絡道路は生命線でもあった。

　第3の視点として，明治後期の開発整備事業は，市制実施で神戸市が誕生したが，明治20年代は財政規模も小さく，都市整備を遂行する能力は不足していた。しかし，30年代になると財政力も付き，都市経営の展開が期待された。

　明治後期の第1の事業が，第1期神戸築港事業である。当初計画では事業規模1,710万円，神戸市直轄事業負担金437万円（負担率25.7％）と，財政負担に苦

しめられた。

　第2の事業が，公益企業で公営水道事業の創設であったが，竣功は明治33年と遅れ，事業費も当初97万円が，竣功費359万円と膨張していった。明治期の官治的都市形成にあって，白眉とされる，賛否論争が展開された。[20]

　第3の事業は，耕地整理事業以前の街区事業としての，道路開さく・地域更正事業である。明治32年に耕地整理法が施行されたが，市街地整備には導入できなかった。

　神戸では独自の地域更正事業を，明治31〜43年にわたり市内15工区の面積443.6万㎡で実施された。減歩率5〜12％と低いが，事業費33.7万円で，事業による地価上昇利益は，民間1,996万円，公共222万円と巨額であった。[21]

　第4の事業は，民間デベロッパーの兵庫運河開削事業と湊川付替事業である。これらの事業は防災事業でもあり，本来ならば神戸市が直轄事業で，実施すべき事業であった。ことに湊川付替事業は，ルート変更によって広大な河川敷が，事業者に無償譲渡されるので，市民団体は民間方式に猛烈に反対した。[22]

　第1の兵庫運河事業は，地元資本で事業化されたが，1㎡当り0.6円で8割は買収し時点で，地価上昇を目撃した一部地主が，当初の事業協力を翻意し，用地買収価格をめぐって反対し，収用委員会で決着したが，残余2割は1㎡当り3.5円で買収を余儀なくされた。事業は完成したが，経営は苦しく，結局，神戸市が大正8年，30万円で買収している。

　第2の湊川付替事業は，外部資本の主導ですすめられた。民間デベロッパーとしては，湊川付替で数万坪の都心河川用地が確保できるので，工事に有利な条件であったので，大阪資本のみでなく，東京資本も参加した。

　当初計画では市街地に近接した付け替えルートであったので，災害の危険性がかえって高まるとして，住民の激しい反対に見舞われた。それだけでなくかかる防災的事業でなおかつ巨額の収益性がみこまれる開発事業は，都市自治体が施行し，開発利益を確保すべきとの意見が提唱された。[23]

　結局，会社は山ろくコースの隧道方式を採用し，工事費は99.5万円と1.5倍に跳ね上ったが，事業収支は，会社が200万円，工事施行者が170万円の開発利益を懐にし，会社は明治45年，用地売却を完了すると解散している。

第4の視点として，大正・昭和期の開発整備事業をみると，大正期は，第1に，都市計画法による道路整備で，大正8年第1期1,951万円がスタートするが，国庫補助金10.8万円（0.55％）しかなかった。交通繰入金・耕地整理用地提供で，実質的には施行されていった。

　第2に，耕地整理事業による街区整備である。549万㎡の広大な事業が実施された。約1,000万円以上の開発利益の公共還元をみている。[24]

　第3に，第2期築港事業が，大正8（1919）年から昭和3（1928）年の10ヵ年計画で開始された。事業2,710万円，国庫1,540万円（負担比率56.83％），神戸市1,170万円（負担比率43.17％）と，第1期築港に比して負担率はハネ上がり悪化していった。

　第4に，公営企業では，第1次水道拡充事業である。明治44年〜大正9年，当初事業費1,166万円（補助金247万円）であったが，事業認可では81.5万円に減額され補助率6.84％で創業補助率30％から激減している。

　第5に，民営電気事業の買収による公営交通の創設である。大正7年2,262万円で，電気供給・軌道事業の市内独占が同時に達成された。

　昭和期の事業をみると，第1に，都市経済の拡大・人口増加によって，都市計画・築港・水道・交通を含めて，事業は大規模化していったが，市税は伸び悩み，国庫補助率の削減などで財政悪化の一途をたどっていった。

　第2に，昭和13年の阪神大水害は，この脆弱な財政に大きな負担をもたらした。そのため神戸の積極的都市経営も頓挫する。

　海面埋立事業による工業都市化も戦後に繰り越され，公営企業も設備投資も政府命令で抑制され，都市経営は一気に縮小型経営となった。そして昭和18年の公営電気事業の電力統合は，ドル箱事業の喪失となり，市財政には壊滅的打撃となった。

　第5の視点として，戦前神戸の公共投資（表8参照）を，都市経営戦略からみると，第1期の明治前期は，第1に，政府の港湾・居留地・鉄道などの拠点開発事業に呼応して，官民が協調して関連事業を実施していった。地方団体は行政の知恵を凝し，民間は公益主義に殉じ，地域還元に尽くした。

　ことに拠点開発事業によるスプロールに対応して，明治初期，独自の街区整

備・街路整備を実施している。港湾にしても，多様な事業形態で関連事業を収益事業化していった。要するに政府の法令・方針がなくとも，「都市の知恵」「地域の参加」で，見事な都市整備をなし遂げていった事実である。

　第2に，明治前期の都市づくりをみて，興味をそそられるのは名望家・経済人は，経済合理主義で人生を律していない。

　地域への貢献，人生観への信奉，政治的な野心などさまざまの要素で，自己の生き方を決断し，事業経営にあっても，個人的感覚で運営し，近代的組織への転換を成し遂げなかった。

　開港都市神戸にあって，意外と古風な生き方の経済人が多いのは意外であった。しかし，個人的事業でしかも公的補助・資金融資もない状況では，事業継続は困難であった。もし士族授産と同様な政府支援があれば，近代的デベロッパーとして成長していったであろう。

　第3に，都市経営思想として未成熟でも，地域貢献思想は旺盛であったが，その思想・意図を継続する，近代的精神・企業意識が乏しく，事業存続に失敗する。また居留地外国人も起業化の先鞭を努めるが，多くは破産・売却で挫折の憂き目をみる。

　第2期の明治後期をみると，第1に，市制が実施されたが，鳴滝・坪野市長の都市振興・経営に手腕を発揮することはなく，辛うじて水道創設をみたのみであった。その間，兵庫運河・湊川付替・葺合湾造成など民間デベロッパーで，巨額の開発利益をみすみす民間の収奪されてしまった。

　第2に，神戸築港も大阪に10年余も遅れ，都市化がすすむが無策の状況がつづいた。この窮地を救ったのが水上市長による築港であったが，財政的には直轄事業負担金は重く，期待された港湾施設収益配当金も交付がほとんどなく，前途の見込みがたたない窮状となった。

　第3に，民間デベロッパー事業も，明治前期の地域貢献型から利益追求型に変貌し，全国資本が参加する営利プロジェクト化に変貌していった。このような民間デベロッパーに，住民も開発利益の恩恵を，事業者が独占するシステムに反対した。神戸市は民間デベロッパーに介入・指導する意欲はなかった。神戸市の公共デベロッパーとしての事業化はなく，都市開発にあって禍根を残す

第2節　都市成長の方策と都市開発のビジョン　129

結果となった。

　第4に，ただ街区整備事業は，民間の自主的事業で一段と大規模化し，市の補助金も積極的支援もなかったが，独自の新道開さく地域更正事業システムを，明治21年に創設し，耕地整理事業の先駆事業を実施していった。

　減歩率が低いとの批判もあるが，もし神戸市が数万円でも投入していれば，減歩率も数％上昇をみたかもしれない。神戸市の公共デベロッパーとしての事業化はなく，都市開発にあって禍根を残す結果となった。

　第5に，経営戦略から都市整備事業をみると，鳴滝市長の消極的対応が目立った。そのため街区整備・都市開発事業にあって，民間デベロッパーへの依存となり，開発利益の公共還元喪失，財源損失となっただけでなく，都市公共資本の形成にあって，十分な成果が得られなかった。

　第6に，起業活動は，明治後期になると，前期の起業活動によって培われた企業精神によって，川崎正蔵（川崎造船所）・川西清兵衛（日本毛織）・勝田銀次郎（勝田汽船）・金子直吉（鈴木商店）などの企業人が活躍し，それぞれ地域経済へ貢献していくことなる。

　第3の期の大正期をみると，第1に，やっと大正7年民営交通買収で都市経営にのりだす。買収した神戸電気は市内電気供給・軌道電車の独占企業であったので，買収方式であったがかなりの収益を確保できたので，築港負担による財政破綻を免れた。

　第2に，大正8年に第1期都市計画事業がはじまり，国庫補助率2・3％で，交通事業の収益は街路拡幅負担となってしまった。追加して第2期築港事業がはじまり，交通・電気事業では支え切れない財政負担となった。

　第4期の昭和期は，第1に，路面電車経営が悪化し，財政は一段と逼迫したが，昭和13年の阪神大水害で甚大な被害を被り，実質的には財政破綻に近い状況で，都市経営の余力はなくなった。

　第2に，都市経営の執念というか経営センスは死滅することはなかった。公営企業の設備投資が戦時体制で禁止されたので，路面電車事業の余裕金が発生し，将来の財政運営のため，不動産特別会計（1,000万円）を設置し，300万坪（990万㎡）の土地買収を実施した。戦後，公共デベロッパーとして神戸市が活

躍する経営原資となったのが，この戦前の土地買収であった。

　戦前の都市づくりを総括すると，政府の制度設計の拙劣性，たとえば法定地価課税の低賦課・都市資金の不足・自主権限の欠落などが，都市経営の致命的欠陥となった。都市自治体はこれらの制度的隘路を都市経営能力で克服することが求められた。

　第1に，都市づくりにあって，都市基盤整備先行・優先方式を脱皮し，都市集積メカニズムを活用した，都市成長戦略を如何に実践するかであった。

　この点，京都が文化産業都市で，財政負担を回避できたので，疎水事業・三大事業の公営企業化で，安定した都市成長軌道にのることができた。大阪は築港にこだわり，東京は市街地経営に執着し，都市ビジョン・設計は必ずしも明確でなかった。

　第2に，都市成長に対応した都市財政システムは欠落していた。この欠陥を克服したのは起債主義による公営企業創設であった。京都が疎水・三大事業で先行し，大阪市が公営交通直接創業でこれにつづき，東京は44年民営交通買収でさらにおくれた。

　そして神戸・横浜・名古屋市の民営交通買収は，大正好期であった。この公営交通は，財政的に市税収入に匹敵するメリットをもたらしただけでなく，政策的に都市集積利益の公共還元という成果をみた。

　第3に，都市整備投資の利益吸収として開発利益還元は，地方自治体は実効性のある公共デベロッパー事業の展開はできなかった。変則的方式として，民間区画整理活用のとどまり，海面埋立事業の港湾関連事業だけであった。

　大正・昭和期になり海面埋立事業による臨海工業用地造成事業に進出するが，民間との競争にさらされ，事業収益はあげられていない。ただ区画整理事業は大規模に実施され，巨額の公共還元が得られただけでなく，市街地整備という政策目標も達成できた。

　戦前，地方自治体は，「行政の知恵」・「市長の決断」で，中央統制の拘束をかいくぐり，卓抜した都市経営の実績を達成していった。

第2節　都市成長の方策と都市開発のビジョン　131

表8　神戸市主要都市整備事業

（単位　万円）

事 業 名	期 間	事 業 費	事 業 名	期 間	事 業 費
◎居留地造成	慶3〜明元	22万（25.6万㎡）	●西国街道	明元〜20	事業費約10万
◎生田川付替工事	明4	3万	○地域更正事業	明21〜41	33万（443万㎡）
◇生田川跡地整備	明治5・6	3.3万	○耕地整理事業	明44〜大8	550万㎡
◎神戸駅設置	明3〜7	用地買収18.4万	○第1期都市計画	大8〜13	1,95万
◇加納湾造成	明6〜7	2万	○第2期都市計画	大9〜昭3	1,372万
◇小野浜鉄桟橋	明17	建設費14.9万	◇山陽鉄道	明21創設	資本金1,300万
◎小野浜臨港鉄道	明38〜40	整備費68万	◇神戸電燈	明21創設	資本金10万
◎税関防波堤工事	明33〜35	事業費14.7万	◇神戸電気鉄道	明43創設	資本金600万
◇新川運河開削	明7〜9	12.7万	◇神戸瓦斯	明31創設	資本金70万
◇兵庫運河開削	明29	60.3万	○公営水道	明30〜39	359万（補助98万）
◇湊川付替工事	明30〜34	99.5万	○第1期水道拡張	明44〜大10	1,166万（補助82万）
◇第1次山手新道	明5〜6	4.1万（90万㎡）	○公営電気事業	大7	買収2262万
◇第2次山手新道	明21〜22	6.7万	◎第1期築港事業	明39〜大8	築港費1,521万
◇仲町部街区	明4〜6	2.0万（30万㎡）	◎第2期築港事業	大8〜昭14	築港費6,293万
◇兵庫新市街地	明11竣工	1.2万（23.6万㎡）	◎茸合港湾建設	明40〜43	事業費57.9万（12万㎡）
●雑居地街路整備	明12〜17	事業費10万	○土地区画整理	大12〜昭10	405万（186万㎡）
●栄町通建設	明5〜6	19.7万	◇川崎造船所	大2〜3	95万（5.7万㎡）
●元町通建設	明23〜27	事業費7.7万	◇神戸製鋼埋立	大4〜7	145万（13万㎡）
◇有馬街道整備	明7〜7	0.5万	○下水道	昭11年まで	74.3万

注　◎政府直轄事業　●県事業　○市事業　◇民間事業。耕地整理事業は，下水道事業は内務省土木局『土木局統計30回年報』396〜402頁参照。街区整備期間は事業認可期間。

注

（1）居留地外国人の活躍については，居留地外国人の製造業創設について，キルビィは小野浜に神戸造船所を開設した。木鉄混成の汽船数隻を建造したが，明治11年に独力で経営し，鉄製汽船を我が国ではじめて製造するが，経営は順調にいかず16年自殺し，数奇な生涯を閉じた。なお同造船所は28年まで小野浜海軍造船所として運営された。製紙会社はウォルシュ兄弟が創設したが，8年に工場建設許可を得て事業化したが，建設費がふくらんだので，三菱の援助で，11年から操業を開始した。王子製紙につぐ全国2位の生産額であった。しかし，30年弟が突然死したので，翌年兄は三菱に工場を売却し，帰国している。比較的順調にいったのが，ハンター（E.H.Hunter）で14年大阪鉄工所を開設し，今日の日立造船所となっている。このように外国人の企業経営は，数奇な運命をたどっていったが，神戸経済の礎となった。天野健次「神

戸居留地と在留外国人」『歴史と神戸』（117号 1983年4月）249・261頁，高寄・前掲「神戸近代都市」9頁参照。

(2) 神戸は開港地であったので，外来者が利殖を求めて来神していた。土地資本家では三田の小寺泰次郎・播磨の伊藤長次郎・大阪の田中市兵衛などで，巨額の利益を得えた。注目されるのは三井組の動きで，大阪でなく開港都市の神戸のほうが，開発利益を確保しやすいとして，実際，明治6年には，資金繰りに困った加納宗七から，6.4万坪を12.8万円で買い占めている。個人では市会議員となった小寺泰次郎が目立った。大正2年の地租納税額で，小寺が1位1万5,135円，旧三田藩領主九鬼が2位1万1,200円で，主従で「旧三田藩が神戸を占領してしまった」（赤松・前掲「財界開拓者」58頁）と騒がれた。小寺泰次郎がどれほどの土地を所有していたか，大正元年の神戸市宅地870.60万㎡，地租46万8,815円，1㎡5.8銭で，納税額から所有地28万1,320㎡となる。大正元年市平均実勢地価1㎡当り12.9円で，12.9円×28.13万㎡＝362.88万円となり，大正元年の神戸市税96.6万円，歳入183.2万円で，小寺泰次郎は神戸市税の4倍近い資産を保有していた。

(3) 乱雑な市街地化に対して，兵庫県は都市発展の動向を察知して，明治維新期に中心であった兵庫地区から，県庁舎を居留地のある神戸と旧兵庫の中間の坂本村に移転させ，裁判所・病院・学校などを立地させて，都心形成を図っていった。その背景にはアメリカ帰りの知識人関戸由義が，井上鉄道局長に要請して，神戸駅からわずかしかはなれていない地点に，三宮駅（現元町駅）設置が大きなインパクトとなった。神戸駅・県庁・居留地の三角地点が中心市街地となり，周辺地が街区整備され，スプロールの受け皿となったが，官民連携の成果であった。

(4) 神戸開港施設整備については，神戸港開港百年史編集委員会『神戸開港百年史・建設編』53～69頁参照，以下，前掲「神戸開港百年史建設編」，高寄・前掲「神戸近代都市」89～99頁参照。

(5) 神戸の網屋吉兵衛は，船底の貝殻などを除去するため，四国までいく不便を解消し，船舶補修の効率化をもたらした。地域活動の不合理な施設不足解消という公共的精神からの行為であり，家産を破産させてまで，個人の打算とは無関係の地域献身行為であった。本来，地域社会が実施すべき事業であった。鳥居幸雄『神戸港1500年』（海文堂1982年）159～171頁，以下，鳥居・前掲「神戸港1500年」，高寄・前掲「神戸近代都市」28～30頁参照。

(6) 赤松・前掲「財界開拓者」514頁。

(7) 加納湾造成については，前掲「神戸開港百年史建設編」70～72頁，高寄・前掲「神戸近代都市」103・104頁参照。

(8) 加納宗七は，事業収益を蓄積し，事業拡大をするのでなく，ビジネスチャンスをとらえると，リスク覚悟で挑戦しく，冒険心が旺盛で，勘定高い事業経営家ではなかった。もし加納宗七が，利益追求型の民間デベロパーとして，徹底した行動をとっていれば，事業家として成功していたであろうが，鉱山経営に失敗し事業経営を諦める。多くの明治維新期の経済人のように，近代的事業家として事業継続をするのでなく，こころの安らぎを求めた福祉事業に捧げ終末を遂げている。松田裕之『加納

宗七伝』（朱鳥社 2014年），高寄・前掲「神戸近代都市」89・90頁参照。

(9) 神田兵右衛門は，神戸港の避難運河として新川運河（事業費13万円）を建設するが，造成資金は，新川社を設立したが，地域公募はなく，兵庫県に地域が預託していた地域共益金を借りだし事業化している。造成事業を請け負った島田組が破産し，暗礁にのりあげるが，姻戚関係にあった加納家から緊急融資を受け急場をしのいでいる。地域社会から営利事業として批判にさらされるが，運河両岸を超過買収し，開発用地売却で事業費を捻出している。ただ埋立による収益事業を，地元町村の事業とした。地元町村は，その埋立地を川崎造船所への売却益で数十万円の利益を享受している。そのため神田兵右衛門は関連事業の兵庫運河事業への資金は枯渇し，傍観の立場を貫かざるを得なかった。結果として事業者として事業継続・拡大より，単なる地域の振興を重視した，名望家としての生涯を選択した。なお神田兵右衛門については，和久松洞『松雲神田翁』（精華会本部 1925年），赤松・前掲「財界開拓者伝」176〜183頁，高寄・前掲「神戸近代都市」32〜34，68〜73頁参照。

(10) 当時，神戸財界は，みすみす収益事業を，大阪市資本に占拠されたといえる。なお高収益の要因は，会社所有地1,500坪しかないが，神戸税関用地1.1万坪が無償貸与されていたからで，この点，会計検査院に指摘され問題となった。高寄・前掲「神戸近代都市」102・103頁参照。

(11) 神戸居留地については，堀博ら『神戸外国人居留地』（神戸新聞出版センター 1980年），神戸外国人居留地研究会『神戸と居留地』（神戸新聞出版センター 2005年）楠本利夫『増補国際都市神戸の系譜』（公人の友社 2007年）114〜132頁，高寄・前掲「神戸近代都市」54〜63頁参照。

(12) 神戸居留地の設計・造成・運営を担当した幕吏柴田日向守は，「横浜や江戸で外国領事館の用地を提供させられた失敗を知っていて，領事館敷地提供を無料ですることは一切しなかった。欧州出張以来外人崇拝の念はなくあくまで対等に処理しようという柴田剛中の考えは，やっと開国以来諸外国を見た日本人の考え方の進歩とそれを実行する力がついてきた証拠であろう」（鳥居・前掲「神戸港1500年」）と，意識の向上が指摘されている。

(13) 赤字を補填する方策はあった。実際，兵庫県は，明治3年8月，雑居地のスラム化を危惧して，「雑居地を買上げをと稟申し，政府でも伺の通りに許可したのであるが，12月になって取消された」（赤松・前掲「財界開拓者」517頁）ので，買収をあきらめている。また兵庫県は，明治4年3月にも生田川東部の9.8万坪の造成を申請するが，政府に却下されている。「県の選択」としては，兵庫県は，居留地周辺は，都市スラム阻止の点からみても，県独自に貿易五厘金・為替会社から融資を受けて活用し実施すべきであった。事業戦略としては，兵庫県が，雑居地を先行整備し，用地分譲を実施したら，巨額の開発利益を手にしたはずである。しかし，現実，乱開発後に「誤謬の訂正」として，貿易五厘金10万円で雑居内の道路整備を余議なくされているが，事業選択のミスが大きな損失をもたらしている。高寄・前掲「神戸近代都市」62頁参照。

(14) 生田川付替工事・生田川跡地整備については，高寄・前掲「神戸近代都市」63〜

68頁参照。

（15）神戸の生田川跡地整備を請け負った加納宗七は，自己の利益を犠牲にして，事業を遂行している。そのため事業利益を捻出できず，民間デベロッパーの経営者として，以後の事業を経営軌道にのせて，近代起業家として成功を収めることができなかった。加納宗七については，松田・前掲「加納宗七伝」，村田誠『神戸開港30年史上』434頁，以下，村田・前掲「開港30年史」。高寄昇三『都市経営の戦略』244頁参照。以下，高寄・前掲「都市経営」，赤松・前掲「神戸財界開拓者伝」505〜513頁，高寄・前掲「神戸近代都市」38〜40頁参照。

（16）三井組への売却状況については，高寄・前掲「神戸近代都市」65〜68頁参照。

（17）経営戦略から街区整備をみると，神戸港・居留地・神戸駅など，政府直轄事業によって，立ち退きを迫られた住民が，集団移転で対応し，移転地の整備を実施した。注目すべきは道路整備を並行して実施したことである。ことに兵庫新市街事業は，唯一の広域道路である西国街道の迂回ルートを直線ルートに変更し，幅員を拡大している。街区整備事業がなければ，都心街路を用地買収で整備していれば，巨額の整備費となったであろう。

（18）明治初期の街区整備については，小原啓司『神戸のまちづくりと明治の区画整理』参照，高寄・前掲「神戸近代都市」76〜81頁参照。なお道路整備については，同前81・89頁参照。

（19）栄町通開設を取り仕切ったのは，県新大道取開掛兼町会所掛を命じられた関戸由義で，知識活用型思想の見事な成果であった。関戸由義は，海外体験の知識を活用して，多方面に活躍し，異彩を放った魅力的人材であった。道路面積1.9万㎡，超過買収面積5.6万㎡，買収単価坪5円，売却単価坪14.5円と約3倍である。なお購入者は間口7間以上，前面道路整備負担が条件であった。結果として栄町通は業務街として景観が形成され，商社・金融機関が立地していった。しかし，零細土地所有者を追い出し，企業に開発利益を還元させたとの批判があるが，高額の用地買収に従前所有者は，関戸由義に頌徳表を捧げている。超過買収の資金は，公的資金をあてにせず，当時の為替会社から融資（36万円）を引き出しているが，驚嘆に値する交渉術・説得力である。神田県令の知遇を得て，遺憾なくその手腕を発揮できたのではないか。高寄・前掲「神戸近代都市」81〜85頁参照。

（20）水道建設は，市財政のみならず，市民にとっても大きな負担であり，着工時期・敷設地域・建設財源・水道料金などをめぐって，明治26年1月，市会議員桃木武平が『神戸市水道布設方策』を発表して水道尚早論を展開し，反対の気運をあげる。一方，神戸市水道調査委員会も26年2月，『神戸市水道弁枠惑論』をだし，激論をかわす。神戸市『神戸市水道誌』（神戸市 1910年）167〜229頁，神戸市水道局『神戸水道70年史』49〜59頁参照，以下，前掲「神戸水道70年史」。

（21）高寄・前掲「神戸近代都市」182〜187頁参照。

（22）兵庫運河開削事業と湊川改修事業については，高寄・前掲「神戸近代都市」165〜184頁，高寄・前掲「都市経営の戦略」248〜250頁参照。

（23）明治後期でも神戸市では，外部効果の大きい兵庫運河・湊川付替事業を，公共事

業でなし得なかった。湊川改修は明治30年着工であり，神戸市財政の飛躍時をむかえており，起債主義で公共デベロッパーで施行すべき転機にあった。「都市の選択」として決断が遅れた代償は大きかった。開発事業では，事業リスクを民間に転嫁したが，民間はその代償として，開発利益を独占したのは当然といえる。湊川付替事業は，明治30〜34年にかけて事業化され，事業費99.7万円で，地元資本だけでなく，東京・大阪などの資本も参加し，株式会社方式で実施された。事業収益は約370万円と巨額であるが，会社は用地売却を完了すると，45年に解散している。民間デベロッパーの露骨な収益事業であり，当初，市民グループが公営事業で開発利益の公共還元をめざすべきとの民営反対運動どおりの結果となった。神戸市は傍観するだけでという，惨めな結末となっている。しかも公園用地を神戸市は30万円で購入しているが，事業認可条件が甘いからである。兵庫運河開削事業は，用地先行取得に失敗し，事業収支が悪化した。最終的には大正期，神戸市は粗悪な運河を買い取る羽目になっている。高寄・前掲「神戸近代都市」165〜181頁参照。

（24）大正期の神戸最大の西部耕地整理（面積180.4万㎡）の減歩による公共還元は『神戸西部耕地整理誌』から算出すると，約1,221万円で，全市耕地整理面積549.7万㎡から約3,724万円となる。高寄・前掲「神戸近代都市」337〜339頁参照。

第2章　都市経営の課題と都市政治の構図

第1節　明治後期の都市経営と都市政治の再生

都市膨張と都市の対応策

　明治後期（明治22〜44年；1889〜1911年）の都市経営は，市制実施（明治22年）で，明治前期の区制にくらべ，都市自治体の事業・権限・財源も拡充された。しかし，都市への人口・企業の集積が加速度的にすすんだ。

　そのため都市は産業装置の空間と化していき，都市禍はひろがったが，明治20年代，政府の対応は水道建設だけは，全国的な建設支援がなされたが，交通は公営・民営自由主義で，都市整備も東京市区改正事業・第1期横浜築港以外に特例措置はなく，都市自治体に委ねられた。

　受動的な道路・港湾整備では，対応不可能で，能動的な都市経営戦略での事業化が求められたが，経営環境はきびしかった。

　第1の視点として，都市経営の外部環境をみると，第1の「経済環境」では，民間企業は政府の保護・奨励策で，資本・収益力をつけて都市集積をつづけていった。

　第1に，明治前期，殖産興業を完了した資本主義は，明治後期，「本源的蓄積と産業改革の同時進行，資本主義の確立と帝国主義への移行過程の重合」[1] の経過を得て膨張していった。

　その背景には上層華族・士族，政商・地主層は，制度改革で獲得した資金を，紡績・鉄道・公益企業・土地などに投資し，企業的利潤追求を活発化させていった。そのため日本経済は，大都市への性急な企業立地がすすんだが，受け皿の都市システムは，未成熟で都市公共資本へのただ乗り（free rider）となった。

　注目すべきは，政府は日露戦争後の経済・社会的変動がもたらす矛盾につい

て，危機感を募らせていたが，農村の衰退・疲弊救済が対象で，地方改良運動で農村社会の再編成をめざした。

　しかし，都市の貧困も農村に劣らず，悲惨な状況であったが，政府の精神的な地方改良運動では，都市社会がどうなるものでなかった。都市自治体は，都市問題に自力での対応策を迫られた。[2]

　第2に，政府とともに経済界も，都市自治体に道路・港湾整備を都市に促がすが，政府は相変らず軍備拡充・生産増強に鋭意邁進するだけで，都市経済と都市施設のギャップは拡大していった。

　しかし，都市への企業立地にともなう社会負担節減は，ブーメラン現象となって，企業活動の非効率・不経済な状況として，その代償を払わされた。この“見えざる損失”の卑近な事例が，港湾の非効率な艀荷役で，神戸港では明治後期年間約250万円（322頁注17参照）にもなった。

　政府は造船業・海運業に支援措置を注入していたが，マクロでみれば港湾災害・荷役コストなどの被害で，企業の恩恵は帳消しされてしまった。

　第2の「政治環境」をみると，藩閥政府による中央集権体制が確立し，官僚支配が強化されたが，政治は藩閥勢力と民党勢力との抗争が激化した。しかし，政策論争をへて，都市対策を論議する気運はみられず，都市整備は政治論争の埒外であった。

　第1に，中央政争の余波は，地方政治にもおよび，政党は利権によって，政治資金獲得をめざしたので，都市の企業的事業は，政党の格好の餌となり，市会の利権行動を誘発した。結果として都市整備は遅れ，都市活動の損失はふくらんだ。

　第2に，官僚と政党の連携がすすみ，官僚は許認可権で，政党は都市利権吸収で癒着し，地方支配システムを浸透させていった。市長職も，政党・官僚の利権標的とされ，当然，都市経営にあって施策実施を阻まれた。

　第3の「社会環境」をみると，都市の人口・市域（表9参照）は，膨張していったが，六大都市の経済・生活圏とは，必ずしも一致しなく，人口動態の郊外化・都市経済の広域化に対応して，市域拡大が追いつかなかった。

　第1の「人口動向」は，都市経済成長で増加した。第1に，全国的人口動向は，

明治22年4,007万人，44年5,112万人万人，都市は22年366万人（大都市254万人），44年872万人（大都市488万人），郡部22年3,657万人，44年4,240万人であった。都市人口は，市制実施都市の増加もあり，44/22年対比で2.38倍増であった。

第2に，人口増加を六大都市でみると，全体では明治44/22年で1.92倍，約2倍であるが，東京1.39倍，大阪2.69倍，横浜3.09倍，名古屋2.68倍，京都1.73倍，神戸3.09倍で，新興都市横浜・神戸の増加が目立った。

第2の「市域動向」は，人口・企業の集積によって，経済・生活圏の広域化がすすむと，都市経営的視点からも，先行的都市整備をしなければ，将来の都市整備コストの飛躍的増加が危惧された。

第1に，周辺市町村は，市街地化の波にさらされながらも，合併による政治・行政・財政的発言力の低下から，一般的に合併には反対で，合併するにしても，できるだけ有利な条件を，大都市から引き出そうとした。

ただ「都市の選択」として，先行合併で市街地整備をするメリットは大きいが，現市域が未整備であるのに，周辺町村合併は，無用の財政負担を背負い込むというデメリットがあった。

第2に，合併の許認可権は，政府にあるが，実際は府県知事の意向で決定される。明治期，府県は大都市の周辺市町村合併について，積極的であったが，大正昭和期にとなると，府県は必ずしも，前向きではなくなった。三部経済制の廃止との交換条件といった，大都市・府県の利害が複雑に交錯し，高次の政治判断となった。

第3に，六大都市の市域拡大状況をみると，明治後期，全体では1.75倍，東京・京都市は，ほとんど増加はなかった。

京都市は，明治35年に1村の一部合併で29.8㎢から35.2㎢に拡大されたが，その後，伏見町などの合併は，合併に否定的な大森府知事が，14年間も在職したので，明治後期は大きな合併はなかった。

大阪市は，明治30年に28ヵ町村の全部・一部合併という，第1次大合併に成功し，市域は市制発足時の15㎢から55㎢と3.7倍に拡大された。横浜市も6.80倍であるが，22年の市制実施面積5.40㎢と極端に小さかったからである。

第1節　明治後期の都市経営と都市政治の再生　139

表9　六大都市人口・市域の推移

(明治22～44年)

区　　　　分		東京市	横浜市	名古屋市	京都市	大阪市	神戸市	合　　計
明治22	人口　千人	1,375	122	157	279	473	134	2,539
	面積　㎢	72.50	5.40	13.34	29.77	15.27	21.38	157.56
	財政　円	387,673	61,006	10,470	323,331	157,538	47,360	987,378
明治44	人口　千人	1,907	378	421	483	1,273	415	4,877
	面積　㎢	75.59	36.71	37.28	31.28	57.06	37.02	275.00
	財政　千円	86,169	6,445	3,823	10,596	25,209	2,973	135,215

資料　六大都市市域面積は『各市統計書』，財政支出は内務省編『内務省統計報告』。
出典　高寄昇三『明治地方財政史第6巻』94・113・123頁。

　名古屋市は，明治29・31・40・42年と着実に合併をつづけ，名古屋港のある熱田町も合併し，市域は2.79倍になり，海陸が接続され，市経済飛躍の途がひらかれた。神戸は市制以前の合併もあり，1.73倍に止まっている。

　第2の視点として，都市行財政制度をみると，明治22（1889）年の市制実施で，大都市は，区制と比較して，行政範囲・財政規模は拡大し，都市の一体性も芽生え，都市問題への対応力は拡充した。

　地方行政システムも，「古典的自治の依拠する名誉職原理によってではなく，有給専務職主義の色彩を帯びるように」[3]なった。しかし，市制は都市経営からみると，市会の政策決定は麻痺し，市政も管理型行政に安住し，経営改革をめざす意欲は乏しかった。都市経営にとって，切実な課題は，都市行政の体質・構造的脆弱性を淘汰・克服できるかであった。

　政府は日清・日露戦争後の戦後経営で，国営製鉄所の拡充・国営鉄道の建設・植民地の経営など，国策事業の財政需要が飛躍的に増大した。そのため政府は，財源の国庫集中を図っていったので，地方財政圧縮となった。内務省は「それは国家機能の総元締としての内務省の役割でさえあった」[4]と，当然視していたが，これでは内務省は，地方団体の庇護者といえない。

　第1の課題は「財政構造の歪み」で，市制実施で市税拡充をみたが，それでも財政需要対比では貧弱であった。第1の課題として，財政規模（表11参照）を

140　第2章　都市経営の課題と都市政治の構図

みると，第1に，六大都市の明治44/22年度の財政規模は，22年度99万円から44年度1億3,522万円と136.6倍という驚異的膨張をみた。

原因は築港事業・公営企業で，収入も市税より，使用料・市債収入が主要財源であった。東京・大阪・京都市，当時の三大都市の財政規模は，東京は民営交通買収，大阪市は交通・築港事業，京都は疏水事業再編成の三大事業で大規模化していった。横浜・神戸・名古屋市は，都市企業化が遅れた。

第2に，大都市財政は国策で縮小されても，制限がゆるむと一気に膨張していった。たとえば日露戦争期間中で約10％の削減をみたが，戦後経営になると，20％近い膨張となっている。[5]

膨張要因は，普通経済に対して特別経済（築港・交通・水道・公債費）の比率上昇である。公営企業は明治22年度横浜水道，23年度京都疏水事業のみであったが，以後，44年度では，水道は名古屋市以外の五大都市が明治期に創業をみた。築港は22年横浜・30年大阪・40年神戸と着工されていった。

ただ交通は大阪市のみが直接創業され，44年度普通経済261万円に対して，特別経済1,706万円と6.53倍であった。以後，公営交通は44年東京市が民営交通買収で，45年京都市直接創業で普及していった。

第2の課題として，「歳入構造の貧困性」をみると，第1に，「地方財政格差の発生」である。財源構成比（表10参照）は，市税は所得税・営業税割が，好景気で増収となり，町村財政との格差が拡大したといわれるが，都市整備需要との比較では，都市・農村格差は存在しない。[6]

第2に，「租税配分比率」をみると，都市経済が成長すると，所得税などの比率が高い国税の伸びが大きく，配分率は国税有利に推移していった。[7] その欠陥治癒のため，市税は超過課税を実施したが，地租付加税不足を家屋税増収で補填したので，市税負担不公平の解消にはならなかった。[8]

注目すべきは，大阪市税負担は超過課税率などで，明治30年度1人当り大阪市税負担は，同年1人当り東京市税負担の2倍前後の格差が発生した。[9] 市税負担は低いことがベストではない，地価賦課額が低いという負担不公平，大都市の行政水準の劣悪性からみると，制度上，超過課税は，一般的には肯定されるべきであった。

第1節　明治後期の都市経営と都市政治の再生　141

第3に，明治44年度六大都市「歳入構成比」（表10参照）は，市税7.7％とわず
かで，国庫支出金0.8％，市債9.6％であるが，東京市民営交通買収債が雑収入
（構成比54.7％）で処理されているので，実質的市債合計64.3％となる。しかも
繰越金24.6％を除外すると，市債収入比率は85.7％とアップする。公営企業を
含めた総合的会計であるとしても，市債依存生が極度に進行している。

　第4に，「国庫補助金」をみると，明治44/22年度で市税1.82倍，国庫支出金
5.16倍で，国庫支出金の伸びはよいが，絶対額が少なく，国庫支出金は44年度
129万円であるが，国税徴収交付金71万円が含まれ，本来の国庫補助金は52万
円と少ない。

　明治33年「国庫ヨリ補助スル公共団体ノ事業ニ関スル法律」が定められたが，
「地方団体に対する内務大臣の監督権は著しく大きくなると同時に，その負担も
また増大した」[10] のである。要するに少ない補助で地方団体を，統制・誘導
する“うまみ”を，政府は覚えた。その典型的事例は，河川法の制定・運用に
であった。[11]

　第5に，市債の驚異的膨張である。市債収入2,090万円と大きく，伸び率も明
治44/22年度で75.1倍である。ちなみに府県は，府県税6,872万円，国庫補助
1,053万円，府県債265万円と，市財政とは異質の安定的構造であった。増加の
原因は公営企業と港湾であるが，公営企業は収益事業であるが，港湾は収益性
があるといっても，確実な収入でなく，市財政への後遺症となった。

　第3の課題として，「歳出構造の肥大化」をみると，第1に，六大都市歳出構
成（表11参照）は，明治44年度行政サービス費（教育・衛生・救育費）など合計
782万円で，土木・勧業費合計513万円で，行政サービスが産業費の1.52倍で
あるが，衛生費の水道費を除外すると，1.24倍程度と減少するが，大都市財政
はむしろサービス優先であった。しかし，問題は公債費・公営企業費で，電気・
軌道費はその他で処理されている。公債費は開発関連公共投資で，公営企業債
をのぞくと，築港債などがほとんどである。

　第2に，土木費の比率も高くない。明治44年度499万円でサービス費より少
ない。もっとも交通・電気企業建設費などが，土木費から除外され，その他諸
費で処理されている。

第3に，公債費は，1,552万円と最大支出となっているが，東京市88万円，大阪市505万円で，市債活用が遅れた東京市は，償還期をむかえておらず支出は少ない。

　第4の課題として，「財政自主権活用の不振」である。財政貧困を単なる課税強化で補填すると，細民重課となる。どうしても開発・集積利益還元をめざす，財政自主権活用での法定外普通税創設が急がれたが，実績はあまり芳しくなかった。

　第1に，明治22年，大阪市は市制実施と同時に歩一税などの法定外普通税創設によって，独自の税源確保に成功したが，東京市では明治43年にずれ込み，22年実施との損失額は約600万円と推計できる。[12] しかし，歩一税は土地流通税で，本来の土地譲渡所得税ではなかった。

　第2に，京都市の家屋税創設は，東京・大阪市は明治22年度創設であったが，戸別税廃止で紛糾を重ね，大正7（1917）年と大きく遅れた。戸別税に固執したため税収喪失額（明治22〜大正6年）は，28年間で約1,000万円（146頁注13参照）の巨額となる。[13] 政策型経営である歩一税創設・戸別税廃止の実施の遅れは，公営企業創設の遅滞に，匹敵する財政的ダメージとなった。

　第3に，注目すべきは，東京市区改正事業における特許命令分担金累計500万円の新設である。都市自治体の実績ではないが，歴代東京府知事の成果である。ところがこの納付金の制度化は，他の五大都市には適用されなかった。

　第4に，その他収入で注目されるのは，公益企業関連の報償金（納付金）である。大阪市が明治35年大阪巡航合資会社と報償契約を締結し，以後，他の五大都市が追随していった。

　しかし，報償金収入は予想外に少なく，明治37年度東京市の公納金138万円の見込みが実績16.5万円に過ぎなかった。[14] 大阪市の明治44年公納金も，大阪巡航会社9,357円，大阪電燈会社7万2,654円，大阪瓦斯会社3万5,944円であった。[15] 民営公益企業の独占を認める代償としては余りにも少額であり，あきらかに誤謬の選択であった。

　全体として都市財政の企業経営化が深まっていったが，財政構造は，大きな矛盾をかかえたまま肥大化し，都市財政は，政策型運営による窮状打開が焦眉

の案件となった。しかし，制度改革が期待できず，解決を起債主義に求められたが，当然，抜本的改革ではなかった。

表10　都市財政歳入の推移

(単位 千円)

年　度	都市別	市　税	使用料	国　庫支出金	府　県支出金	市　債	雑収入	繰越金	その他	合　計
明22	六大都市	677	4	25	12	205	64	143	27	1,157
	その他	406	1	5	14	34	123	13	22	618
	合　計	1,083	5	30	26	239	187	156	49	1,775
明44	六大都市	12,309	2,896	1,290	246	15,401	87,403	39,366	944	159,855
	その他	7,138	1,222	865	900	5,499	2,757	3,308	264	21,953
	合　計	19,447	4,118	2,155	1,146	20,900	90,160	42,674	1,208	181,808

資料 内務省編『内務省統計報告』

表11　都市財政歳出の推移

(単位 千円)

年　度	都市別	教育費	土木費	衛生費	勧業費	救育費	公債費	その他	合　計
明22	六大都市	166	592	20	1	8	4	195	986
	その他	235	45	23	3	0	0	291	597
	合　計	401	637	43	4	8	4	486	1,583
明44	六大都市	5,950	4,976	1,782	154	85	10,119	112,149	135,215
	その他	4,278	3,575	903	45	86	5,398	9,306	18,769
	合　計	10,228	8,551	2,685	199	171	15,517	121,455	153,984

資料 内務省編『内務省統計報告』

注

（1）大江・前掲「日本の産業革命」345頁。
（2）地方改良運動では，町村是の策定を町村に強要したが，都市にはなんらの整備計画も求めなかった。政府は都市を無視したのか，都市禍への対応能力がなかったのか，いずれにせよ地方改良運動では「都市住民のすべてを統合化する核となる媒体を得られず，利益誘導による統合も一部住民を満足させるだけ」（桜井良樹『大正政治史の出発』209頁，以下，桜井・前掲「大正政治史」）で，全体統合などは無理であった。地方改良運動については，宮地正人『日露戦後政治史の研究』（東大出版会 1973年）3～127頁，大島美津子『明治国家と地域社会』（岩波書店 1994年）293～316頁，高寄・前掲「明治地方財政Ｖ」390～408頁参照。
（3）持田・前掲「都市財政の研究」3頁。

144　第2章　都市経営の課題と都市政治の構図

（4）前掲「内務省史Ⅱ」224頁。
（5）大都市財政の推移については，大阪市普通・特別経済歳出合計は，37年度523万円，38年度491万円と縮小したが，39年度567万円，40年年度903万円，45年度1,510万円と膨張している。持田・前掲「都市財政の成立Ⅱ」159〜166頁，高寄・前掲「明治地方財政Ⅵ」93〜137頁参照。
（6）内務省サイドの見解は，「地方自治の要求を独立税の強化という財政面で満たそうとすればするほど，地方団体間における住民負担の不公平を激しくする危険があった」（前掲「内務省史Ⅱ」225頁）という分析を弄している。しかし，財政需要をまったく算入しない意図的分析で，戦前，このような非科学的財政観は払拭されなかった。さらに一般的地方財政格差として，府県税における大都市所在の府県と非大都市圏の県との財政力格差，大都市と大都市所在府県の財政力格差，警察補助と教育補助との配分格差，国庫補助金と地元負担の格差などが，放置されてよいはずがなかった。財政調整については，明治初期は，高寄・前掲「明治地方財政史Ⅱ」237〜280頁参照，明治後期は高寄・前掲「明治地方財政史Ⅳ」194〜202頁参照，大正期は高寄〜前掲「大正地方財政史上」51〜74参照。昭和期は高寄〜前掲「昭和地方財政史Ⅰ」30〜53，293〜349頁参照。大都市財政と財政調整については，高寄・前掲「昭和地方財政Ⅴ」201〜237頁参照。
（7）大阪市内の租税配分をみると，明治30年度国税123万円，府税45万円，区税を含む市税109万円の合計277万円，40年度国税708万円，府税135万円，区税を含む市税327万円の合計1,171万円，大正5年度国税1,846万円，府税163万円，区税を含む市税463万円の合計2,418万円で，国税の伸びが圧倒的であった。
（8）市税は国税・府県税の付加税が中心で，市独立税の比率が低い。しかし，政府も都市の財政需要を無視できず，制限外課税を容認したが，国税付加税への制限外課税はきびしく，地方税への制限外課税は緩やかであったので，苦肉の策として，家屋税付加税などの強化で税源調達を実施していった。財源的には法定地価の低評価を，家屋税で補填する対応策であるが，土地所有者が負担を免れ，開発利益の内部化によって，負担不公平がますます拡大していった。
（9）東京市税（市区改正特別税含む）・大阪市税をみると，明治22年度東京市税60.7万円（人口137.5万人），大阪市税14.9万円（人口47.2万人），1人当り市税格差大阪0.71倍，30年度東京市税74.8万円（人口140.4万人），大阪市税77.9万円（人口75.8万人），1人当り市税格差大阪1.94倍，40年度東京市税355.3万円（人口214.6万人），大阪市税227.3万円（人口117.3万人），市税格差大阪1.18倍と，格差は縮小しているが，大阪市の市税負担は重い。松本・前掲「山県有朋の挫折」209頁参照。問題は極度の大阪市超過課税は，細民重課ではないかという懸念である。40年度市税の税目別収入は，国税付加税は地租付加税3.7万円，所得税付加税17.0万円，営業税付加税30.0万円，府付加税は営業税割2.6万円，雑種税割10.3万円，家屋税割109.0万円，歩一税26.5万円，坪数割18.6万円などであった。細民重課の営業税割・雑種税割は少なく，家屋税割中心の負担で細民重課の性格は緩和されているが，これ以上の超過課税は細民重課の恐れがある。

（10）前掲「内務省史Ⅱ」240頁。

（11）渡辺洋三「河川法・道路法」『日本近代法発達史第6巻』（勁草書房1959年）131
　　　～155頁参照，前掲「内務省史Ⅱ」21～50頁，前掲「内務省史Ⅰ」226～228頁

（12）明治24年馬車鉄道の軌道への課税を政府へ申請したが否決された。明治30年，東
　　　京市は銀行税・取引所税・電気税・瓦斯税・鉄道税・鉄道馬車税・船税・車税・官
　　　舎税・市場税などの特別税を申請するが，市会が否決する。翌31年に歩一税を追加
　　　し再度提案し，市会は可決するが，政府は不許可とした。33年取引所税（1.2万円）・
　　　電柱税（0.5万円）・瓦斯管税（0.9万円）・鉄道馬車税（9.8万円）・船車税（9.6万円）
　　　が政府に認められた。しかし，歩一税はさらに遅れた。41年度になり博覧会の臨時
　　　財源としてみとめられたが，博覧会が延期されたので，単年度（15万円）限りで中
　　　止となり，43年度不動産取得税（29万円）として認可された。しかし，大阪市は22
　　　年に認可されており，その間に喪失した税収は，43年29.3万円でみると，21年間分
　　　615.3万円と巨額であった。東京府・市の対政府交渉能力の欠如は責められるべきで
　　　ある。前掲「東京都財政史上」371・372，455・456頁参照。

（13）京都市家屋税創設は大正7年度で，単純には比較できないが，昭和6年度戸別税
　　　33.5万円が7年度家屋税110.7万円と3.29倍の増収となっている。7年度ベースで増
　　　収を試算すると，33.5万円×2.29＝76.7万円の増収となる。したがって22年度創設
　　　であれば，76.7万円×28年＝2,147.6万円となる。なお中間年次の明治33年度で推
　　　計すると，33年度戸別税17.2万円×2.29×28年＝1,102.9万円が実質的増収額とな
　　　る。市税改革という政策型経営の怠慢は巨額で，三大事業財源を捻出できていた。前
　　　掲「京都市政史下」329～344頁参照。家屋税創設の経過については，前掲「京都市
　　　政史Ⅰ」260～263頁参照。

（14）東京市公納金については，高寄・前掲「公営交通史」145～154頁，185～186頁
　　　参照。

（15）前掲「明治大正大阪市史Ⅳ」538頁参照。

都市経営思想の誕生

　明治後期，都市社会主義思想をはじめ，都市経営思想は海外から導入された
が，一方，都市自治体では，都市経営の実践をつうじて，各市長がその戦略的
思想として定着させていった。[1]

　第1の視点として，都市経営思想誕生の要因をみると，第1の要因は，地方自
治体の「法人格」の成立である。明治21年の市制町村制で，都市は独立法人と
認められ，地域一体性も形成され，都市自治体として自覚が，都市づくりへ責
任感を培養し，都市経営へのインセンティブとなった。

　第2の要因は，地方自治体の「企業団体」化である。政府が想定した地方自

治体は，官治的管理団体であったが，まず政府が明治23年水道条例で，水道事業の市町村独占を認め，水道が創設された。ついで30年代に都市自治体が，築港・交通事業を実施し，企業的団体に変貌していった。[2]

　第3の要因は，「都市財政の経営化」である。起債主義による企業的事業は，その選択の裁量権は大きく，都市自治体に決断を迫り，経営戦略が論争され。地方外債による都市企業化プロジェクトは，市税依存主義・財政抑制主義・市会万能主義といった，既成概念の創造的破壊をもたらし，都市経営の市民権を獲得していった。

　第4の要因は，「都市経営の政策化」である。明治後期にあっても，政府官僚は農本主義に洗脳され，都市政策への正当な評価を欠き，政府・府県の施策・指導は，都市経営には馴染めない状況にあった。

　都市経営にあっては，政府農業振興策のように感情論とか，殖産興業策のように費用効果を無視した過剰な国策意識とか，富国強兵といった強迫観念にも似た精神論，直轄事業の成功体験による経験則でなく，経済合理的分析による施策でなければならない。

　鶴原市長の公営交通創業にみられるように，事業収支の将来予測・投資の費用効果・都市経済の利益・費用配分については，冷徹な政策科学根拠による経済合理的な政策追求が都市経営を成功へと導いていった。都市経営の政策化は，今日の政策・施策決定における「EBPM」(Evidence Based Policy Making) の実践であった。

　第2の視点として，都市企業化は，単なる事業施行でなく，経営戦略による事業展開となった。事業展開の最適化への戦略ポイントをみてみる。

　第1のポイントは，「"公共性"の戦略化」である。第1に，市長の"公共性"認識が，前提条件であった。具体的には公共投資・公営企業の事業効果を評価し，さらに公共投資・公営企業による公共還元・都市空間の秩序化という波及効果の予測ができるかであった。[3]

　第2に，「都市の選択」「市長の決断」によって，都市経営は明暗をわけたが，都市財政への認識の落差であった。実際，財政運営は自転車操業で，市長が官僚的発想の呪縛で財政破綻の恐怖に駆られると，公営交通断念となるが，財源

喪失額は莫大であった。一方，市長が公共経済的な事業効果を信奉し，公営企業に踏み切った都市は，大きな独占利益を獲得した。

第3に，「都市経営への認識」に根ざした実践力である。鶴原市長の公営交通創設は，公共投資の外部効果に対する正確な分析力，都市経済の成長トレンドの洞察力，公共経済にもとづく政策判断力であった。[4]

それを支えたのは，強烈な"公共性"への信奉性で，私経済への競争心，視点独占利益の排除という精神的発露にほかならない。大阪瓦斯との報償契約にみられる，鶴原市長の民営公益企業への義憤的批判（160頁注22・24参照）に，鮮烈に表明されているが，報償契約へと結実させている。

第2のポイントは，「公共信託への使命感」で，都市経済は，利潤追求の民間資本と，公益追求の公共資本が，せめぎ合う競争の場であり，都市自治体の"公共"が，民間の"営利"に敗北を喫した。

第1に，単なる市民への奉仕精神では，何も解決できない。都市経済の実態は，民間資本による開発・集積利益独占などの，反社会的行為がはびこっていった。市民は民営交通企業の料金値上げに憤慨し，電車焼討事件などの騒擾まで引き起こした。

都市経営は，権限・財源はないにしても，「行政の知恵」を駆使し，都市経済の歪みをただす責務がある。市民の電車焼討は，都市経済の歪みへの義憤であり，市長は，その義憤の真意を汲み取り，歪み是正の政策化こそが，都市経営のあるべき使命と自覚しなければならない。[5]

第2に，市長が管理行政の殻に閉じこもり，市民の義憤に正面から向き合わないのは，市民への背信行為である。都市自治体が，公共性を追求し，その成果を市民福祉へと収斂させる実践は，強固な経営信念があれば可能である。

市長が企業効果と財政収支を融合した，複眼的視野をもって都市経営を実践する経営決断力がカギとなる。具体的は都市問題を科学的に分析し，その解決への政策的対応を策定し事業化する実践力で，戦略的手段として起債主義であり，市長の"公共性"への信奉性が牽引力となる。[6]

第3の視点として，明治後期における都市経営思想は，明治前期の開発志向を脱皮し，都市問題を政策・施策・事業的な解決策を模索し，さまざまの都市

経営思想が，実施過程で成熟していった。類型化してその概要をみてみる。[7]

第1の類型が，「都市実務経営思想」で，都市行財政運営の効率化・政策化のための思想である。都市社会主義のように強烈な市場経済への反私的独占主義の思想でなく，ある意味では純粋の都市経営システム論であった。

その多くは欧米の都市経営の先進事例の紹介で，明治後期，無数の都市経営論集が刊行され，都市経営知識の普及に貢献した。

第1のタイプが，「施設整備実務論」である。都市経営思想が都市自治体の職員，大学研究者，地方政治家などに，都市運営論として広く浸透していった。京都市技師・工学士井上秀二訳の『都市之経営』（明治37年；京都市参事会）は，アメリカ市民叢書のベーカー『都市の土木及衛生事業』を，職員が翻訳し，市参事会が出版した訳書である。疏水事業以後，京都では都市経営思想が普及しており，本書は三大事業実施の前々年であり，都市経営への高まりをみせていた。[8]

都市問題を技術的視点からみているが，特記すべき点をみると，第1に，交通・水道・ごみ処理などの整備不足を解消し，さらに活動規制として建築・煤煙規制などをあげている。道路・公営企業だけでなく，網羅的に対象としている。そして第2に，「市当局者タルモノ，寸時モ忘ルヘカラサルモノハ……健康ナル身体ハ健全ナル精神思想ヲ生ズ」[9]との主張には，少なくとも殖産興業策の感染されていない，純朴な都市経営論がみられる。[10]

第2のタイプが，「施策経営実務論」である。まず矢田七太郎『帝国百科全書第183編：都市経営論』（博文館 明治41年）をみると，内容は第1編都市発達史で古代ローマ都市，中世都市，近代都市として，アメリカ・ドイツ・イギリス・フランスの都市を扱っている。

第2編は，都市実務論で警察・火災防衛・衛生検疫・慈善制度・教育・都市改良（道路・下水道・水道・ガス・交通・電気など），第3編は地方財政論，第4編は都市機関論で，都市経済の課題をすべて網羅している。

丹念に欧米の先進事例を紹介しており，それ自体が地方行政の実務者にとっては，かけがえのない刺激的先例であり，情報は貴重な経営資源である。ただ政策論として公営主義が希薄である。[11]

第1節　明治後期の都市経営と都市政治の再生　149

つぎに杉山重義解説『早稲田小篇都市発達論』（早稲田大学出版部 明治35年）は，アメリカの都市問題雑誌の論文特集版の翻訳である。内容は「都市の進化」「現今に於ける都市活動の範囲」「都市社会主義の傾向」であり，注目されるは都市社会主義に関する論評である。

　第1に，都市にあっては，「個人の利益と公共の利益との衝突は都市の特徴にして」[12]，利害はしばしば対立する。その最たるものは公益企業で，民営公営企業は競争関係にあるとはいえ，最終的には独占企業と化している。

　第2に，民営の場合，「都市が成長し人口の稠密なるを致すに依て其業非常に有利のものとなり其利益は実に法外なるものとなるなり。されば会社が如此くして得る所の大利は敢て毫も其自らの功にあらず。……市民間に分配するを適当なる」[13]と，私的独占の弊害を指摘している。そして都市社会主義と同様に理想として，公共サービスの無料化をめざしている。[14]

　第3のタイプが，「都市経営改良論」である。三宅磐『都市の研究』（実業之日本社 明治44年）は，内容的に都市社会主義に近い都市論であるが，改革論より改良論である。内容は「総説」「都市の改善」「都市の散開」（田園都市構想）「都市財政」「結論」となっている。

　第1に，都市論として，市制上の都市に論点をおいている。「町村と共に最下級の地方自治団体たり，……官庁と同じく国家行政の機関たりと雖も其の人格を有する」[15]点において官庁とは異なる。社会的には「国家と社会との調和」[16]を計る重要な役割を果たしている。

　第2に，都市の現状は憂うべきで，「其の経済的繁栄のみを見て直に都市の膨張を謳歌し，之を以て国民生活状態の進歩をも伴ひつつあるものと測了せば非常なる誤り」[17]で，伝染病・公害をみてもわかると指摘している。

　ではどうするかについて，まず対応策について研究し実行するが，それでも達成不可能であれば，「都市人口の散開を計り，依って以って都市と田舎とを調和せしめんとする政策に就いて研究に必要あるを見る」[18]，机上演習的な楽観論ですませている。

　第3に，急迫せる都市問題について，「現行の税制と公債政畧とを唯一の枝柱として都市経営の大事業を試みんとするは到底不可能の事たり」[19]，都市財政

の根本的改革を求めているが，起債主義への過小評価である。

　その解決方法は，都市財政の財産的収入拡充で，打開すべきとしている。第1に，都市自治体の土地所有，第2に，独占事業経営，第3に，対独占的事業報償金，第4に，土地増価税である。この論調は，関市長とほぼ一致している。[20]

　これら施策は，都市経営がめざした，開発・集積利益還元の施策であり，対策として誤るところはない。『都市の研究』が抽象論でなく，実践論であるが，ただ実現への障害打開策はあるか，対応策は楽観的であった。

　たとえば大都市問題については，「田園都市」をあげ，建設資金・生活利便からして実現可能としている。しかし，現実は大都市の集積メカニズムには，田園都市の分散メカニズムより強大であった。内務省を含めて，多くの関係者にとって，田園都市は魅惑的発想であったが，大都市問題から逃避し，政策的自己満足をもたらすだけであった。

　結局，具体的提言はなく，最終的結論として，「市民の自覚」に求め，「その最善の努力を都市の経営に傾倒するに至らんことを推奨せざる可からず」[21]と結んでいる。同書は出版年次が，明治41年であり前書より都市社会主義の影響をより強く受けているが，実践性は希薄である。

注

（1）都市経営の日本への導入については，「19世紀後半のドイツに登場し，20世紀初頭にかけて欧米や日本に広まっていった。それは都市の膨張や，衛生・過密・貧困などの都市問題が発生する一方で……各都市が，土木・衛生・産業振興・福祉など様々な分野に積極的に関与するため，公債や税収の問題まで考慮して」（伊藤・前掲「京都市と都市改造」32頁），施策・事業の戦略的実施となった。ただ鶴原・西郷市長をみても，海外勤務・留学の経験・外国文献の知識から，都市経営の実施を決断しており，都市社会主義の片山潜・安部磯雄とは，別の体験・実践的都市経営思想であった。

（2）この点について，「都市行財政は利益集団の衝突を解決し『公共の利益』を配分する仲裁人としての統治組織というよりも，投資的政策形成を行ない企業的才幹をそなえた『公共的事業団体』なのである」（持田・前掲「都市財政の成立Ⅰ」99・100頁）といわれ，府県との性格の相違が鮮明となった。地方自治体の企業団体への変貌については，持田・前掲「都市財政の成立Ⅰ」95〜142頁参照。

（3）"公共性"とは，都市における全体的利益を重視し，民間の私的独占利潤，上級機関の不当な利益収奪・負担転嫁を排除し，公共投資・サービスの拡充によって，開

発・集積利益還元を図って，市民福祉に収斂されていく実践である。なお公共メカ
ニズムの実践については，高寄・前掲「明治地方財政Ⅵ」16〜23頁，高寄・前掲「昭
和地方財政Ⅴ」59〜67頁参照。

(4) 公営企業創設への判断は，市長が都市経済の成長性を，信奉するがどうかであった。
明治維新からの都市膨張をみると，好況・不況の波はあっても，長期トレンドでは
高度成長はつづくはずで，利用料収入は確実視された。また都市交通の独占利益は，
公共経済的知識があれば，公営交通の収益にも自信がもて，さらに公営交通の収益
性で道路事業の非収益性を補填する，複合的経営のメリットにも着目できたはずで
ある。このような公共経済的認識が，都市経営の「成功の本質」であった。

(5) 名古屋市は大正2年7月，名古屋電気鉄道の割高な料金の引下げをめざしたが，市は
報償契約を締結し，料金引下げの要望をしただけであった。マスコミを中心とした
研究会が，会社の経営を非難したが，料金値下げは実施されず，遂に電車焼討事件
が発生し，料金値下げが実現した。しかし，「市民大会は主催者の意図をのりこえ，
市民は暴動という形でその要求をほぼ獲得し」（前掲「名古屋市史Ⅵ」140頁），マス
コミは「市民の権利思想に対する覚醒」と評価した。しかし，名古屋市の迅速な対
応があれば，民営企業の横暴は早期に抑制できたであろう。市民は113名が公判にふ
され，懲役・禁固刑・罰金が課せられ，無罪16名だけという大きな犠牲を支払った。
大半が20代前後の職工・職人的労働者で，細目重課の地方税への負担への不満の発
散でもあった。名古屋市が名古屋電気鉄道を買収するのは大正10年で，遅すぎた決
断であった。前掲「名古屋市史Ⅵ」136〜140頁，名古屋市交通局50年史編集委員会
『市営50年史』9・10頁参照。

(6) 都市政治と政策科学の融合については，前掲「明治地方財政Ⅵ」23〜33頁参照。

(7) 都市経営思想の類型については，同前6〜12頁参照。

(8) 同書の序文は，「現今本邦の都市を見るに，既に自治政のもとにあり，市民の思想
の発達せる，亦昔日の比にあらす，然らは，如何に都市を経営し，如何なる事業を
なし，如何なる方法を採り，以て市民の福祉を増進せしむへきか」（井上秀二『都市
之経営』序文1頁）と，地方自治体の経営実践を促がしている。内容は，「都市ノ交
通機関」（道路含む），「都市ニ於ケル供給事業」（水道など），「汚水の収集及其処分」
「生命健康及財産ノ保護」「市行政，財政及政策」である。

(9) 同前5頁。

(10) 興味があるのは，事業の市有・民有論である。公益企業の事業主体について，ま
ず民有論は，安価の提供ができ，市有では「市政庁ハ無能ニシテ之レニ多クノ権力
及任務ヲ与フルトキハ益々其無能不正ヲ発表スルニ過キス」（同前258頁）と危惧が
示されている。しかし，注目すべきは市設会社の社債は高利であり，資本家を利す
るだけであり，また私設会社の経営は政党の干渉を受け，運動費などの濫費もあり
決して効率的経営ではないと，政策的に的確な判断を示している。

(11) 市営・民営については，この問題は「各地独自の地方的条件の如何に依りて左右
せられるるものなれば市営民営の適否は之を概説すべからず也」（矢田七太郎『都
市経営論』192頁）としている。一般論として市営の弊害を指摘しており，民営の弊

害が発生したるときは,「特許期間終了後の暁に市が之を買収すれ毫も不可なること無からむ」(同前194頁)と予測している。しかし,特許期間終了後の買収は,創業時の独占利益は,株主に還元され,収益会社なれば営業権が発生し,買収額は資産価額の1.5倍にもなる恐れがあり,民営買収の予測は甘く,都市政策論として物足りない。公営・市営については,松居松葉訳・スザーズ(R.B.Suthers)『公営と市営』(日高有倫堂 1909年)参照。
(12) 杉山重義解説『早稲田小篇都市発達論』137頁。(13) 同前134頁。
(14) 都市は市民に市税を賦課し,対価として多くの事業を無償にて提供しているが,「将来の都市の事業は市民各自に向ひ日々の必要品を自由に容易に供給する」(同前150頁) ことを目標とすべきとしている。今日の義務教育・生活保護サービスをめざしている。同書の出版は,都市社会主義論と同時期であり,都市公有論を基調としているが,実践論としては具体的施策が甘い理想論の性格がみられる。
(15) (16) 三宅磐『都市の研究』7頁。(17) 同前19頁。(18) 同前35頁。
(19) 同前235頁。(20) 同前235〜257頁参照。(21) 同前266頁。

都市社会主義と実践的都市経営論

第2の類型が,「都市社会主義思想」である。すでに多くの論評があるので,その特徴だけをみてみる。明治後期には一般的思想と異なり,都市経営の戦略思想として刺激を与えていった。片山潜の『鉄道新論』(明治30年),『都市社会主義』(明治36年),安部磯雄の『応用市政論』(明治41年),『都市独占事業論』(明治44年) などが代表的著作である。[1]

片山潜と安部磯雄は,同時期であったが,片山潜は,都市社会主義の先鞭をつけ,思想の普及を図ったが,次第に社会改革の運動へ転身していった。安部磯雄は,早稲田大学教授として,都市改良運動を粘り強くつづけていき,『社会問題解釈』(明治34年)『土地公有論』(昭和4年) など,その後も多くの著作を発表していった。

安部磯雄が,今日にあっても都市経営派の提唱者として尊敬されるのは,「都市における不労所得としての独占事業,開発利益などの社会的利益の私的専有に怒り,その社会的還元を力説してやまなかった」[2]からで,具体的に土地評価の適正化,土地増価税の創設,土地公有化,さらに電気・ガス・交通・水道の公営化を主張しつづけた。

都市社会主義は,都市経営思想のルーツとして,高く評価されるべきで,片

山潜・安部磯雄の思想は，必ずしも同じでないが，本質的には類似点が多く，まとめて特徴を列挙してみる。

第1の課題として，都市社会主義がめざした施策は，第1に，「都市公益資本主義の都市経営論」である。都市経済のメカニズムをふまえて，片山潜は，『都市社会主義』の序文で「都市をして少数強欲なる資本家等の銭儲け場所たらしめず」[3]と力説している。都市公有化政策によって，都市改革は可能としている。

東京における民営電気・電車・ガスなどの，私的独占の横暴駆逐のため，公益企業の市営化であった。さらなる公有論は，安部磯雄の『都市独占事業論』では，「都市に於ける独占が如何に驚くべき弊害を生ずるものなるか，急速なる地価の騰貴に於てこれを見る得べし」[4]と指摘し，土地公有化を主張している。

要するに公共経済学にもとづく都市経営論で，その理論は観念論でもイデオロギー論でもなく，実利的費用効果論であった。道路改良費と市民の靴，下駄，荷車との関連を積算し，その費用効果を論じている。拡大適用していけば，公共投資の選別・戦略論となり，生活コストをベースにした事業論は，産業基盤整備優先論と対立するであろう。[5]

このような都市社会主義は，民間団体も側面から支援していった。社会政策学会『市街鉄道問題に関する意見書』（明治32年10月）の公営交通主義といった，きわめて実践的な提言を公表している。[6]

第2に，「生活・環境優先の都市経営論」であった。戦前，多くの都市経営論が生活優先をかかげたが，生活劣化を告発し，公益企業だけでなく，生活施設・物資の市有化によって，市民生活への実践論を展開したのは都市社会主義のみであった。[7]

環境重視にあっても，公園は家屋の窓より重要で，「貧市民に新鮮清潔なる空気」[8]を提供するだけでなく，「市民に趣味多き快楽を与ふる」[9]と，都市にあって必要不可欠の施設であると主張している。問題は下水道・公園などの環境整備は，政府施策では冷遇されていたが，どう実現するかであった。

安部磯雄は，都市公害の経済的損失を分析し，その防止策を展開している。「煤煙が市民の健康を害することは言ふまでもなきことなるが，其他家屋の美観

を損し，商品の価値を減ずる等，其影響の及ぶ所決して少なからず」[10]と具体的指摘し，対応策として，ベルリンの工場建設禁止とか，日本では水力発電の増設を急務と提唱している。政策科学からみて実効性があり，説得性のある論理であった。[11]

第3に，「市民自治の都市経営論」である。片山潜は『都市社会主義』で，「我市民は，自治制度の経験を有すると日尚浅く」[12]としても，都市問題は「実に市民が自ら進んで，解決の任に当らざるべからざる須要のものなり」[13]と，市民に実践を訴えている。

そのため公共施設市有化によって，財源・利益を確保し，市民自治を実践する戦略論であった。ことに注目すべきは，都市腐敗の防止のため，レフェレンダムの導入を推奨している。[14]

問題解決には，外科手術が必要であるが，対応策は切開手術に限定されず，柔軟で実効性があれば対症療法で，「実行し易きものを第一に置き，漸次に根本救治策」[15]でよしと，漸新的施策でもまず実施し，まず実利追求のすすめであった。

第2の課題は，都市社会主義の評価である。第1に，片山潜と安部磯雄は，同じ都市社会主義を信奉しながらも，片山潜は次第に都市問題からはなれ，中央国家権力との対決を強めていった。

安部磯雄は，片山潜と同様に「社会民主党の設立に参加するが，政治・労働運動に偏ることなく，社会主義・都市問題の研究のかたわら，廃娼，産児制限，禁酒，平和，政治浄化運動など市民運動的活動を幅広く展開」[16]し，片山潜と異なる行動をとった。

第2に，都市経営の思想・戦略の基本的対応を確立し，普及させていった。明治の都市社会主義は，「政策型都市経営ともいうべき，都市経営の精神遺産を後世に伝えた。その公共経済学的発想に根ざした都市利益の社会的還元，都市費用の効果分析などは，大正・昭和期の岡実，池田宏，関一らによっても応用され，市政に実用化されていった」[17]のである。

第3に，都市経済の政策科学的分析を提示していった。都市における公共投資は，地価上昇を通じて土地所有者の利益となる。築港すら都心集積利益を吸

収する開発行為となり，港湾関連事業者に利益を付与しているとみなしている。都市社会主義は，都市利益の社会的吸収をめざす優れた都市経営論であった。[18]

第4に，都市経営における自治体経営を，外部のみでなく内部経営への処方箋を描いていった。都市社会主義は，東京市の杜撰な公有財産・公有資金管理（169頁注7参照）を批判し，これらの運営に議員・利権家が介在し，中間搾取をしていると弾劾している。

第5に，都市経営実践における対応策を，自らの運動・活動で示していった。片山潜は労働運動などを支援するが，政府の弾圧を受けて海外逃亡をはかるが，安部磯雄は，大学教授・国会議員として，都市社会主義を支援しつづけた。[19]

都市社会主義に啓蒙・触発されて，多くの社会運動が台頭していった。たとえば社会政策学会とか東京市街鉄道市有期成同盟会などであり，東京市の民営電気鉄道の買収による市営化は，これらの活躍の支援なしには，達成できなかったであろう。[20]

第3の類型が，「実践的都市経営思想」で，明治後期の公営企業創設で，その思想は実施過程で，鶴原大阪・西郷京都市長などによって形成されていった。

第1の課題として，鶴原大阪市長の市内交通公営主義の思想（160頁注22・24参照）を，創業の経過からみてみる。第1に，明治36年第1期公営交通路線（築港線・延長約5km・工事費14.8万円）を建設している。当時の状況は，27年京都電気鉄道の営業開始があり，電車熱がひろがり，大阪でも民営3社の出願があり，民営先行の恐れがあった。

しかし，築港線敷設の動機は，公営主義の実施でなく，第5回内国博覧会開催・大阪築港事業竣功を記念する協賛事業であった。[21]

第2に，築港線は予想外の好成績をおさめたので，路線の市内延長を市民も要望したので，急ぎ第2期路線計画実施となった。当然，市営・民営主義をめぐって熾烈なる論争が展開され，私設電気鉄道敷設の動きも本格化していった。

この民営化の動きを阻止するため，明治36年11月13日，鶴原市長は「市街鉄道ニ対スル方針確定ノ件」で公営主義を打ちだした。[22] しかし，民営鉄道の動きはますます盛んとなったので，鶴原市長は「彼等の利権運動を根絶し，

156　第2章　都市経営の課題と都市政治の構図

市営方針の基礎を強固にせん為」[23]に，公営優先の「大阪市街鉄道ニ関スル上申」を内務・大蔵大臣に提出した。[24]この2つの意見書に鶴原市長の公営主義は凝縮されている。

第3に，鶴原市長の公営主義は，築港線の好成績に触発されたのでなく，明治35年の大阪巡航汽船公営化，同年の大阪瓦斯外資導入にともなう報償契約などで，公営主義の思想・方針の提唱・実践となった。

まず大阪巡航汽船については，博覧会の入場者を当て込んで，巡航汽船会社創設の動きあり，鶴原市長は市営化をめざして，明治35年2月に「市内水上交通機関設備ノ件」を市会に提案する。

市長は「将来或は陸運よりも盛大を致すやも測るべからず。現に東京辺の所謂一銭蒸気の如きも，意外の収益ありとの事実を得たれば，今茲に這般の事業に対する優先権を獲得せんと欲する」[25]と，収益事業とみなしていた。

この事業を市営とするか，請負制にするかは，市会調査会が検討し，明治35年9月，「計画は事業小にして収支相償はない」[26]と結論をだしたが，ただし「この事業は独占的事業で有利有益のものであるから，将来私営で行ふものあるときはこれと報償契約を締結し，その独占的利益の一部を市に納付せしむべし」[27]との建議案が可決されている。

しかし，鶴原市長はこの決議案には不満で，ひそかに友人と謀って，明治36年1月，資本金13万円で大阪巡航合資会社を設立し，設立に際しては35年12月に報償契約を締結している。公営交通の議決・着工，巡航汽船の創設・報償契約をみても，鶴原市長は迅速かつ確実に実績を築いていった。

第4に，鶴原市長の“公共性”が，もっとも鮮烈に主張されたのが，大阪瓦斯会社との報償契約をめぐる紛糾（377頁注2参照）での，鶴原市長の抗弁で示されている。その経過は，会社創業では会社に先手をとられたが，報償契約の締結をめざして，外資導入という拙速的な決定に抗議し，持論の公営主義から痛烈に大阪瓦斯を批判し，報償契約にこぎつけている。

鶴原市長の公営交通主義は，電気鉄道より以前の巡航汽船への独占事業に注目して，公営主義を抱くようになった。その動機は推測するに財源の確保で，公益企業の独占性に注目し，その獲得の保障システムを，直接的事業化とした。

第1節　明治後期の都市経営と都市政治の再生　157

不可能な場合でも報償契約による一部還元を目論んだ。

　問題は市が，公益企業の独占・優先権を主張する根拠は，先の意見書にもみられるように，市費での道路整備をはじめとして，企業・人口集積のためさまざまの公共投資を実施して，収益性のある経済空間を創出している。その代価の回収を，公私公益企業という収益事業に求めるのは，当然であるとの信念であった。

　すなわち大阪市内は，大阪市の独占的エリアであり，その域内で経済活動をする事業者は，市の独占権への補償金を支払うべきとの理論で，実際，郊外私鉄の市内乗入は納付金を支払っている。このようなシステムは欧米では，定着しており，鶴原市長もこの先例の導入であった。[28]

　第2の課題として，鶴原市長の公営主義が，大正・昭和期の都市経営思想にどう継承されていったか，大正期・昭和期の都市経営思想でふれるが，その思想的継承と変貌の特徴だけをみてみる。

　第1に，実践的都市経営論は，大正期の後藤東京市長・ビーアド博士，昭和期の関大阪市長など，多彩な思想が展開されている。[29] その後の公営主義の思想・実践は鶴原市長の公営主義の拡大適用であった。ただ公営主義は，その後，全国の都市で実施され，昭和期の関市長によってガス事業以外は，公営一元化主義も達成された。

　第2に，実践的都市経営思想は，一般的には政策都市経営より事業型都市経営の性格が濃厚である。経営戦略として開発・集積利益還元を，どの程度意識していたが疑問であるが，都市経営施策としては，受益者負担を次第に強化していった。

　ただ事業型経営の成果に，自己陶酔することなく，施策・政策型経営の注入の努力をつづけなければ，より高次の都市経営は形成できない。公営企業は経営形態の変更で，施策型経営であり，公営交通の自己負担による道路拡幅は，集積利益還元の政策型経営であった。しかし，より高次の政策型経営からみれば，関市長の市長主導型都市経営も，市民福祉・環境保全などにどれだけ還元されたか，その実績が検証されるべきである。

　第3に，都市社会主義のような先鋭な公共主義でなく，都市ブルジョアジー

の経営思想へと変貌していった。[30] 事業経営の成果があがったので，政策型と錯覚されやすいが，都市経営精神・姿勢は，既存システム活用であった。

たとえば課税自主権による法定外普通・目的税の創設はなく，後藤新平の「8億円計画」は机上演習の域をでなかったし，関市長も死体に等しい土地増価税に執着していた。

事業内容をみると，都市環境主義の性格はあるが，都市基盤整備主義が濃厚で，行政運営にあっても，市民参加・貧困層保護などへの配慮は不十分であった。昭和期の市長主導型都市経営は，別途，その功罪を論及しなければならない。

注

（1）都市社会主義思想については，多くの論評がある。高寄・前掲「都市経営思想」94〜183頁，高寄・前掲「明治地方財政Ⅵ」12〜16頁参照。片山潜については，柴田・前掲「都市政策」38〜46頁参照。宮本憲一『都市政策の思想と現実』159〜161頁参照。安部磯雄については，柴田・前掲「都市政策」47〜52頁参照。

（2）高寄昇三『市民自治の都市政策』46頁，以下，高寄・前掲「市民自治の都市政策」。

（3）片山潜『都市社会主義』序文3頁，以下，片山・前掲「都市社会主義」。

（4）安部磯雄『都市独占事業論』99頁，以下，安部・前掲「都市独占論」

（5）安部磯雄『応用市政論』63〜81頁参照，以下，安部・前掲「応用市政論」

（6）野田正穂等『明治期鉄道史資料第2集（25）市街鉄道問題』（日本経済評論社 1988年）参照，以下，前掲「市街鉄道問題」。

（7）安部磯雄は「都市を経営するものも，衛生，便利，修飾の三が三大要件となる」（安部・前掲「応用市政論」4頁）と，都市開発主義とは異質の要素をベースとしている。なお産業開発と都市社会主義については，高寄・前掲「都市経営思想」1〜9頁参照。

（8）（9）片山・前掲「都市社会主義」176頁。

（10）安部・前掲「都市独占論」130・131頁。

（11）安部・前掲「独占事業論」131〜134頁参照。

（12）（13）片山・前掲「都市社会主義」序文3頁。

（14）片山潜「市政と社会主義」『東京経済雑誌』第987号参照，明治32年7月15日。

（15）安部磯雄『社会問題解釈法』13頁。

（16）高寄・前掲「都市経営思想」97頁。（17）同前182頁

（18）片山・前掲「都市社会主義」23・24，42〜44頁，安部・前掲「土地国有論」16頁，安部・前掲「土地公有論」24，37，41，45・46頁参照。

（19）高寄・前掲「都市経営思想」178〜183頁参照。

（20）これら運動については，前掲「市街鉄道問題」参照，岡野文之助「都市社会主義小論」（『都市問題』第7巻第4号）参照。

（21）この点について，「此計画たるや大阪市当局が予て抱懐せる電気鉄道市営方針の一旦として実現したるものにあらずして，市が10年の歳月と2,500有余万円の巨費を費して築成したる築港と市街地との距離を短縮し，仍て以て埋立地の繁栄を図らんとせしに起因し，遇大阪に第5回内国博覧会の開催せらるゝを好機とし，此計画の実現を見るに至りしなり。随て当時に在りては収益の如き全く顧慮する処にあらざりし」（大阪市電気局『大阪市営電気軌道沿革誌』4頁，以下，前掲「大阪市電気軌道誌」）といわれている。

（22）この方針は，「抑モ独占事業ヲ個人若クハ営利会社等ノ経営ニ委スコトアランカ，勢ヒ多クノ利　益ヲ獲得センコトニ汲々スルノ結果，遂ニ公利公益ヲ顧ミルニ遑ナク……然レトモ之ヲ公共的　事業トシテ経営センカ，其設備料金等総テ市民ノ利便公益ニ重キヲ措クヲ以テ，漸次諸般ノ改善ニ努ムベキハ勿論ニシテ，市民ヲシテ之ニ浴セシメ且ツ市ノ財源ヲ潤沢ナラシメ，都市ノ発展上亦至大ノ利益ヲ与フヘキナリ」（同前6・7頁）と，公営の必然性を力説している。特にその収益性に着目し，都市膨張にともなう財政窮迫を脱するには，公営交通によって「好個ノ新財源ヲ見出シ以テ之ニ応セ　スンハアラス……蓋シ今日ニ於テハ所謂独占事業ヲ市ノ直営ト為スノ外未ダ俄ニ他ニ求メ難キナリ」（同前6頁）と，公営交通こそ財政危機克服の唯一の手段と主張している。その対応策は起債によって漸次整備すれば，事業収益から元利償還は円滑に処理できると予測を立てている。

（23）同前7頁。

（24）この上申書は，公営主義の必然性を理論整然と主張し，公営認可を強く求めている。都市の発展は交通施設・機関の整備にあるが，「交通機関トシテ見ルヘキモノナク，特ニ道路ノ狭隘ヲ以テ交通上市民カ時間ト費用トヲ浪費シ市ノ発達ヲ妨害スルモノ其幾許ナルヲ知ラス」（同前8頁）と，公共経済の視点から交通機関の整備を「急務中ノ急務ナリト信ス」（同前6頁）と，市への事業認可を迫っている。その理由として「現在ノ道路ハ公共団体ノ管理ニ帰シ，又其経費ヲ以テ支持セラルル如ク，市街鉄道ニシテ交通上ノ必要機関ナルニ於テハ，……総テ之レ公共ノ利害ヲ標準トシテ査　定セラルヘキモノナレハ，当然公共団体ノ手ニ委セラルヘキモノニシテ，決シテ私人若クハ営利会社ノ壟断ニ委スヘカラサルヤ明カナリ，況ヤ事業ノ性質独占的ニシテ利益確実ナルニ於テヲヤ，一旦誤テ私人若クハ会社ノ手ニ委センカ後日臍ヲ嚙ムモ又及ハサルヘシ」（同前8頁）と，公共団体への優先的事業認可を強調している。さらに大阪市の切迫した財政状況からも認可を迫っている。「翻テ大阪市ノ財政ヲ顧ミルニ，築港其他ノ事業ノ為市費益々膨張シ，独リ市税ノミニ倚ラハ大阪市ノ繁栄ヲ企画シタル計画ハ却テ之カ萎縮ヲ招クノ虞ナシトセス，之ヲ以テ他ノ好財源ヲ発見スルスルコト実ニ焦眉ノ急ナリトス，此ニ於テ市自ラ進テ有利事業ヲ計画スルノ必要ヲ感スルコト甚タ切ナリ……市営鉄道……事業簡易ニシテ利益亦確実ナルノミナラス公共的独占事業タル……然ルニ市街鉄道ノ許否権一ニ内務大臣ニ在リ，万一大阪市内ニ電気鉄道敷設権ヲ他ニ付与セラルゝ如キコトアランニハ，市ノ

160　第2章　都市経営の課題と都市政治の構図

画策ハ全然水泡ニ帰シ従テ利害ノ影響実ニ又多大ナリトス」（同前8頁）と，公営交
通認可が市政の命運を決定すると，その必要性を訴えている。
（25）大阪市電気局『大阪市電気局40年史』7頁，以下，前掲「大阪市電気局40年史」。
　　（26）同前7頁。（27）同前7・8頁。
（28）鶴原市長の公営交通への認識については，「当時ニュウヨーク総領事」であった内
　　田定椎から『ミュニシパル・モノポリー』を送ってもらい，『米国に於いて公共事業
　　の経営を，私立会社に独占せしむるを不可するの議論勃興し居る』のを知った」（前
　　掲「大阪市史Ⅵ」662頁）と紹介されている。また『大阪朝日新聞』も明治35年7月
　　上旬，「独占事業に対する欧州都市の方針」という調査報告を9回の連載している。な
　　お鶴原市長の公営企業政策については，竹中龍雄「故鶴原大阪市長の市営企業政策」
　　『日本公企業成立史』177・185頁参照。以下，竹中・前掲「公企業成立史」。
（29）後藤新平の思想については，高寄・前掲「都市経営思想」184～289頁，ビーアド
　　博士については，同前608～647頁，関一については，同前454～607頁参照。
（30）都市改良における都市ブルジョアジー経営思想については，原田敬一『日本近代
　　都市史研究』22～40頁参照，以下，原田・前掲「近代都市史研究」。

自治体経営化の実践的課題

　明治後期，地方自治体は充実していったが，地方制度の欠陥・政党政治の弊
害を淘汰しなければ，都市経営の展開はのぞめなかった。その打開策が起債主
義による企業経営化であった。第3章第2節の公営企業創設の要因で列挙してい
るが，現実に大きな成果をもたらしている。

　ただ都市経営は，起債主義による財源確保だけでは展開できない。問題は，
都市自治体は都市経営をめぐる経済・政治・行政・財政メカニズムの阻害要素
を淘汰しなければ，都市経営の成果は見込めなかった。しかし，これら改革の
原動力として都市経営思想が不可欠であった。

　その戦略思想は，都市"公共性"への信奉性，すなわち都市政策・施策・事
業の外部効果を，たとえば水道の秘める伝染病予防・火災抑制効果を，どれだ
け十分に認識するかであった。

　第1の課題は，「都市経済メカニズムの公共性」の確保で，起債による財政投
資拡大で，民間経済への劣勢を挽回できるかである。第1の目標は，「公益企業
における公営優位」の形成である。第1に，明治後期，政府の民営優先もあり，
資金力に劣る都市自治体は，民営交通の先行を容認し，企業の私的独占を傍観

するだけとなった。[1] 交通では東京馬車鉄道の弊害もあり，当初，民営方式への批判が高まっていったが，政府の方針は公営・民営で揺れ動いていた。[2]

しかし，東京市の状況は，公営派もいたが，最終的には民営派に牛耳られ，民営へと転向していったが，"公共性" の敗北であった。[3]

第2に，当時，都市経営環境は，四面楚歌の感があったが，明治36年大阪市は，公営交通を創業する。「都市の選択」「市長の決断」による，"公共性" の勝利であった。しかし，同じ欠陥制度のもとで，公営交通の直接的創設に東京は頓挫した。この事実は，市長の決断によって都市経営の成否が，決定される厳粛な事実であった。

第2の目標は，「都市成長利益の公共還元」である。都市経済メカニズムによって，土地の開発利益，公益企業の独占利益が発生する。その最たる現象は土地上昇の独占利益である。[4] かかる都市メカニズムを放置していれば，都市経営は不可能である。

第1に，開発利益の公共還元は，地租制度の欠陥があっても，都市自治体が公共デベロッパーとして，土地開発事業を積極的に展開すれば，100％の公共還元が可能である。ただ都市自治体は，公営企業・築港事業債だけで能力限度をこえており，公共デベロッパー事業は断念となった。

ただ築港関連の埋立事業，道路関連の区画整理事業といった変則的デベロッパー事業しか実施できず，後悔が残る「都市の選択」となった。

第2に，公益企業では大阪市公営交通が，都市集積利益の公共独占という快挙を為しとげる。交通事業は路線延長・拡幅事業（明治36〜大正11）費約1,000万円以上（411頁注20参照）を負担した。公営交通は事業型経営として，路線整備で普通経済を支援しただけでなく，政策型経営としてその財源は集積利益の公共還元という効果をもたらした。

大阪市公営交通は，同市所得税付加税（44年度29.1万円）に匹敵する，差引純収益（44年度24.1万円）をあげているが，細民重課の市民負担でなく，公営化でなければ民営企業の独占的営業利益と化した利潤であり，拡大解釈すれば変則的課税自主権の迂回的活用であった。

第2の課題は，「都市政治メカニズムの公共性」の確保で，都市企業化は我田

引水的解釈としても，市長の対市会への対応力を高められるかである。第1の目標は，「都市政治の自治性回復」である。第1に，公営企業・都市開発は，国政委任事務でなく，企業的行為で，都市行政の大規模・専門化がすすみ，行政の主導性は高まった。そして都市自治体は，企業経営体の独自性追求となり，政府の想定しない異質の企業的団体として存在価値を示していった。

　第2に，企業化は市会の利権行為の誘因となるが，卓抜した経営実績をあげれば，市会の行政介入は沈静化でき，市長の独立性は高まる。

　もっとも市長の思想・力量に左右されるが，東京でも奥田市長は，電気事業にあって，市会の介入を排除し，三電協定を成立させ，市長の独自性を貫徹させた。大阪では公営交通創設によって，都市自治性は飛躍的に充実をみた。

　第2の目標は，「自治体企業化による市長優位形成」である。第1に，都市財政の企業化は，財政運営の危機感・緊迫性を醸成し，政党・市会に都市経営を認識させ，市政の協調・緊張関係を醸成する。

　まして企業経営・都市開発も含めて，大きな実績をもたらすと，市長のリーダーシップは高まり，都市政治メカニズムも，市長主導性の優位が形成されていった。鶴原大阪市長の業績をみても，自己の経営手腕をフルに発揮し，市政を牽引していった。

　第2に，公営企業経営に難点があると，協調関係は必ずしも形成されない。東京では民営電気交通事業買収の後遺症のため，公営企業経営は難航し，市長・市会関係はこじれた。市長は経営課題を市会に追求され，政治争点に変質し，かえって市長劣位の政治メカニズムが働いた。

　第3に，公営企業をめぐる市長・市会の政治攻防劇は，東京市では市長の官僚化・政党化によって，都市経営は混迷した。阪谷市長にカリスマ性はあったが，市会対策を軽視したため，経営実績をあげられず，結果として市会優位の政治土壌を培養してしまった。一方，大阪市では都市の企業化が，市長の官僚・政党化を阻止し，市長主導型都市経営を成熟させていった。

　第3の課題は，「都市行政メカニズムの公共性」の確保である。市制は実施されたが，中央統制はきびしく，企業化による都市行政の公共性が達成できるかである。

第1の目標は，「都市自治体の自治権拡充」である。第1に，市制の内容には，「権限なき・財源なき・執行力なき」欠陥があったが，都市の企業化は，自治体裁量の広い分野で，中央統制・府県干渉があっても，経営は遂行された。都市自治体の実質的行政権限は向上し，行政風土も活性化し，交通事業が道路建設・区画整理を促進し，総合的都市づくりの原動力となった。

　第2に，都市の企業化は，「逆特例措置」撤廃の誘因となった。市制が実施されたが，東京・大阪・京都は，府知事が市長を兼務する三市特例市制制度（明治22年3月法律第12号）という屈辱的措置となった。[5]

　3市は自治権回復運動で，明治31（1898）年に解消されたが，廃止は水道疑獄であった。仮に市長管理であっても発生したが，都市の企業化は，府県知事が片手間で運営できる行政ではないことを立証した。

　第2の目標は，「都市自治体の自主性強化」である。都市経営実践には中央統制の脱皮だけでなく，地方自治体の施策決定最適化が求められ，そのため市長の個人的発想・手腕・力量による，鮮烈なリーダーシップが不可欠であった。

　第1に，「行政自主権の拡充」である。都市法制をみても，政府が都市づくりのすべての権限を掌握し，都市自治体は，下請け機関として政府事業を，実施するシステムになっている。

　しかし，都市行政の企業化は，都市開発・公営企業の運営によって，都市行政権の分野を拡大し，自主権も拡大した。事実，公営企業での都市自治体の裁量権は大きく，公営企業創業の是非，企業運営の方針・戦略と「行政の知恵」が発揮できる分野が拡大されていった。

　第2に，都市自治体は，「行政拘束・統制の脱法化」を図っていった。地方自治体の行政決定は，外部（中央政党・官僚）・内部（政党・議員）によって妨害されたが，ことに府県の許認可が関門であった。都市自治体は企業化によって，この間接的統制網をかいくぐっていった。

　企業的行政は，都市自治体が直接的に政府との交渉事務をこなすことになり，府県統制を脱法的に潜り抜けた。築港事業の実施・負担は，国営港にあっても政府・地元市の協議事項となり，地方外債発行も政府との直接的交渉となった。

　第3に，「府県統制からの離脱」である。都市経営は自主的かつ迅速な決定・

行動が求められるが，制度的拘束を逸脱した都市自治体の行為は，府県との関係をこじらせていき，しばしば府県の仕返しという打撃を免れなかった。

　鶴原大阪市長・西郷京都市長の辞任の潜在的要因は，府市関係の悪化にあった。都市自治の向上は，府県監督権の縮小であり，都市の大規模・企業化は，それに見合った都市自治の拡充を認められるべきといった理屈は，府県に通じるはずがなかった。

　府県統制の大都市への侵害として，卑近な事例が大正期，府県が意図的に許認可権を乱用したと推測される，路線認可における民間バス優先認可で，大都市に巨額の財政的損失をもたらした。[6]

　第4に，「自治体運営の経営化」である。都市行政の実態をみると，旧態依然とした管理行政で，市長・議員だけでなく，市吏員の経営意欲も貧弱で，市政全般に官治的状況が蔓延していた。

　公営企業創設は，自治体の意識を変革し，経営感覚による事業運営を生みだした。都市を公私複合体ととらえて，その利益負担配分の公平化という，マクロの経営戦略を視野に入れた，事業実践を展開するようになった。

　第1に，自治体の現状は，個別経営資源の活用でも，管理型で素朴な効率的管理すら自治体はできていないと，その怠慢が非難されている。[7] しかし，行政の企業化は，行政管理でなく，行政経営へと変貌し，経営資源の効率・経済・効果的活用をめざす，行政風土を造りだしていった。

　土地をはじめてとする自治体経営資源の有効活用は，経済効果だけでなく，自治体の合理的精神の涵養となった。

　第2に，行政の企業化は，静態的管理型でなく，動態的運営であり，費用効果の原則・最適施策の選択など，公共経済的実践となり，自治体変身への大きなインセンティブとなった。

　第3の目標は，「都市行政システムの再編成」で，地方自治体が都市経営を実施するには，制度改革による地方自治権の拡充が不可欠であった。行政範囲は小さく，権限・財源はなき状況では，都市経営はできない。

　第1に，実際の都市づくりにあって，国・府県・市が混在し，政府が設計・府県が監督・市が施工という区分でなく，市域内でも国営港湾は国，河川は府

県，道路は都市といった分担であった。

　三者がそれぞれ縦割り・横割りで，事業実施する錯綜した状況で，行政力学から都市自治体が，貧乏くじを引かされた。それでも公営企業・都市開発事業は，事実として都市づくりにおける都市自治体の主導性を高めていった。

　第2に，市制は国政委任事務の管理型行政を想定していたが，それでは都市化に対応できないので，明治44（1911）年に市制改正がなされた。改正の成果として市長の地位強化・公営企業へのシステム改革といわれているが，内部システムの手直しに過ぎなかった。[8]

　改正は特別会計・参与制など，都市で実質的に実施ずみシステムの追認で，改革といえるのは市参事会の執行機関から副議決・諮問機関への変更ぐらいであった。

　肝心の市長・市会関係の相互牽制機能は，府県知事のように原案執行権は付与されず，まして議会解散権は，内務大臣の権限のままで，改革は葬り去られた。それでも大規模な公営企業の誕生は，参事会を形骸化させ，起債主義で市会介入を回避し，都市行政システムを企業経営システムへと変革させていった。

　第4の課題は，「財政メカニズムの公共性」の確保である。都市財政の「豊富の中の貧困」から脱皮するには，制度改革・自治権活用は，ほとんど成果をみなかったが，都市企業によって，開発・集積利益還元を経営実績として達成していった。

　第1の目標は，「都市財政自治権の拡充」であったが，税源配分などは絶望的であり，都市特定財源創設が当面の課題であった。しかし，東京市区改正事業では入府税が挫折し，唯一の特定財源が，馬車鉄道への分担金であったが，法定外普通税として一般的税目とされなかった。

　なお大正8年の都市計画法も，土地増価税の創設をめざしたが失敗した。しかし，公営企業は，都市集積利益の公共還元という，財政自治権の実質的実践となった。

　第2の目標は，「公共投資における受益者負担の適正化」である。都市整備における利益・負担の配分は，都市自治体には不利，政府・企業に有利なシステムであったが，公営交通では，集積利益公共還元は，この劣勢を覆していった。

第1に，東京馬車鉄道が，公道を私的独占的に使用しながら，道路整備も負担しないのは，社会的に許されないという意識が浸透していった。その結果，市区改正事業では，民営交通への道路負担金（特許命令分担金）が導入されたが，この程度では追いつけなかった。

　第2に，公共投資における都市・企業の負担を，受益者負担の原則からみると，民間企業はほとんど負担していない。卑近な事例が築港事業で，都市経済成長の牽引車として，大規模築港が実施されたが，港湾関連事業者への負担はほとんどなかった。

　一方，地元自治体の負担は，名古屋・東京港は補助なし，大阪港は補助1割で，国営の横浜・神戸港でも地元負担は3割で，地元公共団体は苛酷な負担に喘いでいた。明治40年度神戸市築港負担金100万円で，実質的市税39.2万円の2.38倍といった驚くべき過重負担（344頁注10参照）となっていた。

　第3に，横浜第2期・神戸第1期築港では，横浜市は港湾施設収益配当金の創設を提案し，国・都市の費用負担公平化のシステム形成の試金石となった。ただ港湾施設収益配当金（339〜342頁参照）は，制度設計のミスから，実効性は不十分であったが，負担公平化の糸口を開いたことは事実である。

　第4に，大蔵省は国営貿易港の運営改革で，ポート・オーソリティー構想（318頁参照）を提唱していた。[9] 神戸港の試算（323頁注21参照）では入港料・埋立賦課金などで，受益者負担で収入を確保すれば，独立採算制での運営は可能となり，築港負担の公平化は達成されるはずであったが，政府に企業的認識はなく，やがて内務省主導の補助金方式が主導権を確保していった。

　第3の目標は，都市開発事業における「開発利益還元の機能回復」である。第1に，公共デベロッパーの稼動は，資金不足から実施がみられず，開発利益公共還元は挫折した。しかも土地税制による開発利益還元は，制度の欠陥から改革は期待できなかった。元凶は地租賦課額が低く，開発利益は，民間資本が先行投資でほぼ独占していった。

　残余の公共課税分を，国庫1，府県3分の1，都市7分の1で配分された。明治30年度地租割収入は，東京市17.8万円（うち市区改正事業地価割14.5万円），大阪市3.3万円，京都市0.5万円に過ぎなかった。[10] 結局，都市自治体は，変則的対

応として家屋税強化を深めていかざるを得なかった。

　第2に，公営企業による開発利益還元は無理があった。しかし，公営交通による路線延長にともなう道路拡幅事業は，普通経済方式の道路整備よりはるかに先行的道路整備となり，路線用地買収は開発利益の公共還元に貢献した。

　ただ事業手法としては，超過買収方式を活用して，より多くの開発利益を自己還元する戦略を活用すべきであった。なぜなら路面電車開通は路線沿線用地の地価上昇をもたらしているからである。

注

（1）都市交通については，周知のように「資本家等が結託して，之か私利益を襲断せんと計画し，市長府知事及内務省も彼等に加担し，市民の権利と財源を剥奪して，之を一私立会社に与へたり」（片山・前掲「都市社会主義」78頁）と糾弾されている。

（2）公益企業に関する政府方針は，東京電気鉄道の認可をみても，個別大臣で異なった。板垣退助内務大臣（明治29年4月）は公営派であったが。板垣退助「電車市有利害」板垣守正『板垣退助全集』（春秋社1933年〕606〜613頁参照。後任の樺山資紀内務大臣（明治29年9月）は民営派であった。内務省は東京市参事会に諮問したが，明治32年8月，東京市に東京市街地鉄道の認可につき，32年10月，参事会は8対7で公営・民営派が対立したが，最終的には民営容認となり，35年4月，内務省は特許を認可し，公営交通は挫折した。民営容認の経過ついては，東京市電気局『東京市電気局30年史』1〜30頁参照，以下，前掲「東京市電気局30年史」。高寄・前掲「公営交通史」120〜154頁参照。

（3）東京市の動向は，後の第3章第2節「東京市の民営容認」でくわしくみるが，東京市参事会は民営を1票差で容認し，市会は38対18で可決した。この民営化に暗躍したのが，星亨で「府知事や内務省も星の怪腕の前に当初の考えをかえて，市街鉄道会社に許可を与えた」（大島太郎『官僚国家と地方自治』133頁，未来社；1981年　以下，大島・前掲「官僚国家」）のである。桜井・前掲「大正政治」231〜273頁，高寄・前掲「公営交通史」120〜154頁参照。

（4）土地所有者の不当利得について，「地主が年々格外に利益を得て，其市に対する負担の年々減少しつゝある不公平を見るべし，我市民中の宅地市有者は，一文の資本をだに卸さずして，年々其価格　増加し地代又は家賃に於て更に労せずして莫大の利益を得つゝあることは明白なる事実なり」（片山・前掲「都市社会主義」23頁）と批判されている。

（5）特例市制の設定・批判については，亀卦川・前掲「地方自治50年史」230〜251頁参照，前掲「東京都財政史上」331〜336頁，前掲「東京百年史Ⅱ」1384〜1388頁，前掲「京都市政史Ⅰ」73〜75，110〜112頁，高寄・前掲「明治地方財政Ⅵ」45〜

54頁参照。

（6）大正期の公営バス認可における府県の許認可権行使は，当時の府県知事政党化の弊害の結果現象であるが，府県の"公共性"欠如を示す事例となった。府県・大都市の紛争については，高寄・前掲「昭和地方財政Ⅴ」482〜488頁参照。

（7）都市自治体の資産管理には経営意識がみられない。たとえば「市内道路の使用権は，市に取りては最好の財源なり」（片山・前掲「都市社会主義」49頁）として，電気鉄道会社などから使用料徴収をすすめている。さらに市有財産の収益性についても，浅草仲店の市所有地の賃貸状況をみるに，小屋当り月2円80銭であるが，賃借人は月10円で第3者に貸与している。市の杜撰な管理は目に余る。さらに月島市有地は20万坪あったが，何時の間にか16万坪に減少し，賃貸料は月坪1.8〜4.0銭の廉価である。月島と築地に間に一橋を架して，商業地として賃貸収入の増収を図っていくべきと提案している。都市社会主義すら個別資産の有効活用を奨励している。片山・前掲「都市社会主義」151〜154頁参照。

（8）参事会改革は，従来，市長が執行機関でなく，参事会が執行機関で，市長は参事会の構成員にすぎなかった。そのため市行政は，決定権の所在が曖昧となり，事業執行に支障をきたしたので，参事会は議決機関化されが，実際は，改正後も参事会は隠然たる影響力を保有し，市長の決定権を妨害し，市政運営の癌とさえいわれた。なお市長地位強化として改正は市長に「匡正権」なる権限を認めた。市会・参事会の不当行為に対して，府県参事会に採決を求め，さらに行政訴訟をなしうる是正・訴追権であったが，このような行政措置で関係がどうなるものでなかった。持田・前掲「都市財政の成立Ⅱ」54〜68頁，124〜128頁参照。

（9）ポート・オーソリティー構想については，稲吉晃『海港の政治史』128頁参照。以下，前掲「海港　政治史」。なお大蔵省の港湾経営構想と内務省の補助による港湾整備一元化については，高寄・前掲「神戸近代都市」209〜215頁参照。

（10）地租賦課率は，保有税の国税地租は，法定地価の2.5％しかなく，しかも実勢地価とのギャップは10倍とすると0.25％しかない。この0.25％を政府1，府県3分の1（政府の33.3％），区町村7分の1（政府の14.3％）で分配された。都市自治体の実質的賦課率0.25％×0.143％＝0.035％に過ぎなく，政府認可の超過課税で補填していったが，開発利益吸収とはならなかった。大阪市の地租割をみても，明治22年度1.0万円，30年度3.3万円，40年度3.7万円に過ぎない。

起債主義と企業的都市経営

　明治後期，都市自治体は，起債による企業化で，都市問題解決をめざした。起債額は想像をはるかにこえて膨張し，都市財政のリスクはふくらんだが，築港・交通事業は，都市経営の閉塞状況を打開していった。

　第1の視点として，大都市の地方債膨張の実態（表13参照）をみてみる。第1に，衝撃的事実が明治45年，東京市の地方外債による電気鉄道買収債8,956万

円の発行である。政府外貨不足に便乗した外債であったが，同年度の全府県債411万円，府県税収入7,143万円を上回る額であった。

　ただ膨大な地方外債は，京都の三大事業・大阪の公営交通でもみられ，公共資本の劣勢を一挙の挽回する起死回生策となった。しかし，起債効果は大きいが，財政悪化の潜在的要因も，肥大化していった。

　第2に，明治45年度末東京市債発行額累計1億1,421万円，償還累計額591万円，利子支払額966万円，未償還額1億111万円，償還率5.84％で，実感としてほとんど償還していない。大阪市も発行額累計7,377万円，償還額259万円，利子支払額2,386万円，未償還額7,122万円，償還率3.37％に過ぎない。

　償還額・率が非常に少ないのは，東京市市債は明治44年度発行額累計1,469万円であったが，45年度東京電気鉄道買収費で1億1,421万円に急増しており，利子支払・償還はいずれにせよ今後の負担となった。

　しかし，大阪市は築港債・交通債の発行時期が，明治30年代と早かったにもかかわらず，償還がすすんでいないのは，大阪市の第1回築港債（1,570万円）は，償還期間77年という超長期債であり，また大規模借換債を発行しており，償還費の実質的繰り延べとなったからである。

　第3に，市債大量発行による公営交通化を，ほとんどの都市が断念したが，実際は，償還圧迫は大きくなかった。市債の償還据置期間・借換債活用で，起債償還圧迫を回避できる。もっとも償還負担の繰延べは可能であるが，利子負担は発行初年度から発生し，繰り延べは不可能で，大阪市の利子負担は，償還額の9.2倍の倍率で，将来に負担はきわめて厳しい状況にあった。

　第2の視点として，「起債主義の功罪」をみると，市債は市税・補助金より大きな効果をもたらしていたが，政府は伝統的に起債抑制主義で，市制町村制にあっても，厳しく制限している。(1)

　第1の課題として，起債主義のデメリットをみると，第1に，「財政構造の不安定化」である。道路・学校などの建設は，市税が償還財源で建設費膨張は即財政悪化に連動した。港湾は施設使用料などがあるが，海面埋立地売却収入に依存しており，景気変動に左右される。公営企業の償還財源は使用料収入であるが，交通・電気はともかく，水道に収益性は期待できなかった。

170　第2章　都市経営の課題と都市政治の構図

第2に，「都市財政基盤の脆弱化」である。都市整備は補助金を当て込んで事業化されるが，明治期，事業着工補助は高率であったが，拡張工事となると補助率が激減した。水道創業建設費は2・3割補助であったが，拡張費は1割前後と低下している。

　国営築港費の地元負担も，当初，地元負担ゼロ・3割前後であったが，第2期・第3期となると，3・4割負担と上昇していった。地方自治体としては，事業を始めた以上，継続していかざるを得ず，補助率低下は事業規模拡大もあり数倍の負担となり，市債依存率の上昇となった。

　第3に，「放漫財政の誘因」である。築港・都市計画事業をみると，大規模プロジェクトを起債主義で実施しているが，特定財源の拡充とか，新財源創設とかの財政努力を怠る要因となっている。しかも都市財政は産業基盤整備への傾斜投入で，償還財源なき財政悪化と化した。

　起債は問題を先送りするので，最終的には未必の故意による財政破綻となる。昭和初期の東京市財政危機は，明治以来の財政運営の優柔不断が積もり積もって，財政破綻を招いたが，歴代市長による悪意なき失敗の累積であった。

　第4に，地方外債では為替差益のリスクは，円安になると悲惨な借金地獄で，元利償還はすすまず，財政破綻が現実化するが，地方外債のところで，為替差益・差損は論及する。

　第2の課題として，起債主義のメリットをみると，常に財政破綻のリスクをはらんでいるが，事業効果だけでなく，都市開発・集積利益還元のメリットは，起債負担をはるかに上回る政策効果をもたらした。[2]

　第1の効果は「政策的効果」で，都市経営戦略としては，起債主義は財源だけでなく，先行整備で道路は開発利益を，公営企業は集積利益を公共還元でき，政策効果は大きい。

　第1に，「都市政策実施への貢献」である。都市問題解決は，減量経営でも政策経営でも，突破口は見出し得ず，さりとて制度に責任を転嫁し，愚痴をいっても始まらない。公営企業化による起債主義にしても，財政破綻をもたらす危険思想とみなされていたが，起債主義でなければ，解決不可能なのであった。

　すなわち決断しなければ，都市は自滅する運命にあった。水道建設は伝染病・

火災抑止効果を発揮し，公営交通創業は，私的独占弊害を駆逐していった。さらに築港は艀荷役の効率をもたらし，道路整備は交通渋滞を解消していった。

大阪市の公営交通創業，東京市の民営交通買収，横浜市の築港事業は，頑迷な政府への洗脳的効果を発揮した。これら効果は，すべて起債主義による公共投資効果の先取りで，利子負担金を支払っても，余りある恩恵・利益をもたらした。

第2に，「都市公共経済の優位形成」をもたらした。公共投資の欠点は，都市問題が深刻化してから，あわてて公共投資を実施しても，民間投資が開発利益を独占してしまっている。公共経済優位の先行的公共投資であれば，建設コストが低いだけでなく，事業効果の先取りとなり，さらに開発利益の公的独占となる。

公共投資効果の早期実現は，水道建設の伝染病施策にみられるように，防疫防災効果がきわめて大きい。被害発生後の水道建設では，発生した被害回復は不可能である。さらに先行集約的投資では，市税・補助金方式のさみだれ式のこま切れ事業と異なり，事務手続きのコスト軽減効果だけでも大きい。[3]

第3に，「都市自治体の行政分野拡大効果」である。市制実施で道路・港湾などは，実質的に大都市分担となったが，港湾をみても明治前期は府県であったが，明治後期では名古屋港以外は，大都市が事業の窓口となった。

起債主義による大都市企業化は，大都市の構造・性格・範囲に変動をもたらした。卑近な事例では公営交通繰入金による道路整備は自己財源であり，国庫補助・市債認可という拘束なき，自主事業となった。[4]

第4に，「都市公共資産の蓄積」である。都市自治体は不幸にして，欧米都市のように市有地保有という資産蓄積はできなかった。しかし，公営企業をみても，公益企業資産は，インフレメリットを内部化して，都市財政の安定化に寄与していった。

極端な事例となるが，戦時体制で都市電気供給事業は，電力統合によって消滅したが，買収補塡として電力株は戦後のインフレにも耐え，巨額の基本財産となった。一般的な基金方式では不可能な蓄積となった。[5]

第5に，事業効果だけでなく，「動態的経営による意識効果」も評価すべきで

ある。起債主義は，財源不足打開の便法であったが，起債は一般的市場公募債であり，金利水準・引受価格など，都市自治体は経営感覚を磨く機会になった。

　要するに起債主義は，都市運営の経営意識の涵養，都市経営のインセンティブとなったが，問題は起債主義による財政運営リスクは，減量経営で対応できるレベルではない。

　マクロの財政運営による財政償還能力の涵養が不可欠で，超過課税・受益者負担・法定外普通税にくわえて，公共投資・施設運営・内部経営の経済・効率・効果性の追求など，高次の都市経営センス・最適施策選択が求められる。

　第2の効果は，「資金調達の効果」で，地方外債のところでふれるが，第1に，為替差益の効果，第2に，大量資金の確保，第3に，安価な資金調達などである。

　第3の視点として，起債主義の導入・遂行には，さまざまの阻害要素があった。第1の課題が起債許可である。奇妙なこと自己の才覚で資金調達し，自己の責任で償還するシステムであったが，政府は市債許可制で発行を拘束した。[6]

　都市自治体としては，基本的に民間企業が，自由に資金調達ができるのに，都市が市会の議決を得ているのになぜ，政府認可が必要かという不満があった。市債認可の弊害はきわめて大きい。しかも起債許認可権は恣意的に乱用され，国策の強要と化していったが，国家利益と都市利益の対立となった。[7]

　第1に，自治体は建設事業が認可され，補助金認証も確保され，事業としては政府が公認している。改めて市債という資金については，政府認可が必要とされるのは，二重監督で，そのため事業の遅延・事務の負担が発生する。

　第2に，市債認可については，原則も方針もなく，その時々の経済・財政・政治状況で変化し，極端な場合は，担当官の思惑で認可が左右される。かりに許可が必要としても，政府資金導入の場合に限定すべきで，そもそも政府が個別自治体の市債の妥当性を，審査できるのかである。公営交通起債をみると，政府の方針すら確定していない。

　第3に，認可の根拠を，資金環境の調整とか，当該自治体の財政運営適正化のためといっているが，政策的にみて正当性はない。国の資金調達に影響を及ぼすのは1,000万円以上の起債である。財政運営への介入は無用であり，当時，

自治体が破産しても，政府支援はなく，自己責任の再建しか，選択肢はなかった。

　第4に，仮に認可があっても，資金調達は自治体の自己責任であり，政府資金が優先的に充当されるわけでない。自治体は民間金融機関と交渉して，市債を引き受けてもらう必要がある。

　第5に，補助事業であれば，年度内に着工しなければならない。さらに金融市場の金利動向もあり，財政的損害の膨大となる。この手続きによる事業遅延は致命的で，市長の無能力・行政失態として，議会の攻撃にさらされ，市長辞任という進退問題にまで発展する。

　第2の課題は，「市債資金の確保」で，市税・使用料では，都市財政の自主性は拡充されない。すなわち「都市の財政が独立的になるには，其独立を支援し収支の運用を円滑ならしむるに必要なる都市金融の自治がなければならぬ」[8]のは当然である。

　都市公共資金のシステムは未成熟で，自治的金融システムの形成が課題となった。都市金融の実態をみると，民間金融機関は頼りにならず，しかも高金利である。また政府の預金部資金も，地方財政への融資は大正期であり，明治期は市場公募債が主流であった。

　実際，資金の収集・運用をみると，「我国従来の金融政策は是れ亦著しき中央集権であって，地方資金は常に枯渇を訴えつゝある」[9]と，資金は中央へと吸い上げられていた。

　このような金融システムは，租税配分システムより劣悪である。なぜなら市税は少なくとも，零細税源を収入として確保しているが，金融は根こそぎ中央・企業が吸収している。金融自治の視点から，せめて零細資金を自治体が，吸収・運用するシステムを形成しなければならない。[10]

　第1の対応策は，「民間金融機関優位の資金システム」の是正である。民間金融機関は，公共団体・市民重視の機関ではない。[11] 金融市場では国債と競合するので，市債は信用力・市場流通性に乏しいので，高金利となった。民間資金は資金量・金利水準からみて，都市自治体などの公的融資に関心はなく，融資となると，不利で不安定な資金であった。[12]

174　第2章　都市経営の課題と都市政治の構図

第2の対応策は，「政府公的資金融資の不足」の是正である。政府資金の比率
は低い。政府資金は，明治期はほとんどなく，自治体は郵便貯金を原資とする
大蔵省預金部に地方融資を強く求めたが，容易に実現しなかった。

　大正期になり融資が始まったが，それでも都市自治体優先という姿勢はみら
れない。[13] 預金部融資は，内務省も巻き込んだ，大蔵省対地方団体の紛糾と
なったが，地方団体などの主張根拠は，地方還元論で理論的にも，政策的にも
正当な根拠があった。[14]

　第1に，郵便貯金の原資は，庶民の零細貯金であり，地方に還元して庶民金
融・地方団体融資に充当するべきである。しかも融資の実態は，「公共団体への
融通は漸次名のみとなり，産業資金の美名の下に財界の救済に多額の資金が放
出され，地方資金の融通は其の見る可きもなく，甚しく萎靡沈滞し，斯くて世
上預金部を称するに伏魔殿の名を以てするに至った」[15] のである。

　第2に，内務省も預金部融資には不満があり，明治42年，「貯蓄機関ノ完成ト
地方事業資金ノ充実ニ就テ」を発表し，改革を迫っている。その背景には郵便
貯金増加は，地方改良運動の一環として，内務省・地方団体・地域社会の貯蓄
奨励努力の結果であり，地方還元は当然であったからである。

　第3に，内務省は預金部改革として，貯金吸収機関と資金運用機関の分離に
よって，大蔵省の郵貯資金独占解体を主張した。中央には中央金庫，地方には
地方金庫を設置し，運用委員会を，関係中央省庁・日銀・政府関係金融機関の
構成で創設し，資金の適正化を図っていく方針であった。大蔵省は当然反対し
たが，預金部融資の乱脈から説得力はなかった。

　それでも大蔵省は，地方還元論を封殺するため，地方資金への政党介入・地
方財政の放漫化の助長，地方への直接貸出の危険性を指摘し，融資するにして
も政府関係金融機関による間接融資などを主張していった。

　第4に，明治42年5月3日の三省合意（「郵便貯金奨励ニ関スル三大臣訓令」）で，地
方団体の悲願である，郵便貯金地方還元の足掛りをつくった。しかし，43年度
から地方団体への制度的融資が始められたが，預金部資金運用総額3億1,187万
円で，地方債融資714万円（2.2%）に過ぎなかった。

　第5に，地方融資が実施されるが，財政の許容範囲での融資で，世論批判を

回避する擬装的融資であった。しかも大蔵省の姿勢は，あくまで融資は大蔵省の慈悲であり，優越的立場からの恩恵措置とみなしていた。[16]

　もっとも政府資金融資は，預金部融資に加えて簡易生命保険も加わり，融資対象・融資額も拡大されていったが，いずれにせよ「預金吸収努力という鞭，地方資金融資の拡大という飴をちらつかせて，地域社会を誘導する」[17]巧妙な中央支配システムであることには変らなかった。

　第4の視点は，市債の発行・運用である。経済状況を判断して，有利な条件で発行し，さらに資金コスト軽減のために，借換債発行の対応など，管理問題も軽視してはならない。

　第1の対応策は，「低利資金の調達」である。[18]市債は市場性に欠け，しかも日銀融資の担保にもならないので，国債より不利であったが，第1に，実際の発行をみると，発行価格に対して好況期は，公募額面100円に対して90円引受といった事態となる。反対に不況期には，額面100円に対して110円といった事態にもなる。[19]

　第2に，発行コストである。一般的に銀行手数料・表面利率と応募者利回りは，大きい場合には10％をこえ，実質的金利は跳ねあがる。注意すべきは，買収費・負担金を市債で調達すれば100万円は，実質的には110万円の市債発行となる。それでも自治体は，金融情勢が悪化しても，事業実施のため資金調達は必要で，金融機関のさまざまの要求に応じなければならない。[20]

　第3に，金融市場の変動に対応するには，その発行時々でなく，地元銀行との特別関係が有効で，京都と三井銀行の関係は明治期から濃密で，高金利状況での短期借入金，地方外債の斡旋・運用など，実質的なメインバンクとしての機能を果たしている。[21]

　第2の対応が，「借換債の活用」である。市債認可・公共事業計画などで，好況期の高金利発行を余儀なくされる。この高金利債は不況の低金利時代に借換債発行で負担軽減を図る効果は大きい。[22]

　このように地方債は，金融市場の変動をモロに受け，大都市では金利1％違うと，残高5,000万円として，年50万円，10年500万円となり，超過課税分に匹敵する額となる。財政当局が知恵を絞って，資金運用に懸命になるのも当然

176　第2章　都市経営の課題と都市政治の構図

であった。しかも地方外債となると，為替変動・返還外貨紛争など，専門知識の対応が求められる，高度の資金政策となる。

注

（1）地方団体への起債主義の制度的適用をみると，明治9年10月の「区町村金穀公借共有地扱土木起工規則」（太政官布告第130号）で，借入金をみとめたが，起債は想定していない。「市制町村制理由」は，市債発行条件として，「必要已ムヲ得サル支出」としているが，伝染病・災害復旧などである。また「市ノ永久ノ利益トナル可キ支出」としているが，公共投資・財産蓄積などであるが，「仮令一時ノ負担ヲ増スモ永遠ノ利益ヲ生ス可キ場合」としている。災害復旧債であるが，公営企業債も該当するであろう。地方債の非発行主義については，高寄昇三『現代地方債論』43〜54頁，以下，高寄・前掲［地方債論］，市債の政府抑制方針と都市の膨張主義の交錯については，高寄・前掲「昭和地方財政Ⅴ」242〜254頁参照。

（2）地方自治体は明治後期，積極的起債主義を遂行していった。それは「通貨価値漸落の大勢からみて公債の負担は自然に後代市民に対して軽減を感せしむる利益がある。要するに生産的又は開発的公債は左して恐るべきでない」（小林丑三郎・前掲「都市財政の根本的改善」『都市問題』第6巻第3号23頁，以下，小林・前掲「都市財政の改善」）と強気の見解がひろがっていた。

（3）道路整備の非効率性について，「我東京市の道路製策は恰も貧民が其日用品のチョビチョビ買を為し，最も高き価を支払ふて最下等の物品を得ると同じく，粗末なる道路を造り，終始之を修繕して入費に投ずる有様は，貧乏世態の悲しさとは言へ，実に不経済極まる者なり」（片山・前掲「都市社会主義」44頁）と批判されているが，財源不足から逐次的施行が一般的であった。

（4）実際，市制実施で神奈川水道・京都疏水・横浜神戸築港と，府県から大都市へと移管されていった。さらに公営企業の創設は，実質的な都市自治拡充に貢献していった。結果として都市自治体は，異質の事業団体として，大規模プロジェクトを実施し，明治44年度六大都市だけで財政規模1億3,521万円と，全府県財政規模1億220万円を上回った。政府の中央統制からみれば，六大都市財政は異端児で，政府の施策からみれば，鬼子のような存在で，府県は国家統治の機関，いわば譜代として優遇したが，大都市は外様として冷遇された。当然，大都市の大規模起債主義・公営独占主義は，内務省の意にそぐわない行為であったが，それでも政府は都市化の弊害をみると，黙認するしかなかった。

（5）昭和17年，公営電気事業は国家管理で民営会社に統合されたが，神戸市電気局は現物出資として402.4万円の発電会社の株式を交付された。戦後，増資払込もあったが，昭和62年2月時点で時価1,320億円の関電株式という膨大な資産に変貌していた。この時点で500万株を1株4,400円で売却し220億円を得ている。高寄昇三『宮崎神戸市政の研究Ⅱ』（勁草書房1993年）64〜69頁参照，高寄昇三『宮崎神戸市政の研究

Ⅲ』（勁草書房1993年）305〜316頁参照。

（6）地方債許可の運用実態については，いかに不当な処理であり，自治体に深刻な被害をもたらしている。内務省担当課は地方債認可を困難することで，自己の存在価値を誇示しようとしており，自治体の苦労をむしろ当然視している。前掲「内務省史Ⅰ」812〜821頁，東京市政調査会『本邦都市計画事業と其の財政』462〜466頁，以下，前掲「本邦都市計画事業」，高寄・前掲「地方債論」43〜76頁，169・182頁，西村健吉「都市起債制度の改革」（『都市問題』第2巻第6号）13頁，高寄・前掲「昭和地方財政Ⅴ」255〜263頁，高寄昇三「地方債制度・運用の歴史（1）」『甲南経済学論集』第29巻第1号参照。

（7）大阪市の公営交通第2期路線延長事業は，日露戦争にぶつかり地方債発行は禁止状況になった。「軍需産業は好景気であったが，大阪市全体として不景気であり，地域経済・市民生活救済のための地域経済救済事業であることを，訴えて市債認可を得て事業化にこぎつけている。今日でいう地方自治体版，不況・失業対策事業であった」（高寄・前掲「昭和地方財政Ⅴ」247頁）が，大阪市の本音は，民営交通申請を排除するための市営交通の既成事実構築にあった。

（8）小林丑三郎「都市財政の根本的改善」『都市問題』第6巻第3号23頁参照，以下，小林・前掲「都市財政の改善」。

（9）小林丑三郎「都市財政の要諦」『都市問題』第1巻第4号5・6頁参照，以下，小林・前掲「都市財政の要諦」。

（10）この点については，「地方民の零砕なる貯蓄に成れる固定的の小口貯金の如きは，地方又は地方的小産業の資金にしなければならない。……然るに今日迄は此等資金の大部分までが中央に吸収されて，国家其他の大事業に運用されて居る」（同前「都市財政の要諦」6頁）と，現状の欠陥が指摘されている。地方資金調達の課題については，高寄・前掲「地方債論」76〜101頁参照。

（11）小林・前掲「都市財政の改善」24頁参照。

（12）都市には多くの金融機関が立地しているが，「多くは中央的大銀行の集金機関となって，其資金を上層の巨額金融に利用されて居るから，余り多く東京市や東京市民の自治的金融を潤ほしては居らない」（同前24頁）と，その非市民性が批判されている。

（13）政府資金については，「政府の預金部資金は主として地方零細の貯金より成って居るのであるから，汽船会社，貿易会社，大工業会社及海外投資会社等の如き大企業への貸付に融資すべきではない」（同前24頁）と，その運用は批判されている。

（14）預金部融資導入をめぐる経過・課題については，奥田孝一『地方債概論』93〜106頁，以下，奥田・前掲「地方債」。加藤三郎『政府資金と地方債』31〜41頁参照，以下，加藤「政府資金」。高寄・前掲「大正地方財政上」42・378頁参照。

（15）奥田・前掲「地方債」97・98頁。

（16）帝国議会における大蔵省答弁は，地方団体の貯蓄奨励努力で郵便貯金が激増したのであれば，「是等ノ報酬ート云フト悪イカ知リマセヌガ，報酬ノ意味デ其処ニ花ヲ持タシテヤル」（高寄・前掲「大正地方財政上」347頁，衆議院委員会議録・予算委

員会第2分科会議録，明治42年2月2日。加藤・前掲「政府資金」32頁から引用）との べている。

(17) 高寄・前掲「大正地方財政上」351頁。

(18) 低金利対策については，高寄・前掲「昭和地方財政Ⅴ」263〜273頁参照。

(19) 大阪市は明治24年11月第1次水道債50万円を公募したが，応募額50万4,900余円で，額面100円に対して平均100円99銭5厘であった。26年4月第2次水道債147万円を公募するが応募額392万円で平均価格112円30銭2厘，発行差益40.58万円となった。前掲「大阪市史Ⅴ」227頁，大阪市水道局『大阪市水道60年史』(1956年) 103・104頁参照。明治33年8月，築港債976万円を発行するが，額面100円に対する平均引受額面88.87円と，発行総額との差は189万円に達した。前掲「大阪築港100年史上」91頁，前掲「大阪市史Ⅵ」465頁，前掲「明治大正大阪市史Ⅳ」544〜546頁参照。

(20) 神戸市水道債は前後5回に分割して公募したが，第1回をのぞき難航した。7銀行に申し込んだが日本商業銀行のみが引き受けた。しかし，割引率1割で，さらに債金収入は即時全額無利子にて同行に預託し，布設上必要の支出以外には返還を求めないという，屈辱的条件を取り決める羽目になった。前掲「神戸市水道70年史」133頁参照。

(21) 三井銀行と京都市の関係をみると，三大事業を決定したが，市会が混乱している間に欧米諸国の経済状況が悪化し，外債発行は不可能となり，内債にきりかえ1,000万円の発行をめざしたが，三菱・第一など主要銀行は敬遠し，三井銀行だけが年6分で300万円だけ引受の意向を示した。しかし，金融状況はさらに悪化したので，一時借入金（最高250万円）で対応する契約を結び，三大事業の起工式を挙げている。欧米金融市場が回復したので，地方外債となったが，三井銀行は仏貨債発行をすすめた。それは当時，東京・大阪・名古屋市とロンドン市場で発行しており，日本地方外債が競合すること，さらにフランス国債金利3分と低迷していたからで，京都市債発行は容易と見込んだからで，明治42年発行している。佐野・前掲「京都市の外債」111〜115頁参照。

(22) 借換債については，高寄・前掲「昭和地方財政Ⅴ」274〜279頁参照。なお名古屋市の借換債実施状況は，大正期は大正5年度と14年度のみであるが，昭和期の不況期になると，金利が低下したので毎年実施している。昭和初期では，発行価格94円，金利5.5%で，7〜7.5%の旧債3,869万円を借換え，支払利子年51万円以上の軽減をみている。大正5年度から昭和12年度で総額2億2,795万円を実施して，市債に金利4.3%以上はなくなっている。推計金利節減額は昭和11年度年約300万円となる。前掲「大正昭和名古屋市史Ⅶ」277〜291頁参照。

地方外債と市設貯蓄銀行

　地方債の特殊問題が，地方外債と市設貯蓄銀行であった。明治期の大都市は，

地方外債発行で大量資金調達に成功するが，一般的事業についての資金不足は深刻で，市設貯蓄銀行創設をめざすが，明暗がわかれた。

第1の視点として地方外債をみると，明治後期，水道・交通創設が迫られたが，国内資金は逼迫し，資金調達は難航していたが，政府の外貨不足補填策として，地方外債が奨励され，事態は急変していった。

政府がそこまでして大都市財政に理解を示したのでなく，政府の外貨準備額が枯渇し，政府外債は限度額をこえ発行不能で，地方外債とか民間企業債での外貨補填の必要に迫られたからであった。[1]

要するに国庫の都合で，関東大震災の復興外債は，内国債を強制的に地方外債とされたが，為替差損で塗炭の苦しみを舐める羽目になった。

ともあれ地方外債は，なによりも大量発行で資金不足を一気に解消した。戦前大都市の地方外債総額（表12参照）は，3億1,960万円となる。外資調達方式はさまざまで，最初の神戸市は借入金方式，その後在日外国商会などの引受による証券発行方式，さらには在外外国金融機関による市場公募方式，さらに興業銀行による受託調達へと発展していった。[2]

ただ地方外債には内国債とは異なる，メリット・デメリットがきわめて大きかった。第1の課題として，地方外債のデメリットは，第1に，大量発行による外債資金（表13参照）はメリットであるが，同時に財政破綻危機の増幅である。国内債と異なり分割発行は例外である。

明治45年の東京電気鉄道買収債8,956万円は，同年度東京市税256万円の35.0倍，43年京都市水利電気水道債1,950万円は，同年度市税107万円の18.2倍，42年大阪電車水道債3,022万円は，同年度市税191万円の15.8倍である。3市のなかでもっとも苦しかったのは京都市で，公営企業以外に道路費が算入されており，この分を公営企業収益で補填する方式であったからである。[3]

第2に，地方外債のアキレス腱は，円安による返済条件の悪化である。昭和期の東京・横浜復興事業債は極端な円安で，東京・横浜市は巨額の為替差損によって甚大な損失を被る結果となる。[4]

たとえば横浜市の大正15年米貨震災復興債3,960万円は，為替相場（表12参照）は，昭和恐慌で半分に暴落し，震災復興債だけで昭和2〜14年度で，元金

180　第2章　都市経営の課題と都市政治の構図

529.5万円，利子1,370.3万円の損害となった。

　横浜市はこの危機を，東京開港を認める交換条件として政府補填を引き出し，破綻を免れている。昭和16年5月1日，総額7,497万円の横浜市為替差損補填（186頁注5参照）の閣議決定をみている。[5]

　第3に，元利償還における返済外貨の紛糾で，債券保有者は有利な外貨を主張した。当時，今日にように外貨変動への認識は深まっておらず，発行事務にあっても，明確な外貨を指定しない事務上の不手際もあった。

　第1回の外資導入である，明治32年神戸市水道債で，償還外貨をめぐって紛糾している。[6] また明治45年東京市の東京電気鉄道買収債の紛糾は戦後にいたる50年以上の長期紛争と化している。[7] さらに明治の大阪市築港債は，発行後30余年たってから，大阪市と第3銀行（買収後は三井銀行）の国内訴訟に発展している。[8]

　第4に，高金利のデメリットである。地方外債の発行条件は必ずしも良好ではない。しかも政府が強制的に発行させた，東京・横浜の米貨震災復興債は高金利であった。発行債利率は，国内債利率との比較となるが，国内が金融逼迫で高金利の場合は，地方外債のほうが有利となる。

　しかし，大正15年の東京市復興事業債は，表面利率5.5％，額面100円であるが，応募者額面83.5円で，実質的利回り6.73％と高金利であった。当時，内国債利回り5.0％であった。[9] さらに国内債に比べて，繰上げ償還・借換債発行などはむずかしかった。

　第5に，発行事務コストのデメリットである。「関係情報の収集分析や事務処理等に手間がかかる上，起債地の法令，慣習等については高度の知識や語学力，交渉力が必要とされる」[10] といわれている。

　調達の不確実性のデメリットである。「起債市場の動向によっては，当初予定していた起債ができないことがある。国内市場に比べ，資金調達の安定性，確実性の点で劣る」[11] といわれている。そのため政府が地方外債抑制からも，窓口を興業銀行の一本化を指導したが，必ずしも徹底して遵守されなかった。

　第2の課題として，地方外債のメリットをみると，財源問題でなく，都市経営の戦略分野を拡大しただけでなく，都市自治の拡充にも寄与した。地方外債

の発行額は，内国債よりはるかに巨額の政府認可が得られ，都市資金需要を充足しただけでなく，都市政策の閉塞状況を一気に打破し，地方外債なくしては「行政の知恵」・「市長の決断」も発想の域をでなかったであろう。[12]

第1に，低金利のメリットである。「内外の金利情勢により，適切なタイミングを選べば，金利面で国内債より有利な資金調達が図れる」[13] といわれている。問題は金利差だけでなく，資金量の確保・償還期間の長期化というメリットもあり，公営企業創業では，長期の据置・返済期間は経営戦略的に償還を実質的に緩和した。

第2に，大量発行のメリットである。「広く国外に資金を求めることにより，大量の資金調達ができる」[14] といわれている。巨額の資金が一度にえられるので，長期的計画をもって都市整備・公営企業経営ができる。さらに起債認可手続きなど，一度ですませるので，煩雑な事務を回避できる。

都市自治体として市債による国内資金調達は，景気変動・財政状況・内閣の方針・国内資金情勢など，さまざまの理由で起債が認められないケースがしばしば発生し，事業断念など多くの障害をきたしていた。したがって地方外債で過剰資金となっても，この際，発行しておくことのメリットは小さくなかった。[15]

第3に，調達利便性のメリットである。「外債は，発行条件，償還期限，償還方法などの点で，国内の起債に比べ選択範囲が広く，資金調達者のニーズに合致した発行形態を採用できる」[16] といわれている。問題は金利差だけでなく，資金量の確保・償還期間の長期化というメリットである。また資金調達多様化のメリットである。「国内のみならず海外にも資金を求めることにより，資金調達の多様化を図ることができる」[17] といわれている。

第4に，事業負担軽減のメリットである。地方外債によって積極的起債主義は，先行的投資による安価な事業遂行，また公営交通直接創業では独占利益の獲得など，都市経営の戦略的メリットを手中に収めることができた。

第5に，為替差益（188頁注18参照）のメリットである。明治43年，京都市はフランス外債1,755万円，45年仏貨債195万円を発行するが，フランが発行時から下落したので大正7年に全額線上償還で約147万円の為替差益を得ている。[18]

表12　外貨為替相場の推移

区　分	明35	明40	大元	大5	大10	昭元	昭5	昭10	昭15
米　貨	49.85	49.64	49.64	50.16	48.16	46.98	49.37	28.57	25.98
英　貨	2.00.6	2.00.5	2.00.5	2.01.6	2.05.9	1.11.2	2.00.1	1.02.1	1.02.8
仏　貨	2.57	2.57	2.57	2.92	6.37	7.94	12.51	4.33	10.46

注　米国；100円・ドル，英国；1円・シリングペンス，仏国；1円・フラン

資料　日本銀行統計局『明治以降本邦主要経済統計』318～321頁。朝日新聞社編『明治大正期日本
　　経済統計総覧・上』414・415頁

表13　六大都市戦前地方外債一覧

（単位 千円．%）

区　　　分	発行地通貨	発行年月	償還期限	表面利率	発行価格	応募者利回り	起債額
東京市・市区改正事業債	英国英貨	明39.8	昭11	5.0	100.0	5.00	14,580
＊東京市・電気事業債	英国英貨	〉明45.2	〉昭27	5.0	98.0	5.11	0
	米国米貨			5.0	97.75	5.12	89,564
	仏国仏貨			5.0	96.75	5.19	0
東京市・　復興事業債	英国英貨	大15.10	昭36	5.5	83.5	6.73	58,578
＊東京市・復興事業債	米国米貨	昭2.4	昭38	5.5	88.0	6.24	43,550
京都市・水利水道路電気債	仏国仏貨	明43.7	昭12	5.0	99.0	5.06	17,550
京都市・発電水利水道債	仏国仏貨	明45.1	昭7	5.0	98.5	5.12	1,950
大阪市・　築港債	英国英貨	明36.6	昭56	6.0	99.0	6.06	3,085
＊大阪市・電車水道債	英国英貨	明42.5	昭13	5.0	97.0	5.19	30,220
横浜市・　水道債	英国英貨	明35.5	大14	6.0	98.0	6.16	900
横浜市・港湾海面埋立債	英国英貨	明40.2	昭10	5.0	99.0	5.06	3,108
横浜市・　瓦斯事業債	英国英貨	明42.4	大6	6.0	97.5	5.35	648
横浜市・水道第2事業債	英国英貨	明42.7	昭28	5.0	98.0	5.11	7,000
横浜市・瓦斯第2事業債	英国英貨	明45.4	昭3	5.0	97.5	5.23	1,200
横浜市・　復興事業債	米国米貨	大15.12	昭35	6.0	93.0	6.51	39.602
名古屋市・上下水道債	英国英貨	明43.6	昭17	5.0	95.0	5.28	7,816
神戸市・　水道債	日本英貨	明32.5	昭10	6.0	93.0	6.58	250

注　＊日本興行銀行引受債

資料　地方債制度研究会編『地方債・昭和61年度版』115頁。

　第2の視点として，大正期の市設貯蓄銀行創設である。政府資金の郵便貯金
は大正期になっても，大都市資金としてはわずかであった。金融自治からいえ
ば，政府と同様に自己金融機関を設立しなければ，埒があかないというのが偽

第1節　明治後期の都市経営と都市政治の再生　183

らざる心情であった。

　第1の課題として，市設貯蓄銀行の背景をみると，第1に，大都市は共同歩調で，「市設貯蓄銀行の創設」をめざす。市税の拡充と同様に，都市自治体資金の拡充，そして金融自治をめざした。

　「金融構造・メカニズムを解明し，中央集権的金融支配への批判を強めていき，地方資金のみでなく，庶民金融への資金調達をめざした」[19] のである。ある意味では，大蔵省の庶民資金独占への挑戦であった。

　第2に，都市自治体は，府県のように罹災救助基金といった，政策的基金はなく，また自己資金として財政調整基金もなく，明治後期でも一時借入金で処理していた。また都市公共資金にあって，大蔵省預金部融資は，融資対象として公営企業が除外されており，普通地方債に限定されていたので，資金問題は重要な課題であった。

　しかも地方債は，許可対象であり融資が，タイムリーになされる保証はなかった。一方，民間金融機関は高利であり，金融情勢によっては融資が得られない恐れがあった。

　第3に，大都市は欧米でみられる，市設貯蓄銀行の設立をめざした。[20] その目的は「その資金を社会化し，庶民階級にその生計的，生産的資金の供給をなすと同時に，一方，市自身の財政を自治的に援助することを得るの便宜を有する」[21] とされている。[22]

　第2の課題として，市設貯蓄銀行創設の賛否をみると，第1に，市設貯蓄銀行の設立の理由は，1つに，都市自治体がバックにあり，政府経営と同様に破綻のおそれはない。2つに，資金は公益的・地方的事業に充当される。3つに，庶民金融機関として機能を果たし，また市債の窓口銀行となる。

　第2に，反対意見は1つに，郵便貯金と重複し，民間貯蓄銀行を圧迫する。2つに，自治体が経営するには不向きである。これらの反対は，自治体より政治色が濃厚な政府が，郵便貯金を経営し，その融資額の3分の1しか，融資がない現実からみて，説得性に欠ける反対である。[23]

　第3の課題として，市設貯蓄銀行挫折の経過をみると，第1に，大正9年12月，六大都市は衆議院に市設貯蓄銀行設立を要望し，10年同院で可決をみている。

また大正11年12月，大阪市会は満場一致で，市設貯蓄銀行設立の意見書を可決し，市立貯蓄銀行法案及施行細則草案を添付し，建議として大蔵・内務大臣に建議案として提出している。[24]

第2に，市設貯蓄銀行について，大蔵・内務省は審議未了のまま放置の状況をつづけているが，その深層心理は，郵便貯金などの自己権益が侵され，また地方債許可にも空洞が生じて，中央統制の形骸化を恐れたからである。[25]

結局，「今日からみると，市設貯蓄銀行構想は，荒唐無稽であり，大蔵省の金融独占支配の壁をまえにして，まさに蟷螂の斧の感が否めない」[26]が，当時，欧州における市設貯蓄銀行の成功例を，ふまえての金融自治運動であった。しかし，日本の中央集権は，租税・補助・資金のいずれにあっても，欧米諸国のように開放的なシステムでなかった。

第3に，大都市の余りにも正攻法で，策がなさ過ぎた憾みがあった。それでも郵便貯金の都市融資枠拡大には，いささかでも貢献できたといえる。[27]

大正期の市設貯蓄銀行運動は遅きに失した感があった。「六大都市市長議長会の決議も無視され，その後の進展もないまま，門前払いの形で水泡に帰してしまった。内務省の地方公庫構想も粉砕され，愛国貯蓄運動による国債購入が，官製運動として展開され，金融自治というデモクラシーの思想は閉塞を余儀なくされていった」[28]のである。

注

（1）明治後期の地方外債については，「日露戦後経営の隘路となる可能性を孕んだ金本位制を，ともかく維持するという『国家的利害』と『公共的事業団体』の成立に必要な資金調達という『地方的利害』が，公債収支の危機に直面することによって反発から融和に転じた」（持田・前掲「都市財政の成立Ⅱ」171頁）といわれている。さらに「大都市債は，当時，国債より利率が1％前後高いので，国債の利率・借換債などに，悪影響を及ぼすことを危惧されていた」（高寄・前掲「昭和地方財政Ⅴ」281頁）からで，大都市債が国内債で高金利に発行されれば，国債金利上昇を招くので，外債に振替えられた事情があった。

（2）地方外債については，持田・前掲「近代都市財政Ⅱ」167頁，持田・前掲「都市財政の研究」66～68頁，72～83頁，108～115頁参照。高寄・前掲「明治地方財政Ⅵ」288～296頁，高寄昇三「地方債制度・運用の歴史（9）」『甲南経済学論集』第32巻

第2号参照。

（3）京都市の外債は総額1,950万円，単純化すると発行差損1割としても，実質的収入1,755万円で，巨額外債資金は，当初，工事執行額をはるかに上回るので，内国債5.0％を購入すると，外債との金利差はほぼなく，利子負担は相殺できる。残るのは発行差損195万円×0.5％＝約9.8万円が年間負担となるが，市税補填で処理できる。問題は償還額で，初年度大正7年度約53万円，昭和11年度約120万円と予定されていた。水道・交通・水利事業の利益金は，維持・建設・利子費などを支払った残額が利益金で，公債償還・繰入金などに充当される。大正7年度企業利益金100.7万円で，償還額95.6万円，昭和11年度利益金463.3万円，償還額120.1万円でかなり余裕ができ，普通経済・都市計画経済への繰入金を行っている。しかし，実際は大正初期，償還予定額と実際の繰入金が，大正3年度100万円の差が発生し，市会のきびしい追求を受けた。それは公営企業の経営が，電気供給の地域協定・交通の民営買収などが難航し，利益金の伸びが鈍化したからである。ただこれら問題は，買収・地域協定で解決すると，第1次世界大戦の景気もあり，公営企業経営は好転し，公債危機を脱している。もっとも公営企業が好成績をおさめたのは，水道では水源開発費は疏水事業で不要であり，高収益の電気供給事業が早期に建設・稼動していた。さらに交通も市街地構造が都心集積型で，路面電車の需要に恵まれていたという有利な条件があった。西郷市長が当初，公営企業の収益性を信じて起債したが，後継市長が経営努力で収益性を高め無事完済していった。さらに繰上げ償還で為替差益147万円までを確保していった。なお大阪・東京市は額面割れをした外債を購入し，買入償還を実施していた。佐野・前掲「京都市の外債」107〜137頁参照。

（4）為替差損の処理については，高寄・前掲「昭和地方財政Ⅴ」279〜295頁，高寄・前掲「昭和地方財政Ⅵ」279〜295頁参照。

（5）横浜米貨債3,960万円の状況は，昭和2年度から震災復興債で利子補給の対象であったが，4年度以降政府の利子補給額の減額・中止が行われた。さらに追いうちをかけて為替差損が発生したが補填は，昭和2〜16年で申請額6,613万円に対して666万円に過ぎなかった。なお為替差損に限定すれば，2,218万円に対して338万円であった。前掲「横浜市史Ⅱ−Ⅰ下」39〜53頁。発行当時1ドル・2.62円であったが，昭和16年で1ドル・4.27円と半値ちかくに下落していた。昭和15年度では元金支払1,372万円で，為替差損661万円，利子4,495万円で，利子為替差損1,557万円，合計2,218万円の為替差損が発生していた。昭和16年4月現在で，円安のため既払元金1,620万円，利子4,495万円の合計6,115万円，公債全額の1.54倍を支払っているが，さらに元金残高2,340万円を支払うため，2億364万円をこえる支払を余儀なくされる。このきびしい現実から市民も東京開港を容認した。前掲「横浜市史Ⅱ−Ⅰ下」377頁参照。なお政府肩代わりの内容は，普通経済分など，約3,333万円（約800万弗）の元本・利子並の為替差損金全額を補給する。総額7,497万円，16年度市税収入1,191万円の約6.3割である。補給金支給の推計は年470〜480万円と推計され，昭和18年3月，外貨処理法が交付され，日本人所有の債券は邦貨債に借換え，発行者の損失は政府が補償し，そのたとえば他の元利支払義務は政府が継承し，発行者はその対価を政府

に納付することになった。前掲「横浜市史Ⅱ－Ⅰ下」36～53頁参照。

（6）神戸水道債は，明治30年約330万円の市債発行を予定したが，国内金融状況はきび
しく，額面90円以下であったが，32年横浜在住のアメリカ人モールスと外資導入が
92円で約100万円の交渉が妥結した。しかし，返済貨幣が日本円か英貨かで紛糾し，
訴訟となったが国際批判も激しく，最終的には明治34年和解し，25万円のみの融資
となった。しかし，返済外貨の水準は高い英貨となり，訴訟費用を含めて約19万円
の損失をみた。前掲「神戸市水道70年史」100～112頁参照，高寄・前掲「神戸近代
都市」253～259頁，高寄・前掲「昭和地方財政Ⅴ」288～292頁参照。

（7）東京市は明治45年地方外債8,956万円を，英貨債で資金調達する予定であったが，
一部をフランスで調達した。しかし，仏貨下落で東京市は為替差益が発生したが，当
時，為替変動への意識は不十分で，東京市は不当利得を得ていると「正義衡平の原
則」から訴訟となった。昭和14年に協定締結をみたが，戦争で履行中断し，昭和36
年にやっと解決している。詳しくは豊浦与七「東京市仏貨公債訴訟　と正義公平」
『都市問題』第3巻第2号，坂本忠治「わが国戦前の外貨処理と大都市外債処理問題－
東京市仏貨公債訴訟事件の教訓」『経済志林』第59巻第3号，東京都『東京都財政史
下巻』682・683頁，高寄・前掲「昭和地方財政Ⅴ」288～292頁参照。

（8）大阪市第1回築港債は明治31～36年にかけて，前後14回にわけて1,700万円を発行
し，うち地方外債は309万円で，77年の長期債であった。引受銀行である第3銀行
（のち安田銀行）は，外貨変動に対して，銀行が為替差益・差損を負担し，英貨支払
できたが，昭和6年の金輸出が再禁止となると，金貨を標準とする元利償還は不可能
で，大阪市の責任と訴訟を提起した。第1審勝訴となったが，訴訟内容を変更し，
第2・3次訴訟が提起されたが，昭和18年に和解し，損金113万円のうち3割5分（利
息を含まず）が市負担となった。なお18年3月に外貨債処理法が制定され，為替差損
分は政府負担となったので，国内債券所有者の47万円は対象外となり，外地所有の
189万円のみが補填対象となった。大阪市『昭和大阪市史概説』328～335頁，大阪
市『昭和大阪市史行政篇』340～349頁参照。

（9）高寄・前掲「昭和地方財政Ⅴ」283頁。

（10）（11）地方債制度研究会『地方債平成14年改訂版』183頁，以下，前掲「地方債」

（12）巨額の地方外債は，さまざまの効果をもたらしたことを見逃してはならない。一
括大量発行で地方財政抑制主義という伝統的施策が空洞化をもたらし，市債許可審
査合理性を形骸化させていった。この地方外債によって，東京市の民営交通買収が
実現され，都市経営の公営化が格段にすすみ，遅まきながら都市経済の集積利益の
公共還元という政策効果も達成されたのである。

（13）前掲「地方債」182頁。（14）同前182頁。

（15）名古屋市の地方外債発行の状況は，当初，水道債のみを想定していたが，下水道
も同時施工が効率的となり起債額がふくらんだ。日露戦争後であり国内金利は高騰
していたので，明治40年に外債方式となった。ところが上下水道だけでなく，公園・
運河・道路事業費も追加され800万円に膨張した。しかし，地方外債発行への理解は
未成熟で，最終的には41年に152万円の内外債を募集したところ，外国資本家の注

目するところとなり，42年5月に横浜市・セールフレザー株式会社の全額引受で，英貨債781.6万円を発行した。このように資金市場の状況をみながら，起債額はふくらんでいったが，事業効果からみると一括調達のメリットは大きいが，非収益債は財政悪化と要因となるので，財政運営の規律が求められる。「名古屋市史Ⅵ」21・22頁参照。

(16)（17）前掲「地方債」182頁。

(18) 京都市が繰上償還を実施したのはアポヌマンといわれる利子上乗税という特殊税の税率が引上げられるお恐れがあったからである。第1次世界大戦の影響で発行時1フラン39銭が33銭に下落したからである。大阪・東京市は，英貨債は額面割れをしていたので，いわゆる買入償還を実施し，ポンド下落とあわせて二重の為替差益を確保していたが，仏貨債は額面をこえており，買入償還の選択はできなかった。大正8年円高がすすんだので，全額繰上償還をして，約146.8万円の為替差益を得た。もっとも大正15年には1フラン4銭に暴落していたので，この時点まで辛抱し，一括償還していれば1,000万円以上の為替差益をみたのではないか。もっとも為替変動の予測は不可能であるが，半分繰上げ償還という対応もあった。佐野・前掲「都市改造と外債」134〜137頁，前掲「京都市政史下」351〜354頁，高寄・前掲「地方財政Ⅴ」304・305頁参照。

(19) 高寄・前掲「大正地方財政上」390頁。

(20) 市設貯蓄銀行については，東京市政調査会編『市設貯蓄銀行』186頁，以下，前掲「市設貯蓄銀行」。高寄・前掲「大正地方財政上」379〜408頁，高寄昇三「地方債制度・運用の歴史（8）」『甲南　経済学論集』第31巻第3号参照。

(21) 前掲「市設貯蓄銀行」186頁。

(22) 欧州ことにドイツ・フランスでは多くの市立貯蓄銀行があった。ドイツでは1818年ベルリンで設立され，最盛期には804行の市立貯蓄銀行があり，預金は私立銀行を圧倒していた。フランスでも458の市立貯蓄銀行があった。ドイツ・フランスも国営郵便貯金があったが，フランスでは市立貯蓄銀行が10倍の預金高を誇っており，労働者・零細商人の庶民金融機関としての機能をはたしていった。片山・前掲「応用市政論」464〜469頁参照。

(23) 市立貯蓄銀行に関する賛否については，岡野文之助「貯蓄行政市営に関する若干考察」『都市問題』第5巻第6号，小幡清金「庶民銀行の本質とその問題」『都市問題』第1巻第1号，高寄・前掲「大正地方財政史上」397〜403頁参照。

(24) 市立貯蓄銀行法案については，前掲「市設貯蓄銀行」196〜202頁参照。

(25) 政府の反対を推測すると，（1）私立貯蓄銀行への圧迫，（2）貯蓄銀行などの経営力は自治体にはない。前掲「市設貯蓄銀行」203・204頁参照などが指摘されているが，現在の私立貯　蓄銀行は営利主義で庶民金融に貢献していない。また自治体でも長期資金運用の経営は可能である。政府の反対の真意は，市立貯蓄銀行が国営の郵便貯金の競争相手なる脅威であろう。

(26) 高寄・前掲「大正地方財政史上」392頁。

(27) 地方自治体は実質的な金融自治を狙うならば，「明治後期，民営貯蓄銀行の経営破

綻に際して，庶民預金救済を口実に買収し，実質的な市営貯蓄銀行を確保する策謀をめぐらすべきであった…。郵便貯金が魅惑的な政府資金と化する以前実現すべきであった」（高寄・前掲「大正地方財政上」403頁）べきで，既成事実として成功する可能性はなくもなかった。民営交通買収という先例もあり，信用金庫のような地域・対象を限定した市立金融機関である。
（28）高寄・前掲「大正地方財政史上」403頁。

政党政治と市長の政治生命

　起債主義による企業化によって，経済・行政・財政メカニズムの変革の目途がついても，政治メカニズムの是正は，決め手がなかった。都市行政は制度的に「弱い市長」で，政党化・官僚化によって機能不全に陥っていた。

　もっとも地方政治の政党化は必然であり，政治化によって市政運営の向上を図っていくべきとの正論も主張された。[1] しかし，政党化必然論は，当時の政党化弊害を放任したままで，政党化を奨励するのは暴論で，現在の党弊治癒が，先決課題であった。

　第1の視点として，「政党優位の市政運営・市長選出の弊害」をみると，第1の弊害が，「市会無責任のシステム」という，市会運営の悪しき政治風習である。要するに行財政責任を，議会は市長と共有し，執行部と真剣に政策論議を深める，本来の政党政治が行われていなかった。

　第1に，議長は議員が選出したが，議員内閣制でなく，市長は議員のなかから必ずしも選出する運用でなく，むしろ外部から人材補給が，常態化していた。政党・市会が市長を選出し，その影響下で好きなように市長を操り利用していた。

　第2に，市会は市長を支配はするが，統治はしない無責任体制が生まれた。しかも市長は市会の間接的選挙制で，生殺与奪権を議会に握られ，政党の行政介入・議員の利権行為が，はびこる環境がそろっていった。

　第3に，市会政化がすすむと，官僚市長であっても，行政運営の円滑化のため，与党の勢力に依存した。実質的には政党市長と化し，政治変動による市長辞任は，日常茶飯事となった。

　第4に，議会が満場一致で選出した市長であっても，市会・議員の思惑と異

なると，陰に陽に市政運営を妨害する。結果として議会が，市政を停滞させ，財政を悪化させても，責任は執行部にあるという，理不尽なシステムが罷り通っていた。[2]

　第5に，市長は大統領制でも議員内閣でもない，中途半端な市会の間接選出制となり，制度・運用の弊害が大きくなるだけである。市会改革として議員内閣制で，多数政党が議員の中から市長を選出し，市長任期中は行政の中立性・継続性から，市会は市長の行政権を尊重し，無責任な議会・議員の行為を抑制するといった，成熟した政党政治を運営しなかった。

　市長自身も与党勢力に担がれ，なんらの就任条件も所信表明もしない，また就任への条件・懸案事項など，マニフェストのように，相互の条件を明確し，任期中に各政党は遵守することを取り決めることもなく，現状は「弱い市長」を，さらに弱体化させている。

　第2の弊害は，「市会・政党の行政介入」である。第1に，政党・議員の行政侵食は，市制実施直後からみられたが，東京では明治32年，星亨が東京市会に進出し，利権行為による勢力扶植を行い，市長に対する議案否決・市会党派による不当要求など，露骨な行政妨害が頻発した。

　第2に，三大都市ではいずれも，初代市長は地域名望家で，政党介入への抵抗力は弱かった。[3] 東京をみると，初代松田秀雄（在任期間明治31〜36年）は，名望家で公営交通創業ができず，尾崎行雄（明治36〜45年）は政治家で，民営鉄道買収は大きな犠牲を払って，やっと明治44年に民鉄を買収している。[4]

　このような市制直後の党弊を，次期市長選任で断ち切らなかった怠慢が，党弊がはびこる要因となり，市長は，党弊という病菌の培養床の渦中で悪戦苦闘していたが，市長の抗体力は，次第に脆弱化されていった。

　第3の弊害として，「政党・議員の利権行為」である。第1に，政党政治のもとで，市会議員は，市長を操縦して，行政を利権対象とし，行政から利得を吸い上げ，政治資金としていった。いわゆる「タマニー・ホール」化である。東京市会では汚職・疑獄が繰り返され，市政は混乱をきわめていった。[5]

　第2に，カリスマ性のある市長が，一時的に市会をコントロールできても，市会は面従腹背で，退任後は行政介入が復活し，政治汚職が頻発する醜態の連続

190　第2章　都市経営の課題と都市政治の構図

で，市民による市会浄化運動の効果もなかった。[6]

第2の視点として，「中央・地方官僚勢力の浸透」の弊害である。党弊ばかりが強調されるが，市長官僚化の弊害は，決して党弊に劣らない。

第1の弊害は，市会の市長選任権の形骸化である。なぜ東京では大臣・府県知事を含む中央官僚経験者が，指定席のように多く市長に就任し，官僚化体質がはびこったかである。

第1に，明治30年代になると，都市行政の企業化もあり，有識専門官僚の市長就任がひろがっていった。東京では政党の影響力は根強いが，政党は傀儡市長を選出し，操作する方式を好んだ。その背景には中央政党・中央官僚は，行財政許認可を有利に確保してくれるという憶測があった。

第2に，官僚サイドからみて，市長職はそれなりに魅力のあるポストであった。当初は官僚利権の獲得という意図はなく，阪谷・後藤新平をみても，個人的に市政を運営したいという意欲であった。

しかし，府県知事の政党化がすすむと，政党・官僚の合作による市長ポストの利権化がすすんだ。[7] 政党は勢力拡大であり，官僚もポストの獲得であり，後藤新平の場合，後藤閥の系列化であった。

第3に，中央省庁・官僚は，市政の汚職淘汰を口実に，市長ポストを獲得しただけでなく，行政の安定・効率化を理由として，助役人事も官僚の利権対象化させていった。都市自治体における自治意識の低さから，中央官僚への信奉性に便乗して，市長職を実質的に収奪していった。

第4に，本来中立である行政に，政党人事という露骨な行為はできず，市政の安定化のためにも，政治色のない官僚が安全人事として導入されていった。要するに都市政治の未成熟から，政党による市長選出と選出された政権への行政協力というという，成熟した対応ができなかったのである。

第5に，官僚市長が政治的中立といっても，実態は政党勢力にかつがれた政権で，政党勢力による官僚利権ポストのたらい回しが，普及していった。東京市における純粋の政党支持の市長は，大正末期の伊沢・西久保市長のみで，意外と少ない。昭和期になると財政再建もあり市来・堀切市長と官僚市長となり，以後も官僚市長がつづいた。

第2の弊害は，官僚市長の就任は，市長の安定化・市政の専門化・市会の行政不入・議員汚職の根絶化が目的であったが，まったく寄与しなかった。かえって都市行政の官治化体質が浸透し，行政のマンネリ化・短期政権が目立った。

　第1に，官僚市長の効果をみると，専門行政家としてどれだけ成果をあげたか疑問である。擬似官僚市長では，行政優位・中立性が達成されず，中央統制の都市支配が浸透した。

　政党との関係も，政党利権勢力の駆逐より，政党・官僚が相互依存関係で癒着し，都市行財政利権を欲しいままに手中に掌握していった。しかも市長の独立性・都市政の企業化に貢献したのはほとんどが，民間出身の市長であった。

　第2に，市長の官僚化は，市長の地位を逆に不安定にしていった。阪谷・後藤といったカリスマ市長でも，阪谷市長は派閥政党の常盤会に支えられた政党市長であった。後藤新平も原敬政友会への政党依存性を帯びていた。

　したがって常磐会・政友会が政権から脱落すると，阪谷・後藤新平の命運は尽きた。カリスマ市長であれば，政党色を払拭して厳正中立で，政党に対峙する姿勢を貫くべきであった。

　官僚はもともと，政治家と異なり，政権への粘着力もなく，人事異動のつもりで市長就任をしており，政治・経済・行財政環境が悪化すると，苦難の行政を担当する犠牲的精神はなく，あっさりと市長職を投げだした。官僚市長が多い東京市長が，短期政権であることが，雄弁に物語っている。

　もっとも大阪・神戸市政をみると，必ずしも官僚市長が定着しなかった。大阪では昭和10年の加々美市長以後であり，神戸では昭和8年以降，民間人市長の長期政権が連続しており，各都市の政治・経営風土も相違も見逃せない。

　第3に，官僚市長が市会を牛耳り，市会の行政介入・利権汚職を廃絶できなかった。また大物官僚が，都市経営にあって見事な経営成果をあげることもなかった。阪谷・後藤市長といったカリスマ性のある市長が就任すると，さすがに市会の利権行為は鳴りをひそめるが，退任すると利権病は再発した。

　昭和期になっても，市来・堀切官僚市長に財政再建は託されたが，最終的に挫折し，以後，惰性的に官僚市長が短期交代を繰り返していった。

192　第2章　都市経営の課題と都市政治の構図

第4に，官僚市長の利権行為も増殖され，市長汚職も発生しただけでなく，人事面では助役の官僚化がすすんだ。従来，尾崎市長時代の助役人事は，市長選任における政党利害調整の人事で，「事毎に政党の釣合を取って」[8] いたが，阪谷市長以後，官僚の助役就任がつづき，市政の官僚化が一段とすすんだ。[9]

　官僚市長の利権化は，政党のように露骨な物的欲望の充足でなく，市長職の保身のための行政的利権の散布，たとえば議員の役職付与・地元への公共投資などであった。そして助役人事は，市長職の後継者育成として利用され，官僚市長の永久化路線への布石であった。しかも助役は市長の経営能力の補完・強化でなく，同類項ともいうべき官僚の相互扶助システムと化していった。[10]

　第3の視点として，政党化・官僚化を脱皮するため，さまざまの対応策がとられた。第1の対応策は，政党化阻止の官僚化であった。ことにカリスマ性のある大物市長であった。しかし，官僚化では，政党化の弊害は駆逐できず，市政の行政中立性も達成できなかった。さらに都市の企業化という当面の課題も挫折している。

　第2の対応策は，公企業化であった。先にみたように起債主義による企業化で，市長優位の政治状況を醸成していく目論見は，東京では政党介入が激しく，大物市長が就任したが不満足な結果となった。しかし，大阪では民間出身の市長が，公営交通の直接創業などによって，市長優位の政治状況となり，やがて市長主導型政治へと変貌していった。東京・大阪は対照的な経過をたどり，市政の安定・混乱，市長の長期・短期政権という大きな相違がみられた。

　第3の対応策は，本来の政党市長制で，多数政党が政権を運営し失敗すれば，政権を交代する政治システムである。市長任期も長く，政治責任も明確となる。能力主義で非政党人が市長となっても，政党市長として命運を共にするか，超党派で市政を運営するか，旗幟鮮明にすればよい。

　変に市長官僚化によって，正体不明の傀儡政権をつくるよりましである。政党政治を認めながら，政党勢力から超然した官僚市長は虚構であり，国政の藩閥政府と同様である。国政の議員内閣制と同様に，政党市長を構成し，政策論争を活発化させ，適正な行政運営をめざすのが，正常なスタイルである。

　第4の対応が，民間企業家・地元政治家・地方官僚などの人材供給である。中

央官僚・政党人とは異質の経営センス・実施手腕の優れた市長選任であった。中央官僚・政党政治家にはない合理的感覚のある実質的な民間人であり，政党の利害関係・官庁のマンネリ化にとらわれないマンパワーであった。[11]

　大都市市長をみると，明治末期から大正前期にあって，公営企業創業に担い手として登場し，その経営手腕を遺憾なく発揮し，大都市行政の展望をひらいていった。官僚・政党市長の欠陥を脱皮し，都市経営システムを形成していった。その典型的事例を大阪市の鶴原市長の公営交通創業にみられるが，その経営理念は，大正後期・昭和初期の関市長に継承され，市長主導型経営へと成熟を遂げていった。

　第4の視点として，この政党・官僚・企業化の複雑な政治状況の推移をたどりながら，都市経営の正常化を模索してみる。第1に，まず六大都市全体の推移をみると，市会の政党化は市制直後からみられたが，初代市長をみると三大都市は地域名望家であり，横浜・名古屋・神戸市は，横浜・神戸は区長で地方官僚，名古屋市は府県権参事・大審院検事の中央官僚であった。

　しかし，市制初期の市長は，都市行政の企業化への対応能力を欠き，辞職を余儀なくされた。明治末期から大正初期にかけて，都市の都市化に対応して，都市自治体の企業化のため，初代の名望家市長にかわって，「企業的才幹」（持田信樹）をもった，鶴原定吉・西郷菊次郎などが市長に選出された。

　政党支配が，都市自治体に浸透しない，空隙をぬって選出され，企業的経営が実施された。[12] 大阪・京都の2代目市長に市会が，経営的感覚をもった市長を選出したことで，経営実績を築いていった。その背景には大阪は築港財政の再建，京都は疏水事業の再編成という危機感が，経営型市長の選出となり，この緊張感が市長・市会の協調関係となった。この事実は，制度の欠陥があっても，都市が良識ある選択をすれば，欠陥を治癒できることを立証した。

　第2に，企業化をすすめるため官僚化は，東京では明治45年の阪谷市長以後は，官僚市長路線が踏襲された。2代目市長は尾崎市長で，しかも長期政権となった。それでも民営交通買収で公営化はすすんだが，3代目市長阪谷市長が，民間電気買収に失敗して，公営一元化路線は挫折した。奥田市長が三電地域協定で辛うじて，公営化を死守するが，実質的には民営化の勝利であった。

一方，大阪では鶴原・山下・植村市長は民間人であり，その後，肝付・池上市長と官僚市長となるが，関市長は助役からの市長で官僚市長といえるが，生粋の官僚でなく経歴・属性からみて民間人である。関市長は，大正12年大阪電燈会社買収，昭和7年地下鉄竣功で，公営一元化を達成する。

　第3に，東京市の公営化難航の要因は，政党政治が大阪・京都より旺盛であった。ことに星亨の政党介入・利権化は浸透しており，その影響力は絶大であった。公営化の動きは，馬車鉄道が先行していたが，電気軌道の民営・公営をめぐる紛糾が，明治30年代はじめにあり，公営化のチャンスは十分にあった。

　明治32年2月，松田市長は公営化の方針を内務大臣に伝えた。しかし，東京市の公営化は星亨が介在しており本格的でなく，むしろ民営化へのカモフラージュであった。星亨の暗躍によって民間が3社合併という体勢を整え申請し，先にみたように民営許可となる。

　結果論としては，市長は官僚・政治家・企業人のいずれであれ，経営センスのある市長を選任し，市会が協力すれば，東京市の企業化も，順調に成長軌道に乗れたはずであった。

　第4に，東京では企業化・経営化は，あまり成功しなかったが，官僚化だけはすすんだ。大阪では本格的官僚化は昭和10年の加々美市長からで，そしてこの時点では公営一元化は完了していた。すなわち東京では官僚色が鮮明であるが，大阪では官僚化路線は定着せず，大幅に遅れた。

　都市自治体市の市長・助役の官僚化は，ある意味では都市経営の企業化・都市行政の専門化に対応する変化で，全国的に官僚化がすすんだが，関東と関西では様相は違っていた。大阪・京都市と，東京・横浜市では，地方自治体の自立・企業性にあって落差があった。[13]

　都市自治体の企業化によって，大阪では市長主導型行政が形成され，市会の行政介入・利権行為は沈静化していったが，東京市では中央政府・政党のお膝もとで，政党の弊害は淘汰されず，汚職事件が頻発し，しかも官僚化によって，中央省庁の官治的体質に東京市も感染され，市政刷新は不発に終わった。

　市会浄化運動などで，汚職議員の淘汰に成功したが，政治風土は変革されず，やがて利権市会が復活し，市会浄化は容易でなかった。後にみるように市民運

動の政治・政党化が必要であった。戦時体制下になると，市長の官僚化だけで
なく，極端な中央統制による官治的行政と化し，市長主導型行政も崩壊の運命
をたどっていった。

注

(1) 市政にあって政党の存在は必然であり，「政党間の闘争は善用もされゝば悪用もさ
れる」（高橋・前掲「市政と党派」『都市問題』第6巻第2号7頁）と弁護されている
が，悪用されすぎである。「都市の経営から政治的闘争従って都市経営を会社経営と
同じ意味に於ける科学的経営の上に立たしめたいとうふ事は多くの人々の理想とす
るところであろう。けれどもそれは悲しいかな理想に止まって…天上の星の如くに
恐らく永久にこの世のものではなかろうかと思ふ」（同前6頁）と悲観されている。な
お市政の政党化是非論については，新藤・前掲「雑誌都市問題」14〜19頁参照。戦
前東京市の政党・市会と市長との関係については，中邨章『東京市政と都市計画』1
〜159頁参照，以下，中邨・前掲「東京市政」。

(2) たとえば市長の議員斡旋行為に対する行政拒否が，遺恨となり行政の足を引っ張り，
最悪の事態では会派が，徒党を組み市長の追い出し劇となる。戦前の都市経営にお
ける未成熟な議会政治を考えると，官僚専制主義と謗られても，首長主導型の都市
政治でなければ，効果的な都市整備はできなかった。

(3) 政党の市政介入について，「幼稚な市政である，誰にでも惑乱せられる，ことに有
力な政党があれば，これを惑乱することは容易である。日本の市政は，概して，中
央政党の余弊を承け，実に，その爪牙に掻き乱されつゝある」（田川大吉郎『都市政
策汎論』47頁）といわれている。

(4) 東京市が民営容認で喪失した独占利益は昭和44年の買収時で約3,300万円（425頁
注25参照）と推計さる。それだけでなく，星一派が買収劇を操作し，株価操作で巨
額の利得を貪った。高寄・前掲「公営交通史」93・225・232・245頁参照。

(5) 東京疑獄事件については，東京府地方改良協会編『東京市疑獄史』（日本魂社 1928
年），河野密「疑獄を通じて観たる市政問題」『都市問題』第14巻第3号，新藤宗幸・
松本克夫『雑誌「都市問題」にみる都市問題』39〜48頁参照，以下，新藤・前掲「雑
誌都市問題」。

(6) 東京市の汚職撲滅については，菊池慎三「東京市の疑獄と其善後対策」（『都市問題』
第7巻第5号1928年）参照。

(7) 政党人事の始まり，事態については，前掲「内務省史Ⅰ」389〜399頁参照。なお
第2次大隈内閣による大正3年地方長官は24人が免官・休職など更迭されているが，
復職したのは15人である。府県知事の政党化の余波は，大都市にも波及し，休職・
閑職・罷免の元知事にとって，大都市市長・助役は魅力的役職となった。大西比呂
志『横浜市政史の研究』74〜76頁参照，以下，大西・前掲「横浜市政史」。

（8）安部・前掲「応用市政論」61頁。

（9）明治21年市制では，助役は「市会之ヲ選挙スル」（第51条）と選挙制で府県知事の認可となっており，市長の市会推薦・内務大臣裁可と違っていた。したがって市長とは党派の異なる助役が選任されるケースもあった。当時，市長が執行機関でなく，参事会が執行機関であったので，主義・主張の異なる市長・助役が構成員となっても形式的には支障はなかった。もっとも実際は，市長人事で敗北した，会派の調整人事として助役が選任されたが，この人事は次第に崩れていった。東京市政をみると，阪谷市長時代に執行体制確立を口実に，高等文官試験合格者を助役に登用したが，後藤新平は助役3人すべてが，内務官僚で占められた。東京市の歴代助役をみても官僚が大半で，しかも生え抜きの東京市職員は1・2人しかない。また民間人といっても政党人事の政治家であり，初代松田・2代尾崎市長の時の2人だけで，後は官僚助役であった。市長のみでなく助役まですべてが官僚では，都市経営の新鮮な施策は期待できなかった。

（10）助役の官僚化は，市政専門化の要請で，「市長推薦による助役を市会は無条件に承認し，助役は市長に殉じる」（桜井良樹『帝都東京の近代政治史』61頁，以下，桜井・前掲「帝都東京」61頁）ようになった。明治44年の改正で，助役は「市長ノ推薦ニ依リ市会之ヲ定メ」と，市長人事となった。その結果各都市で助役も，次第に文官高等試験合格者の助役就任が目立つようになった。しかし，実態は政党人事で県知事を罷免・更迭・休職となった，官僚知事の救済人事として活用された。もっとも助役人事はどうあるべきかの論究は少ないが，市長の補佐役として市長職の弱点を補完する機能が期待される。政治家・経済人市長では実務家，天下り官僚市長では民間人・地元人といった組合せが考えられる。政権安定のためには腹心の部下を助役にすえるのは納得できるが，マンネリ化しないためには異質の人材が望ましい。東京市をみると，阪谷・奥田・田尻市長時代は中央官僚・市官僚・政治家であったが，やがて官僚助役が主流となった。後藤市長では3助役すべて中央官僚となり，以後，中央官僚がほとんどで，まれに政治家・市官僚が任命される程度で，政党市長でもこの傾向はかわらなかった。「市会による『情実人事』を抑制し，官吏の『輸入人事』が進められ」（桜井・前掲「帝都東京」220頁），いわゆる都市専門官僚，しかも高級中央官僚が独占する状況になった。もっとも市長になったのは永田・大久保市長の2人だけであった。助役→市長のコースは，大阪市では池上市長の関助役以降，加々美・坂間・中井市長のすべてが助役からの市長という人事となっている。なお東京市助役一覧表は，桜井・前掲「帝都東京」26・221頁，横浜市助役は大西・前掲「横浜市政史」20頁参照。

（11）都市経営の企業化をみても，東京尾崎市長，大阪鶴原市長，京都西郷市長，名古屋青山市長，市横浜市原市長，神戸鹿島市長などが，推進者として有名である。西郷市長は官僚であったが，台湾総督府官僚でいわゆる中央官僚ではなく，青山市長も中央官僚であったが軍人であり，退職後，弁護士・政治家の経歴が長く，実質的には民間人である。尾崎市長の民営交通買収には問題があったが，ともあれ公営交通を創設したのは，政治家・民間人であった。その後の市長は，この路線を維持拡

充するだけであった。奥田市長だけが官僚市長として，三電協定を成功させたが，以後の市長はほとんど，公営企業の経営安定に寄与しなかった。東京市では大阪市のように民営電力買収・地下鉄建設といった，経営拡大路線は展開できておらず，昭和期，路面電車の経営危機に見舞われた。

（12）この企業的都市経営の政治的背景としては，「日露戦後における市営事業の増大は有給専務職にふさわしい経営者的資質をもつ市長を出現させ，その地位は中央政党に本格的には系列化されていない朋党間の協調により比較的安定した」（持田・前掲「都市財政の成立Ⅱ」53頁）ので，市長の経営能力が十二分に発揮されたからである。これら経営的経営センスをもった市長は，公営企業が切迫した時代の要請であった。明治末期・大正初期に集中しており，その経歴にあって概して実業家で，海外留学・民間勤務の経験者が圧倒的に多い。

（13）同じ専門制成熟といっても，大阪市のように「専門官僚制の形成が都市の自立的な政策立案や行政機能の強化と合理化をもたらし，府県や国からの分権と自治を志向する場合と，横浜市のように府県の統制を拒否しながらより強い国（内務省）への接近を志向する場合」（大西・前掲「横浜市政史」89頁）との違いが指摘されている。その原因は大阪市では企業的行政という明確な目標があり，行政実績の蓄積も大きく，行政の実利追求の体質が培養されていった。横浜市の公共投資は築港などの都市開発事業が主流である。また東京という政治勢力への近接性からみて，大阪では大物官僚の市長確保は容易でないが，横浜市は比較的容易で，市長の官僚としての経歴をみても歴然としている。結果として国費の還流が，比較的容易で，官僚制への信奉性も強くなる政治風土であった。この点，東京・横浜市と京都・神戸市との対比でも同様といえる。

市長強化・市会浄化の処方箋

都市経営の政治課題は，市長の政党・官僚化の弊害を淘汰し，「強い市長」「市会浄化」が悲願であった。カリスマ官僚の市長選任，市会浄化運動の展開がなされたが，肝心の改革の主導権は，監督官庁にあって，市長・市民にはない。東京市会では疑獄事件がつづき，まったく責任のない市長辞任という，理不尽なけじめをつけている。

第1の視点は，「強い市長」への制度改革が，不可欠であった。しかし，政府は，弊害除去のため，改革の兆しすら見せなかった。穿った見方をすれば，弱い市長と強い市会で市政が混乱したほうが，中央統制の存在価値が倍化し，市長への猟官運動が成功する政治環境を，期待したのではないかと邪推したくなる。

第1の課題である，強い市長の制度改革への処方箋は，議論するまでもなかった。第1に，「市長公選制」である。実際，府県知事公選まで提唱され，市長公選は大正デモクラシーとして提唱されたが，市会の間接的公選で止まったままであった。

　第2に，「市長権限の強化」である。市長・議会関係の正常化が，都市経営のカギを握っていたが，市長は府県知事なみの原案執行権，内務省の議会解散権とか対抗権限を保有しておらず，しかも制度改革はなされなかった。[1]

　第3に，「行政への市民参加」である。制度改正による「強い市長」が，不可能であるならば，市民参加による「強い市長」をつくりだすしか選択肢はない。実際，上からの統制・自治体の自己統制も効果がなければ，行政外部の市民参加を促すためのリコール・レフェレンダム・監査請求など，主張された。[2]

　改革が成功すれば，市民は市政に実効性のある参加ができ，公共意識も涵養される。しかし，戦前，選挙権の拡大はあったが，市民統制まで踏み込んだ改革はなかった。[3]

　第2の課題は，「強い市長」への自己改革である。制度改革が絶望的ならば，自治体の自己努力で，外部・内部システムの改革を実施し，政府・市会の行政介入阻止への，実効性のある防御システム強化である。[4]

　第1の対応は，「外部行政介入の排除」による，市長の自主性復権である。第1に，政府・府県の許認可権が，まったく恣意的に行使され，市長の失政責任追求となり，最悪の場合，行政批判を誘発し，市長辞職となった。

　しかし，政府の不許可は，明確な理由は明示されず，根拠も曖昧である。国債の金利が上昇するから市債不許可とされたが，まったく理不尽な決定である。[5] 補助金決定については，政府の裁量権は大きく，自治体を苦しめた。[6]

　第2に，上級官庁の許認可権乱用に対して，都市自治体がとった対応は，1つは，大物官僚の市長就任であったが，東京市の事例をみても，官僚が先輩・上司であった市長に忖度して，許認可を有利に処理しなかった。

　その背景には政権党の圧力・関与によって，官僚の決定は拘束され，無党派の市長も例外でなかった。後藤新平の「8億円計画」も，政友会から憲政党への政権交代の影響をモロに受けた。

2つは，都市自治体としては，中央統制の介入排除は不可能としても，政府に自治体介入への口実を与えない，行財政運営の実績を誇示する防御策である。昭和期，東京地下鉄債は不許可となり，大阪地下鉄債が許可となったのは，さまざまの要素があったが，暗黙の理由が財政健全化かどうかであった。[7]

第2の対応は，「内部行政介入の排除」である。カリスマ市長の登場・内務省の市会解散・市民による浄化運動などでも，市会利権体質は払拭されない。結局，市会を市長が政治的にどう劣勢へと追い詰められるかであった。

第1に，議会が汚職摘発などで，世論の非難を浴び，政治的に市長より劣位の状況が醸成されたとき，カリスマ性のある市長は，市会改革（就任の協定・口利き禁止・汚職議員制裁など）として，利権行為の芽を摘み取り，議会を弱体化させる絶好の好機であった。

だが後藤市長をみても，参事会弊害の淘汰に止まり，事実としての一過性の市長優位であった。奥田市長は，就任時に市会の行政方針・議決事項などの破棄を，事前協定で設定しているが，慣行とすべきであった。

ほとんどの東京市長が，就任の条件として，市会対策を有利にする対応策は，助役任命ぐらいしか設定していない。就任後，一般行政でいくら立派な政策を立案しても，実施できるがどうかは市会が握っているので，まず市会対策が最重要課題である認識が欠落していた。

就任時にできるだけ，有利な条件を引きだしておくことが，就任後のすべてを決めるといっても過言ではない。たとえば民間企業も含めた料金問題の決定は，審議会の決定を遵守するなどである。

第2に，「弱い市長」の政治的劣位を，世論形成による支援で，市会と対峙する対応策も，それなりの効果はある。市長が市政の運営課題・経営戦略を明確し，不当な市会の事前予防を設定し，理不尽な市会反対を封印する対抗策である。

政策科学で誤謬の選択の損害を訴え，世論形成・誘導を図っていく効果は期待できた。たとえば東京の誤謬の選択による損害は膨大である。特例市制下であったが，東京は東京馬車鉄道のケースでは，明治15〜36年で約123万円（367頁注6参照）の損失を被っている。

しかし，この誤謬の選択による損失は，特例市制廃止への誘因とならず，水道鉄管汚職が契機となった。このような政策科学による世論形成は，行政自体の政策感覚が鈍感で，政党の行政介入への防御壁として活用されなかった。

　第3の対応が，「内部行財政システムの改革」による議員利権行為の撲滅である。東京市議会では，有名な星亨一派の政党介入による，市政への利権化が盛んとなったが，山県有朋による中央官僚への猟官運動が排除されたので，地方行政での失地回復であった。要するに中央での党弊排除が地方へ飛び火したといえる。さらにその利権行為も工事受注といった幼稚なレベルでなく，民営交通買収過程におけるインサイダー的株価操作といった，高次の利権現象となった。市長サイドの経営方針の曖昧さが，利権行為を誘発した。[8]

　また市会浄化運動も，行財政改革までには連動せず，内部システムの非近代化が温存された。[9] いずれにせよ議会につけ込まれる隙があった。

　具体的改革としては，第1に，人事給与行政の改革である。新任市長は自己権力を誇示したいため，理由もなく大量の市吏員減首を実施しているが，これでは吏員の市・市民への忠誠心が育つはずがない。

　吏員システムの人事は情実人事と輸入人事で脅かされていた。職員採用は一般競争試験として，縁故採用は禁止する。さらに地方吏員の身分保障・昇進機会の拡大など，都市自治体の底辺からの体質改善が疎かにされていた。[10]

　第2に，契約は一般競争入札として，随意契約は例外とする。議員の口利きは条例・内規，報償契約などで廃止する。ことに東京市などで多発した，民間公益企業との関係では，議員と市関係企業との癒着は禁止し，根絶をめざすべきである。極端なケースでは，市の事業・施策を民間から賄賂をもらって妨害し，民間を利する行為を画策する行為すらみられる。[11]

　第2の視点として，制度改革も自治体改革も不可能となると，残る選択肢は政治的努力によって市長優位の政治状況をつくりだすしかない。議会改革は容易でないが，都市自治体における市会対応の類型から，市会改革の可能性を探ってみる。[12]

　第1の類型は，「議会支配型政治」で，制度上も市会が，市政の主導者であると錯覚しているが，理論としても有力であった。[13] しかし，市長の選任権を

市会が掌握していたので市政は「タマニー・ホール」化し，汚職の温床と化していった。政党政治がひろがると，根絶は不可能となった。[14]

　しかし，日本では市民運動が政治・戦略性がなく，都市政治構造の変革に運動が連動しなかった。小数派であっても，既成政党にとらわれない，市民党派拡充を視野に入れていない欠点である。

　第2の類型は，「政党対決型政治」で，政党対決といっても，擬似党派的・徒党的対立であり，政党的政策的対立ではなかった。昭和初期，無産党政治の台頭によって，保革対決という，政策による政党対立の図式が出現した。[15]

　もし無産党が，大きな政治勢力となり，革新自治体を実現させておれば，都市経営も福祉・環境的色彩が濃くなり，都市私的資本・中央省庁との対決が激化していたであろう。ただ無産党は，一部の都市で実績を残したが，都市政治の主導権を握れず，保守2大政党対立の渦中に埋没して，市会改革も水泡の帰してしまった。

　第3の類型は，「市民対決型政治」で，ことに東京市議会は，疑獄事件の歴史そのもので，市民はしびれをきらし，市会浄化選挙を展開し，一部の利権型議員を落選させた。[16]

　昭和3年東京市会は汚職で，内務省に解散を命じられ，普通選挙が行われ，新顔が多数当選し，旧議員の半数が落選したが，議会の大勢・市の体質の変革はなく，旧態依然たるものであった。原因は新議員も利権化していったからで，市民運動の戦略の拙さで市会改革を逸してしまった。

　実際，市民の市会浄化運動も，一時的には成功しても，やがて既存政党勢力によって包摂されていった。[17] 市民的勢力とも連携して，市民的政治風土に根ざした政治対応が有効であった。既存政党は所詮，中央政党の地方組織であり，多分に中央集権的思想を帯びており，都市自治体が政府官僚の利権的許認可と対立したとき，多くの支援は期待できない。

　この点，市民的政党は，市民運動による官治的統制への抵抗を展開するはずである。本来，市長としては，既存政党に乗るだけという安易な対応でなく，市長は就任すれば行政の中立性を遵守し，すべての政治勢力を尊重するべきである。

逆説的には市長も，星亨の市会操縦術にみられる，泥臭さ強引さから学び，市民派支援に配慮すべきである。しかし，当時の市長は，市民主権という発想は欠落しており，後藤新平にしても，善良なる市民の行政への協力・貢献を，説得する啓蒙主義の域をでておらず，市民派の政治環境は厳しかった。

　第4の類型は，「市長主導型政治」で，官僚型市長による都市経営で，官僚支配との批判を浴びても，政党利権を排除し，強力な行政執行権をもって，都市経営を推進する方式は，議会の利権ぶりが，横暴をきわめた状況をみるとき，それなりの必然性を帯びていた。[18]

　しかも市長の巧妙な政党操縦術によっては，市長優位の政治状況醸成が形成されていった。明治末期から強力な市長による市政支配体制が，形成されつつあり，大正・昭和期になると，一層，この傾向は強化されていった。

　この市長主導型都市経営としては，昭和期の大阪市長関一が代表的事例である。しかし，政権の安定は，地方行政制度の産物でなく，多分に個人的資質と政治社会環境（市域拡大・普通選挙・市政専門化）によるところが大きく，戦前，市会改革は戦時体制下でやっと実現するが，すでに都市自治も閉塞され，利権対象であった公営企業も経営悪化に喘いでいた。

　第3の視点として，当時，日本の都市自治体・市民は，アメリカの市政改革から，市民的運動による都市政治健全化の教訓から学ぶことであった。すなわち健全な市民政党化，市政行政への参加というオーソドックスな政治改革の実践である。第1に，アメリカの市政改革も，既存勢力は汚染されており，市民運動は，改革勢力を結集し巻き返しを図っていった。[19] イギリスでは，既存大政党でなく，市民派政党も多く活躍している。[20]

　第2に，日本の市会でも，改革派・市民派議員も当然，存在するので，市長は政治的連携を深め，利権派を追い落とす正攻法の政治闘争を挑むべきで，間違っても利権散布で議員を，懐柔する愚策を弄するべきでない。

　日本の市政改革は，市民団体は政治的意図がない，浄化運動にむけられ，エネルギーを消耗してしまった。都市社会主義といった市民勢力も，都市自治体の政治改革のビジョンを描ききれず，一般的な知識人による愛市運動なども，政治改革意識は希薄であった。[21]

第1節　明治後期の都市経営と都市政治の再生　203

日本では市会浄化運動も市民会派の形成へとは連動しない。普通選挙といった国政レベルの運動に熱狂するが，地方政治という「草の根民主主義」は，改革の処方箋をもって有効な運動をなしえなかった。

　第3に，結局，自治体改革は事実として実効性のある，市長主導型の都市経営へとなった。しかし，戦時体制が強化されると，都市自治のすべてが崩壊し閉塞を余儀なくされた。戦前，「強い市長」の誕生は挫折し，官僚市長による実利追求という安定志向がつよまったが，都市　自治体の官治化が事実として定着していった。

注
（1）市会解散権については，新藤・前掲「雑誌『都市問題』」17頁参照。
（2）東京市政調査会「東京市政に関する批判と意見」（『都市問題』第6巻第1号 1928.1）参照。
（3）高寄昇三『住民投票と市民参加』（勁草書房 1980年），高寄昇三『市民統制と地方自治』（勁草書房 1980年）参照。
（4）市政刷新については，新藤・前掲「雑誌『都市問題』」44〜48頁参照。
（5）中央省庁が許認可権をちらつかせて，「政府が生殺与奪の大権を握って居る，惨めな自治状態を改め，市長が自己の過失によらずして，単に政府の都合に依りて窮地に陥らゝ様な危険ある事を，除去せねばならぬ」（前田多門「東京市政改善策に就いて」（『都市問題』第7巻第5号48頁）と，非難している。
（6）当時の政府の市町村補助について，「此の認可や許可や，将た補助は，全く政府の方寸に依て極まるものであり，其の上政党関係などが手伝ふ場合には，全然市長の過失に依るにあらずして，飛んでも無き官庁側の拒絶に会ふて，面目を潰し，市の不利益を招く機会が多い」（同前47頁）と，憤慨されている。
（7）明治後期の公営企業創設をみると，明治30年代初期，大阪市の財政は大阪築港が補助率1割で財政状況は最悪で，とても起債が許可される状況ではなかったが，許可されている。以降，巨額の企業債が続々と認可され，財政悪化の様相が深まるが，水道債のように収益性がなくとも，外部効果を考えると許可は当然といえる。要するに政府許可は事業効果か財政状況かいずれに基準があるのか曖昧なままで，地方外債のように政府外貨準備不足という，国庫の都合で認可されているが，まったく基準・原則はなかった。
（8）星亨が東京市政に介入したのは，政党そのものが利権追求型の産物であるが，山県有朋の文官任用令改正によって，政党は中央省庁への猟官運動が閉ざされたので，改進党の地盤である東京市会に眼をつけ，タマニー・ホール化していった。遅れて政界に進出した星亨にとって，中央利権は藩閥と財閥によって掌握されていたので，東京市政がターゲットされたが，この方式は，原敬による政友会によって，全国に拡

散された。前掲「東京都財政史上」423頁参照。

（9）東京市政と市政浄化については，新藤・前掲「雑誌『都市問題』」39〜44頁参照。

（10）戦前の都市自治体の人事行政も，政党化と官僚化によって市吏員は惨め状況にあった。政党の介入については，市議会議員の多くは，「欠員を見張ってゐて，自分の乾分や友人に任命を推薦するのである。如何に強力な市長と雖も，行政部に対する此の圧迫を無視することはできない。………時としては昇任まで政治的臭味を帯びてくる」（ビーアド『東京市政論』151頁，以下，前掲「東京市政論」）といわれている。また内務省の介入については，助役のみでなく，内務省採用の新任の勤務先として東京市があてられ，さらに内務省属官が見習いとして配属される事態にまでエスカレートしていった。鍛治智也「東京の市政改革－後藤市政における行政管理」（東京市政調査会編『大都市行政の改革と理念』日本経済評論 1993年），新藤・前掲「雑誌都市問題」69〜102頁参照。中央官僚の天下り人事については，技術官僚などはむしろヘッドハンターが必要であるが，みだりに内務事務官僚を任命するのは，職員の勤労意欲・資質育成を阻害するだけにとどまらず，市吏員の資質低下をもたらす要因となる。注目すべき現象は，市人事制度の整備にともなって，横浜市での高文官僚の採用がみられ，横浜市書記を振り出しに，その後各県・省庁の要職に就任しているが，そのまま横浜市に勤続し，市助役となっているなどさまざま職歴をたどっている。大西・前掲「横浜市政史」135・136頁参照。

（11）実際は，議会は「経理利権」といわれる，実務ベースの人事・契約・調達に自己利益から利権漁りをしただけでなく，「企業利権」といわれる，公営企業の買収・料金・報償契約などへも，利権的介入が日常茶飯事であった。吉山真棹「市政上の利権形態と利権掃滅策（上）（下）」『都市問題』第8巻第5・6号参照。

（12）都市経営と都市政治の類型については，高寄・前掲「昭和地方財政Ⅴ」15〜25頁参照。

（13）安部磯雄は，「市長に絶大なる権力を与えるといふことは自治体の本義から言ふても矛盾であるから，結局市会万能主義を採用する外に途はない。市長は単に市会の議決を執行すれば宜いのであって，如何なる場合に於いても議会の議決に反対したり，或は市会に対して干渉がましきことをしてはならぬ」（「市会制度改革の要諦」『都市問題』第1巻第8号3頁）と，市長優位に「英雄崇拝主義」から反対しているが，時代錯誤ではないか。

（14）尾崎東京市長が，東京市長として，異例の8年という，長期政権であったのは，議会利権派にとって，操作しやすい軟弱市政であったからである。その後，この利権体質を遺伝子として受け継いだ，東京市議会の歴史は，汚職・疑獄の歴史であり，昭和3年12月には，内務省によって，東京市議　会は解散されている。このような利権化した市会浄化運動は，市会に一服の清涼的気風を吹き込み，利権派勢力を駆逐できても，「かうした改正運動も実は線香花火的の効果を挙げたに過ぎなく」（河野密「疑獄市政問題」『都市問題』第14巻第3号162頁）といわれ，また市政から政党色を駆逐することも不可能であり，問題の解決にはなっていない。改革を通じて利権の土壌を枯渇させ，政党操縦の資金源を絶つことである。

（15）無産党の活躍については，河野密・赤松克麿『日本無産政党史』（白揚社 1931年），吉川末次郎「無産階級地方政治研究の基礎」『都市問題』第8巻第3号，吉川末次郎「府県議選に於ける無産政党の活動とその批評」『大大阪』第3巻第12号，古市春彦「八幡の市会改選と其後の市政」『都市問題』第9巻第1号，吉川末次郎「京都府市政界に於ける無産党の活動」『都市問題』第7巻第6号，新藤・前掲「雑誌都市問題」55〜58頁参照。

（16）選挙浄化運動については，前掲「内務省史Ⅱ」353〜361頁参照。

（17）都市社会全体として，精神の近代化が遅れ，議員のみでなく，企業家も利権志向が強く，都市経営への理解はきわめて乏しかった。市民派議員が選出されても，職員採用は旧態依然のままであれば，やがて口利き議員へと堕落していった。要するに義憤にかられた，市民運動で議会改革をめざしても，行財政改革が並行して遂行されなければ，問題解決にはならないのである。

（18）市長主導型の政治・行政については，高寄・前掲「昭和地方財政Ⅴ」25〜59頁参照。

（19）アメリカの都市も，腐敗に苦しんできた苦い過去があった。「19世紀の後半期は米国市政の暗黒時代」（弓家七郎「米国の市政改革・下」93頁，『都市問題』第8巻第2号）といわれ，ニュヨーク市　では市民改革運動は，タマニー派の2大政党打破に，一度は成功している。しかし，組織的でないため，数年で再度，市政を壟断されるという苦杯をなめている。市民団体は，団体を組織し，既成政党の不満分子も糾合し，反タマニー派を結成し，一挙にタマニー派の駆逐に成功している。以後，アメリカの市民団体は「科学的調査研究機関を設けて」（同前93頁），公正無私の視点から市政改革の具体的分析・提言に努め，市政の政策科学化を図っていった。単なる浄化でなく，日本でも市民党による政治力の確保が課題である。

（20）イギリス都市にみられる独立党・納税者連合党といった市民政党である。高寄昇三『現代イギリスの地方自治』（勁草書房1996年）113・114頁，180・181頁参照。

（21）京都市の愛市運動については，前掲「京都市政史Ⅰ」401頁参照，東京の市政刷新運動については，桜井・前掲「帝都東京」279〜320頁参照。

市長選任システムと政党・政府の介入

　都市経営成功への条件は，優れた市長選出が前提条件であったが，戦前の市長は，制度的に「弱い市長」で，すすんで市長になる人は，余程，奇特な人物とみなされていた。またかりに優秀な市長を選任しても，能力を発揮できる環境でなく，結果として不本意な辞職という悲運が多かった。その要因として市長選出システムに欠陥があった。

　第1の課題として，市会の市長選出システム・能力に問題があった。第1に，議員内閣制でなく，議員が市長になるのは例外であった。そのため内部・地元

人事はともかく，外部輸入人事となると，人物評価の情報は少ない。

　ことに中央官僚への信奉性が強く，外部有力者に人選を白紙委任するケースが目立ったが，実質的に市会の市長選任責任の放棄であった。

　第2に，市長選任は能力・人物本位ではなかった。政治的紛糾で市会内部の対立は当然であるが，外部の府県知事・中央政党の介入があり，結局，情報不足・地域無視の傀儡官僚政権が続出した。

　結果として当該都市への愛着とか献身性もなく，利権ポストとみなされた，政党依存の擬似官僚市長が選任されていった。

　第3に，市会議員の市長選出姿勢は，都市自治はどうあるべきかの認識がなく，地元・民間人事の志向性は弱く，安易な外部輸入の政党・官僚人事を採用していった。しかも多くのケースは，能力主義でなく経歴主義で，大物官僚願望が強く，実際は能力本位よりも，党利党略・利害打算で，打算・妥協の市長選任という安易な決定していった。

　第2の課題として，市長選出の実態を「選出基準の類型化」から，具体的にみてみる。第1の選任基準は，「内部選出か外部依存か」である。第1の「内部自主的選出」では，第1に，市会内部に詮衡委員会で，市長候補が絞られ，各会派で候補者を調整し，多分に談合的選出であるが，候補者が決定され，形式的に市会議員全体での投票で，最終的確認というノーマルな過程をたどる。

　第2に，市会詮衡委員会で決着がつかず，最終決定の決戦投票にいたるケースで，議会内部の政党抗争にとどまらず，中央政党の勢力争いの代理戦争としての市長争奪戦となる。投票は同数で決定できないとか，決定ができてもしこりが残り，紛争の火種を抱えた市政運営となり，些細な事項で市長失脚という事態になりかねない。

　第2の「外部依存的選出」では，地域有力者が談合し，中央の大臣とか政党領袖，また地元の府県知事に依頼する，自主性がきわめて薄い選出風土で，多分に有力者の密室的選任となる。

　第1の「外部一任の選任」方式では，第1に，市会にとって政党・民間人より，大物人物・高級官僚・府県知事などが，安全人事として重宝された。政治家・民間人と異なり，人選の枠組みは絞られ，知事経験者とか内務官僚といった，

市会の選考基準を示して，白紙委任となる。

　第2に，その背景には中央省庁の許認可権を，より確実に有利に獲りたいという思惑があった。そのためか市長候補と目された候補者も，都市自治体の足元をみて，就任への条件をエスカレートさせていく弊害がみられた。[1]

　第2の「外部介入の選任」方式では，第1に，自主的選出が難航すると，逆に市長候補の推薦・受諾を，外部の政治家・府県知事などが，市会選任に介入してくる。植村大阪市長の選任（261頁注20参照）にあって，大阪府知事が介入し，本命候補が贔屓の引き倒しで除外されている。さらに地元の意向を度外視し，選出に介入する知事など，外部介入がらみの紛糾が頻発した。

　第2に，政党色が強まると，市長選任が政争の具と化していった。外野席というべき中央政党で人選は決着し，地方議会が事後承認という，間接的選挙の形骸化がすすむ。そのため市長の地位は，政変の影響をモロに受け，官選知事と同様の浮き草家業と化する。

　第2の選任基準が，「地元人事か輸入人事か」である。第1の「地元人事による選出」は，市長選出過程で，輸入人事の候補者に断られて，消去法での人事として，鹿島神戸市長も浮上したケースであった。[2]

　第1に，人材として地元人事は自主選出で，政治家・学者・経済人などが，能力主義で選出されるケースが多い。それは内部ルートでの接触が，可能という利点もあるからである。

　市役所の生え抜き人事は，多くの場合，当初から人材枯渇としてあてにしておらず，唯一のルートが助役からの選任である。もっとも府県知事から助役となり，市長となる人事は，輸入人事の色彩が濃厚である。

　第2に，外部人事で行き詰まり，地元人事となると，俄然，能力主義となり，特定の能力・思想を期待しての選任となる。鶴原大阪・市原横浜・鹿島神戸市長など，民間・地元関係者の市長である。それは官僚の場合，オールラウンドの能力で選出されるので，能力主義はもともとあまり重視されない。

　第3に，地元人事のアキレス腱は，中央省庁・政党の人脈がなく，事業の許認可が得られにくいという，先入観から敬遠される風習が定着しているが，誤れる偏見である。実際は非官僚の地元人事であっても，立派な実績を残し，中

央省庁の関係でも，行政・政治的才覚で，許認可を獲得している。[3]

　逆に大物官僚が許認可に強いという事実は，東京市の行政運営からはみられない。もっとも民間人の地元人事でもすべてが有能とは限らない。山下大阪市長のように衆議院議員で在職のまま市長となったが，業績は芳しくなく，市政改革運動の対象とされている。

　第4に，市会は地元人事に確固たる信念をもって，人材を発掘し選任する意欲は希薄であった。たとえば市会議長であった，京都の浅山市長，神戸の勝田市長は，それぞれ立派業績を残している。

　勝田市長をみれば，政友会系の衆議院議員で政治力もあり，経済人としての知名度もあった。常識的にみて官僚市長より政治・行政手腕は優れていたはずで，市会はもっと議員を評価すべきで，官僚に卑下する理由はなかった。

　第2の「外部輸入による選出」では，全国な人材が対象となり，有能な市長を選出できる可能性は，地元内部選出より優れた方式とみなされている。しかし，外部人事では，市会議員が候補者の品格・能力を熟知しておらず，情報不足で風評だけで雲をつかむような選出となる。府県行政と都市行政は異質であり，求められる素質に格段の相違があり，人物評価は難しい。

　第1に，中央信奉性の官僚人事であった。内務大臣とか事務次官とか，経歴から有能な人材として選任するが，政策・調整官庁の中央省庁と事業経営型の都市行政とは，かなり異質であり，中央官僚が経営能力優秀とは限らない。また大蔵大臣・日銀総裁の市来東京市長の財政再建をみても，国庫援助は容易でなく，現状はそのような生やさしいものでなかった。

　第2に，政党政治介入による輸入人事では，政党勢力・政治的思惑による妥協・報復人事など，市長の適格性とはかけはなれた，選出となるが恐れがある。当時，政党人事で大量の府県知事経験者が待機しており，適材適所という人材推薦とは必ずしもいえない。

　しかも政党人事では，中央政治と地方政治の2つの変動によって，交代劇が頻発し，ある意味では府県知事より，不安定な政権となった。

　第3に，斡旋人事の欠陥として，大臣・政党幹部などに市会は，めぼしい候補者を絞って就任承諾を依頼するので，良き人材を得られるが，逆のケースも

ある。懇願して市長就任にこぎつけても，幹旋者の顔をたてる，しぶしぶの就任受諾となる。

　そのため単身赴任で市政への対応は，腰が落ち着かず，面倒な事案に直面すると，口実をつくり辞任する，桜井神戸市長などの事例が少なくなかった。まして市政に殉ずる献身性では，奥田東京市長・水上神戸市長などまれで，多くが官庁人事の異動程度の感覚で，能吏として事務事業をこなすが，厄介な事案にぶつかると，事案を途中で投げだし，名誉ある辞職を選択した。

　第4に，政党色回避の選任である。政党勢力が拮抗すると，政争回避のため，政党色のない人物が好まれ，政党色の強い人物は，有能であっても毛嫌いされた。無難な人事として公平無私・清廉潔白，行政経験の豊かな高級官僚が，市政安定から選任されていった。

　しかし，期待された官僚市長も，政党人事の影響を受け，実際は顕著な行政実績はあげていない。それは，市政は政府行政と異なり，権限・財源なき行政であり，椅子がものをいう官僚行政とは異質であり，別個の素質が求められた。[4]

　第3の選任基準が，「能力重視か経歴評価か」である。伝統的に官僚崇拝の念が定着しており，経歴重視となる。さらに能力重視といっても，市長候補の能力判別は，市会能力からみて不十分で，選任ミスの恐れもある。

　第1の「能力重視による選任」では，第1に，初代市長には名望家が選出されたが，その背景は「市政に通暁する人物が得難くイギリスの名誉職市長制の影響もあり」[5]，無難な人事として採用された。しかし，漠然とした名望家能力を期待した選任は，政党の行政介入・行政の企業化に対応ができる能力はなく，市政の沈滞・混乱を誘発し，短命政権であった。

　第2に，カリスマ性人物の選任である。政治家・学者・官僚など，世間的名声を背景にしての選出で，尾崎東京市長などが典型的事例である。

　また京都市も学者市長を2人選任したが，業績は残していない。阪谷・後藤市長は，官僚出身であったが，カリスマ市長として期待されたが，政党変動の余波で，実力発揮ができず辞職している。[6]

　第3に，地域名望家・輸入官僚人事に飽き足らず，個人の才能に期待して，都

市経営のため，異色の市長が選任された。民間経済人の鶴原大阪市長は，関西鉄道社長であり，大阪市は交通企業経験者をのぞんでいた。

横浜の市原市長も，市政転換期には，都市自治体・地域社会も，能力本位の逸材への待望論があった。

もっとも徹底していたのは，水上神戸市長で築港という唯一の目的を託された市長であった。しかし，肝付大阪市長のように，海軍中将の水路部長という肩書を，港湾に精通しているとして採用したが，適材であったか疑問である。

第2の「経歴重視」の人事をみると，第1に，官僚経歴者が普及し，定着していったが，東京はいわゆる大物官僚を好み，大阪は実務者を重視した。しかし，短期政権の弊害を除去するため，大正末期から昭和期になると実務経験をベースにした助役からの選任が多くなる。

後藤市長の後任の永田市長も助役経験者である。京都市でも市村慶三（三重・鹿児島県知事経歴）が，助役として着任し，「市長のみでなく助役ポストまでもが知事経験者に魅力あるものと映るようになった」[7]と驚いている。

その後市村慶三が市長になると，後任には内務官僚の加賀谷朝蔵が着任し，市村市長退職後，市長に選出されている。

大阪市も関市長以降，助役経験者の市長就任がつづいたが，大阪市の市長主導型行政も，次第にマンネリ化していった。ただ神戸では昭和期，3人の政治家・民間人の選任がつづいた。

第2に，経歴人事として政党人事をみると，政党人のみでなく，官僚でも政党色の強い府県知事などが，政党人なみの扱いで政党人事が横行していった。極端なケースでは，自派の古手府県知事などを，市長に押し込むといった露骨な人事が横行していった。官僚と政党の融合的人事であるが，政治情勢の変化を敏感に反映し，短期政権が続出した。[8]

第3の課題として，市会の制度改革はなく，「弱い市長」の状況がつづいたが，その実態をみてみる。第1の「市長の任期」は，市制発足時は6年であったが，明治44年の改正で，任期4年に短縮されたが，それでも任期を全うする市長は稀であった。

第1に，短期政権が多く，任期満了は東京市長では尾崎・牛塚市長の2人のみ

である。最大の要因は，政党政治に翻弄され，在職期間は中央政党の政治的変化が波及して，行政実績になんら欠陥がないのに，辞職に追い込まれ，理不尽な短期在任が多い。

もっとも市長サイドの対応も，官僚市長は政変の影響を受け，行政が閉塞状況に陥ると，状況打開を探るのでなく，ほとんどの市長が，政権への執着心は薄く，辞任していった。戦前の東京市は，大阪市の倍以上の市長交代となっている。

また東京では尾崎市長の辞職理由をみると，表面的理由と市長の本音とは必ずしも一致しないし，後藤新平のように辞任理由が曖昧なままというケースが多い。政治変動による与党崩壊か，行財政施策の閉塞状況か不明であるが，企業的都市では政治要素を排除し，行財政課題を克服していけたので，比較的安定政権であった。[9]

第2に，任期満了市長は少なく，2・3期となるとさらに少ない。[10] 2期以上の長期政権は，東京は尾崎市長，大阪は池上・関市長，京都は西郷市長，横浜は梅田市長，名古屋は大岩市長，神戸は鳴滝・鹿島・黒瀬・勝田市長が長期政権であった。

その要因は都市経営の実績による場合もあるが，調整型の無難な行政が原因でもあった。東京・尾崎市長，神戸・鳴滝市長が該当するといえる。

第2の「辞職要因」をみてみると，複合原因であり表面的理由と実際の原因とは必ずしも一致しない。第1に，病気退職が多い。市長の職務は，市会対策・政府許認可など心労が多く，また退職知事・政府高官などが，再就職として市長になるので，高齢者が多く，病気辞職が目立つ。

もっとも中村東京市長は表面には病気となっているが，実際政治基盤の崩壊が原因で，カモフラージュする口実とされるケースも珍しくない。

第2に，転職・離職が目立つ，知事のように府県を，渡り鳥のように転職することはないが，中央省庁高官への転職，民間企業への転職なども少なくない。安藤横浜市長は，退任後，京都市長に再度就任している。こうなると市長職はあくまでよりよいポストへの一時的な止まり木のようなものとみなされている。

第3に，行政目的の達成・挫折である。大都市は公営企業の一元化のため民

営公益企業買収，さらに報償契約による公益企業の監督といった厄介な行政を処理しなければならず，しばしば交渉決裂に見舞われ辞職要因となっている。東京市で阪谷市長など多数が，公営企業関連で辞職を余儀なくされた。

第4に，市会・政党支持の喪失という政治的理由もかなり多い。ことに中央政党の政権交代などは，市会の政治状況と合致するとは限らないので，政治のねじれ現象となり，市長能力・業績の関係なく，市長任期中の辞職となる。[11]

第3に，「市長の属性・出身母体」を類型化してみると，第1に，六大都市全体では中央官僚（府県知事含む）が過半数を占め，地方官僚・民間人（政治家・企業家・専門職）は少ない。中央官僚は東京市88.9％，横浜市69.2％と東高西低で，大阪市22.3％と最低である。[12]

第2に，地方官僚（国の出先機関官吏含む）は府県・市吏員を含めているが，地方官僚は市制実施後の区長からの市長が，横浜市の3名はいずれもそうである。純粋の生え抜きの助役から市長へは，大野京都市長，鹿島神戸市長ぐらいである。地方官僚出身者は，六大都市で20.0％に過ぎない。

第3に，民間人は政治家・経済人・専門職（大学教授・弁護士）などである。民間人は市制実施直後に地域名望家が任命された。大阪市は偶然であるが，初代から4代まで民間人である。

京都では京都大学教授が市長に就任しているが例外で，多いのは市会議長・衆議院議員の政治家である。六大都市では28.7％であるが，大阪市は過半数が民間人となっている。なお供給源は企業家より政治家が多い。

表14　大都市市長の出身母体　　　　　　　（単位　人・％）

区　分	東京市	横浜市	名古屋市	京都市	大阪市	神戸市	合　計
中央官僚	16 (88.9)	9(69.2)	3 (21.4)	7 (43.7)	2 (22.3)	4 (40.0)	41 (51.3)
地方官僚	0 (00.0)	3 (23.1)	5 (35.7)	4 (25.0)	2 (22.3)	2 (20.0)	16 (20.0)
民　間　人	2 (11.1)	1 (7.7)	6 (42.9)	5 (31.3)	5 (55.4)	4 (40.0)	23 (28.7)
合　計	18 (100)	13100)	14 (100)	16 (100)	9 (100)	10 (100)	80 (100.0)

注　括弧内は比率

注
（1）神戸のケースでは，大正11年に長崎県知事・元下関市長李家隆介に市長就任を打診
したが，就任条件として「1　就任1ヶ月間は市政研究に専念すること。2　神戸市は
対外関係密接なる都市であるから海外の事実事情に精通するの必要上約半歳の予定
で洋行すること。3　家族同伴は困難なること。4　外賓の歓迎用として小蒸汽艇を
購入すること」（伊藤貞五郎『神戸市長物語』181頁，以下，伊藤・前掲「神戸市長
物語」）を提示されたので，神戸市にとって屈辱的な内容であったので断っている。
（2）地元人事という概念は包括的の曖昧性があり，輸入人事との線引きはむずかしい。
純粋の地元人は，政治家・経済人・市官僚などが該当するが，中央官僚で輸入人事
で市に赴任するとか，地元府県に在職しているとか，地元性があるが，官僚経歴か
ら個別に判断することになるが，地元府県知事は輸入人事であるが，この点，経済
人では地元企業であれば，地元人事となる。
（3）神戸4代目の鹿島房次郎市長の選出について，「当時市会の空気は，自治体の市長
は，市公民中から選出するのが自治の本義である。輸入候補は断じて排斥せねばな
らぬといふ所謂市公民説と，市長は至公至平でなければならぬ。若し市公民中から
市長を選出する時は，却って情実因縁に囚われ易いし，神戸市には幾多の重大問題
が前途には横はってゐるから，これを円満に遂行する上から，輸入候補でもよい官
辺に縁故のある人物」（伊藤・前掲「神戸市長物語」111頁）が望ましいという，原
則論と実益論の対立があった。当時の厳しい中央許認可の拘束から，中央官僚待望
論が根強い支持があったが，結局は鹿島市長の行政実績が，天下り人事を上回り，生
え抜き論の正当性を立証した。
（4）政界・官界・経済界で，いかに有能な人材であっても，市長として実績をあげられ
る保証はない。たとえば大臣経験者が議員の機嫌をとり，高級官僚が中央省庁の属
領に頭を垂れ，企業家が市民を懐柔することは容易でない。もっとも理論的政策的
対応で，課題を解決する，正攻法の正面突破も可能であるが，それだけのセンス・
使命感をもっていなければならないが，稀な人材だけとなる。
（5）持田・前掲「都市財政の成立Ⅱ」50頁。
（6）なおカリスマ市長をみると，阪谷市長は市会制御に失敗し，後藤市長は中央政党の
変動に巻込まれ，能力が十分に発揮できなかった。しかし，西郷京都市長は，官僚
出身のカリスマ市長であったが，京都の政治状況が，行政協調型であったので，経
営能力を遺憾なく発揮できたといえる。要するに東京市は市長にとって鬼門であり，
なによりも政治情勢に最大かつ細心の注意を払う必要があった。
（7）前掲「京都市政史Ⅰ」363頁。
（8）政党政治が浸透すると，府県知事は政権変更ごとに更迭をみる『浮草稼業』となり，
身分は不安定となり，休職・退職知事にとって，大都市の市長は魅力ある存在で，助
役も多くの知事経験者が就任した。これら遊休知事の市長就任も政党人事で，短命
市長の要因となった。知事の身分と政党政治の関係については，松波仁一郎『水野
博士古希記念・論策と随筆』（水野錬太郎先生古希祝賀会事務所　昭和12年6月）241
〜243頁参照。

（9）この点については，「『大正デモクラシー』及びその帰結としての政党政治期に『市政の政党化』が蔓延する中で，都市財政は経済的事業団体＝『経済』と統治組織＝『公共団体』との異質な原理が葛藤・闘争をくりひろげる場となったが，それが頻繁な市政更迭・市政動揺現象となって一挙に噴出したのであるが，もっとも都市によって微妙に異なり，事業団体化に成功した都市（名古屋・大阪・神戸）において市政は相対的に安定し，そうでない市政は（東京・京都・横浜）では概して市政は動揺を深め」（持田・前掲「都市財政の成立Ⅱ」72頁）ていったといわれている。

（10）東京では尾崎市長（8年），松田市長（4年），牛塚市長（4年）以外は1・2年で極端な短期政権が多い，大阪では関市長（11年），池上市長（10年），坂間市長（9年）と長期が3人いる。京都では土岐市長（4年），市村市長（4年）と，以外は短期政権である。横浜は梅田市長（6年），有吉市長（5年），名古屋市大岩市長（11年），神戸では鳴滝市長（12年），鹿島市長（11年），黒瀬市長（8年），勝田市長（8年）と長期政権がもっとも多い。

（11）この点については，「政友会内閣期の憲政会・民政党系市長，憲政会内閣期の政友系市長という現象は頻繁に生じ，課税権・起債許可権を手段とした市長更迭劇が，『大正デモクラシー』期の都市財政を彩る」（持田・前掲「都市財政の成立Ⅱ」68頁）ことになった。

（12）属性の区分は明確化が困難であるが，選出市長の経歴をベースにするが，中央官僚・地方官僚・民間人と多彩な経歴の場合，主要な経歴を要素として区分している。具体的には志水名古屋市長は明治11年愛知県幹部を退職し，地元銀行頭取など経済人として活躍し，12年後に市長に就任しており，民間人の期間が長いので民間で区分している。青山市長も軍人の経歴をもつが，衆議院議員を24年勤めて，市長になっており民間と区分した。市村・加賀谷京都市長はいずれも府県要職をへて助役就任，大阪池上・京都加賀谷市長は府県要職を歴任しているが知事に匹敵する地位でない，安田京都市長は国の出先機関からの市長就任で，あるので地方官僚に区分した。関大阪市長は大学教授を重視すれば民間人，助役経歴が長く地方官僚として区分できるが，属性から民間人とした。

都市経営の類型と市長の業績評価

　市長選出は難航したが，市会の選出能力以外のあと1つの難問があった。市会が市長を選出するにしても，すぐれた市長の能力・素質・業績を，政策科学にもとづいて的確な評価ができるかであった。

　戦前の市長は，外部・内部の環境悪化のもとで，個人努力によって実績を残したが，ただ個人差は大きかった。しかも業績評価は，外部環境で大きく左右され，個人的には運・不運があり，個人感情や対人対応に幻惑されず評価しなければならない。財政運営の失政では，退任後，財政破綻となって顕在化する

ので，事後評価となるが，事前の財政分析を丹念にする必要がある。

　第1の視点は，「市長能力」の構成要素を分類して評価を試みてみる。具体的には政治力（政策立案・合意形成），経営力（政策選択・システム設定），実施力（問題対応・資源活用）があげられ，その結果としての総合力である。優れた市長は，これらの能力をすべて保有していなければ，経営成果をあげられない。[1]

　第1の課題である「政治力」をみると，市政全般の政策選定である。第1の要素は，「ビジョン・政策の選定」によるリーダーシップである。第1に，後藤新平の東京改造「8億円計画」は，あまりにも有名であるが，実施されなかった。その点，鶴原市長の公営交通一元化施策は，以後，大阪市政の方針として遵守された。

　第2に，神戸の水上市長が，着任早々，「神戸港の現状及改良策」を公表し，築港事業の事業効果を訴えたが，単なる所信表明でなく，政策科学にもつづくすぐれた築港ビジョンで，10年余にわたる築港運動の迷走に決着をつけ，大蔵省方式の築港指針を示した。[2]

　第2の要素が，「合意形成能力」である。政府・府県との協調関係，市会関係との協調関係，市民・職員との信頼関係など，合意形成の前提条件である。中央省庁の許認可獲得も重要であるが，最大の課題は，市会との関係である。

　第1に，市会との協調は一筋縄ではいかない。都市行政のガバナンスとして，市長が，選出与党勢力に依存した，市政を運用は誰でもできる。しかし，政治力が問われるのは，与党崩壊で少数野党政権となったとき，市会・議員をコントロールできないのは，市長の政治能力が，貧困といわれても否定できない。

　市長として対市会操作として，どのような懐柔策を駆使するかが，政権の存亡を左右するが，利益散布という姑息な利益誘導策か，世論形成という心理誘導策か，市長・市会の政治状況・力学によって選択肢は広い。

　まさに市長の政治力が問われるが，市長自身の市政運営方針を明確して，緊張感を生みだし，玉砕を覚悟で政策遂行しかない。

　第2に，政府・府県との合意形成も，実務レベルの個別交渉は実施能力となるが，市町村合併・市長後任者選定・ビッグプロジェクトの認証・公益企業における買収・料金・協定などは政治力の対象となる。東京市政をみると，歴代

市長は公益企業問題で苦しみ，辞職を余儀なくされた。

　多くは経営能力だけでなく，政策方針が曖昧という政治能力の問題でもあった。阪谷東京市長は，些細な資産評価ミスで電気統合に失敗するが，奥田市長は，政策科学にもとづく緻密な分析による課題選定をし，法制局長官・司法大臣といった地味な経歴であった，経験を活かした手堅い政治対応能力は優れていた。

　第3に，市民・職員を含めた関係では，構想力・人心掌握術といっても，実効性のある政策・施策・事業でなければ，市長能力に疑問符がつき，信頼関係も崩れる。公共投資・施設といった外部経営だけでなく，人事・組織・資金・情報といった，内部経営にも精通し，改革を実施しなければならない。

　後藤新平東京市長・鹿島房次郎神戸市長・関一大阪市長は，外部経営にあって有名であるが，ともに学区統一という厄介な内部経営課題を，在任中に解決をしている。市民を含めた信頼関係の成果物である。道路・港湾・教育・福祉といった，特定行政に特化して財源を集中的に注入し，実績をあげても，市長能力の総合評価があがらない。[3]

　第2の課題として，「経営力」をみると，政策実施への戦略決定である。施策選択・システム設計にあって，施策形成の科学・民主化，すなわち都市経営の近代化が，都市経営施策選択の最適化をもたらすことを忘れてはならない。

　第1の要素は，「施策選択の最適化」である。起債による先行的公共投資は，投資戦略の選択であり，公営企業の直接的創業は事業形態の選択であり，築港負担金・区画整理補助などは利益・負担配分の選択である。いずれも公共経済的発想による，事業設計と勇気ある決断が求められる。

　単なる銭勘定で財政収支に固執した“視野狭窄症”では，どうしても財源負担の恐怖から施策が萎縮し，成長期の都市経営にあって，結果的に誤謬の選択となる。安易な民間方式の活用も，公共経済から外部効果を見落とせば，誤謬の選択となりかねない。

　第2の要素は，「システム設定能力」である。施策・事業実施のための条件設定・阻害排除，費用効果分析による実施戦略の設定，起債発行による財源調達など，事業手法の採択によるシステム設計である。

第1節　明治後期の都市経営と都市政治の再生　217

第1に，事業設計では，交通事業による路線延長・繰入金注入・区画整理といった複合事業システム導入，築港事業の財源調達と機能強化のための海面埋立事業，水道・下水道事業の同時施行などすぐれた事業戦略の設計である。

第2に，開発プロジェクトでは，ハードの設計のみに関心が注がれ，ソフトとの財政システムなどへの評価は，無視されるケースが多い。後藤新平の「8億円計画」は，財源設計は，杜撰の謗りは免れない。しかし，復興事業における後藤新平の人材調達によるネットワークは，抜群の威力を発揮した。

第3に，市原横浜市長の港湾施設収益配当金は，素晴らしい財源設計であったが，甘い見積もりで，実績は施設収益額と直轄事業負担金とのギャップが発生してしまった。むしろ単純な負担金利子補給の方式が確実であった。

第4に，内部経営システムにあっても，変革が求められる。都市経営が叫ばれるにしては，都市行財政の運用はお粗末であった。行政組織の再編成・人事制度の改革・資金運用の効率化・公共投資の選別選択などである。

戦前の人事・給与をみると，採用試験もなく縁故採用がはびこり，給与体系・運用も曖昧で，安易に馘首がなされた。[4] 一方，資金運営では資金調達では外資導入・借換債発行など，多彩な方式が駆使され，大きな成果をみた。

第5に，市長が思いつきで実施した施策は，費用効果からみて問題が多く，戦略ビジョンではっきりとその意義・価値・効果を設定しておかなければ，市会の協力も得られない。施策・事業の設計・プランの水準が，事後の実施に大きな影響をもたらす。

たとえば京都の産業基立金の運用を地元に委任したが，20年間で4倍にふやしている。また神戸都心の栄町通開設（明治5年・事業費20万円）を海外経験のある関戸由義に任せたが，一円の公費を使うことなく，超過買収方式で事業を完成させている。これらはすべて優れた事業設計の成果である。

第3の課題として，「実施力」をみると，政治力で政策が策定され，経営力で事業設計も定まると，施策・事業をどう実施するか，実行力の問題となる。しかし，必ず実施段階で問題が浮上し，実施力の対応力が問われる。

第1の要素は，「施策・事業の実践」となるが，最適選択のため「市長の決断」「行政の知恵」が，どれだけ発揮されたかである。具体的事例でみてみる。第1

に，政府直轄事業であるが，銀座煉瓦街をみても，事業設計として政府直接施行となり，街区設計は豪華な連棟方式となった。結果として最終段階的の分譲は，困難をきわめ，支払繰延・融資措置で辛うじて，分譲はすすむだが，事業設計での誤謬の選択のため，実質的事業赤字は巨額となった。

第2に，京都疏水事業をみると，事業竣功時の事業費は，当初，府の計画で60万円であったが，竣功時125万円に膨張しており，結局，市税・市債で補填していった。問題は時代の変化で，完成時では当初の水運・潅漑といった機能は衰退していた。

京都市は，西郷市長は疏水事業を電力・水道・交通の公営企業化で再編成に成功する。ビッグプロジェクトでは，建設の懐妊期間が長く，外部環境の変動にどう対応するか，事業団体の柔軟性ある対応力が試される。

第3に，築港事業をみると，明治初期，政府全額負担で整備してきたが，明治中期は自治体まかせの方針となった。政府の政策欠落を補填するため，各港湾では海面埋立事業収入・港湾施設収益配当金で，補填を試みたが限度があった。

政府がポート・オーソリティー構想で，入港税・埋立賦課金・貿易五厘金といった収入で，独立採算制を導入しなかった。この政府築港財源対策の怠慢のツケが，地元自治体に負担転嫁され，長く苦しむことになる。

第4に，街路整備事業の政府財源設計をみると，道路補助はあったが，主要国道以外に補助はなかった。都市計画法が制定されたが，補助1割以下，特別税・受益者負担金合計でも2割以下しか，財源はなかった。実施段階で財源問題はアキレス腱と化した。

しかし，公営交通の道路拡幅の全額負担・区画整理による用地無償提供（減歩方式）で，市税負担は激減し街路事業はすすんだ。政府の事業設計ミスを，都市自治体の「行政の知恵」が治癒していったとはいえ，都市経営の見事な経営戦略の成果であった。

第2の要素は，実施にあっては，その実現を保有する「経営資源」（組織・人材・資金・用地など）の涵養が求められる。たとえば情報資源では，職員間の情報共有・交換と，外部からの知識導入・活用である。東京市も昭和期にな

り官製的な「市政研究会」(昭和10年)を創設し，吏員有志が情報を蓄積している。[5] しかし，最終的には都市自治体が，職員が行政改善策を採用し実施する，自治性があるかどうかという，都市自治体の資質次元の問題となる。

第1に，行政組織は柔軟で開放的システムがのぞましい。中央省庁の縦割り支配が，そのまま自治体組織に浸透した硬直的閉鎖性のシステムは治癒されなければならない。

また組織改革でも，上からの改革は机上演習として効果があがっても，実質的効果は必ずしも額面どおりの効果が達成できる保障はない。下からの自発的改革でなければ，無駄の摘発ができず，その淘汰の方策も限定される。

第2に，マンパワーでは，人事・組織運用システムは前近代的であった。政策科学にもとづく改革理念・指針もないまま，新任市長が人事・組織をいじくるのは，効用よりも弊害が目立った。

都市の企業化がすすむと，組織では政策機能，人事でも専門機能の強化ため，大量の政府官僚の天下りが定着していったが，固有市吏員の心情は度外視されていた。しかし，人事改革のベースは，身分の安定化と昇進へのインセンティブで，行政の底辺を支える無数の吏員のマンパワーがやる気をなくしては，人材の活用も行政の知恵も期待できない。

第3に，情報活用では，情報システムでは，都市自治体が，政策・施策・事業の最適選択をなすためには，的確な情報が下から提供されなければ，施策選択の最適化は不可能である。情報収集をみても，中央省庁の情報はともかく，役所内部職員の情報・市民団体の情報など，情報システムの不備は目に余る。

情報システムの収集・管理にはコストがかかるが，情報によって政策が立案され，事業改善がなされれば，費用効果はきわめて大きい。

ことに他都市の先験的行政情報は貴重であったが，大阪市公営交通の経営効果が，他都市に容易に浸透しなかった事実は，都市自治体の情報施策の遅れを，如実に示す残念な事実である。

第4に，都市経営資源には土地・資金・技術などさまざまの資源があるが，有効活用に，下からの改革といった発想の転換とか，埋もれた資源の再生とか，挑戦すべき課題は多く，市長は全体的視野にたって，組織・職員の奮起を促が

220　第2章　都市経営の課題と都市政治の構図

す姿勢・意欲を示すべきである。

　第2の視点として，市長の業績評価をみると，市長は，制度の壁を崩せなかったが，経営実践によって阻害要素を，それなり駆逐・淘汰していった。ここでは「都市経営戦略の類型化」（表15参照）から，都市経営の実効性と市長の業績評価を検証してみる。[6]

　戦前の市長は，内部外部の阻害要因のもとで，苦難の都市経営を余儀なくされた。ある意味では総理大臣より優れた素質・能力を求められた。市長の経営実績の評価を，都市経営の類型である事業型（調整），施策型（選択），政策型（改革）の区分を評価基準として評価してみる。

　第1の類型は，事業型経営（増減・調整型）で，現状追随型で既存システムを固定したままで，財政支出の増減を実施していくタイプである。減量経営と膨張経営に区分できるが，主流は減量経営である。

　第1に，一般的には減量経営型は，経済不況期に膨張財政の後始末として，減量化が余儀なくされる。しかし，減量経営では，既存システムはそのままであるので，削減額に限界があるだけでなく，削減効果も大きくはない。

　人事システムはそのままでは，一時的効果しかなく，やがてもとの惰性的運営に逆戻りしている。どうしても施策型経営による，人事・給与システムの変革が不可欠である。

　マクロ・長期・波及効果など総合的評価をなすべきである。たとえば好況期は無策でも順調に推移するが，都市整備のツケを先送りしていては経営評価は低い。一方，不況期は財源不足で減量経営を強いられ，成果達成は容易でないが，財政健全化への対応策が評価の対象となる。

　したがって行財政・経営環境を十分に考慮して，当該市長が，直面した課題に最適選択をなしたかであり，その姿勢・センス・決断が評価となる。

　第2に，膨張経営型では，産業基盤整備型の都市経営で多くみられる。財政楽観論から大盤振る舞いをするが，大阪築港では不況期になり極端な財政危機となり，財政後遺症に長期にわたり苦しむ羽目になった。財政調整基金などの手法で，自動安定化装置（ビルトインスタビライザー）を，組み込んでおく対応がのぞましい。

昭和初期の東京市財政のように，財政悪化の状況のもとで，町村合併とか新規事業を実施しているが，財政運営安定化の姿勢を堅持するのが，基本的セオリーである。ともすればビッグプロジェクトの華やかな成果が，過大評価されるが，内部行財政改革における，学区統一・法定外普通税などの施策実績を，正当に評価しなければならない。

　多くの市長が解決をためらい，決断を回避し延命策を弄しているが，日常行政を卒なくさばいても，評価は低い。奥田東京市長は，阪谷市長が失敗した，三電紛糾を三電協定で解決にこぎつけたが，施策型経営として，その行政手腕・熱意は高く評価されるにふさわしい。

　また鶴原市長は，公営交通創業で有名であるが，築港事業の肥満財政・放漫運営の切開手術を断行し，大阪市財政破綻を回避している，減量経営的手腕は見過ごしてならない業績である。

　第3に，事業型の性格は，一般的に調整・妥協型で，積極的都市経営が必要とされる激動期には不向きで，「市長の決断」ができず，「都市の選択」が遅れ，都市交通にあって民営交通容認となり，巨額の損失をもたらしたことは，周知の事実である。

　しかも無策の膨張型では，無駄の再生産となりかねない。この効果の分岐点は，「市長の決断」として公共経済的視点で，公共投資の外部効果をどれだけ予測できるかである。

　都市経営は，決断だけでなく，行政の知恵・政策の知識といった市長・職員の資質が問われるが，単なる事業・施策の遂行だけでなく，より高次の発想・信念が求められる。[7]

表15　都市経営の類型

区　分	実施戦略	経営タイプ	対応方式
事 業 型 経 営	量的増減・膨張縮小	現 状 圧 縮・ 拡 大	惰性的固定的対応
施 策 型 経 営	手法選別・施策選択	費 用 効 果 分 析	経済効率有効性追求
政 策 型 経 営	制度変革政策形成	マ ク ロ 効 果 創 出	新システム創出効果

資料　高寄昇三『新地方自治の経営』21・27・36頁参照。

第2の類型は，「施策型経営」で，制度の枠組み内で，施策選択・事業選別などで，財政運営の効率・経済・効果化を図っていく対応である。施策型経営で，システムの変更・施策の選別・事業の合理化などで，外部経営では民営か公営かの事業選択であり，内部経営は人件費の給与体系・昇進方式，事業発注では競争・随意契約といった選択である。

　「市長の経営センス」が試されるが，従来の職歴による経験，知識訓練による公共経済的発想，人生そのものから得た教訓で，最適選択ができるかである。具体的には，鶴原大阪市長の公営交通創業，西郷京都市長の三大事業，奥田東京市長の三電協定，鹿島神戸市長の民営交通買収などで，結果として達成された，複合的効果はきわめて大きい。

　第1の対応が，「施策・事業システムの設計・設定」である。第1に，外部経営にあっては，事業形態の選択・公共投資の選別・公共デベロッパーへの進出など，多彩な市政展開となる。公営企業創設・民間デベロッパー活用は，事業形態の選択で施策型経営である。

　第2に，事業形態の選別では，公共セクターの直轄事業負方式か，民間デベロッパーへの委託方式かベターかの選択は，集積・開発利益の公共還元ができるかが，選択基準となる。用地造成・公営企業などは，公共還元が大きく，直接方式が優れている。

　第2の対応が，「施策・事業の実施戦略」である。第1に，外部経営では公共投資・サービスの費用効果である。実施戦略として，道路整備の先行投資（開発利益吸収），上下水道を同時施行（事業コスト軽減），道路・港湾事業に受益者負担金導入（負担公平化）など，事業方式の選択は，事業効果がきわめて大きい。事業型のように漫然と都市整備をするのではなく，なんらかの都市経営改革の導入で，より大きな投資効果をめざす。

　第2に，公共投資・行政サービス選別は，直接的効果だけでなく，間接的波及効果をどうみるかである。たとえば築港は港湾荷役の効率化だけでなく，災害の減災効果による貨物損壊の減少，港湾荷役の休業などによる経済活動休止の回避などのメリットなど，きわめて大きい効果が見込まれる。また環境整備

の下水道では，屎尿処理コストの軽減・伝染病の予防・都市活動の持続的活動という，複合的投資効果が優れているという認識は欠落していた。

第3に，内部経営における施策選択も同様である。土地・資金・マンパワー・情報などの適正管理・有効活用である。土地資産は公有地が少ないだけでなく，資産としても有効に運用されなかった。資金管理では高金利債の低金利債への借換債発行，公債高金利時期の一時借入金導入，低金利時期の長期債調達，ビッグプロジェクトの外債発行などの実施である。

第3の類型は，「政策型経営」である。戦前，制度改革・システム変革は，政治・行政の壁は厚く，六大都市共同でも実現は不可能であった。もっとも都市自治体は制度改革でなく，個別の権限委譲・財源創設については，変革の可能性は十分にあったが，執念をもって行政努力を傾注することはなかった。

都市経営には，地租賦課額の適正化など多く課題が実現できなかったが，政策型経営の典型的事例である，地方行財政制度改革をみると，惨敗そのものであった。

第1の対応は，行政改革で戦前の特別市制運動をはじめ，ほとんどが挫折の憂き目をみている。制度改革は単独の自治体では無理で，都市連合で政府との交渉となるが，六大都市で市設貯蓄銀行創設も，大蔵省は歯牙にも掛けず無視されたままで，成果はみられなかった。

第1に，明治22年の特例市制があったが，31年には撤廃運動の成果で廃止をみているが，戦前の特別市制運動は，昭和18年，東京市の消滅という惨敗におわっている。個別の事務・権限委譲でも，中央ガードがきびしく，戦前，ほとんど成果をみなかった。

府県経由の許認可権の委譲もすすまず，道路・衛生・建築行政でも，警察行政で都市自治体は，主要権限の欠落という事態に悩まされた。

第2に，三部経済制など，大都市財源の防御機能の新規の改革はみられず，逆に大都市財源の喪失がつづいた。明治初期，貿易五厘金の創設は，政府による措置であったが，三部経済制は自治体の運動の成果で，制度改革にちかい政策型経営の導入である。

第3に，制度改革ではないが，公益企業の公営方式，築港のポート・オーソ

リティー，市長公選制など全般的抜本的制度改革は不可能でも，個別施策との政策実現は不可能でない。

ただカリスマ市長にしても，中央政府と対決してでも，都市づくり・都市経営の創造的破壊を実践する意欲は希薄であった。既存システムの枠組みのなかで，個人的才覚による施策操作で満足していた。

第4に，地方自主資金改革の市設貯蓄銀行創設をみても，もっとも市立貯蓄銀行の創設にしても，六大都市で陳情をしたが，大蔵省に無視されたままで，結局は諦めている。民間銀行への出資による実質的市設貯蓄銀行化を図っていく，「行政の狡知」を働かすべきである。メインバンク制は，表の金融施策であるが，裏の零細預金の公共化施策も有効で地味な効果を忘れてはならない。

第2の対応が，財政改革であるが，行政改革と同様に，税源配分の是正・補助金の確保・地方資金の獲得などすべてにあって成果はみられなかった。制度改革は不可能としても個別の財政自主権の拡大・市債許可の改善・補助・負担金の公平化なども，改革はあまり実現しなかった。

第1に，都市自治体として，地租改正として，地租賦課の実勢地価課税はなんとしても実現したい政策経営の対象であった。しかし，昭和期になると，両税委譲の挫折，府県税拡充・市税圧縮，財政調整措置の適用，公営電気の国家買収と，都市財政は急速に崩壊していった。

第2に，個別の法定外普通税の申請の動きをみても，後藤新平・関一の都市経営も事業型経営であり，都市自治体が，政策型・事業型経営を駆使し，現地総合性を活用する実績を，残すことはできなかった。戦前都市経営の限界がみられる。

陳腐な受益者負担金と国庫補助金方式だけでは，結果として都市財政への負担転嫁がすすみ，最終的には細民重課的なシステムとなる。法定外普通税創設による政策型経営が，どうして必要であったが，実績はわずかであった。[8]

第3に，横浜・神戸築港の直轄事業負担金をめぐって，港湾施設収益配当金の設定に成功した。もっとも予想どおりの成果が獲得できず，「政府交渉力」の甘さが目立った。都市自治体の政策能力の欠如から，現状では都市整備は，苛斂誅求・細民重課となるので，辛うじて起債主義による資金調達で，住民負担

第1節　明治後期の都市経営と都市政治の再生　225

を間接的に緩和し，先行整備のメリットに享受するのが精一杯であった。

　第4に，政府も地方財政拡充の方策として，市区改正での特許命令分担金・入府税，都市計画法の土地増価税などの創設を試みたが挫折している。しかし，都市自治体も政府頼みでなく，築港事業における入港料，都市計画事業における宅地開発税などの法定外目的税の創設をめざすべきであったが，法定外普通税の歩一税・遊興税などがみられる程度であった。

　第5に，報償契約は，"権限なき行政"の典型的事例であり，戦後，公害防止協定・宅地開発主導要綱で大きな成果をあげた。戦前，報償契約は，この伝家の宝刀というべき，行政手段を発動した，都市自治体の唯一の事例となった。

　埋立地への賦課金・国有地への受益者負担金など，法制化が不可能であれば，「権限なき行政」で対応すべきであった。水道敷設負担金とか暗黙の寄付金とか，「行政の知恵」を働かせて，適用を試みる勇気をもつべきで，失敗してももともとである。

　第4の類型が，事業型（調整），施策型（選択），政策型（改革）の融合型行政で，外部・内部情勢に応じて使い分ける柔軟性臨機応変性が求められる。都市自治体は，正攻法による制度改革は不可能としても，事業・施策型経営で政策型経営効果を達成し，実質的な制度・システムの変革を達成することは不可能でない。

　第1に，公共デベロッパーは開発利益の公共還元，公営企業は集積利益の公共還元であった。本来の都市経営戦略として，公共デベロッパー・公営交通の連携による宅地開発が理想のシステムであったが，戦前は実現されず，戦後にニュータウン事業で実現をみた。

　事業型経営の理想は，個別事業の効率化でなく，公共投資・公共デベロッパー・公営企業・社会サービスなど，すべてを含めた複合経営体（コングロマリット）として，都市経営を展開し，現地総合性の威力を発揮することにあった。

　第2に，事業型経営は，単なる事業効果だけでなく，政策効果も期待できる。土地区画整理事業は減歩分で，開発利益の公共還元を実現した。このことは実勢地価課税を部分的に実施したことになる。

また組合施行の耕地整理事業は，減歩率1割以下の粗悪な土地整理として批判されたが，補助金はわずかな支出で，最低でも巨額の公共還元を実現し，実質的な譲渡所得税税を実現したといえる。[9]

　第3に，政府官僚は，都市計画法による道路整備成果を誇示しているが，実際は土地整理とか公営交通の繰入金とかの支援の賜物であった。政府は錯覚し自己満足し，制度設計の拙劣性は棚上げされた。実際，都市計画法は単なる事業施工法でしかなかった。道路事業が進捗したのは，施策経営を活用し，政策経営の効果をもたらした，都市経営戦略の結実であった。

　これらの施策・事業における市長能力の実績，都市経営における事業実績をふまえて，市長能力・業績評価となるが，短期政権では実績はあげられず，後藤市長の本来の能力と実績とは大きく遊離する結果となった。

注

（1）市長の経営能力については，高寄・前掲「神戸近代都市」146〜151頁，高寄・前掲「明治地方財政Ⅵ」33〜45頁参照。

（2）水上神戸市長は，混迷する築港計画を，卓抜した政策立案で方針を定め，大蔵省主導の築港へとこぎ着けた，リーダーシップは高く評価されるべきである。築港の経済効果を試算し，築港費収支を政策科学の手法で立証している。神戸築港のビジョンは，事態打開のため方策であったが，激しい反対に直面する。水上市長の場合，兵庫県・大阪市・内務省といった官庁セクショナリズムからの抵抗であったが，元老の活用という超官庁勢力を利用して鎮静化に成功している。水上浩躬『神戸港の現状及改良策』（以下，水上・前掲「神戸港改良策」）については，高寄・前掲「神戸近代都市」202〜215頁参照。

（3）神戸市のケースでは鳴滝市長は水道建設，坪野市長は教育改革，水上市長は神戸港築港と，それなりに明確な目標をかかげていた。しかし，特定目的に絞り事業・施策は成功しても，大都市行政という総合評価からみれば問題があった。ことに坪野市長は，教育行政に極端な傾斜がみられたが，築港問題を兵庫県に丸投げし，長期混迷の原因をつくってしまった。水上市長は，神戸港築港という，特定目的に絞っいたが，築港事業の目途がつくと，任期なかばで勇退し，港湾行政偏重の弊害を未然に防いでいる。

（4）人事行政については，前田・前掲「東京市の人事行政」『都市問題』第15巻第4号頁参照。

（5）源川・前掲「東京市政」109〜136頁参照。

（6）都市経営の類型については，高寄昇三『新地方自治の経営』20〜39頁参照，以下，高寄・前掲「新地方自治の経営」。

(7) 事業型都市経営の公共事業にあっても，施策・政策型経営が欠落していれば，都市経営も片肺飛行で目的達成は限界がある。それは「独逸を初め外国の都市では，法律で禁じないことは大概都市の自治に任せ，而して都市の事業については成るべく之を保護援助する方針を採って居るが，日本では全く反対で，何でも彼でも唯無闇に干渉して事務の進捗を妨げる」（小川市太郎『大都市』340頁，市民叢書刊行会1923年）ので，その拘束・統制をかいくぐっての実施となる。都市が困惑するのは内部干渉だけでなく，内務省全体としては，支配的思想は農本主義であり，思想的体質的に都市経営とは相容れなく，事業型経営では，単なる予算消化だけともなりかねないので，政策型経営の意図・機能をもった事業施行，たとえば公営交通にみられる集積利益公共還元をもたらす事業型経営をめざすべきである。

(8) 東京市をみると，明治24年，東京馬車鉄道に対する特別税賦課を決議するが，内務・大蔵大臣によって拒否されている。前掲「東京都財政史上」336〜371頁，有望な歩一税の成立も難航した。もっとも大阪（明治22年度）・京都（明治27年度）・神戸市（明治26年度）は，法定外普通税の歩一税創設に成功しているが，東京市はなぜ認可されなかったのか，原因は不明のままである。

(9) 神戸市の西部耕地整理組合への補助は5万円であったが，減歩によって352万円の無償公共用地を獲得している。市内全耕地整理組合の50万円補助をすれば，減歩率5％アップとして，約176万円開発利益の公共還元となる。川島右次『神戸西部耕地整理組合誌』（同組合1925年）112・128頁，高寄・前掲「神戸近代都市」334・339頁参照

第2節　政党政治の台頭と市長の経営実績

東京大物市長と短命政権

東京市長は，首都の市長として，全国の模範となるべく期待された。たしかに戦前，憲政の神様・尾崎行雄，8億円計画・後藤新平など，知名度が抜群の市長が就任しているが，東京市政は「市理事者の無能，市会議員の腐敗，市民の無関心という三つ巴の関係において，無為無策のままに推移し」[1]と酷評され，政党・官僚化の弊害が肥大化していった。

第1の視点として，戦前，東京市政の特徴をみると，第1に，「政党政治の市政支配」である。東京市は首都として，中央政治の影響をモロに受けた。阪谷・後藤新平も例外ではなかった。さらに中央政党の異変が，ただちに東京市政に

波及しやすい地勢的条件があり，中央・地方政治という，2つの政治変動の影響で，市長の地位は，頻繁な首のすげ替えが行われた。

第2に，「官僚市長の現状追随型行政」である。東京市長の経歴は，初代松田・2代尾崎・16代頼母木・18代岸本以外は，すべて官僚出身であり，ことに内務官僚が目立った。疑獄続発があっても，官僚市長は政府へ制度改正の交渉すらせず，まして市会は市政刷新のため民間人を選任し，行政体質・政治構造を刷新する意思はなかった。

また行財政改革をみても，後藤市長の人事行政刷新は，市会介入の排除をめざして，助役以下吏員の内務官僚化をすすめたが，効果がなかっただけでなく，市吏員の犠牲が大きかった。[2] しかも後藤新平が辞任しても，後藤閥が市長の椅子を継承する事態は，どう見ても市長ポストの私物化ある。

第3に，「短期政権の市政混迷」である。市長・助役の官僚化によっても，党弊は淘汰できず，市長主導型も形成できず，市政の政党・官僚化は宿弊化していった。もっとも市民による市政運動も頻発したが，実績はあげられなかった。

政治変動による理不尽な市長辞任劇に抵抗する，市長は西久保市長だけで，官僚市長は事前に政治劣勢を察知し，小数与党下の苦難の市政を嫌い，名誉ある退任で厳しい市政から逃避という賢明な選択が多くみられた。

また永田市長のように，市会独断の人事に対して，義憤にかられてとか，面子を重んじるとか，市政継続性より個人的事由で辞職しているが，震災復興事業の最中であり，市長責務への軽視の謗りは，免れないのではないか。[3]

第4に，「大物市長のデメリット」で，短期政権の要因であった。大物市長就任は，とかく噂のある市会を抑えるため，また首都としての市長は，大臣級でというこだわりがあった。

大物市長は，市長を退任しても，自己の能力を活かす役職をすぐ見出せた。例外はあるが，市長就任時から本腰をいれて，市政に専念する意欲をもっているか疑わしい。しかも名誉ある官職とはみなしておらず，困難な課題に直面すると，簡単に市長職を投げ出した。市会と全面対決し，東京市と心中するつもりはさらさらなかった。

その意味では奥田市長のように，電気事業調整に身命を賭して，心労で病を

得て殉職するのは例外であった。制度的に弱い市長というハンデがあったが，不安定な市政の要因は，市長自身の市政への犠牲的精神の欠如も一因であった。[4]

第5に，「市政経営方針の不確定」である。明治22年，東京市区改正事業が実施されたが，公共投資事業計画であり，都市経営の実施としては，企業的性格は希薄であった。しかし，明治30年代になると，水道・交通事業が浮上したが，東京市政は，公営交通を断固として創業する経営危機感を，市長・市会が共有する政治風土を醸成できなかった。

実際，星亨一派の民営論に翻弄され，利権土壌が培養されていった。都市企業化で味をしめた政党が，このおいしい利権構造を手ばなすはずがなく，政党・議員利害のため，市政を損なう行為が平然と行われる，政治汚職の土壌が繁殖していった。

東京市長で市政方針を設定した市長は，「8億円計画」の後藤市長だけであったが，政策ビジョンより，事業ビジョンの性格が濃厚であった。「8億円計画」は後藤市長が提唱したものであり，市会と協調して実現への努力をする，行政プロセスをたどっていなかった。

第6に，「危機・緊張感なき政治行政風土」である。大都市であるにもかかわらず，東京市は企業化が混迷し，市長・市会の協調関係は形成されず，東京市会は疑獄の連続であった。要因は，特例市制期は，市会のみが市政機関で，参事会の存在もあり，市長より議会が，主導権を付与されているとの，過った自負心を抱いていた。[5]

そこに星亨の政党ぐるみの利権浸透が忍び寄ると，市会の資質は堕落していった。このような政治劇をうみだす土壌のもとでは，中央の政治には関心をもつが，東京市政について無関心といった，市民の意識が広がり，郷土愛の欠落した市政風土が培養されていった。[6]

東京の都市づくりをみても，政府主導であり，議員・経済人すら政府依存性が濃厚で，地域社会の独自性が育つには不毛地帯であった。[7] カリスマ市長であっても，この風土のもとで，世論を背景にして，市会と対決を決断するにはためらいがあった。

歴史的に見ても，大阪市の方が，大阪瓦斯事件・市電路線変更問題といった
市政危機にあって，市民の支援は東京より強烈で実効性のある運動成果をみて
みる。東京市政は，制度・運用・精神にあって，疾患をかかえて多難の運営と
なった。

　第2の視点として明治後期市長の実態・実績をみてみる。初代市長松田秀雄
（明31.10～36.6，1898～1903年）の経歴は，弁護士，明治12年神田区議，13年
府会議員，22年東京市会議員，23年市区改正委員，市参事会，24年府会副議
長，27年市部会議長，29年衆議院議員，30年東京府農工銀行頭取となってい
る。特別市制末期であり，廃止運動の中心として活躍した。

　このような経歴からみて，「一貫して東京市の中枢にあって，東京市のために
尽力した人物」[8]と評価されている。選出過程では，政治的な目立った動きは
なく，「最初の市長には無難な人間をあてておこう」[9]という意向があり，地
方名望家が選任された。

　第1に，松田市長の不運は，「市政がもっとも紊乱した時期で，……中央の政
争が首都東京の政治に及んだ」[10]時期であった。制度上，国会議員との兼務
が可能で，政党介入を助長していった。たしかに運悪く星亨が，明治32年5月
に市会議員となり，東京市に介入するが，松田市長は政党のバックもなく，対
抗力不足であった。しかも内務省の調整・支援もなされなかった。[11]

　星亨の意図は，憲政会が主流である東京市会に，自派の政友会勢力拡張を図っ
ていくため暴力・収賄もいとわず，その一方，利権行為で資金を肥やしていっ
た。その結果，汚物掃除請負汚職・水道鉄管汚職が発生する。[12]

　第2に，松田市長の政治責任・行政能力が問われたが，市政の内部政治力学
をみても，制度的に弱い市長を放任してきた，内務省の行政怠慢の方が，責任
ははるかに重い。制度的に弱い市長を，内務省はかばい支援するのが，内務省
の雅量といえるが，実際は冷遇し，東京市政を混乱させたのは，監督官庁とし
て内務省の背信行為ともいえる。[13]

　注目すべきは，市政を揺さぶる汚職が発生し，市民集会も開催され，市政腐
敗を弾劾するが，制度改革に連動する成果・実績は残せなかった。[14]内務省・
市長・参事会・市会といった，多元的支配構造で，松田市長は予算をめぐる紛

第2節　政党政治の台頭と市長の経営実績　231

糾を調整できず，あっけなく辞職に追い込まれた。[15]

　第2代市長は，尾崎行雄（明36.6〜45.6，1903〜1912年）で，その経歴は，新潟新聞主筆・郵便報知論説委員，明治23年三重選出の衆議院議員となり，民権党として政府を攻撃し，名声を博していった。その後，憲政党で文部大臣・立憲政友会総務委員となったが，36年政友会を脱退している。[16]

　要職を離れた尾崎を，憲政本党・政友会の友人らが，東京市長に推薦し，市会で選出されている。就任当時の東京市は，ますます政党の利権行為が激しくなっていた。明治34年星亨は惨殺されいなくなったが，その残党一派に占拠された感があり，「尾崎はこの紊乱した市政の立直しを期待されて東京市にのりこんだ」[17]が，清廉潔白だけが取柄の政治家では，ミイラ退治が逆にミイラとして利用されるだけだった。

　要するに「尾崎の指導力は弱く，市会が参事会を完全に掌握し，参事会員・議長・常設委員が中心となって行われる市政」[18]であり，尾崎市長は「弱い市長」の被害者であった。

　尾崎市政をみると，第1に，尾崎市長の功績として，地方外債で市区改正事業の財源を調達し，事業実施を推進していった実績，また明治44年，同じく地方外債で民営交通買収が功績とされている。

　しかし，買収過程で政党は職権を悪用し，株価操作での利権行為によって，巨額の"見えざる損失"が発生していたが，市長の政治手腕の欠陥として，見過ごしてならない事実である。

　それでも政権は，維持していったが，「その末期，下水道改良工場の国庫補助の額で裏切られ，……さらに『百万燈計画』と呼ばれた電気事業計画を政府が承認しなかったため」[19]，辞職の引き金となった。

　第2に，尾崎の行財政手腕について，「複雑多岐の様相を示してきた大都市の行財政問題の解決には彼の手にあまるものが多かった」[20]と，理念的政治家の実務調整能力の乏しさが指摘されている。さらに東京市長として8年の長期政権を担当したが，激動の成長期であり，「市長の決断」の遅れが，後遺症となって，その後の東京市政に重くのしかかった。

　それでも長期政権であったのは，政友会会派としては，傀儡政権として利用

価値があったからで，あえて辞任を求めなかったのではないか，その卑近な事例が民営交通買収の長期交渉・割高な買収価格であった。[21] そのため長期政権下で，市政は「タマニー・ホール」化し，汚職の温床と化していった。[22]

注

（1）赤木須留喜『東京都政の研究』68頁。

（2）市会の人事介入阻止のため，「後藤市長の英断によるかの有名な大量馘首と，内務省閥の東京市高級吏員への導入は，たしかにこれまでの東京市役所とは異なる有能な人材をもって市政にあたらせることになった」（前掲「東京百年史Ⅴ」1219頁）が，その代償は大きかった。「その後も内務省系官僚の東京市役への天降りを慣例することになった。その結果は，市長更迭のたびにこの慣例は受けつがれ，東京市吏員の昇進の道が部分的にせよ鎖ざされる」（同前1219頁）ことになった。人事改革としては人員削減・天下り人事という事実だけでは，角を矯めて牛を殺す結果となった。

（3）東京短期政権の状況・原因については，前掲「東京百年史Ⅴ」1213～1219頁参照。

（4）この点については，阪谷・後藤新平のように，カリスマ性のある市長であっても，短命政権では，当然，その威力も発揮できないままであった。結果として市会に牛耳られる，最大の要因となった。大物市長への期待感といっても，多分に官僚への信奉性で，官僚の地位が，市長として適格者で，都市経営能力があるとは必ずしもいえない。国政と市政とは異質の行政であり，役職とか肩書きがものをいうポストではない。むしろ逆で市長であっても，中央省庁・府県の属僚に頭をたれ，膝を屈して懇願する屈辱を，市民・市政のために耐え忍ぶ辛抱ができるかどうかであった。中央省庁の壁が厚いといっても，政策的には市長サイドの要求は正当性があったが，実現できなかった。原因は，市長としての熱意の問題ともいえる。東京市として折角，大臣経験者を就任してもらったが，なんらの見返りがなく，大きな失望感を禁じえなかったであろう。

（5）東京市長について，「市会人は市長を行政執行の最高責任者とは見なかった。たかだか，市会会派の利益を還元する代理人としか考えていなかった。したがって．代理人の役割をはたないことがわかるとすぐに市長の退陣を策謀した」（中邨・前掲「東京市政」158頁）と，市会の行為は非難されている。

（6）東京市の政治体質・風土については，高橋清吾「市政浄化の方法について」『都市問題』第8巻第3号16・17頁参照。

（7）自治・地域意識は貧弱な状況は，「通俗的に言えば，左右を見る眼よりも，上を仰ぐ眼をもつ，或る意味では国政の権力に敏感に反応する，東京人に仕立てられることになった」（東京百年史編集委員会『東京百年史第3巻』4頁，以下，前掲「東京百年史Ⅲ」）のである。結果として市民も「市民階級というものが独自にまとまるところまで成長しなかった事情にもよる。けれども，またそうした市民階級を育てにくいような，国家，官権の東京市の掌握の仕方によった」（同前179頁）のも原因とい

第2節　政党政治の台頭と市長の経営実績　233

われている。

（8）前掲「東京都財政史上」418・419頁。

（9）前掲「東京百年史Ⅳ」188頁。

（10）「東京都財政史上」418頁。

（11）このような東京市政の停滞は，監督官庁の内務省との間に円滑性を欠いたことも要因で，内務省は市会で否決した川崎電気鉄道の決議を無視するとか，内相・次官が，市長との面会を拒絶するとか，「市と内務省とは事ごとに意思の齟齬を来たした」（前掲「東京百年史Ⅲ」165頁）が，松田市長の政治力不足とされた。

（12）東京市政初期の政治状況については，桜井・前掲「帝都東京」33～39頁，前掲「東京百年史Ⅲ」114～175頁参照。

（13）内務省にしても，東京市の醜態をみれば，政党の利権行為を途絶させる制度改革なす責務がある。現状を松田市長の政治力貧困にして片付けるのは，行政の非政党化を常套手段としてきた内務省の方針にそむく行為である。政党の野心を阻止する，制度改革の好機であるが，なんらの改革もなされていない。中央省庁は，監督権を私物化し，改革のために中央統制を放棄する意図はさらさらなく，強い市長のため，議会解散権を市長に譲ることはまずありえない。それならば府県知事の原案執行権を，市長にも認めるかというもそれもしないし，参事会も廃止しない。意図的に制度設計の拙劣性を放置し，都市行政の劣化を黙認しておきながら，内務官僚をぞくぞくと東京市長に送り込んだが，市政改革の意図ではなく，単なる利権ポストの獲得だけで，政党と行動原理は同じで，内務省の劣化も市政混乱の一因を免れない。

（14）田口卯吉・谷干城などが，市政紊乱を告発する市民集会を開催する。結果として，市内汚物掃除請負・水道量水器納入・ベルギー国水道鉄管会社の違約金支払・日本鉛管製造株式会社の水道鉛管納入などの事件で，市議が刑事告発される。しかし，市会浄化はすすまなかった。政友会内閣の逓信大臣であった，星亨は大臣職辞職で起訴処分は免れたが，明治34年市参事会室で斬殺される。

（15）松田市長の辞職は，30間堀埋立問題で，市区改正事業で最低50万円と定められていたが，49万7,000円であった。市会は先の埋立費を削除したので，内務大臣は復活を命じたので，市参事会は明治36年度予算を修正したが，市会は，参事会は市会が否決した予算を実施すべきでないと決議し対立した。この背景には32年，鉄道納付金問題で良識派と目されていた田口卯吉・渋沢栄一らが辞職し，後任には星派の市会議員が就任していた。これを不満とする反星派が結束して対立が深まっていたのが，露呈した。この対立で進退窮まった松田市長は，引導を渡される。それにしては松田市長は，混乱期にもかかわらず，4年8か月という長期政権であった。

（16）尾崎市長については，尾崎行雄『咢堂回顧録下巻』（雄鶏社1952年）相馬雪香等『咢堂尾崎行雄』（慶応義塾大学出版会2000年），前掲「東京都財政史上」466～469頁，桜井・前掲「帝都東京」44～52頁参照。

（17）前掲「東京都財政史上」468頁。

（18）桜井・前掲「帝都東京」44頁。

（19）前掲「東京百年史Ⅳ」188頁，桜井・前掲「帝都東京」150・151頁参照。

（20）前掲「東京都財政史上」469頁。
（21）民営交通市有化にともなう，株価操作と尾崎市長の拙い対応については，東京都交通局『東京都交通局60年史』99頁参照，以下，前掲「東京都交通局60年史」。なお東京市街地鉄道の株価変動については，高寄・前掲「公営交通史」243・244頁参照。
（22）議会の利権的行為は，明治末期の民営鉄道買収では，犯罪行為として訴追されなかったが，脱法的利権行為であり，人事介入・経理幹旋などいわゆる "口利き" 行為も，実質的には違法であったが，日常茶飯事であった。しかし，不祥事となった事件にも事欠かなった。東京市汚職・疑獄の論評としては近藤操『市政と与論』（森山書店1936年）など多数みられる。

官僚市長の定着と政党介入

　第3の視点として，大正期の東京市長の実態・実績をみると，東京市会は一転して官僚市長を選出するが，その要因は，市政の企業化・官僚待望論・東京市の面子など複合的先入観があった。第3代市長阪谷芳郎（明45. 7〜大4.2；1912〜1915年）は，大蔵省主計局長・大蔵次官・大蔵大臣を歴任した大物官僚であった。選出は常盤会という派閥の会合で決定し，市会の全員一致であった。[1]

　しかし，渋沢栄一は，娘婿の阪谷芳郎が，伏魔殿といわれる東京市の市長就任について，「東京の怪奇で混乱した市政を，どのように浄化できるか，はなはだ疑がっていた」[2]と危惧していた。東京市政の癌は，党弊とみなした炯眼はさすがであるが，阪谷芳郎は無防備で東京市長に就任する。

　阪谷芳郎は「唯タ江戸子二百万一致ノ頼ミ」とあらば，との気概で就任している。世間は財政のエキスパートであり，東京市政の改革断行を期待されたが，得意の財政改革の方針も提唱されず，自己の経歴と才覚を信じ，与党の常盤会の協力を前提条件として，市会と対応していったが，東京市政は一筋ではいかなかった。[3]

　阪谷市長の東京市政をみると，第1の課題は，行財政改革であった。第1に，改革のビジョンの明確な施策は示されていない。明治45年10月に「大正2年度東京市予算編成其他市政」が，印刷物として公表されているが，課の統廃合から道路下水道工事の効率化までの26項目の運用改善方針の羅列であった。

　阪谷市長は，財政のエキスパートであれば，東京市財政の矛盾・欠陥・危機

をまとめ，後藤新平の「8億円計画」に匹敵する，「財政改革方針」を策定して，市民・マスコミ・議員・職員・中央省庁にも，改革のビジョン・課題を示すべきであった。[4] この点，横浜の市原市長のように華々しく，市政方針を打ち上げ，世論形成をする戦術を弄するのは苦手であった。

第2に，行政改革をみると，減量経営で冗費削減に努力し，成果をあげている。明治45年146万円の役所費が，大正2年度92万円に激減している。また行政整理で98人減をみている。さらに組織・機構の再編成も，かなり実施しているが，改革の重要な戦略は，市内部の実施能力の向上で，意識改革をうながす効果で，減量化はあくまで手段に過ぎないという認識はなかった。

第3に，財政改革としては，営業税付加税・家屋税付加税・地租割を，商業振興の目的で減税しているが，大阪市との比較では，負担格差は縮小せず，減税は誤謬の選択ではないか。改革にはむしろ法定外普通税創設・超過課税制限撤廃などをめざす，政策型増収策がベターな施策であった。

第4に，人事改革では，学歴のない下級吏員で，才能のある人物の昇進に努力しているが，むしろ助役人事にあって，阪谷市長は，「助役を文官高等試験合格者から登用し，市役所規律の確立に努めるなど，人事の官僚化・事務の合理化を推し進めた」[5] が，助役官僚化という慣習の導入口となった。

しかし，このような助役人事は，「市会が執行部に対して大きな影響力を持つ状況から，市会と執行部が相対的に独立する方向（その最たるものが市執行部の官僚化）へ歩みはじめた」[6] と評価されている。しかし，都市行政の専門官僚化といっても，肝心の政党化を根絶しなければ，官僚化の専門能力も発揮できない。

第2の課題は，東京築港計画で，阪谷市長はロンドンを模範として，産業都市の強化をめざし，150万坪の埋立で港湾機能を拡充する構想であったが，公営企業問題がこじれ，実現できなかった。[7]

第3の課題は，公営企業問題であった。阪谷市長の当面の課題は，ともあれ尾崎市長が，電気事業公営化を達成させたので，その経営拡充・健全化であった。その方策は「市当局は電気軌道事業に生ずる可能性のある欠損を，収益率の高い電気供給事業で埋めていく構想」[8] の経営戦略であった。だが甘い見通

しのもとで，積極的施策で電気事業再編成をめざした。[9]

　この経営戦略は，第1に，「政府が電気供給事業の計画を大幅に縮減したため，当初から財政計画の基盤を失うという苦境に立たされてしまった」[10]が，阪谷市長就任後，46万燈の認可があったので，実施に問題はなくなった。阪谷市長は電気・交通事業について「両事業ヲ通ジテ之ヲ見ルニ，公債ノ元利償還ニハ，毫モ支障ヲ生ゼズ」[11]と強気であった。

　第2に，大正3年には政治情勢にあって野党勢力が台頭し，電燈料金軽減の議決をする。しかし，電気3社の競争・競合状況をみると，料金引下げは自殺行為で，市会の稚拙な要求でしかなかったが，市長追求の政治的手段であった。

　阪谷市長は普通経済での補填は，応益原則から不合理であると拒絶する。しかし，この正論は対市会関係では，マイナスとなった。反対するにしても時間を稼ぎ，調査資料を示し，相手も調査会に引きずり込むといった，老獪な策謀が，のぞましい交渉術であったが，料金問題の主導権を，市会に握られてしまった。[12]

　第3に，料金問題の窮地を脱却するため，阪谷市長は一足飛びに三電統一を画策する，買収財源の限界からみて，公私共同経営形態を想定していた。しかし，買収は民間電気会社との交渉が難航したが，東京電燈を3,510万円，日電電燈を600万円で買収が成立したが，「浅草発電所の評価についての意見がくい違い」[13]という些細な点で挫折し，政治紛争の犠牲となった。

　政権与党が安定している場合，些細なミスは政治的致命傷にならないが，野党勢力が多数派の捩れ状況では，政治的意図をもって針小棒大に行政ミスとして追求され，施策は崩壊をたどる。神戸の桜井市長も，同じ大蔵官僚であったが，行政手続きミス（293頁参照）で辞職をしている。

　第4に，料金・買収問題は簡単でなく，辞職する必要はないが，就任当時の政治母体の常盤会が，大正3年の選挙で惨敗し，新たに絶対多数となった市政倶楽部は一枚岩でなく，内紛が続発していった。結局，電力統合という無理な課題に自ら飛び込み，自滅の引き金となり辞職となった。

　第4の課題は，市会・政党対策であった。第1に，政治生命としては，政策・施策より，市会との関係が命取りとなった。阪谷市長は市会議員が1人でも反

対すれば，市長辞職の意向で自信過剰気味であったが，与党の常磐会の絶対多数が崩壊し，市政はどうあがいても進展しない状況になった。

第2に，市会の要求は，強引な言いがかりで，短期での問題処理は無理難題で，世論は市会を非難したが，阪谷市長は泥臭く，市会と対峙し，次善の策で反転攻勢の転じるといった，粘りはなかった。[14]

第3に，官僚市長として知性はあったが，政治家としては，権謀術数を駆使し，政権に執着し，反対政党に抵抗する粘着力・闘争力といった，野人的資質が欠けていた。阪谷市長の政治力は，星亨・原敬といった政治家と比較してみてみも遜色は否めなかった。[15] 阪谷市長は，尾崎市長と同じ電気問題でつまずき，前車の轍を踏む悲運に見舞われた。[16]

第4代市長は，奥田義人（大4.6〜6.8；1915〜1917年）で，農商務次官・法制局長官・文部大臣・司法大臣を歴任して，東京市長に就任した。注目すべきは内務官僚ではなかった。[17]「学問的見識と同時に事務的政治的才幹をあわせもち」[18]，その行政手腕は高く評価され，実際，その期待を裏切らなかった。

第1に，奥田市長は，市長就任に先だって，東京市政の癌ともいうべき，市会対策を重視した。電燈問題を解決のため，従来の市会議決の破棄を要求し，市長の市会・参事会に対する優位な状況をつくりあげていった。

この点，阪谷市長は，自己の政治・行政能力を過信し，市長受諾の条件として，市会対策は不十分であった憾みがあった。

第2に，事務的能力は，毎日，担当課長からレクチャーを受け，「市政全般と個々の実情を研究し，真剣にその対処法をさぐろう」[19] としていた。奥田市長は，電気軌道事業の経営問題からみて，運賃値上は不可欠と訴えて，激論の末，大正5年7月可決をみた。片道4銭から5銭となったが，政策科学と政治的配慮で実現をみている。[20]

第3に，三電紛糾については，政策科学をベースに市有・民有・協定の3方法のメリット・デメリットを，専門家・有識者による参考案を作成し，公表し世論に問う方策をとり，協定に有利な状況をつくりあげている。市会・電力会社を正面突破でなく，世論という第三者の支援を背景した，交渉術を駆使していった，巧妙な対応であった。

奥田市長は，最終的には東京電燈・日本電燈・東京電気局との間で，供給区域を決定する「三電協定」を，大正6年に実現させた。[21] その下地づくりとして，奥田市長の地道な市政研究・情報収集といった努力の積み重ねがあった。奥田市政は華やかさに欠けるが，政策科学・行政民主化の定石を踏まえた対応が，困難な三電協定を締結に漕ぎつけた。

買収・公営といった方式でなく，現実的な解決策であった。協定方式は，大正2年に京都市が，京都電燈会社との間で成立させた方式の模倣であるが，巨大団体の利害錯綜した状況でもまとめた，行政手腕は高く評価された。この交渉の心労のためか，奥田市長は，退職後，殉職に等しい病死で生涯を閉じている。

第5代市長田尻稲次郎（大7.4～9.11；1918～1920年）は，大蔵省主計局長・貴族院議員・会計検査院長をへて，市長に就任している。築港・市電・社会事業拡充をすすめたが，従来の都市整備から生活救済への行政転換期の市長であった。[22]

田尻市政は，就任直後のガス料金値上げは，市会・市民の反対を抑えて，半額値上げを認めたが，東京瓦斯との紛糾はつづいた。[23] 大正7年の米騒動も積極的に処理し，市電ストライキも乗り切り，順調に推移していった。

市長生命を脅かしたのは，砂利事件・瓦斯事件といった疑獄事件の続発で，足元の政治・行政基盤が崩れ，予想外の事件で失脚を余儀なくされている。市会議員の汚職という，市長として責任のない事件も，東京市は有能な市長を失う損失は，計り知れなかった。[24]

第6代市長後藤新平（大9.12～12.4；1920～1923年）は，下巻で詳しくふれるが，内務省衛生局長・台湾総督府民政長官・満鉄総裁をへて，逓信・内務・外務大臣を歴任した，超大物であった。疑獄事件後の東京市会は，満場一致で，後藤新平を迎えて，市政刷新を期待した。[25]

第1の論点として，後藤新平の東京市長就任の背景・対応をみてみる。なお「8億円計画」の評価は，下巻で関東大震災との関係で大正期に試みる。第1に，後藤新平は，総理大臣候補であったが，なぜ東京市長を引き受けたのか，周囲は反対した。「東京市政は伏魔殿と呼ばれ，利権と党争の錯綜するところであっ

た。しかも市長の権限は著しく制約されているため，これまで大臣級の多くの政治家が傷ついていた」[26] という曰く付きの都市である。

　それでも就任したのは，実力発揮の場として，都市づくりへの熱情に動かされたのであろう。そのため敢えて「一生一度国家ノ大犠牲トナリテ一大貧乏籤ヲ引イテ見タイモノ」[27] という決意で乗り込んだ。たしかに「東京の中に，日本の直面する問題が凝縮されていた」[28] からであった。この選択は誤っていなかった。

　第2に，後藤新平は，市政運営の困難を覚悟して，就任にあたり対応策として，元老山県と首相原の諒解を取り付け，さらに原首相とは，数時間にわたり密談をかさねている。東京市政の運営には，政府の支援が不可欠であったからである。[29]

　このような対応は中央政治の変動によって，東京市政が脅かされ，後藤市長は窮地に立たされる状況を予測すべきで，政治工作とすれば市会対策がより重要であった。政治的中立であれば，中央政党の如何にかかわらず，「市長の決断」「職員の知恵」で，ある程度の都市施策は実施できるが，政治対応を誤ると致命傷となる。

　第3に，市会の窮地に乗じて，後藤新平の登場は，「市長推薦による助役を市会は無条件に承認し，助役は市長に殉じるようになり，その助役はほとんど官僚出身者となる。……そして参事会は，全く形骸化する」[30] といった，執行部優位の状況になった。しかし，政党サイドは，後藤新平の政党圧迫を回避しながら，一方，政党勢力温存の手を打っていた。[31]

　第4に，後藤市長は，施策実施の「障害は党争と官僚化である」[32] と確信していたが，その突破手段は「大胆な人事による組織の活性化であり，有力者の強い支持を得ることであり，そして大規模で科学的な調査を行って反対論を封じ込めることであった」[33] と考えていた。

　これら施策は内部行政改革として方針であったが，行政改革より市会改革への即効性のある措置が不可欠であったが，無策であった。

　第2の論点として，一般的行政の実績をみてみる。ともあれ後藤市長としては，市会・中央省庁対策として，本人はそれなりの手を打って，スタートさせ

240　第2章　都市経営の課題と都市政治の構図

た。そして歴代市長を悩ました公益企業問題は，一応の解決をみて沈静化しており，市会も汚職の後遺症で行政介入の意欲は減退していたので，後藤市長は，恵まれた政治・行政環境を活かして，活発な施策を実施できる目算がたてられた。

第1に，内部行政改革として，人事刷新・教育改革を断行している。[34] ことに教育改革が，長年懸案であった，学区統一であり，区相互の教育格差・負担不公平を根絶する大改革であった。

人事改革については，後藤市長は「まず人事刷新，能率向上など市役所行政の改善に努め，吏員の資質向上のため東京市吏員講習所を設けた」[35]，さらに電気研究所設置・衛生試験所拡充も行われた。

その一方で人心一新・能力向上といった人事改革は，大量の中央官僚の天下りとなった。[36] このような後藤新平の人事行政改革は，功罪相半ばするのではないか，吏員講習所にしても，後に幹部候補生養成機関と批判され廃止されている。さらに市会の人事への介入も，根絶されていない。

実態は情実人事に加えて輸入人事に，一般吏員は悩まされ，地方自治などは実感として，感じられなかったであろう。[37]

第2に，財政運営にあっても，行財政改革による経費節減・社会福祉施設拡充・道路事業遂行（3,900万円）・受益者負担制導入・下水道事業推進（2,000万円）などを計画している。財政改革ビジョンは策定されておらす，事業計画の付随的な財源対応策の域を出ない。

第3に，都市づくりあって，8億円計画が有名であるが，単なる構想で実施されたものでない。後藤新平は「8億円計画」をかかげ，都市専門官僚を助役にすえ，東京の大改造を一気に達成しようとしたが挫折した。[38]

第4に，後藤新平は市長俸給を寄付し，助役給与引上げの財源にするとか，大衆迎合的行為が目立ったが，制度・システム改革・改善といった，地道な成果は，学区統一以外は内部操作の域にとどまっていた。

第5に，肝心の市会対策については，改革の糸口すら内務省から引き出していない。後藤市政は，後藤市長の構想癖という大雑把な行政と，3助役の官僚体質による改革回避志向によって，外圧への抵抗力は意外と，脆弱であったと

第2節　政党政治の台頭と市長の経営実績　241

いえる。それでも一応行政実績をあげていったが、「8億円計画」は，原敬の死亡もあり頓挫し，新政権を掌握した憲政会に，「8億円計画」を無視され，閉塞状況に陥っていた。

　第3の論点として，後藤市長辞任の背景・要因をみると，第1に，政治的予測の誤算である。後藤流の対応策は，原敬の死亡・政友会の敗北といった，政治情勢の変化による中央省庁の非協力という，事態を予知していなかった。元来，後藤新平の自治論は，「政党政治が地方自治を破壊しつつあることを憂へ，自ら党争外に立って，自治制の完成と擁護とに当らんとした」[39]，言動からみても，啓蒙的政治家であった。

　しかし，原敬など政党協力を求めながら，政党から超越するのは，矛盾の選択であり，政治基盤は古風な有力者・政党依存であった。反政友会政権の誕生で，政治支援を得られない状況を，後藤新平は自ら培養していた。

　第2に，「8億円計画」の実効性への欠陥である。後藤新平は，この矛盾を市民サイドの意識啓発・運動支援という，得意技で治癒するつもりであった。[40]現に「8億円計画」でも，マスコミを活用して，おおいに宣伝に努めているが，世論だけで中央省庁許認可の，獲得の雰囲気はできても，現実に認可を確保するには，行政ベースでの詰めの甘さが否定できない。

　大風呂敷と揶揄されたのは，構想の規模でなく，構想実現の可能性への疑念であった。ことに時価税などは空財源といえ，政策科学を主張するが，その「8億円計画」の実施には，中央省庁の事業・財源認可という，現実的な行財政ベースの具体的政策案が不可欠で，市民運動は，この実践的施策の支援であるが，単なる世論の賛同だけでは，計画・事業は動かない。

　第3に，市政実施能力の貧困である。後藤新平の市長就任に際して，腹心の3助役を就任させたが，俊英の3助役は，財政官僚でなく，行政官僚であった。内務省に法定外普通税新設の打診とか，財源確保の工作を講じたか疑問であり，地道な権限・財源について，市長を十分に補佐したといはいえない。

　おおくの知識人・専門家を市政顧問に任命し，ビーアド博士の招聘など，市政の政策科学化をめざしたが，全体として構想は卓抜していたが，具体的な実施システム・行財政措置などは，必ずしも十分に中央省庁と検討を重ねたもの

242　第2章　都市経営の課題と都市政治の構図

でなかった。都市計画法の欠陥もあり，堅実な財政計画で裏打ちされなければ，「8億円計画」も机上演習の産物に過ぎなかった。

第4に，大物市長の市政への執着心欠乏である。後藤新平は，突然，辞任する。原因について，8億円計画が頓挫し，閉塞状況のもとで，市政運営について，政府・府の認可という，監督行政の煩雑に嫌気がさしたのではないか。

丁度，ヨッフェ招致問題で，内務・外務省関係が悪化し，東京市政の運営も難しい雲行きとなったので，この際，ロシア外交の改善という絶好の口実で，市長の椅子を投げだしたといえる。

貧乏くじを引く覚悟で市長になったが，地道な努力を回避し，退陣を選択した。東京市政はまたも，惰性的運営がつづく悲運となる。[41]

第7代市長永田秀次郎 (大12.5～13.9；1923～1924年) は，検事代理・中学校長・京都府警察部長・内務省警保局長・貴族院議員といった経歴であった。後藤新平の推薦で，後継者として市長になったが，経歴からみて小物とみられた。しかし，「あらゆる事業を網羅した後藤市長の，大風呂敷に中身をいれていくためには，もっとも適任と考えられた」[42] といわれているが，疑問である。

永田市長は能吏であり，震災救済対策も迅速に処理し，交通難打開のため乗合自動車市営化を決定するなど，困難な復興・救助事業をこなしていった。電気局長の後任人事で市会と対立する。

辞任の真相は明快で，「助役をはじめ市長配下の重要人事は，市会の選任により，諸会派の均衡の上に成り立つとしても，市長の意に反する人物が当選することは考えられない。過去にもそのような例は」[43] なかった。

特定議員の暴走が原因であるが，永田市長は即時辞表を提出している。震災復興事業の最中であり，市長就任わずか1年余で，復興事業を考えれば，市長個人は屈辱を耐えてもとどまるべきであった。[44]

第8代市長中村是公 (大13.10～15.6；1924～1926年) の経歴は，大蔵省をへて台湾民政長官・満鉄総裁・鉄道院総裁という，植民地行政が長く異色の官僚であった。その後貴族院議員となったが，後藤新平を担ぎだすことに失敗し，中村にお鉢がまわってきたが，大学同期の浜口雄幸の関係でもあった。[45]

震災復興事業以外にも，大正末期から昭和初期にかけて，多くの懸案が浮上

してきた。財政再建・普通選挙などにくわえて，瓦斯増資・築港京浜運河・卸売市場移転の権利調整・電車大争議など山積していた。

中村市長は，懸案事項を精力的に処理していったが，多くの懸案の解決は容易でなく，そこに政党勢力の変動による，政治基盤の動揺がみえだした。大正15年6月，突然，辞職した。理由は健康上としているが，憲政会による市政刷新聯盟が，改革運動を背景にして，定員88名中，52名の議席を確保したため，与党の市会会派が少数与党に陥落してしまったからである。

これまで支持母体の会派が凋落し，退任となった阪谷市長などの結末をみてきたので，機先を制しての辞職を選択した。永田市長にはじまる，短期政権の連鎖現象ともいえた。

第9代市長伊沢多喜男（大15.7～15.10；1926年）は，知事・警視総監・貴族院議員の経歴であったが，入閣を辞してまでして台湾総督になったが，健康を害して熱海で静養中であった。

しかし，大学同期の浜口雄幸内相の推薦があったが，東京市の詮衡委員会は，本人の意思を確認することなく，市会で選出してしまった。

伊沢は，浜口内相を詰問するつもりであったが，護憲三派内閣に無用の波乱を起こすことを避け受諾した。伊沢市長は，後藤系市長を淘汰する意図で選出された。それは政界にあって憲政界優位の状況が出現したからである。東京市長としては，はじめての政党選出の市長であったが，わずか3月の短命政権であった。

それでも「地下鉄バス市営特許権払下げや，郊外電鉄の乗り入れ，魚市場板船問題など，市にまつわる利権について厳しい態度をとり，行政整理も試みた」[46] が，就任前から健康を害していたので，正真正銘の病気による辞職となった。しかし，普通選挙となり，政友会が凋落していったが，東京市の汚職体質と短期政権という症状は治癒されず，以後も市政の混乱はつづいた。[47]

第4の視点として，昭和期市長の実態・実績をみると，第10代市長西久保弘道（大15.10～昭2.12；1926～1927年）は，神奈川県知事・北海道長官・警視総監・貴族院議員という，いわばおきまりの経歴であった。

しかし，選考は会派の協議できまらず投票となったが，憲政会の人事であっ

た。憲政会としては折角，与党となったのであるから，強引に憲政会派の市長ポスト確保のため選任した。露骨な政党本位の市長任命となった。[48]

西久保市長が自信家で，市政刷新として，区長・学務局長などを容赦なく馘首し，1局11課を廃止し，1,000人以上の大量整理を断行している。しかし，中央政界で憲政会が，政友会の田中内閣に交代すると，露骨な市長追い出しを策動し，不信任決議をする。

しかし，西久保市長は，不信任議決無視と解散命令申請で対抗したが，内務省に拒否された。市長擁護運動の展開といったドタバタ劇が演じられたが，結局，中央政権は政友会に代わっていたので，政党・内務省の圧力によって，辞職を余儀なくされた。[49]

第11代市長市来乙彦（昭3.1～4.2；1928～1929年）は，大蔵大臣・日銀総裁の華麗なる経歴の持ち主である。下巻でくわしくふれるが東京市財政再建にとりくむが，中央省庁の壁は厚く，復興債への利子補給継続は認められず，成果はあげられなかった。[50]

東京市財政危機が深刻化し，市長が懸命に内務省への対応策に苦悩している最中に，昭和3年に市会汚職が発覚する。[51] 昭和3（1928）年12月，内務大臣によって解散が命じられた。これを受けて，市来市長も翌年2月に辞職する。

当然，市民の「市政刷新運」が起こり，「浄化市会」を提唱して，昭和4年3月の選挙で，85名の議員のうち新議員59名であった。しかし，新議員の中には旧議員の身代わり候補もおり，質的向上が達成されたか疑問である。

ただ無産党の6名の当選について，「新市会に一脈清新の気を注入する許りでなく，おそらくは新市会における最の強力なる防腐剤であり，乃至は浄化の急先鋒として，目覚しい活躍を示すであろう」[52] と期待されたが，市会汚職は根絶されなかった。

第12代市長堀切善次郎（昭4.4～5.5；1929～1930年）は，内務省都市計画局長・帝都復興局長の経歴で，市来市長の後を受けて，昭和初期の東京市財政再建に一応の目途をつけているが，東京市の財政危機が，当面の減量的弥縫策で治癒されるには余りにも重症であった。

第13代市長永田秀次郎（昭5.5～8.1；1930～1933年）は，再度の市長就任で，

昭和7年10月，懸案の72ヵ町村合併にこぎつけている。しかし，手堅い行政処理は期待できるが，難問を創造的破壊で突破できるタイプではなかった。

第14代目市長牛塚虎太郎（昭8.5～12.5；1933・1937年）は，千葉県知事・東京府知事で，手堅い行政手腕をかわれての就任であった。積極的に都市施設の拡充を図っていったが，多くの難問は未解決のまま，任期満了で退職している。

第15代目市長小橋一太（昭12.6～14.4；1937～1939年）は，内務次官・衆議院議員・文部大臣と官僚・政治家としての力量は秘めていた。しかし，日華事変がはじまり，行政は次第に戦時色を強くし，東京市政も，都市整備・生活向上といった本来の行政は，抑制しなければならない状況になっていった。

事業として難航していた小河内貯水池用地買収が解決し，工事着工となった程度である。市長は任期満了前に，病気のため辞職している。

第16代市長頼母木桂吉市長（昭14.4～15.2；1939～1940年）は，衆議院議員・逓信大臣の経歴であるが，翌年2月19日に急逝している。

第17代大久保留次郎市長（昭15.5～17.7；1940～1942年）は，台湾総督府警察局長・千葉県知事・東京市助役の経歴であるが，本格的に戦時体制になっていたので，首都防衛・銃後対策などの市政も戦時行政が優先課題となった。

戦争遂行のため産業・サービスの統制・統合が奨励され，昭和17年2月，旧市内の電車・バスの統合化が実現したが，17年2月，電力統合で電気局供給事業が関東配電株式会社に吸収され消滅した。

第18代目岸本綾夫市長（昭17.8～18.6；1942・1943年）は，陸軍省軍務局砲兵課長・陸軍技術本部長などを歴任して，予備役に編入された陸軍大将であった。大久保市長は，大物市長を迎えるという声明を出して任期半ばで退職したが，軍人市長を想像したであろうか。

小橋市長以降は戦時体制への対応策が優先され，遂に軍人市長の就任となったが，軍人市長ではかえって戦時対応策といった，複雑な新規施策の円滑な実施は無理であった。ただ大幅な行政機構の整理が行われ，昭和18年7月の都制成立で，東京市は消滅し，市制ぬきの直接的区・市民統制となった。

表16　戦前東京市市長一覧

市 長 名	辞 職 事 由	在任期間	市 長 名	辞 職 事 由	在任期間
□ 松 田 秀 雄	引責辞職（行政失政）	4年8月	● 西久保弘道	任意辞職（政治対立）	1年1月
□ 尾 崎 行 雄	引責辞職（行政失政）	8年10月	● 市 来 乙 彦	引責辞職（市会汚職）	1年1月
● 阪 谷 芳 郎	引責辞職（議案否決）	2年7月	● 堀 切 善 次 郎	任意辞職	1年1月
● 奥 田 義 人	病気辞職	2年2月	● 永 田 秀 次 郎	任意辞職	2年8月
●田 尻 稲 次 郎	引責辞職（市会汚職）	2年7月	● 牛 塚 虎 次 郎	任期満了	4年
● 後 藤 新 平	任意辞職（施策閉塞）	2年5月	● 小 橋 太 一	病気辞職	1年10月
● 永 田 秀 次 郎	任意辞職（人事否決）	1年3月	□ 頼母木桂吉	死亡辞職	10月
● 中 村 是 公	任意辞職（政治変動）	1年8月	●大久保留次郎	任意辞職（政治変動）	2年2月
●伊 沢 多喜男	病気辞職	3月	● 岸 本 綾 夫	任期終了（制度改革）	10月

注　●中央官僚（知事含む），◎府県官僚（知事経験者中央省庁幹部除外），○市官僚，□政治家，△
　　民間人

注

(1) 阪谷市長については，桜井良樹「解題・大正初期の東京市政と阪谷芳郎」桜井良樹
　　ら編『阪谷芳郎・東京市長日記』（以下，前掲「阪谷東京市長日記」），以下，桜井・
　　前掲「東京市政と阪谷芳郎」，桜井・前掲「帝都東京」153～189頁，前掲「東京百
　　年史Ⅳ」187～195頁，西尾林太郎『阪谷芳郎』143～164頁参照。
(2) 前掲「東京百年史Ⅳ」188頁。
(3) 阪谷市長は，都市経営の根本的計画として，過去15年の財政統計書・将来10年間
　　の予算計画書の編成をさせている。しかし，都市経営戦略として，これらの資料が
　　活用されることはなかった。財政改革ビジョンはなく，本文であげた施政方針（前
　　掲「阪谷東京市長日記」103・104頁参照）があるのみである。ただ東京の将来には，
　　築港はかかせないビジョン（「市経営の方針」同前126頁参照）として，大規模構想・
　　漸進実施という，いわゆる「大規模成長主義」（前掲「東京百年史Ⅳ」194頁）をか
　　かげたが，実現をみることなく退任している。ただ肝心の市会対策は無策で常盤会
　　依存していたが，政変で足元をすくわれる油断があった。官僚市長として全方位の
　　超政党市政でのぞむべきであった。
(4) 阪谷市長の行財政改革については，桜井・前掲［東京市政と阪谷芳郎」611～620
　　頁，桜井・前掲「帝都東京」157～162頁参照。なお阪谷市長の市政全般施策につい
　　ては，大正7年1月の自書『東京市民読本』（前掲「阪谷東京市長日記」491～556頁）
　　を参考。
(5) 源川真希『東京市政』53頁，以下，源川・前掲「東京市政」。
(6) 桜井・前掲「帝都東京」186頁。

（7）東京築港については，桜井・前掲「東京市政と阪谷芳郎」629～637頁参照。

（8）東京都財政研究会『東京都財政史（中巻）』30頁，以下，前掲「東京都財政史中」。

（9）電気事業再編成については，桜井「東京市政と阪谷芳郎」637～647頁参照。前掲「東京百年史Ⅳ」819～828頁，桜井・前掲「帝都東京」163～186頁参照。

（10）前掲「東京都財政史中」30頁。（11）同前30頁。

（12）料金問題については，同前31頁参照。

（13）前掲「東京百年史Ⅳ」198頁参照。

（14）市政倶楽部は，電燈料金引下げを阪谷市長に迫り，過当競争排除・公平均一低廉料金の設定をする具体的な実行方策を，2か月以内に提案せよと議決した。このような性急な追求は市会調査会設置とか，市長諮問委員会などで，時間稼ぎをして世論形成を図る対応策など，策謀をもって対応すべきであった。前掲「東京百年史Ⅳ」197・198頁参照。この官僚市長の政治家としての対応力の乏しさは，以後の官僚市長にみられる共通の弱点であった。世論は市会の料金値下げの性急な結論を迫る無理難題を批判し，阪谷市長という有能な市長の留任を強く求めていた。阪谷市長は惜しまれて東京市政を去れたのはせめてもの慰みであった。マスコミ報道については，前掲「阪谷東京市長日記」417～425頁参照。

（15）政治・行政には交渉・調整がつきものであるが，「地方自治といいながら，独自の税源を与えず公債発行や事業認可などにも政府がいちいち関与する体制の下では，官僚のトップにまで昇りつめた経歴を有する阪谷といえども，力量を存分に発揮することは難しい立場に置かれていた」（桜井・前掲「帝都東京」162頁）ので，どれほど大物の官僚が市長になっても，打開は不可能と同情されている。政党・官僚との野合は，東京市政の自滅であった。残された選択肢は市民であった。「市民の意を汲むことによって市長基盤の強化を図ることも一つの可能性としては存在した。……制限選挙下においては，このような方向を取ることは冒険であり」（桜井・前掲「帝都東京」188頁），阪谷市長の選択肢はなかった。

（16）この点について，「東京帝大を首席で卒業し，優れた閨閥につながり，大蔵大臣まで駆け登った模範的な官僚，近代日本ビューロクラシーの先駆的俊秀さえ，その足をすくわれしまった」（前掲「東京百年史Ⅳ」198・199頁）といわれ，呆気ない幕切れとなった。この事実は，東京市政が如何に難物であるかを如実に示している。

（17）奥田市長については，前掲「東京百年史Ⅳ」199～204頁参照。

（18）前掲「東京百年史Ⅳ」200頁。（19）同前199頁。

（20）奥田市長は市政研究には熱心で，懸案事項については，事前に実務的調査と政治的打開を，用意周到に準備してから交渉に入り実施している。電車料金値上げでも，4銭を5銭に値上げしたが，通学回数券を新設し割安にし，反対勢力・世論との全面対決を避けている。奥田市政は派手さはないが，課題に対して用意周到であり，大胆な決断と細心の配慮による政治対応力は優れていた。

（21）三電協定については，前掲「東京百年史Ⅳ」202～204頁，桜井・前掲「帝都東京」163～172頁参照。なお地域協定方式となったが，「区域協定が，やはり独占の弊害につながることにあった。……これに対しては，協定者相互に監査委員を選出

して，需要者からの申告を受理して処理すること」（「東京百年史Ⅳ」203頁）にし，当面の反対を回避している。

(22) 田尻市長の市政については，前掲「東京百年史Ⅳ」205〜222頁参照。

(23) ガス料金問題は，大正7年2月以来，市会で審議されたが，1円値上げを50銭と半額にして，8年9月に市会の決定をみている。それでも東京瓦斯は増資・料金など市会への対応が難航するので，将来の禍根を除去するため，9年4月に報償契約無効の提訴をする。その背景には9年道路法が，道路管理を国の機関委任事務としたことが根拠とされた。訴訟が地裁・控訴審はガス会社の敗訴となったが，12年6月に大審院は原判決破棄とした。関東大震災をへて，15年に増資承認をもって，訴訟はとりさげられた。前掲「東京百年史Ⅳ」216，449，831〜850頁参照。

(24) 連続した市会汚職については，前掲「東京百年史Ⅳ」449〜454頁，また板船権・平田船権；前掲「東京百年史Ⅳ」1272〜1276頁参照。

(25) 後藤新平については，鶴見祐輔『後藤新平第4巻』参照，源川・前掲「東京市政」54〜65頁，前掲「東京百年史Ⅳ」223〜253頁参照。

(26) 北岡伸一『後藤新平』192頁，以下，北岡・前掲「後藤新平」。

(27) 鶴見・前掲「後藤新平Ⅳ」203頁。

(28) 北岡・前掲「後藤新平」192頁。

(29) 東京市政といっても，内務・大蔵省の監督下にあり，「時の政府の後援と好意を持つと持たぬとは，その成敗に大関係がある。ゆえに此の点に関し，原の言質を得て置きたかった」（鶴見・前掲「後藤新平Ⅳ」202頁）からであろう。しかし，政府対策としては，有力者依存型は，政変で狂ってくる恐れがあり，対応策として手垢のついた常套手段であった。原敬にしても，政友会の地方重視からみて，東京市に色よい確約をするとは考えられない。

(30) 桜井・前掲「帝都東京」61頁。

(31) 東京市政のメカニズムは，「国政における二大政党対立や内閣交代が，東京市政の運営にも直接影響を及ぼすようになり，……このような力学関係のもとで市会と市政執行部は，市議有力者が中央政党を通じて政府に影響を及ぼし，政府は内務省の官僚人脈を通じて市政人事に影響を及ぼすという間接的回路をとって結びついた」（桜井・前掲「帝都東京」61頁）といわれている。すなわち後藤市長在任中は，政党の動きは鎮静化していたが，その後，勢力を回復し，汚職は繰り返される。

(32) 北岡・前掲「後藤新平」193頁。(33) 同前194頁。

(34) 人事刷新については，鶴見・前掲「後藤新平Ⅳ」210〜238頁，教育改革については同前285〜298頁参照。

(35) 源川・前掲「東京市政」54・55頁。

(36) 後藤新平市長の「英断によるかの有名な大量馘首と，内務省閥の東京市高級吏員への導入は，たしかにこれまでの東京市役所とは異なる有能な人材をもって市政に当たらせることとはなったが，その後も内務省系官僚の東京市役所への天降りを慣例とすることになった。その結果……東京市吏員の昇進の道が部分的にせよ鎖ざされること」（前掲「東京百年史Ⅴ」1219頁）になってしまった。

（37）戦前東京市の人事行政については，鍛冶智也「東京の市政改革」東京市政調査会『大都市行政の改革と理念』（日本経済評論社 1993）56〜60頁，赤木・前傾「東京都政の研究」186〜198頁参照。

（38）「8億円計画」などの評価はむずかしいが，「大都市として首都としての行財政を確立する布石を置いた。とはいえ結果的には，諸施策が実現しないうちに大震災に遭遇し，止むなく挫折を強いられることになってしまったが，震災復興事業のなかに後藤構想はかなりの影響を与え，奇しくも間接的に市政に生かされることになった」（前掲「東京都財政史中」38頁）といわれている。短期政権の宿命として本来の改革効果はのぞめなかった。

（39）鶴見・前掲「後藤新平Ⅳ」205頁。

（40）都市計画法の公布に際して，自ら会長である都市研究会の啓蒙運動として「都市計画の思想を宣伝し，その時，伯は自ら陣頭に立って東京，大阪，神戸，京都，名古屋，横浜の六大都市で講演をして歩いたものである」（鶴見・前掲「後藤新平Ⅳ」206頁），さらに東京15区でも講演し，都市研究会を通じて，東京市全世帯に往復葉書でアンケートを実施している。

（41）辞任の真相については，大正13年，再度，東京市に推薦されたとき，就任を辞する理由を印刷物で発表しているが，その文中に「市政の運用にかんしては，常に監督官庁との諒解を密にし，微々たる一属僚に対してすら，恭謙自卑の態度を要とする」（鶴見・前掲「後藤新平Ⅳ」381頁）とのべている。

（42）前掲「東京百年史Ⅳ」1298頁。（43）同前1301頁。

（44）ただ多くの市長が，内部処理をめぐって辞職しているが，議会の横暴を弾劾し，是正を求めてからでも遅くはない。市会に貸しをつくり，事後の運営で優位に立つのも策謀の一つである。いずれにして市長は面子で退職すれば，果敢即決という評価がえられるが，行政の継続性は失われ，自治体・市民の損失は測りしれない。要するに市長職は私物でなく，公職であり，自分の得意な分野のみに熱意を示すとか，個人的感情だけで進退を決定するのでなく，市民・市政全般の影響を考えて進退を決定すべきである。

（45）中村市長については，前掲「東京百年史Ⅳ」1303・1304頁参照。

（46）同前1306頁。

（47）大正末期・昭和初期の市政動向については，前掲「東京百年史Ⅴ」175〜189頁参照。

（48）西久保市長については，前掲「東京百年史Ⅳ」1306・1307頁参照。

（49）注目されるのは，内務省による東京市会への露骨ないやがらせで，「地下鉄・上下水道・復興事業の実施のための公債発行に関する認可を遅延させたり，警視庁の手で，板船疑獄・瓦斯疑獄・教育疑獄などの摘発を仄めかしたりして」（首都計画に関する基礎調査『東京の政治および行政の展開』前掲「東京百年史Ⅴ」185頁から引用）いやがらせを行なった。実際，戦前，東京地下鉄建設は市債認可がおりず，東京市は建設を断念しているし，戦後でも美濃部都政が都債不許可で崩壊している。

（50）昭和初期の東京市財政再建については，持田・前掲「都市財政の研究」157〜166

頁，高寄・前掲「昭和地方財政Ⅴ」118～142頁参照。
（51）日本橋にあった魚市場を築地に移転するため，営業権の一種である板船権・平田
　　船権補償問題である。板船権・平田船権；前掲「東京百年史Ⅳ」1272頁参照。つぎ
　　に京成電鉄の市内乗入認可問題であり，東京市は内務省からの諮問に対して，反対
　　の意向であったが，市会が乗り入れを議決していた。さらに市乗合自動車購入で，贈
　　収賄問題が発覚する。源川・前掲「東京市政」94・95頁
（52）昭和4年3月19日・『東京日日新聞』；前掲「東京百年史Ⅴ」183頁から引用。

大阪実務市長と長期政権

　大阪市の戦前市長は9人で，大正から昭和にかけて，池上・関市長の長期安
定政権がみられ，市長主導型行政が浸透していった。もっとも肝付市長6か月，
加々美市長1年5か月という短期政権もあるが，戦時中にもかかわらず坂間市長
は，9年の長期政権であり，東京市はこの間5人の市長が交代している。

　大阪市の場合も，経歴的に官僚出身が4人いるが，府県知事経験者は，坂間
市長のみで東京市のように大物官僚志向性はない。しかも実務者といっても，
警察・軍政などの専門官僚もおり，市会が企業的実務能力を重視して，市長選
任したとは必ずしもいえない。

　第1の視点として大阪市がすぐれた都市経営を展開し，市長主導型市政を形
成できた，背景・要因をみてみる。第1に，「大物官僚志向性」でなかった。実
際，大阪では大物官僚の就任は，不可能な願望であった。東京からみると，所
詮，大阪は都落ちであり，大臣級の人物は，就任の意向はない。

　東京市長と比較して，マスコミの注目度も劣る。そのため大物官僚待望論は，
大阪市では培養されず，ひたすら都市経営による実利追求が，結果として大阪
市には幸いした。

　第2に，「実務能力志向の選任」であった。初代市長こそ地域名望家を選出し
たが，2代目鶴原市長は日銀出身で，財政窮迫下にもかかわらず公営交通を創
業し，市会も執行部との協調・支援を惜しまない，政治風土があったからであ
る。

　その背景には大阪経済の復権という緊急課題があった。さらに明治30年築港

がスタートし，事業費は肥大化していったが，日露戦争後の反動不景気で，埋立売却がすすまず，財政破綻に見舞われた。この危機克服のため経営手腕を期待され，鶴原市長選出となった。

第3に，「企業的経営戦略の継続」である。大阪市を救済したのは，鶴原市長の都市経営的路線であったが，3代目山下市長は，郊外私鉄市内乗入の契約を締結し，公営一元化方針を破棄していった。この契約を植村市長は，再度破棄して鶴原路線を踏襲した。すなわち鶴原路線は，次の山下市長で揺らいだが，同じ日銀出身の植村市長は，軌道修正をして，公営一元化路線を継承している。

第4に，「市長主導型政治の形成」である。明治後期の鶴原・植村市長の経営路線は，対市会関係にあって，市長優位の情勢をつくりだし，以後，公営交通の収益実績をベースに，市長主導型行政を拡充させていった。

大正期，停滞気味であったが，池上市長が関一を助役に迎えた，人材活用の冴えも見逃せない実績である。関市長は長期助役時代をへて，行政手腕は磨かれ，周辺町村大合併・大規模都市計画・大電買収公営一元化・高速鉄道建設という，施策・プロジェクトを一挙に達成し，戦前，大阪市政の黄金時代を築いた。

要因は市政体質が企業型であり，市長も人物本位の選任で経営能力は優れていた。何よりも市会が中央政党の余波を受ける度合は小さく，結果として市会が，市長の都市経営を意図的に妨害するような，党弊はみられなかった。

第2の視点として，明治期市長の選任・実績をみてみる。初代市長田村太兵衛（明31.10～34.8；1898～1901年）であった。特例市制が廃止となったが，市長選出は未経験で，当初，市参事会は，元大阪府知事で現大阪築港事務所長西村捨三と，住友吉左衛門に就任を要請したが固辞されている。

結局，初代市長は地域名望家で，市会議員・市参事会の田村太兵衛が選出されたが，東京・京都も，同じタイプの地域名望家が選ばれている。しかし，当初から市会は田村批判があり，政治的安定性は強固でなかった。

初代田村太兵衛市長の実績は，第5回内国勧業博覧会誘致・大阪市史編纂事業の決定・市立大阪商業学校の市立高等商業学校への改組などであるが，田村市政は，なんとなく生彩を欠き，市会議員の横暴が目立った。市長のリーダー

シップの欠如が原因であった。[1]

『大阪朝日』（明治34年7月20日）が，市政刷新を訴えたが，その直後の23日に辞表を提出している。もっとも市会の反田村派の動きが，胎動しているので，政権の限界を察知しての辞任で，任期6年の半分であった。[2]

この初代市長の実態は，東京・京都と同じであったが，2代目市長で東京と，大阪・京都との経営格差が発生した。

第2代市長鶴原定吉（明34.8〜38.7；1901〜1905年）は，選出選挙で47票中46票を得て，安定政権としてスタートした。外交官，日本銀行大阪支店長・理事，政党役員，33年関西鉄道社長と多彩な経歴で，大臣・知事経験はないが，バランスのとれた経歴の持ち主であった。[3]

鶴原市長の第1の業績は，「築港事業の再建」で，築港体制の刷新・事業費の抑制（90頁注9参照）を断行する。鶴原市長就任時の大阪市政は，「第1市長任期の末季にして市長の権威全く地を払ひ，市政紊乱の声喧しく」[4]，市政は低迷・混乱の状況にあった。

第1に，築港事業の状況は，「地方自治体として空前の大計画たる築港事業は其工程末だ半に達せずして工費は既に予定の半を越へ」[5]と，財政破綻は避けられない瀕死の状況にあった。[6]

第2に，築港事業施行システムも杜撰であった。市長は大物官僚を選任しなかったが，築港事務所長には西村捨三（大阪府知事・農商務省次官・内務省土木局長）という，大物官僚を市長年俸の2倍，竣功後の報酬金数万円という，破格の待遇で就任してもらっていた。そのため市長・市会は，築港事業の重要性もあり，事業費を別格の措置をとったが，伏魔殿と呼ばれる事態になっていた。鶴原市長はメスをいれ，切開手術を断行している。[7]

鶴原市長の第2の事績は，「公営交通創設」で，明治36年11月13日，「市街鉄道ニ対スル方針確定ノ件」を市会に提示し，「市街鉄道ハ総テ大阪市直接ニ之ヲ経営スルモノトス」を，全会一致で可決している。

第1に，鶴原市長の公益企業対策は，経営感覚にすぐれ，実行は果断であった。民営交通の申請を阻止し，瓦斯・電気など公営化が不可能な場合，報償契約を締結するなど，公営化への布石を打っていった。この公営一元化方針は，

植村市長の明治45年郊外電鉄市内乗入契約の破棄，大正12年の関市長の大正12年民営電気企業買収と，脈々と受け継がれていった。[8]

　第2に，鶴原大阪市長の明治36年の公営交通創業は，築港事業2,250万円の悪化を考えれば，財政運営のセオリーからみれば無謀であった。しかし，鶴原市長がアメリカの公益企業の状況から，公営交通の収益性に着目し，逆転の発想で，公営化実施を決断した。ただ先にみたように公共経済への思想が根底にあった。

　財政破綻回避の処方箋は，当面は港湾事業の縮小・市有財産の売却などで凌ぎ，やがて公営交通の収益拡大を期待した。この「市長の決断」は，日露戦争による好景気で，交通は収益事業として成長し，財政危機を回避していった。

　第3の業績は，鶴原市長の公益企業対策としては，「報償契約締結」（368・370頁参照）がある。明治35年12月，大阪巡航合資会社との契約締結が最初であったが，政治・行政的に大きな意味をもつのは，大阪瓦斯会社との紛糾・決着（377頁注2参照）である。大阪瓦斯の外資導入・東京資本支配に対する危惧が，引き金となったが，最終的には報償契約で決着がついた。[9]

　第1に，鶴原市長の公営主義への信念は，まず道路使用につき一定額の報償金を市に支払うべきとの要求で，もし拒否すれば，「道路橋梁等に対し一切瓦斯管の敷設を拒絶すべし」[10]との強硬意見であった。

　これに対して大阪瓦斯は，「既設会社に対し報償金を要求するは既得権を侵害するものなり，又道路橋梁の使用は市に許否権を有するものに非ず」[11]と法律論をもって反対した。鶴原市長は，公益企業の市民生活への影響から，市による経営関与は当然として，将来買収・買収価格・報償金支払などの要求事項を提示していった。[12]

　第2に，当時，大阪瓦斯反対は，資本金の大半を外国資本導入で強化する方針もからみ，大阪朝日・毎日新聞の論争にも発展した。強引に資本金増加すすめる，大阪瓦斯の対応に憤慨した市民は，市民大会を開催し，瓦斯不買運動をおこし，市長を支持した。事態を憂慮し，財界の調整もあり，結果として明治36年8月，報償契約を締結したが，この紛争の得た政策効果は絶大であった。[13]

第4の業績は，第5回内国博覧会の開催で，好成績を収めたことである。京都市と開催市を争ったが，痛み分けで第4回は京都，第5回は大阪となった。第1～3回は東京であったので，大阪市としては商都大阪の面子にかけても，成功させたいイベントとなった。[14]

　博覧会は，明治36年3月1日から7月31日までの長期開催となった。会場周辺の整備として250万円を投入したが，会場用地11余万坪を58万余円で買収し，関連道路整備など大規模整備がなされた。

　博覧会運営経費は協賛費17余万円，市補助18万円，雑収入37万円で，経費107万円であった。総入場者数531万人，売店売上げ200万円，入場料31万円という好成績で18万円の収益を得た。博覧会跡地は天王寺公園となった。

　大阪市の財政がその後，積極的運営を展開しつづけられたのは，この明治36年の公営交通創業を，鶴原市長が決断したお陰である。しかし，鶴原市長は突然，辞意を表明するが，原因は「府当局との軋轢」といわれている。[15]

　しかも市会は鶴原市長の辞意を冷淡に見送るだけであったが，歴史的にみて2代目市長が東京市のように，経営感覚・政治決断に欠ける政治家であったら，その後の大阪の都市経営が悲惨な窮地に陥っていたであろう。市会の本意はわからないが，市長の専決・優位への不満が深層心理として働いたのではないか。この点，横浜の市原市長・神戸の鹿島市長のように，その功績を讃えられ，惜しまれた市長を勇退したのと比べると不可解な辞任劇であった。

　第3代市長山下重威（明38.12～42.12；1905～1909年）は，弁護士，市会・府会議員・府会議長をへて衆議院議員となり，議員在任のまま市長になった，生粋の政治家出身の市長であった。詮衡委員会では，前農商省次官・元大阪府知事などのが，候補者にあがったが決着せず，山下市長となった。

　市長就任後，「市事業計画ノ概要」を発表したが，前市長時代からの継続・懸案事項に過ぎないと批判されている。計画中実現したのは，火葬場の市営・大阪ホテルの買収・蜆川埋立（下水道敷設）などであった。

　ただ郊外私鉄市内乗入について，後にみるように現在の南海・阪神・京阪と，契約書を交わすなど，従来の市政を必ずしも踏襲しなかった。

　しかも市長の統治能力は弱く，市政は参事会・議員などによって牛耳られ，

停滞していた。明治42年5月に松村高級助役の辞任による，市政の乱脈・市長への罵倒という内部告発が発生した。[16]

　明治42年に大阪市政改革運動がおこり，帝国議会に市制改正請願書（参事会廃止など）が提出される。山下市長は，北の大火に寄せられた援助物資・金品の市吏員横領事件の引責で辞職している。[17]

　第4代市長植村俊平（明43.8〜45.7；1910〜1912年）は，市政拡大にともなって，単に名望家・政治家を選出すれば，万事うまくいく状況ではなくなっていた。市長には大都市を経営する，それなりの経営能力が不可欠であった。[18]

　しかし，市会の選考過程をみると，必ずしもそのような意向は強くなかった。前市長時代の市政混迷を引きずっていたので，市長選任にあっても，8か月の空白が生じているのは，市長詮衡委員会の議員4名が，市電路線変更問題で拘留される事態となったのも一因であった。[19]

　さらに市長選出に府知事の介入があり，紛糾したが，市民・マスコミの反対もあり，事なきを得た。[20] 結局，難産の末，植村市長に決定した。東京法科大学助教授，私費5年間イギリス留学，弁護士，日本銀行理事，九州鉄道管理局長（理事）という，豊富な経歴の逸材であった。

　植村市長は，就任当初から公営交通経営を重視し，明治44年市電路線延長の提案，45年市電均一料金実施，南大火後の路線変更など精力的に取り組んでいた。ところが火災復旧による市電路線変更（409頁注8参照）で，石炭運搬に不都合が発生する大阪瓦斯が，中央官庁へ働きかけ，認可を妨害していると，『大阪朝日』が報道した。さらに大阪府も同調しており，焼け跡貫通計画が一気に政治問題化していった。

　市民・市会議員は激怒し，内務省・大阪府の監督権に抗議し，大阪瓦斯への不買同盟を結成するなどの運動を強めていった。植村市長は，大阪瓦斯・大阪府・内務省への義憤を禁じえず，辞職を決意した。結果，政府は大阪市の路線変更を認めたが，市長辞職という犠牲を払った。

　第3の視点として，大正期市長の選任・実績をみてみる。第5代市長肝付兼行（大2.1〜2.8；1913年）は，男爵で海軍中将であった。推薦の理由は，「水路部長の経験があり，大阪の港湾行政に得るところ大であろうという，はなはだ心も

256　第2章　都市経営の課題と都市政治の構図

とないもの」[21] であった。市会・市民も反対したが，中橋市会議長が強行採決し決定した。肝付市長の最大案件は，大阪電燈会社買収問題であったが，各方面からの反対にあい，実現をみず，任期6か月で辞職している。[22]

　第6代市長池上四郎（大2.10〜12.11；1913〜1923年）は，内務官僚であったが，警察畑を歴任し，当時，大阪府警察部長であった。内務官僚としては，府県知事経験者でなく，警察畑一筋で，一般行政にくわしいというわけではく，純粋のエリート官僚でもなかった。[23]

　それでも10年の長きにわたり，市長をつづけたのは，手堅い行政手腕と議会対策の妙を得，さらに助役には関一など，有能な補佐役が実務をそつなく処理したからではなかろうか。要するに部下を信頼し，事務事業は一任するタイプで，人物的には優れていた。

　在職中の事績は，天王寺動物園・市立工業研究所・中央公会堂・市立市民博物館・中央公会堂・中之島市庁舎・市立図書館など箱物行政が目立つ。もっとも第1次都市計画事業認可・電燈電気供給事業公営化などの実現をめざすが，大阪電燈買収とか御堂筋建設などは，関市長に託されている。任意辞職であるが，大電買収失敗による引責辞職の色彩が濃厚であった。[24]

　第4の視点として，昭和期市長の選任・実績をみると，7代目市長関一（大12.11〜昭10.1；1923〜1935年）の思想・実績の評価については，下巻でふれるので，概略だけまとめてみる。池上市長の後任は関一というのは，各方面の暗黙の了解であった。なお関一の大阪市助役就任には，友人をはじめ関係者の反対が強かったのは当然で，京都市の事例でも大学教授は，市長にいきなり選任されている。

　それにもかかわらず関が，助役でもあえて就任したのは，社会政策の研究者として，実際の現場での実践を通じて，研究成果を立証し，社会に貢献する自負心であった。この点，後藤新平と同様であった。しかし，助役時代は予想外に9年の長き忍耐を強いられたが，市長就任は，まさに助役時代の経験と人脈が，一気に開花したといえる。[25]

　関市長の行政実績について，改めて説明するまでもないが，見事な成果をあげた。第1に，大正14年4月，周辺町村大合併を成功させ，今日，大阪発展の基

礎を定めた。

第2に，都市整備では，大正10年に第1次都市計画，その後関東大震災・周辺町村合併にともなう，第2次総合的都市計画を樹立する。昭和4年には総額約1億円の第1次大阪築港の完成を為し遂げ，ついで第2次大阪港修築事業を策定する。

第3に，公営企業では，高速鉄道である地下鉄を建設し，郊外発展への対応・市内交通の再編成を図っていった。さらに大正12年には肝付・池上市長の辞職要因となった大電買収に成功し，電気事業の公営一元化を達成する。

第4に，教育行政では昭和2年4月，学区廃止による学区統一を断行し，市民負担の公平化と教育の機会均等を図っていった。教育行政では市立高等商業学校の商科大学への昇格に成功する。

第5に，生活行政では，病院医療施設の拡充，塵埃処理施設の完備，上下水道の拡張など，また福祉行政では，公営住宅・市場・職業紹介施設などの新設・増設などで，全国的に先進事業を遂行しリードしていった。忘れてはならないのは，公害行政を行政組織として，先駆的に対応していった実績である。

第6に，全国都市問題会議・大阪都市協会など都市政策の調査・研究を行政として，精力的の実施し，専門職員のヘッドハンティングで，人材を強化していった。関市長の事績は，特定行政分野に偏ることのない，オール・ランドプレイヤーであった。しかも計画だけでなく，実施し成功させていった。

そして政治的に完璧ともいえる，戦前市長主導型行政を構築したが，市民主導型政治からの批判などについては，下巻で論評する。関市長は，室戸台風復興の激務もあり，伝染病で死亡するが，まさに殉職であった。

第8代市長加々美武夫（昭10.2～11.7；1935・1936年）は，内務官僚で警察畑で，大阪府特別高等警察課長などを歴任し，大阪市助役にむかえられた。関市長とは東京高商で師弟関係にあった。

関市長の薫陶を受け，助役11年，45歳という若さで，市政刷新には意欲満々で，人事にあっては，専門家を採用し，大きな期待がよせられていた。[26]しかし，昭和11年3月，病気のため入院を余儀なくされ，7月に辞職し，9月に47歳の若さで死去している。わずか1年半の市政であった。

258　第2章　都市経営の課題と都市政治の構図

第19代市長坂間棟治市長（昭11.7～20.8；1936～1945年）も，内務官僚で大阪府内務部長，高知・岐阜県知事をへて，大阪市助役に就任した。以後，助役→市長というコースがつづく。加々美市長の病死によって市長となるが，戦時体制下にもかかわらず，多くの事業実績をなしとげている。[27]

　昭和13年の下水道条例制定による使用料徴収，そして下水処理場設置，民営バス買収，煤煙防止行政，国家電力管理への対応など，戦時下の空襲にも耐え，昭和20年8月23日，終戦を迎えるまで大阪市を支えた。

　関・加々美・坂間と，前市長が呼び寄せた助役が，市長に就任するという人事がつづいた。さらに坂間市長が任命した中井光次助役（島根県知事）が，戦後の市長に就任している。

表17　戦前大阪市市長一覧

市　長　名	辞　職　事　由	在任期間	市　長　名	辞　職　事　由	在任期間
□ 田 村 太 兵 衛	任意辞職（市政低迷）	2年9月	◎ 池 上 四 郎	任意辞職（大電買収）	10年1月
△ 鶴 原 定 吉	任意辞職（府市関係）	3年11月	△ 関　　　　一	死亡辞職（災害復旧）	11年2月
□ 山 下 重 威	引責辞職（職員汚職）	4年	◎ 加 々 美 武 夫	病気辞職	1年5月
△ 植 村 俊 平	引責辞職（企業介入）	1年11月	● 坂 間 棟 治	任期終了（制度改革）	9年1月
● 肝 付 兼 行	引責辞職（行政失政）	7月	● （中井光次）	任意辞職	1年3月

注　●中央官僚（知事含む），◎府県官僚（知事・政府幹部経験者除外），○市官僚，□政治家，△民間人。

注

(1) 田村市長については，前掲「大阪市史Ⅵ」11～15頁参照。

(2) 田村市長時代の市政紊乱については，芝村篤樹『日本近代都市の成立』46～47頁参照，以下，芝村・前掲「近代都市の成立」。

(3) 鶴原市長については，池原鹿之助『鶴原定吉略伝』99～133参照，以下，池原・前掲「鶴原定吉」，前掲「大阪市史Ⅳ」15～19頁，原田・前掲「都市史研究」293・294頁参照。

(4)(5) 池原・前掲「鶴原定吉」99頁。

(6) 築港事業の惨状については，「半成の埋立地は茫漠たる泥海にして濁流の滔々たるあり」（同前99頁）といった惨状で，工事続行不可能の疑惑が流れた。さらに不況で「築港公債の下落甚だしく，予定の手取額の意外の違算を来せるのみならず，新規募

第2節　政党政治の台頭と市長の経営実績　259

集の容易ならざるものあり，その公債償還の最大財源たるべき埋立地も亦一般地価の下落に伴ひ予想価格に齟齬を来せる」（同前100頁）と，惨状を呈していた。

(7) 築港費の財政運営システムは，「他の行政費は厘毛の微と雖も毎年其予算決算を市会の議に付せるに拘らず，築港費中工事費の予算千八百余万円の大多額を僅に一項目として所長に請負はしめたるの形にして，其決算は8箇年の後工事竣成の日に之を行はんとする制を執り，毎年費する所の数百万円は毫も市会の容喙を許さず」（同前117頁）という運営がなされていた。このような予算処理では事業破綻をきたし，「大事業を永遠に遂行する」（同前117頁）ことは不可能であった。鶴原市長は西村所長に，年度予算制を勧告し実施した。「是れ殆ど当然の事の如しと雖も，隆々たる西村氏の勢威を犯して以て此適宜の措置を為すは容易ならざるの英断たり」（同前117頁）と称賛されている。

(8) 電気軌道実施と公営一元化については，前掲「大阪電気軌道沿革誌」4～11頁参照，前掲「大阪市電気局40年史」1～28頁参照，大阪市交通局『大阪市交通局75年史』43～67頁参照。以下，前掲「大阪市交通局75年史」。

(9) 大阪瓦斯との紛糾については，前掲「大阪市史Ⅵ」660～673頁，原田・前掲「都市史研究」274～295頁参照。

(10) 池原・前掲「鶴原定吉」105頁。(11) 同前106頁。

(12) 鶴原市長の認識は，「苟くも事業の性質として挙市民衆が日常生活の便否に関する以上，利害一に公共の上に在り，且経営上の性質独占的なるに於て何ぞ一私立会社をして消長の権を握り，其利益を壟断せしむべけんや」（同前106頁）と，理路整然とした都市経営の公共信託論であった。

(13) 財源的効果だけでなく，「此挙実に自治体が公共的独占事業に対するの権利を確立し，併せて大阪市将来の大計を定めたるものにして，地方財政史上特筆すべき一事例なるのみならず，市民をして其一致の力は自己の権能を発揚し福利を増進するの最捷径なるを感知して，自治体としての生命を自覚する所あらしめ，範を全国に垂るゝに至りたる」（同前110・111頁）と，「権限なき行政」の実績，市民自治の成果という測り知れない政策的効果をもたらした。

(14) なお博覧会の誘致・状況・効果については，前掲「大阪市史Ⅵ」34～48頁参照。

(15) 鶴原市長辞任の真意は不明で，「参事会員らが積極的に慰留を行わなかった背景には，内国博覧会前後の一種の宴会行政を展開し，そのため財政を圧迫した」（同前64頁）ことが一因といわれている。「開期中市が主人としての催に拘わる公的宴会のみにても前後4回に渉り，就中開会式及褒賞授与式の際の如きは各1回の経費2万円を超へ」（池原・前掲「鶴原定吉伝」122・123頁）といわれている。出品勧誘・募金活動・開催祝賀・閉会慰労会など，イベントにともなう，宴会は不可欠な手段であった。結果として博覧会は入場者数百万人という未曾有の成功裡に終わっている。『大阪朝日新聞』は「府当局者と鶴原氏の間にも一種の陰雲は懸って来た。鶴原氏が遣り手丈それ丈，府政当局者は嫉妬猜忌し，陽に会うては陰に妨げ」（明治39.3.25）といわれている。前掲「大阪市史Ⅵ」64・65頁参照。

(16) 内部告発については，同前69～70頁参照。この告発は市政改革運動に触発された

260　第2章　都市経営の課題と都市政治の構図

行為でもあった。
（17）明治後期の市政は，「当時市会もまだ乱脈の点が多く，大正期以降に見るような美風が確立されていなかった。とくに山下市長当時は，大阪市政のタマニー・ホールといわれた予選派が市政を壟断し，これに対し市民の粛清運動が起り，その議席を争って議員総数34名中28名を当選せしめて市政刷新の目的を達した」（大阪市『大阪市政80年の歩み』34頁，大阪市1969年）と運動は評価されている。なお明治後期の改革運動については，前掲「大阪市史Ⅵ」70〜79頁参照。
（18）植村市長については，久保在久「明治期最後の大阪市長植村俊平」『歴史と神戸』（123号，1984年4月）参照，前掲「大阪市史Ⅵ」83〜93頁参照。
（19）前市長時代の市会利権症状を治癒する，改革運動の最中に，市会議員選挙・市電路線変更に関する疑惑で，市会議員など多数が，告訴・召喚・捜索を受けた。『大阪朝日新聞』は，「電路変更の醜歴史」（明治43年2月8日から16日），「タマニホール党と大阪」（2月10日から21日）を連載し，大阪市の腐敗を糾弾した。前掲「大阪市史Ⅵ」86・87頁参照。
（20）詮衡委員会では石原高知県知事が本命であったが，高崎大阪府知事が，「個人の資格という名目で市民会と新聞社の代表を呼び，意思疎通を図ろうとした」（同前88頁）が，市会は知事の行為に対して，反対の覚書をまとめている。その要旨は，「市会の市長候補決定に官憲（府知事）の指示に従うのは自治の精神に背くおそれがあること，市長として中央政府に頤使される人物（石原）は望ましくないこと，市長は知事と対峙し市の威信を傷つけない人物がふさわしいこと，市長は市と利害関係のある会社，実業家と因縁ある人物は避けるべきであること」（同前88頁）であった。市民会が反対したのは，要するに府知事意向で市長が決まれば「市に対して監督権をもつ府知事の干渉が強くなる」（前掲「大阪市史Ⅵ」88頁）危惧からであった。さらに石原知事が受諾条件として「市会常設委員会廃止」を要求したので，市会の大勢は，石原知事拒否が決定的となった。その後市会議員選挙が行われ，予選派が敗北し，市民派が躍進したので，鉄道経営に明るい植村市長選出となった。結局，大阪の都市自治の意識が，植村市長選出へとつながった。如何に自治意識が重要な機能を発揮するかの実証でもあった。同前89〜93頁参照。
（21）前掲「大阪市史Ⅵ」同前93頁。
（22）軍人であったためか，「肝付は市長の職を軽くみて，海軍中将の肩書がものをいうと考えたが，案に相違してうまくいかず，助役も大阪に不案内であったため，大電買収問題に首を突っ込み四面楚歌の状態に陥り辞意を固めた」（同前96頁）といわれている。
（23）池上市長については，同前96頁参照。
（24）大電買収と池上・関市長の関係については，大山勝男『「大大阪」時代を築いた男・評伝関一』，以下，大山・前掲「評伝・関一」。前掲「大阪市史Ⅵ」162・163頁参照。
（25）関市長就任の経過については，芝村篤樹『関一——都市思想のパイオニアー』50〜58頁参照，以下，芝村・前掲「関一」，前掲「大阪市史Ⅵ」162〜170頁参照。
（26）加々美市長については，同前116頁参照。

（27）坂間市長については，新修大阪市史編纂委員会『新修大阪市史第7巻』117～120頁参照，以下，前掲「大阪市史Ⅶ」。

京都官僚・学者市長の功罪

　京都市長は，伝統を重んじる風土から，地元出身者が多いと信じられるが，意外と大物志向が強く，輸入人事が主流であった。そのためか政権も短期で，同じ関西の大阪・神戸市と対照的である。

　学者市長が2人就任し，京都らしい人事であるが実績は乏しい。京都市長を全体としてみれば，在任期間は，西郷市長以外は短く，短期政権で不安定であったにもかかわらず，市政として実績を残せた要因をみてみる。

　第1の視点として，京都市政の推移を市長の特性からみてみると，第1に，「府・地域協力の形成」である。明治前期，歴代京都府知事によって都市復興の方針は設定された，文化産業振興・疏水事業建設によって，京都の成長軌道が確定された。

　このような府政に協力し，支えたのは地域である上京・下京区で，区独自の施策として海外技術導入・基金運営を実施し，見事な成果をあげている。

　第2に，「府政の市政継承」である。明治22年に北垣知事の主導で疏水事業が建設されたが，先にみたように府が構築した水運・利水中心の疏水事業は，明治後期には時代に即応できない状況にあったが，西郷市長は三大事業で，疏水事業を再編成し，電気に加えて交通・水道事業を創業し，公営サービスだけでなく，都市改造の手段としても活用し，見事に再生させた。

　第3に，「都市経済の構造拡大策」である。歴代市長が，文化産業都市の基調を踏襲していったが，大野市長が大正期に周辺町村合併・家屋税創設などを実施し，工業都市への布石を打ち，京都南部に工業集積地を創出していった。

　このような産業政策の転換・拡充は，明治初期の大阪市の商業都市から工業都市へ，明治後期の横浜市の市原市長による港湾都市から工業都市への転換がみられるが，京都は先行産業基盤整備型でなく，長期にわたって都市力を充実させていった特異なケースとなった。

　第4に，「市政変革策の空転」である。西郷市長以後は短期政権がほとんどで，

財政運営をみると，戸別税廃止・家屋税創設が大幅に遅れ，行財運営でも学区統一・電力買収・町村合併も遅れ気味で，順調に推移しなかった。電力買収は森田市長の急死で挫折する。仮に市長が交代しても，主要プロジェクトが空転する事態は，行政の継続性からみて問題であった。

しかし，南部への企業進出も，市施策というよりも，都市集積メカニズムによる波及効果で京都経済の成長をもたらした。しかし，政権は病気・汚職辞任が多く，任期は内貴・西郷市長以外は，土岐嘉平・市村慶三市長の2人のみが任期満了である。

大正・昭和期の市長もいずれも，京都市政の成長・改革ビジョンを示すことができず，明治路線の踏襲で，事なきを得たが，文化産業の蓄積が，知識産業を誘致し，持続的成長源となったことを証明している。

第1の視点として，明治期の市長をみると，初代市長内貴甚三郎（明31.10～37.10；1898～1904年）は，市会議員であったが，京都織物会社の主人で，京都商工銀行創設など，財界人で名望家であった。特例市制廃止をひかえて，京都市は元府知事の北垣国道，三井高弘などと交渉したが，辞退されたので，「門閥尊重主義」に沿って，地域名望家の内貴市長となった。[1]

市長就任にあたり，下水道整備と道路拡築をベースとする5年計画を策定し，人口35万人を50万人へ，さらに市域拡張をめざす積極的行政を提唱した。市内用途地域制として，東部風致地区・北西部教育地区・西部商業工場地区などを想定するなど，進歩的方針がみられた。産業振興策として，伝統産業育成・宇治川水力発電・紡績工場設置などを提示していった。

第1に，「京都策」なる地域成長戦略を提示・実施し，市政運営に当たっては，「土着人として最もよく京都人の気風を知るが故に協調主義漸進主義を以て施政に当り……重要問題に対しては巧に常設委員の機能を善用して市会との摩擦を避け，よく6年の任期を果して円満裡に退職した」[2]と評価されている。

第2に，振興策実施の財源として，戸別税廃止・家屋税新設を提出するが，家屋税はタブー視されていたので，議会で否決され，構想実現が財源的に困難となり，辞職を余儀なくされた。[3]

しかし，戸別税は郡部の税で，成長に乏しく，細民重課であり，都市では廃

止されるべき税目であった。その意味では内貴市長は，近代的感覚をもった市長であったが，京都近代化に隠された因習に，敗北する悲劇となった。

第3に，内貴市長の辞職は，都市膨張をつづける京都市は，大規模都市整備が迫られていたが，疏水事業の再編成は，水量拡大も既存水路改修で案であり，また新規事業の電力も外部の宇治川電気事業に依存する意向であった。

内貴市長の「京都策」をみても，第1期は槇村知事の勧業施策と人づくり，第2期は北垣知事の疏水事業，そして第3期はその集大成として，インフラ整備として道路・下水道をめざしたが，ビジョンが乏しく複合効果も期待できない事業計画に過ぎなかった。「内貴は温厚な人格者であったが，資本主義恐慌と不況に見舞われた中で，自らが強いリーダーシップを発揮して積極的な事業を展開させるという意欲には乏しかった」[4] ため，辞職の誘因となった。

第2代市長西郷菊次郎（明治37.10〜44.7；1904〜1911年）は，西郷隆盛の最初の子息で，10代でアメリカに遊学し，都市行政を学び，帰国後，台湾で地方官として，植民地経営に携わり，治水事業や上水道建設などに従事していた。

西郷市長の就任には，元京都府知事北垣国道が，旧知の児玉源太郎に相談し，さらに桂太郎首相に推薦を依頼する。台湾総督を勤めていた桂は，西郷の能力を知っていたので，中央ルートで市長就任となった。[5]

もっとも西郷市長選任をめぐっては，内務官僚中根重一を推す会派もあった。中根は第4次伊藤内閣の内務省地方局長であった。推薦する財界人・市会議員に対して，美術工芸の奨励・西陣織の輸出など，地域文化産業の発達がベースであった。要するに漸進主義でありながら，消極的方針でない穏健路線で好感度をもって迎えられた。

しかし，市会投票では西郷24票，中根14票で決着し，中央官僚信奉主義が都市経営能力主義に敗退した。時代の要請は積極的開発路線で，東京では市区改正事業の最中であり，大阪では公営交通が創設されていた。

西郷市長の市政をみると，第1に，中央政府との強いつながりと，豊かな学識・行政経験をベースに，先の三大事業を実施する。京都はたしかに疏水事業で，衰退の危機を脱出したが，疏水事業，経営戦略のレベルアップをめざす転機にあった。

264　第2章　都市経営の課題と都市政治の構図

第2に，第2琵琶湖疏水事業による水量倍増の拡大事業で，上水道・電気・道路拡築であるが，西郷市長は，疏水事業拡充後は，電灯・電気鉄道の市営を想定した，経営戦略を抱いていた。要するに明治39年実施の三大事業は，疏水事業の再編成，企業的都市経営への転換で，蘇生させる野心的戦略であった。

　第3に，三大事業は，事業財源の調達・民営電気鉄道の買収・電力事業の市営化など，問題が山積していたが，当時，大森府知事と西郷市長との関係は共同歩調で，民営電気鉄道の路線不許可などの政治工作で協力し，買収にこぎつけている。

　問題は，三大事業の財源で，総事業費約1,726万円で資金調達は困難をきわめたが，地方外債で乗り切っている。[6] この財政的危機を「市会と理事者は小異を捨て大同に就き，遂によく斯の大業を成就するを得た」[7] のである。

　第4に，大胆な三大事業構想の反面，西郷市長が当時，改革が迫られていた学区問題について消極的であった。それは道路工事にともなう，住民の反対運動を予想して，同時にふたつの問題で，住民との摩擦を避けて，三大事業そのものの崩壊を，回避する慎重さをみせている。[8]

　したがって普通経済は，減量経営を徹底し，財政破綻の回避に鋭意努めていった。この投資拡大・経費削減という，両面作戦は鶴原大阪市長が，交通創設・築港縮小の経営戦略と同様であった。

　西郷市長は，第1期の任期がすみ，三大事業が軌道に乗り，第2期に入っていたが，直後の明治44年，持病の結核が再発し，慰留も断り辞職する。しかし，辞職の背景には，鴨東線京阪電鉄乗入をめぐる，大森府知事との対立があった。[9] それは避けられない事態であった。「誇り高い西郷市長と，山県系官僚中の大物知事で頑固な大森は，どちらも自負心が強く，対立を深めていった」[10] が，大阪の鶴原市長と大阪府との関係と酷似している。

　大都市の市長であっても，プロジェクトを強引に実施すれば，府県との摩擦・軋轢は避けられない。しかし，市長としては事業優先で，府県との調整に気配りをしていれば，事業は進捗しないからである。府県サイドとしては，府県経由方式でなく，都市自治体が政府と直接交渉して事業化するのは，面白いはずがなく，独断専行とみなしたのも当然であった。

この関係は，強引に築港を実現させた水上神戸市長などが，兵庫県・大阪市との軋轢を生じたのと同様であった。

　第3の視点として，大正期の市長をみると，第3代市長川上親晴（明45.1～大元.12；1912年）は，京都府警察部長・富山県知事・和歌山県知事の経歴をもつ，内務官僚であった。川上を推薦したのは山県系内務官僚の大浦兼武であった。[11]

　川上市長は，就任挨拶で市政は，未経験であり，「過って歴史上最も光輝あるこの大都市の市長の栄職を汚す」[12]ことになったと，謙虚な姿勢で，市会に協力を求めている。

　行政実績としては，民営京都電気鉄道と市営京都市電気鉄道の狭軌・広軌に共用利用の調整問題に決着をつけるが，大浦兼武が内務大臣に就任し，川上市長を警視総監に任命したので，内務大臣の意向で，大正元年に市長職を辞職する。内務官僚に翻弄された人事であった。

　第4代市長井上密（大2.3～5.7；1913～1916年）は，現職の京都帝国大学教授であった。川上市長が，中央官僚の意向で決定されたので，「土着市長」への待望論が台頭し，当時，「憲政擁護」運動も高まっており，市長は地元でとなった。[13]

　井上市長は就任にあたり，学術的調査にもとづく行政をめざすと明言したが，実際の市政は，予測どおりには展開しなかった。大正天皇の即位大礼は1年延期となり，同時開催を目論んだ記念博覧会も，140万円の市債許可がおりず，結局，15万円と減額され，岡崎公園で行われた。

　また京都電気鉄道との関係も，6線共用問題は解決したが，問題が残った。京都電燈会社と地域協定を締結したが，協定区域の線引で対立し，裁定をめぐって大森府知事と市会が対立した。さらに鴨東線を京阪電鉄に譲ったが，市電と並行線となり，市会で問題視され，不信任案まで提出された。

　これら難問については，説明・説得力も不十分であったが，ともかく「三大事業の創業初期における経営難を乗り切り，当時の大問題」[14]を解決していった。鴨東線京阪電鉄乗入については，47万円の納付金で決着をつけている。公営交通一元化からすれば，問題があるが，市会は最終的には合意して

いった。[15] このような問題で心労が加わったのか，病気療養中の市長は辞職し，2か月後に亡くなられた。

第5代市長大野盛郁（大6.1～7.5；1917～1918年）は，大学卒業後，銀行員をへて，市参与・助役として，三大事業を推進してきた，ベテランであった。[16] 教員費の市費負担，家屋税の創設，周辺16か町村合併という，困難な懸案を解決し，行政・政治手腕を発揮する。

大野市長は，京都市政の再編成が期待され，その能力はあったが，市長選挙における汚職事件の疑いで，大野市長は収監され，やがて辞職するが，惜しまれる人材であった。

第6代市長安藤謙介（大7.11～9.12；1918～1920年）は，富山県知事・横浜市長などを歴任した，政友会系の官僚であった。[17] 市会で投票がおこなわれ，仁保京都大学教授をおさえて，安藤市長となった。中央では原政友会内閣が誕生しており，安藤市長は政友会色が鮮明な人物で，横浜市長時代から日くつきの人物であったが，政党の影響を強く反映した人事となった。[18]

安藤市政の課題は，大正期の課題である都市計画と社会事業で，都市計画課・社会事業課を新設し，安藤市長も意欲満々であったが，低利資金の使途・電車料金値上げ・電燈協定・行政整理などをめぐって，市会との関係は，次第に悪化していった。

そして辞職の引き金となったのは，安藤市長が横浜市長であった関係から，第74銀行（本店横浜）に無担保で，市公金10万円を預金していたが，同行破産で損害が露見した。結果，市会は満場一致で，市長不信任を可決するが，府知事によって取消されたが，安藤市長は病気を理由に自ら辞職する。[19]

第7代市長馬渕鋭太郎（大10.7～13.9；1921～1924年）は，現職京都府知事であった。この点について「給与や退職金の点で知事からみても魅力あるものになっていた。都市の台頭を象徴する出来事であった」[20] といわれている。しかし，知事は政党時代で罷免・更迭などが頻発する，浮草家業と化しており，その意味では安定した市長ポストは，格好の就職先であった。[21]

就任の抱負として，観光都市の推進・伏見などの町村合併・工業地帯造成などであった。実際，周辺市町村を含む，都市計画が策定され，都市振興への軌

道がしかれた。主要事績としては，火力発電所建設の着手・市電河原町線敷設の着手など基盤整備をすすめていった。

馬渕市政は，政党色もなく，与党公正会は多数派であり，市会関係も順調であった。しかし，病気を理由に突然の辞職となり，大京都市をめざす周辺町村大合併は持ち越された。

第4の視点として，昭和期の市長をみると，第8代市長安田耕之助（大14.2〜昭2.8；1925〜1927年）は，異色の大蔵官僚の出身で，大阪税務監督局監督官であった。ただ内貴市長以来，2人目の京都出身市長であった。多くの事業を手懸けたが，継続事業が大半であった。[22]

昭和天皇の大礼式典挙行となり，大礼記念博覧会も計画され，これからが行政手腕の見せ所と期待されたが，病気を理由に突然の辞表提出となった。理由は新事業への予算削減・与党新正会の結束の乱れなどで，市会運営の困難をみこして，市政を投げだしたといわれている。

第9代市長市村光恵（昭2.8〜2.11；1927〜1927年）は，京都帝国大学教授であり，井上市長以来の2人目の学者市長で，内務大臣鈴木喜三郎と親交があったので，その意向により議員の同意もありスムースな市長選任となった。「ここにも，中央での政党内閣の動向が市長選考に影響をもたらしている例をみることができる」[23]といわれている。[24]

市民の期待も大きかったが，わずか3か月という最短記録の辞職となる。つまずきの契機は，職制改正と人事異動であった。「市村は直情径行型の性格だったようで，関係者間での事前の協議をほとんどしなかった」[25]ため，市長の横暴に対して庁内のみならず，市民大会での糾弾もあり，遂に追い詰められ辞職する。

第10代市長土岐嘉平（昭2.12〜6.12；1927〜1931年）は，内務官僚として大阪府知事・北海道庁長官をつとめたエリートであった。[26]当時，学区統一・隣接市町村編入・電灯統一が重要課題であった。注目すべきは伏見市と26町村の合併をなしとげているが，合併は多分に三部経済制廃止との交換条件であった。

土岐市長は，久しぶりに任期をまっとうした市長となり，再選の要望もあったが辞任している。マスコミは「京都市会をたくみに切り抜け，円満のうちに

諸事業を完了させた点で，歴代市長の中でも稀にみる手腕家で『名市長』である」[27]と賞賛されているが，懸案の学区統一・電灯統一は実現されず，将来に残されたままであった。

第11代市長森田茂（昭6.12〜7.11；1931〜1932年）は，検事・弁護士をへて政界入りした生粋の政党人で，民政党系であった。大正4年以来，衆議院議員6期連続当選，昭和2年には衆議院議長にも就任している。[28]

政友会との対立があったが，民政党が多数であり，生粋の政党人が市長となる異例の人事となった。森田市長は長年の市政紛糾をもたらしてきた，京都電灯会社買収の決着に全力を傾注した。昭和8年の11月28日，「買収関係事務をほとんど終了し，仮契約調印の日取りを決定するまでにこぎつけていた」[29]が，11月30日，急逝し買収は不調に終わってしまった。

第12代市長大森吉五郎（昭7.12〜10.1；1932〜1935年）は，内務官僚で京都市助役・山口県知事などを歴任し，満鉄理事に就任し，当時は引退していた人物である。戦時体制が深まり，政党色がない人物で推薦されたが，民政党系政治家であるもかかわらず，政友会からも好感をもって迎えられていた。[30]

大森市長は，都市計画・下水道事業を推進する一方で，職制改正・人事異動など大規模に実施したため，市会・職員の不満を培養していった。

不運なことにこうした行政刷新のさなか，昭和8年に市役所の大疑獄事件が発生し，その後も公金横領事件が続発した。監理部を新設し，庁内監査体制を強化するが，翌9年には市長自身の旅費支出問題が発生し，市長擁護派まで態度を硬化させたので，辞表提出となった。

第13代市長浅山富之助（昭10.2〜11.6；1935〜1936年）は，政党色のない市会長老で議長経験者でもあった。[31]市長選出は紛糾したので，結局，円満妥結策としてお鉢が回ってきた。官僚出身者が多いなかでは，異色の人材であった。[32]

当時，電灯統一・学区統一が，懸案として未解決であったが，室戸台風復興事業が急務で，昭和10年にも水害に見舞われ，忙殺された。復興事業の目途がたった11年に，浅山市長は辞表を提出する。「古希を迎えた身で水害復興事業に明け暮れ，健康を害したことが理由とされていた」[33]のであった。

第14代市長市村慶三（昭11.6〜15.6；1936〜1940年）は，鹿児島県知事から京都助役に就任し，復興事業の推進に多大の貢献があったとして，全会一致で選出された。[34]「助役から市長に就任するのは，京都市ではこれが最初である。しかも，前任者の辞任の翌日に決定したのは」[35] は，異例のスピードであった。

市村市長は，戦時体制下で都市整備事業をすすめていった，道路拡幅事業にくわえて，市電敷設計画はすべて完了していった。さらに京都瓦斯会社の報償金を，昭和14年には約16.6万円から52万円へと，3倍強に引き上げている。

市長が「圧力をかけながらも粘り強く交渉した成果であった」[36] と評価されている。さらに職員定年制の実施など，戦時体制下の行政需要増加と，財源不足に対応する改革であった。

多くの懸案をかかえていたが，次第に戦時色が濃くなり，苦難の市政運営を余儀なくされていった。そのため減量経営導入でさらなる人事・職制改革を断行しようとしたが，市会に否決された。市村市長は，再選の要請がない以上，再任を辞退し，任期満了で終わった。

第15代市長加賀谷朝蔵（昭15.6〜17.6；1940〜1942年）は，静岡県内務部長などを歴任した内務官僚であり，当時，京都市助役であった。[37] 加賀谷市長は，軍需産業から見放された，京都の衰退を食い止めるため，洛西工業地区造成に着工する。[38]

しかし，同事業をはじめほとんどの事業が中断されたが，念願の学区統一は，国民学校令によって，昭和16（1941）年にやっと達成された。加賀谷市長は，任期を2年残して突然辞表を提出したが，「市会はあえて慰留しなかった……これは，戦時下で京都のジリ貧傾向が強まるのを，市会が大物市長を選ぶことで打開」[39] と思惑からであろう。

第16代目市長篠原英太郎（昭17.7〜21.2；1942〜1946年）は，内務次官を退官した大物官僚であった。昭和17年に「市会が後任市長の推薦を内務官僚の安藤狂四郎府知事に委ね，7月に湯沢千男内相と安藤の推薦で」[40]，篠原前次官に決定した。[41]

行政状況は，「戦時体制に向けた市役所の改編を指導した。しかし，戦時体制

270　第2章　都市経営の課題と都市政治の構図

の京都への重圧は，厳しくなるばかりで，京都振興や都市整備などには力を発揮できなかった」[42] ことは，市会の見込み違いの情勢となった。戦後も市長に在任したが，民主化運動の高まりで，戦時責任を追求され，やむなく辞職を決断している。

表18　戦前京都市市長一覧

市 長 名	辞 職 事 由	在任期間	市 長 名	辞 職 事 由	在任期間
□ 内 貴 甚 三 郎	任期満了	6年	△ 市 村 光 恵	引責辞職（行政失態）	3月
◎ 西 郷 菊 次 郎	病気辞職	6年9月	● 土 岐 嘉 平	任期満了	4年
● 川 上 親 晴	任意辞職（中央転任）	1年	□ 森 田 　 茂	死亡辞職	11月
△ 井 上 　 密	病気辞職	3年4月	● 大 森 吉 五 郎	引責辞職（行政汚職）	2年1月
○ 大 野 盛 郁	引責辞職（政治汚職）	1年4月	□ 浅 山 富 之 助	任意辞職	1年4月
● 安 藤 謙 介	引責辞職（行政汚職）	2年1月	● 市 村 慶 三	任期満了	4年
● 馬 渕 鋭 太 郎	病気辞職	3年1月	○ 加 賀 谷 朝 蔵	任意辞職	2年
◎ 安 田 耕 之 助	任意辞職（行政失態）	1年6月	● 篠 原 英 太 郎	引責辞職（政治責任）	3年7月

注　●中央官僚（知事含む），◎府県官僚，○市官僚，□政治家，△民間人

注

（1）内貴市長については，前掲「京都市政史Ⅰ」204〜207頁，前掲「京都市政史上」141〜148頁参照。（2）同前142頁。

（3）大正6年度，戸別税33.5万円を廃止し，7年家屋税110・7万円を採用しているが，税目税収比較では　税収は3.30倍なった。もし大阪市のように市制実施と同時に家屋税を採用していれば，明治期22〜44年度戸別税294.6万円は，家屋税では3.3倍で約677.6万円の増収が見込めた。家屋税は戸別税より負担公平であり，地租軽減賦課の是正機能もあり，重税感は大きくはなく，典型的な政策経営の実戦となった。

（4）伊藤・前掲「京都市の都市改造」41頁。

（5）西郷市長については，前掲「京都市政史Ⅰ」191.207〜209頁，296〜299頁，311・312頁，前掲「京都市政史上」149〜162頁，伊藤・前掲「京都の改造」46〜59頁参照。

（6）計画当初，日露戦争後の経済不況で資金繰りがつかず，外債は諦めて短期内国債を財源として，1,000万円を予定したが，応募が得られず，三井銀行から総額300万円限度の借入金を得て施行された。その後，経済回復があり，財源は地方外債43年1,755万円，45年195万円の合計1,950万円であったが，従来，15万円前後であった公債支出は，外債発行の43年度には107万円に膨張しているが，市税163万円しかな

く，一般的施設の拡充する余地はなかった。

(7) 前掲「京都市政史上」150頁。

(8) 学区制への対応については，前掲「京都市政史上」150・151頁，前掲「京都市政史Ⅰ」209頁参照。

(9) 同前265・266頁参照。(10) 同前312頁。

(11) 川上市長については，同前209・210頁，前掲「京都市政史上」163〜168頁参照。

(12) 『日出新聞』1921年1月12日，前掲「京都市政史Ⅰ」210頁から引用。

(13) 井上市長については，同前212〜215頁，前掲「京都市政史上」169〜187頁参照。

(14) 同前184頁。

(15) 鴨東線京阪電鉄乗入については，同前173〜175頁参照。

(16) 大野市長については，同前187〜194頁，前掲「京都市政史Ⅰ」215・216頁参照。

(17) 安藤市長については，同前345〜348頁，前掲「京都市政史上」195〜200頁参照。

(18) 以後，京都市政は政党政権が大正7（1918）年，政友会原内閣が成立して以降，政党の影響力のもとで市長選任が行われた。中央政友会政権では市長政友会，中央憲政会では市長憲政会と，中央政と連動して昭和7（1932）年までの政党内閣に応じてつづいた。ただ昭和6年就任の森田市長，当時，京都市会は憲政会が多数派であったので，政友会人事とはならなかった。前掲「京都市政史Ⅰ」9・10頁参照。

(19) 安藤市長への決議は，激烈な弾劾決議であったが，府知事が市の内紛というべき事態に介入し，反対として議決を取り消す事実に，戦前の府県の市政への介入が，公然行われた事実である。前掲「京都市政史上」199頁参照。

(20) 前掲「京都市政史Ⅰ」345〜348頁

(21) 馬淵市長については，同前345〜348頁，前掲「京都市政史上」201・209頁参照。

(22) 安田市長については，同前209〜215頁，前掲「京都市政史Ⅰ」349〜354頁参照。

(23) 同前352頁。

(24) 市村市長については，同前352〜354頁，前掲「京都市政史上」216〜218頁参照。

(25) 前掲「京都市政史Ⅰ」353頁。

(26) 土岐市長については，同前354〜356頁，403〜414頁，前掲「京都市政史上」218〜232頁参照。

(27) 『日出新聞』1931.11.6。前掲「京都市政史Ⅰ」356頁から引用。

(28) 森田市長については，同前356〜358頁，前掲「京都市政史上」232〜235頁参照。

(29) 前掲「京都市政史Ⅰ」359頁。

(30) 大森市長については，同前358頁，前掲「京都市政史上」235〜246頁参照。

(31) 浅山市長については，同前246〜250頁，前掲「京都市政史Ⅰ」360〜362頁参照。

(32) 政党人事の強い影響受けた時代であったが，政友会・民政党が対立したが，中間派が民政党に同調し，元安田市長が選出された。しかし，助役人事で紛糾したので，元安田市長は嫌気がさし，市長就任を撤回する。一度就任を承諾した市長候補が辞退するという「市政史上の一大汚点」と批判された。結局，長老で政党色のない市長選出となった。同前360・361頁参照。

(33) 同前362頁。

（34）市村市長については，前掲「京都市政史上」250～256頁，前掲「京都市政史Ⅰ」363頁参照。（35）同前363頁。（36）同前550頁。
（37）加賀谷市長については，同前551・552頁参照。
（38）洛西工業地区造成については，同前589・590頁参照。（39）同前552頁。
（40）同前9頁。
（41）篠原市長については，同前552・553頁参照。（42）同前552頁。

横浜政党主導市長と名古屋地元志向市長

　横浜は開港地にもかかわらず，政治的紛糾が絶えない風土であった。市政実施となると，市長選出に神奈川県知事・中央政治家の介入があり，より激烈な政争劇が展開された。にもかかわらず市長選任は，地元色が希薄であり，外部輸入人事が主流のため，外部政治勢力の干渉を誘発した。

　第1の視点として，横浜市政の特徴をみると，第1の特徴は，「地域政治の紛糾」である。明治初期にあって地主派・商人派にわかれ，歩合金をめぐる問題も多発し，長期訴訟と化していった。[1] 市制後となると横浜政治は，市長選任・市会選挙では党派をくみ，対立・抗争をつづけていた。

　第2の特徴は，「市会優位の政治」であったが，対政府・県との政治紛糾・交渉にあっては，市長よりも市会が主導性を発揮し，歴代市長も脇役に過ぎなかった。要するに市会の政治感覚は，鋭敏で実力派議会であった。明治初期の歩合金県税化も，地元貿易商人が内務省に働きかけ阻止している。

　第3の特徴は，「地域統合力の発揮」で，特異な現象でその実態をみる。第1に，明治後期になると，横浜経済の不振が危機感をもって強調され，地域政治紛争を控え，明治35年1月，地主・商人派の提携が実現する。もっともこの提携は「あくまでも2党派も存在を認めた上での，二派の元老の取引であり，妥協で」[2]，有力者支配体制が，前提条件の不安定な盟約であった。

　第2に，統合の実態は，明治38年1月，市会各会派の大同団結として，横浜市改良期成会を組織する。多年の政治的紛争を払拭し，無用の選挙抗争を回避し，渾然融和の状況醸成をめざした。[3] このような政治変質を先取りして，市原市長は，明治37年，会費制の社交クラブを創設し，市内有力者の結合をめざした。

　この動きは，横浜市改良期成会をさらに拡大し，明治38年2月，「横浜市内の有

力者，そして有力者を通じて一般市民を統一な支配秩序下にくみこむこと」[4]を狙っており，やがて公和会なる団体を設立する。しかも公和会は市会にかわって，実質的に施策を決定していった。[5]

第3に，横浜市の危機にあっては，全市あげての協力体制を結成し，強力な運動を展開している。第2期横浜築港をひかえて，市原市長は，市政体制を再編成し，市会・経済界・行政がまとまり，築港・工業化をめざした。

経済危機感に煽られた市政緊張が，市長・市会の協力体制を形成していく，有効な対応策であったが，市長主導型政治による政策論議なき，市政決定の恐れが憂慮された。

第4に，実際，市原市長は必要以上に横浜経済の危機を誇張し，産業開発型市政へ誘導させていく政治的操作で，経済界・有力者主導の政治体制の再編成であった。しかし，実際は横浜貿易の独占崩壊（285頁注15参照）に過ぎず，横浜の経済成長性（120頁注17参照）は高いとの異論があった。

大正・昭和期になると，都市資本主義思想に傾倒し，市税減免埋立地への工場誘致の「産業開発」へと，市政は変質していき，本来，都市経営のあるべき都市整備路線からの逸脱となった。

第2の視点として，政治色が強く，築港から産業開発へ変貌していった横浜市政の推移を，まず明治期の政治・行政実績からみてみる。初代市長増田知（明22.6～23.3；1889～1890年）は，各県などに奉職し，神奈川県1等属から明治19年横浜区長になっている。ちなみに市長退職後，富山県参事官・南多摩郡長などを歴任している。[6]

選出経過をみると，先の市会議員選挙では商人派が，圧倒的な勝利をしたので，豪商たちは中立的人物として，元横浜税関長を推したが固辞されたので，選挙での選出となった。ところが当時の沖神奈川県知事は，混乱を危惧し商人派を説得し，地主派が擁立する前区長増田を推薦し，内務省の裁可を得た。

しかし，知事の市長選出への介入だけでなく，商人派は貿易港の市長は，商業に関係ある人物がのぞましいとの意向で，「増田は，たんなる事務官僚であり，前区長として県庁との間が円滑にいくというにすぎない」[7]と，商人派は不満を蓄積させていった。

このような無理な選出によって，増田市政は発足早々，波乱含みで前途多難が予測された。目立った実績もなく，1年未満で辞職している。

　第2代市長佐藤喜左衛門（明23.3～29.3；1890～1896年）は，久良岐郡長などを歴任し横浜市長に就任している。退職後は横浜にある東京移民会社に勤務している。事績の目立つ事項はなく，市史にあっても記述が欠落したままである。

　第3代市長梅田義信（明29.6～35.9；1896～1902年）の経歴は，南多摩郡長・東京市芝区長・文部書記官をへて，横浜市長に選任されている。選出経過をみると，今度は先の市会議員選挙で，優位に立った地主派は，商人派が推した前佐藤市長の再選を拒み，選挙での選出となった。

　当然，地主派の梅田市長が勝利したが，芝区長・二等警視という経歴はともかく，商人派の議員は，情報はほとんどなく，「此選挙に因り始めて梅田某氏の姓名を知るを得，恐くは自治団体の精神に背く」[8]と，地元横浜と縁もゆかりもない人物は，問題と批判した。

　梅田市長の再選については，地主派の中立派が変質し，商人派と連帯し多数派を形成し，残余の地主派が斉藤松三助役を推したが，梅田市長の再選となったが，複雑怪奇な勢力の合従連衡がみられた。[9]

　このように市制後の横浜市政は，区長経歴の地方官僚が市長で，大物志向性もなく，さりとて民間人を選任する革新的動きもなく，管理行政をこなす低迷した状況が，10年以上もつづいていた。

　第4代市長市原盛宏（明36.1～39.9；1903～1906年）の選出は，梅田市長は再選されたが，就任わずか4か月後に病没し，市長選挙となった。地主派19名，商人派20名，中立派9名で，話し合いで決着できず選挙となった。[10]

　地主派は，明治27年以来の斉藤助役，商人派は当時第一銀行横浜支店長の市原盛宏を擁立し，市原が市長になった。「商人派が，市長に横浜繁栄をめざす積極策の展開を求めたのに対し，地主派はむしろ，市行政への熟練という名のもとに，従来の横浜市政の継続を求めた」[11]ので，一応，保守・革新といった色分けができる，市長選出抗争となり，停滞市政の脱皮を託され，市原市長が選出された。

　市原市長は，同志社を卒業後，アメリカ・エール大学に学び，帰国後，同志

社で教鞭をとっていたが，その後，日本銀行に入り，市長選出時は，第一銀行横浜支店長であった。市長選出では政党利害より，市長の政策意識が重視された。[12]

　市原市長の積極的都市開発をみると，第1に，市原市長は「横浜繁栄のためきわめて積極的な抱負と姿勢をもって市政にあたり，旧来，党争に明けくれて，沈滞した空気に包まれていた横浜市政に溌溂たる空気を吹き込み，横浜近代化に大きな功績をあげた」[13]と評価されている。その施政方針は，港湾整備と工業都市化であったが，注目すべきは発表方式自体が革新的で，関係者を横浜会館に集めで行うユニークな方法であった。[14]

　第2に，市原市長は，港湾主導型の成長戦略もかげりがみられ，経済再生を託されたて市長になり，就任の施政方針演説で，港湾機能強化・工業機能振興，さらに都市振興体制の強化をめざした。

　当面，第2期築港事業の早期実施で，地元負担による方式を提唱した。市原市長は，第2期築港の着工・工業都市への転換を性急にめざし，経済・政界を糾合し，市政推進体制を再編成していった。しかし，明治後期，神戸港に輸入額は追い抜かれたが，全体の貿易比率は横浜優位であり，意図的に危機感を募らせていった。[15]

　第3に，港湾依存の都市成長は限界があり，工業機能強化が将来的の必要と提唱し，海面埋立による工業基地造成をめざしたが，実際は横浜の潜在的成長（120頁注17参照）は神戸を凌ぐとの主張もみられ，市長の意向は多分に過剰反応であった。

　このように市長の要請に応じて，目標遂行のため市政勢力の即応的結集システムを，はじめて定着させていった。しかし，市原市長のリーダーシップに対応した，地域政治・経済会の変貌，民間との競合・政治的紛糾の激化，さらには日露戦争などで，強力な施策展開は断念せざるを得なかった。

　第4に，築港への機運は，明治38年7月，横浜商業会議所が，市長へ「横浜市経営に関する建議」がなされる。そして横浜市会は，9月18日満場一致で「横浜改良の件につき稟請」を決定し，大蔵大臣宛へ提出する。内容は，築港費3分の1を，横浜市が負担するという決断であった。[16]

地元負担を危惧していた，大蔵省にとって渡りに船であった。大蔵省は，明治39年2月18日に命令書を発行し，6か年間に政府548万円，横浜市270万円（負担率33.0％）で築港事業を実施した。港湾施設収益配当金を創設し，出資比率での収益金還元が導入され，事業費の国・地元出資比率での按分であった。

　築港工事の発足の見通しを得た市原市長は，明治39年5月2日に市長職を辞した。しかし，収益配当金の事態は，政策的にみてかなりの問題点（339・340頁参照）があった。[17]

　第5代市長三橋信方（明39.9〜43.6；1906〜1910年）の経歴は，神奈川県外務課長・横浜築港局次長を経歴し，市長推薦時はオランダ公使であった。選出過程をみると，市会の対立も緩和にむかっていたが，原内務大臣などの斡旋を得て，横浜に関係の深い人物として選出された。[18]

　市政の実態は，築港事業はスタートし，既定路線で処理されていったので，むしろ一般的行政での改革が迫られていた。最大の案件が学区統一で，明治41年3月に区費運営は廃止され全市共通経済となった。[19]三橋市政は，横浜振興策への対応をすすめつつあったが，43年6月に病没する。

　注目すべきは明治43年の横浜経済協会の設置で，市内有力者からなる同組織は，中央政府との結びつきを強め，横浜発展策の提言・推進を図っていく役割を担っていた。政府との関係を深めていったことで，関西では想像もできない，政府の肩入れがみられた。[20]

　第3の視点として，大正期市長の政治・行政実績をみると，第6代市長荒川義太郎（明43.9〜大2.11；1910〜1913年）の経歴は，臨時横浜築港局次長，鳥取・三重・香川・長崎各県知事を歴任して，横浜市長に選任されている。

　詮衡委員は桂首相の助力も得て，市長候補を決定している。従来のように古手官僚を背負い込むより，若手の俊英官僚がよいとの意向で，長崎県知事の内務官僚荒川義太郎を選出する。[21]

　荒川市長が，当面取り組んだ施策が，懸案の工場誘致であったが，先の経済協会が明治43年12月に，工場誘致政策案を作成しており，当面，本牧・根岸など27.9万坪，子安など34.2万坪であった。横浜市は44年12月，「工場に関する市税」免除規定を定め，5年間の埋立地市税減免の特典を決定する。市原市長

の産業都市化が，行政措置をともなって実現した。

　なお荒川市長は，産業都市化をすすめていきつつあったが，従来の選挙区条例維持で，選挙区撤廃に反対したが，選挙区廃止案が可決されたので辞職した。しかし，市長・市会の意見対立といっても，直接的市政に影響する施策でなく，そこまで政治的信条で対処するのも問題である。[22]

　第7代市長安藤謙介（大3.7〜7.7；1914〜1918年）の経歴は，外務・司法省勤務をへて，横浜地方裁判所などの検事正，千葉・長崎・愛媛県知事を歴任した内務官僚で，市長に選任されている。選出は市会会派で談合が成立しており，選挙といっても形式的なものとなっていた。

　同市長は「政友系知事として知られ，とりわけ愛媛県では露骨な党勢拡張策」[23]を展開した，曰くつきの人物であった。横浜市長選任時は，大隈内閣の地方官更迭によって休職中であった。

　安藤市長の懸案事項は，埋立問題であった。明治42年浅野総一郎・安田善次郎らが，先の市埋立計画と競合した，同地区子安町埋立12.5万坪を申請しており，市内部は賛成・反対で揺れたが，条件付きで大正3年8月に同意した。[24]

　安藤市長の任期中の課題としては，港湾施設収益配当金問題（339頁参照）が浮上し，後にみるように大正7年に一応の決着するが，不満足な結果であった。埋立・分担金問題など，政治色の強い問題では，市会議員が活躍して解決策を導きだしていき，市長は脇役的機能しか果たしていなかった。政治環境が憲政会に変動したので，再選はなかった。

　第8代市長久保田政周（大7.8〜11.5；1918〜1922年）の経歴は，満鉄理事・東京府知事・内務次官といった，華麗なる経歴をもった内務官僚であった。その選出経過をみると，市会は非政友会系の刷新派＝自治派が，絶対多数を握っていたので，政友会系の安藤市長の再選は問題とならなかった。

　刷新派は前内務省事務次官を退職していた久保田を選出した。非政友会の官僚であったが，憲政会色が濃厚でなかったからである。さらに全会一致の選出とするため，神奈川県知事が斡旋し，政友派から助役の一人を推薦することで合意し，覚書まで交わしている。[25]

　久保田市長は，就任早々に米騒動に直面するが，円滑に処理し，ついで公営

278　第2章　都市経営の課題と都市政治の構図

交通創設も会社の失態と世論の支持という環境のもとで，早期買収に成功している。[26] 久保田市長の評価は，多難な時代にあって，多くの懸案を処理した行政能力は高く評価されたが，病気を理由に任期に3か月を残して辞職した。[27]

　第9代市長渡辺勝三郎（大11.11〜14.4；1922〜1925年）の経歴は，長崎・徳島・長崎県知事，内務省地方局長をへて，横浜市長に選任されている。選出経過をみると，久保田市長が任期満了を待たず，病気を理由に辞職したので，急ぎつぎの市長選任となった。

　早速，選考委員10名が決定されたが，一部の有力市議が，県知事と相談して，福島県知事をあげ内諾を得た。しかし，横浜市ととかく問題をおこした，県知事を介したことや，福島県知事が，就任につき待遇問題などで，条件をだしていることがわかり，内外から批判がおこり，この人事はご破算になった。「幹部専制と秘密主義が言論の力を背景とした時代思想に打ち負けた」[28] と評されている。結局，最終的には各会派が一致して，渡辺を選出した。[29]

　渡辺市政は，関東大震災という未曾有の災難に直面するが，一応，復興事業も軌道に乗せ行政能力を実証したが，大正13年3月の予算編成にあって，「市長助役減俸問題」が発生し，その後，助役更迭・任命などで市会が紛糾した。大正14年4月9日，渡辺市長が辞表を提出する。

　第4の視点として，昭和期市長の政治・行政実績をみると，第10代市長有吉忠一（大14.5〜6.2；1925〜1931年）の経歴は，神奈川県知事など数県の知事，朝鮮総督府政務総監をへて，横浜市長に選任されている。横浜政財界首脳は，市長選出の基準を「官僚万能で，『内務行政に卓抜した閲歴の優れた大臣級の人物』」[30] という触れ込みであった。その理由は大都市であり，帝都の玄関にふさわしい人物ということであった。[31]

　まして震災復興をみれば，「徒らに党派を展開されては立派な人物は到底応諾する筈がない」[32] という状況にあった。市会選考委員会は，有吉忠一に選考を絞り，本人と交渉し内諾を得たが，従来と異なり条件なしであった。このような私心なき対応もあり「市政史上前例のない政友・非政友の真の一致で行なわれた」[33]，不思議な程に珍しい事といわれている。

　有吉市長が就任早々，着手した改革は，水道・瓦斯事業の分離独立と，吏員

任用に関する規定による人事刷新であった。「とかく情実が云々され市会議員や有力者の容喙が行われ易い自治体の人事を，能率的合理的な実務処理と機敏な行政判断」[34]とで，運営する意図の改革であったが，功罪相なかばした。[35]

有吉市政は政治的には，市会会派は一致して協調体制で支援し，再任を要請し，経済界・市民団体の留任懇請をした。市長の辞意は固かったが，望月内相の熱心な留任勧告で，遂に再任を快諾する。

ただ再任にあたり震災復興についての「内相の懇請および協力確約が翻意の契機となった」[36]と市長は語っている。[37]

有吉市長は，再任後，一年半で辞職の意思を固める，「昭和恐慌に伴う横浜市の財政的逼迫の深刻化によって行政整理・大量解雇など激しい緊縮方針の採用は避けられなかった」[38]からといわれている。

第11代市長大西一郎（昭6.3〜10.7；1931〜1935年）の経歴は，東京市助役・横浜市助役の経歴で，知事の経験がないまま市長に就任した。選出経過をみると，民政・政友両派は大西で一致したが，一部で市政有力者が暗躍して筋書きを作っているとの憶測がながれたが，最終的には市会詮衡委員会で，多数で選出されている。[39]

大西市長は，震災復興後の横浜振興をめざし，機構改革・財政再建を目指したが，疑獄事件もあり，議会との協調体制も崩れ，辞職へと追い込まれる。[40]

第12代市長青木周三（昭10.8〜16.2；1935〜1941年）の経歴は，鉄道院理事・横浜市電気局長・横浜市助役・鉄道次官などを歴任したが，知事の経験はなかった。選出経過をみると，詮衡委員会は，青木の横浜震災復興の貢献度とか鉄道次官として力量などを，評価して交渉にはいり，助役人選一任を条件として，青木も承諾している。[41]

青木市長は，大震災時の助役であり，積極的市政展開をめざしたが，助役間の対立があり，財政的に米貨債為替差損（186頁注5参照）もあり，市政は足元からくずれ，積極的施策は展開できなかった。それでも市政をなんとか運営していったが，戦時体制で公共投資もすすまず，昭和15年ごろから持病がつのり，辞任を余儀なくされた。[42]

第13代市長半井清（昭16.2〜21.11；1941〜1946年）は佐賀・宮城・神奈川県

知事，大阪府知事，北海道長官，社会局長官をへて横浜市長に選任されている。選出経過をみると，青木市長の辞意を受けて，各会派からなる，市長対策委員会が設置され，神奈川県知事の半井などが候補者となった。

　しかし，一部会派では「市民市長」を掲げて，長年市会議員などで貢献のあった地元人選をかかげて，候補者を模索する動きがみられたが，結局，半井市長に落ち着いた。[43]ともあれ半井市長は，戦時体制下にあって，為替差損（186頁注5参照）の問題を決着させ，戦災の混乱・戦後の復興を処理して昭和21年辞職した。

　名古屋市の市長をみると，中央官僚であっても，愛知県出身者がほとんどで，ある意味では地元主義であった。初代市長中村修（明22.12～23.9；1890・1891年）は，名古屋藩士で明治元年度刑法官判事試補，2年名古屋藩権参事，5年岡山県権参事，14年東京上等裁判所検事，その後大審院検事などを歴任し，名古屋市長に就任している。

　第2代市長志水忠平（明23.11～27.2；1891～1894年）も名古屋藩士で，明治2年名古屋藩大参事，11年に第134銀行取締役，のち頭取となる。民間人のまま名古屋市長に選任されている。

表19　戦前横浜市市長一覧

市 長 名	辞職事由	在任期間	市 長 名	辞職事由	在任期間
◎ 増 田 　 知	任意辞職	1年9月	● 久 保 田 政 周	病気辞職	3年9月
佐 藤 喜 左 衛 門	任期満了	6年	● 渡 辺 勝 三 郎	任意辞職	2年5月
◎ 梅 田 義 信	病気辞職	6年3月	● 有 吉 忠 一	任意辞職	5年9月
△ 市 原 盛 宏	任意辞職	3年8月	○ 大 西 一 郎	引責辞職（職員汚職）	4年4月
● 三 橋 信 方	病気辞職	3年9月	● 青 木 周 三	病気辞職	5年6月
● 荒 川 義 太 郎	引責辞職（議案否決）	3年2月	● 半 井 　 清	制度辞職（公職追放）	5年9月
● 安 藤 謙 介	任期満了	4年			

注　●中央官僚（知事含む），◎府県官僚，○市官僚，□政治家，△民間人

第3代市長柳本直太郎（明27.2～30.6；1894～1897年）は，福井藩士で，文部省勤務で明治5年文部省少督学，10年兵庫県少書記官，大書記官，17年長崎県大書記官，19年愛知県会計第二部長などを歴任し退職し，27年に名古屋市長に選任されている。

　第4代市長志水直（明30.7～34.12；1897～1901年）は，名古屋市商人の出身で，兵部省に勤務し，明治6年陸軍少尉になり，以後，昇進し22年には中佐になっている。その後，29年には台湾総督府民政局事務官となり退職し，名古屋市長に選出されている。

　第5代市長青山朗（明34.12～39.4；1901～1906年）は，愛知県士族で陸軍省に属し，明治5年陸軍中尉，19年大佐となり，20年に退役している。同年名古屋市から衆議院議員に当選し，34年に名古屋市長に選任されている。

　青山市長は，名古屋市発展のビッグプロジェクトであった，熱田街道拡幅・精進川改修を企画し着工したが，完成をみずして辞職している。

　熱田街道は，国道であったが，藩政期の狭隘な道路であったので，幅員15.5m（延長8,771m）への拡幅事業が，工事費54.19万円で施行された。しかし，郡部会は熱田町通過分も，市部経済が負担すべきと，知事原案を二度にわたり否決したので，知事は内務省に指示を仰ぎ，原案を執行している。

　青山市長の功績としては，新堀川運河の造成があげられるが，とくに浚渫土砂で工場埋立を造成する，公共デベロッパー方式を考案したことである。もっとも運河完成前に辞職している。

　第6代市長加藤重三郎（明39.6～44.7；1906～1911年）は，愛知県士族にして，司法省書記官，新潟県地方裁判所検事，28年台湾総督府勤務となり高等法院判事などを歴任し，31年に退官している。

　名古屋市で弁護士となり，市会議員・市参事，弁護士会会長に当選している。36年名古屋市長に選任されている。

　加藤市長は，日露戦争後の名古屋工業をみて，運河周辺が大工業地帯となると予想して，明治40年熱田町を合併し，精進川改修計画を大規模化して，運河幅員の拡大・堤防の嵩上げ・堤防上に4間道路の設置と当初計画を一新し，新堀川と命名した。また，先の熱田街道拡幅を14.4mから23.4mへの拡幅を，名

古屋市負担で施行するなど，積極的市政を展開していった。

　加藤市長は，実力派市長で，当時，深野知事・奥田商工会議所会頭と「三角同盟」といわれ，名古屋を牛耳っていた。市長退職後，名古屋電燈社長に就任していたが，深野・奥田とともに遊郭移転疑獄に連座し，控訴審で無罪となったが，政財界の癒着はきびしく弾劾された。[44]

　第7代市長阪本釤之助（明44.7～大6.1；1906～1917年）は，愛知県士族で明治26年滋賀県書記官，奈良県参事，35年福井県知事，40年鹿児島県知事となり，41年名古屋市長に選任されている。第8代市長佐藤孝三郎（大6.7～10.7；1917～1921年）は，経歴不詳である。

　第9代市長大喜多虎之助（大10.7～11.2；1921・1922年）は，市会議員出身，第10代市長川崎卓吉（大11.4～13.6；1921～1924年）は，台湾総督府殖産局長，第11代市長田阪千助（大13.9～昭2.8；1924～1927年）は，名古屋市助役，第12代目市長大岩勇夫（昭2.8～13.2；1927～1938年）は，名古屋市会議長，第13代市長県忍（昭14.1～17.1；1939～1942年）は，大阪府知事，第14代市長佐藤正俊（昭17.2～21.11；1924～1946年）は，前職は名古屋市助役であった。

表20　戦前名古屋市市長一覧

市　長　名	在任期間	市　長　名	在任期間	市　長　名	在任期間
● 中　村　　修	9月	●△□ 加藤重三郎	5年1月	○ 田　阪　千　助	2年11月
◎□ 志　水　忠　平	3年3月	● 阪　本　釤之助	5年6月	□ 大　岩　勇　夫	10年6月
◎ 柳　本　直太郎	3年4月	佐　藤　孝三郎	4年	● 県　　　　忍	3年
◎ 志　水　　直	4年5月	□ 大喜多虎之助	7月	○ 佐　藤　正　俊	4年9月
●□ 青　山　　朗	4年4月	◎ 川　崎　卓　吉	2年4月		

注　●中央官僚（知事含む），◎府県官僚（知事・政府幹部経験者除外），○市官僚，□政治家，△民間人

注

（1）地主商人両派の政争については，前掲「横浜市史稿III」359～384頁参照。なお横浜市政は市制実施以来，地主派優位で展開されてきたが，明治33年のガス舎払下事件，34年の市役所用地問題で，地主派支配的状況は揺らぎ，両者の提携が模索された。明治後期，横浜経済的低迷を契機として一気に統合気運が台頭し，市原市長の

選任となる背景となった。前掲「横浜市史Ⅳ下」54～68頁参照。

（2）同前68頁。

（3）期成会によって，「各派が各区において出すべき議員候補者を，その勢力範囲に応じて分配し，その派閥割当て計画に応じて，無競争選挙を実現しようという選挙協定で」（同前115頁）であった。これでは「選挙民の側からいえば，選挙の形骸化にほかならない」（同前115頁）状況で，これは政府の進める地方改良運動の都市版であった。要するに「派閥別割当計画に応じて無競争推薦選挙を実現し，有産者の糾合と中央への積極的なパイプづくりを指向する選挙トラスト」（持田・前掲「都市財政の成立Ⅱ」100頁）といわれている。

（4）前掲「横浜市史Ⅳ下」116頁。

（5）この市会議員を含めた公和会幹事で「市会の開会前に集合して議案対策をきめ，各区の議員に通知し，一致の歩調をもって議場に立つこと」（同前118頁）にした。結果として「横浜市内の政治に関する決定事項が，公和会を中心に，市の総意として決定され，運営されることによって，いままでの党争は影をひそめ，平和な市政が実現する」（同前118頁）ことになった。しかし，事態は「市内の多数の有力者の相互連繋体制であり，有力者の意思がすべてを決定する支配体制であった」（同前119頁）と批判されている。

（6）市長経歴については，大西・前掲「横浜市政史」26～29頁参照。

（7）前掲「横浜市史Ⅲ下」158頁。

（8）前掲「横浜市史Ⅳ下」33頁。

（9）それは地主派の中立派は，ほとんど横浜財界の有力者で，地主派に属していたのは，たまたま政治的利害関係から，地主派の陣営に走ったに過ぎなかった。そのため地主・商人提携が円滑にすすんだのは，両派の元老による調停工作があったからであった。ただこのような「元老市政」についてきびしい批判が浴びられた。前掲「横浜市史Ⅳ下」71頁参照。

（10）市原市長選出については，同前75～77頁。なお市原市政をめぐる諸問題については，同前89～143頁参照。（11）同前77頁。

（12）市原を推した商人派の理由は，「アメリカ，さらに欧米を見聞したという経験から，横浜の発展策に対しては，きわめて積極的な意見をもち，とくに横浜港の発展と工業都市としての成長を持論として」（同前76頁）いたので，商人派は強く選任を望んだ人材であった。斉藤助役を推した地主派の理由は「市長一人位を大人物としても市政は挙らざるべく，随って市長は貿易隆否の責任なきものなれば，市政を料理する腕あるものなれば，可成市吏員中よりあげ，他の大人物無用」（『横浜貿易新聞』明治35.11.13，同前76・77頁から引用）という論理であった。この背景には横浜港の絶対優位の崩壊という危機感が，従来，派閥を組み政争を繰り広げてきた実態が憂慮され，派閥抗争に終止符がうたれ，政治・経済・行政の一致体制が形成された。

（13）同前89頁。

（14）明治36年7月7日，横浜会館に，市の名誉職・会議所議員・新聞記者百余名を招待し，今後の横浜市政について，率直に自己の見解を吐露し，市民の協力を要望した。

このように，市長が，市会ではなく，市民を対象にしてその所信を公にし，市民に訴えたのは，横浜市市政はじまって以来の出来事であり，「横浜市長空前の快挙」と報道された。同前89頁参照。

（15）全国貿易比率は，明治30年横浜46.60，神戸42.41，35年横浜43.60，神戸41.32，40年横浜40.82，神戸35.64で横浜優位は持続している。比率低下はその他港湾が30年10.99，35年15.66，40年23.54と上昇しているのが原因である。横浜港史編集委員会『横浜港史資料編』436頁参照。

（16）横浜築港費に3分の1負担の経過については，前掲「横浜市史Ⅳ下」123～143頁参照。負担金は7年分割方式で明治39～41年度50万円，42～44年40万円の合計270万円で，39年度市税62万円の4.35倍であった。横浜市の試算では築港費800万円，収入70.9万円，支出30万円，差引利益40.9万円，収益率5.1％で，港湾施設収益配当金で負担金は回収できる見込みであった。

（17）『貿易新報』（明治39年5月19日）は，「市長と横浜市民」と題して送別の辞を掲載し，「横浜市長として実に横浜市長らしかりしは市原盛宏君に於て始めて之をみる。……君はその信ずる所を公言してごう毫も憚らざる勇気ありし共に，またこれが実行をみるの時機あるを信じて疑わざりし……横浜市の一進歩はすでにこの時に胚胎せり」（同前141・142頁）と賛辞を呈してい。

（18）三橋市長については，同前144～151参照。（19）同前147・148頁参照。

（20）明治43年3月14日，社交クラブでの発足会には，桂首相，小村外相，平田内相，後藤逓相，小松原文相，岡部法相らが参加した。「経済協会の成立は，横浜市内の有産者層の糾合と中央への積極的な結びつきを示すものにほかならなかった。以後経済協会は，横浜市の重要問題に積極的な発言や提案を行なうのである」（同前149頁）が，多分の埋立地への市税減免など，圧力団体化の性格を帯びていった。

（21）荒川市長については，同前151～155頁参照。

（22）前掲「横浜市史Ⅴ上」36～41頁。（23）同前59頁。（24）同前94頁参照。

（25）久保田市長の横浜市長就任については，本人の猟官運動もあり，当時の2大政党時代における，政党人事であり，官界も党派的系列がすすみ，結果として市長の官僚系列化もすすんだ。前掲「横浜市史Ⅴ下」11～14頁，大西・前掲「横浜市政史」77～79頁参照。

（26）前掲「横浜市史Ⅴ下」35頁参照。（27）同前65頁参照。（28）同前65頁。

（29）渡辺市長については，同前64～67頁参照。

（30）前掲「横浜市史Ⅱ－Ⅰ上」237頁。

（31）有吉市長については，前掲「横浜市史Ⅴ下」134～138頁参照。

（32）前掲「横浜市史Ⅱ－Ⅰ上」238頁。

（33）前掲「横浜市史Ⅴ下」135頁。（34）同前136頁。

（35）この人事改革は，実態は同時に「助役・局長の高級吏員に内務省系の官僚を就任させるこの人事は，いわば，内務省の人事行政のミニ版の横浜市での実現」（同前136頁）と批判されている。もっとも一方で，職員の採用・昇進などに規準を設定し，情実にとらわれない近代人事体制を形成していった。この合理的人事システムを早急

かつ確実に達成するため，幹部職員には内務官僚の大量就任となり，「内務省閥」の醸成といわれている。後藤新平が採用した方式の亜流であったが，専門性は高まったが，人事刷新に名を借りた都市自治体への侵食であり，固有職員人材育成・勤労意欲にはマイナスの効果をともなうシステムであった。前掲「横浜市史Ⅱ－Ⅰ上」241頁参照。
（36）前掲「横浜市史Ⅴ下」137・138頁。
（37）再任に内務省の協力確約を求めた点について，「『名市長』になるためには，市長個人の手腕・人格だけが重要なのでなく，内務省との連繋の強さが市政の進展に深い関係をもつこと」（同前138頁）を示しているといわれている。
（38）前掲「横浜市史Ⅱ－Ⅰ上」253頁。
（39）大西市長については，同前253～256頁参照。（40）同前参照。
（41）青山市長については，同前273～275頁参照。
（42）青木市政については，前掲「横浜市史Ⅱ－Ⅰ下」334～343頁参照。
（43）半井市長については，同前399～406頁参照。
（44）前掲「名古屋市史Ⅵ」6・7頁参照。

神戸民間・官僚市長の経営能力

　神戸市の市長人事は，関西自治体の特性として，大阪市と同様に実務型市長が主流で，地元人事が多い。第1の視点として，市長選任（表21参照）の特徴をみると，第1に，市長人事は，輸入人事4人，地元人事5人で，他都市で多くみられる知事経験者は1人だけである。

　第2に，能力本位の選出が比較的多い。しかし，水上市長は神戸築港のため，その能力を期待して選任された実務型市長であるが，選出過程からみると，第3の候補でしかなかった。

　鹿島市長にしても，中央官僚などに打診したが断られ，やむなく助役であった鹿島房次郎を選出している。戦前市長として名市長にふさわしい2人が，当初からその能力を信頼して，選任されたのでなく，市会の選考能力に疑問が感じられる。

　第3に，大物市長は皆無で，大臣経験者はなく，官界でも桜井市長が大蔵省専売局長，黒瀬市長が山梨県知事であっただけである。それでも中央官僚・府県知事への信奉性は，根強かったが，候補者から断られ，結果として多彩な人材が市長になった。

第4に，市長選出をめぐる政争はあったが，深刻な事態にはいたっていないが，結局，明確な選任方針が欠落していた。坪野市長のように商業学校長をなぜ選任したのか，政党人事の軋轢を回避するため，消去法で選任されている。

第2の視点として，明治期の市長をみてみる。初代市長鳴滝幸恭（明22.5～34.5；1889～1901年）は，京都仁王寺寺侍の出で，北越戦争に従軍し，京都市小学校教員，兵庫県警察職員，その後，検事補を勤め，内海知事時代に県第1部長に栄転し，兵庫県の四天王と称され，名課長の名をほしいままにした。

神戸区長兼八部郡長をへて，明治22年，神戸市長（年俸1,500円）に選出され，前区長選出は横浜市と同様であったが，選出過程での知事介入などのしこりがなく，長期政権となった。[1]

選出過程は，兵庫区の名望家神田兵右衛門と争いで，地域別では兵庫・神戸地区の争いとなったが，中間地区の議員の意向を，土地資本家の小寺泰次郎議員がまとめ，談合的選出となっている。

第1に，鳴滝市長の長所は，調整能力で決断・政策力ではなく，その本領は，根回し役であり，忍耐強さであり，「潜航艇式」といわれた。鳴滝市長が，得意とする調整能力を発揮したのは，神戸区長時代に民営水道創設の危機を，古巣県庁への根回しで認可を遅らせ，民営水道を回避した裏工作である。

官吏として優秀であったが，市長としては，構想力・指導力・政治力が欠落し，調整型市政に終始した。

第2に，鳴滝市長の功績である水道建設は，苦労の連続であったが，見事，完成へとこぎつけている。しかし，神戸区長時代からかぞえ，15年の歳月を費やし，当初工事費97万円が392万円と，大幅に膨張しやっと完成した。しかし，外資導入の不手際などで，多大のいらざる損失を被っている。

鳴滝市長は「機を見るに敏でなかったことは，ただ慙愧のいたり」と，議会で陳謝している。しかも水道が実現したのは，水道条例の制定，伝染病の猛威，さらに兵庫県の辛抱強い説得という外圧が無視できない。

第3に，行政運営において，きびしい対応ができず，市会統制では懐柔策を弄するだけで，政策とか理念での対応ができなかった。そのため水道建設は，議会決定後も，反対議員の批判を説得できず，水道建設が遅れる要

因にもなった。

　一方，市長としてのプライドが高く，市長就任の翌年，市会が年俸1,500円を1,300円にカットしたので，この削減を不信任として，辞表を提出しているが，調整型の鳴滝市長としては，唐突な対応であった。しかし，三菱造船所の神戸進出には，最大限の便宜を図っており，目先の利害には敏感であった。(2)

　第4に，鳴滝市長が，結果として調整型市政となったのは，市長選出にともなう，政治調整の後遺症といわれている。(3) しかし，そのため神戸築港・公営交通創設はできず，兵庫運河・湊川付替事業などのビッグプロジェクトも，民間デベロッパーでの施行となった。市長として主導性を発揮しておらず，水道創業だけに専念したが，多くの懸案が先送りとなった。

　明治後期という，神戸市の都市づくりが切迫した時期は，調整型の人物は不向きであった。水道創設という功績の蔭に隠れて，批判を免がれた。

　第2代市長坪野平太郎（明34.5～38.3；1901～1905年）は，広東副領事・神戸郵便電信局長・日本貿易銀行支配人，選任時は県立兵庫商業学校長であった。選任をめぐっては，政友会19人と進歩派10人，中立派13人の陣容で，党派的紛糾が発生したが，進歩党と中立派が提携し，政友支部長本城安太郎をのけて，坪野平太郎が市長に選任された。(4)

　しかし，多彩な職歴から有能と推測されたが，選出の理由は，政友会の論功行賞的な推薦が毛嫌いされ，坪野氏となった。教育偏重主義の市長であり，港湾行政は県に丸投げする，無責任な状況と化していた。(5)

　第1に，市長という総合行政のトップとしては，直情径行の人物であり，市政という総合行政を運営していく，広い視野と柔軟な姿勢が欠落していた。しかも強引な人事刷新は実質的な効果はなかった。(6)

　第2に，教育行政への過度の偏重がみられた。女性教師の増員・市視学の制度化・全教員の5段階勤務評定など，いわば一点豪華主義といえ，総合行政からすれば，問題があるとの非難は免れないであろう。

　第3に，結果として市会との軋轢が，増幅されていった。原因は就任早々，鳴滝市長派一掃をかかげた人員整理にあったが，そのため政友会の怨みをかっていた。坪野市長の辞任は，東山伝染病移転にからむ，用地先行買収での些細な

288　第2章　都市経営の課題と都市政治の構図

行政手続のミスを，市会に付け込まれ，対応のもつれから，辞任という呆気ない幕切れであった。[7]

　早期退任を惜しむ声もあったが，教育者としてはともかく，行政官たる市長としては，在任中の行政をみても，特定行政への偏りがあり，行政の処理も柔軟性に欠け，立派な行政実績は期待できなかった。

　第3代市長水上浩躬（明38.9～42.7；1905～1909年）は，神戸築港のための人事であったが，選考の経過をみると，市会は築港への明確な意識はなく，政友派・進歩派は，代議士西村真太郎，中立派は前山梨県知事武田千代三郎を擁立した。ところが二度の選挙も，同数で決着がつかず，両派で醜い多数派工作が行われ，膠着状態に陥った。

　そのため会議所会頭岸本豊太郎，神戸実業協会会頭牛場卓造が，両派の仲裁に入り喧嘩両成敗で，候補は白紙撤回し両者に一任となった。

　最終的には蔵相曽根荒助の諒解を得て，坂谷芳郎の橋渡しに依って，横浜税関長水上浩躬の選任となった。大蔵省官僚で神戸税関長の経歴もあり，人物において問題はなかったが，窮余の策として浮上した，第3の人事であった。[8]

　この偶然の人事が，神戸築港にもっともふさわしい人材を得たのであり，市会の怪我の功名であった。しかし，市会の人選が，市政の懸案事項をまったく念頭におかず，派閥争いであることが露呈した。

　水上市長以外であれば，神戸築港はさらに10年遅れ，その間に発生した，港湾運営の損失（321頁注21参照）は，艀荷役損失だけで年間約250万円で，10年では2,500万円を優にこえ，築港の遅れは災害などを加算すると，測りしれない額に達したであろう。[9]

　水上浩躬市長の業績をみると，第1に，期待にたがわず，混乱した神戸港築港問題を解決し，見事，神戸港築港を実現へと導いていった。水上市長は就任から退任まで，「専心一意，只管神戸築港の達成に渾身の努力をなし，亦余事を顧みるの余地なかったのも，自分の使命の築港にあるのを自覚されたためであった」[10]と，その献身的熱意は称賛されている。

　第2に，実際，水上市長は，「神戸港の現状及改良策」を発表し，神戸築港の必要性の根拠を示し，全国的な神戸港の役割を明確にしただけでなく，大阪港

との関係も整理し，神戸築港の路線を的確に示した。当時，混迷を深めていた，神戸港築港路線を大規模築港へと定着させていった。[11]

　第3に，築港へのリーダーシップは見事であり，兵庫県服部知事との確執があったが，ともかく大蔵省ルートで築港を実現させた。神戸築港を最優先とし，10年以上にわたる混迷した，築港問題の決着をつけるためには，強引といえる決断が不可欠であった。

　ひるがえって考えてみるに，神戸築港は暗礁に乗り上げ，明治27年の築港決議以来，10年以上たっても解決の目途は，まったくない混迷状態にあった。この窮地打開のために，水上市長が発揮した，政策能力・政治調整力は，卓抜した効果を発揮し，神戸築港実現へと結実をみてみる。[12]

　第4に，それでも犠牲は大きかった。卑近な事例は公営交通断念であり，直接の原因は，交通と港湾という二兎を追うことは，財政的に無理があるとの理由であった。しかし，鶴原大阪市長は，神戸よりさらに築港財政悪化のもとで，築港・交通の同時施行を決断している。

　水上市長は，築港実現の使命感が強烈であり，大蔵官僚として財政安定に神経質であっため，公営交通の収益性・外部効果を過小評価した嫌いがあった。

　第5に，神戸築港を，大蔵省ルートで実現するには，兵庫県・大阪市・内務省との関係がこじれ，さまざまの摩擦発生は避けられない情勢にあった。しかし，水上市長は，敢えて火中の栗を拾う損な役割を引き受けた。

　大蔵官僚としてのコネクションをフルに活用して，大蔵省ルートで強引に大蔵大臣を説得し，横浜港と同様の大蔵省方式決定へと持ち込んでいき，輸入人事の期待を裏切らなかった。

　第6に，なによりも水上市長は，任期6年にあと2年を残して神戸を去った。神戸市政をこれ以上，港湾行政への特化を避け，本来の行政に軌道修正をしなければならない配慮からであった。神戸築港が軌道にのり，資金調達の目途がついたので，自分は退職すべきであると，名誉ある辞任を選択した。[13]

　無為に市長職に執着し，行政を停滞させる弊害が，多くみられるなかで，自らの才能の適格性を理由とした辞職は，爽快な出処進退であった。築港処理における強引な対応をみると，職務遂行と生き方は別物で，個人の都合で市政を

私物化すべきでない自覚を，見事に立証している。

　水上市長は，市長退職後，古巣の大蔵省へ復帰することなく，余生を明治神宮奉賛会理事長として過ごしている。結果からみると，神戸築港で生涯のエネルギーを燃焼し尽くしたのではないか。

　第3の視点として，大正期の市長をみると，第4代市長鹿島房次郎（明43.2〜大9.3；1910〜1920年）は，慶應義塾に学び，東京高等商業学校をへて，渡米しミシガン大学に学び，27年，帰朝している。30年4月，市役所に就職するが，解雇され市会議員となり，水上市長のもとで助役を勤めた経歴からみて，生え抜きの市長といえる。[14]

　ただ市長選任の経過をみると，水上市長が，明治42年突如引退したので，政治的空白が発生した。第1に，市会は市長予選委員で選考したが，容易に適任者を得られず，地元採用・輸入人事との対立でもめた。しかし，「情実の弊を避くるに努めば自治体より市長を推薦するも，必ずしも不可ならむと」[15] の結論となり，7か月の空白をへて，鹿島房次郎助役を満場一致で決定した。

　鹿島市長は，神戸市政ではじめての生え抜き市長となった。市制創設以来，官治統制の呪縛から脱皮し，都市自治に目覚めた市長選出であった。鹿島市長は，出遅れた市政企業化を推進する使命を託された。

　第2に，政治環境は，経済と異なり，市制実施以来の変革をむかえて，従来の政友会の絶対多数が崩れ，国民党系の公民会の台頭が著しく，変動の兆しがみられた。鹿島市政は，この神戸政治の転換期という政治の季節に遭遇し，しかも政友会系の議員出身者であったが，政党色に染まらず，巧みに政党を操縦していった。

　また議会運営でも政党出身は，たしかにハンデであったが，内部行政では実務経験を生かして，遺憾なく本領を発揮した。このような市政運営が，鹿島市政への議会・市民の信頼感を醸成していった。

　第3に，鹿島市長の在任期間は，明治43年から大正9年までの11年間で，貿易高が横浜港を追い越し，「神戸市政の黄金時代又は黎明時代というべき期間」であった。大正3（1914）年第1次世界大戦が始まり，8年に終了したが，反動不景気の影響を免れ，その意味では好運な市長であった。

第2節　政党政治の台頭と市長の経営実績　291

そのため鹿島市長が，才能を十分に発揮できたが，急激な都市成長によって，さまざまの問題処理が噴出した，多難の時代でもあった。明治後期から積み残された，懸案事項の処理という，損な役割を否応なしに担わされた。

　大正6年民営交通企業買収による公営交通創設は，かつて公営推進派の市会議員として奮闘し，築港・民営派に破れたが，市長として雌伏10年，敗者復活の執念の公営化実現であった。

　第4に，行政実績をみると，水道拡張工事による千苅ダム建設，西部耕地整理実施によるスプロール防止など，ハードの都市整備で卓抜した事業能力を発揮している。実施能力は抜群で，民営電気買収をみても，その読みは深く，金利低下を察知し決断し，買収は周到で硬軟織り混ぜた陽動作戦であり，実施は迅速で提案から1年未満であった。

　注目すべきは，これらの事業は，決定をのばし，市長の政治責任を回避し，在任の延命を策謀する余地はあったが，むしろ政治生命を賭けて，敢えて積極的経営を遂行している姿勢を貫いた。

　第5に，さらに特筆すべき実績は，ソフトの内部行政改革にあっても，懸案の学区統一，家屋税の賦課基準改正，高利市債の低利債への借換など，難問をつぎつぎと解決し，昭和期へ問題を繰り越さなかった。

　ことに神戸電気買収・学区統一は，鹿島市長の政治・行政能力の高さを立証した。ただ鹿島市長とて万能でない以上，施策のミスは避けられず，港湾施設収益配当金の長期不交付への対応は遅れが目立った。

　第6に，生え抜きの市長として，国庫補助金の確保などでは，当時の官治統制のもとでは，かなりのハンデが危惧されたが，行政実績からみて見事に克服している。[16] 外部内部にわたる行政成果からみて，政治・行政手腕について高い評価を得た。[17]

　結果として「彼の功績は位階勲等を超越せるを見る時，人は肩書のみで仕事の出来ざることを痛感し，彼のためにも，市民のためにも祝福せざるを得ない」[18] と，称賛されている。

　第7に，退任の経過をみると，鹿島市長は，3選を要望されたが，「米国の大統領すら三度は出ぬ」と，その進退は鮮やかであり，市議会は，大正9年3月，

退職に際して破格の慰労金15万円を贈っているが，鹿島市長の功績が，如何に大きく評価されたかがわかる。その後，川崎総本店の代表者・神戸商工会議所会頭にもなり，経済人としても，卓抜した能力・手腕をもっていた。

　官僚制にとらわれない行政実務家，そして経営センス豊かな経営者として，その能力を遺憾なく発揮した名市長であった。

　第5代市長桜井鉄太郎（大9.10〜11.5；1920〜1922年）は，神戸税関長・大蔵省税関長・専売局長・大蔵省事務次官心得を，最後として官界を去り，台湾銀行頭取に就任した。水上市長と同様の大蔵省官僚であったが，職歴でみる限り，神戸市としては珍しく大物官僚であり，水上市長より華麗な経歴がみられ，神戸市としては最初にして最後の大物市長であった。[19]

　しかし，鹿島市長の後任も難航し，詮衡委員会は，桜井氏に就任の説得につとめたが，容易に首を縦に振らなかった。そのため坂谷男爵・床次内相まで説得の労をわずらわし，やっと承諾を得た。

　要するに桜井市長は，神戸市長になりたくないが，やむを得ず市長になった。この点，同じ大蔵官僚であった水上市長が，病身をかえりみず，神戸築港の実現へ不退転の決意をもって就任したのと，市長への責任感にあって雲泥の差があった。

　第1に，市長就任直後，大正9年の不況に直面し，行政手腕を発揮するには，不運なめぐりあわせであった。財政環境がよければ，それなりの業績があげられたが，不況下であれば減量経営しかできず，しかも財源の絶対的不足という，難問に直面する。

　しかし，桜井市長は，受け身の行政ではなく，区制設置案・増税案などの，意欲的施策をかかげ，事態の打開を模索したが，市会は修正決議をした。[20]

　第2に，桜井市長にとっては，「屈辱的な修正であった。市会は修正には『市長不信任』の思いはなかったとしているが，桜井には『不信任』に思えた」[21]ので辞職を表明する。

　そのため辞職は「主義政策のために，玉砕したのであってその態度や洵正々堂々たるもの」[22]と，表面的には受け取られている。しかし，同時に辞任の潜在的要素として，もともと市長就任に熱意はなく，嫌気がさしたからである

と憶測されている。

　要するに増税案が否決されたが，「遮二無二市会と雌雄を決せんとしたる如き，遇々これによって高踏勇退の口実を求めんとしたに過ぎないと解するのが当たらずとも遠らず」[23]と，意図的に勇退の状況をつくりだしたと，その対応は批判されている。

　第6代市長石橋為之助（大11.8〜14.6；1922〜1925年）は，国会議員であった。桜井市長の後任人事も難航したが，市長銓衡委員会を設置し，順次，候補者を打診していった。

　従来から市長人事は迷走するので，「広く人材を天下に求める意味において土着・輸入の区別を置かないこと」[24]と基本的方針をさだめた。しかし，候補者に接触したが，得手勝手な条件をつけられ，人選は難航したが，原因は神戸市が中央官僚にあまりにも，固執しすぎたからであった。[25]

　当時の市会は，中央のコネクションにすがる，中央権威への依存行政が主流で，市会の非自治性は，かなりの重症であった。結局，委員会では選任できず，委員長の勝田銀次郎に一任し，六代目市長は，民間の石橋為之助となった。

　大阪朝日新聞府市課長をへて，明治40年，衆議院議員の当選し，10年間議員を勤めた後，大正6年，財界に転じ，山陽製鉄社長，帝国石油取締役など実業家として敏腕を発揮していた。[26]

　石橋市長の行政実績をみると，第1に，在任中，市電須磨の着工，水道第2期拡張計画，苅藻島埋立計画などさまざまの事業を手がけたが，多くは継続・既存事業の遂行であり，新規事業ではなく，あらたな課題への挑戦といったものではないと，低い評価がくだされている。

　しかし，市電須磨線は工事費432万円で，関東大震災後の緊縮財政に直面し，市債認可は容易に得られなかった。しかし，市長自ら内務・大蔵省の担当経理課長に膝詰談判で，認可を得ているが，清浦内閣崩壊の前日であり，後継加藤内閣ではより厳しい非債主義であり，認可はさらに遅れたであろう。

　第2に，神戸生糸検査所の設置も，石橋市長の功績である。明治期，生糸検査所は設置・廃止を繰り返し，神戸港生糸貿易はなかなか定着しなかった。しかし，関東大震災で横浜港の生糸貿易が途絶したので，神戸市は従来からの2

港制をかかげて，政府の容認を得，神戸生糸検査所の設置にこぎつけている。

第3に，大正期の不況下の財政運営は，困難をきわめたが，就任早々の大正12年予算では，参事会での名誉職・理事者側の対立があったが，理事者サイドで無難に処理している。また59名の人員整理を断行している。

さらに市債発行を試みたが，関東大震災後，金融不況で借入金で処理したが，残高は大正13年度末償還額8,155万円にもなり，高利子負担で大きな損失をみたので，短期借換債の切り替えに成功し，年間約50万円の利鞘を得た。

第4に，石橋市長失脚の要因は，職員汚職であった。教育・電気行政の腐敗は，体質化しており，石橋市長は改革に努めたが，ついに根絶をみなかった。さらに不運であったのは，市長の直接的責任といえない，小学校長馘首事件・電気局伏魔殿事件・須磨水道慰労金問題・震災慰労金問題など，不祥事が連続して発生した。

これら問題で責任を追求され，健康をそこね辞任という不本意な結末となった。神戸市会は慰労金2万円を贈ったが，在職2年10か月であった。大正期の市長は，鹿島市長以外は短命で，昭和期への大きな飛躍への布石を打つこともできなかった。

第4の視点として，昭和期の市長をみると，第7代市長黒瀬弘志（大14.8～昭8.8；1925～1923年）は，山梨県知事就任後，わずか4か月であったが，就任を快諾している。黒瀬市長は，内務官僚で警察畑が振り出しで，警視庁特別高等課長・岡山県警察部長をへて，山口県内務部長の勤務し，大正14年山梨県知事に任命されている。[27]

なお選任の経過は紛糾を重ねた。さまざまの条件を列挙して，詮衡委員会は審議したが，窓口をひろげすぎ，前東京市長・知事経験者・大都市助役・中央省庁次官，民間企業社長などであったが，最終的に黒瀬弘志が委員会の選挙で選出された。

ただ市長在任中は，昭和期の金融恐慌・世界大恐慌などの不況下の市長としては，大正14年から昭和8年まで苦難の市政運営を余儀なくされる。しかし，昭和3年，190万円の増税案は24万円に削減されたが，臨時財政調査会を設置し，行政整理・公債運用・県費負担改正・公営企業経営改善・市勢振興策など

の中期的施策的改革を，根気よくすすめ，多くの実績を残している。

　第8代市長勝田銀次郎（昭8.12〜16.12；1933〜1941年）は，適当な候補がなかったこともあるが，大正6年市会議員に当選して以来，5期17年うち議長2回5年，さらに貴族院・衆議院議員もつとめており，政治的キャリアにあって，申し分はなく，政友会系であったが，人望と実力で無産派以外の全会派一致で選出されている。[28]

　勝田銀次郎は，周知のように大正初期の海運ブームのとき，船成金として一世を風靡した経済人であったが，反動不景気で事業は凋落し，その後政治家に転身した，経歴をもっている。ただ会社再生の道はあったが，意地を張って事業を断念したという逸話が残されている。

　勝田銀次郎は，性格的には積極拡大主義で，『神戸又新日報』（大正9年1月2日）で，「大神戸市論」を提唱する。市域も神崎川・加古川間とさらに拡大し，道路計画を基調として，阪神国道・市内三大幹線（山手・中央・海岸）を，貫通させるべきとしている。これらの幹線道路は，戦後の戦災復興事業で完成され，先見の明のある構想であったともいえる。[29]

　しかし，神戸の状況は，港湾にあって東部地区の開発が計画され，横浜と同様に臨海工業地帯造成の構想が浮上しつつあった。このまま戦時経済へ突入していれば，勝田市長も活躍の場を得たであろうが，現実はきびしく昭和13年の阪神大水害によって，その復旧に忙殺されることになる。

　勝田市政は「水害復興とみなと祭市長」といわれている。市長の開発志向とは違う災害復旧事業で名を残すこととなったが，リスクの多い開発事業の場合，暴走する危険性があり，歴史的には災害復興に精魂を傾注できてよかったといえる。派手好みは水害で意気消沈した市民を鼓舞する「みなと祭り」に結実されている。

　第9代市長野田文一郎（昭17.1〜20.7；1942〜1945年）は，決選投票で1票の辛勝であった。大阪控訴院判事，神戸弁護士会会長，憲政会・民政党から衆議院当選6回で，官界・政界の経歴は立派であった。[30]

　野田市長は，就任後，各界名士を網羅した，大港都建設構想を実現するための調査委員会を発足させる。さらに明石郡6ヵ村との合併仮調印，さらに西部

地区への市営郊外電車延伸計画（延長19.8㎞・事業費1,500万円）の事業構想など，積極的拡築方針であった。この構想は，戦争激化とともに，大本営・皇居の移転構想に変貌していくが，戦時体制のもとで幻の露となり消えていった。

　その後の野田市政は，戦時体制のもとで，防空システム・学童疎開・戦災被害者救済など，戦時行政の苦難がつづくが，そのなかでの救いは「特別不動産資金」特別会計の設置であった。交通事業の建設投資が政府に禁止されたので，膨大な余剰金が発生した。

　これを原資として，昭和19年に500万円，20年900万円を追加している。郊外用地60万坪，市内山林用地258万坪を買収した。[31] この用地が戦後，神戸市が公共デベロッパーとして活躍する素地をつくりだした。野田市長は持病胃腸疾患が悪化し，終戦直前の昭和20年7月に辞職する。なお中井市長は昭和20年8月11日就任であるので，戦前市長として除外している。

　戦前，六大都市の市長実績を総括すると，制度的には「弱い市長」，政治的には政党介入によって，その経営能力は発揮できなかったが，注目すべきは各都市で大きな相違がみられた。

　第1に，都市行政は利害調整・利益配分型の府県行政とことなり，事業遂行・企業経営型であり，「行政の知恵」「市長の決断」が大きな要素であった。ただ市政は党弊に苦慮しており，いかに淘汰・脱皮するかが，大きな課題であった。

　市長の人材供給からみると，第1に，官僚化であったが，ことにカリスマ性のある中央官僚が期待されたが，東京市をみても実績はあげられなかった。それにもかかわらず都市自治体も中央官僚信奉性の洗脳をされていたので，官僚市長が定着していったが，行政市政は利害調整型で，しかも短期政権で実績はあげられなかった。

　第2に，大正デモクラシーの影響もあり，政党人事として政党市長が誕生したが，政治意識が未熟な状況では，政変によって市長の命運が決まり，能力以前に経営実績があげられなかった。

　第3に，多彩な経歴をもった，民間出身の市長が，明治後期・大正期，都市行政の経営化の要望に対応して見事な実績を築いていった。典型的事例が大阪市で，鶴原・植村市長は民間人であり，昭和期の関市長の学者出身であった。

そして官僚市長は昭和10年以降と遅い。その他，西郷京都・市原横浜・鹿島市長神戸市長なども都市経営でも卓抜した実績を残したが，中央官僚思想に染まらなかった，ユニークな経歴であった。

表21　戦前神戸市長一覧

市　長　名	辞職事由	在任期間	市　長　名	辞職事由	在任期間
◎ 鳴瀧 幸恭	任期満了	12年	△ 石橋 為之助	引責辞職（職員汚職）	2年10月
● 坪野 平太郎	引責辞職（行政失態）	3年10月	● 黒瀬 弘志	任期満了	8年
● 水上 浩躬	任意辞職	3年10月	□ 勝田 銀次郎	任期満了	8年
○ 鹿島 房次郎	任期満了	11年1月	□ 野田 文一郎	病気辞職	3年6月
● 桜井 鉄太郎	引責辞職（議案否決）	1年7月	△ （中井 一夫）	任期満了（制度改正）	1年6月

注　●中央官僚（知事含む），◎府県官僚（知事経験者除外），○市官僚，□政治家，△民間人

注

（1）鳴瀧市長については，伊藤・前掲「神戸市長物語」53〜43頁参照，神戸新聞社『神戸市長・14人の決断』9〜25頁参照，以下，神戸新聞社・前掲「市長の決断」。高寄・前掲「神戸近代都市」15〜155頁参照。

（2）朝日新聞『夜明けの人びと』（中外書房 1967年）105頁参照。

（3）市長争いで，小寺泰次郎など市会議員の支援で，当選したという負い目があった。そのため「これら市会の猛者連をさばくだけが精一ぱいで市政の大方針を立てるほどの余裕がなかった」（本郷直彦『神戸権勢史』66頁，平野宝盛堂 1913年）と弁護されている。しかし，この程度の政治的ハンデキャップは，得意の調整力で懐柔しなければならない。

（4）坪野市長については，伊藤・前掲「神戸市長物語」55〜83頁，神戸新聞・前掲「市長の決断」29〜39頁参照，高寄・前掲「神戸近代都市」155〜158頁参照。

（5）坪野市長の時代は，六甲山植林事業が開始されたが，軌道に乗りつつあった，神戸港築港問題を，兵庫県知事に丸投げしてしまい，さらなる混迷を深め，大きく遅れる要因となっている。稲吉・前掲「海港の政治史」147頁参照。

（6）市長に就任すると，庁内刷新として，70余名の馘首を断行した。たしかに神戸市政は，鳴瀧市長の長期在任でかなり，人事は沈滞しており，新風を吹き込む状況にあった。しかし，実際に馘首された職員をみると，水道創設事業が終了したので，水道部長以下各課長，課員の罷免である。この人事は，人事粛清という本来人事から逸脱した行為であった。しかも差し迫った水道拡張工事の遂行に，欠かせない人材が多く含まれていた。のちの鹿島市長もその一人であった。一方で坪野市長の2人の助役が，それぞれ派閥をつくり，しかも主務課長は隠然たる勢力を扶植し，庁内を牛

298　第2章　都市経営の課題と都市政治の構図

耳っていった。このような派閥の積弊を，除去する人事革新は，なされないままで
あった。

（7）坪野市長の辞任の経由については，伊藤・前掲「神戸市長物語」77〜81頁参照。

（8）水上市長については，同前85〜109頁，神戸新聞・前掲「市長の決断」40・49頁参
照，高寄・前掲「神戸近代都市」158〜161頁参照。

（9）水上・前掲「神戸港改良策」47〜55頁参照。

（10）伊藤・前掲「神戸市長物語」90頁。

（11）水上市長の築港ビジョンについては，水上・前掲「神戸港の現状及改良策」，佐藤
勝三郎『神戸築港問題沿革誌』，稲吉・前掲「海港政治史」145〜150頁，高寄・前
掲「神戸近代都市」202〜206頁参照。

（12）神戸築港の迷走については，高寄・前掲「神戸近代都市」189〜215頁参照。

（13）市長の辞意の所信は，神戸築港野の目途がついたので，「普通行政にいたっては他
に適任者があり，また不平があって辞表を出したのではなく，他に就職するためで
もない。適任でない普通行政に長く携わって失敗するようなことがかれば晩節を汚
すものであるから，了承ありたい」（神戸市議会『市会史明治編』148頁；神戸市会，
1968年）と，辞任に他意のないことを説明している。

（14）鹿島市長については，伊藤・前掲「神戸市長物語」111〜144頁，神戸新聞・前掲
「市長の決断」50〜66頁参照，高寄・前掲「神戸近代都市」295〜299頁参照。

（15）神戸市『神戸市本編各説』211頁。

（16）中央省庁との交渉でも，第1回水道拡張工事にあって，「時世の相違とはいへ第1
期工事の際24万円の補助金を貰ふため鳴滝市長が多数の市会議員を引き具し殆ど居
据り談判を試み漸くものにしたが，鹿島市長が単独よく250万円（筆者注；81.5万
円）に成功したのとは同日の談ではない」（伊藤・前掲「神戸市長物語」122頁）と，
根回しとかコネクションとかの策を弄するより，政策的実効性にもとづく正攻法の
対応策を得意とし，しかも成功している。高寄・前掲「神戸近代都市」395〜398頁
参照。

（17）鹿島市長の行政手腕については，助役としてはともかく市長としての力量は「聊
か疑なきを得なかったのである。…官省や銀行との折衝も少なくないから…使命を
全うし得るか否かを懸念されてゐたが，事実は全く杞憂に帰し，緻密な頭脳と事務
に精通せることにより部下を意の儘に操縦し，最も至難とされる市会議員の操縦に
も成功した」（伊藤・前掲「神戸市長物語」115〜116頁）と，市政運営の巧みさが
指摘されている。

（18）同前115頁。

（19）桜井市長については，同前148〜169頁，神戸新聞・前掲「市長の決断」69〜75
頁参照，高寄・前掲「神戸近代都市」299・300頁参照。

（20）桜井市長は，財政手腕が期待されての就任であったので，大正11年度の予算編成
にあって，財政基盤を確実にするため，対前年度決算比15.76％の98万円増税を提案
した。しかし，市税は反動不景気で減収気味であった。さらに増税案はきわめてオー
ソドックスなもので，負担不公平是正といった施策的効用があるなど，財源問題以

上のメリットを提示されていない欠点があった。市会は繰越金・経費削減で対応し，好景気時の余剰金120万円を活用してはどうかとう代替案を提示した。また行政改革として，4区制案を提案したが，経費削減となる，具体的効果が明示されないままであったので，市会は両案とも否決している。伊藤・前掲「神戸市長物語」165頁参照。

（21）新修神戸市史編集委員会『新修神戸市史行政編Ⅰ』68頁，以下，前掲「市史行政編Ⅰ」。

（22）伊藤・前掲「神戸市長物語」165頁。（23）同前166・167頁。（24）同前173頁。

（25）1人目の候補地方局長渡邊勝三郎を，理想的人物として，就任を強く要請したが，就任の条件として，現任助役事前辞任の件が問題となり，銓衡委員会は選考を断念している。第2候補の北川信従氏は急病のため，長期療養で選任をあきらめている。3人目の長崎県知事・元下関市長の李家隆介との交渉となったが，先にみたようにさらに承諾しがたい就任条件を提示されたので，交渉を諦めている。

（26）石橋市長については，伊藤・前掲「神戸市長物語」172～228頁，神戸新聞・前掲「市長の決断」76～84頁参照，高寄・前掲「神戸近代都市」301～304頁参照。

（27）黒瀬市長については，前掲「神戸市史行政編Ⅰ」72～75頁，神戸新聞・前掲「市長の決断」85～96頁参照。

（28）勝田市長については，松田重夫『評伝勝田銀次郎』（学校法人青山学院 1980年），前掲「神戸市史行政編Ⅰ」76～79頁，阿部環「勝田銀次郎」新修神戸市史編集室編『神戸市史紀要・神戸の歴史』（第7号）75～93頁参照，以下，前掲「神戸の歴史」，神戸新聞・前掲「市長の決断」99～110頁参照。

（29）この都市ビジョンについて，「勝田の構想は，あたかも日本列島改造計画の戦前版のように気宇壮大である。そして彼の言が大正9年の反動恐慌の直前，好景気の極盛期になされたものであることを考えればそれなりにうなずける。しかし大正9年以降の現実は厳しかった」（新修神戸市史編集委員会『新修神戸市史・歴史編Ⅳ』455頁，以下，前掲「神戸市史歴史編Ⅳ」）と評している。

（30）野田市長については，前掲「神戸市史行政編Ⅰ」81～84頁，「野田文一郎」『神戸の歴史』（第8号）27～43頁参照，神戸新聞・前掲「市長の決断」110～120頁参照。

（31）特別不動産資金の設立経過・運用については，高寄・前掲「都市経営の戦略」264～268頁参照。

第3章　都市開発の展開と公営企業の戦略

第1節　都市基盤整備の経営化と公共利益還元

東京市区改正と事業実施方式

明治前期の都市づくりは，政府直轄事業の居留地造成・銀座煉瓦街・港湾整備などが主流で，都市は関連事業を分担したが，都市経営戦略の実践的余地は小さかった。

明治後期，明治22（1889）年市制施行で，市区改正・築港・公営企業など多彩な事業実施で，都市自治体の主体性は高まった。しかし，それだけに都市自治体の経営能力が試され，各都市の成功と失敗の明暗が，はっきりとわかれた。

明治後期の都市づくりをみると，第1の市街地整備事業は，明治21（1888）年東京市区改正条例が公布され，22年に事業がスタートする。しかし，全国的法令は大正8（1919）年の都市計画法まで，30年余の長い空白期があった。

この激動期に驚くべき，政府の政策怠慢であったが，政府の都市問題への関心・知識のなさが立証されている。

市区改正で東京だけが，市街地整備事業のシステムが整い，都市づくりで一歩先んじたとみなされている。しかし，大阪市は明治36（1903）年公営交通創業，京都市は21（1888）年疏水事業・39（1906）年三大事業と，異質の企業的手法で都市整備を実施した。都市経営視点からは，東京より自主的で創意に溢れた，都市づくりを軌道に乗せていった。[1]

第2の築港事業（表24参照）は，明治後期，京都を除く五大都市の自主的決断で築港認可を申請した。ただ名古屋港は県営港，東京・大阪港は市営港，横浜・神戸港は国営港と，建設形態はさまざまであった。

都市の選択からみると，東京は首都として成長は確実視され，築港を焦る必要はなかったが，大阪は没落危機克服のため，産業基盤投資を急いだ。しかし，

築港を都市成長の原動力として，過大評価をするのは禁物で，先の「大阪の経済復権」でみたように，築港に固執することなく，むしろ都市集積メカニズムを活用した，複眼的で柔軟性のある都市成長策が望ましい選択であった。

第3の公営企業は，水道は明治23（1890）年の水道条例で，公営優先・市町村独占となったが，交通は都市自治体の選択に委ねられた。しかし，港湾に比べて都市の対応は消極的で，交通創業は明治36（1903）年大阪市，45（1912）年京都市が直接創業で開業した。

しかし，東京市の公営交通は明治44（1911）年と遅れ，しかも民営交通買収であった。その事業成果をみると，直接創業と民営買収との損益差額（明治36〜44年）は，明治44年では大阪市の直接創業利益約2,500万円（411頁注20参照），東京市の民営買収方式損失約3,300万円（430頁注25参照）と，衝撃的推計となった。なぜ東京が民営買収方式となったか，「失敗の本質」は究明すべき誤謬の選択であった。

明治後期，都市づくりは政府の制度設計，自治体の経営姿勢で，その実績は大きな相違をみたが，まず第1の視点として，東京市区改正条例（明治21年8月勅令第62号）の，都市整備をみると，明治5（1872）年の銀座煉瓦街より，16年が経過していたが，政府主導の官治的都市づくりの体質は変わらなかった。

第1の課題として，市区改正の事業システムは，当面の伝染病・大火の猛威防止，また馬車鉄道による道路劣化改善であったが，事業戦略・システムの欠陥から，事業進捗は停滞した。

第1に，市区改正条例は，当時，東京市が特例市制であったので，「知事の選択」として楠本・松田・芳川の歴代東京府知事が，政府と交渉して制定した。内務省の意気込みは，明治15（1882）年，内務少輔芳川顕正に，東京府知事を兼務させた，異例の人事をみてもわかる。[2]

芳川知事は，全市実測図をもとに「東京市区改正意見書」を作成し，明治17年11月に内務卿山県有朋に提出した。18年1月に内務省に東京市区改正審査会が設置され，同年10月に審査会は終了し，事業費4,377万円で，政府案は，元老院の反対を押し切り制定された。[3]

第2に，市区改正事業も銀座煉瓦街と同様に，条約改正という対外的要求に

沿った，国家的要請に応じる都市改造であった。市区改正事業は，オースマン（G.H.aussmann）のパリ改造に大きな影響を受けて，美観主義をめざした。

　しかし，外観とか技術は模倣できても，都市構造・システムが，異質な日本にあって，欧米都市計画の定着は至難の課題であった。それは土地問題・財政制度をみても，都市公共資本は貧弱で，運用する精神・風土は，農本主義的体質が染み付いていた。

　第3に，銀座煉瓦街が点的整備であったが，改正事業は，ともかく道路・上下水道と線的整備をめざした。そして大正期の都市計画法は，事業計画だけでなく，街区整備にも対応した，面的計画の法制へと発展していった。

　しかし，両事業ともスラム・クリアランスや郊外スプロールといった，都市禍に対する対応策は機能不全であった。市区改正事業の策定にあって，事業実施の効率・効果的システムは，市区改正条例には盛り込まれなかった。たとえば道路拡幅にともなう，居住住民の一括移転先の土地区画整理などの手法は，市区改正事業では実施されなかった。しかし，神戸では明治初期にあって，都市開発にともなう実質的区画整理（125・126頁参照）が実施されていた。[4]

　第4に，事業財源システムでは，実際，パリ入府税導入は失敗し，政策的に注目すべきは，市内交通への特許命令分担金500万円の受益者負担のみであった。特別税は静態的財源で，都市膨張に対応する，法定外目的税の建築税・宅地開発税のように，事業実施にともなって，開発利益を吸収する機能を有する市税システムといった動態的財源ではなかった。この財源システムの欠陥が，市区改正事業のアキレス腱となった。

　市区改正事業は，模範生の答案であった。一見，事業システムは完備されているが，膨張する都市化に対応するには，実効性は乏しかった。大阪市に都市設計はなかったが，公営交通創業，法定外普通税・歩一税があり，都市集積・開発利益の公共還元の自動的システムが備わっていた。

　第2の課題として，市区改正事業案の特徴をみると，第1の特徴は，「政治都市の形成」であった。注目すべきは，「貧民追放」「品海築港」の要素を払拭した。都市形成視点からみれば，都市づくりの宿弊である，産業都市化から脱皮した，卓抜した政策転換として称賛されるべき決断であった。

第1節　都市基盤整備の経営化と公共利益還元　303

築港をめざす商都は否決され，純粋の政治都市，すなわち帝都にふさわしい都市整備が目標とされた。[5] もっとも生活・環境都市づくりをめざしたのでなく，政府の市区改正事業の財源的制約のため，必然的に東京築港・都市開発は放棄させられた。それでも築港は，完全に淘汰されず，間欠泉のように時として噴出したが，昭和16年まで実現をみなかった。

　第2の特徴は，「官治的都市整備」である。市区改正事業の事業システムは，自治体の「主体性」はなかった。[6]「都市計画の嫡流」（藤森照信）といわれているが，官治的都市づくりの集大成というべき事業であった。

　法制としては当然，事業許認可権は，政府・府に留保されており，この完璧といえる官治的都市づくりは，細部の都市づくりにも干渉し，都市自治体の創意・工夫を封殺した。

　問題は政府がお膳立てした，都市整備のレールに乗っかっての事業消化では，単なる施設整備で，都市づくりシステムの創造的破壊はできない。市区改正事業は，事業システムとして，特許命令分担金以外，独自の発想・施策はなく，たとえば道路拡幅にともなう，先行用地取得とか，超過収用とか，住民退去・資産買収の補填などへの有効な対応策は，ないまま事業が消化されていった。結果として東京市へ意識改革を迫ることもなく，事業の費用効果は低かった。

　第3の特徴は，「機能不全の都市づくりシステム」である。計画的都市づくりへの一定の指針を設定したが，都市計画としては，実質的には個別事業計画の総括表に過ぎない。すなわち空間設計は優れていたが，都市整備機能としての市街地化への規制機能，市街地開発行為への誘導機能は欠落していた。[7]

　市区改正事業は，用地地域制の発想はあり，検討されたが設定されず，建築基準システムもなかった。条例とともに制定されたのは，土地建物処分規則だけで，家屋建築条例は制定されなかった。都市計画機能は，いわば半身不随の状況であった。

　都市づくりにあって事業設計・実施のみに，精力が傾注されるが，多くは机上の空論となり勝ちである。それは制度・規制にこだわり，政策的戦略的事業システムの設定を，疎かにするからである。

　たとえば用地管理・運用システムとして，河岸地払下用地・海面埋立地・武

家跡地遊休地・市保有用地などの効率的効果的活用方策は無策のままであった。

第4の特徴は,「政策的特定財源の欠如」である。たとえば財源システムとして,法定外普通税でも東京市がこの欠陥を補う,課税自主権による特定財源創設（146頁注12参照）は,政府の拒否によって余り成果をみていなかった。

特定財源としての法定外普通税の入府税は挫折し,清酒税のみで,しかも明治31年には廃止された。特別税は付加税主義の超過課税で,特定財源とはいえない。しかも年度執行額の上限（当初50万円）を定められ,計画・財源面で手枷足枷がはめられていった。

極論すれば,財源なき市区改正事業で,机上演習的で実効性のないプランであったが,尾崎市長が明治39（1906）年,地方外債1,458万円を発行し,停滞する市区改正事業にカンフル剤を注入し,辛うじて都心部整備だけは遂行し,市区改正事業の面目を保った。

ただ財源不足解消策としての市債と法定外目的税と比較してみる。法定外目的税の建築税は,街区整備機能を発揮し,宅地開発税はスプロール抑制機能に効果がある。すなわち単なる財源機能だけでなく,都市空間形成機能・開発利益の公共還元機能をも促がし,さらに都市経営精神の涵養にも寄与する。

しかも,市債依存では,下手をすると,安易な財源付与となり,政策論議・緊張感なき政治・行政風土を培養し,民力休養派のもとでは,都市経営の堕落・衰退をもたらす,恐れすらあることを忘れはならない。

第5の特徴は,「システム改革なき事業施行」である。問題は事業実績でなく,政策的成果である。たとえば都市整備にともなう開発利益を,事業過程で吸収できるかである。実勢地価課税への転換が,開発利益吸収のキーポイントであるが,政府による改革の兆しすらみられなかった。

都市自治体は諦めることなく,地租制度の欠陥があっても,たとえば超過収用では,道路建設による利益を道路整備に自己還元でき,市税負担はなくして事業ができる。実際に神戸の栄町通開設（明治5～6年）は,超過買収方式（134頁注19参照）で,公費をまったく充当せず,「行政の知恵」による開発利益の自己還元システムに成功している。

都市自治体は,単なる事業団体でなく,制度の欠陥・政府の怠慢による弊害

を，「行政の知恵」によって，どれだけ補填・治癒・克服していくかが，都市経営の真価として問われているのである。

第2の視点として，市区改正事業（表22参照）の財政構造（明治22～大正6年）をみると，都市整備財源は不十分であり，事業規模がふくらんだのは，水道事業を含めたからである。[8]

第1の課題は，事業実施の「財源負担・配分の問題」であるが，当初28年間の市区改正事業概算4,377万円で，明治22年度の東京市普通経済36万円（全経済41万円）の121.5倍であり，22年度市税収入30万円の147.8倍で，単年度約150万円で市税の約5倍であった。なお29年間の事業費実績8,848万円，単年度295万円で，大正6年度市税391万円の0.75倍に低下している。要するに市区改正事業の伸びは，低成長であった。

第1に，市区改正事業費の東京市普通経済との比率をみると，明治22年度は偶然であるが36万円で同規模であるが，30年度は水道事業がはじまり，市区改正事業208万円，普通経済73万円で，2.84倍と圧倒的比率となっている。

明治44年度は普通経済738万円と伸び，市区改正事業464万円，うち水道経済142.3万円で，比率は0.63倍と低下している。

なお市税・特別税の比率は，明治22年度特別税31万円，市税30万円で一般市税を上回ったが，30年度は市税45万円，特別税29万円，44年度市税138万円，特別税73万円と特別税の比率は約半分に過ぎない。

第2に，市区改正事業費の主要財源をみると，当初，期待されたのは入府税であった。当時の民力休養を排して，民力涵養をめざす，積極的施策であった。また三島通庸土木局長らの補助金による府県会懐柔策とも，一線を画する自己財源方式であった。

しかし，入府税は単純なる消費税と異なり，特定の品目に限定して，東京に搬入される物品に賦課される税目で，課税事務が煩雑であり，生活品目に賦課すれば，細民重課となり都市騒乱となりかねない恐れがあった。[9]

都市整備費の財源は，土地・家屋関連税に求めるのが，正攻法の施策であったが，地租賦課の法定地価課税主義という，致命的欠陥を治癒することなく，当面の財源対策で処理していこうとした。最終的には市税の特別税，実質的に

は超過課税となった。政府主導の都市づくりでは，どうしても財源対策が，姑息な対応策での処理が通弊である。[10]

　第2の課題として，歳入構造をみると，第1に，歳入財源構成比（表22参照）は，特定財源として特別税・財産収入・土地売却・国庫補助金で32.4％と3分の1を占める。

　公債費は26.1％と4分の1である。繰入金は水道事業・普通経済からの繰入金で24.5％と4分の1である。その他は事業繰越金で，実質的には歳入ではない。

　第2に，市区改正事業の本来の特別税は，清酒税で明治31年度までの累計68.2万円しかなく，入府税の不成立が響いている。特別税収入（明治21〜45年度）の内訳は，地価割480万円，営業割343万円，府営業割6万円，雑種税割30万円，家屋税割118万円の合計1,045万円で，地租割は半分以下であった。

　第3に，公債収入2,578万円は，道路債929万円，水道債1,400万円，下水道債239万円，水道債は水道使用料の償還財源があり，その他は市税負担となる。ただ全体では歳出公債比率26.1％，市税負担14.4％の2倍ちかくになる。

　第4に，国庫補助金332万円で，水道補助270万円，下水道補助62万円などで，道路国庫補助金はゼロである。歳入比率3.3％と低いが，都市計画法でも補助率1％以下は珍しくなく，都市整備への補助は伝統的に低い。[11]

　第5に，その他収入で注目すべきは，特許命令分担金約534万円（5.4％）が含まれている。さらに河岸地収入572万円（5.8％）で，国有地払下げの売却収入で実質的国庫支援11.2％である。

　全体として特定財源は貧弱で，残余は市債で，最終的には市税依存となるが，金利を含めた公債費支出3,252万円（36.8％）で，3分の1以上となり，どうしても市税強化，特に法定外目的税が必要であった。それは財源問題を超越した，都市経営戦略への意識改革効果がもたらされるからである。[12]

　第3の課題として，歳出費目をみてみると，第1に，支出（表22参照）は，事業決算からみるかぎり，道路整備36.8％（公債費除外支出比率58.2％）が中心で，路面電車のため道路整備が緊急課題であったからともいえるが，公園などは少ない。

　第2に，上下水道比率は22.5％（公債費除外支出比率35.8％）で，道路3対環境

第1節　都市基盤整備の経営化と公共利益還元　307

整備2の割合で，環境投資は高いといえる。しかし，整備財源からみると，水道は使用料という，特定財源推計で約8割，1,000万円（水道債償還財源）があるが，道路は馬車鉄道分担金約534万円で，市税補填額からみると，道路財源は少なく市税補填度は高い。

　結局，使用料・補助金で補填した市税・公債への依存は，道路費は特許命令分担金差引で2,759万円，上下水道費は，水道使用料約1,000万円（雑収入），国庫補助金332万円との差引765万円で，道路3.6対上下水道1となる。

　第3に，公債費が3分の1を占めている。市債を含めた実質的負担は，道路費4,188万円，水道費2,670万円，下水道費971万円で道路費が最大となり，「市区改正，すなわち道路改正となった」[13]と批判されている。

　第4に，東京市の道路整備は，市区改正事業で拡充され，他都市の羨望となった。しかし，超過課税による事業拡大で成長性に欠けていた。大阪・京都は公営企業で事業拡大を背景に都市整備を遂行していった。東京市が総合的都市づくりで，大阪・京都に追いつくのは，明治44年度の民営交通買収からであった。

　東京市公営交通による道路整備負担は，507万円（明治36〜大正6年）で，市区改正事業には含まれていない。大正12年度まで1,789万円（表31参照）で，都市計画事業の街路整備を支えた。

表22　東京市区改正事業収支（明治21〜大正6年）　（単位 千円 %）

歳　　　入	金　　額	比　　率	歳　　　出	金　　額	比　　率
特　別　税	14,259	14.4	一　般　費	4,813	5.4
財　産　収　入	10,132	10.2	道　路　費	32,586	36.8
土　地　売　却	4,500	4.5	河 川 運 河 費	1,480	1.6
繰　入　金	24,260	24.5	上　水　道　費	12,704	14.3
国　庫　補　助	3,320	3.3	下　水　道　費	7,321	8.2
公　　　債	25,779	26.1	公　園　費	63	0.7
そ　の　他	15,450	15.7	公　債　費	32,516	36.7
合　　　計	98,700	100.0	合　　　計	88,484	100.0

注　その他に借入金129.0万円含む。
資料　東京市政調査会『本邦都市計画事業と其財政』，東京市区改正委員会『東京市区改正事業誌』，
　　　東京市『東京市水道事業概要』による。一部修正。
出典　持田信樹「日本における近代的都市財政の成立」（『社会科学研究』第36巻第6号）90頁参照。

注

（1）東京・大阪・京都の43年度都市整備を比較すると，京都は水利事業（電気事業含む）117万円，水道96万円，道路・電気250万円の合計663万円であった。大阪市の43年度，土木費63万円，上水道235万円，下水道10万円，電気軌道429万円の合計737万円，東京市の43年度土木（市区改正事業含む）費351万円，水道事業172万円で合計523万円となる。東京は市街地整備では優位であったが，公営企業を含む総合的都市づくりでは，むしろ劣勢であった。

（2）芳川顕正の府知事兼務の背景は，土木費国庫補助が，「太政官布告第48号」（明治13年11月）で廃止となった。その結果「内務省の地方統制力はすこぶる弱体化していた。このため内務省は劣勢を挽回するため……芳川顕正を，内務少輔兼任という異例のかたちで東京府知事に任命し，改進党勢力のつよい影響があり民力休養派であった東京府会を制御することをもくろんだ」（持田・前掲「都市財政の研究」103頁）といわれている。なお土木補助廃止・復活については，高寄・前掲「明治地方財政史Ⅱ」344〜393頁参照。

（3）市区改正事業の制定経過については，前掲「内務省史Ⅲ」185〜189頁，前掲「東京百年史Ⅱ」950〜968，1427〜1440頁，御厨・前掲「首都計画」1〜229頁，参照。元老院と都市整備論争については，東京市区改正委員会編纂『東京市区改正事業誌』31〜44頁，以下，前掲「市区改正事業誌」，高寄・前掲「明治地方財政Ⅵ」334〜343頁参照。

（4）新興都市として，居留地造成・港湾整備・河川付替工事が集中したので，移転先の道路整備・街区整備が，県の指導で住民の自主事業として，耕地整理法・都市計画法以前に積極的に展開されていった。高寄・前掲「神戸近代都市」76〜89頁参照。

（5）都市像の商都・首都選択については，藤森・前掲「明治の東京計画」139〜188頁参照。

（6）市区改正審査会の構成メンバーには，政府関係者のみで，東京府会代表すら参加が認められていない。さらに条例が施行されても，市区改正委員会のメンバーは，地方議会議員は少数であった。東京市区改正事業が「国家事業か『自治』の事業かという対立が」（石田・前掲「都市計画」45頁）あったが，内務大臣認可・東京府知事告示で事業化されるので，官治的事業であった。石田・前掲「都市計画」48頁参照。

（7）市区改正事業の計画性について，「東京市区改正条例と市区改正計画は，日本の近代都市計画の起源とされている。…それまでの計画が銀座煉瓦街のように応急のプログラムや，政権担当者によるトップダウン方式の計画であったのに対し，市区改正は，計画案の策定と計画の実現という本当の意味の計画であった」（東京都都市計画局『東京の都市計画百年』12頁（東京都都市計画局 1989年））と絶賛されている。しかし，銀座煉瓦街との比較では，事業計画性は進歩したが，計画実施機能は機能不全に等しい欠陥システムであった。

（8）市区改正事業財源については，前掲「東京百年史Ⅲ」120〜123頁，持田・前掲「都市財政の成立Ⅱ」89〜94頁参照。高寄・前掲「明治地方財政Ⅵ」172〜175，324〜354頁参照。

（9）入府税導入をめぐる紛糾については，御厨・前掲「首都計画」98～115，140～150参照。

（10）なお市区改正事業の財源として，地租関連税がもっとも優れている。複雑な新税は必ず反対論があり，挫折の可能性が高い。都市計画法の土地増価税も，同じ運命をたどっている。したがって建築税・地目転換税・宅地開発税などの，単純な税目でなければ成立の見込みはない。都市計画サイドは，観念的に理想的新税を提案するが，中央省庁のセクショナリズムによって，挫折する失敗を繰り返している。政策感覚はあるが，現実妥当性を欠き，省庁間のセクショナリズムを，克服する行政実施能力は脆弱であった。構想の非現実性を突かれ，稚拙な大蔵サイドの反論を論駁できていない。市区改正条例・都市計画法も主要財源の創設に失敗している。フランスの入府税については，安部・前掲「応用市政論」473～475頁参照。

（11）補助金については，東京市政調査会・前掲「本邦都市計画事業と其財政」355～357頁参照。

（12）市区改正事業の財源対策をみると，東京市の消極的受動的対応がわかる。市税強化の癌は，民権派の民力休養論で，「市は才覚など発揮するな」（松本・前掲「山県有朋の挫折」213頁）という対応であった。東京市会も便乗して，増税はしなかったが，「市民に増税を求める必要がなかったことが市会を堕落させること」（同前213頁）になった推論されている。要するに国から与えられ特別税でなく，自らからの知恵と犠牲が実感される法定外税でなければ，都市経営の意欲・地方自治の精神は培養されない。低い市税負担と安易な市債依存が，東京市会を次第に緊張感のない，利権集団化させていった。

（13）石塚裕道「明治期における都市計画」東京都立大学都市研究会『都市構造と都市計画』495頁。

市区改正事業の実績評価

　第3の視点は，市区改正の都市づくりの評価である。第1の課題は，事業実績・システムの検証で，政府の方針・財源の制約から，産業都市化にはブレーキがかかったが，市区改正事業は，創造的効果的な事業システムで，都市防災・道路整備を遂行し，都市空間の秩序化・生活環境の向上はできたかである。

　第1に，「全市的マクロの都市形成」をみると，条例（法律）にもとづく都市整備として，官庁組織にもとづく全市的計画的で，正攻法の都市づくりをめざした。しかし，市区改正の目的どおりの事業成果をみなかった。[1]

　楠本正隆が「現今ノ地図ニ拠リ将来施行スヘキ方向ヲ定メ将来ノ地図ヲ製シ」[2]と，将来の発展を予測しての姿勢が示されている。しかし，実際は都

310　第3章　都市開発の展開と公営企業の戦略

市計画機能として，誘導・規制機能は発揮できす，既成市街地整備中心で，都市スラム化・郊外スプロールを視野に入れた，都市づくりはできていない。

第2に，「事業手法のシステム改革」は，達成されたかである。市区改正事業は，防火帯をかねた道路拡幅が，至上命令であり，「道路ヲ本トシテ」事業の遂行となった。

しかし，道路整備システムは，単純な用地買収方式で超過収用・区画整理・先行買収といった，戦略的システムは活用されず，当然，割高買収の非効率的な道路整備となり，道路費は膨張しても，事業実績はあがらなかった。

事業手法の欠陥，財源面の制約，担当職員の不足から，街区整備・下水道は余り進まなかった。[3] しかも肝心の道路も，公営交通創業が遅れたので，人口・企業集積による市街化に対して，道路整備は追いつかなかった。

都市設計はあったが，それを実現する，実施・財政システムは未成熟で，最終的には関東大震災復興事業で挽回することになる。

第3に，「都心偏重開発の脱皮」ができたか。従来から東京都市改造にあって，都心からの貧民を追放し，都市スラムの撲滅・都心機能純化の形成という「貧富分離論」が，叫ばれてきた。

しかし，基本的性格としては，「貧民ヲ駆テ之ヲ府外ニ出シ」[4] という，貧民駆逐論は，主流とならず，市区改正は「中央区ヲ画定スルコトヲ止メ」[5] とし，ただ戦略的に「中央ノ大繁盛スル地ヨリ着手シ」[6] と，都心市街地整備が重点であり，一般街区整備は建築基準法もなく，道路整備で止まっていた。

第4に，「市街地改造の整備」はすすんだかである。元老院は，東京の美化より，軍備拡充が先と反対した。[7] それにもかかわらず，政府が明治21年に本条例を制定したのは，「当時の政府は，首都の体裁を飾り偉容を誇示し条約改正にむかってそなえることを，軍備に次ぐ重要事と考えたから」[8] と推測されている。

しかし，都市改造の実態は，道路整備で精一杯で，街区整備にまで手は回りかねた。また道路整備優先といわれるほど，道路偏重に傾斜した，都市整備ではなかった。公共施設整備を起爆剤とした市街地改造も，武家屋敷跡地活用が主流で，払下河岸地売却による市街化で，都市環境は劣化していった。

第5に，「開発優先主義の是正」ができたかである。政府は都市ブルジョア
ジーの東京商業都市化をおさえて，港湾整備を断念させ，純粋の政治都市造成
となった。ただ東京築港論は，「手負いの獣のように身を縮めるだけで，はたし
て東京は生き返るのか」[9]という，東京成長への願望は根強いものであった。

　東京市区改正条例策定の当初は，松田府知事の「中央区画論」でも，築港は
視野にあった。その後，芳川府知事だけでなく，田口卯吉・渋沢栄一の民間も，
強力に提唱した。[10]

　明治18年2月，芳川府知事は，内務卿山県有朋に提出し，市区改正委員会に
付議された。反対論もあったが，委員会では了承された。しかし，入府税が難
航し，横浜市の猛烈な反対があり，1,500万円以上の巨額の築港費が障害とな
り，審議未了で廃案となった。[11]

　第6に，「政府依存の都市づくりからの脱却」ができたかである。実際の市区
改正事業は，国の機関としての府県知事が主導し，事業設計・財源措置など，
すべてが政府依存であった。事業費は単年度50万円と制限された。

　もっとも事業枠組みはその後100万円に引上げられたが，自治体の都市づく
りとしては，法定外目的税創設はほとんどなく，公営交通・築港事業を欠き自
主性は乏しく，政府首都整備計画の筋書きどおりの下請け事業であった。

　築港をみると，東京の財界は，大阪市のように自力で，東京築港を実現する
自己犠牲的精神はなく，築港は昭和16年と余りも遅い事業化となったが，皮肉
にも産業都市化は回避できた。

　第2の課題が，有名な本末論争で市区改正事業は，道路優先整備であったか
である。論争となったのが，芳川知事の「東京市区改正意見書」の文言，「道路
橋梁河川ハ本ナリ水道家屋下水ハ末ナリ」である。

　第1に，「道路ハ本ナリ」というのは，表現をもって環境軽視の開発優先論と
みなされたが，短絡的判断ではなかろうか。市区改正の事業実績が，道路整備
費に傾斜していたとしても，当時は生活環境・都市防災のためにも，道路整備
は同時に環境整備事業であった。

　第2に，今日，技術系の学識者は，都市整備の工事手順をのべたもので，環
境投資を軽視したものではないと主張し，文化系の学識者は，環境軽視の表れ

と非難している。[12] この問題は、"成長派・生産派"と"生活派・環境派"との対立といわれているが、当時の道路事情の劣悪性からみると、道路優位でも生活軽視とはいえない。[13]

第3に、戦前、日本の道路は貧弱であり、関東大震災に際して、ビーアド博士が後藤新平に「道路を整備せよ、その路線内に建築を禁止せよ…」と、打電したのは有名な逸話である。

たしかに道路水準をみれば、市区改正事業は急務であり、整備の遅れは災害・伝染病にくわえて、都市経済活動も阻害するので主要目的であった。

要するに公共投資のバランスでは、市区改正事業は、東京築港を廃止したので、事業費からみて、上下水道事業比率も高い。実際問題として道路整備をしなければ、電車路線・上下水道管敷設すらできず、工事方式をのべただけといえる。[14] 結論として道路優位は、許容される範囲であった。

第4に、重要な論点は、市区改正事業は、特許命令分担金以外は、実勢地価課税・先行超過買収・法定外目的税の導入はなく、都市経営戦略による政策課題（開発・集積利益還元）を、追求できない事業システムで、低水準の都市づくりであった。すなわち道路・上下水道の事業量の大小より、開発・集積利益還元を含めた、利益・負担の不公平がより深刻な欠陥であった。

注

（1）市区改正事業の思想・性格については、高寄・前掲「都市経営思想」72〜84頁参照。

（2）楠本正隆事務引継文書、石田・前掲「都市計画」40頁から引用。

（3）市区改正事業施行の不振については、明治29〜30年にかけて『時事新報』（東京市事業の不振・東京の市政・東京市の増税問題）の連載で批判されてきたが、要するに委員会の無責任・道路担当職員が数名で執行能力が劣悪、などが原因であった。東京都公文書館『都史資料集成第2巻・東京市役所の誕生』3〜67頁参照。なお森鴎外の衛生的視点からの批判については、石田頼房『森鴎外の都市論とその時代』（日本経済評論社 1999年）参照。柴田・前掲「都市政策」33頁参照。

（4）前掲「市区改正事業誌」7頁、（5）同前4頁、（6）同前7頁

（7）元老院反対意見については、首都であり「国庫をもって経費の半分を補助すべきあるのに、原案はこれをもっぱら府民の負担に拠るとしているのは、その当を得ざるもはなはだしいものである。そしてこの国庫補助も、現下の軍備緊切の時代におい

ては到底不可能である」（前掲「内務省史Ⅲ」187頁）と反対したが，政策的には支
離滅裂な難癖をつけているに過ぎない。前掲「市区改正事業誌」30～44頁参照。

（8）柴田「現代都市論」75頁。

（9）藤森・前掲「明治の東京計画」92頁参照。

（10）東京築港の代表的論客であった，田口卯吉は，我国通商不振の原因として「諸開
港場一として着船に便なるものなし」（「船渠開設の議」鼎軒田口卯吉全集刊行会『鼎
軒田口卯吉全集・第2巻』1頁，吉川弘文館 1928年，以下，前掲「田口卯吉全集Ⅱ」）
として，横浜・神戸港の艀荷役の不経済を指摘している。また東京が開港場でない
ため，「其不便不都合実に名状すべからず。況んや船舶の一度東京を発して横浜に碇
泊し，更らに海外に出帆するに於ては其費額決して少小ならざる」（「東京を以て開
港場と為すべし」同前373頁）と主張している。それならば東京の経済界は1,500万
円の築港費を，自己負担し市営港として築港すればすむ問題である。田口卯吉の築
港論は，貨物・船舶の通過料を財源とする構想で，福沢諭吉のそれは入市税であっ
たが，いずれも「横浜港を軍港化し，それによって東京を一大商業（貿易）都市化
する」（前掲「東京百年史Ⅱ」949頁）ことを狙ったが，実現への処方箋は描かれて
いない。政府は「内務卿山縣有朋－府知事芳川顕正の指導を中心に東京市区改正条
例に具体化された東京の改造計画は，築港問題をきりすて」（同前967頁），首都東京
を政治都市として整備する方針を固めた。なお田口卯吉・福沢諭吉の東京築港論に
ついては，前掲「東京百年史Ⅱ」946～958頁参照。

（11）挫折の理由・背景をみると，市区改正事業の都市モデルは，当初，ロンドンに求
め築港論と市区改正論とが関連した，事業化が想定されていたが，次第に政治都市
東京の整備が重視され，パリ都市改造が理想とされ，築港論は放棄されていった。前
掲「東京百年史Ⅱ」967頁参照。さらにムルドル（A.T.L.R.Mulder）の築港案は，工
費1,256万円で，東京府歳入総額108万円（明治18年度）の12倍弱であった。財政
負担からみて無理でなかったが，入府税が徴収技術・負担不公平から挫折すると，財
源的に行き詰ってしまった。東京築港事業については，高寄・前掲「明治地方財政
Ⅵ」246～257頁参照。

（12）本末論は，市区改正事業を道路優先の事業として批判しているが，しかし，『市区
改正事業誌』は，「道路橋梁及河川ハ本ナリ，水道家屋下水道ハ末ナリ，故ニ先ズ其
根本タル道路橋梁河川ノ設計ヲ定ムル時ハ，他ハ自然容易ニ定ムルコト得ヘキ者ト
ス」（前掲「市区改正事業誌」8頁）の文脈からみて，道路優先ではない。「意味を取
り違えて，市区改正の思想は経済優先だと断ずるのは当を得ていません」（石塚・前
掲「近代都市論」70頁）と反論されている。

（13）財源分析をすると，先にみたように市税・市債補填は，道路3.6対上下水道1で，
数値だけみれば道路優位の事業配分で，道路優先といえる。しかし，当時の道路は
環境投資であり，先にみたように森鴎外も認めている事実で，「道路ハ本ナリ」は，
工事の手順をのべたもので，問題は，大正期の都市計画事業で，道路中心の都市づ
くりへと変貌してき，癒しがたき通弊と化していった。市区改正条例では道路は，そ
れほどの優越的地位を与えられていない。

（14）この点について，「工学系の人々の評価はその歴史的視点が欠けているといっていいだろう。それはいかにも大局観を欠いた議論としか言いようがない」（本間義人『土木国家の思想』62頁，以下，本間・前掲「土木国家」62頁）と酷評されている。しかし，東京市区改正事業の産業基盤優先主義はそれほど強くなく，道路整備が即環境破壊に連動する水準でなく，政策的にも手順論を肯定的に解釈できる。

築港事業と港湾法人化構想

　明治後期，各都市は市街地・道路整備よりも，都市成長戦略として，政府への築港認可運動に熱意を示した。しかし，政府の明確な築港経営計画もないまま，各都市は港湾整備に着工していったが，港湾こそ都市成長の起爆剤との思い入れがあった。

　第1の視点として，第1章の「大阪経済の復権」で，都市成長戦略と築港プロジェクトとの関係をみたが，企業誘引力の脆弱性・築港費の過重負担を考えると，都市と港湾との関係を改めて検証しなければならない。

　第1の課題として，都市成長戦略と築港効果との関係をみる。第1に，「築港による都市成長牽引力の限界」である。都市成長の牽引要素は，港湾だけでなく，工場用地造成は即効力があり，知識産業を中心とする官庁・教育・観光などの非生産施設など，人口吸引力がある。

　戦略的には都市集積メカニズムを活用すれば，かなりの企業集積が見込まれる。都市成長戦略としては，むしろ産業振興・誘致型が先行し，それを支える基盤整備型の築港が妥当な対応といえる。それは築港自体が，宅地経営・埋立事業のように独占利益も先行的開発利益も発生しないからである。

　もっとも築港による都市成長は，本末転倒の感があるが，都市によって効果は異なる。たとえば東京は首都として，集積力は絶大であったが，横浜は港湾が生命線であった。それでも明治後期になると横浜は，都市経済成長の鈍化がみられ，港湾都市から工業都市への政策転換をめざした。

　第2に，「都市集積メカニズムへの再評価」である。都市成長の実効性ある戦略は，都市集積力の涵養であり，地勢的条件（地域経済圏の中心地）と人為的要素（基盤整備・施設拡充）による複合効果の強化である。港湾は基盤整備の一要

素に過ぎない。

都市経済と築港の相関関係をみると，明治20年代，大阪は築港着工はなされていなかったが，集積メカニズムで埋立地に紡績工場が立地し，経済が復興していった。明治後期，大阪経済は，築港先導型の開発をすすめたが，港湾需要は伸びず，先行型の巨額築港支出で財政危機を招いている。[1]

一方，神戸では集積メカニズムの機能が弱く，しかも築港は大阪より10年遅れ，明治40年着工と悠長な対応であった。それでも明治30年前後から，集積メカニズムと港湾機能が融合し，港湾そのものの存在が誘引力となり，造船・紡績産業が立地していった。都市によって港湾機能の企業誘引力は格差があり，築港は潜在的成長要因であるが，成長牽引力はそれほど大きくない。

第3に，「築港財政負担の圧迫」である。築港事業は，公営企業のように使用料といった，安定財源はなく，都市自治体は埋立事業の収益で築港費を捻出する，事業戦略であった。

しかし，売却計画が狂うと，財政破綻も覚悟しなければならない。実際，横浜・大阪・神戸・名古屋で，築港事業が，本格的に着工されたが，いずれも市税への転嫁は免れなかった。財政的にみて，港湾の存在によって，政府のように巨額の関税収入が得られるわけでない。

第2の課題として，明治期の港湾整備法制，国庫補助の実態をみてみると，都市開発・整備の利益・負担方式は，明確に規定されていなかった。[2] 第1に，明治以来，「港湾は国の営造物であるという思想を基調として国の必要から国または国の機関である都道府県知事が開発，管理するもの」[3] とみなされていた。従って「地方自治の精神や港湾の商業的な経営という考え方は」[4] なかった。

第2に，港湾は営造物であるが，「単なる物的施設また単なる機関でなく，一定の目的によって統一された人的，物的施設の総合体である」[5] といわれている。問題は施設に重点をおき，財源を無視し設備・拡充をめざすか，管理・運営を重視し，準収益施設として経営に力点をおき，開発利益還元を図っていくかであった。

しかも港湾運営は，関係機関が乱立し，きわめて非効率であった。「市町村や鉄道，民間企業が港湾建設を行うにつれて，港湾の管理もまた複雑な様相を呈

するに至った」[6] ので，港湾管理・運営面では，不都合な事態が続出した。昭和18年，軍の要請にもとづく港湾行政一元化として，運輸通信省が設置されたが，戦前，港湾経営の改革はみられなかった。

第3の課題は，港湾整備の財政で，法律なき原則なき不安定な状況で，国庫補助もわずかで，事業システムも定かでない，いわば暗中模索の築港であった。築港にともなう費用負担のシステムをみても，各港湾で公営・民営方式が使い分けられ，区分・機能はさまざまであった。

第1に，明治初期，政府も財源不足であったので，道路・橋梁・港湾・運河など，民間資本による事業化を奨励した。投資資本の回収を料金徴収で行う方式を，「道路橋梁河川港湾等通行銭徴収ノ件」（明治4年太政官布告第648号）で認めた。[7] 同規則の趣旨から憶測すると，公共施設の受益者負担は，例外的方式ではなく，港湾法人化構想も画期的でも，革新的なシステムでもなく，同布告の拡大適用であった。[8]

第2に，開港期の横浜・神戸では，居留地・鉄道・港湾・重要道路は，直轄・補助事業でなされたが，太政官布告第648号に準拠して，関連事業は，民間デベロッパー方式で施行された。

神戸をみると，明治前期，港湾関連事業（表8参照）は，民間方式で避難港加納湾造成・新川運河開削事業・小野浜桟橋などが実施され，"公共性"をおびた事業であった。[9]

このような収益性のある事業は，公営・民営のグレイゾーンとであるが，独占的利益の事業は，公営化によって港湾整備事業の補填事業とし，民営事業とする場合は，開発利益の公共還元の条件をつけて事業認可をすべきである。

第3に，政府は公共投資については，「河港道路修築規則」（明治6年大蔵省達番外）で，一応の基準を制定した。[10] しかし，国・地方の負担区分（表24参照）は，道路・河川でも曖昧であったが，港湾は特に性格がさまざまで，同規則では基準を設定できなかった。結局，港湾補助制度は，特定港湾を除いて地方任せであった。[11]

第4に，公共投資に対する法律は，河川法（明治29年），運河法（大正2年），道路法（大正8年）は整備されたが，港湾法は戦後の昭和25年と大幅に遅れた。戦

前，港湾管理については，「この太政官布告第648号が基本法としての性格をも
つにいたった。その意味で，歴史的価値をもっている」(12) が，拡大解釈され
取締的統制的機能に変質していった。なお国庫補助との関連では，「国庫ヨリ補
助スル公共団体ノ事業ニ関スル件」（明治30年；法律第37号）などが定められた，
負担区分を明確にするものでなく，政府の工事監督規定であった。

　第5に，政府は明治40年6月，港湾調査会を設置し，港湾選別・建設方針・補
助基準を審議した。同年10月に内務省は「重要港湾ノ選定及施設ノ方針ニ関ス
ル件」を定め，港湾整備の補助・負担の基準の明確化を図っていった。しかし，
補助・負担金の基準どおり，適用は無理であった。(13)

　第2の視点として，築港事業方式について，明治30年代の国営港の第2期横
浜・第1期神戸港の負担区分をケースとして論及してみる。明治20年代になる
と，横浜・神戸港とも貿易額の急増に，港湾整備は追いつかず，船混み症状は
ひどく，災害についても無防備であった。早期築港を政府に迫っても，容易に
決定されなかった。

　第1の選択策は，当然，政府全額負担方式であった。第1に，第1期横浜築港
をはじめ，多くの港湾が全額国庫負担で建設されていたので，全額国庫を期待
した。ただ一級河川は，政府直轄事業で改修され，地方団体に直轄事業負担金
が賦課されており，国営港も地元負担金が，免れないという危惧はあった。

　第2に，明治後期には全額国庫負担は，政府の財政状況からみて，むずかし
い状況にあったが，港湾は収益的施設であり，受益者負担方式，地元負担方式
など，なんらかの対応が迫られた。国営港整備を従来の内務省補助金方式か，
当時大蔵省が構想していた，港湾法人化方式の導入かであった。

　第2の選択は，従来の内務省による補助金方式であるが，補助方式の欠陥に
加えて，政府の地方分散方針からみて，「大港集中主義」による国営港優先的整
備が，期待できなく，地元負担に転嫁される恐れがあった。

　第1に，社会資本整備は，「ナショナル・インタレストとローカル・インタレ
ストとが一致した場合に促進される」(14) が，貿易港整備は，国家利益が圧倒
的に大きく，地方利益への貢献度は必ずしも大きくない。一方，港湾関連業者
の受益は大きく負担能力もあり，受益者負担導入は当然の対応であったが，補

助金方式は地元自治体負担方式がかたくなに適用されていった。

　第2に，神戸港をみれば，明治元年開港以来の未整備のままで，国際競争力の強化・港湾荷役の効率化からしても，大規模な施設拡充が焦眉の案件と考えていた。内務省は周知のように政友会と連携した補助方式では，大阪築港をみても補助率1割と，ほとんど自力築港であった。これでは余程財政能力がなければ，築港によって都市経済そのものが崩壊しかねない。

　第3の選択が，港湾法人化方式であったが，従来の慣行を覆し，港湾関連事業者の受益者負担で，独立採算制の施設整備への合意形成が成立するかであった。もっとも政策的には港湾は，道路・河川と異なり収益施設であり，交通・水道と同様に受益者負担で建設・運営されるべきである。

　公共施設として外部効果はあるが，水道・交通も同様である。築港が国費・地方税負担であるのは，産業振興政策の産物で，本来，国庫負担・補助の裏負担をするべきは，地方公共団体でなく，港湾関連業者である。

　第1に，当時，大蔵省は，国際的な海運競争に勝つには，特定重要港湾の優先的整備を進める，ポート・オーソリティー（Port authority）方式が，優れているとの考えがあった。[15] もっともこの方式は，大蔵省としては築港を全額国庫負担でなく，地元負担を呼び込む思惑が秘められていたが，地元業者をどう納得させるかであった。[16]

　第2に，ポート・オーソリティー方式は，政策的にも優れた方式であった。実際，実効性からみて，事業者・利用者負担方式は，費用効果からみて事業者のメリットは大きく，事業者・利用者も損ではない。具体的には艀荷役方式に比して，埠頭接岸方式では，横浜・神戸港で年間約250万円（322頁注17参照）の節減効果が見込まれた。[17]

　理論的にも，港湾は道路と同様の純然たる公共資本ではなく，社会資本の要件である，非排除性・非競合性からみて，港湾は特定事業者が，使用料を支払って運営するべき，収益施設である。したがって施設使用料収入で不足する財源は，入港料などで補填する方式が，負担公平の原則からみて当然である。

　第3に，港湾法人化方式は机上の空論でも，例外的方式ではなかった。実際，若松・名古屋・門司港など，主要都市の築港は，国庫補助なしで，しかも地方

税補填主義でなく，入港料に加えて，事業者負担や海面埋立収益などの財源で，独立採算制での築港をめざして工夫を凝らしている。

まして大都市港湾では収益性は優れており，法人化が不可能ではない。従来から東京築港について独立採算方式（314頁注10参照）が提唱されてきた。[18] しかし，現実は合理性のない全額国庫負担・地元負担方式という，極端な方式が適用され，結果として法人化構想のムードは上昇しなかった。[19]

第4に，早期築港には，受益者負担・国庫補助・地元負担方式の融合システムが，実効性のある解決策であり，国庫依存方式に固執していれば，港湾未整備による損害は，ますます肥大化していくことになる。

負担公平から当然，港湾関連事業者に今日の空港発着料のような入港料を徴収していくべきである。政府が方針を定め，港湾入港料・埠頭使用料・埋立賦課金方式を導入すれば，港湾の独立採算制・収益法人化は，不可能ではない。もっとも独立採算制の運営については，防波堤工事の負担から，欧米港湾はともかく，日本の港湾は不可能との見解が通説である。[20]

第5に，防波堤は河川の改修工事と同類で，政府直轄事業か，補助事業で整備すべき施設とすれば，築港は独立採算制を容易に達成できる。また貿易五厘金・歩合金のような共益費負担でも，港湾運営費財源としても，不合理な負担金システムではない。

神戸港の第1期築港費（明治40年〜大正10年）1,500万円をみると，大正10（1921）年度までの港湾関連収入は，受益者負担の港湾法人化だけで約2,000万円をこえ，事業費を上回る収入が見込まれ，防波堤を含めても十分な収入が可能である。[21]

注

（1）大阪市の明治31〜35年度の一般土木費合計203万円，港湾費1,320万円で，港湾費は土木費の6.50倍である。東京市をみると，隅田川口改良事業が膨張した，明治39〜42年度，市区改正土木費1,267万円，港湾費250万円と，一般土木費が数倍大きい。

（2）明治期の港湾法制については，前掲「横浜市史Ⅳ上」864〜874頁，前掲「横浜港史・各論編」37〜41頁参照。

（3）日本港湾協会『日本港湾史』6頁，以下，港湾協会・前掲「日本港湾史」。

（4）同前7頁。

（5）住田正二・山口真弘『港湾行政論』6頁，以下，山口・住田・前掲「港湾行政」。

（6）港湾協会・前掲「日本港湾史」7頁。

（7）太政官布告第648号については，持田・前掲「都市財政の成立Ⅱ」139～144頁参照。

（8）この規則については，「その趣旨は，道路，港湾等の交通運輸施設を整備した者に対してその投下資本回収のため，施設利用者から利用の対価を徴収することを許すもので，……地域の資本蓄積や企業経営ノウハウを活用してインフラ整備を推進するという，いわば近年の民活事業の発想が導入されたわけでした。……本布告は戦前における民活事業の唯一の法制度として活用されました」（黒田勝彦編『日本の港湾政策』198頁，成山堂書店 2014年）と解説されている。

（9）神戸港関連事業については，高寄・前掲「神戸近代都市」99～106頁参照。

（10）「河港道路修築規則」は，国庫補助の負担区分基準については，同規則は等級制で政府補助率を定めたが，国庫財源からみて等級制での整備は不可能で，明治9年6月にこの等級制は廃止された。それでも「河港道路修築規則」そのものは存続したので，国家的重要度・施設規模などに準拠した，不文律の補助基準として適用されていった。「工事および費用については，旧来の慣行を踏襲するとなったが，要するに，合理主義が御都合主義に顛落した」（前掲「横浜市史Ⅳ上」867頁）と批判されている。

（11）港湾の費用負担は，同規則では，道路・河川と同様に，横浜・神戸港などの1等港は，政府6分，地方4分，2等港は，工事は地方団体が施行し，官4分，地方6分，その他3等港は，地方団体が施行し，費用は利益を受ける地方民の負担とされた。同規則・基準は「港湾修築の大体の方針は，明治10年代までにうちだされたが，机上の政策であって，なお近代的大港湾建設を前提にしておらず，具体的な港湾修築に適用される段階にはいたらなかった」（前掲「横浜市史Ⅳ上」868頁）といわれている。

（12）前掲「横浜市史Ⅳ上」866頁。

（13）港湾調査会の方針では，港湾等級制で，「第1種重要港湾の修築は国の直轄施行として，その4分の1だけを地元で負担せしめることとし，完成後は，外国貿易関係のものはその担当行政庁に，また，内国貿易関係のものは地方公共団体に，それぞれ引継ぐことにした。つぎに第2種重要港湾の修築は，地方公共団体の事業とし，その工事費は地元負担であるが，国庫から2分の1の補助金をだすことにした」（前掲「内務省史Ⅲ」82頁）のである。しかし，実際は「其の港湾の国全体に対する重要の程度，当該地方団体の財政状況及工事の内容如何等を斟酌して其の分担割合を定めて居る」（大蔵省主計局『国費と地方費との関係』33頁，大蔵省1927年）と，ほぼ政府の自由裁量となっている。港湾費用負担の法制・運用については，運輸省港湾局『日本港湾修築史』11～19頁，以下，前掲「日本港湾修築史」，前掲「内務省史Ⅲ」79～96頁，前掲「横浜市史Ⅳ上」865～874頁参照。高寄・前掲「昭和地方財政Ⅱ」1～55，156～172頁参照。

第1節　都市基盤整備の経営化と公共利益還元　321

（14）稲吉・前掲「海港政治史」10頁。

（15）海港法人化構想は，港湾機能の拡充の方策として，大蔵省が推進した。ただ全額国庫負担ですれば，内務省との対立が避けられない。また国営港では，地元は負担までして築港する気がない，横浜・神戸を納得させるには，港湾法人化という斬新な構想による，財源負担・利益配分システムが浮上してきたのである。稲吉・前掲「海港政治史」128～134，141～145頁参照。

（16）大蔵省の海港経営構想は「府県を中心とした明治国家の枠組の例外として海港を捉えるもので……全国的な海港修築政の統合をめざす内務省土木局と，主要港の重点的な整備をめざす大蔵省との対立はさけられない状況」（同前133・134頁）にあった。大蔵省は必要にかられて，横浜・神戸港を政府直轄事業で築港するが，これは横浜・神戸市と政府の港湾共同経営という苦肉の方式となり，府県経由方式という国家統治の伝統を壊すシステムとなった。地元負担を引きたすための港湾施設収益配当金が，懐柔策として採用され，府県河川整備ではみられない異例の措置であった。

（17）ちなみに水上神戸市長が，神戸築港にあたって，築港計画案を策定した，『神戸港の現状及改良策』（明治39年6月）で，神戸築港による艀荷役減少による荷役効率効果を，年間245万円と算出している，横浜港も貿易額はほぼ同じで，効果も同じといえる。なお艀荷役損失と災害による年平均被害50万円として，合計約300万円となる。第1期神戸築港事業費1,509万円は，築港効果からみて，およそ5年で築港費は，償却できる計算になり，港湾関連事業者負担は，受益が負担を上回ることになる。水上市長の提言については，高寄・前掲「神戸近代都市」203～206頁参照。

（18）独立採算制の築港については，田口卯吉は市町村にあても，政府が「従前の艀賃と同額又は其以下の通過料を船舶若しくは輸出入貨物に賦課する」（「各地築港の方法は市町村の自営を可とする」前掲「田口卯吉全集Ⅱ」492頁）ことにすれば，築港は可能としている。東京港について，「東京湾築港にして1,500万円を要するも年々艀賃として払うもの200万円あらば，東京市は容易に此の負債を募り此事業を起して結局非常の利を得べく」（同前492頁1）と，港湾の収益事業性に着目している。

（19）明治後期，大規模築港（表24参照）が実施されたが，北海道拓殖事業の対象事業であったためか，小樽港第1期219万円，第2期508万円，釧路港476万円は，全額国庫負担で施行された。一方，横浜港第2期818万円，神戸港第1期1,509万円は，政府は大都市圏港湾としての負担能力からして，国費節減のため費用転嫁を画策した。結果として明治40年度の神戸市負担金100万円は，実質的市税40万円（三部経済制県負担金除外）の2.5倍で，費用・利益の合理的配分からみて，納得しがたい負担となり，港湾法人化構想も自然消滅となった。

（20）港湾の独立採算制については，「欧米に於ては港湾事業の自立的経営が可能であるけれども，我国に於ては……殆んど不可能である」（竹中・前掲「公企業成立史」65頁）といわれている。日本の港湾が独立採算制のポート・オーソリティーとなりえないのは，第1に，港湾の歴史が浅く資産蓄積がない。第2に，港湾が多すぎる。第3に，防波堤建設・維持費が高く，そのため使用料を抑制しているように負担能力は

低いといったハンデがあるといわれている。山口等・前掲「港湾行政論」79～72頁参照。

（21）第1期神戸築港工事は明治40年から大正10年にかけて15年間で施行された。当初計画は国庫負担1,142万円，市負担367万円の合計1,509万円である。築港負担金が始まる明治42年度ベースで収入を推計すると，政府が試算した港湾施設からの収益は，年間港湾施設収益収入（公営埠頭・荷役・倉庫使用料）約97.5万円×15年＝1,093万円となるが，普通経済会計の建設管理費と施設収入の差引であるので，公営企業会計方式の公債費・繰入金などの差引勘定では，利益は約3分の1に圧縮され487.5万円となる。1トン当り0.1円を入港料とすると，15年間神戸港貨物数量1億5,133万トン×0.1円＝約1,109万円，神戸港埋立賦課金は築港期間中の埋立面積（築港期間竣功実績）40.2万㎡×1㎡当り1円＝40.2万円で合計1,673万円となり，防波堤建設費を含めていても，築港費は十分に負担できる。後は国庫・地元・港湾業者受益者負担，関税還元など政治・行政問題としていくら積みますかとなる。政策・財政的にみれば，艀荷役解消・災害防止メリット年300万円で4,500万円の受益者負担金が見込まれる。もっとも一部は港湾施設収益収入と相殺されるが，事業者へ負担余地はある。また貿易五厘金と同様の発想で，関税の5％を神戸港の貿易額比率で還付すると，42年度全国関税額3,642.4万円×（神戸港貿易額÷全国貿易額）37.0％×0.05＝年度税関還付額67.3万円で，15年累計＝1,009.52万円となる。港湾関連収入で独立採算制導入の余地は大きくなる。高寄・前掲「神戸近代都市」215～226頁，佐藤・前掲「神戸築港沿革誌」289・290頁参照。

主要築港事業と国庫補助

都市自治体は，地元負担は二の次で，まず築港認可の運動だけがエスカレートしていった。しかし，都市経営の視点からみると，事業形態・築港負担（表24参照）の多様性から，築港への経営手腕が発揮できる余地があるが，前途は茫漠として海図なき船出であった。[1]

港湾に限らず，明治前期，起業資金などによる，勧業・開墾事業もほとんどが事業効果・収支を検討せず，国策意識過剰で公共投資をすれば，地域経済活性化すると楽観的予測で事業化された。

しかし，政策科学にもとづいた合理的な分析・戦略ではなく，幼稚な公共投資論での事業化で，ほとんどが経営破綻したが，築港も例外でなかった。

主要港の築港をみると，大阪築港は市営港で補助率1割しかなく，市財政を圧迫した。一方，若松港は，民間デベロッパーを活用して，私営港として収支

均衡方針で築港がなされた。

　要するに各港湾によって築港条件は，かなり相違がみられたが，いずれの港湾も費用負担をどう分担するか，政策的課題であったが，築港費負担システムの変革がない限り経営難は，避けられない状況にあった。

　築港費の利益・負担区分適正化の核心は，港湾法人化による港湾関連事業者への受益者負担導入であり，国庫補助金方式による国庫・地元財政負担方式は，都市財政疲弊の元凶となっている。市営港のみでなく，国営港の横浜・神戸港にあっても，市税総額に匹敵する直轄事業負担金が賦課されたが，これでは港湾栄えて，都市滅ぶ事態となりかねない。

　築港を類型化して，実際の事業戦略をみてみる。第1の類型が，政府の国土開発・地方振興策として，優遇された港湾である。第1のタイプが，明治初期の国策港というべき，宮城・野蒜港，福井・坂井港などである。殖産興業の国策での整備で，公共投資は必ず投資額にみあった効果を，もたらすという稚拙な経済感覚で事業化されていった。

　第1の宮城・野蒜港は，大久保利通の東北振興策にもとづいて，明治11～16年，全額国庫負担68.3万円の巨費を投入して造成がはじまった。[2]　しかし，まったく稼働することなく崩壊し，「僅々50万円内外ノ工費ヲ以テ野蒜ノ如キ地ニ於テ良港ヲ築造セントシタルハ違算モ亦甚シト云フヘシ」[3]と，政府政策のミスが非難されている。

　失敗の原因は，財源不足・技術未成熟などであるが，政府が港湾後背地の経済成熟度を無視した，拙速の公共投資先行型の築港にあった。[4]

　第2の福井・坂井港は，当初，住民は水路復旧程度の小規模改修を想定していたが，時の敦賀県令が本格的築港をめざして，事業費4.8万円でスタートした。しかし，最終的には明治11～18年で国費14.8万円，県費0.3万円，私費8.3万円の23.4万円に膨張してしまった。[5]

　しかも事業結果は，大型船利用には「水深ニ乏シク…貿易ノ衰退ヲ招クニ至レリ」[6]と，施策の誤りが指摘されている。しかし，当時の坂井にとって，私費負担8.3万円は途方ない大きな出費で，知事の暴走は，罷免にも値する誤謬の選択であった。

第3の釧路港（明治40年着工）・小樽港（明治30年着工）も国策港で，横浜第1期築港以後の近代港湾整備であり，全額国庫負担で事業がなされたが，政府の方針とはいえ，他の港湾との比較で，不当に優遇されている。北海道拓殖事業の潤沢な財源が，投入できたからであろうが，それだけの投資効果があったか疑問である。

第2の類型が，都市部の築港で，海面埋立事業で開発利益還元を図っていき，原則として国庫補助なしでの築港であった。しかし，埋立事業の収益による収支均衡策は，困難をきわめ，事業縮小・地方税補填など，独立採算制の事業戦略は揺らいでいった。

第1のタイプが，一般都市港湾で，第1の福岡港は民営で，明治32（1899）年博多築港株式会社が創設され，市補助金4.53万円を得て50万円で，築港工事を実施し，あわせて埠頭以外の埋立地16.6万㎡の造成を計画していた。しかし，設計ミス・資金不足で，事業は挫折したので，市が事業を継承したが，埋立面積は当初の16.1万坪から，4万坪に縮小されている。[7]

第2の宇品港は，広島県知事千田貞暁は，公営方式で明治17（1884）年，築港・干拓（230町歩）・幹線道路建設を一体とした，宇品港建設を10万円で着工する。地域農民の漁業打撃などの反対を受けるが，22年にやっと竣功する。しかし，工事費30万円余と，3倍にふくらんでいった。[8]

千田知事は，自身の減俸と引替えに国庫補助を獲得し，負担軽減に努めたが，工事の遅延と杜撰な計画によって，懲戒処分を受けている。しかし，無用の長物と築港は批判されたが，千田知事の予言どおり，日清戦争で兵站基地として利用され，戦争に貢献する。ただ商業港として費用効果が問われるが，62.4万坪（205.9万㎡）の埋立地をどう活用するかであった。

第2のタイプが，北九州など工業港である。第1の若松港は，石炭搬出港の典型的私営港で，明治22年，若松築港会社が創設され，その後八幡製鉄所設置もあり，独立採算制で運営されていった。

しかし，八幡製鉄所との関係から，私営でなく国策港として，公営化されるべきと批判されていたが，追加工事210万円を契機として，民間会社では負担できず，政治工作で，明治33（1900）年には50万円の補助が注入され，独立採

算制の築港の原則が崩れていった。[9]

　港湾への補助は，政府の思惑で交付されているが，国営港とするか，私営港とし補助対象基準を設定するか，無利子融資を交付するか，国・地方の財政関係を明確にすべきである。折角，独立採算制の港湾運営がなされており，国庫負担も含めて受益者負担の範囲をひろげて，民営方式を維持するように，負担システムを再編成するべきであった。[10]

　第2の門司港は，若松港と同様に私営港として，成功した港湾である。当時の安場県令は，開発投資が県会で否決されたので，門司港整備は無理をせず，民間デベロッパー方式を導入していく，賢明な選択をした。[11]

　地元資本だけでは不足するので，大倉喜八郎・安田善次郎・浅野総一郎など，東京資本の参加も求め，明治22年に門司築港会社（資本金25万円）を設立し，37.5万㎡の埋立事業（事業費40万円）を手がけ，9年後の31年に完了し，翌年には解散している。

　しかし，結果的に資本力不足から，外部民間資本に収益事業だけを事業委託したが，政策的には受益者負担・政府融資を注入し，公営方式の築港路線を貫徹すべきであったが，政府支援は，殖産興業政策の勧業奨励支援に比べ，無策で冷遇された。

　結局，私営港として私費のみの築港は無理で，「財政難から中央政府で民営論が模索されつつも，最終的には大蔵省・内務省・市の三者による修築という，横浜・神戸でとられた方式で行われることになった。その最大の要因は，……門司には『実力のある商人』がいなかったこと」[12]といわれている。

　しかし，根本的問題は，港湾は収益施設として国・地方・港湾関連事業者の負担システムを適正化すべきで，政策的に受益者負担を忌避するような野狭窄症に陥ってはならない。

　第3のタイプが，東京・名古屋港の大都市港で，公営港として整備されていった。共通しているのは港湾整備の財源を，浚渫土砂による埋立地売却で，補填していく方式であった。

　第1の東京築港をみてみると，第1に，東京港も大阪港と同様に市営港であったが，大阪港のように貿易港でなく，港湾機能はなにかと支障が大き

かった。[13] 築港の動きは，まず明治前期で，明治13（1879）年に松田道之府知事が，東京築港を提唱し，芳川府知事が，松田府知事の遺志をつぎ，18年に品海築港案の稟請書を，政府に提出する。

政府は一度，この提案を受けいれたが，その後は放置されたままになった。そして市区改正審議過程で，築港案は否決されてしまった。

第2に，東京築港は，市区改正事業で消滅したが，大東京主義・東京モンロー主義・開発成長主義・国庫依存主義からの築港構想は，底流として生き続けてきた。問題は2,000〜3,000万円という築港費を，どう調達するかであるが，物流需要は十分あり，受益者負担の余地はあった。

明治33（1900）年になると，星亨が中心となり，築港案をまとめ，東京商業会議所が同調した。東京港が貿易港となれば，年間輸入貨物の横浜港から東京港への搬送コストの年間20万円が，節減できると算定されている。[14]

明治33年6月に東京市会は東京築港を議決する。そして34年3月，衆議院が築港及び築港補助を可決する。しかし，星亨が44年に不慮の死によって，幻の東京築港になってしまった。[15]

第3に，問題は「東京の都市ブルジョアジーが，自己負担を覚悟で，港湾建設に踏み切る，犠牲的精神・経営マインドが欠落して」[16]おり，実際，経営危機になったとき，どこまで負担するのか疑問で，築港をおいそれと着手できないのではないか。

また仮に星亨が健在であっても，「東京市の経営能力が，最終的には鍵を握っている。民営交通買収の過程をみても，東京市会の利権派は，必ず品海築港を貪る」[17]はずである。明治44（1911）年，東京は第1種港湾から指定除外となり，築港は戦時体制までずれた。[18]

第4に，東京築港は，断念を余儀なくされたが，増加貨物に対応するため，荒川改修工事決定したので，隅田川口改良工事を以って築港となった。埠頭と埋立が主要工事で，明治39年第1期（工事費260万円）が44年完了，44年第2期（工事費247万円）が大正5年完了，大正11年第3期（工事費1,800万円）が，昭和10年に完了と工事が施行された。[19]昭和16（1941）年5月，東京港は悲願の開港へとこぎつける。

第2の名古屋築港（105・106頁参照）をみると，第1に，当初，熱田港が名古屋市外であったので，愛知県が建設・運営の母体となっている。本来，港湾は広域施設として，府県が建設・負担で整備・運営されもおかしくない施設といえる。しかし，大都市の港湾は，名古屋以外は，都市が主体となっている。[20]

ただ財源は三部経済制の市部経済で負担されていたので，大正末期から市への移管が要望されていたが，戦前，ついに実現することはなかった。

第2に，第1期築港は明治29年から35年の7ヵ年計画で，当初事業費233万円（公債費43.3万円含む），財源は土地売却代148万円，国庫補助金25万円，県税25万円（名古屋市増加分10万円，市郡部15万円），県債35万円であったが，国庫補助金は内務省で不許可となった。[21]

明治29年に着工したが，日清・日露戦争の影響もあり，43年に完了し，40年には名古屋港に改称され，同年11月には開港場に指定された。事業費は285.6万円に膨張していた。[22]

第3に，明治43年には第2期工事（第1次拡張工事）が開始された。第1期築港費286万円（明治40～43年）で埋立造成55万坪であり，第2期築港費396万円（明治43～大正8年）で，埋立造成80.7万坪であった。[23] いずれにせよ大阪築港と同時期であったが，比較的小規模で地域経済との比較でも健全な規模であった。

注

（1）明治期における各港湾整備については，高寄・前掲「明治地方財政Ⅵ」219～226頁参照。
（2）野蒜築港については，同前22～35頁，寺谷武明『日本港湾史序説』17～42頁，以下，寺谷・前掲「日本港湾史」，稲吉・前掲「海港政治史」34～38頁，松浦・前掲「明治の国土開発」62～82頁参照。
（3）広井勇『日本築港史』34頁，以下，広井・前掲「日本築港史」。
（4）野蒜港失敗の原因について，オランダ人技師の設計ミス・野蒜港の地勢的悪条件などがあげられているが，本質的原因は「東北全体の資本蓄積の未熟が，政府の港湾投資を十分に受容できなかったことに尽きる。地域開発の拠点として港湾を新設しても，それを受けとめる後背地の経済力が十分ではないとき，港湾は本来の機能を発揮できないという貴重な実験例とみられる」（寺谷・前掲「日本港湾史」41頁）と，地元の経済成熟度が問題と指摘されている。松浦・前掲「明治の国土開発」93～104頁参照。
（5）坂井港については，広井・前掲「日本築港史」36～47頁，寺谷・前掲「日本港湾

史」6～10頁参照。

（6）広井・前掲「日本築港史」46頁。

（7）福岡市『福岡の歴史』（福岡市 1979年）140～141頁参照。

（8）宇品港については，有本正雄等『広島県の百年』（山川出版社 1983年）64～65頁，稲吉・前掲「海港政治史」39・40頁参照。

（9）若松築港会社が，明治23年に築港に着工したが，経済不況で資本金半減を余儀なくされた。しかし，29年八幡製鉄所が設置され，港湾拡充が急務となり，政府は補助金を支給し，港湾施設拡充を命じた。その後も施設整備に努め，大型船舶にも対応しうる港湾となり，大正4年には資本金360万円に成長している。良好な成績の要因は，製鉄所の製鉄残滓・浚渫土砂をもって，大正12年までに61万坪の埋立造成をなし，また入港船に対してトン数に応じて，港銭（大正12年入港料79万円）を徴収したからである。明治45年度までの工事費歳入は，国庫補助金50万円，製鉄所下付金79万円，私費182万円，土地売却費30万円，公債借入金150万円で，純独立採算制ではないが，施行者ベースでは収支均衡である。

（10）若松港が私営港にもかかわらず，「営利事業トシテ一大成功タルヲ失ハス而モ比較的小額ノ工事ヲ以テ多大ノ成績ヲ挙ケタルハ主トシテ地勢ノ適シタルト経営其宜シキヲ得タルニ拠ル」（広井・前掲「日本築港史」111頁）と評価されたが，同時に営利事業として建設・運営について，「本港ノ如キ重要ナル港津ニ於イテ永ク一会社ヲシテ港税ヲ徴収セシメ工業ノ発達ヲ阻礙スルカ如キハ政策ノ宜シキヲ得タルモノトナス能ハス」（同前112頁）と，問題視されている。しかし，政府は独立採算制のモデル港として，非採算施設への資金融資の導入・受益者負担の徹底など，適正システムを形成し，独立採算制の港湾方式を維持する政策の定着を図っていくべきである。稲吉・前掲「海港政治史」122～124頁参照。

（11）門司港については，前掲「日本港湾修築史」181～184頁，稲吉・前掲「海港政治史」41～43頁，190～198頁参照。

（12）同前198頁。

（13）東京築港については，東京都港湾局『東京港史第1巻通史各論』27～33頁，以下，前掲「東京港Ⅰ」，前掲「品海築港計画」39～56頁，前掲「日本港湾修築史」63～69頁，広井・前掲「日本築港史」358～365頁，寺谷・前掲「日本港湾史」47～50頁参照。稲吉・前掲「海港政治史」43～51頁，藤森「東京計画」92～109頁，高寄・前掲「明治地方財政史Ⅵ」246～257頁参照。

（14）20万円の推計については，荷物200万トンである。前掲「品海築港計画」110頁参照，

（15）この構想は事業費3,600万円，国庫補助金1,200万円，自己負担2,400万円であった。補助率33％は過大算定であり，事業費支出と収入のズレを補填するため，3,600万円の市債を予定し，さらに年間市税40万円の支援，埋立地売却2,000万円で補填する案であったが，売却が順調にいくのかであった。結局，東京市の経営能力次第で，下手をすると財政破綻の引き金にもなりかねなかった。築港規模は，明治33年度市税219万円の16.4倍で，大阪築港は30年度市税収入の37倍の半分以下であった。星

亭の東京築港については，前掲「品海築港計画」57〜146頁参照，「東京港Ⅰ」34〜44頁参照。

（16）高寄・前掲「明治地方財政史Ⅵ」248頁。（17）同前250頁。

（18）明治40年の港湾調査会による東京港2種港の決定は，「以後当分の間は『みなと横浜』の時代がつづいてゆくこととなったのであった。これは東京側の決定的敗北を意味した」（前掲「品海築港計画」146頁）が，東京市の政治力のなさを，立証する事実であった。

（19）隅田川口改良工事については，前掲「東京港史Ⅰ」44〜50，876〜882頁，前掲「東京百年史Ⅲ」652・653頁，前掲「東京百年史Ⅳ」775〜780頁参照。

（20）名古屋築港については，前掲「名古屋港史・建設編」15〜107頁，前掲「日本港湾修築史」119〜123頁参照，広井・前掲「日本築港史」136〜143頁，前掲「名古屋市史Ⅴ」412・424頁，前掲「名古屋市史Ⅵ」258〜261頁参照。

（21）熱田港は，明治29年に着工し，43年には竣工をみている。郡部県会議員は「当局は名古屋港に金を捨てている」（名古屋市『名古屋市70年史』60頁，名古屋市1959年）と，〝築港捨て金説〟を唱えていた。しかし，40年11月には開港場に指定され，熱田町も名古屋市に編入されたので，名古屋港に改称された。第1期築港事業の工事費238万円であったが，補助金なしであり，そのため55万坪の広大な埋立造成をなしている。名古屋港は河口港で水深が浅く，常時，浚渫が必要で，33年に3台の浚渫船を37.5万円でオランダから購入している。前掲「前掲「名古屋市史Ⅵ」35頁参照。第2期工事は，明治43年〜大正9年で実施され，工事費369.1万円で，80.7万坪の埋立地が造成され，第3期工事は大正9年に着工され，15年に竣工し，工費867.0万円（補助金329.6万円）である。47万坪の埋立地が造成されている。前掲「名古屋市都市計画史」25頁。なお第1次改良工事（大正12年〜昭和2年）として，木材整理所などで，工事188.0万円（県費負担）で，9号埋立中央地18.3万㎡が造成されている。

（22）実施事業の工事費財源は，埋立売却代180.1万円，県有地売却代25.5万円，不用品売却10.7万円，県税負担33.7万円（市部14.1万円，郡部19.6万円）である。ただ工事費資金として県備荒儲蓄金借入22.0万円，県債148.0万円で処理しており，利子負担が発生している。埋立地売却は，埋立総面積186.0万㎡，公有地113.9万㎡，寄付者払下4.7万㎡，売却用地67.5万㎡であった。売却見込代金180.1万円で1㎡当り2.67円であった。実際に埋立売却収入がいくらあったかは不明である。なお名古屋港第1期築港については，前掲「名古屋港史・建設編」17〜62頁参照。

（23）名古屋港第2期築港は，前掲「名古屋港史・建設編」33〜・62頁，前掲「名古屋市史Ⅵ」35頁，第3期・第4期築港については，前掲「前掲「名古屋市史Ⅵ」258〜261頁参照。

開港貿易港と築港システム

第3の類型は，国際貿易港である横浜・神戸・大阪港で，国際貿易重視の政

府方針もあり，重要港湾とみなされてきた。第1の築港として，市営の大阪築港をみると，貿易港であるが，神戸港がちかいという地理的条件から，国営港とは認められなかった。また地勢的には河口港で，不利にもかかわらず，明治初期から継続して築港をめざした。

　第1の課題として，大阪築港の経由・課題は，第1章第2節（83～87頁）でみたので，重複を避けて概要だけにとどめると，第1に，明治13（1880）年には，大阪府知事建野郷三が，デレーケ（J.de Rijke）に設計を委嘱し，320万円の築港案を作成し，20年に内務省土木局長西村捨三に提出したが，財源不足で拒否されている。[1] ただ大阪築港が難航したのは，淀川改修事業をしなければ，河口港の宿命として，港内を浚渫しても，土砂で埋没してしまうからである。[2]

　第2に，明治25年には，築港研究会を発足させ，大阪商工会議所と連携して，再度，デレーケに築港案を作成させて，政府に提出している。築港費1,500万円をこす巨額について，府営論・市営論・民営論など，さまざまの意見があり紛糾した。

　しかし，明治29年，政府が淀川改良工事を認めたので，同年にやっと大阪築港も，総工事費2,249万円で認可を得ている。大阪市あげての熱心な運動の成果で，陸軍へ埋立用地無償提供などの利益供与が，築港の要因となった。[3]

　第3に，築港費は着工以来（明治30～37年），先行投資型で市税の1.6倍以上のペースで整備してきたが，不況で，埋立地価が下落し，築港債償還を埋立地売却でという処方箋が狂い，極端な収支不均衡に陥った。にもかかわらず大阪が，築港を継続したのは，神戸港との競争関係があった。[4]

　鶴原市長の公営交通決断は，まさにこの築港事業の破綻寸前の時期であった。水道敷設に加えて築港事業は，大阪市財政を破綻寸前にまで追い込んでいた。新市長となった鶴原市長は，築港費縮小（90頁注9参照）を断行し，この危機を切り抜けている。

　第4に，大阪港は施設拡充もあり，日露戦争時，戦時の兵站基地としてフル稼働をしたが，戦後は利用が低下した。大正4（1915）年に一応の竣功をみたが，軟弱地盤工事600万円の追加工事が必要となったが，到底，市財政の負担に堪えざる事態となった。先にみたように大阪市は遂に財政負担から艀方式で十分

第1節　都市基盤整備の経営化と公共利益還元　331

として，大正5年に大阪築港中止を決定するが，経済界は猛反対であった。[5]

　ただ港湾需要は，皮肉にも大正3（1914）年第1次大戦のブームとなり，大阪港内外貨物量は，大正4年770万トンから15年1,276万トンに急増し，埠頭不足となった。船込み状況に耐えかねた港湾業者は，大正5年，住友倉庫が埠頭建設をして，倉庫用地を使用し，工事費は20年後に市が支払う委託契約を締結した。

　変則的民間デベロッパー方式の採用であった。この苦肉の策は，港湾施設整備には威力を発揮し，「本港経営上の新方策として先例となり，次々に民間の投資を誘引することになった」[6]と評価されている。

　このような経由をみても港湾運営の安定化には，入港料などの導入が不可欠であった。ある意味では景気変動の需給調整を，公共が先行投資負担でかぶるのか，民間が艀荷役のコスト増で負担するのかであるが，受益者負担機能が稼動しないシステムでは，民間負担が当然である。

　第2の課題として，大阪港の収支（表23参照）をみると，第1に，大阪港の第1次修築工事（明治30年〜昭和3年）は，31年間で2,249万円（当初）という気も遠くなるプロジェクトであった。

　当初の事業計画は，築港時の収入は埋立地売却・設備使用料・埋立地賃貸料・払下用地売却などは未計上で，特定財源は国庫補助金・国有地売却の合計385万円で比率17.1％と低く，市債収入1,704万円，歳入構成比75.8％で公債依存主義であった。しかし，支出では公債償還はなく利子444万円ですんでいる。

　第2に，第1次築港事業の大正15（1926）年中間決算でみると，特定財源（埋立売却・賃貸収入・補助金・用地売却）3,419万円，比率38.3％に上昇し，公債収入3,565万円，39.9％と改善されているが，歳出公債支出4,238万円，48.6％で，償還費はわずか468万円に過ぎなく，公債費の圧迫は増大している。

　第3に，昭和5年第1次修築事業決算では，特定財源のうち施設使用料・埋立賃貸料が大きく伸び，埋立・浜地地売却・補助金などを加えて，3,861万円で比率35.8％と，市債収入3,630万円を上回っている。明治30年の築港以来の埋立補填機能が，やっと実を結んだといえる。[7]

　しかし，歳出公債費4,697万円と支出の4割以上を占め，最終償還は昭和56年

度で，今後50年間に元金4,139万円，利子4,818万円の合計8,957万円の負担が繰り越され，市税中心の苦しい見込みであった。[8]

　第4に，昭和18（1943）年度の第2次修築事業も含めた決算では，特定財源は1億5,117万円で，比率は50.1％と上昇しているが，室戸台風災害復旧事業で支出が膨張したためであろう。港湾財政運営にあって，埋立地売却をせず賃貸方式としたので，インフレメリットの内部化で，昭和18年には累計1億1,000万円，毎年100万円以上の賃貸収入となった。

　しかし，築港事業は継続拡大され，しかも財政構造の改善はなく，市税補填は依然としてつづき，昭和5～18年の13年間で1,279万円，年約100万円の繰入で，企業会計からの繰入金は，この間85万円でしかない。

　第5に，港湾経済をストックでみると，昭和5年埋立の含み益は，公共用地を含めると約5,280万円（353頁参照），築港債残高4,139万円で相殺関係にあったが，大阪港の収益力からみて，償還は十分に可能であった。

　大阪港は市営方式で，補助率1割であったが，施設・用地は市有となり，ストック会計ベースではメリットは大きい。この点国営港は，負担は少ないが資産は国有で，資産蓄積効果のメリットは小さい。

　大阪市は経営戦略として起債主義で，市債償還を繰り延べ，償還圧迫を緩和させ，埋立地を売却せず，土地賃貸収入を確保する，ストック重視の運営は，最終的には大きな含み益をもたらした。

　結果は，戦後インフレで，戦前築港公債の償還負担は大幅に軽減され，埋立地価は上昇しインフレメリットを内部化し，戦前の築港事業は収益事業に変貌していった。

　ただ昭和15年度までの市税負担はきわめて大きく，実質的財政圧迫要素で，港湾経営の苦悩は深刻であった。しかし，港湾財政が破綻を免れたのは，まさに長期総合戦略と都市の知恵・市民の犠牲に対する天恵であった。

　第2の事業として，横浜・神戸築港をみると，国営貿易港として整備されたが，横浜開港安政6（1859）年，神戸開港慶応3（1868）年，8年余の間隔がみられる。しかし，政府による港湾整備は意外と少なく，神戸港では開港当初は，砂浜に貿易品をならべて取引する，露天商に等しい商いが行われていた。

第1節　都市基盤整備の経営化と公共利益還元　333

表23　大阪築港費収支の推移

（単位 千円）

区　　　分	明 29 年当初	大正 15 年	昭 5・竣功	昭 18 年
支　　　出	22,490 （100.0）	87,174 （100.0）	107,878 （100.0）	255,556 （100.0）
設　　備　　費	18,048 （80.2）	40,062 （46.0）	53,426 （49.5）	129,606 （50.7）
維　持　運　営	—	4,728 （5.4）	7,484 （6.9）	18,671 （7.3）
公　　　債	4,442 （19.8）	42,384 （48.6）	46,968 （43.6）	107,278 （42.0）
利　　　子	4,442（19.8）	36,609 （42.0）	45,178 （41.9）	74,474 （29.2）
償還金雑費等	—	5,775 （6.6）	1,791 （1.7）	32,804 （12.8）
収　　　入	22,490 （100.0）	89,302 （100.0）	107,879 （100.0）	297,616 （100.0）
埋 立 地 売 却 代	—	3,194 （3.6）	4,675 （4.3）	12,938 （4.3）
使 用 料・賃 貸 料	—	— （—）	23,357 （21.7）	111,404 （37.6）
国 庫 補 助 金	1,872 （8.3）	4,680 （5.2）	7,080 （6.6）	23,336 （7.8）
浜 地 売 却 代	1,978 （8.8）	3,495 （3.9）	3,495 （3.2）	3,495 （1.2）
市　　　　　税	1,602 （7.1）	19,458 （21.8）	22,235 （20.6）	35,024 （11.9）
水 道・交 通 収 入	—	7,194 （8.1）	9,857 （9.1）	10,709 （3.6）
そ の 他 収 入	-	15,631 （17.5）	883 （0.8）	882 （0.3）
市 債 収 入	17,038 （75.8）	35,649 （39.9）	36,297 （33.7）	99,824 （33.6）

注　当初計画は前掲『大阪築港100年史上巻』50頁，大正15年築港費は大阪市『明治大正大阪市史第
　　4巻』583頁参照，昭和5年築港費は近藤博夫「大阪市の港湾事業」『都市問題』第14巻第1号210
　　頁，昭和17年度は大阪市『昭和大阪市行政編』388頁

　第1の課題として，港湾整備状況をみると，第1に，明治前期は神戸港でみれ
ば，直接的港湾整備国費は20万円程度でしかなかった。しかも防波堤がないた
め，護岸などの災害復旧費が多かった。国営港であるから，政府が先行的整備
をしてくれるという，甘い予測はできなかった。[9]

　第2に，横浜・神戸港とも，明治初期，防波堤整備を前提条件とする築港が
急務で，明治7年横浜港のファン・ドールン（C.J.van Doorn）の築港案，明治6年
神戸港のマーシャル（John Marshall）の築港案（公費30万円）を，それぞれ政府
に提出し，築港を申請したが，財源不如意で拒否されている。[10]

　一方，政府は明治11年，野蒜港（工費68.3万円）・坂井港（工費23.4万円）の整
備には鋭意対応したが，貿易港の横浜・神戸港には冷淡であった。そして貿易
港として地勢的有利な条件は，海面埋立には不利であり，港湾事業の収支補填
を困難にした。

334　第3章　都市開発の展開と公営企業の戦略

表24　明治期主要港築港状況

(単位 千円)

区　　分	起工～竣工	国庫補助	府県費	市町村費	私　費	地所売却等	公債等	合　計
福井・坂井港	明11～18	148	3	—	83	—	—	234
宮城・野蒜港	明11～16	683	—	—	—	—	—	683
長崎港第1期	明15～22	172	40	74	7	—	—	293
長崎港第2期	明17～23	800	250	2,050	—	—	—	3,100
広島・宇品港	明17～22	—	300	—	—	—	—	—
横浜港(第1期)	明22～29	2,353	—	—	—	—	—	2,353
横浜港(第2期)	明39～大6	5,447	—	2,700	—	—	—	8,147
若　松　港	明29～昭26	500	—	—	1,820	1,096	1,500	4,916
新　潟　港	明29～37	936	197	63	—	—	—	1,196
函　館　港	明29～32	200	—	451	—	170	—	820
名　古　屋　港	明29～40	—	1,085	—	—	1,298	—	2,383
小樽港第1期	明30～37	2,189	—	—	—	—	—	2,189
小樽港第2期	明41～大8	5,080	—	—	—	—	—	5,080
大　阪　港	明30～大4	1,872	—	1,682	—	1,987	17,038	22,579
三　池　港	明35～40	—	—	—	3,000	—	—	3,000
神　戸　港	明39～大10	16,740	—	4,370	—	—	—	21,110
釧　路　港	明41～大8	4,759	—	—	—	—	—	4,759
四　日　市　港	明43～大11	1,762	1,728	150	—	—	—	3,640

資料　内務省土木局編『土木局統計年報』
出典　高寄昇三『明治地方財政史第6巻』224頁。

　第2の課題として，先行した第1期横浜築港をみると，第1に，大きな転機は，明治16年に訪れる。アメリカから下関事件賠償金（78.5万ドル，約88.2万円）返還があり，運用益も含めて約124万円になったが，当時の外務大臣大隈重信が，条約改正をかねて，築港財源へ転用を決定した。対象として，東京・横浜・神戸港が，政府内部では築港候補にあがっていた。

　第2に，まず東京港は，築港事業費が1,000万円以上と巨額であり，確定した計画案の策定がなく脱落し，神戸・横浜築港の同時施行が原案であった。ところが神戸が，政府へ陳情をしなかったこと，大隈重信外務大臣が，条約改正から横浜港の対外効果を重視したことが幸いし，横浜港が明治22年第1期築港事業235万円を，全額国庫負担で実施という，漁夫の利を得た。

　横浜の首都に近いという地勢的有利性，さらに貿易商などの政治力・神奈川県の継続築港運動などが影響したといえる。[11]

注

（1）大阪港築港については，前掲「日本港湾修築史」83〜89頁，広井・前掲「日本築港史」159〜168頁。稲吉・前掲「海港政治史」75〜94頁，前掲「大阪築港100年上」31〜60頁，前掲「大阪市史Ｖ」385〜405頁参照，前掲「大阪市史Ⅵ」450〜476頁，高寄・前掲「明治地方財政Ⅵ」235〜246頁参照。

（2）淀川改修工事は，明治29年から10年工事で，総工事費909.4万円，国庫638.1万円，大阪府196.5万円，京都府36.9万円，滋賀県37.9万円であった。大阪築港も29年であった。前掲「大阪市史Ⅵ」476〜497頁参照

（3）政府の築港認可の背景には，両院通過の修正意見として，「陸軍用地10万坪の無償保留の一項が軍用の必要から議会通過のキメ手，起死回生のカギなった点で」（前掲「大阪港史Ⅰ」246頁）あったと，その秘策が誇示されている。また「彼等がいかに巧なる運動を為したるにもせよ第一に軍人，第二に政治家，第三に高工業家庭等の各種類の人々が，挙って大阪築港の必要を認めたるに非ずんば」（前掲「大阪港史Ⅰ」255・256頁），築港認可は得られなかったと，全市あげての運動の賜物と評価している。要するに「日清戦争後に内務省と軍部が介入することで，いともあっさりと決着」（稲吉・前掲「海港政治史」94頁）したが，政治的配慮が影響したともいえる。

（4）大阪が財源的不利を承知で，市営港でスタートしたのは，神戸港より築港が遅れると，重大なダメージを受けるとの危惧からであった。大阪築港は，明治29年に決定され，神戸港より10年先行した。いずれにせよ市営港整備は，補助率は低いが，その財源的不利を覚悟での築港であった。このようなダンピング的な築港に「神戸からは当然反対の声がでていた。しかし，……背後圏との連絡を考えたら，神戸より大阪の方がずっと有利なことを主張し，着工にこぎつけた」（杉浦・前掲「明治の国土開」45頁）が，苦難の築港となった。

（5）大阪築港中止には経済界は反対で，市財源不足について，「30年の返済期間中に市電の利益金や電力供給事業から利益，築港埋立地売却代などを充当すれば十分である」（前掲「大阪築港100年上」122頁）と主張している。埠頭不足から「神戸で本船荷役し大阪へ艀船で中継輸送している量が，大阪で本船荷役している量を上回り，そのため余分にかかる費用が艀船運賃の差をみても年間約85万円にのぼっている」（同前122頁）と，艀荷役は危険で非効率であると早急な築港継続を求めている。さらに大阪港内の艀荷役の年間損害も，神戸港の半分とすると推計125万円として，合計約200万円になる。しかし，得手勝手な発想である。築港による港湾関連業者のメリットは絶大で，市税で補填すべきでなく，受益者負担で事業者負担が，もっとも妥当な選択肢であった。実際，その後，住友倉庫による民営代替方式が民営方式の埠頭建設方式が導入されていった。前掲「大阪築港100年上」135〜136頁参照。

（6）前掲「日本港湾修築史」85頁。なお民間方式については，前掲「大阪築港100年上」134〜138頁参照。

（7）第1次築港に際して，関市長は「間断なく襲来した工事上及財政上の難に屈せず，能く拮抗排除し，且つ世の毀誉に関せず，一意港湾の完成に向って専念した。大なる犠牲と大なる努力の結晶である」（関一「大阪築港の竣功と市民の覚悟」『大大阪』

第5巻第4号，69頁）と感慨をのべている。
(8) 昭和5年度の築港債は昭和56年度まで50年間で全額償還しなければならない。所要額元金4,139万円，利子4,818万円の合計8,957万円，償還財源は事業収入4,358万円，国庫補助金227万円，市税3,626万円，水道収入510万円，電車収入236万円であった。近藤博夫「大阪市の港湾事業」『都市問題』第14巻第1号210・211頁参照。
(9) 神戸築港については，前掲「神戸開港百年・建設編」247〜335頁，前掲「日本港湾修築史」99〜102頁，広井・前掲「日本築港史」196〜213頁，稲吉・前掲「海港政治史」145〜150頁参照。
(10) 横浜築港については，前掲「横浜港史・総論編」73〜85頁，前掲「横浜港史・各論編」22〜35，41〜52頁，前掲「横浜市史Ⅳ上」875〜930頁，前掲「日本港湾修築史」91〜97頁，広井・前掲「日本築港史」55〜104，133〜136頁，寺谷・前掲「日本港湾史」43〜86頁，稲吉・前掲「海港政治史」51〜62頁参照。
(11) 第1期横浜築港事業は，明治22年9月〜29年5月に着工・竣工をみている。工事費234万円であったが，全額国庫負担で施行された。前掲「横浜港史総論」77頁，前掲「横浜港史各論」32頁参照。この還贈金の使途は「横浜港および神戸港の修築工事に使用することこそ適切であるという意見が外務省のコンセンサスとして固まっていた」（同前168頁），当時の浅田徳則外務省通商局長が提出した，「請議案」は，「横浜港と神戸港改良工事に使用することこそアメリカの好誼にふさわしいと提案した」（同前169頁）が，最終的決定は外務大臣預かりとなったが，21年2月に大隈重信が外務大臣に就任し，かねてから神奈川県が請願していた，横浜築港計画に関心をもっていたので，伊藤博文首相あて，21年4月23日，「横浜港改築ノ件請議」を提出した。「外交上の配慮を優先して，同年5月8日，黒田清隆首相（4月30日伊藤首相と交代）は，確固とした財源を得て政府自らの手で着工する横浜港築港を決定し，東京港か横浜港かの論争は決着した」（同前169頁）のである。大隈外務大臣は，横浜港の未整備が，外交交渉での弱みとなるので，開港行政権の回復をめざす以上，「築港は官営であるのが望ましい。官営であればこそ，その維持費として港税徴収の名目も立つ。…それまでの貿易商と神奈川県，横浜税関との間で計画されていた民営築港ではなく，官営を目指す」（稲吉・前掲「海港政治史」58頁）としている。この時点では，横浜経済界は民営方式も想定していたので，港湾共同経営方式を創設する気運があったが，政府サイドにそのような発想は欠落していた。大隈外務大臣は設計・財源・外交という視点から，性急に政府認可をとりつけ，神戸への分割は，考慮の対象外であった。この段階では神戸港は，論議の俎上にも乗っていないが，当時，神戸港築港案は，兵庫県から政府に提出された痕跡はなく，もし神戸築港案を背景に，政府に強力に陳情していれば，横浜港・神戸港の港湾施設改良案になったかもしれない。前掲「横浜港史・総論編」77・78頁参照。なお横浜築港の背景には横浜経済界と政府高官とのつながりがあった。松本；前掲「山県有朋の挫折」207頁参照。ただ第1期横浜築港で政府は民間でも自費負担の兆しがあったが，性急な全額国庫負担方式を導入したため，第2次築港で同じ問題に，政府は苦慮することになる。

国営港と直轄事業負担

築港に関する国庫補助金は，明治後期になっても流動的であったが，国営港の横浜・神戸港整備方式は，深刻な決定を迫られていた。ただ築港は，明治以降，内務省の所管であったが，築港事業の都度，税関の大規模拡充工事が行われるので，税関，すなわち大蔵省所管となっていた。[1]

第1の課題として，築港方式を第2期横浜築港でみると，常識的に法人方式がベストの選択肢であるが，入港税など合意形成が可能かである。さりとて全額国庫負担は無理な情勢にあった。[2]

第1に，明治22年第1期横浜築港は，全額国庫負担で実施済で，国営港である以上，全額国庫負担が前提であった。政府にとって国営港にもかかわらず，地元負担金を求める口実を，見いだすことに苦慮していた。

第2に，大蔵省として全額国庫負担では，内務省の補助方式との比較では，現実的には政府内部の合意は不可能であった。そのため大蔵省は，港湾荷役・臨港鉄道建設費は，税関施設として臨時的措置で，全額国庫で整備しているが，本格的築港は，国庫費負担の少ない，港湾法人化・地元負担がベターな方式と想定していた。

第3に，横浜・神戸港の現状は，艀荷役の非効率などで，莫大な損失が発生していた。第1期横浜築港は，防波築造が中心事業で，埠頭は鉄製桟橋1本だけで，国営港といっても，港湾施設は貧弱であった。この非効率的状況の打開には，第2期築港が焦眉の案件であった。

第4に，明治後期になると，横浜港の絶対的優位にかげりがみえ，早期築港が迫られた。横浜市は，全額国庫負担にこだわり，もし築港が挫折し，長期経済低迷となる事態は避けなければならない。要するに大蔵省が全額負担の築港に踏み切るか，横浜が地元負担を申しでるかの，我慢比べであった。

第5に，明治36（1903）年，市原市長が横浜市長に就任し，積極的築港へと舵を切った。横浜港の第2期築港計画の早期事業化を政府に求め，築港費3分の1の地元負担という思い切った決断をする。[3] 大蔵省としては，地元負担を求める好機到来であった。

地元3分の1負担構想（276・277頁参照）は，横浜市港湾改良委員会報告『横

浜港の経営について』（明治35年）に対応するもので，料金収入は出資比率に応じて配分する。[4] さらに，築港費の地元負担をするが，港湾共同経営という画期的発想であった。[5]

　第6に，市原市長の「市長の決断」に対して，政府は，横浜市の提案どおり，港湾関連事業者への受益者負担でなく，国庫・地元が自腹を切って国営施設を整備し，地元負担については，港湾施設収益配当金で負担緩和を図る措置を導入した。この措置によって，一応，地元負担の面子は立ったが，大蔵省としても地元負担を確実にした。[6]

　第2の課題として，最終的には第4の選択として，港湾施設収益配当金という負担補填方式で決着がついたが，3分の1負担の政策的評価としては，多くの問題点があった。

　第1に，地元負担といっても，財源は市税負担で，むしろ雑種税など細民重課の色彩が濃い。市税の港湾関連特定事業者への利益充当は，社会的に見て妥当性に欠ける。3分の1の市負担の交換条件として，港湾財政の負担軽減のためにも，入港税・埋立賦課金などの港湾収入拡充の負担システム変革を提示すべき好機であった。

　第2に，配当金方式は，詐術に満ちた措置で，地元負担金補填でなく，利子補給方式であり，しかも施設使用料でなく，施設収益が財源で，実際，予期した交付金収入はなかった。それは当初，数年は収益がでないのが当然で，民営交通の公納金と同様に詰めの甘さ，分析力の不足が，露呈される結果となった。むしろ純粋の利子補給方式の方が，収益と連動しないので確実で有利であった。

　第3に，横浜市は港湾収益施設の収益率を5.1〜6.6％と算定しており，横浜市は共同経営者として，港湾収益施設への負担を拡大適用し，利子補給でなく負担金補填をめざすべきであった。[7]

　配当金方式は財政的には，府県の河川災害復旧費の利子補給と同類であったが，補給基準が収益という異質の利子補給であり，しかも国営港では埠頭・荷役の用地・施設は国有財産となり，河川・道路と同様の利子補給では，かえって不合理である。

　第4に，横浜市は横浜港の低迷脱皮のため，早期築港を焦ったが，明治初期

の異常な貿易独占状況の是正に過ぎなく，横浜港の衰退を意味しない。市原市長が為した，作為的人心操作の類で，危機感を煽り，市会の党派的対立も解消させ，市長主導型の合意形成で負担金承諾へと誘導したといえる。

　横浜市は第1期築港をすませ，防波堤は完成しており，政府交渉は余裕をもって交渉し，普通経済の貧困を考えれば，政府に強く当たるべきではなかったか。実際，市原市長の早期退任後，大正期になって分担金補填問題が再燃する。[8]

　第3の課題として，この港湾改良配当金の実態を，神戸港でみると，横浜は第1期築港をすませていたが，神戸は開港時のままであった。第1期神戸築港は明治39年に認可され，神戸も横浜方式の港湾施設収益配当金方式での築港となった。[9]

　築港規模は，第2期横浜築港計画（明39〜大6年）814.7万円（市負担270.0万円，負担率33.2％）で小規模であったが，第1期神戸築港は1,710万円（市負担金437万円，負担率25.6％）の大規模築港で，負担額は横浜の1.62倍となった。

　第1に，第1期神戸築港負担は，政府の主張する原則どおりにいけば，地元負担は軽微ですむはずであったが，実際は神戸市の思い込み，政府の不確定な算定もあり，期待と現実のギャップはきわめて大きかった。

　横浜方式を受け入れたが，直轄事業負担金は築港費の4分の1負担ですんだが，負担金支払方法などは，検討する余裕はなかった。それは大阪築港よりすでに10年遅れており，まず築港事業の認可であった。[10]

　第2に，負担比率であるが，築港による財政効果は，圧倒的に国庫有利で10分の1で十分であった。明治42年度租税ベースでは，神戸市内直接国税190.2万円・市税国税付加税38.2万円の比率は，国税83.27％，市税16.73％で，国費の5分の1となる。まして神戸港貿易比率からみた，関税収入1,347.6万円（神戸港分）を算入すると，国庫収入額1,537.8万円で市税付加税収入額は，国庫収入のわずか2.48％，40分の1でよく，10分の1負担でも高率負担である。

　第3に，負担金の支払年次・額である。第1期神戸築港事業の工事は，明治40年から大正10年の15年計画で行われたが，明治40年4月1日の大蔵省命令書で，明治40・41年度100万円，以下46年度まで437万円を，7年間で支払う前倒しが決定した。[11]

しかし，この前倒し方式は，金利負担を考えると，無視できない不当負担転嫁であった。結局，政府と交渉し，当初の7年分割方式を，10年分割に緩和してもらった。前倒しの金利負担増加は，年利6分として，築港15年間の金利は，7年分割方式334万円，10年分割方式288万円とでは約46万円の軽減となり，常識的な工事費年次方式240万円と，7年分割方式では94万円の負担増となっている。[12]

　第4に，港湾施設収益配当金の交付実績である。神戸市は，配当金の補填機能に不安を予知していたので，横浜と同様に明治39（1906）年12月7日，「神戸港改良の件に付き稟請」を大蔵大臣に提出し，「設備利用より生ずる損益分配の割合は，国市出資額に相当金利を見込みたる，元利合金の比率に依ること」[13]と要望している。しかし，収益が発生しなければ，配分交付金ゼロであり，問題の核心を指摘した要望ではなかった。

　第5に，配当金交付（表35参照）は，実際は空手形で，神戸市の期待は無残に崩壊した。大蔵省は，総工費負担の神戸市出資按分比率26.1％から，利子補給額25万4,781円を年平均配当金とし提示しており，神戸市も政府の正規試算にもとづいて，神戸市の築港債償還計画に計上していた。

　しかし，当初年度から収益があがるはずがなく，冷静に考えれば港湾荷役施設が，完備するのは数年後になる。神戸市が，錯覚で配当金を計上したのか，政府が意図的に期待を抱かせたのか不明であるが，"霊感商法"にとり憑かれてしまった。

　第6に，実際，配当金実績（表25参照）は，当初，11年間ゼロ，以後，4年間は予想配当額を下回る交付であり，"詐術"に等しい交付であった。明治40年から大正10年までの予想配当金382.5万円，実績78.9万円で差額負担303.6万円，差額補填利子負担177.3万円（大正10年度まで）で合計480.9万円の被害となった。横浜市の打撃も同様であった。[14]

　第7に，神戸市は，大正9（1920）年6月26日，政府へ配当金改善の建議書を提出する。政府はこの稟請書に対して，大正10年3月2日付の命令書で，神戸市が負担金支払のため起債した金利分は，政府の益金からも補填して交付すると回答している。

その結果，神戸市の港湾施設収益配当金は，大正11年度以降，予想収益配当金25.5万円にちかい交付金に改善されている。しかし，大正8年から第2期築港2,710万円，市負担金1,170万円（負担率43.17％）がはじまり，配当交付金見込額は第1期22.5万円の2.68倍，68.34万円となり，予想見込からみると，依然として大幅赤字である。

　第8に，昭和10（1935）年度での負担金負担納付の累計額（表25参照）をみると，負担金2,393万円の支払資金は，築港債発行額2,202万円であるが，償還額1,131万円，築港費利子負担1,251万円，未償還額1,071万円の合計3,452万円，ただ配当金406万円，市税補填金290万円（年10万円×29年）があり，差額116万円が減額され3,346万円で，負担金2,393万円の1.39倍を支払っている。[15]

　神戸市の配当金改善要望は必ずしも，負担金・築港債増加を的確に指摘し，配当金システムの欠陥是正をできなかった。抜本的改善のためには，入港料とか埋立賦課金など，負担の還元システムを実現する意思を明示すべきであったが，要望すらなしていない。

　第9に，結局，神戸市の築港対応は，失敗の連続であった。先の明治22年に第1期築港を逃し，築港は39年と大幅に遅れ，今度は負担金軽減に失敗し，償還計画が大きく狂っただけでなく，神戸市の対応は，負担金減額・交付金確保・資金調達など財源対策への見通し甘く，さらなる負担の膨張を招いた。

　残された手段は，横浜市と同様に臨海工業埋立地であったが，昭和13年の阪神大水害で実施ができず，戦後の公共デベロッパーに委ねられた。

　さらに明治39年の築港事業は，横浜・神戸港整備を加速させていった。第2期横浜・第1期神戸築港によって横浜港は荷役施設・埠頭が拡充され，神戸港は防波堤が設備された。

　しかし，築港後も港湾機能の不足がつづき，第3期横浜築港事業当初1,345万円（国費822.7万円，市費522.3万円，負担率38.6％，大正10年～昭和20年），第2期神戸築港事業当初2,710万円（国費1,540万円，市費1,170万円，負担率43.2％，大正8年～昭和3年）が施工され，築港規模も拡大し，負担率も上昇し，市財政はさらなる圧迫が加わり，下水道事業はほとんど実施されない惨状を呈していた。

　公営貿易港の利益・費用配分を原点にかえってみると，国営港では開港時の

国・府県・地元の複雑な事業関係を解消するため，横浜・神戸港では市負担による統合的事業をすすめた。しかし，貿易港の利益は全国的には政府が享受し，地方利益は広域経済圏が受けており，都市自治体のみが負担するのは不公平であった。

表25　神戸港・港湾改良施設配当分配金の状況　　　　（単位　千円）

区　分	神戸市負担額	築港債利　子	港　湾配当金	差引利子負担	区　分	神戸市負担額	築港債利　子	港　湾配当金	差引利子負担
明40	1,000	60	－	60	大11	1,950	407	287	120
41	1,000	120	－	120	12	1,410	390	217	173
42	200	175	－	175	13	1,600	373	234	139
43	200	175	－	175	14	1,523	339	238	101
44	200	175	－	175	15	1,535	1,045	234	811
45	200	211	－	211	昭2	879	1,011	234	777
大2	200	217	－	217	3	940	872	234	638
3	40	202	－	202	4	1,289	944	234	710
4	－	187	－	187	5	599	872	234	638
5	－	172	－	172	6	550	802	234	568
6	－	157	－	157	7	1.016	731	301	430
7	－	140	24	116	8	825	658	309	349
8	1,250	123	111	12	9	1,107	582	273	309
9	1,810	441	212	229	10	696	503	267	236
10	1,910	424	186	238	合計	23,929	12,508	4,062	8,446

資料　高寄昇三『神戸・近代都市の形成』348・349頁参照。

注

（1）明治31年税関規模拡張に当って，32年5月勅令第207号で，内務省土木局の所管を離れ，管理上もっとも関係の深い税関，すなわち大蔵省の管轄とした。あくまで臨時措置で工事終了とともに廃止されている。この対応は横浜第1期築港にあっても，明治25年勅令第53号で，臨時横浜築港局が設置され，29年に廃止されている。第2期築港も大蔵省臨時建築部が工事施行を分担している。大正7年10月，「港湾経営ヲ内務省ニ於テ統一施行スルノ件」が閣議決定された。しかし，海面工事の所管でしかなく，税関施設整備は大蔵省，倉庫・上屋は民間で統一した築港主体は存在しなかった。前掲「横浜港史・総論編」133・134頁，前掲「横浜港史・各論編」45〜48頁，前掲「横浜市史Ⅴ下」903頁参照。

（2）なお河川改修政府直轄事業負担金の明治中期における直轄事業負担金は，市町村を含めて2割ちかくあり，国営貿易港といっても，地元負担は免れない状況であった。高寄昇三『昭和地方財政史第2巻』168〜172頁，以下，高寄・前掲「昭和地方財政史Ⅱ」。なお横浜・神戸港の地元負担については，高寄・前掲「明治地方財政Ⅵ」226〜235頁参照。

第1節　都市基盤整備の経営化と公共利益還元　343

(3) この「市長の決断」について，「都市化が誘発する高収益部門に先行的投資を行ないその利益還元によって都市形成をすすめるという近代日本の特徴的な戦略が，横浜市において港湾事業というかたちで形成された」（持田・前掲「都市財政の成立Ⅱ」100頁）と評価されている。しかし，政策設定は間違っていなかったが，運用実態をみると市負担は重く，国庫・港湾事業者が利益を享受した。

(4) 横浜市の稟請文は，「此工事施設ノ進行ヲ速カナラシメンガ為メニハ，横浜市ハ市費ヲ以テ工費ノ一部ヲ負担スルモ，鋭意之ガ経営ニ当ラントスル……工事費予算額ノ3分ノ1ハ本市ノ出費ヲ以テ之ニ充テ」（前掲「横浜港史総論」80頁）と市会で議決し，工事早期施工を要望している。ただ港湾が収益施設なので，「工事竣成後其営造物ノ使用ヨリ生ズル一切ノ料金ハ，政府ト市トノ出資額に比例シテ分配セラルベキコト」（前掲「横浜港史総論」81頁）と，収入方式での還付を求めている。ただ政府の命令書（明治38年9月）では，「損益の配分」で使用料でなく益金であり，結果として利子補給となり，負担金の元利償還額補填ではなくなっている。

(5) 横浜市は「中央政府の財政にだけ依拠する経営方式でなく，横浜市が主体となって財政面でも港湾経営の主導権をにぎる新方式をたてること」（前掲「横浜市史Ⅳ下」132頁）と，経営での関与をめざすべきという革新的発想を示している。

(6) 政府にとって横浜市の意向は，地元負担の口実に苦慮していたので，渡りに船の有難い申し出であった。ただ見返りとして，持論の港湾法人化構想に沿った，港湾改良施設配当金を採用したが，多分に横浜市負担金の免罪符としての措置であった。ただ配当金は，莫大な地元負担への財政的根拠となったが，補填機能は機能不全で予想以上の負担となった。政府のしたたかな地方操作をまざまざと見せつけられた。前掲「横浜市史Ⅳ下」105〜109頁参照。

(7) 施設収益率試算については，前掲「横浜市史Ⅳ下」128〜232頁参照。

(8) 港湾施設収益配当金問題については，前掲「横浜市史Ⅴ上」105〜109頁参照。

(9) 神戸築港の経過・内容については，前掲「神戸開港百年史・建設編」112〜179頁，高寄・前掲「神戸近代都市」193〜215頁参照。神戸築港直轄事業負担金については，高寄・前掲「神戸近代都市」215〜226頁参照。

(10) 神戸築港をみると，明治29年に大阪築港が決定されると，築港運動も盛り上がり，明治明治33年には事業費2,614万円（補助1,945万円，公債費1,049万円，市税70万円）の10年計画を決定するが，公債費・市税42.37％で，市財政が負担できる額ではなかった。39年には阪谷芳郎大蔵大臣が，事業費3,000万円，地元負担900万円（負担率30％）の事業案を提案し，「地元マスコミは，楽観的であり肯定的であった。神戸築港の決定という，熱気に酔い，財政負担は忘却の彼方に消え去って」（高寄・前掲「神戸近代都市」206頁）しまった。第1期神戸築港の直轄事業負担金（表25参照）は，明治40年100万円で，実質的市税42万円（三部経済制県負担金差引）の2.38倍，国庫に置きなおすと，国税3億1,729万円の2.38倍，7億1,729万円で如何に理不尽な要求であるか歴然としていた。高寄・前掲「神戸近代都市」203〜212頁参照。なお神戸市だけでなく，補助金がらみの事業は，重大決定を政策科学分析もなく，安易に決定する通弊がみられた。

（11）この負担金前倒し方式は，明治40年度予算をめぐって，軍部と政府との対立となり，約100万円を政府が譲歩し，「『新計画』である神戸築港計画案がその減額有力候補であることは言ふを俟たない」（内海孝「産業資本確立期における神戸築港問題」『神戸の歴史』第6巻第2号21頁）状況となり，政府内部の都合で前倒しとなった。結局，全体事業規模は縮小せず，追加国庫支出額は繰り延べ，神戸市負担分は前倒しで処理されていった。軍部の要求に押されて，中央財政負担を地方財政へ負担転嫁する最悪の事態となり，軍部の横車で神戸市は損害を被った。高寄・前掲「神戸近代都市」217〜220頁参照。

（12）工事実績より短期前払方式は，金利負担分にあって国庫が有利なシステムである。政府は水道補助では20〜40年という長期の後年度年賦方式の補助を導入し，国庫負担節減という姑息な策を弄していた。神戸市の水道創設補助をみると，明治29〜39年度の11年分割で，当初5年間年6万円，以後，5年間10万円，最終年度18万円の逆前倒しであった。反対に直轄事業負担金となると，短期の前倒し方式という，得手勝手な方式というより姑息な負担転嫁を自治体に弱みにつけ込み強要していた。築港費負担の年賦年度割調整については，高寄・前掲「神戸近代都市」217〜223頁参照。

（13）前掲「神戸築港誌」218頁。

（14）横浜市の港湾施設収益配当金改正問題については，前掲「横浜市史V上」105〜108頁参照。なお横浜港の配当金実績は，予想年額18万1,109円に対して明治43年1,893円，44年度2,902円，大正元年度3,653円，2年度1万1,212円，3年度1万9,170円，4年度2万2,237円，5年度1万1,117円の合計7万2,184円で，当初見込み126万7,700円を，大幅に下回る額となった。前掲「横浜市史V上」105頁参照。

（15）高寄・前掲「神戸近代都市」215〜226，345〜351頁参照。

海面埋立と公共性の確保

　都市自治体は，海面埋立認可権はなかったが，市会が府県からの諮問を受けて，賛否・条件を答申するシステムになっていた。都市経営の視点からみて，市自治体は，都市づくりの一環として埋立事業の"公共性"を認識し，埋立事業を判断する責務があった。

　都市自治体の深層心理には，民間埋立は「我国の国土を拡張し，産業の伸展に寄与する所蓋し大なるものがある」[1]といった，産業優先の思想があった。そのため都市自治体は，民間デベロッパー奨励という潜在意識があり，事業申請に対して甘い対応であった。[2]

　市制が実施され，埋立造成の"公共性"を考えると，都市自治体は，都市空間形成の重要な要素として，政策的に海面埋立行政を遂行する転機にあった。

実際問題として，民間埋立容認後，公共性の担保は，民営交通でも至難のわざ
で，さらに開発利益吸収の追求には，自治体が埋立施行するのがベストで，施
策選択肢の余地はなかった。

　第1の視点として，都市自治体の海面埋立施策における，政策意識・許認可
の実態をみてみる。第1の課題として，海面埋立の法制は，第1の法令として
「内務省地理局通知」（内務省布達；明治13年3月4日）は，「公有水面が国の所有に
属し，そこを埋立てるには免許が必要であり，竣功認可を条件に免許を受けた
者に埋立地を下付するという」[3] と規定されていた。

　その後，「公有水面埋立及使用免許取扱方」（明治23年10月20日；内務省訓令第
36号），「官有地取扱い規則」（明治23年11月25日；勅令第276号）などが定められ，
埋立手続きは整備されていった。

　第2の公有水面埋立法（大正10年4月：法律第57号）をみると，「大正3年に第1
次世界大戦が勃発し，わが国は未曾有の戦争景気に恵まれ，時の政府の重化学
工業政策にのって，設備投資が盛んとなり，臨海部に土地を求めて埋立を希望
する者も著しく増加し」[4] たので，同法が制定された。

　第1のポイントは，漁業権者の利権保護とともに，埋立事業の円滑な施行に
配慮した法律であるが，「既存の権利者の損失と埋立てによる利益を比較して後
者が著しく大であれば，権利者の同意がなくとも埋立免許ができる」「補償金の
額については当事者間で協議が整わないときは，免許権者にその裁定を求める
ことができる」[5] などが規定され，公共性優位の配慮がなされている。しかし，
実際の運用は，産業都市形成の意向が強く，企業優遇の運用が目立った。

　第2のポイントは，埋立認可権者は，埋立免許料を徴収するとされたが，そ
れは「都会地付近の埋立てでは，埋立造成費に比べて，埋立地の価額がきわめ
て大きくなる場合があり，免許料を徴収することが至当であるとされたからで
あり，極めて今日問題を含んでいて興味深い」[6] と，解説されている。

　しかし，埋立免許料は，国会審議では「免許料ヲ定メル標準ハ，其土地ヲ埋
立テル費用ト埋立地ノ価格等ヲ参酌シテ，純益ノ何割ト言フコトニ決メル」[7]
と定められていたが，同法施行令では「埋立地ノ価格ノ百分ノ三」[8] となり，
「『純益ノ何割』と決め方の難しさを物語っている」[9] と解説されている。

結局，免許料収入は，手数料感覚で国庫収入として賦課され，開発利益の公共還元という効果は期待できなかった。政策的にみれば，都市空間の秩序化，開発利益の公的還元・環境保全といった，政策配慮は，府県認可・市諮問答申の段階では，余り配慮されていない。

　第2の課題として，都市自治体の海面埋立への政策認識を検証してみると，第1に，都市空間の"公共性"からみて，海面・浜辺は公共財で，公共・民間であれ，独占を安易に認めるべきでない。漁業権をもつ漁民のみが，補償の対象として損害補填をすれば，免罪符を与えられるものでない。

　すなわち海面は，本来，市民・都市の公共財産であり，その消滅を補って余りある公共性を，有する場合のみ埋立が許され，最悪の場合でも，公共性喪失の代償として，埋立賦課金がなされるべきであったが，このような政策意識は希薄であった。

　第2に，都市財政からみると，公共デベロッパーが積極的に進出して，開発利益の公共還元を確保すべきである。明治初期，横浜では政府委託事業で，海面埋立事業（354頁参照）を民間デベロッパーが施行したが，道路・鉄道用地を無償提供していた。

　また神戸では民間デベロッパーが，運河開削土砂での埋立権を放棄し，町村などに埋立権を譲り，基本財産造成を促がす，美挙というべき行為（133頁注9参照）がみられた。埋立事業は，公共性を配慮して施行がなされたが，明治後期になると，民間デベロッパーによる営利本位の埋立が多くなっていった。[10]

　第3に，都市経営の視点からは，埋立事業は，市街地の団地造成・土地整理事業と同様に，既存の公共施設利用だけでなく，新たに新規の公共施設需要を，引き起こす新規参入者（New entry）で，当然，地租負担以外に都市整備費を負担すべきであったが，地方自治体の施策策定はみられなかった。

　第3の課題として，港湾の総合的経営との関係で，埋立事業への賦課をみると，第1に，港湾の経営政策は，ミクロの埠頭収支のみでなく，マクロの港湾運営の視点から決定されるべきである。公営交通をみれば，都市全体の道路整備促進のため，路拡幅費を全額負担している。したがって港湾では埋立が収益源となり，築港費を補填する港湾独立採算制が奨励されるべきである。

第1節　都市基盤整備の経営化と公共利益還元　347

しかし，公営の港湾事業の現況をみると，港湾施設整備が公的負担で実施され，港湾区域の土地付加価値が高まり，民間企業の埋立は，地価上昇利益を満喫していった。港湾整備による開発利益の公共還元は，公共デベロッパーの埋立事業で吸収するか，埋立賦課金などで公共還元されなければならなかった。

第2に，港湾運営は荷役施設・倉庫・埠頭・海面埋立事業などの収益で，防波堤・護岸工事などの非収益施設が造成されるのが，本来の健全な開発システムである。たとえば埋立賦課金の政策効果は，埋立コストが上昇すれば，利権目的の無謀な事業は抑制され，また行政サイドも，財政的余裕ができれば，埋立事業へのきびしい対応気運醸成となる。何より都市計画事業とか区画整理事業の受益者負担との整合性からみても，賦課は，当然の行政行為である。

第3に，港湾経営の事業収支からみて，都市自治体は海面埋立事業の収益で，築港費赤字を補填する目算であったが，実際は東京・大阪・名古屋港などでは，事業収益は大きくなかった。

民間デベロッパーとの競合，工場誘致への焦りから，安価な分譲となっているが，地価変動に翻弄され，金利負担に耐えられず，早期売却に走ったからで，経営的戦略が拙かった。以上のように都市自治体の対応は無策であり，拙劣であったが，例外は賃貸方式を堅持した大阪市（表23・27参照）のストック重視経営で，起債主義のリスク覚悟で，埋立地の地価上昇メリット吸収を，目論む経営戦略であった。

第2の視点として，埋立認可をめぐる都市自治体の対応を，神戸市会の埋立事業諮問の事例でみてみる。[11] 第1の課題として，特記すべき事例だけみると，第1に，埋立が高収益事業であったので，明治初期，葺合区（表26参照）などは，公有財産造成目的で埋立を実施し，開発利益を確保していった。

もっとも埋立権利だけを，売却する利権的不祥事が発生しており，埋立事業が如何に利益のある開発事業であるかを立証している。[12] 当然，市制実施後の神戸市も，開発利益の内部化をめざして，埋立事業で開発利益吸収，民間利権行為の絶滅を期するべきであったが，積極的経営姿勢はみられなかった。

第2に，埋立状況（表26参照）をみると，倉庫業・造船業など港湾関連企業は，荷役量拡大にともなって，施設増設が迫られたが，前面海面が絶好の増設用地

となった。とくに目立つのが，財閥系列の東京倉庫（後の三菱倉庫）・東神倉庫（後の三井倉庫）などの埋立であった。

　第3に，明治後期になると埋立事業は，港湾機能向上だけでなく，新川運河・兵庫運河・湊川改修事業などの民間デベロッパーが，投下資金回収の手段として，関連埋立事業が行われた。

　明らかに工事廃土による埋立は低コストで，事業収益が見込まれたからである。湊川付替事業（135頁注23参照）では，全国総資本金参加で，工事費約100万円で約370万円もの利益を短期に獲得している。

　第4に，明治39年9月，港湾関連企業でなく，純粋の埋立企業である葺合港湾改築株式会社は，葺合真砂町地先2万7,865坪の埋立申請をした。市会は東部築港計画が固まっていないので，難色を示していたが，水上市長の意見もあり認可する。

　埋立は明治41年1月着工，43年竣功で面積3万3,594坪（11万860㎡）と拡大されている。しかし，都市自治体としては，せめて純粋の用地造成型の埋立事業は，公共セクターが実施するか，埋立賦課金・公共施設整備負担金を設定するか，都市自治権の行使があってしかるべきであった。

　第5に，大正期，埋立事業は大規模化し，港湾関連施設だけでなく，工場拡張用地として，川崎造船所・三菱造船所・神戸製鋼所など，海面埋立が盛んに行われ，大規模工場用地を造成し，生産拠点としていった。[13]

　既成市街地に求めるより，多くの場合，まとまった用地を，安価に入手できるからである。結果として神戸港の沿岸部は，大半が大企業に占有される状況になった。

　第2の課題として，行政サイドの埋立事業への拒否反応である。埋立は港湾関連用地のみでなく，収益事業としての性格が，次第に濃厚となっていき，兵庫県・神戸市と埋立申請者との対立が頻発した。特異な事例だけをみる。

　第1に，利益目的の埋立事業の多くが，「支障あり」で拒否されている。29年の兵庫運河の須磨地先6.7万坪（22.1万㎡），35年の兵庫弁天浜・新川地先5.2万坪（17.2万㎡）などである。兵庫から須磨にかけての海岸は，しばしば海面埋立の利権の対象とされた。

明治29年には三菱が，明治30年には前田徳衛門が，埋立申請をしている。大正3年2月，神戸西部の沿岸一帯9.1万坪（30万㎡）の埋立申請があった。しかし，申請者の顔ぶれをみれば，浅野総一郎・安田善次郎などの東京資本に加えて，代表は伊藤長次郎で東播磨の地主資本であり，土地開発利益の獲得を意図した，埋立であることが歴然としていた。(14)

　なお「この申請は，その後須磨町東須磨地先を取りやめ，埋立面積も約17万㎡に縮小している」(15)が，市会は，「特定の大企業が，自己の設備投資の一環としておこなった埋立事業のほかに，民間の事業団が，工業用地の埋立造成を企図したことも見逃すことができない」(16)と，野放図な埋立に警戒感を示している。しかし，市会は大正6年11月に道路整備・船溜拡張などの条件で認可しているが，県からの認可は，7年末でも得られず，埋立は実施されず，白砂青松の浜辺は残された。

　第2に，海面埋立の用途をめぐり，旧居留地地先埋立問題で，政府案と神戸市案が対立する事態が発生した。大正9年8月，第2期修築計画に関連して，海岸通の旧居留地先約8,410㎡を埋め立て，小型船舶の繋留地とする神戸市案に対して，政府案は長さ290m幅42m埋立で，輸出専用上屋2棟と物揚を建設する案であった。

　神戸市は，政府に対して，同年8月12日，意見書を提出し，小型船舶の利用に重大なる支障があると，異議を申し立て，9月10日の政府諮問機関である神戸港港湾調査会で，神戸市の要望が全面的に認められ事なきを得ている。(17)

　ひるがえってみるに居留地前面は，当時，海岸通公園があり，神戸港と市民を結び付けるかけがえのない憩い空間であり，それを港湾施設で利用する埋立計画は，都市空間の形成からみても，重大な侵食行為であり，後世に悔いを残す行為である。

　しかし，神戸市・政府とも，このような発想はなく，いつの間にか，政府関連庁舎が占拠し，神戸港と都心は遮断されてしまっている。このような埋立審査をみると，政策的に環境保全・開発利益還元といった配慮はなく，埋立地は港湾・工場用地で占められ，公園などの公共用地の使用はほとんどみられない状況であった。

表26　神戸市海面埋立事業の一覧

（単位；㎡）

事業名	面積	竣功	事業名	面積	竣功	事業名	面積	竣功
新川社	17,490	明9	兵庫運河	9,820	明38	川崎造船所	1,584	大元
弁天浜	8,399	明12	湊川改修	13,153	明30	川崎造船所	57,420	大10
兵庫船渠	3,696	明26	湊川改修	6,303	明32	三菱造船所	49,784	大2
和田倉庫	12,210	明29	湊川改修	29,139	明36	鉄道院	66,000	大6
日本貿易倉庫	2,244	明31	湊川改修	10,454	明38	東神倉庫	33,838	大7
湊東区	2,970	明30	三菱合資	14,916	明39	東京倉庫	116,507	大4
湊西区	2,809	明35	三菱合資	12,491	明44	鉄道院	13,200	大5
葺合区	16,335	明31	葺合港湾改築	110,880	明43	神戸製鋼	131,340	大7
西出町	2,970	明32	川崎造船所	9,805	明30	森本倉庫	3,135	大6
兵庫運河	9,820	明30	川崎造船所	1,650	明38	小泉製麻	8,134	昭9
兵庫運河	10,629	明32	川崎造船所	11,220	明37	新明和工業	142,460	昭18

出典　高寄昇三『神戸・近代都市の形成』364頁，高寄昇三『都市経営の戦略』267頁。

注

（1）神戸市『港湾事務指針・昭和16年』16頁。

（2）ただ神戸市では地理的条件は「北には山を背ひ，東西に狭長にして背後地域並に臨海工業地帯の貧困なる，本市にとりては公有水面の埋立こそ重要なる意義と役割を持つ」（同前16頁）との認識が，民間埋立の免罪符となっていた。なお大都市の海面埋立については，高寄・前掲「大正地方財政史下」299〜304頁，高寄・前掲「昭和地方財政V」332〜341頁参照。

（3）（4）港湾協会・前掲「日本港湾史」107頁。（5）〜（9）同前108頁。

（10）神戸市では東京・大阪資本による湊川改修・兵庫運河事業で，建設工事土砂による埋立工事が盛んに行われたが，営利追求型開発であった。高寄・前掲「神戸近代都市」165〜182頁参照。

（11）神戸の埋立事業については，前掲「大正地方財政史下」303〜304頁参照。埋立事業認可については，高寄・前掲「神戸近代都市」352〜365頁参照。

（12）地域名望家専崎弥五平が事業申請したが，個人埋立は認可しないとの指令があり，湊東区学務委員らは，このことを知り，小学校基本財産を造成するべく，埋立申請をし許可を受ける。しかし，工事費調達・災害被害などを考え，山口県の原田政佳に1万4,000円で落札させたが，工事は別人に請け負いさせている。要するに原田は，単なる名義人で，その実，名誉職にある数人が，私利を謀るため，埋立前に売却をして，埋立権利の売却益を手中に収めんとした。埋立地と不要用地を合算すれば1万坪になる。このような謀議が露見したので，弁護士が湊東区有志総代となり，内約の破棄を迫った。埋立命令書には担保貸付・売買譲渡を禁止しており，内約は無効

第1節　都市基盤整備の経営化と公共利益還元　351

で，埋立騒動は無事おさまった。村田・前掲「神戸開港30年史・下」671〜674頁参照。

（13）川崎造船所は，大正4〜10年にかけて11万110㎡を葺合港湾から買収し，東部地区への進出をすすめ，大正2年2月，川崎造船所は，小野浜・葺合港湾埋立地先14万5,93㎡の埋立申請をしたが，港湾整備の関係から，延期説が主張された。川崎造船所は位置修正をし，変更埋立計画32万2,806㎡（うち海面使用面積22万7,898㎡），最終的には埋立面積1万7,418坪（5万7,479㎡）に縮小して，大正3年2月に許可を得て，工場拡張用地として3年に竣功している。工事費約95万円で1㎡当り16.00円である。大正2年4月，県知事は市会に「神戸製鋼所海面埋立出願の件」を諮問する。神戸製鋼所が脇浜地先（16万8,178㎡）を工場用地として埋め立てようとする計画であった。市会へ反対・賛成の相反する陳情がなされた。しかし，市会は，7月29日に道路敷設などの3条件をつけて，「支障なし」の調査結果を報告する。市会は再調査を要求する少数市議の「港湾の発展整備に対し他日妨害となるべきものを許さざる様にしたい」との異議を否決し，埋立は承認される。要するに成長派（企業派）が公共派（市民派）より，市会では優勢であった。最終的には13万1,340㎡に縮小して，大正4年11月に竣功している。なお三菱造船所も大正2年2月，1万5,086坪（4万9,784㎡）の兵庫和田岬埋立申請があり，大正2年7月，異議なく可決している。結局，大企業は埋立目的を達成しており，神戸市はなんらの開発利益の吸収をなしていない。

（14）神戸市会『神戸市会史・第2巻大正編』（1968年）414頁参照。

（15）（16）同前413頁。（17）同前351頁参照。

企業誘致と臨海工業用地造成

第3の視点として，各港湾の埋立事業における経営形態・運営方針は，地勢的状況で異なるが，公共デベロッパーとしては，港湾の非収益事業費を，埋立事業の収益で補填する事業戦略であった。

各都市の埋立状況をみてみる。第1の事例として，大阪港の埋立事業（表27参照）をみると，第1に，近世以来，大阪湾の埋立は，町人請負方式で盛んに行われていた。埋立新田は数年免租であったが，その間，開発・増墾，水没・復旧を繰り返しながらも増加していった。

明治維新後も新田開発の埋立は行われたが，防災工事の技術向上もあり，明治10年以降，工場用地として企業進出がみられ，大阪経済復権の原動力となった。明治30年，大阪築港がはじまると，住民の埋立権（大縄権）を市が11万円

で買収し，港湾区域の埋立は，公営化されていった。[1]

　第2に，大阪市の埋立（明治31～昭和4年）は，港湾浚渫による埋立面積132万坪（435.6万㎡）で，有効利用面積112万坪としている。[2]不売方針のもとに賃貸方式で運用されていった。

　埋立地の資産評価はなされていないが，明治期の安い時代では坪7・8円で，昭和期時価坪50円前後である。賃貸料も明治39年1坪年24銭・総収入5,000円であったが，昭和期，年収160万円を確保している。含み評価額は収益性用地半分として，132万坪÷2×含み益坪40円＝2,640万円となる。埋立地売却でなく，賃貸方式であったので，インフレメリット内部化で巨額の資産形成に成功した。ただ苦しい港湾財政のもとでの，忍耐強い経営戦略に感嘆される。

　第3に，もっとも港湾区域以外で，民間による海面埋立面積は明治期だけで100万坪をこえた。公共セクターはこれら河川沿岸・臨海湿地などの有利な埋立事業に着手し，築港による開発利益の波及効果の公共還元を図っていくべきであった。実際は明治から昭和にかけて民間土地株式会社が，沿岸部で大規模な用地造成を実施していった。[3]

　第2の事例として，名古屋港の埋立事業をみると，名古屋市の埋立面積は，名古屋港関連で公共セクターが埋立した分は，明治40年から昭和5年までの1～9号埋立地で面積143.5万坪（473.4万㎡）である。[4]

　注目すべきは，運河開削事業の埋立事業で，きわめて効率性の高い事業であった。大正15年着工の中川運河では総面積92.6万坪（305.6万㎡）で，倉庫だけでなく鉄鋼団地が建設され，既成市街地から工場が集団移転している。

表27　大阪港築港埋立地利用状況

（単位 坪）

用　途	面　積	用　途	面　積	用　途	面　積	用　途	面　積
築 港 事 業	29,520	国際飛行場	81,150	保 健 事 業	12,469	陸 軍 用 地	82,088
海陸運輸業	5,080	製 造 工 場	275,063	府市雑用地	44,945	教 育 教 化	10,278
税　　関	6,408	住 宅 店 舗	120,224	公 園 其 他	7,396	社 会 事 業	22,079
鉄 道 通 信	23,048	上 屋 倉 庫	104,655	道 路 運 河	231,627	一 般 提 供	22,600
警 察 消 防	1,264	貨 物 置 場	21,540	共 同 物 揚 場	3,853	未 使 用 地	200,000

資料　大大阪編集部「大阪の築港が出来るまで」『大大阪』（第5巻第4号）89頁参照

第3の事例として，東京市の埋立事業をみると，明治以来，昭和15年までの埋立面積約556.6万坪（1,836.8万㎡）である。

　埋立は明治20年着工の浚渫工事72.7万坪（29年完成，事業費14.8万円，面積239.9万㎡），39年着工の第1期隅田川改良工事53.3万坪（44年完了，事業費251万円，面積175.9万㎡），第2期工事72.4万坪（大正6年完了，事業費192万円，面積238.9万㎡），第3期工事358.2万坪（昭和15年完了，事業費1,753万円，埋立面積1,182.1万㎡）などが行われている。[5]

　事業規模・埋立面積も大規模であり，東京という立地条件に恵まれていたが，事業収益を生み出せなかった。[6]

　そのため昭和11年から特別会計として，収支改善を図っていった結果，昭和15年度には，明治39年の第1期隅田川口工事から昭和15年度までの総計算で収入7,603万円，支出7,323万円，収支差引280万円となっている。「今日までいささかの国庫補助金も仰ぐことなく能く今日の大をなさしめた」[7]と事業成果を誇っている。

　しかし，浚渫土砂による埋立，首都という立地条件，地価の高騰などという有利性を考えると，むしろ埋立地の潜在的利用価値を関連公共投資で，顕在化させる経営戦略を実施していれば，巨額の収益が，確保されても不思議でなかった。

　第4の事例として，横浜市の埋立事業をみると，第1の「明治前期の埋立」は，明治初期，政府が鉄道用地・港湾用地を捻出するため，民間デベロッパーに公共用地無償提供を条件に，埋立事業を認可した。また民間の埋立事業も，開発利益を求めて事業を実施していった。[8]

　第1のケースは，明治2年1月，高島嘉右衛門などが，入船町地先を埋立している。2年3月には，神奈川県が吉田・野毛浦地先14万3,500坪（47万3,550㎡）を鉄道敷設用地として，内田清七らに請負わせ，4年に竣功させている。

　第2のケースは，明治2年5月，神奈川県は高島嘉右衛門に鉄道用地として野毛浦・青木町地先約3,000坪（9,900㎡）を，青天140日間の条件で工事竣功させているが，事業収支は民間独自の事業として実施されている。

　第3のケースは，国際問題に発展した吉田新田埋立事業6.2万坪（20.5万㎡）の

埋立造成である。明治初期，横浜の市街地は，土地需要は旺盛で，用地は逼迫していたので，埋立地は投機対象化していった。

しかし，土地バルブがはじけて，外国人融資が焦げ付き，政府が尻拭いをする事態となっている。[9]

第2に，「明治後期の埋立」をみると，埋立は利権化し，政治的問題が誘発された。第1の紛争として，明治29年，山手町地先8万坪（26.4万㎡）埋立は，横浜組・信州派・小山田派の3者競合となり，三派三巴の抗争が展開された。[10]

横浜市会は，横浜組に認可されると信じていたが，小山田派に認可された。その背景には，「地租増徴案通過の際に尽力したる，其功労に報んがためであると云ふことは明白掩ふべからざる事跡である」[11]と推測され，世論の批判を浴びた。

最終的には，埋立地は小山田組が4割，横浜組が6割で妥結したといわれている。中央政治における打算的駆け引きの論功行賞の余波が，埋立利権の利用となった。

この事件につき「日清戦争後飛躍的に発達してきた実業界と，戦後経営を遂行するためにとられた買収事件とが交錯したところの，30年代の日本の縮図であった」[12]が，直接関係のない横浜市の埋立事業が，利権対象化されたうとましい事件であった。

第2の紛糾は，民間主導の埋立に対して，明治末期になると，横浜市は市経済の工業化をめざし，市事業として埋立を積極的に展開する方針を打ちだす。横浜市は明治43年12月，工場誘致政策案を作成した。

当面，本牧・根岸など27.9万坪（92.1万㎡），子安地先など34.2万坪（112.9万㎡）を計画した。

しかし，同地区には明治42年に浅野総一郎が，すでに事業申請をしており，紛争となるが，横浜市は大正3年に民営同意を余儀なくされた。[13]以後，京浜工業地帯の造成をめぐる官民競合となり，競争が激化していくが，横浜市は埋立地への市税減免の優遇措置を導入し，民営埋立への対抗力・競争力を強めていき，海面埋立事業は新しい転機をむかえる。

第3に，「大正期の埋立」をみると，大正・昭和期になると，港湾関連施設の

第1節　都市基盤整備の経営化と公共利益還元　355

埋立でなく，築港区域外の工場用地埋立が活発となった。

　ただ横浜市は「横浜市の経済は，本質的に横浜貿易に全面的に依存していたため，埋立を伴う工業用地の造成には消極的で，臨海部の地先と水際線を貿易量の増大に照らして確保する必要があった」[14]ので，当初，積極的に進出ができなかった。

　そのため民間が先導したが，やがて公共も進出すると，埋立権をめぐって紛糾した。ことに京浜運河事業との関連で，官民が埋立免許をめぐって対立し，従来の埋立とは異質の問題をはらんでいた。

　第1に，民間デベロッパーが先行した。浅野総一郎が，臨港区域外の京浜地区で大規模工業地帯造成を手がけていたが，神奈川県・東京府・横浜市などの，公共デベロッパーの進出がみられ，埋立事業をめぐって，激しい認可問題となった。[15]

　海面埋立をめぐる動きは，民間デベロッパーに追随して，公共デベロッパーが，産業開発を牽引した事実は，都市経営における，営利主義的な都市資本主義の利益優先メカニズムを，都市自治体が換骨奪胎し，公共独占優先メカニズムに転換させる機運が高まると期待された。

　第2に，これらの臨海工業地帯造成は「新興の政商＝財閥資本と県・市による競合事業」[16]となったが，浅野総一郎などの民間グループは，鶴見埋立組合の名義で，明治35・42年に田畑・塩田造成の目的で埋立免許を得ていた。

　しかし，工業用地造成に目的をかえ，面積も150万坪（495.0万㎡）に倍増し，埋立申請反対の漁民反対運動に対して1万円の漁場補償金を支払う条件で，大正2年に工事に着工する。

　大正4年には7万坪（23.1万㎡）が竣功し，工場誘致に成功し，昭和3年には150万坪（495万㎡）埋立を完成させた。なお大正9年に東京湾埋立会社に組織変更をしている。

　第3に，注目すべきは，海面埋立事業の競争相手として，内陸部でも工業用地化がすすんでいた。たとえば明治45年，川崎町議会が積極的な「工場誘致ノ方針」を出し，川崎町長の石井泰助の動きにみられるように，地域名望家である首長自身による企業誘致という運動であった。[17]

第4に，京浜工業地帯の活況によって，京浜運河構想の実現が，現実味をおびてくると，横浜市はこの構想の実施を，東京港開港阻止の手段として期待した。

　民間では明治44年に京浜運河株式会社が設立されており，事業費1,000万円で，130万坪（429.0万㎡）の埋立を付帯事業として計画され，同年事業認可されたが，資金難から実施されなかった。大正10年，浅野総一郎は運河会社の株過半数を買収し，事業認可をめざす。[18]

　第4期の「昭和期の埋立」をみると，横浜市も民間より遅れたが，やっと積極的埋立事業に進出する。

　京浜工業地帯・京浜運河事業の気運が高まると，横浜市は大正15年に内務省認可を得て，大黒・宝・恵比寿62万坪（204.6万㎡）を事業費148万円で昭和3年着工，11年竣功する。8年に5年間埋立地市税減免の措置を適用し，10年3月末までの全体の6割が売却済みとなり，日本電気・日産自動車などの進出をみた。[19]

　しかし，都市経営戦略としては，激しい競争に巻き込まれ，下巻でみるが必ずしも売却収益をあげていない。そのため横浜市は「私的経営による埋立事業につきまとう土地投機の要素を排することによって，工場むけに安い敷地を提供するための施策である」[20]と，民間デベロッパーとの競争率強化の姿勢を明確にしていった。[21]横浜市は，さらに民間の利権的行為への批判を強めていった。[22]

　このように京浜工業地帯造成は，官民が競合し，昭和期になると大規模工業用地が海面埋立事業で造成され，埋立事業も港湾整備でなく，独自の工業地帯造成への変貌していくことになる。

　しかし，予想に反して都市自治体は，地方税減免などの誘致策を注入したが，工業用地の埋立事業で開発利益を十分の捻出できず，都市経営は新たな危機に瀕することになる。[23]

　第4の視点として，明治期の港湾整備を総括してみると，国益優先・国策過剰の政府方針によって，築港事業は誘導され，利益・負担配分は混乱したままであった。

第1に，殖産興業施策による築港は，費用効果を無視した，開発優先の港湾整備となった。東北・野蒜港，北海道・小樽港などは，全額国庫補助で整備されたが，名古屋・四日市港は補助金なしであった。

　ただ第1期小樽築港は，大阪築港と同時であったが，小樽全額国庫負担（219万円），大阪築港1割補助（187万円）で，過剰な国策意識から，極端な差等補助が適用された。

　政府築港施策は，費用効果を度外視した非効率な公共投資であり，大都市圏港湾での災害・艀荷役の損失という二重の損失となった。

　第2に，政府の港湾整備方針は，受益者負担方式より国庫補助・地元自治体方式が主流で，港湾は地域開発の尖兵として，築港事業が逐次実施されていった。補助基準は，ナショナル・インタレストといっても，投資効果にもとづく国益でなく，政党利害・国策優先のインタレストであった。

　またローカル・インタレストといっても，道路・鉄道と異なり港湾は，特定企業の利便性の性格が強いが，港湾事業者の受益者負担なしのエゴ的インタレストで，港湾需要を無視し，整備需要だけがふくらみ，地元地方税への負担が拡大されていった。

　第3に，都市公共資本整備にあって，公共経済的発想・企業経営的センスは欠落しており，公共投資の効果に対応した，利益・負担配分システムは形成されなかった。

　受益者負担をみても，都市計画だけでなく，教育・福祉にまで適用され，港湾整備には産業資本優遇から適用されず，地元公共団体負担に転嫁されていった。

　第4に，期待された海面埋立事業による築港費の補填機能は，計画段階では収益が予想されたが，実際は収支均衡が精一杯であった。それでも公共セクターは明治期前期，民間埋立事業の開発利益の吸収を規制したが，明治後期，民間デベロッパーの開発利益追求型の埋立事業が目立った。

　大正期になり，官民デベロッパーの競争が激化すると，事業収支は悪化し，公共デベロッパーも市税減免措置を算入した，総合収支は赤字となった。築港費の赤字を埋立の黒字で補填する開発図式は崩れ，企業誘致を目的とする埋立

事業の経営戦略の再編成が迫られた。

　第5に，中央主導の港湾整備は，地元自治体の現地総合性を破綻させ，負担配分の適正化・事業計画の実効性・実施過程の調整力を阻害していった。産業資本である港湾整備に都市財政が従属する，主客転倒の状況になっていった。

　本来，港湾は公共施設であれば，都市自治体が経営主体となり，都市経営戦略で整備していくのが，都市づくりの総合性・地方財政権の活用からみて，当然のシステムであった。

　しかし，都市計画すら地方自治権を認めない，中央集権的統制のもとでは，実現不可能なシステムであったが，政府・自治体とも，巨額の財政負担に苦しんだが，それでも内務省の補助金方式による築港方式が浸透していった。[24]

注

(1) 前掲「大阪築港100年史上」193〜208頁参照。前掲「大阪の区画整理」111頁参照。

(2) 大阪港の埋立については，前掲「大阪築港100年史上」154〜156頁参照。前掲「明治大正大阪市史Ⅲ」1099〜1102頁，前掲「大阪の区画整理」107〜114頁，関一「大阪築港の竣工と市民の覚悟」『大大阪』第5巻第4号88・89頁，高寄・前掲「昭和地方財政Ⅴ」333・334頁参照。

(3) 民間埋立は，明治40年市岡新田埋立85.0万坪，大正2年市岡土地株式会社30万坪，安治川土地株式会社40.7万坪と活発な土地造成が行われた。前掲「大阪の区画整理」107〜115頁，前掲「大阪築港110年上」155〜193頁参照。

(4) 名古屋港の埋立については，名古屋市『大正昭和名古屋市史第5巻』506頁参照。以下，前掲「大正昭和名古屋市史Ⅴ」。

(5) 東京港の埋立については，前掲「東京百年史Ⅴ」468頁，高寄・前掲「明治地方財政史Ⅵ」252〜257頁，高寄・前掲「大正地方財政史下」300頁。

(6) この点について，「当初埋立地の売却代金をもって市債の償還は十分採算性有りとの見込みのもとに出発したこの事業も，第1次世界大戦後の不況と関東大震災後の恐慌により市債の発行が困難となり，埋立地の売却も意のごとく進まなくなった。この結果，明治39（1906）年から昭和10（1935）年まで30年間で884万円の収入不足を生じることとなり，当時極度にひっ迫していた『普通経済』の財政に重圧を加えることになってきていた」（前掲「東京港史Ⅰ」1329頁），が，戦時景気で地価上昇があり，窮地を脱却したといえる。

(7) 東京市『昭和15年度東京市年報・港湾編』，前掲「東京港史Ⅰ」1339頁から引用参照。

（8）明治初期の埋立については，本書（114頁参照），前掲「横浜市史稿政治編Ⅲ」631
　　～648頁，高寄・前掲「明治地方財政史Ⅰ」284～285頁。高寄・前掲「大正地方財
　　政史下」301～303頁，高寄・前掲「昭和地方財政Ⅴ」335～341頁，高寄・前掲「都
　　市経営思想」42頁参照。

（9）埋立事業へ多くの民間デベロッパーが参加をしたが，「明治3年の時期における横浜
　　の土地の底払ははなはだしく，『企望人夥多ナル故，売買寸地ヲ競争』するような情
　　況であり，…吉田沼地の埋立は，地価の騰貴を見越しての好個の投機の対象となっ
　　て，県庁の公告に対する応募者は殺到した」（前掲「横浜市史Ⅲ上」329頁）が，数
　　年でこの土地バブルははじけ，埋立事業は頓挫を余儀なくされた。江戸時代から埋
　　立権利をもっていた，吉田勘兵衛らは事業申請をし，許可を得たが，総事業費36万
　　円をウォルッシュ・ホール商会から32.8万円融資を受けた。工事は明治3年に6.2万
　　坪の埋立事業を着工し，6年12月に竣功したが，完成時には金利を含め80.8万円にふ
　　くらんでいた。地価合計76.1万円と推計されたが，地価が下落し資金回収は不可能
　　となった。結局，返済をめぐって紛糾し，9年になって政府が30万ドルで妥結し，埋
　　立地は国有地となった。埋立融資返済の経過は，前掲「横浜市史Ⅲ上」330～352頁
　　参照。

（10）横浜港埋立事件については，前掲「横浜市史Ⅳ下」46～53頁参照。（11）同前52
　　頁。（12）同前53頁。

（13）子安埋立をめぐる，浅野総一郎との埋立紛糾は，知事が交代し政友会が誕生す
　　ると，民間グループへの認可が濃厚となり，市会でも政友会の勢力が優勢となり，
　　民間埋立認可の答申となった。ただ政友会系知事が罷免となったが，市会が認可
　　を答申したので，市は埋立申請の取り下げを余儀なくされた。このため民間認可
　　の可能性が濃厚となったが，内務省の港湾調査会が港湾計画から埋立に反対の意
　　向を示したので，県の認可は昭和に持ち越された。前掲「横浜市史Ⅴ上」93～94
　　頁参照。

（14）前掲「横浜港史・総論編」163・164頁。

（15）京浜運河開削と京浜工業地帯造成については，松浦茂樹『戦前の国土整備政策』
　　156～180頁参照，以下，松浦・前掲「戦前の国土整備」，石塚・前掲「近代都市」
　　164～229頁，前掲「横浜市史Ⅴ上」505～563頁，前掲「横浜市史Ⅴ下」283～337
　　頁参照。

（16）石塚・前掲「近代都市」177頁。なお150万坪の「浅野埋立」については，前掲
　　「横浜港史・総論編」165頁参照。

（17）川崎の工場誘致に積極的役割をはたしたのは，大地主で町長であった，石井泰助
　　であった。「43年に2度目の川崎町長に就任し，自ら推進してきた工場誘致を町発展
　　の基本方針として積極的に推しすすめ，そのため道路の新設・整備，治水，水道建
　　設の三大事業を提唱し」（高村・前掲「神奈川県の百年」114頁），市内用地14万坪
　　を選定した。そして町長自身が工場誘致期成同盟を組織し，誘致買収のため地権者
　　の説得に奔走した。石塚・前掲「近代都市」173～177頁参照。

（18）京浜工業地帯の形成については，前掲「横浜市史Ⅴ上」505頁，前掲「横浜市史

Ｖ下」283頁，石塚・前掲「近代都市」164～229頁参照。京浜運河開削と京浜工業
地帯造成については，松浦・前掲「戦前の国土整備」156～180頁，前掲「横浜市史
Ⅱ－Ⅰ上」13，449，462頁参照。

（19）前掲「横浜港史・総論編」164～168頁参照。

（20）前掲「横浜市史Ｖ上」510頁。

（21）横浜市は明治末期，海面埋立による産業都市化への積極的市政に転換する。その
背景には横浜経済協会は，工場誘致につき，市埋立地は実費を以って払下げること，
水道をきわめて低廉で供給すること，さらに河川改修・港湾浚渫・臨港鉄道の実施
などの環境整備を求めている。これに対応して横浜市は，「実費で工業家に工場敷地
を提供する案」（前掲「横浜市史Ⅳ下」154頁）を可決している。荒川市長は，明治
44年12月，「工場に関する市税」免除規定を定め，5年間の埋立地市税減免の特典を
決定する。「横浜市史Ｖ上」505～510頁参照。市史も「この工業招致の大策は，そ
の後大正期になって実を結び，工業都市としての横浜の発展がその緒につく」（前掲
「横浜市史Ⅳ下」154頁）と評価している。しかし，都市経営からみると，これでは
開発利益を民間企業に市がすすんで提供することになり，工場誘致に成功しても，市
財政は社会資本整備の追加のためますます貧困化することになり，決して褒められ
た対応ではない。前掲「横浜市史Ⅳ下」154頁参照。ただ海面埋立事業の収益化は，
それほど容易でない。外部環境は大都市圏の集積メカニズム・旺盛な民間設備投資
からは売却を焦る必要はないが，投資資本のリスク回避・売却による資金回収・利
子負担軽減という事業収支の要請が強い。明治からの公共デベロッパーのジレンマ
であるが，公営企業経営と同様に集積利益・長期インフレ・地価上昇を信じて，早
期売却を踏みとどまるべきといえる。

（22）横浜市は「個人経営の埋立は利権の獲得を主目的とする場合が多く，そのために
工場誘致の方針にそぐわない事態を招くおそれがあることを強調し，埋立実施計画
や埋立利用方法について確固たる具体案を示すよう要求し」（前掲「横浜市史Ｖ上」
530頁），民営埋立事業への批判を示している。さらに埋立を実現しえなかった場合
「埋立の権利を無償で横浜市に提供すること，また，埋立を実現した場合には，その
一部を横浜市に無償で譲渡することを確約できるくらいでなければ，譲歩できない」
（同前530頁）と主張している。しかし，埋立事業は公共が独占すべきだとの政策は，
開発利益公共還元からみて正当性があるが，それならば先にみたように実費での分
譲とか市税減免は筋論として疑問がある。むしろ民間埋立への関連公共投資負担を
求め，少ないとも埋立事業で開発利益を吸収しなければならない。しかし，昭和期
の横浜市の埋立事業をみても，収益をあげていない。

（23）神奈川県・横浜市・民間の埋立状況については，高寄・前掲「昭和地方財政Ｖ」
335～341頁参照。昭期の横浜埋立については，前掲「横浜市史Ⅱ－Ⅰ上」13～16，
462～466頁，前掲「横浜市史Ⅱ－Ⅰ下」30・31，96～111頁参照。

（24）内務省の補助方式への普及については，稲吉・前掲「海港政治史」150～154，
159頁，高寄・前掲「神戸近代都市」212～215頁参照。

第1節　都市基盤整備の経営化と公共利益還元　361

第2節　公営企業の独占利益と公営一元化政策

公営企業化への理論と政策

　都市自治体は，公営企業創業によって，都市経営の新領域をひらいた。行政サービス提供だけでなく，都市開発・集積利益の公共還元という，政策経営への有効な手段を確保した。都市自治体の財政自主権活用は，制約されていたが，公営企業は政府の監督下にあるとはいえ，普通経済と比べると，格段に裁量権は大きく，都市自治の実践となった。

　第1の視点は，公益企業における，公営か民営かの経営形態をめぐる，都市の選択である。政府の対応は，明治23年水道条例（法律第9号）で市町村独占を認め，公営主義を奨励したが，電気・瓦斯・交通は，公営・民営の競合であった。

　第1の課題は，公営か民営かの経営形態選択である。それぞれメリット・デメリットをめぐって，論争が展開された。第1に，私営の論拠は，公営の放漫経営化であり，公営の根拠は，民営独占の弊害であった。[1] しかし，都市自治体にとって論争するまでもなく，都市集積・開発利益の公共還元のため，公営企業化が選択肢となった。

　第2に，政府は都市交通について，なぜ公営主義を奨励しなかったかである。公営化への政府補助負担を嫌ったのか，都市自治体の企業経営能力に懐疑的であったのか，明確な根拠は示されていない。

　政府は東京市の公営・民営派の紛糾をみて，公営化を諦めたが，独占利益が見込まれる都市にあって，馬車鉄道の弊害からみても民営化の公益的メリットがないことは歴然としており，政府は政党介入に困惑して，民営容認の安易な選択でなく，公営化への認可方針を貫くべきであった。

　ただ政府の潜在意識として，伝統的に都市自治体を，非営利団体とみなして，水道はともかく，電気・瓦斯・交通などの収益的分野への事業参加への拒否反応が体質化していた。そのため政府は，収益的公益企業の公営化にためらいがあった。その根底には，政府自身が交通など収益的公営企業の外部効果への過

小評価があった。

　第3に，政府は水道公営主義を選択したが，安価で安全なサービスによる水道普及が至上命題であった。そのため非収益的事業である水道民営化には，民営主義に拒否反応を示した。しかし，都市交通については，集積利益の公共還元による，道路整備・サービス拡充という政策効果は無視してしまった。

　そのため政府方針は民営優先へと傾斜していったが，民営交通の弊害という無用の被害をうみだす，取り返しのつかない失政となった。もし政府がせめて公営経済的発想・都市経営的感覚で，公営交通優先への理解を示していれば，公営・民営関係は逆転し，都市の公営化はひろがり，間接的には政府負担も軽減され，都市基盤整備もすすんだはずである。

　第4に，民営公益企業の私的独占による社会・経済的弊害が顕在化してくると，公営主義の台頭がみられた。都市社会主義の主張は，公営企業の収益性へのアレルギー症状を払拭し，公営企業化の促進剤となった。[2]

　明治44（1911）年東京公営交通が，買収方式で誕生し，京都市が独自路線で45年公営交通を創業するが，ただ神戸・横浜・名古屋市は大正期にずれ込んだ。大阪市の公営一元化は，市内交通の独占化に成功し，電気にあっても大正12年，大電買収で一元化を達成する。

　第5に，公益企業の民営論は，しかしながら政府にあって消滅することなく，大正期，民営バス優先の認可，昭和期，地下鉄では大阪市営地下鉄は創業されたが，東京市地下鉄は不許可となり，民営地下鉄となった。[3]

　公益企業の系譜をみると，都市自治体だけでなく，中央省庁にしても企業の利権的要求に対する免疫性は弱く，政党内閣のもとでは，官僚自身が利権になびく体質があった。やがて政府も独占利益を貪るため，営団方式での市の聖域に踏み込んでいった。政府の“公共性”の真意を，疑う行為であった。[4] すなわち都市公営企業化は，外部の政府・企業から侵食され，内部の市会民営派から脅かされていたのである。

　第2の課題は，民営容認の政策選択ミスの分析である。後でみるように五大都市は民営交通容認で約7,100万円の損失（411頁注20参照）を招いているが，都市自治体の「失敗の本質」は，余り論及されていない。

第1に，「報償契約の安易な活用」である。都市自治体は，創業資金が巨額であるため，民営方式をベターな施策とみなし，報償契約で将来，民営企業から無償譲渡を受ければよいという呑気な対応であった。

　しかし，報償契約は，どうしても公営化できない場合の窮余の策でしかなく，財源不足・経営不安など漠然とした理由で，採用すべきシステムではなかった。

　民営の特許期限は東京馬車鉄道（創設明治36年）で30年間，東京市街地鉄道（創設明治33年）で52年で，満了時には，交通施設の老朽化し，独占利益が滅失していると予測できる。そのため都市自治体は，損を承知での早期買収に踏み切る羽目になった。

　第2に，「都市財政への誤算」である。都市自治体は，民営を容認し，財政が好転すれば，公営化を実現する悠長な対応は，都市自治体の政策責任の棚上げであった。大都市の財政貧困は，構造的で将来にわたって解決されない。

　公営交通創設の判断は，交通事業収支が均衡するかどうかで，大都市の集積利益・成長性を考えれば，収益は確実であった。都市経営戦略として，財政が貧困であるからこそ，公営交通で収益確保の必要があった。

　第3に，「公営交通創業負担への過大算定」である。公営交通創業への財政負担への過剰な危機感であった。しかし，交通は水道より，初期投資額は少なく，市債は据置期間があり，経営への圧迫要素は小さい。

　一方，大都市の成長力からみて，使用料収入は確約され，経営収支を案ずる必要はまったくなかった。しかし，自治体の事業経営への判断は，感覚的なもので，政策科学にもとづくエビデンス（政策根拠）が，欠けた冷徹な経営的判断でなかった。

　馬車鉄道の私的独占利益と大阪市公営交通の道路負担を対比すれば，公営メリットは歴然としていた。しかし，都市自治体自身の“公共性”の欠落から，公営交通のメリットを十分に評価する，感覚そのものが麻痺していた。

　第4に，「公営企業化への政策評価欠如」である。たとえば道路負担金をみると，民間交通は公営の3分の1程度であるが，公営交通は，路線延長にともなう道路拡幅費を，全額自己負担しており，後でみるように膨大な利益還元となった。[5]

都市経営戦略として公営方式は，実効性のある経営形態であることを，都市自治体は民営独占経営の横暴を目前にして，やっと認識するが，水道と同様に外圧によるインセンティブからで，事前に予測する洞察力は鈍化していた。

　第5に，「買収方式の経営的損失軽視」である。買収方式では後発組の創設となり，創業期の独占利益を確保できない。さらに買収となると，資産価値の1.5倍以上での買収となり，損失額は巨額となる事実は，民営容認時点では想定外であった。

　裏返していえば，「直接創業のメリットへ認識不足」である。大阪市創業方式のメリット（411頁注20参照）は，明治36年創業から明治44年の9年間で約2,500万円で，逆に同期間の東京市買収方式のデメリット（430頁注25参照）は，44年時点で約3,300万円となる。もし東京市が大阪市と同様に36年に直接創業していれば，大阪交通の明治44年固定資産2,041万円，東京買収時資産評価3,807万円で，企業規模1,86倍から，東京メリット2,500万円×1.86＝4,650万円で，東京市の公営・民営事業形態選択の損益差は合計7,950万円で，政策決定の損益差は，44年度東京市税282万円の28.9年分という途方もない創業利益となる。

　第3の課題は，公営化の要因である。政府・自治体関係にあって制度改革・権限委譲・財源確保などの地方行財政改革は，ほとんど絶望的といえた。公営企業は，都市行財政における閉塞状況に活路を開き，都市自治の存在価値を高め，地方自治体に自信と誇りをもたらした，精神的効果も大きかった。

　第1の要因は，「政策的要因」である。公営企業の外部効果は絶大であり，水道サービスをみれば，伝染病予防・火災防止・家事労働節減・都市経済資源提供などで，市民福祉・都市経済に貢献した。

　交通サービスをみれば，道路整備の関係からいえば，政策的には収支を度外視してでも公営交通を創設すべきであった。なぜなら電車路線延長がなければ，道路整備はすすまないからである。政策的に開発・集積利益の公共還元の効果は，地方財政の財源配分が絶望的状況にあって，救世主的効果であった。

　第2の要因は，「社会的要因」であった。民営方式の独占利益淘汰には，公営独占しかない。すなわち都市集積利益は，特定の私企業に委ねられ，個人株主へ還元されるのは，社会的にみても“許されざる行為”である。

民営企業は，特許条件を遵守せず，独占利益を貪り，料金値上げを要望し，路線延長を拒否し，道路整備費負担の回避など，さまざまの弊害が顕在化していった。

　認可権限を有する政府は，きびしく指導・制裁をすべきであったが，国益には直接被害がないため，民営交通へ特許事項遵守を迫る気迫は乏しかった。

　民間公営企業の横暴に対して，市民は料金値上げをめぐって，電車焼討事件まで発生した。このような事態をふまえて，都市自治体は，民営企業の買収へとやっと重い腰を上げ，公営化を実現させていった。

　第3の要因は，「財政的要因」である。公営企業の収益によって，都市財政を改善させていく，大きな経営戦略効果が期待できた。しかし，都市自治体は，交通創業は財政破綻を招くという恐怖が，公営交通創設への意欲を委縮させ，逆に財政悪化を招いてしまった。実際，東京馬車鉄道（明治15〜36年）だけでも，逸失利益は約123万円の公共還元の喪失となった。[6]公共サイドの損失は，道路整備の低い負担率，その結果としての高い配当率であった。

　第4の要因は，「経営的要因」である。公益企業は，大都市にあっては，人口・企業の集積地であり，経営環境からみて高い収益性が予想される魅力的空間であった。[7]都市自治体が公営化を実施し，創業期の独占利益を確保し，さらに一歩すすめた，公営一元化戦略の達成をめざした。そのため長期経営戦略の視点から複合経営（コングロマリット）方式（376・377頁）で，外部経営環境の変動に対応できる，経営システムの成熟化を図っていった。

　交通事業でも，バス・路面電車・地下鉄と多角経営であれば，交通環境の変化への抵抗力は強化される。実際，大阪市の路面電車赤字は，地下鉄の経営黒字との統合で補填され，交通事業全体収支では黒字となっている。さらに都市財政の普通経済・企業経済が，複合経営で連携して，外部環境の変化に対応する，経営安定化戦略が現実的になる。

注

（1）公営・民営論争については，安部・前掲「都市独占論」168〜275頁，高寄・前掲「公営交通史」1〜56頁，高寄・前掲「明治地方財政Ⅵ」361〜367頁，大畑文七「公

営か私営か」『都市問題』第14巻第2・5号，岡野文之助「都市の公益企業・上中続」『都市問題』第25巻第2・6号・第26巻第1・2号，小倉庫次「公益事業の公私混合経営論」『都市問題』第7巻第4号参照。

（2）大正期になるが，都市社会主義的発想では，「公法人（たる都市）と雖も，私経済的生活の範囲に於いては私人と同様の立場に立つものである。従って公法人（たる都市）にも営利を否定すべき特別な理由を見出すを得ない。公法人（たる都市）の行為について，『営利』が常に『公益』に反するとして拒否するは誤りでなければならない」（岡野文之助「都市社会主義小論」『都市問題』第7巻第4号161頁）と主張している。「収益」のため「公益」を，犠牲すのは浅薄な観念論で，「損失を覚悟して迄も都市経済権の獲得」（同前158頁）をめざすべきと主張している。それは公営企業がもたらす外部効果の"公共性"がきわめて大きいからである。

（3）松木幹一郎「東京市地下鉄道の私営説に就いて」『都市問題』第3巻第4号参照。

（4）東京地下鉄・営団地下鉄の創設・失敗については，前掲「東京都交通局60年史」367〜374頁参照。

（5）官民交通事業の設備費のうち道路投資比率は，京都市65.6％，大阪市46.2％，東京市31.99％，民営東京電車鉄道11.37％で，公営の数分の1程度しかない。高寄・前掲「公営交通史」316頁参照。

（6）東京府が，東京馬車鉄道を公営化しなかったため，都市交通事業独占的利益の公共還元に失敗した。東京馬車鉄道は，明治15年資本30万円，益金1.1万円，配当5.2％で創設されたが，33年に東京電車鉄道となり，36年には資本417.5万円，益金50.9万円，配当35％の独占企業体に成熟しており，道路整備負担金もきわめて少ない。明治15〜36年間の東京市の21年間の損失を推計すると，道路整備負担は，当時の東京市内私鉄の実績からみて，36年資本金418万円の3分の2相当の建設投資279万円が行われたと推計でき，うち道路用地・整備負担1割約28万円に過ぎない。東京市営の3分の1で28万円×2＝56万円が民営方式による道路負担軽減の公共損失額となる。つぎに配当率平均20％とすると，公営の借入金金利6％との差14％となり，配当金平均21.6万円×0.14×営業期間22年＝66.5万円となり合計約123万円となる。なお市区改正事業による市内交通への特許命令負担金は明治36年度以降で，馬車鉄道は適用を免れている。東京都公文書館編『都史紀要・東京馬車鉄道』117〜170頁参照，以下，前掲［馬車鉄道］。高寄・前掲「公営交通史」85〜102頁，288頁，316頁参照。

（7）電気事業について「都市は需要密度が頗る濃密であって，事業客体の単位としては極めて有利なる地盤である。故にこの有利なる単位を対象として事業経営の能率を挙ぐるならば十分低廉なる料金を以て優良なる供給を為し得る筈である。この有利なる地盤を私営に委託して少数資本家の私腹を肥やす代りに，事業を市営としてこの利益を市民が平等に分つということは公正なことであり，合理的である」（小倉庫次「各市市営電気事業の成績」『都市問題』第6巻第6号123頁，以下，小倉・前掲「市営電気事業」）と，都市集積利益のメリットが指摘されている。さらに大都市の成長からみて，事業収入の伸びは大きく，高収益が確実視された。

報償契約と公営企業の経営原則

　都市自治体は，公益企業の経営形態の選択以外に，大きな課題に直面した。1つは，民間先行・政党介入などで，公営化できない場合の対応策であり，あと1つは，公営化に成功した場合の経営方針で，収益を確保し都市政策の実践をめざす，経営戦略である。

　第2の視点として，報償契約の効用・運用の問題点である。[1] 都市自治体は公営化を断念し，民営化を容認したが，その口実とされたのが，報償契約による民営独占への代償としての公納金による弁償，特許期間終了後の安価な買収という，非現実的な対応であった。

　報償契約は，本来，劣勢にあった都市自治体が，民営抑制への「権限なき行政」として編みだされた窮余の策で，民営企業の独占利益を保証するが，公益サービスの適正化のため，将来の買収も含めて，民間企業への経営を監督するための切札であった。

　最初の報償契約事例（253頁参照）は，明治36（1903）年2月，大阪市と大阪巡航船合資会社との契約で，納付金は収入の10分の1であった。世論の注目を浴びたのが，先にみた大阪瓦斯会社との報償契約（254頁・377頁注2参照）であった。政治・経済問題，さらに社会的にもマスコミ論争・市民運動が展開され，最終的には36年6月，公納金は純益金5％で，報償契約を締結している。[2]

　第1の課題は，「権限なき行政」としての報償契約の必要性である。第1に，「公共信託への責務」である。都市自治体は，公共信託にもとづいて，都市整備・サービスの維持・向上の責任がある。そのため民営公益企業を監督し，適正なサービスを確保しなければならない。

　第2に，「都市独占利益の還元」である。本来，都市空間は，自治体が都市整備費を投入して形成した魅力ある収益空間であり，特定の事業者が優先的都市施設を利用して獲得した収益は，都市独占利益の対価として還元を求めるのは当然であった。自治体が公営企業を断念し，民営独占を保証する代償として，公納金などを徴収する権利があるのは，都市経済論理の帰結である。

　しかし，大正期，バス事業で民営バス優先的認可がなされ，公営バスが排斥される，逆の現象が発生したが，なんら道路整備費を負担しない，民営バスが

横行する，理不尽な府県の認可行政に，地方自治体の憤懣は抑え難い状況になった。

これらの問題の背景には，地方自治体が市税で整備した道路の損壊（ガス管埋設・電柱設置），道路の優先・独占使用に対する対価・弁償という具体的財政問題があった。したがって公納金の営業の独占保障という点と，道路利用の包括的対価という二面性があった。

第3に，「公益企業法制は未整備」である。[3] 公益企業・公営企業法は，制定されておらず，政府による公益企業許認可・経営監督は，必ずしも十分に行使されていたとはいえない。都市自治体は法令の有無にかかわらず，公益企業の経営に関与しなければならない包括的責任があった。

これら目的担保のため，都市自治体は，民間企業の存続期間の決定，また契約条項の履行措置，強制買収の権限を有するなどの報償契約を締結してきた。しかし，その性格・運用をめぐって紛争が頻発した。[4]

第4に，「民営公益企業の弊害淘汰」である。法治主義のもとで，政府がすべての権限を留保し保有しているが，適正かつ十分に行使される保証はない。都市自治体は，事実として民営企業の弊害が，都市行政に影響をもたらしている以上，権限の有無にかかわらず，対抗しなければ，行政・市民の受ける被害は甚大である。

しかし，民間企業にしてみれば，権限なき都市自治体が，政府認可とは別の規制基準を制定する，ダブル・スタンダード方式は，許しがた越権行為であった。報償契約は「権限なき行政」の宿命として，その政策的効用は，必ずしも十分に理解されなかった。

しかも政府は自治体の権限は認めておらず，また報償契約の法律上の性格も，曖昧のままであったが，民事上の契約とみなせば，有効といえるであろう。[5] しかし，民間企業が契約に違反しても，訴訟解決は困難で，最終的には市民の不買運動などの，社会的制裁に委ねられてきた。

第2の課題は，報償契約は，将来の買収という条件で，民営公営企業を，一定期間営業税独占を認めたが，営業開始直後から，予想外の損失を都市自治体にもたらした。

そのため，公納金で都市財政損失は補填されず，特許期間満了後の買収・無償譲渡で，大きな利益を得られるという楽観論は吹っ飛んでしまった。

　第1に，「公納金の激減」である。実際，民営事業が営業を開始したが，報償金は予想の10分の1以下で，都市自治体が，後悔してもあとの祭りであった。公納金算定方式を，総収入方式でなく，収益金方式（418頁注9参照）としたので，民間企業の会計操作を誘発して，大きく減収となった。

　第2に，「経営監督・指導の紛糾」である。民営交通の営業状況は，報償契約だけでなく，特許条件も遵守しない状況が発生したが，政府は認可取消の威嚇すらしない，無法状況が罷り通った。都市自治体は，報償契約の監督を実行したが，権限なき行政は，極めて気苦労の大きい行為で，東京市では歴代市長の頭痛の種で，実際，市長の辞職・死亡の原因にもなった。

　第3に，「路線延長の遅滞」である。路面電車の路線延長と街路拡幅事業は，密接な連携が必要であったが，民営交通は路線延長に消極的で，都市自治体の道路整備計画は，実質的には頓挫の状況に陥っていった。

　第4に，「安易な料金値上げ」である。公益企業は物価上昇・経済不景気などの経済変動への対応力はなく，しばしば経営危機に見舞われたが，経営合理的・配当削減でなく，収益枯渇を安易な料金値上げに求めた。そのため東京・名古屋市では，電車焼討事件が発生している。

　第5に，「買収価格の高騰」である。民営買収をするとしても，買収価格は報償契約どおりには買収できず，買収となると資産価値での買収でなく，1.5倍以上の高価な買収となった。さらに買収までの独占利益喪失は巨額であった。

　第3の視点は，公営企業経営原則である。都市自治体は，公営企業を創業したが，公営企業をどう経営するかの経営指針は，法令上は明確な原則は定められていなかった。そのため都市自治体が，公益企業の収益性・経済財政の環境を考慮して，最適の経営原則を実施していった。[6]

　第1の課題として，経営原則の類型をみてみる。第1に，「市税補填主義」である。水道創設時にあっては，伝染病予防のため普及を促進する低料金制が採用され，そのため市税補填主義が導入された。しかし，創設後，巨額の事業拡張費が発生したが，国庫補助率は激減し，普通経済の継続的補填は困難となり，

補填主義は放棄されていった。

　第2に，「実費主義」は，水道企業は収益性が低いといっても，一般的道路と異なり，サービス・受益者の関係は明確であり，使用料方式の運営は可能である。さらに経営上からも，放漫経営の回避・事業債の償還促進などの視点から，実費主義が採用されていった。

　政府の公営企業観は，「公営造物」という固定観念が定着していたが，実際の公営企業は，政府コントロールにはなじまない，『企業』として成長していった。経営原則は，水道普及によって，その効果は市民層にも浸透していき，独立採算制への移行が可能となった。

　第3に，「収益主義」は，公営企業が将来にわたって，継続して事業体として存続していくためには，料金引下げによる市民への還元策より，収益主義によって内部留保を厚くし，事業債償還能力を涵養し，さらに路線拡張によるサービスの公平化，公営一元化の遂行といった，政策的経営へと転換していった。しかし，収益主義は，公営企業の本質に，悖る行為として非難をあびせられた。[7]

　第2の課題は，公営企業の経営原則で，もっとも論議となったのは，普通経済への「繰入金論争」であった。収益主義・余剰主義にもとづく，事業利益金の他会計への繰入金は，公営企業の公共性からみて，"許されざる行為"として，「実費主義」「市税補填主義」との激論となった。[8]

　第1のポイントとして，繰入金の性格論争で，第1に，「高所得者層市税負担軽減説」である。繰入金は料金値下げをせず，普通・都市計画経済の財政支援で，結果として市税負担軽減を通じて，高所得者層・企業負担を軽減しているとの批判が一般的である。[9]しかし，繰入金は市税ほどの細民重課となっていない。それは市税にあっても，超過課税はすでに限度一杯まで，賦課されている。したがって超過課税となると，雑種税などへの強化となり，料金値上げより，不公平な零細事業者への極端な課税となる。料金方式では市外者・企業負担もあり，低所得者層の負担は緩和される。

　第2に，「繰入金他会計支援説」である。普通経済のみでなく，都市計画経済などへの繰入金は，公営企業による他会計への根拠なき財政支援であると非難された。しかし，普通経済への繰入金は，一般行政費（議会・市長・行政費など）

第2節　公営企業の独占利益と公営一元化政策　371

の公営企業会計負担金，また普通経済の事業協賛金・市政協力金であり，民間企業でもみられる寄付金の類である。

　都市計画経済への繰入金は，路線道路敷設拡幅負担金で，本来，民営企業でも負担している公課であり，収益主義とは無関係といえる。[10] また水道料金引下げをせずに，繰入金で下水道整備などをするのは，大衆課税との批判は免れないが，関市長が力説するように下水道建設について「其収入がなければ到底実行の見込みのない都市施設を此の侭に放棄して置くか，事業収入の余剰で此等の施設を完成するかである」[11] という費用効果の選択問題となる。

　第3に，「公営企業の経営破綻説」である。繰入金は公営企業そのもの経営悪化・破綻を招く，危険な行為であると非難された。しかし，実態は道路・行政負担金であり，事業利益金の適正処理である。しかも利益金から処理しており，利益がなければ繰入はしない。繰入金は，複合経営戦略の裁量措置としてなされ，繰入金が過大・過少になれば，当該自治体の各経済会計での調整事項となる。

　繰入金への批判は多いが，政策的には収益金をどのような施策・事業に充当するのが最適かの問題である。料金値下げは低所得者層に恩恵をもたらすが，はたして費用効果から最高の施策が疑問である。また先にみたように普通経済への繰入金が高所得者層公費負担軽減とはならない。

　路線延長によるサービスの公平化，下水道支援による伝染病予防などへ，より政策効果の大きい分野への充当を選択が，市民への最大のメリットとなる。

　第3の課題として，繰入金の実態をみると，繰入金の現状は，巨額の繰入金が実施されている。市税対比の比率でも，10〜40％の高い比率となっている。[12] 都市自治体サイドは，繰入金は普通経済の支援と弁明したが，結局，料金負担で市民への転嫁と批判された。しかし，都市財政全体からみれば，事実として道路整備をすすめ，市民負担を軽減し，都市財政の健全化に貢献した。

　第1の事例として，京都市の状況（表28参照）をみると，水道・水利・交通経済から繰入金がなされている。第1に，疏水事業は明治23年，電気軌道は45年，水道は45年に事業開始をしていたが，他経済への繰入金は大正8年からで，昭和11年度までの18年間の繰入金合計3,287.9万円となる。同期間の市税1億586万円で，市税収入に対する繰入金の比率で31.1％である。

しかし，三部経済制による府費負担費2,484万円（大8〜昭5年度のみ）が発生
しており，実質市税は負担金差引で8,102万円となり，繰入金比率（表28参照）
は40.6％に上昇する。

　第2に，実質的繰入金比率の市税対比41％は，驚異的数値である。この間の
国庫補助金338万円に過ぎなく，大正13〜昭和11年度の道路・都市計画受益者
負担金463万円である。繰入金が普通経済にとって，如何に大きな支援となっ
たがわかる。大正期，京都市は都市計画事業にあって，市債を発行せず，繰入
金で施行していったが，もし繰入金がなければ，特別税・受益者負担金は，さ
らに過重な負担となったであろう。[13]

　第3に，京都市の繰入金が巨額であるのは，実質的公営企業である疏水事業
創業が明治23（1890）年と早期竣功で，水道の水源開発費が不要であり，高収
益の発電事業もあった。また大正7年の民営電車買収が，払込資本金より低い
安価な買収に成功し，さらに他の五大都市のように築港費が必要なかったこと
などである。

表28　京都市電気・水道・水利事業からの繰入金　　　（単位 千円）

区　分	大7	大8	大9	大10	大11	大12	大13	大14	昭元	昭2
水道普通経済	−	83	118	126	137	131	189	116	128	135
電気普通経済	−	119	451	154	155	158	526	304	212	238
電気都市計画	−	−	−	−	751	844	2,021	1,286	1,099	1,600
水利普通経済	−	154	225	209	196	491	383	266	266	269
合　計	−	356	794	489	1,239	1,624	3,119	1,972	1,705	2,242
実質市税比率	−	12.58	22.10	11.64	22.98	38.38	75.34	47.29	42.37	57.35

区　分	昭3	昭4	昭5	昭6	昭7	昭8	昭9	昭10	昭11	合計
水道普通経済	153	165	178	187	349	310	207	205	152	3,069
電気普通経済	226	820	1,006	890	991	625	589	527	692	8,683
電気都市計画	1,701	600	570	−	−	−	603	613	600	12,288
水利普通経済	447	378	654	950	769	797	692	825	918	8,889
合　計	2,527	1,963	2,408	2,027	2,109	1,732	2,091	2,170	2,362	32,929
実質市税比率	60.78	39.64	63.09	46.30	46.86	36.49	34.79	41.08	42.19	40.58

資料　京都市『京都市政史・下巻』478・533・580頁。
出典　高寄昇三『近代日本公営交通成立史』328頁。

第2の事例として，神戸市の電気・水道事業の大正9年度から昭和3年度繰入金（表29参照）をみると，第1に，水道経済192万円，電気経済609万円，合計802万円となる。普通経済への繰入金251万円，都市計画経済への繰入金551万円で，道路負担金としての都市計画経済への繰入金が2倍以上である。

　第2に，市税収入と繰入金の比率は，大正8年度〜昭和3年度，市税収入6,422万円（大正8年度379.2万円算入），繰入金802万円の比率は12.5％であるが，京都市と同様に三部経済制による県費負担費2,941万円が発生しており，実質市税3,481万円で（大正8年度209.5万円算入）繰入金比率23.0％と上昇率は小さい。しかし，築港負担金1,384万円を差引きすると，実質的市税2,094万円で繰入金市税比率38.3％と高い数値となる。

　大都市財政は，数値的には財政力はあるが，さまざまの制度的負担金があり，実質的財政力は脆弱で，公営企業繰入金が如何に貴重な財源であったかわかる。しかし，財政運営からみると，都市計画繰入金は道路事業に充当され，普通経済繰入金のみが普通経済支援であった。

　第3の事例として，大阪市路面電車の繰入金（表30参照）をみると，第1に，大正11年度から昭和8年度の合計額1,757.1万円で，普通経済920.3万円，都市計画経済836.8万円である。市税収入2億572万円，市税対比繰入金比率8,5％である。京都・神戸に比べて低く，繰入額では遜色はないが，同年の市税規模が大きいからである。

表29　神戸市電気・水道事業からの繰入金 (単位 千円)

区　分	大 9	大 10	大 11	大 13	大 14	大 15	昭 2	昭 3	合　計
電 気 普 通 経 済	－	99	－	125	145	300	505	230	1,404
電 気 都 市 計 画	1,070	1,217	572	354	－	233	233	1,010	4,689
水 道 普 通 経 済	－	－	－	39	61	234	334	435	1,103
水 道 都 市 計 画	－	－	－	820	－	－	－	－	820
合　計	1,070	1,316	572	1,338	206	767	1,072	1,675	8,016
実 質 市 税 比 率	40.95	42.74	17.90	24.72	4.26	15.78	30.90	44.95	23.04

注　大正12年度は繰入金1万円以下であるので削除。
出典　高寄昇三『神戸・近代都市の形成』401頁。

第2に，大阪市の繰入金が少ないのは，交通事業投資額をみると，明治36～大正10年6,190万円であるが，大正11～昭和8年は2,565万円と，路線延長のピークは過ぎているからであろう。ちなみに明治36年～大正11年度道路負担金3,047万円で，その間の市税5,939万円であり，市税比率は51.30％と，高い水準である。なお実質市税比率は財政指標から府負担金算出不能であった。

　第4の事例として，東京市の繰入金（表31参照）は，推計となるが，道路負担と普通経済分担金が算出できる。第1に，道路繰入金は，第1期未成線整備実績は設備投資額3,058万円，用地費978万円で用地比率31.99％である。

　各年度交通事業投資額の30％を，都市計画経済の繰入金とみなすことができる。普通経済の繰入金は，東京市『創業20年史』で明示されている。

　第2に，市税比繰入率指標の数値は，繰入金合計2,246万円，同期間市税9,271万円で市税対比繰入金比率23.8％である。京都・神戸より低いが，市税収入が多いという要素がある。大正10・11年と繰入金は巨額となったが，市税収入10年度1,744万円，11年度2,333万円である。ただ東京府への三部経済制負担金支出は，財務指標から算出できなかった。

　第4の視点として，公営企業繰入金の経営戦略を総括してみると，結局，都市自治体の公営企業の経営原則は，公営企業の経営状況・戦略から，普通経済を包摂し，複合経営体（Conglomerate）としての運営が，もっとも安定的である。

表30　大阪市路面電車からの繰入金

(単位 千円)

区 分	大11	12	13	14	15	昭2	3	4	5	6	7	8
普 通 経 済	74	105	304	532	757	708	820	1,084	1,253	1,397	1,397	835
都 市 計 画	54	88	277	510	732	670	778	1,005	1,113	1,196	1,252	693
合 計	128	193	581	1,042	1,489	1,378	1,598	2,089	2,366	2,593	2,649	1,528
市 税 比 率	0.9	1.55	4.41	6.70	9.61	7.27	6.86	8.83	10.09	11.82	12.36	6.54

注　普通経済繰出金は大阪市交通局『大阪市交通局75年史』，都市計画繰出金は，大阪市電気局『大阪市電気局40年史』。

資料　大阪市交通局『大阪市交通局75年史』，大阪市電気局『大阪市電気局40年史』。

表31 東京市電気・水道事業からの繰入金

（単位 千円）

区　分	明44	明45	大2	大3	大4	大5	大6
道 路 費 繰 入 金	719	2,154	1,064	464	286	168	211
普 通 経 済 繰 入	200	250	250	250	250	363	400
合　計	920	2,404	1,314	714	536	531	611
市 税 比 率	23.08	72.94	47.32	26.74	23.30	20.67	17.50
区　分	大7	大8	大9	大10	大11	大12	合　計
道 路 費 繰 入 金	391	1,427	3,320	4,569	5,561	773	17,892
普 通 経 済 繰 入	400	400	400	400	600	400	4,563
合　計	791	1,827	3,720	4,569	6,161	1,173	22,455
市 税 比 率	17.52	28.59	32.69	26.06	26.41	11.52	23.82

注 道路費繰入は，当該年度投資額の3割。市税は市区改正事業特別税含む。普通経済繰入金は，東
　京市電気局『創業20年史』表12参照。
資料 東京市電気局『創業20年史』177・220頁。

　第1に，注目すべきは特別会計として公債会計が設定されて，水道・交通・
電気事業といった本来の公営企業だけでなく，都市計画・港湾・下水道も特別
会計として運営され，都市財政が複合企業化を深めていった。[14]

　要するに繰入金は，都市財政枠組み内での会計間財政調整の問題で，公営企
業の経営戦略は，個別公営企業の収支安定化より，都市財政全体としての複合
経営体としての安定化をめざした。

　第2に，繰入金は収益性の低い事業を，収益の高い事業が支援する，相互依
存・補填システムであったが，政府にあっても専売事業は収益源であり，国有
鉄道は政策実現の有力な手段であった。さらに政府は金融機関として，郵便貯
金事業までも経営している。これらの機関は政府施策の実現に大きく貢献した。

　この点，都市自治体の企業化は，公営企業と公共デベロッパーのみで，出資
機関も金融機関は欠落しており，見劣りがしたが，それでも大阪市は路面電車
で道路を整備し，上下水道を統合し，下水道整備を遂行していき，地下鉄の収
益で路面電車の収益を補填していった。

　第3に，繰入金施策によって，都市自治体のマクロ財政効果の最大限の費用
効果を追求し，経営環境の変化への対応力の実効性をめざした。まず同一経済
の枠組みでの事業統合である。築港事業への海面埋立事業の補填機能，路面電
車への地下鉄事業の支援機能，疏水事業における発電事業による水利事業の活

376　第3章　都市開発の展開と公営企業の戦略

用などである。さらに普通経済と企業経済の複合経営化である。

　上水道と下水道の統合化，都市計画事と交通事業，失業対策事業による下水道事業など，個別事業ごとの対応では限界があるので，複合的対応が優れている。

　要するに都市行政の拡大によって，公営企業の経営経済性を追求し，独立採算制の原則を維持しつつ，行政全体としての公共性と経済性の両立を図っていくのがベストの方策であった。もっとも普通経済が企業経済に依存するのでなく，普通経済が政策型行政による行財政自主権活用によって，公営企業の事業型経営を支援する，相互依存関係の構築が理想の経営システムである。

注

（1）報償契約については，電気事業経営研究社『電気事業報償契約論』1〜74頁参照，以下，電気事業研究社「電気事業報償契約論」，新藤・前掲「雑誌都市問題」139〜143頁，高寄・前掲「公営交通史」56〜83頁参照。

（2）大阪瓦斯増資問題が紛糾した背景をみると，明治29年，大阪瓦斯会は，資本金35万円で発足する。大阪府の事業認可事項に「瓦斯管敷設にあって大阪市と協議すべし」との条件があった。当初は大阪だけの資本であったが，日清戦争後の不況で，経営危機に瀕し，東京瓦斯の浅野総一郎が株の過半数を買収し，時節到来を待つ方針を固めた。33年に経営陣が一新され，実質的には東京資本の会社となり，名目的社長として大阪の片岡直輝が就任した。35年4月に資本金400万円として，アメリカ資本210万円，東京・横浜で100万円，大阪財界で55万円を出資することになった。この外資導入を契機として，瓦斯会社の経営に不安を抱いた市長・市民の批判が沸騰した。また「大阪朝日」の反対論と「大阪毎日」の賛成論が1年余にわたり展開された。大阪市は既存会社を対象とする不利な立場にあったが，論争が激化するにつれて，明治35年には「大阪市民同志会」が設立され，大阪市政を擁護する運動を展開した。鶴原市長は，大阪瓦斯が報償契約に同意しない場合，「瓦斯管敷設を拒否」するの方針を大阪瓦斯に示した。大阪瓦斯は都市自治体に公益企業を規制する権限なきと反論したが，鶴原市長は大阪瓦斯の経営上の条件を示し，かさねて報償契約を求めた。くわしい経過については，前掲「大阪市史Ⅵ」660〜673頁参照。なお鶴原市長の政策理念・対応については，池原・前掲「鶴原定吉」105〜107頁参照。

（3）当時に状況は，「未だ電気事業法の制定なく市に於いてかくの如き特種の要求することは公共の利益の擁護の上より見て已むを得ない所であった。又当時は未だ道路法の制定もなかった。従って其の後此等の諸法規の制定に伴ひ報償契約の法律上茲に実際上の紛議が生じて来たことは当然である」（前掲「電気事業報償契約」30・31頁）といわれている。高寄・前掲「昭和地方財政Ⅴ」528頁参照。

（4）ことに東京市と電気・瓦斯会社とはしばしば対立し，たとえば東京瓦斯とは，大正9年道路法で，道路管理は国の機関委任事務と明記されたので，東京瓦斯は報償契約無効の訴訟を9年4月に起こす。14年瓦斯事業法が施行されると，料金制限条項の無効の追起訴をする。前掲「東京百年史Ⅳ」837〜841頁参照。大阪瓦斯報償契約問題については，吉山眞棹「瓦斯報償契約破棄論に就て」『都市問題』第9巻第1号。東京市政調査会「瓦斯問題に関する意見」『都市問題』第9巻第1号，深沢豊太郎「当面の瓦斯問題と其善後策」『都市問題』第9巻第1号参照。

（5）報償契約の法的性格・有効性については，電気事業研究社・前掲「電気報償契約論」31〜51頁参照。

（6）公営企業の経営原則については，持田・前掲「都市財政の成立Ⅰ」102〜129頁，持田・前掲「都市財政の成立Ⅱ」145〜154頁参照，高寄・前掲「昭和地方財政Ⅴ」420〜444頁参照。新藤・前掲「雑誌都市問題」143〜153頁参照。

（7）収益余剰主義については，一般的に「収益主義は，戦前の地方財政制度の矛盾としての都市財政の困窮を労働者・勤労諸階級層の負担で解消し，自らの租税負担を軽減しようとする都市の小ブルジョアジーの財政的要求を反映した経営思想である」（大阪健「地方公営企業の経営思想」『都市問題』第73巻第11号73頁）と批判されている。なお関一「市営事業の本質」『都市問題』第7巻第2号，関一「市営事業の収益主義」『都市問題』第7巻第4号参照。

（8）都市社会主義からは，「都市財政窮迫の事実に則して，余剰収益の一般財政への繰入に求めんとしている。だがしかし，これは余りにも，都市大衆の生活利益を無視しまた都市住民の負担の衡平を破るもの」（（岡野・前掲「都市社会主義小論」162頁）と批判されている。なお収益余剰主義への批判として，蠟山政道「市営事業の経営 に於ける収益主義について」『都市問題』第7巻第4号，小林丑三郎「市営事業収入の性質及原則」『都市問題』第7巻第4号参照。

（9）余剰主義は市税・実費主義からは「消費物税に近類せる市営企業財貨の需要者即ち庶民より増徴せる収入の余剰を以て，一般政費に於て充で其丈有産階級の負担を軽減するは，是れ正さに公共団体が有産階級乃至資本家を代表して，其利益に於て無産的庶民を搾取するもので，純然たる資本主義に堕することになる」（小林丑三郎「市営事業収入の性質及原則」『都市問題』第7巻第4号22頁）と激しく批判されている。

（10）余剰金処理による繰入金は，「公益事業の包摂は都市財政の安定化要因になるとともに，半面では『公共団体』を深く『市場経済』原理にひきずりこんで，経営環境の変化にともなう不安定性を増幅する」（持田・前掲「都市財政の成立Ⅱ」152頁）と，功罪半ばすると批判されている。しかし，実態は負担金であり，結果として普通経済を支援しているが，企業経済が不景気で繰入金が減少し，普通経済がダメージを受けても，国庫補助金なども同様であり，繰入金の欠陥とはいえないのではないか。

（11）関一「市営事業の本質」『都市問題』第7巻第2号38頁。

（12）巨額の繰入金について，自治体サイドは，「事業と行政との極端なる分化は至難事なるもみならず，一般財源の窮迫を救ふためには，事業の建設改良を妨げざる程度

の繰入の如きは已むを得ざる方策として認められてゐる」(前掲「京都市政史下」478頁)といわれている。なお余剰金処理については，持田・前掲「都市財政の成立Ⅱ」148〜158頁参照。

(13) 大正7年度から昭和4年度までの都市計画事業財源3,789万円，特別税431万円（11.4%），受益者負担245万円（6.5%），繰入金1,438万円（37.9%），国庫補助金125万円（3.3%），その他繰越金・その他収入・土地売却代などである。繰入金の内訳は公債経済125万円，積立金経済101万円，電車経済借入金220万円は，会計間操作の繰入金で，それ以外は，電車経済繰入金992万円（26.2%）で，実質的財政支援金で，同期間の大阪市電車経済繰入金458万円（2.5%）よりはるかに多い。東京市政調査会・前掲「本邦都市計画事業と其財政」415〜423頁。なお大都市都市計画財源については，前掲「大正地方財政史下」274〜283頁参照。

(14) 公債会計を中核とする大都市の会計操作・財政運営については，持田・前掲「都市財政の成立Ⅱ」148〜159頁参照。

公営企業創設と発展の系譜

公営企業発展の系譜をたどると，制度の未整備・行政監督の怠慢の空隙を狙って，企業間の熾烈な競争・合併，公営・民営の競合・紛争，利権をめぐる政治家の暗躍・汚職が目立った。

この点，結果として公営主義の水道に比して，民営主義の交通・電気・瓦斯などの事業分野が，圧倒的にトラブルを多発していた。[1]

これらのトラブルからみても，明治期の公益企業行政は，本来，公営主義をベースとして運営されるべきで，第1に，政策的にみて民営主義がどれほどのメリットを，都市経済・市民生活にもたらしたか，「公益資本主義」からみると，公営・民営の公益サービスは同じであっても，事業による独占利益が公営では都市全体に，民営では株主に還元されるという，大きな相違がある。

第2に，都市自治体への政府不信感は根強いが，本来，公益企業の公共性からみて，公営主義が主流となるべきであったが，制度的に市制実施が遅れ，三大都市は特例市制でさらに遅れ，公営企業の経営主体として，経営意識・能力の発達が阻害された。

明治前期，都市としての区政は，行財政能力が疑問視されたが，潜在的経営能力は高く，公営企業創業・運営は可能であった。実際，府県・区が協力体制

を組めば，京都では疏水事業，函館・長崎では近代水道が建設されている。

　まして三大都市では，東京は明治10年代に馬車鉄道，20年代に電気軌道の公営を達成していても不思議ではない。実際，明治初期，東京・横浜では瓦斯事業・旧水道などは，七分積金・歩合金などで創設されたが，政府公益企業施策の消極的対応が，公営交通主義の実現には，大きな阻害要因となった。

　第1の視点として，水道以外の公益企業は自由競争で，結果として民営優位となったが，政府の実害はほとんどなく，民営企業が莫大な独占利益を享受し，自治体は甚大な損失を被った。

　公益企業行政の欠陥・問題点をみると，第1に，「公益企業法制の非公共性」である。政府の公益企業法制は，明治23年の水道条例で，市町村独占・優先が決定されたが，瓦斯・電気・交通事業法などは遅れただけでなく，公営・民営競合方式であった。[2]

　明治期，事業法は交通が複数事業法で，公営・民営とも混乱したが，大正期になってもバス事業法は，自動車取締令はあったが，監督省庁は決らず，警察行政の一環として処理されたが，民営先行の政党利権的認可で，公営交通は大打撃を被る事態となった。

　問題は政府決定にあって，交通にあってどうして公営交通優先施策が，決断されなかったか悔やまれる。しかし，公営交通主義については，当時の内務省は都市行政への公共経済的認識は希薄で，事業認可の処理しか眼中にない，近視眼的対応しかできなかった。一方，政府の水道公営主義は，内務省衛生局の存在，さらに伝染病の猛威・水道の非収益性という要素からの例外決定で，政府施策の公営政策は未成熟であった。

　第2に，「民営優位の事業化」であった。公益企業は出願制といっても，公営は民営に比べて，資金・政治力にあって不利であった。民営は資金力では株式方式で有利である。政治力でも資金力にまさる民間が優位で，競願状況になると，民間は政治家・官僚を動かし，許認可獲得運動は熾烈をきわめた。

　都市自治体は，市債許可制で制約を受け，民間企業の利権運動に比べて，市長・市会が共同歩調で公営認可を追求できず，最悪の場合，市会議員は民営企業に懐柔され，公営化を妨害する企業との癒着が，繁殖する醜態をさらした。

380　第3章　都市開発の展開と公営企業の戦略

民間の利潤追求のインセンティブに比べて，自治体の"公共性"追求はインパクトが弱かった。しかしも公共経済的感覚が鈍感であるため，公営企業の外部効果メリットを見逃していた。

　水道の場合，伝染病・火災という現実の事実が，公共性の要因として理解されていったが，交通のサービス提供・集積利益還元といった目標は，民営の弊害が肥大化するまで，説得性はなかった。事業化への動機は，民間の利潤追求に比べて，自治体の"公共性"追求は漠然としていた。

　しかも大阪市の公営交通のメリットは，必ずしも都市自治体の共有意識になっていなかった。その要因は直接創業効果として，わずか9年で民営買収方式より約2,500万円（411頁注20参照）のメリットがあった政策事実（evidence）を，自治体は認識する努力を怠っていたからである。

　第3に，「許認可行政の杜撰さ」である。政府の許認可制方針は，公営・民営と揺らいだだけでなく，同一営業区域に複数の事業者が，事業免許を得て，無駄な整備投資と熾烈な料金競争を繰りひろげる，無政府状況にあった。また民営企業の特許条件不履行があっても，政府は条件の実施・免許の取消など監督措置を十分に履行しなかった。

　公営優先主義を採用しておれば，無駄な競争が繰りひろげられることはなかった。しかし，明治後期から大正期にかけて，先行する民営電気・交通企業を，買収でなく事業認可を得た公営電気・交通事業が，民営弊害の淘汰をめざして競争を激化させていった。京都市における民営・公営電車の競争は，狭軌・広軌の違いもあり，二重投資・料金の二重払いなどが発生した。

　結果として公益企業は公営・民営を問わず，寡占・独占状況をめざし，競争・買収を遂行したので，地域紛争は激化していった。

　第2の視点として，公益企業発達の経過をみてみる。第1期の明治前期は，揺籃期であるが，市制町村制実施前で民間主導となったが，民間の瓦斯・水道事業の創設・経営は難航した。

　第1の瓦斯事業をみると，瓦斯事業は，都市成長・文明開化の一環として，先駆者の決断によって，地域基金（七分積金・歩合金）などを活用して創業された。[3] 第1に，東京・横浜市で創業されたが，多分に官製的事業化であった。

横浜では外国人の瓦斯起業申請に対して，外国人独占排除のため，泥縄式の民営創設で，多分に国益保護の感覚からの対応措置であった。[4] 東京では国策プロジェクトへの支援として，銀座煉瓦街の装飾的効果を狙って，財源は七分積金で便乗的に事業化されている。

第2に，明治初期の公益企業は，都市集積度が不十分の状況で，一方，民間も資金力・経営力の未熟な状況で，経営破綻がつづき，政府・自治体が，経営支援で赤字補填する事態となり，無理をしてでも公営主義で創業すべきであった。

瓦斯事業の実際の動きは，東京では公営から民営へと売却され，横浜では民営から公営へと事業の移管がなされた。横浜市営瓦斯の事業成績は良好で，都市自治体の経営能力を立証した。[5]

第3に，東京瓦斯事業は，地域共益金である七分積金で，東京会議所が企画し，明治7年に事業化された。銀座煉瓦街の瓦斯燈設置が目的であったが，共益金をこのような外部効果の小さい，経営不安定な冒険的事業への投入は，積金の趣旨から逸脱した行為ともいえる。[6]

明治9年に東京府に移管されたが，赤字経営であり，時の芳川知事は明治18年に26.9万円で，売却を決定したが，横浜市営瓦斯の好成績をみれば，疑問の残る決定であった。[7] もし公営として存続させていれば，東京市は，東京瓦斯との無用の政治的紛糾という，禍根だけでも根絶できた。

第4に，その後，民営瓦斯事業は，明治18年の東京ガス以降は，33年神戸ガス，38年大阪ガス，40年東邦ガス，43年京都ガスとつづき，福井市などで市営瓦斯が創設されたが，大半が民営企業であった。

第2の水道事業をみると，伝染病予防のためにも，水道建設は焦眉の案件であった。地域経済にあって，鉄道・船舶など民間企業も，水道給水は切実な問題で，民営水道創設の動きが胎動していった。

第1に，旧水道の動きがひろがったが，その維持管理は赤字で，近代水道への捨て石的役割を果たした。しかし，東京旧水道は，近代水道完成までに，数十万円の赤字補填を，府税・七分積金・割当金などで補填している。

横浜旧水道をみると，明治4年に民間有志が旧水道会社（資本金35万円）を設

立するが，6年の完成時点で28万円の資本不足となり，最終的には神奈川県が経営を引き継ぎ，近代水道建設会計で処理している。[8]

　要するに明治前期の民営の経営力・資金力は，それほど大きくはない。ある意味では地方債さえ発行を認可すれば，都市自治体の経営力は，民間をはるかに凌ぐ潜在能力を秘めており，当初から公営化であれば無駄な投資は回避できたが，政府は公営の能力，公営化のメリットを十分に評価しなかった。

　第2に，旧水道では，投資効果はほとんどなく，早期の近代水道が必要であった。問題は巨額の工事費の調達と建設費の償還であった。しかし，一方，水道創設の事業効果は，伝染病予防・火災延焼防止・都市活動維持などの効果はきわめて大きく，公共経済ベースでは収支は均衡する。

　しかし，民営では外部効果が算入できず，必然的に割高料金となり，水道普及が阻害される致命的欠陥は避けられなかった。そのため近代水道は公営方式となり，お雇い外国人の政策科学にもとづく調査は，実施へのインセンティブとなったが，政府公営化方針は明治20年の閣議決定と遅れ，公営化は難航した。[9]

　第3の事業として，市内交通をみると，都市近代化の先行投資・リスクは政府が担うべきで，明治5年，東京・横浜鉄道・銀座煉瓦街を実施している。しかし，政府は政策・経営効果の大きい，都市公営企業投資は，都市が区政で実力がない以上，横浜水道方式で政府融資・府県実施・市移管方式で対応すべきであった。注目されるのは，政府は明治11年，野蒜港（国庫負担68万円），坂井港（国庫負担15万円）を事業化し失敗している。

　公共投資戦略として基本的政策選択を過ったといえる。そのため政府支援から見放され，公営交通は苦難の途をたどった。

　第1に，都市に大きな衝撃は，馬車鉄道の創業で，明治13年に政府が，監督行政至上主義の信奉性から，条件を付け認可した。「東京馬車鉄道」（資本金30万円）は発足し，15年に営業を開始した。[10]

　第2に，認可条件は機能せず，馬車鉄道の経営は，独占営業を背景に，初年から配当を実施し，10年代は1割，20年代2割，30年代3割という高配当であった。東京馬車鉄道は，明治30年代には品川馬車鉄道を合併し，市街地交通の経

営を独占し，最盛期には馬車300台，馬2,000頭をかぞえる，大企業に成長していった。

　しかし，「それは道路損傷問題にみられるように，社会的負担免責の成果物という不当利得であった」[11]といえる。要するに認可主義の過信，認可後の監督怠慢が，道路損傷・交通渋滞・汚物散乱といったマイナスの外部効果が社会的弊害となった。結局，政府の行政ミスが，ツケとなり地域に拡散された。

　第3に，東京府が，馬車鉄道を直接的創業する余地はあった。[12]また本来の道路負担を十分に賦課していれば，都市交通は，公営交通に有利に推移していたであろう。東京馬車鉄道に対して東京府は，監督はするが，公営企業化の意欲はなかった。その公的利益喪失は約123万円（367頁注6参照）で道路未整備として，誕生した東京市に損失は回された。

　第4の電気供給事業は，明治19年7月に東京電燈会社（資本金20万円）が開業され，20年11月より電灯供給を開始する。各都市で順次，事業化されていったが，名古屋市では勧業貸付金を活用して電燈会社が設立される，特異な事例がみられた。[13]都市自治体ではこのような政府貸付金はなく，民間に対して不利は免れなかった。

　瓦斯・電気は，水道・交通に比べて，外部効果は小さかったが，電気は収益性に優れていたが，六大都市では京都市が，24年疏水事業で発電事業を，41年大阪市が市営電車への供給電力事業を，44年買収で東京・静岡・仙台市が創業している。

　第3の視点として，第2期の明治後期における，公営企業創業期をみると，明治36年の大阪市公営交通，44年の東京民営交通買収があった。市制が実施され，府県管理の神奈川水道・京都疏水は，市営へと移管された。

　水道では公営化がつづいたが，都市自治体の公企業化（表32参照）は，交通では創業方式で大阪市，瓦斯では移管方式で横浜市，電気では創業方式で京都市と，例外的少数の公営がみられただけであった。

　第1の水道事業をみると，明治後期，都市自治体は，水道事業を創業したが，しかし，水道事業の収益性は低く，都市経営戦略としての活用は，限定的であったが，事業外部効果は抜群で，都市自治体がその効果をどこまで信頼するかで，

起業化は決まった。

　第1に，特筆すべきは，民営水道の動きであった。当時，区制であり都市に水道敷設の能力はなく，むしろ民営水道への期待は大きかった。[14]

　しかし，民営水道は，東京・横浜・長崎・新潟などで，企画・設立されたが，工事・経営条件・施設買収条件など，さまざまの課題があり，民営水道は軌道に乗らなかった。もし政府が民営化を許容しておれば，交通と同様に民営化・公営買収という経過となり，都市自治体は巨額の公費損失を余儀なくされたであろう。

　第2に，近代水道が，最初に設置されたのが横浜水道である。[15] 居留地外国人の要請を受け，神奈川県が政府融資100万円で，水道建設に着手しているが，水道敷設の段階では，公営主義への政策意識は，明確でなかった。しかし，都市経営にあって政治的意図の事業化であっても，先験的事業のインセンティブは大きい。大阪市の第1次路線は博覧会協賛事業であったが，本格的事業への布石となった。

　明治20年の神奈川水道につづき，以後，長崎・函館水道が創設される。水道事業創設の隘路は資金であったが，市制以前の地方債制度が未成熟の時期に，公募債で長崎・函館などは建設資金の調達に成功している。[16]

　第3に，水道事業創設は，政府の事業認可，議会・市民の同意，さらに創設資金の調達などの，課題が山積していた。しかし，地方税補填主義の経営原則で，この障害を乗り切っていった。

　しかし，水道敷設をめぐる住民反対運動と自治体などの賛成運動との間に激しい論争が展開されたが，両者の理論・政策は，公共経済からみて注目すべき争点が指摘され，政策科学として水準の高さがみられた。[17]

　第2の市内交通事業をみると，大阪市は直接創業で問題はなかったが，東京市は公営・民営が競合し，民営化の後に買収による公営化という，最悪の経過をたどった。第1に，公営・民営については，明治29年板垣内務大臣が，電気鉄道の私設鉄道排除を打ちだすが，後任の樺山内務大臣は，私営鉄道容認を打ちだすなど，政府方針（168頁注2参照）は定まらなかった。原因は政府が，道路・港湾・水道といった社会基盤とは，異質の公益企業の民営・公営のメリッ

第2節　公営企業の独占利益と公営一元化政策　385

ト・デメリットを，十分に分析していないため，認可方針・戦略が，揺らいでいたからであった。

第2に，民営路面電車創設の動きは，明治22年に東京で申請がだされたが，電気軌道の技術的問題に加えて，東京は道路事情が悪く却下された。その後も事業申請はつづいたが，明治27年に民営京都電気鉄道が認可される。理由は琵琶湖疏水事業の電力の利用と，市街地道路が比較的整然としており，交通量も少ないという点が考慮された。

東京では馬車鉄道の私的独占への批判が高まり，公営企業創設の機運が高まったが，政府は公営化の動きを支援せず，明治28・29年に民営数社を認可したが，事業化には合併となり，電車開通は，36年と大幅に遅れた。

第3に，内務省は，東京市の利権派の動きから，東京市が「市有を企画するに止り市有市営の断行を躊躇したから」[18]，市営不可であると察知したといわれている。しかし，利権派の暗躍があったにせよ，政府は過剰反応せず，公営化のメリットを支持していれば，公営派が巻き返せるはずであった。実際，後でみるように民営3社合併に関する明治32年10月の東京参事会民営採決（417頁注6参照）は，1票という僅差であった。

第4に，都市自治体は，水道と交通の独占利益が，異質であるとは認識していなかったのではないか。水道は，外部効果は大きいが事業収益性は低い。交通は，外部効果はそれほど大きくないが事業収益性は高い。ある意味では政府・自治体の，この水道・交通の特性への認識不足が，交通公営化を自滅させたともいえる。

第3の電気供給事業をみると，明治19年の東京電燈会社につづき，以後，21年神戸電燈，22年大阪電燈，京都電燈，名古屋電燈と民営が開業される。第1に，公営は民営に先行されたが，市営電気供給事業は，京都市が疏水事業を利用し，水力発電で公営電気供給事業を，明治24年11月に営業を開始している。[19] その後，大阪市も44年に営業を開始する。

第2に，明治44年に東京・静岡・仙台市が，民営買収方式で営業を開始している。大正7年には神戸市も，交通事業買収方式で電気供給事業に参加する。なお府県にあっても電気事業が発電事業として広がっていった。[20] 民営同士の

競合も発生したが，京都・大阪・東京などでは，先行する民営と後発組の公営との競合となった。[21]

　第4の視点として，第3期の大正期における，公営企業発達期をみてみると，第1次世界大戦の好景気もあり，公営企業が，多く創設された。第1の交通事業をみると，第1に，注目されるのは，明治44年の東京市の民営交通買収に刺激され，神戸・横浜・名古屋市などは，大正期にずれ込むが，報償契約にもとづく買収方式で，やっと公営交通誕生にこぎつけている。

　第2に，神戸市などの民営電気鉄道買収は，買収会社が電気・交通ともに市内独占の営業を確立していたので，買収イコール，公営一元化であった。しかし，京都市は，電気鉄道・電気供給とも，民営との競争激化にさらされたが，交通では民営を圧迫し，経営悪化に追い込み，安価な買収に成功する。一方，電気供給では，永年，買収交渉がもつれたが，買収寸前に市長が急死し，買収に失敗している。

　第2の水道事業をみると，人口増加で需要が急増し，設備増強のため投資拡大が避けられず，水道料金の大幅値上げとなり，市税補填が限界をこえ，独立採算制採用となった。[22]

　第3の電気事業では，大阪市では，明治22年大阪電燈会社が設立され，電燈供給事業で，完全な経営権を確立しており，市営化は難航をきわめた。明治41年，大阪市は，市営電気軌道への電力供給事業を開始し，ついで大正12年に報償契約にもとづき，大電買収にこぎ着けている。明治44年の東京市の東京鉄道の買収以来の6,465万円の大型買収であった。

　第4のバス事業をみると，大正末期から，昭和初期にかけて，大都市では，民営バス優先認可がつづき，京都市以外は，民営の後塵を拝し，創設期の独占利益を喪失しただけでなく，路面電車の経営悪化を，増幅させる由々しき事態となった。[23]

　第5の視点として，第4期の戦前昭和前期における公営企業の拡充・崩壊期をみると，戦時体制期までは完全公営化をめざした成熟期であるが，戦時体制が深まると，全面的に経営危機となり，そして崩壊への途をたどる。路面電車は経営環境の悪化から，財政破綻の危機に瀕しており，バス事業も民営に先行さ

れ経営圧迫という苦境にあった。水道事業は相次ぐ拡張工事で債務重圧に苦しみ，電気事業のみが比較的安定的な経営を維持していた。

　第1の路面電車事業をみると，路面電車の経営危機は深化していったが，拡大路線をつづけたので，綱渡り的状況にあった。それでも辛うじて経営破綻を，回避できたのは，過去の経営遺産と，人口集積による事業収入増があったからで，さらに債務償還繰延べという，苦肉の延命策を弄していったからである。

　第2のバス事業をみると，民営バスに先行され，しかも主要路線をめぐって競合・競争で経営収支は悪化していた。大都市のバス事業は，陸上交通事業調整法（昭和13年4月公布）による交通統制で，民営バスの買収がすすみ，路面電車は，息を吹き返し，市内交通では，その面目を維持する。しかし，郊外電車・国鉄環状線・バスなどの発達で，かつての公営交通王国の面影にかげりがみられた。

　バス事業は，民営バス買収が遅れた分だけ，創業期の独占利益の吸収を逸した。さらにバス買収を見越して民営バスは，老朽バスを自治体に買い取らせたので収支は悪化し，さらに膨大な買収債が，経営を圧迫した。戦争激化でバス事業は，燃料規制で営業困難となり，経営破綻となった。

　第3の地下鉄事業をみると，昭和8年，大阪市営地下鉄が開業し，大都市公営交通一元化への大きな実績となった。しかし，東京市の地下鉄事業創業は，市債認可が得られず，数年を空費している間に，民営地下鉄が創業され昭和16年政府主導の営団地下鉄となり，公営交通一元主義に，禍根を残すことになった。[24]

　第4の電気供給事業をみると，電気事業の致命的打撃は，昭和13年の電力管理法で，14年以降，地方電気事業は，国策会社に買収される憂き目をみた。先にみたように東京市では，東京市公営地下鉄が不許可となり，営団地下鉄となり，地方公営企業への国策による，侵蝕がみられた。

　電気事業という，ドル箱を失った，都市財政は，地方税制度の枠組みのもとで，凋落するだけであった。地方公営企業への国策による，公営一元化主義の破綻という，悲劇で，戦前地方公営企業は，その発展の幕をとじた。[25]

表32　公営企業創設の推移

水道事業		電車事業		電気事業		ガス事業		バス事業	
創設年	事業者	創設年	事業者	創設年	事業者	創設年	事業者	創設年	事業者
明20	△横浜市	明36	大阪市	明24	京都市	明25	△横浜市	大13	東京市
22	函館市	44	※東京市	41	大阪市	41	金澤市	15	富山市
24	長崎市	45	京都市	42	高知県	45	福井市	15	青森市
28	大阪市	大6	※神戸市	44	※静岡市	大3	久留米市	昭2	佐世保市
31	広島市	10	※横浜市	44	※東京市	7	高田市	2	大阪市
31	東京市	11	※名古屋市	44	※仙台市	昭5	松江市	2	熊本市
38	岡山市	13	熊本市	大6	※神戸市	7	宇部市	3	京都市
38	神戸市	15	仙台市	10	※金澤市	16	※仙台市	3	横浜市
39	下関市	昭2	札幌市	12	大阪市			4	若松市
40	佐世保市	3	鹿児島市	12	宮城県			4	徳島市
42	青森市	4	小樽市	12	岡山県			4	松江市
43	新潟市	11	若松市	12	富山県			4	鹿児島市
43	堺市	13	富山市	大13	山口県			5	名古屋市
45	京都市			昭9	青森県			5	神戸市

注　※は買収方式，△は移管，府県電気事業は発電事業。なお若松・札幌市もバス公営は，いずれも
　　昭和5年である。

出典　高寄昇三『昭和地方財政第5巻』413頁。

注

(1) 公営企業の系譜については，竹中・前掲「公企業成立史」20〜149頁，高寄・前掲
「明治地方財政Ⅵ」354〜361頁。高寄・前掲「昭和地方財政Ⅴ」412〜420頁参照。

(2) 公益企業関係の法令をみると，私鉄鉄道条例（明治20年），水道条例（明治23年），軌
道条例（明治23年），電気事業法（明治44年），運河法（大2年），鉄道敷設法（明25
年），地方鉄道法（大正8年），自動車取締令（大正8年），軌道法（大正10年），瓦斯
事業法（大正14年），自動交通事業法（昭和6年）などが制定されたが，制定時期が
遅く，制定されても有効に機能しなかった。

(3) 瓦斯事業創設については，竹中・前掲「公企業成立史」131〜149頁，高寄・前掲
「明治地方財政Ⅵ」367〜384頁参照。

(4) 明治4年7月に横浜ドイツ領事が，神奈川県に瓦斯事業会社の設立を申請するが，神
奈川県知事は公益企業の瓦斯事業を，外国人が経営することを危惧し，急ぎ日本人
による瓦斯会社を創業させている。明治5年9月に高島嘉右衛門が，中心となり事業
創業をみている。しかし，瓦斯事業は予想外の大規模事業となったので，当初の共
同出資者8名は脱落し，高島氏一個人の事業となった。その資金は歩合金借入金・大
蔵省貸下金・自己資金の16万円であった。しかし，経営は苦しく，高島嘉右衛門は，
区町会所に22.35万円で譲渡した。区長などの経営努力で，経営は軌道に乗っていっ
たが，会計処理は独断的に処理され，高島嘉右衛門への利益金1.3万円交付が問題と
され，瓦斯局訴訟となった。さらに発展し，瓦斯事業の所有をめぐる共有物訴訟へ

となった。最終的には明治25年4月，横浜市に譲渡された。横浜瓦斯創設の経由については，横浜市瓦斯局『横浜瓦斯史（沿革篇）』（横浜市瓦斯局 1943年）43～89頁参照。神戸居留地でも，明治5年5月，居留地外国人による瓦斯事業申請があり，外務省と兵庫県とが合議し，居留地内の営業として，兵庫瓦斯がみとめられた。前掲「神戸市史本編各説」288頁参照。

(5) 横浜市営瓦斯は明治25年に横浜市が12万円で引き継いでいる。明治37年には設備費46.9万円で，利益7.2万円をだしており，1割5分以上の収益率である。しかも公設瓦斯灯1万298灯を，瓦斯会計が無償代価で提供している。横浜公営瓦斯の経営メリットについては，安部磯雄『比較市政論』250～256頁，以下，安部・前掲「比較市政論」，竹中・前掲「公企業成立史」131～134頁，高寄・前掲「明治地方財政Ⅵ」368～376頁参照。なお横浜ガス局事件については，前掲「横浜市史Ⅲ下」4，6，13，81～133頁参照。

(6) 東京瓦斯については，東京都・前掲「七分積金」181～193頁，竹中・前掲「公企業成立史」134～138頁，前掲「東京百年史Ⅱ」560～568頁，前掲「東京都財政史上」217頁，高寄・前掲「明治地方財政Ⅵ」376～384頁参照。民営売却については，東京都・前掲「七分積金」239・243頁，東京瓦斯会社『東京瓦斯50年史』（東京瓦斯 1935年）3～8頁，以下，前掲「東京瓦斯50年史」，

(7) 東京瓦斯事業は，東京府の瓦斯経営状況は悪いまま，売却の方針であったが，渋沢栄一が経営改善し，17年には8,000円の利益をあげるようになった。創設以来18年まで，支出額62.5万円であるが，利益金で弁済し未済額11.9万円になったので，18年に26.9万円で民間払下となり，18年に東京瓦斯会社（資本27万円）が設立された。しかし，府会では収益性ある事業の民間売却には反対が根強かった。渋沢栄一は，府ガス事業売却でも積極的に動き，自身は東京瓦斯の払受同盟委員長，設立会社委員長，商法実施で会社取締役会長として会社を経営する。結局，七分積金は，銀座煉瓦街の装飾物として瓦斯事業に充当され，最終的には民間瓦斯創設に利用されただけであった。渋沢栄一の府ガス事業再生の手腕・功績は評価できるが，東京市の交通をめぐる公営・民営の決定おける対応をみても，マクロの経営戦略・政党利権派への対抗力は乏しく，潜在的意識として公営蔑視・民営礼賛の念が強い。なお東京府のガス事業売却について，前掲「東京瓦斯50年史」3～8頁，菊池慎三『地方自治と東京市政』（良書普及会 1928年）144～150頁，154・155頁参照，以下，菊池・前掲「地方自治と東京市政」。

(8) 旧水道については，高寄・前掲「公営水道史」24～54頁。東京旧水道については，東京都水道局『東京都水道史』98・111頁，以下，前掲「東京都水道史」。東京都水道局『東京近代水道百年史』37～49頁参照。横浜旧水道については，前掲「横浜水道100年の歩み」17～45頁参照。

(9) 近代水道については，明治7年の「東京水道改良意見書」（ファン・ドールン）では，人口31万人で，事業費150万円で，建設費元利償還を加算すると，一戸当り235ドルと試算している。しかし，償還期間20年とすれば，年間11.75ドル，事業用半分とすると，約5.5ドルとなると報告している。前掲「東京都水道百年史」53・54頁参

照。注目されるのは，明治20年に神戸水道についてのパーマー（H.S.Palmer）の報告書は，公共経済学的に平易かつ実証的な数値で説明している。工事費概算40万円（人口13.1万人）と算定し，1人当り3.05円となるが，事業用もあり，高所得者層・奢侈的使用者への傾斜料金方式を採用すれば，年間0.5円となる。低所得者層は，この低料金で取水労働軽減・火災予防・疾病回避・医療費節約など，多くのメリットを得られると，効果測定をしているが，政策科学からも優れた手法といえる。パーマー報告書については，神戸市『神戸水道誌』（神戸市 1910年）11～30頁参照。

（10）東京馬車鉄道については，前掲・「東京馬車鉄道」参照，前掲「東京百年史Ⅱ」1058～1560頁，前掲「東京百年史Ⅲ」605～609頁，高寄・前掲「公営交通史」85～102頁参照。

（11）高寄・前掲「公営交通史」89頁。

（12）明治11年東京府歳出79.1万円（官費・民費・府税・共有金）であり，13年馬車鉄道資本金30万円の資金調達は不可能ではない。民間と異なり逐次投資で事業化ができる。すでに七分積金でガス事業を創業し，13年は火災跡地復興事業で，発行されなかったが，府債75万円を府議会が議決した実績があり，資金調達は可能であった。東京府が東京（都市部）に何を残したか，めぼしい事業は銀座煉瓦街ぐらいであった。京都府（16年度府税50.7万円，京都区54.4万円）は，府税に匹敵する琵琶湖疏水（事業費60万円）を，明治16年に着工し，23年には竣功しているが，東京府の実績はない。

（13）名古屋電燈事業と旧士族への勧業資金貸付7.5万円のみで設立されている。前掲「前掲「名古屋市史Ⅵ」235頁，明治39年10月，水力発電の名古屋電力が創設され，名古屋電燈会社にとっては脅威で，43年7月に合併している。前掲「名古屋市史Ⅳ」497頁

（14）たとえば「民間の有力者が会社組織をつくって，市営水道を計画するものが続出した……必ずしも営利主義的目的より出発したものとすることはできない……近代水道発足に至るまでの胎動期におけるこれらの市営水道計画の意義は大きい」（日本水道協会日本水道史編集委員会編『日本水道史』147・148頁，以下，前掲「日本水道史」）と，評価されている。しかし，刺激効果は認められるが，営利主義の民営水道では，民営交通より深刻な弊害が発生し，地方自治体は，その後始末に忙殺され，巨額の公費支出を余儀なくされたであろう。なお民営水道については，前掲「日本水道史」147～157頁，高寄・前掲「公営水道史」91～96頁，東京民営水道については，前掲「東京都水道史」126・127頁参照。

（15）横浜水道については，前掲「横浜水道100年の歩み」45～95頁，前掲「日本水道史」157～172頁，高寄・前掲「公営水道史」119～131頁参照。

（16）明治期の水道公募債については，高寄・前掲「公営水道成立史」105～118頁参照。水道事業への国庫補助金については，同前100～105頁参照。

（17）お雇い外国人の水道設計にみられる，水道建設がもたらす費用効果分析，賛成派の衛生効果による啓蒙活動，また反対派の建設資金調達・水道経営収支予測・市民ニーズの動向など，水道建設・経営に与えた警告は無視できない指摘であった。と

ころが公営交通にあっては，奇妙なことに水道ほどの論争はなく政治的駆引で処理
されていった。日本おける政策科学の発達土壌は，残念ながら培養されなかった。

（18）竹中龍雄「我国に於ける市営市街電車企業の成立と其背景・下」『都市問題』第25
巻第2号61頁。

（19）京都市の電気事業については，前掲「京都市政史上」877〜893頁参照。

（20）なお県営電力事業については，明治42年高知県，大正12年富山・宮城県，大正13
年山口県，昭和9年青森県が開始している。このように県営電力事業が，創設された
背景は，都市自治体と同様に公営企業による，収益が動機の一つであった。前掲「昭
和地方財政史Ⅲ」319〜322頁参照。

（21）市営電気事業と京都電燈会社との競合・競争については，前掲「京都市政史Ⅰ」
200頁，前掲「京都市政史下」427頁参照。東京電燈会社と東京市営電気事業の競合
については，東京市電気局『創業20年史』125〜167頁，東京市電気局『東京市電気
局30年史』377〜509頁参照，以下，前掲「東京市電気局年史」。

（22）独立採算制採用で注目されるのは，横浜水道は，政府貸付金100万円で建設され
たので，安易な市税補填策は採用できなかった。普通経済とは別個の水道特別経済
で運営していき，収支を明確して，大蔵省への返済猶予，さらにはあわよくば借入
金棒引きをねらった。実際，横浜水道は赤字で，第1次拡張工事の補助金と借入金相
殺を実現させている。前掲「横浜水道百年」133〜136頁参照。

（23）バス事業の民営認可については，下巻でふれるが，横浜市交通局『横浜市営交通
80年史』309〜324頁，高寄・前掲「昭和地方財政Ⅴ」482〜489頁参照。

（24）東京地下鉄・営団については，下巻でふれるが，帝都高速度交通営団は，昭和16
年9月に開業する。出資金6,000万円，うち政府4,000万円，東京市1,000万円，民間
1,000万円の政府主導の機関であった。東京市公営地下鉄の挫折については，前掲
「東京都交通局50年史」271〜331頁，前掲「東京都交通局60年史」171〜173頁，
高寄・前掲「昭和地方財政Ⅴ」489〜493頁参照。

（25）電力国家管理・公営電気消滅については，公営電気復元運動史編集委員会『公営
電気復元運動史』（公営電気事業復元県都市協議会　1969年）18〜59頁参照。高寄・
前掲「昭和地方財政Ⅴ」539〜544頁参照。

水道創設と公営主義の選択

　明治後期，近代水道が全国的に普及していったが，都市自治体の自主的決断
ではなかった。伝染病流行の被害，民営水道申請の続出，水道条例の公営主義，
国庫補助金の支援，府県の水道敷設指導，お雇い外国人の水道設計策定など，
さまざまの外圧が創設への大きなインセンティブとなった。

　それでも自治体にとって，市税収入の10倍以上の巨額投資は，財政的には

"恐怖の選択" であった。さらに水道の非収益性・市民の負担・水源開発の紛争など，公営実施への障害があったが，「都市の選択」として決断されていった。[1]

　第1の視点として，都市自治体の水道建設への要因・課題をみてみる。第1の課題として，特筆すべきは，明治期，殖産興業の重圧のもとで，水道設置という環境優先・生活重視の政府決断は，殖産興業一色の都市整備にあって，異例の施策であった。

　その要因をみると，第1に，「伝染病・火災被害の甚大性」である。政府としても，伝染病流行は，近代国家の根底を揺るがす恐怖であり，行政規制だけでは抑制は，不可能であった。水道は市民生活のみでなく，鉄道・船舶なども大量の水が必要で，不可欠のサービスであった。

　火災も防災都市化は決め手を欠き，即効性効果の水道に期待するところ大であった。旧水道・井戸依存では，市民死亡の犠牲に加えて，都市火災の頻発，経済活動の中止など，企業被害も甚大であった。要するに可視的損害で地域社会へのインパクトは大きかった。[2]

　第2に，「明治23年の水道条例制定」で，市町村独占方式を定着させていった。[3] 公営交通法令の未整備・補助なしの政府支援との対比でみても，その差は歴然としている。このような動きは，明治20年6月の「水道敷設ノ目的ヲ決定スルノ件」の閣議決定となり，民営方式より市町村公営方式が採択される。[4]

　政府が，公営方式が公益性を尊重し，市町村がサービス提供の適格性を有すると判断した決定は称賛に価する。要するに民営水道への不信感で，民営では市税補填がなく割高料金となり，水道普及もすすまず，伝染病予防効果の激減が予想された。さらに将来，民営買収方式となると，紛争を誘発し，割高買収となり市町村財政に大きなダメージとなると憂慮されたからである。

　第3に，「水道補助の創設」である。なお国庫補助導入は，審議会で論議されたのでなく，市町村主義となると，必然的に水道建設促進のため，財政支援が必須条件となった。道路などでは補助は涙金程度であったが，水道の補助率3分の1ないし4分の1は，国庫補助率としては，異例の高水準であった。[5]

第4に，「先進都市の意欲・決断」である。地域住民は，伝染病の恐怖にもかかわらず，井戸で十分という意識が定着しており，意識改革は厄介な障害であった。さらに都市にとって3分の2の自己負担をどうするかであった。

しかし，市制以前であったが，函館・長崎などは，水道建設方針を固め，積立金・貿易五厘金などを注入し，住民の反対を沈静化させていった。それでも建設資金不足は，市債制度がない状況で，水道債発行を決断し，建設へこぎつけている。

結局，水道の外部効果への認識が，早期建設への動機となり，「行政の知恵」で資金を調達し，「首長の決断」で障害を克服していった。そして実際，水道敷設の効果で，市民意識の洗脳はすすみ，事業の外部効果も，大阪では立証されていった。[6]

第2の課題として，水道創設の経由を，「都市の選択」からみてみると，第1に，「旧水道との決別」である。近代水道には膨大な資金が必要で，従来の旧水道でしのぐのか，近代水道を急ぎ整備するかの選択が求められた。しかし，東京・長崎・横浜などでは，旧水道にこだわり，近代水道建設へ容易に踏み切れなかった。

明治初期，お雇い外国人や開明的日本人によって，多くの近代水道建設への調査がなされ，近代水道の必要性・設置効果が報告されたが，政府・都市とも，設置には二の足を踏んだ。府県ベースでみれば，必ずしも不可能ではなかった。[7]

第2に，「民営水道の阻止」である。水道建設の決定は，市会・市民の合意は，容易でなく，財源的に目途も立たないので，民営水道の動きが，各都市でみられ，内務省でも民営水道が検討された。[8]ことに新潟では水道条例以前にあって，民営水道が認可され，県・市の紛争へと発展している。[9]

結果的には水道条例の制定で，辛うじて公営方式が認められ，危機を脱している。各都市における民営水道阻止への自主的画策・努力は，都市（区）の公営企業への"公共性"への認識が，浸透していった興味深い事実といえる。

第3に，「起債による資金調達」である。近代水道敷設へのネックは，財源であったが，明治21年，函館水道へ補助金2.5万円が支給された。この政府

394　第3章　都市開発の展開と公営企業の戦略

支援によって，水道建設は弾みがつき，不足分は公募市債発行で調達していった。[10]

　第3の課題として，政府の水道奨励策にもかかわらず，実施へはさまざまの障害に直面した。第1の事例として，横浜水道をみると，第1に，旧水道を明治6年に民間有志が奮起し，水道会社を創設し，旧水道を28.9万円で建設する。しかし，17.5万円の赤字が発生し，神奈川県はこの赤字処理を，大蔵省からの無利子貸付金での処理に成功するが，その善後処理に悩まされる。[11]

　第2に，横浜居留地外国人の要請を受けて，政府は神奈川県に100万円の資金を貸与して，水道建設を命じ，明治20年に神奈川水道が完成する。[12] 市制実施で横浜市に移管される。横浜水道の竣工は，全国的に大きな刺激となり，開港都市の長崎・函館が，水道創設に踏み切り，以後，東京・大阪・神戸とつづいた。

　第3に，横浜水道は，貸付金で建設されたが，補助金はなく，政府への有利子債の返還ができず，大幅赤字となった。横浜市は，貸付金未償還金109万円，追加工事費16万円，第1回拡張工事費182万円の合計308万円に対する国庫補助金3分の1，102.8万円の補助金を受け，借入金を相殺し全額返済している。横浜市の対政府交渉力の卓抜さを示す事実である。

　第2の事例として，函館水道をみると，函館の火災焼失家屋数は，明治4年1,123戸，6年1,314戸，12年2,326戸と，しばしば大火に襲われている。そのためか水道建設について反対はだれ1人もなく，ひたすら建設を願った。[13]

　その結果，明治20年には北海道長官岩村通俊は，パーマー（H.S.Palmer）に設計を委託し，工事費23.5万円の計画案を得ている。結局，この案を修正し，区会・北海道庁・政府が認可し，21年6月に着工し，22年12月に竣功している。事業費は24.2万円，財源は公借金11万円，国庫補助金5万円，北海道補助2,5万円，共有基本金4,1万円，水道起業費蓄積金2万円の合計24.6万円であった。

　第3の事例として，長崎水道をみると，第1に，旧水道もあり，近代水道建設には住民の反対運動に悩まされた。注目されるのは，「都市の選択」として，上水道敷設より下水整備に力点がおかれた。明治19年に工事費5.4万円で，財源内訳は国庫補助金2.7万円，県地方費1.4万円，区費1.9万円などであった。さら

に河川敷・溝渠上の小屋など撤去事業として，1.2万円支出している。

　第2に，下水道整備では，伝染病阻止は無理として，日下長崎県知事・金井長崎区長は，上水道建設をめざす。明治20年にはハートの上水道計画書が，工事費25万ドル（32.5万円）で提示される。工事の技術的問題はともかく，建設費30万円の財政負担である。当時，長崎区の年間予算は4万円しかなく，7.5倍の巨費であった。[14]

　日下県知事・金井区長は，資金調達の面からみて，公営より民営の会社方式を選択した。会社でも赤字になれば，区費でも補填という条件が必要となった。この時期から住民運動が活発となるが，年賦課額1戸当り29銭7厘でも負担への反対があった。区会でも水道建設は否決され，さらに明治22年の第1回市議選挙では，政治的意図から反対との議員もふえていった。

　第3に，この間，日下県知事・金井区長は，貿易五厘金6万円の流用・国庫補助金5万円の獲得で，財源対策の活路をひらき，水道債19万円で住民負担なして敷設する事業収支を策定し，実現への可能性を高めていった。この対応策は，日本初の市場公募債といった立派な実績を残した。

　しかし，反対派の勢は強く，金井区長は市長に選出されず，日下知事は水道債発行をめぐる，大蔵省・内務省紛糾の責めを負って免職されている。[15]しかし，県は水道建設の事業認可を得ていたので，長崎市の市長・議長も反対という異常な状況で建設され，明治24年3月竣功する。

　第4の事例として，大阪市水道をみると，第1に，「都市の選択」として築港を延期し，水道は明治25年8月着工，28年10月に竣功している。工事費（当初事業費240万円，補助金75万円，補助率31.25%）をみると，明治28年度竣功時の決算は，水道債197万円，国庫補助金15万円，市税10万円，水道債益金18.5万円，その他19.7万円の合計260.2万円となっている。[16]

　第2に，補助金は明治24年から15年間に毎年5万円，総額75万円の支給で，支払方式は後年度延払方式で，実質的に利子補給に過ぎない。

　注目されるのは，水道債を明治26年147万円発行したが，好成績（179頁注19参照）で，発行益金41万円が発生している。通常は発行差損1割15万円が発生するので，実質的56万円以上のメリットがあった。しかも日清戦争後の物価上

396　第3章　都市開発の展開と公営企業の戦略

昇で，公債負担は大きく目減りしており，早期事業化のメリットに恵まれた。

第5の事例として，東京市水道をみると，第1に，旧水道があったが，人口増加がつづくと対応は不可能であった。「豪雨のときは濁水を飲み，修繕のときは断水の憂き目にあう」といった状態で，水質も「希薄の尿液」といわれていた。

旧水道の年間財政規模は，明治7年までは1.5万円，22年まで2.4万円，31年までは5万円程度であったが，給水機能はもはや機能不全であった。近代水道建設が急がれた。[17]

第2に，近代水道建設への提言は，ファン・ドールン（C.J.van Doorn）が明治7年に東京水道改良意見書を提出している。建設費は約150万円ドル（147.8万円）と積算された。しかし，水道は防疫・防火の面から効果は抜群であったが，東京は容易に実施できなかった。市区改正事業の一環として，やっと明治26年に着工するが，横浜はすでに竣功していた。工事は不正鉄管納入問題などで，さらに遅れ31年12月に通水をみた。

第3に，工事費は918.9万円であったが，国庫補助金は明治24年から42年にかけて18年間の後年度傾斜方式で294.2万円（形式的補助率32.0%）が交付されている。水道債831.3万円が発行されているが，水道料金は32年度から43年度まで856.1万円であった。実際は工事先行で利子負担が発生し，市税補填金で資金不足をカバーしているが，使用料の伸びに支えられ大幅赤字は免れている。

第6の事例として，神戸市水道をみると，賛成・反対派の論争・外資導入の失敗・日清戦争による補助延期台頭などさまざまの要素によって，水道建設は大幅に遅れた。しかし，真の要因は区会・市会の優柔不断による建設決定が遅れ，区議会で民営容認後の買収といった姑息な策を弄したからである。[18]

また鳴滝神戸区長は，神戸市長となるが，区長時代から一貫して水道推進派であったが，調整型の官僚肌で，水道決定後もリーダーシップを発揮できず，建設への決断力が不足していた。そのため日清戦争・金融逼迫・住民反対などの悪条件に見舞われ，水道竣功は遅れた。

その要因をみると，第1に，明治6・7年ごろ兵庫県の為替方関戸由義が，水道事業を提唱するが，行政・市民の関心はなかった。実際は業務用の必要性は高まっていた。明治19年10月，三井銀行の能勢規十郎から会社所有地への水道

敷設の申請があった。

　このような水道建設の機運をみて，兵庫県は明治20年5月，パーマー（H.
S.Palmer）に水道設計の委嘱をし，工事費40万円の設計書が提出される。設計
費3,000円であったが，神戸区財政規模は2万円前後で，1,000円に軽減しても
らう。しかし，設計書にもとづく，水道建設への動きは，神戸区にはなかった。
予算2万円では，20倍の建設費捻出に目途がつかなかった。

　第2に，神戸区の緩慢な対応にしびれを切らした，山陽鉄道・郵船神戸支店
は，明治22年のはじめに私営水道設立を県に打診する。市制実施前であり，鳴
滝神戸区長は区会を開催し，22年2月に検討するが，公営方式でなく，民営方
式で後日買収し，公営化という方針となった。同年3月には正式に先の両社か
ら民営水道申請書が提出される。

　兵庫県としても，神戸区が水道建設の意向がない以上，民営認可やむなしの
方針であった。しかし，推進派の鳴滝区長は県に対して，事業認可の延長を要
望し，県も内務省の認可事項でもあり，正式認可を引きのばした。

　第3に，市制実施で舞台は，神戸市会に移るが，県の要請にもかかわらず，市
会は調査・審議の継続で，明治22年12月にも県に調査中と報告している。明治
25年7月，バルトン（W.K.Burton）が内務省から派遣され，神戸水道についての
検討事項を説明している。

　神戸市は，水道条例制定・民間水道阻止・伝染病の脅威といった外圧もあり，
明治26年7月の市会議決を得て，事業費97万円の申請書を提出する。しかし，
事業認可はすぐにはおりなかった。政府にあっても帝国議会解散があり，為替
相場の下落で申請書変更が発生した。

　また日清戦争があり，金融が逼迫し水道債発行も無理な状況となり，結局，
29年4月に内務省から事業認可と補助金決定の通知があった。明治30年になり
金融も緩和されたので，水道債を発行し，30年5月に着工したが，事業は329
万円にふくらんでいた。

　第4に，水道建設も難航した。まず建設反対の勢力は強く，用地買収・水利
権交渉・建設資金調達などの関門をクリアしなければならなかった。反対勢力
とは激論が展開され，その内容は白眉ともえいえる真摯な論争であった。[19]

398　第3章　都市開発の展開と公営企業の戦略

問題は資金調達で，市内金融機関からの調達は悪条件のため，横浜在住のア
メリカ人・Ｊ．Ｒ．モールスと100万円の外資導入契約（187頁注6参照）をなし
たが，返済金が英貨か日本円かで紛糾し，最終的に25万円しか確保できなかっ
た。[20] そのため再度，市内金融機関に融資を求めたので，足元をみすかされ
悪条件（179頁注20参照）の資金調達となった。

　水道竣功は，33年4月で給水しているが，完成は38年5月で，区政からでは
18年の歳月を要している。決算事業費358.3万円で，国庫補助金24万円（利子
補給を含めて98万円），水道債307.2万円，市補助金14万円，雑収入13.1万円で
あった。

　第7の事例として，岡山水道をみると，先発都市の水道建設に刺激され，政
府の財政支援もあり，以後，続々と整備されていった。[21] 第1に，岡山水道は
市制実施となり，バルトン（W. K. Burton）が明治24年に調査に来ており，バル
トンの設計では伊部陶器使用の低圧法では工費12万円，鉄管使用の高圧方式で
27万円であったが，24年度岡山市予算2.7万円でいずれにしても巨額であった。

　第2に，財源問題はまず国庫補助金で，三府五港以外は，補助なしであった
が，明治32年，岡山県全県あげて，内務省の補助原案策定までこぎつけたが，
新内閣の新事業削減で挫折する。しかし，同年阪神地方でペストが大流行し，
岡山市補助も敗者復活となった。

　つぎに県費補助である。国庫補助金が決定されたが，削減されたので県補助
が事業の決め手を握っていた。県行政内部では補助金が決定している以上，事
業実施が急がれた。しかし，県会では岡山市のために，なぜ県費導入かという
拒否反応がったが，補助金決定の手前，県補助に踏み切る。

　第3に，水道債は日清戦争後に不景気で，地元銀行閉鎖もあり調達は不可能
であった。外資導入も試みたが失敗し，明治34年4月，事業実施延期を内務省
に提出する。しかし，第六高等学校設置に，水道敷設が条件とされていたので
却下される。進退窮まった岡山市を救済したが，勧業銀行融資であった。ここ
に財源問題は解決し，38年3月に竣功する。

　第8の事例として，広島水道をみると，意外にも陸軍主導で広島水道は整備
された。[22] 周知のように日清戦争で，参謀本部がおかれたが，明治28年には

第2節　公営企業の独占利益と公営一元化政策　399

必死の予防活動にもかかわらず1,628人の伝染病患者が発生している。「師団としては軍事そのものより，伝染病の予防に神経をすり減らしたのでは」[23]なかろうか。広島水道は，最終的には市3分の1，師団3分の2の負担区分で，広島市は29年5月に着工し，31年に竣功している。[24]

注

（1）水道公営主義の導入については，前掲「日本水道史」5〜20頁，前掲「内務省史Ⅲ」150〜157頁，高寄・前掲「公営水道史」5〜20頁，高寄・前掲「明治地方財政Ⅵ」385〜395頁，高寄・前掲「昭和地方財政史Ⅴ」494〜511頁参照。

（2）明治18年，大阪は伝染病の猛威にさらされ，死者6,537人となるが，人的被害だけでなく，経済活動の損害も大きく，大阪商法会議所の調査では府商工業の損害は，「直接の損害額は約578,000円，間接の損害額は約1,608,000円，その合計2,186,000円に上った」（大阪市『大阪市水道60年史』23頁，以下，前掲「大阪市水道60年史」）と推計されている。

（3）水道条例の制定経由は，内務省内でも民営方式の方が，資金力からみて普及が早いという意見があったが，明治7年5月のファン・ドールンの「東京水道改良意見書」では，民営では清浄な水の供給など，"公共性"の需要に必ずしも充足する保証はなく，公営方式が優れているとの意見であった。また内務省衛生局長長与専斉の意見も公営派で，公営化の方針が決定した。水道条例制定の経由は，前掲「日本水道史」241〜248頁，高寄・前掲「公営水道史」91〜99頁参照，三川秀夫「水道条例に於ける市町村公営主義の原則」『都市問題』第23巻第7号参照。

（4）「水道敷設ノ目的ヲ決定スルノ件」の概要については，前掲「日本水道史」244頁参照。

（5）もっとも水道補助は，補助金交付期間は，東京市18年，大阪市15年といった長期支給で，大阪水道は着工・竣功期間わずか3ヵ月で，実質的には利子補給であった。前掲「日本水道史」187〜188頁，高寄・前掲「公営水道史」100〜118頁参照。

（6）水道敷設の効果を，コレラ死亡者数と水道給水人口の関係からみると，明治10〜19年死亡数27.3万人（給水人口ゼロ），20〜29年死亡数8.7万人（20年給水人口7.0万人），30〜39年死亡数1.1万人（30年給水人口89.7万人），40〜44年死亡数0.5万人（40年給水人口175.9万人1）である。前掲「日本水道史」189・190頁参照。

（7）明治7年ドールン（C.J.V Doorn）による東京水道建設費は約150万ドル（約165万円）で，当時の東京府財政は11年度で79.1万円，府税21.0万円で水道建設が不可能ではなかった。別途，共有金支出をみると，瓦斯事業に明治18年度までの65万円が支出されているが，投資効果，また緊急性からみると，水道建設に充当すべきで，「都市の選択」として，七分積金の事業選別を誤ったといえる。

（8）当初，的私設水道条例の動きは，意外にも内務省衛生局が固執し，水道条例をめぐって法制局と対立した。内務省衛生局は，市町村優先主義では財政力からみて，創

設が危惧されたからであるが，最終的には水道条例制定がまず優先という考えから内務省が譲歩し，市町村独占（優先）主義が確定した。私設水道条例をめぐる論争については，前掲「日本水道史」241〜248頁，高寄・前掲「公営水道史」91〜99頁参照。横浜・新潟・神戸・東京などの私営水道については，前掲「日本水道史」147〜157頁，高寄・前掲「公営水道史」77〜91頁参照。

（9）民営水道創設は新潟県でみると，明治21年3月，新潟県は6出願者のうちから厳重な審査の後，事業者を決定した。しかし，事業施行の道路損壊をめぐって，新潟市と事業が対立し，明治23年にかけて，道路回復義務・市の買収条件・市の工事経営監督などをめぐって，新潟県と紛争が発生する。市が事業認可の取消を求めたが，県は同意しない。しかし，23年には水道条例が制定されたが，県は出願者に事業認可を与えた以上，既得権を簡単に剥奪はできないとのかたくなな対応であった。しかし，市は営業期間短縮・水質検査実施など，事業者への条件闘争を強化していった。結局，事業者は経営条件の悪化から事業化を断念し，権利を放棄し，民営水道の危機は回避された。この経過について，『新潟市水道80年史』は，市制となったが，「『自治体』とは名のみ，中央政府や県の命令や委任を実施することがほとんどすべてという状況だった」（同前39頁）と，府県経由の許認可行政の弊害を指摘しているが，戦前，この弊害は治癒されることはなかった。新潟市『新潟市水道80年史』17〜49頁，「日本水道史」148〜151頁，高寄・前掲「公営水道史」77〜83頁参照。

（10）函館区は明治19年，15万円の区債発行を予定していたが，市制施行以前で法制局の見解を質したが否定的であった。しかし，21年には市制も市債発行を予定していたので，地域公募債11万円を発行した。22年には長崎市が，一般公募債方式で19万円を調達し，水道建設を軌道に乗せていった。水道債は未知の分野への挑戦であった。当時，多くの地方団体では借入金が普通で，函館・長崎が資金隘路を打開していった。

（11）横浜旧水道の建設・赤字処理・引継ぎについての神奈川県の対応については，前掲「横浜水道100年の歩み」14〜45頁参照。

（12）横浜市の水道創設については，前掲「日本水道史」140，157〜172頁，前掲「横浜水道100年の歩み」63〜95頁，高寄・前掲「公営水道史」36〜44，119〜130頁参照。

（13）函館水道については，前掲「日本水道史」172・173頁，高寄・前掲「公営水道史」131〜136頁参照。

（14）長崎水道創設については，前掲「日本水道史」143・144頁，173・174頁参照。高寄・前掲「公営水道史」136〜145頁参照。

（15）明治22年12月，「知事非職」の電報が舞い込むが，「この非職の原因は明らかにされていないが，おそらく水道事業費の公債募集の件で大蔵省の許可を受けていなかった事から内務省との間に紛糾が起こり，この板ばさみとなったのが免官となった理由」（前掲「長崎水道百年史」126頁）といわれている。

（16）大阪市の水道建設については，前掲「日本水道史」141・142頁，174・175頁参照。前掲「大阪市水道60年史」66〜105頁，高寄・前掲「公営水道史」145〜152

頁参照。

（17）東京水道については，前掲「日本水道史」140・141，176〜181頁参照。前掲
「東京近代水道百年史」1〜77頁参照，高寄・前掲「公営水道史」32〜35，152・
165頁参照。

（18）神戸水道の創設については，前掲「日本水道史」142・143，181〜184頁参照。
前掲「神戸市水道70年史」1〜136頁参照，高寄・前掲「公営水道史」83〜91頁，
179〜183頁，高寄・前掲「神戸近代都市」238〜259頁参照。

（19）論争については，前掲「戸市水道誌」10〜268頁，前掲「神戸市水道70年史」47
〜69頁参照。

（20）外資導入については，前掲「神戸市水道70年史」100〜112頁，高寄・前掲「神
戸近代都市」253〜256頁参照。

（21）岡山市の水道については，岡山市水道局『岡山市水道誌』20〜48頁，前掲「日本
水道史」184〜186頁，高寄・前掲「公営水道史」173〜178頁参照。

（22）広島水道創設については，広島史水道局『広島史水道百年史』45〜106頁，前掲
「日本水道史」175〜176頁，高寄・前掲「公営水道史」165〜172頁参照。

（23）高寄・前掲「公営水道史」167頁。

（24）広島水道と師団の関係推移をみると，まず明治23年12月，第5師団長から「水道
布設要望の書簡」が伝達された。県・市の同意が得られない場合は，師団単独での
水道敷設をする決意を秘めた共同設置の呼びかけであった。師団サイドとして，県・
市の伝染病対策については，不安を抱き早期建設を要求したといえる，実際，水道
は日清戦争には間に合わず，甚大なる結果をもたらす。つぎに広島県は明治27年4月
に市会に調査費を計上し，バルトン（W.K.Bruton）に水道設計を委嘱する。28年6
月，工事費95万円の水道建設費を議会に提出するが，なぜか補助金3分の2であった。
当然，師団との共同事業を想定していた。さらに明治28年11月には，「広島軍用水
道に関する勅令」が，突如として公布され，急転直下，建設へ動きだす。軍用水道
63万円，市水道32万円で，軍用水道に市水道が接続する方式であった。広島市は29
年5月に着工し，31年に竣功している。なお軍用水道経費については，日清戦争軍費
流用であり，その違法支出が問題となった。この問題は，明治29年1月の第9回帝国
議会でも問題となり，会計検査院は違法としているが，陸軍の弁明書は，日清戦争
後の台湾遠征があり，戦役の一環としての支出としている。実際，横須賀・佐世保・
呉・京都・札幌・旭川・金沢など軍用水道が建設されている。要するに財源のある
軍部のほうが，水道建設能力があり，また必要性への対応措置として容易に採用さ
れた。

大阪市公営交通創設と市長決断の成果

明治後期，民営交通の私的独占弊害が顕在化したが，都市自治体の反応は鈍
かった。公営劣位の状況下で，大阪市の公営交通創設は，まさに金字塔という

にふさわしい快挙であった。大阪市以外の五大都市が，民営交通創設を容認し，約7,100万円（411頁注20参照）の損失を被ったのと対照的であった。

　大阪市交通公営化の経過をみると，公営企業制度運営は，全国一律で東京・大阪をわけたのは，政治・行政風土の相違，結果として有能な市長を市会が選出し，市会が市長を支援したかどうかであった。[1]

　第1の視点として，大阪市にあってなぜ公営交通の直接創業・公営一元化を成し遂げられたかである。第1の課題として，大阪市の経営環境をみてみると，第1に，「民営交通創業の遅れ」である。明治36年，大阪市では民営馬車鉄道も電気軌道鉄道も営業していなかった。そのため「市長の決断」として，比較的容易に公営交通創業ができた。もっとも東京では，同時期に，民営交通を容認している。大阪の民間資本は，郊外鉄道への資本投資に熱心であり，その分，市内電車への参入が遅れたのが幸いしたといえる。[2] しかし，明治末期になると大阪市内への乗入策を，私鉄は活発化させていった。

　第2に，「築港・博覧会協賛の事業化」である。歴史の偶然ともいえるが，もし博覧会がなければ，築港線建設はなく，そして民営交通先行となり，東京市のように民営買収という事態となったかも知れない。

　しかし現実は，大阪市は幸運にも民営に先行できた。明治36年の築港線敷設は，第5回内国博覧会の開催，大阪築港初期工事完成を機に，港湾と市街地5kmを結ぶ市電（事業費14.8万円）が，36年9月から営業を開始した。

　博覧会協賛事業であったので，小規模で資金・敷設も円滑に処理できた。したがって経営戦略をもった公営交通導入ではなかったが，現実の電車事業の体験は，公営化決断への大きな影響力を及ぼした。[3]

　第3に，「第2・3期路線建設への迅速な対応」である。鶴原市長は，築港線の好成績をみて，本格的な公営企業をめざし，公営化方針を実施に移す。明治36年11月13日，市会に「市街鉄道に対する方針確定の件」を提案し，公営化を市内外に表明する。一方，内務・大蔵両大臣にも公営交通創設の要望を提出し，公営化の布石を打った。

　さらに創業翌年，明治37年3月には第2期線の路線拡充（事業費360万円）を市会に提案し，明治38年には着工し，第3期路線（1,440万円）は39年に着工して

いる。わずか3年間で，第1・2・3期の路線事業を着工するという，驚異的な実施能力を発揮する。このように性急な路線建設を急いだのは，民営交通申請の動きに機先を制し，さらに郊外私鉄の市内乗入を阻止するためであった。[4]

第4に，「大阪市財政の再建策」であった。大阪市の財政状況が，良好であったから公営交通創業ができたのでなく，実際は逆で他の大都市より，水道事業の創業，市営大阪港の建設もあり，財政は極度に逼迫していた。

新市長が前市長の「負の遺産」を引き継がされ，その処理を背負わされること珍しいことではない。築港事業の現状（90頁注9・259頁注6参照）は，工事は難航し，築港債は下落し，埋立地地価も暴落し，悲惨な状況にあった。

鶴原市長の交通創業決断は，築港事業の再編成が必須条件であった。しかし，大阪港築港事務所には，政府高官であった西村捨三が，治外法権的な特権をもって君臨していたが，その牙城にメスを入れ，改革を敢行した。[5]

第5に，「交通創業負担への的確な経営的分析」である。鶴原市長による築港・水道・交通の3事業同時施行は，財政的に無謀ともいえた。しかも公営交通の独占利益を，政策論として理解できても，実際に公営交通を創設するのは，別次元の決断が求められた。積極財政の決断は，公営交通による財源獲得という，逆転の発想であった。

鶴原市長は，第1期事業から，交通事業の収益性に確信を得たが，築港線は小規模な試験路線であり，第2期（事業費360万円）は本格的投資となり，築港線の好成績だけでは決断できない。

鶴原市長は，第2期の経営収支については，初期投資額は水道より小さく，使用料収入は開業時から確実である。さらに建設債償還は据置期間があり，長期償還債であり，償還負担は重くないと恐らく気付いていたのではないか。[6]

第2の課題は，公営一元化の遂行である。第2期・第3期路線事業を鋭意遂行して，公営交通を定着させ，民間交通進出の胎動を根絶した。さらに郊外私鉄の市内乗入を排除し，市内交通の公営独占をめざした。この一元化施策は，植村市長によって，市政方針として継承されていった。

第1に，植村市長は，公営主義をさらに徹底させていくが，公営一元化の道のりは，平坦ではなかった。鶴原市長の後任の山下市長が，明治40・41年に郊

外私鉄の市内乗入を認め，公営一元化の一角が崩れしまった。しかし，この私鉄乗入問題は，植村市長によって，45年に私鉄企業との交渉で解消した。[7]

　第2に，植村市長が直面した第2の危機は，南大火の跡地整備にともなう市電路線ルート変更（409頁注8参照）に対して，大阪瓦斯・大阪府の妨害があり，大阪瓦斯への不買市民運動も展開され，政治・社会問題となった。[8] 民間企業はともかく，府が公共性を軽視して，民間に同調するのはあってはならない行為である。

　大阪瓦斯・大阪府の不当介入による市電路線変更（明治45年2月）妨害に，義憤を感じた植村市長は45年7月，辞職した。「激昂した市民は盛んに市民大会を開いて抗議したので，ようやく内務省は出願どおり許可するに至った」[9] が，底流の自治思想が噴出したといえる。公営一元化の視点からいえば，民営公益企業に対する，公営主義の公共性優位を定着させる強烈な抵抗表示であった。

　第3に，紛争は植村市長の辞職という大きな犠牲を，被る結果となったが，ともかく大阪市の路線変更は承認された。しかし，大阪府・大阪瓦斯は，なんらの処分・弁明もなされていない。大正期のバス事業認可もそうであるが，府県が政党・民間との利権行為に組し，許認可の実質的乱用があっても，政治的汚職とされない限り，何らのお咎めもない，行政風土が定着していた。

　一方，大阪市はあたら有能な市長をわずか1年11月という短命政権で，失う犠牲を払う悲運に見舞われた。しかし，路線変更認可は，都市形成にあって大きな成果をもたらした。[10]

　第2の視点として，大阪市の公営交通政策を可能にした背景・結果をみてみると，第1の課題として，鶴原・植村市長の公営交通創業の経営思想・戦略（160頁注22・24参照）で，確固たる公営主義を維持していった。[11]

　第1に，「明確な公営主義」である。鶴原市長の都市公営独占主義である。明治36年11月13日，「市街鉄道ニ対スル方針確定ノ件」の市議会提案，その後の「大阪市街鉄道ニ関スル上申」の提唱によって，明確な公営主義がみられる。

　まず民営への批判で，「独占事業ヲ個人若クハ営利会社等ノ経営ニ委スルコトアランカ，勢ヒ多クノ利益ヲ獲得センコトニ汲々スルノ結果遂ニ公利公益ヲ顧ミルニ遑ナシ」[12] と公営形態の利点を強調しているが，当時の東京鉄道・東

京市街鉄道などの私的独占の弊害をみると，必ずしも過剰反応とはいえない。また公営交通創設当時は，府県・政府も公営化を支援していった。

第2に，「独占利益の公共還元」主義である。「市民ヲシテ之ニ浴セシメ且ツ大ニ市ニ財源ヲ潤沢ナラシメ，都市ノ発展上亦大ノ利益ヲ与フベキナリ」[13]と，その収益性を強調している。

第3に，「公営一元化施策の踏襲」である。植村市長は，公営独占主義を徹底し，市域公益企業の将来ビジョンとして，公営一元化をかかげていた。それは交通のみでなく電気・ガス供給事業も含むものであったが，電気は創業できたが，地域協定で縛られ，瓦斯は大阪瓦斯と報償契約を締結するがやっとで，苦難の道がつづいた。

第4に，「公営企業収益主義への信奉」である。鶴原市長は，公営交通を財源確保・基盤整備の手段として活用していった。当然，市民のため料金値下げを優先すべきとの反論があったが，市電運賃は国鉄・郊外私鉄より1哩当りで割安で，値下げの必要はないと料金は維持していった。

第5に，「起債主義の経営戦略」である。大阪市以外の五大都市が，財源不足から公営を断念したが，大阪市のみは市債活用によって，都市財政の限界をこえる積極的起債主義を遂行していった。

「民営交通論は，盛んに都市財政力限界を理由に，公営交通のアキレス腱として攻撃をくわえた」[14]が，大阪市は積極的起債主義の実践こそ，市財政の再建策と反論していった。

第6に，「都市自治の実践」であった。公営交通創業は，政府・府との困難な交渉・財源調達の苦心がったが，単に行政技術・経営能力の問題だけでなく，都市自治権にもとづく，強烈な自治思想が事業化にともなう障害を，克服するエネルギー・行動力となった。市会・市民も危機的状況にあった市政を支えた。

また第2期路線拡張は，日露戦争に遭遇し，政府の市債認可（178頁注7参照）は困難をきわめたが，戦争景気は，都市一般的経済に及ばず，市内不景気で沈滞しており，景気振興のためにも，路線工事は必要と，ここでも地域自治主義で，政府説得に成功している。

第7に，「公営企業の利益還元主義」である。公営交通は，企業として持続的

成長戦略で，利益を確保し，将来のための先行投資を継続し，経営環境の変化にも対応する，経営戦略を発揮していった。大阪市公営交通は，独占利益を満喫するが，特定株主還元でなく，一般市民への還元，それは路線延長というサービス拡大でなされた。[15]

　第8に，「経営実施システムの形成」である。なによりも市長の明確な経営意識である。[16] そして市長の意向に沿って「市会・市長の連携」がなされた。市会は制度上，市長に対して隠然たる影響力をもっていたが，東京市会のように利権派が横行し，公営交通創業を妨害するようなことはなかった。その背景には市長の強烈な交通事業拡充への信念があった。[17]

　これらの公営交通の経営戦略は，紆余曲折があったが，経営原則として遵守され，さらに発展させられ，公営一元化をめざしていき，大正12（1923）年には念願の大電買収を6,465万円で果たす。[18]

　全国の都市自治体に精神遺産として継承されていくべきであった。ただ大阪市の経営戦略は，公営一元化・交通収益主義など，強引に実施され，中央政府への働きかけも熱烈であり，政府窓口・監督官庁を自認している府との軋轢を生むことにになった。[19]

　第2の課題として，公営交通直接創業のメリットを試算すると，第1に，「道路整備負担の格差」である。民間交通と公営交通との道路整備の負担率の差で，東京のように市区改正事業の特許命令分担金もなく，大阪市公営交通と民営との差は約35％と大きく，明治36年の創業から44年までの9年間で道路負担差約1,082万円と推計できる。

　第2に，「高額買収の回避」である。大阪市の直接創業メリットは，東京市と同様の買収方式とすると，買収価格割高額1,429万円を回避でき，道路負担格差1,082万円節減との合計2,511万円となる。

　逆に民営交通を容認した他の五大都市が36年に直接創業していれば，そのメリットを人口比例でみると，直接創業利益は約7,100万円となるが，現実は逆で7,100万円の損失で，大阪市も民営買収であれば合計約9,600万円の損失となる。[20]

注

（1）大阪市公営交通の創設経過については，前掲「大阪市電気軌道沿革誌」1〜11頁，大阪市電気局『大阪市電気局40年史』1〜20頁，以下，前掲「大阪市電気局40年史」，前掲「大阪市交通局75年史」43〜56頁，前掲「修大阪市史Ⅵ」401〜411頁，高寄・前掲「公営交通」155〜176，312〜319頁，高寄・前掲「明治地方財政Ⅵ」411〜426頁参照。なお鶴原市長の市営企業政策については，竹中・前掲「公企業成立史」177〜185頁参照。

（2）郊外私鉄がもっとも早期に発達したのは，大阪都市圏といわれている。三大都市圏における郊外私鉄発達比較については，中西・前掲「私有鉄道史」250〜303頁参照。

（3）中心市街地をはずれた築港線を敷設したのは，「当初損益を度外に措き専ら築港埋立地の繁栄助長を目的として創始した」（前掲「明治大正大阪市史Ⅲ」835頁）もので，「多分に速成的試験的な試みであった。そのため当初は事業の採算性について確かな見通しがあったわけでは」（前掲「大阪市史Ⅵ」402頁）なかった。初年度（6か月）は2,500円余赤字であったが，翌37年度は前年度損失を補填し，1万円余の黒字という予想外の好成績で，大阪市として公営交通創業が高まった。

（4）第1期路線の成功が，民営交通の動きを活発化させて，事業申請のみでなく，市会などへの暗躍が激しくなった。これら民営の動きを，封じるための路線拡大が急務となった。さらに郊外私鉄も，虎視眈々と市内乗入を狙っていたので，先行的路線敷設で既成事実をつくった。しかし，政府は日露戦争中で，事業非認可方針であったが，「市当局の熱意に動かされ」（大阪市『明治大正大阪市史第1巻』270頁，以下，前掲「明治大正大阪市史Ⅰ」），遂に38年7月に認可する。その後第3期路線は，39年12月に政府認可を得，着々と路線拡張を実施した。

（5）鶴原市長の公営交通創設は，明治36年度であるが，当時の大阪市財政をみると，都市基盤拡張型の公共投資先導型であった。明治28年水道事業に加えて，明治30年港湾整備の市営化で，都市整備がふくらんでいった。ことに港湾は明治30年度から37年度までに，年間200万円超の投資で合計1,901万円と，この間市税1.160万円の1.64倍で，無謀ともいえる投資であった。ここに交通施設追加されると，破産は必須であった。まず港湾費削減（90頁注9）が実施され，つぎに伏魔殿とまでいわれた，大阪築港事務所の一括予算方式を，鶴原市長は普通経済に組み込み，毎年査定方式にするなど，事業支出システムの合理化を遂行していった。

（6）実際，電気軌道費36年度13万円，37年度6万円，38年度12万円，39年度72万円と初期投資の負担は軽く，時間稼ぎができ，40年度で307万円と本格的支出となる。財源は42年に3,022万円の電気水道英貨債発行で，電気事業には1,917万円が充当された，年利は5分，償還期間30年で当初10年間は元本償還はなく，料金収入は，36年度1.4万円，38年度5.3万円，40年度6.4万円であるが，42年度136.1万円，42年度178.0万円と急増している。公債費は明治36〜40年度はなく，41年度利子33.5万円で，料金収入67.1万円，利益金5.5万円，45年度利子138.5万円，料金収入324.6万円である。この間の設備投資2,672万円で，財源は42年度市債1,917万円を発行している。公債費・施設費・運営費など，利益処分後の純利益は，36年度△0.3万円，38

年度0.8万円，40年度2.1万円であったが，42年度45.2万円，44年度24.2万円と伸び悩んだが，大正2年度161.0万円と急伸している。創業当初は，路線拡張投資もありたしかに苦しいが，やがて純利益は大正5年度166.8万円，10年度629.7万円と高収益となっている。前掲「大阪市電気局40年史」458頁参照。なお大阪市の積極財政と都市経営実践については，高寄・前掲「昭和地方財政史Ⅴ」142〜160頁参照。

(7) 公営一元化の方針は，前山下市長時代（明治40年から43年）に「郊外電車の市内乗り入れ希望と財源確保のため，一石二鳥の策」（前掲「大阪市史Ⅵ」406頁）として，明治38年8月，阪神電鉄，40年11月，浪速電車軌道（のちの南海鉄道），41年9月，京阪電鉄と軌道共用契約（乗入）を締結した。しかし，植村市長は，郊外私鉄市内乗入の協定に対して，「私鉄の営利をほしいままに許すとともに，市自身の首を絞めている」（前掲「大阪市史Ⅵ」407頁）と判断し，市電の均一運賃制への移行，市電網拡充の支障にもなるとして契約破棄を私鉄各社に申入れした。ただ南海電車は，すでに契約金を払い込んで乗入れており，既得権を盾に容易に解約に応じなかったが，明治45年2月，乗入料130万円返済で決着した。乗入実施をしていない京阪には59万円，阪神には21万円を，それぞれ5年以内に支払うことで合意しているが，当然，解消された。前掲「大阪市史Ⅵ」407頁，大阪市交通局『大阪市交通局75年史』52〜56頁参照，以下，前掲「大阪市交通局75年史」。なお京都市の京阪三条乗入問題は，公営一元化に反する行為であり，市会で紛糾したが，最終的には路線権益を47万円で売却している。前掲「京都市政史上」174・175頁参照。

(8) 南大火の復興事業として，従来の市電路線を変更して，同地域と東西に貫通する新線を創設することとし，変更申請をしたが，認可がおりない。大阪瓦斯が石炭運搬上，新線の架橋工事で支障をきたすので，内務省・大阪府に働きかけ，府知事が新線のルートは好ましくないと内務省に私信し，認可を妨害したことがわかり，政治・社会問題に発展していった。前掲「大阪市史Ⅵ」91〜93頁参照。植村市長は，路線延長で湊町駅移転が必要であるが，鉄道院は行政ベースでは移転は了承していたが，内務大臣兼鉄道院総裁の原敬が反対で，逆に路線延長を迫られる事態となった。しかし，修正路線では整備費が60万円も減少し，道路・下水道との同時施行が可能であり，沿線市民も早期完成を要望していった。一私設会社のため公益が犠牲になるのは理不尽の極みであった。前掲「大阪市史Ⅵ」660〜673頁，前掲「大阪市電気局40年史」60〜64頁，前掲「大阪市史Ⅵ」91・93頁参照。植村市長は市長職を賭してこの行政処分に抗議した。この問題については，「公共的事業の名を冒しながらも露骨な企業エゴイズムと在地性を欠いた監督行政当事者の癒着にあった」（宇田正「近代大阪の都市化と市営電気軌道事業の一寄与」大阪歴史学会『近代大阪の歴史的展開』437頁，吉川弘文館1976年，以下，宇田・前掲「都市化と市営電気軌道事業」）ときびしく弾劾されている。

(9) 前掲「大阪市交通局75年史」5頁。

(10) この路線敷設は「ただたんに事後処理的な『南区焼跡整理』にとどまらず，より大きな範囲において将来計画的に進められ，道路・橋梁の新設・拡張，河川の整理埋立，下水道改良，内外交通機関の連絡網形成など，市区改正・都市改良に画期的

な実効を挙げることになり，市当局者の達見と市民の自覚とによって，『南の大火』の禍を大阪市にとっての福に転じることができた」（宇田・前掲「都市化と市営電気軌道事業」347頁）のである。

（11）鶴原市長の市営企業政策については，竹中・前掲「公企業成立史」177〜185頁参照。

（12）前掲「大阪電気軌道沿革誌」6頁。（13）同前6頁。

（14）高寄・前掲「公営交通史」159頁。

（15）大阪市電気事業の利益処分については，「市電は創業以来大正11年度までの20年間の営業収入が9,643万円，支出が4,288万円で，差引き5,355万円の利益をあげ，投資額5億236万円に対し，年1割7厘の高利回りとなる。この利益金は市債の元利償還や一般会計への繰り入れなどに充当」（前掲「大阪市交通局75年史」60頁）といわれている。しかし，利益金処分は，交通事業債の大正11年までの利子分2,632万円，元本527万円，その他経済組替金343万円を支払っており，純利益金は1,852万円となる。この利益金で路線建設費・電車改良費・積立金・繰越金などに充当しており，いわゆる民間企業の収益金ではない。路線延長の用地費をはじめとする，設備投資が主要利益処分であった。高寄・前掲「公営交通史」170・171頁参照。

（16）鶴原定吉市長は就任に際して，「余は大阪丸の船長となれり，市民は是れ乗客，吏員は是れ船員なり，自ら羅針盤を持し正死亦倶にすべきのみと，抱負の熱烈以て市民をして呉越同舟安んじて命を船長に託すべき」（池原・前掲「鶴原定吉」11頁）と決意を表明している。高寄・前掲「公営交通史」175頁参照。

（17）市長サイドは，「公営交通を議会の利権化の魔手から守り，公営交通を民営交通事業の侵食から防衛し，経営を軌道にのせていく，経営戦略なり行財政手腕が不可欠の条件となる」（同前173・174頁）が，この点，「大阪市は市民から収益主義と批判されても，交通事業の建設投資を拡大し，高速鉄道の御堂筋線などを後世の市民に残したのである」（同前173頁）。そのため「官僚専制主義と誹られても，市長が確乎たる政策実行への処方箋を提示して遂行する決意を示し，政策的合理性を訴え多数派工作をして，事業化の同意をとる政治的経営センスが求められる」（同前173頁）が，大阪市では鶴原・植村・関市長と歴代市長が確固たる公営主義路線を遂行していった。

（18）大電買収については，前掲「大阪市史Ⅵ」159〜164頁参照。

（19）府県と大都市の公営企業をめぐる確執は根深いものであった。「市電路線敷設のための大阪市の募債にたいして国の財政に影響を与えるものとして制限を加えたこと，またはいったん了承した路線計画をめぐって反公共的な立場に転じ内務省をして特許を与えぬよう大阪府が策動したことなど，いずれも地方とくに市町村行財政の体制的従属という問題の本質をあらわに示している。しかしながら，より重要な問題は，むしろそうした状況下においてなお，市電という公共的交通施設の積極的推進を通じて大阪の都市的発展に多大の成果を実現し得た大阪市＝地方自治当局者の主体的姿勢と，それを力強く支えた市民一般の自治的意識の成長ということにあろう」（宇田・前掲「都市化と市営電気軌道事業」349・350頁）と高く評価されている。そ

の実践は「いかにも商都らしい経済力と実行力に裏づけられ，その歴史的風土に根ざしたすぐれた現実的・功利的・経験主義的な主体性の論理がつらぬかれている」（同前354頁）として，大阪の風土・実践が称賛されている。
（20）大阪市の明治36年の創業から大正11年まで固定資本投資額は6,583万円で，用地・橋梁費3,048万円で46.30％である。民営東京電車鉄道の道路関係費11.37％で，公営化であれば，敷設道路整備費は6,583×（46.30－11.37）＝2,285万円が市財政軽減，メリットとなる。44年度までの大阪市公営化メリットを年次配分比率でみると，路線事業費メリットは2,285万円×（9÷19年）＝1,082万円となる。さらに大阪市が東京市なみに民営買収方式となると，大阪市の明治44年度交通事業資産2,041万円を1,70倍での買収で，その0.70倍，1,429万円がメリットで，メリット合計2,511万円となる。もし五大都市が大阪市と同時期の公営化をすると，明治44年の大阪以外の5大都市人口は，大阪市の2.83倍で，人口ベースでみた公営化メリット2,511万円×2.83倍，約7,106万円，このメリットは同時に損失で，民営買収の損失は，大阪も民営買収とすると，六大都市合計約9,617万円と推計される。買収額状況は高寄・前掲「公営交通史」288頁参照。

東京市民営交通容認と失敗の本質

東京は，明治10年代の馬車鉄道の登場，20年代の電気鉄道への転換期，いずれも公営交通創設の好機を逃がしている。

その後の動きは，民間資本が東京という巨大集積利益を見逃すはずがなく，民間交通の事業申請が続出し，内務省も制御できず，政治介入を誘発し，明治28年，複数民営交通認可で一応の決着をみている。

歴史に仮定はないが，明治20年代に東京府が，公営交通問題に真剣に対応し，公営交通を創業し，特例市制後，東京市に移管していれば，星亨の利権行為も軽症ですんだはずである。

さらに政策的にみても，馬車鉄道・電気軌道の公営化失敗は，その後の東京市は，民営企業との紛争という後遺症に悩まされることになる。

第1の視点は，東京の公営交通化への誤謬の軌跡をたどり，その要因・欠陥を検証してみる。第1の課題として，民営認可の状況をみると，第1に，東京では政府・府県は，明治13年に東京馬車鉄道を認可するが，規制行政への過信であり，民営企業性善説にもとづく認可であったが，経営指導条項などは欠

落していた。(1)

　馬車鉄道は，明治15年資本金30万円であったが，30年75万円，36年418万円と巨大企業化していき，高配当を実施したにもかかわらず，道路損壊・環境悪化・交通事故など，利潤優先の弊害を拡散し，社会問題化していった。

　第2に，明治20年代の電気軌道時代になると，民営鉄道申請が目白押しとなるが，政府にあっても，公営主義でまとまり，民営抑止の姿勢はみられず，民営申請が乱立し，民営へと傾斜していった。

　当時は，東京は特例市制下で，東京府知事が市長職を兼務で，議会は東京市会で，行政体制は分裂状況にあって，公営・民営派が，それぞれ策謀を凝らし，抗争をつづけていた。

　それでも主導権は，東京府知事が掌握していたが，市区改正事業により関心が注がれており，交通問題への積極的関与はみられなかった。(2) したがって，市会は制度的に権限なき無責任が許される，異常状況にあり，市会混迷を公営反対とみなすことはできないのではないか。

　第2の課題として，民営優先をもたらした，政策的対応の欠陥をみると，第1に，「内務省の公共性欠如」である。水道と異なり，交通には公営化への積極的関与をみせなかった。政党にしても公営交通を認めても，何らの見返りもなく，また内務省にしても，公営化は非効率経営の財政的浪費，利権行為の増殖だけとの先入観が強かった。

　第2に，「公営セクションの欠落」である。不幸なことに内務省の政策決定メカニズムにあって，水道のように衛生局という専門部局は存在しなかった。頼みの土木局は，河川・道路行政が主流で，内部のセクショナリズムからみても，公共性優先の交通政策は孤立無援で，公営化支援のメカニズムは稼動しなかった。

　東京市の態度が曖昧としても，内務省は監督官庁として公営主義で東京市を督励する責任があった。政府・東京府とも市区改正事業に没頭していたが，公営交通が欠落した，道路整備は極論すれば，絵に描いた餅で実効性は乏しかった。

　政府にとって公営化の失敗は，許認可行政に苦労するだけでなく，都市整備

にあって，東京市に大きなハンデを背負わせる結果となった。

第3に，「短絡的民営化への信奉」である。政府の都市政策への発想は，財源操作というミクロの打算で，マクロの政策的効果は眼中にない，短絡的発想であった。政府は鉄道施策についても，先にみたように官営主義から民営優遇，さらに国有主義への変貌で，約2億円の損失（49頁注11参照）を被っている。都市自治体も民営交通容認で約7,000万円以上の損失を被っている。

政府・自治体ともに，都市交通にあっても，確定した公共的政策はなく，公営化の動きが鈍いので，民営化で公費節約となるという近視眼的選択となっていった。民営化にともなう社会的経済的弊害への損害，公営化の独占利益喪失は視野になく，単に事業認可が処理できればよいという対応であった。

第3の課題として，民営電気軌道交通創設の認可行政の欠陥をみてみる。馬車鉄道の民営容認は，行政の過失として許されにしても，明治20年代の電気鉄道の登場は，民営鉄道の独占弊害を，一掃する千載一遇のチャンスを，政府・東京府・東京市の曖昧な対応が，公営化を自ら葬る失策を犯した。

結果として財政的損失だけでなく，明治後期の東京市混乱の元凶となり，見過せない誤謬の選択である。[3]

その要因をみると，第1に，「政府公益企業施策の不手際」である。内務省の公益企業施策は，公営・民営化を経済・政治・行政状況に応じて対応していったが，結局，明確な方針はなく，外部の政治介入とか，内部財政状況の変化とかで，方針・態度は激変した。

政府は政策的に市内交通については公営主義を貫徹すべきであったが，東京市への不信感が拭えなかったため，民営化への未練を捨て切れなかった。そのため東京市会の内紛に疑心暗鬼を深め，積極的に公営化路線を確定する行政努力を惜しんだ。[4] 結果的に市区改正事業そのものまで，実効性のない単なる基盤整備事業となってしまった。

しかも政府は民間事業の競合申請に手を焼き，事態を好転できず，ますます混乱させた。最終的に民営認可となるが，認可行政の特許条件，民営創業後の経営指導など，きわめて杜撰で，民営の横暴を制止できなかった。

第2に，「政党の行政介入」である。明治22年には立川勇次郎が，事業申請を

しているが，事後も民営交通の申請はつづいた。先にみたように明治29年，後藤新平は公営主義で決着をめざしたが，結局，民営化を抑えることができなかったが，民営派も32年には50件をこえ政治問題化していき，政府の認可機能までも麻痺してしまった。

　結局，民営交通事業者の激しい事業申請に対して，最終的には閣議決定，実質的に政党決定となった。(5) しかし，市内に3社（図1参照）は合併し，東京市街鉄道となり，36年に営業を開始し，東京の市街地電車時代を迎えるが，その後も民営交通へ政党介入の触手は及び，経営効率化を妨害し，利権追求だけが旺盛な経営に対して，市民の不満は蓄積されていった。

　第3に，「民営派の公営化への妨害」である。東京市会の態度が，曖昧といわれるが，東京市会には熱烈な公営交通派もおり，東京市は明治24〜32年に水道債900万円を調達し，水道事業を経営し，それなりに事業能力はあった。

　しかも松田市長も当初は公営派であったが，東京市会の利権派は，民営事業者と結託し，利権拡充を目論み私腹を肥やすため，公営化の足を引っ張ることに策謀をめぐらした。

　なお東京市街鉄道認可の免許に先立って，会社への特許申請書には，公納金・営業期間・買収条件などの条件が付記されていた。明治32年10月，内務省から東京市参事会に諮問されたが，民営8対公営7の1票差で可決された。折角の公営化への芽を，東京市は自ら摘んでしまった。(6)

　第4に，「民営容認の混乱・損失」である。参事会の民営容認に対して，市営派議員は憤慨し，「市街鉄道期成同盟会」を結成し，そしてその後も公営化運動をつづける。内務省・東京市のガバナンスの未成熟からくる結果であるが，内務省はなんら損失が発生したわけでなく，東京市の損失，ひいては市民の損失となった。

　しかも民営容認は，一時的解決にもならず，かえって問題を肥大化させたに過ぎなかった。このような政策選択における失敗の“見えざる損失”は，約3,300万円（430頁注25参照）と推計され，損失推計における中間時点の35年度市税201万円の17.4年分に相当する。(7)

　第4の課題として，民営交通運営の弊害である。民営鉄道の合併経過（図1参

照)をみると，35年には市内電気鉄道3社は合併し東京市街鉄道となり，39年にはさらに市内の3社は大合併し，東京鉄道1社に統合され，巨大独占企業誕生をみるが，その後の経営は独占に胡坐をかき，公益資本主義という理念はなく，独占弊害を肥大化させていった。[8]

　民営弊害(370頁参照)については，すでにみたが，東京市の事例でみると，第1に，「公納金の減額」である。民営交通認可の条件は，遵守されなかったが，それ以前の問題として，公納金論争が，参事会で展開された。民営・利権派が，総収入方式から収益金方式へと変心し，公納金は予想の138万円が16.5万円と，大幅に減収となってしまった。[9]

　第2に，「路線延長への怠慢」である。市民への実質的利益還元である路線延長は，明治36年電車鉄道・市街鉄道2社で24.75km，37年34.50kmと40％の伸びで，38年には電気鉄道が参加し，路線延長54.43kmで39年71.72kmと32％伸びである。

図1　東京市街地電車統合経過図

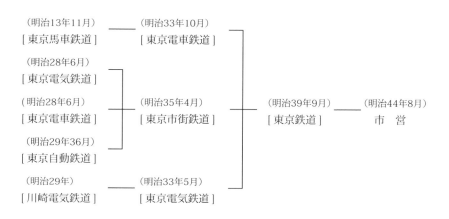

資料　東京市電気局編『電気局30年史』38頁。

第2節　公営企業の独占利益と公営一元化政策　415

しかし，明治39年東京鉄道となり，独占体制が形成されると，路線延長は72.8kmが44年94.2kmと，5年でわずか21.4km，30.8%伸びで，1年4.3kmに過ぎない。公営後の路線延長は5年間で68.6km（44年比72.5%増）10年間では98.7km（44年比104.8%増）と，公営後は未成線の完成を急いだ実績が数値にあらわれている。[10]

第3に，「安易な料金値上げ」である。東京市街鉄道の料金は当初，3銭均一制であったが，3社体制はつづき市民は不便であったので，共通切符制を導入したが，同時に4銭に値上げを表明した。39年9月5日，市民暴動が発生した。[11]

しかし，明治39年に3社合併によって東京鉄道創業とともに4銭に値上をしたが，東京鉄道は41年12月にも，5銭値上げを申請するが，資本金利益率8%前後の配当余力があり，値上げの必要はなかった。

それにもかかわらず会社は5銭値上げを成功させるため，減損積立金を積み増し，配当を4分にして，経営危機の様相を粉飾するが，値上げが却下されると，配当を6分6厘に引上げ，世間の反発を招いた。要するに独占企業として経営合理化努力を惜しみ，経営収支を値上げで均衡化させようとする，ルーズな経営姿勢であった。

第4に，「独占利益の私的還元」である。路線延長・道路費負担といった公共還元には関心はなく，高配当の実施・内部留保の粉飾・公納金の回避・株価操作など，究極の目的が高値買収実現であった。戦前，民営公益企業の公益性理念は希薄で，私的利潤追求に没頭していた。

注

（1）事業認可の基準である，「馬車轍路規則」（明治7年2月）をみると，全17条であるが，軌道構造と運転取締の規定であり，第12条の道路使用料，第17条の収入支出報告の規定ぐらいが，経営条項で，路線建設・料金・配当・負担金などの条項はなく，行政指導も難しい施設基準中心であった。前掲「東京馬車鉄道」51～55頁参照。

（2）なお東京市の民営容認・買収の経過については，以下，前掲「東京市電気局30年史」32～78頁，前掲「東京都交通局60年史」92～106頁，中西・前掲「私有鉄道史」226～250，335～339頁，桜井・前掲「大正政治史」231～273頁，大島・前

416　第3章　都市開発の展開と公営企業の戦略

掲「官僚国家と地方自治」178〜190頁，前掲「東京百年史Ⅳ」11〜18頁，高寄・前掲「公営交通史」120〜132頁，高寄・前掲「明治地方財政Ⅵ」395〜411頁参照。

(3) 公営化について，「政府・東京市とも東京市内交通について確固たる方針がなかった。市営論も検討されたが，内務省は東京市の実施能力を，東京市会の利権派を考慮すれば，信頼することができず，事業認可を躊躇した」（高寄・前掲「公営交通史」123頁）のであるが，板垣内務大臣は公営派であり，東京市会も公営派が半数ちかくおり，公営・民営は勢力伯仲しており，政府が公営化を決断すれば，公営派勢力は盛り返し，公営交通を実現させたであろう。

(4) 内務省が東京市を信頼できなかった理由として，「東京市（東京市会）は，明治31年以降表向きは『市営論』の立場をとりながら，その体勢は敷設権獲得＝民間企業委託論に傾斜しており，市として直接経営する熱意はなく，内務省としても東京市（市会）を信頼して市営特許をおいそれと与えられない事情があった」（東京都公文書館『都史資料集成第3巻・東京市街鉄道』解説9頁，以下，前掲「東京市街鉄道問題」）といわれている。高寄・前掲「公営交通史」123頁参照。しかし，詭弁である。認可条件として，敷設権の譲渡禁止・公営交通着工の期限など条件を設定すれば問題はなく，認可は公営推進派にとって，大きな実施への転機になったはずである。最悪の場合，東京府営で実施し，東京市に移管すればよい。結局，電車営業は市街地鉄道36年9月，京都におくれること8年半で，電気鉄道（旧馬車鉄道）は36年8月，電気鉄道（旧川崎鉄道）38年4月であった。29年に公営認可であれば大幅に遅れることはなかった。

(5) 図1の東京電車・電気・自動鉄道の3社は，28・29年に会社を創設するが，事業認可をめぐって猛烈な申請合戦となると，「内務官僚の単独の行政裁量では決定できなかった」（高寄・前掲「公営交通史」124頁）のである。実際，星亨一派は，進歩党系の馬車鉄道・東京電気だけが，事業認可の内命がおり，自派の自動鉄道は，自由党系ということで，特許がえられなかった。そこで明治30年11月に市営鉄道を申請し，認可を撹乱し，2社の免許を阻止し，3社の合併による東京市街地鉄道会社（資本金1,500万円）となり，免許を獲得する。市営案は単なる目くらましとして利用しただけであった。このような策謀が渦巻く状況では，「一政党領袖が内務省・出願者グループ・東京市会の三者の間にたち，調整を図ることで問題の糸口を見いださざるを得なかった」（前掲「東京市街鉄道問題」11・12頁）のであるが，紛糾以前に公営主義を導入しなかった，政府のミスが原因である。この点，鶴原市長が路線延長で，民営の芽を摘みとった，先制的対応は見事といえる。高寄・前掲「公営交通史」124頁参照。

(6) 民営賛成者には，渋沢栄一・田口卯吉・鳩山一郎・星亨らであった。渋沢栄一らは民営信奉主義であったが，星亨らは利権追求主義で，呉越同舟であった。渋沢栄一は，東京市街地鉄道の弊害を知り，淘汰の自信もないのに民営化に組した責任は重い。公営東京瓦斯の売却をみても，事業の目先の収支だけで決定しているが，基本的に“公共性”の視点・理念は欠落していた。また民営容認の財源補填としての公納金も，田口卯吉らの民営派は，総収入方式でなく，収益金方式を採用したが，その後星亨らの策謀に気付き，修正を求める醜態を演じているが，是正はできず，結果として公納金の激減となっている。高寄・前掲「公営交通史」145〜148頁参照。そ

れは内務省も同様で，この3社申請に際して「当時内務省は，民間への許可をやめ公営事業としたい意向であったといわれるが，市会には全くその意思がなかった」（前掲「東京都交通局60年史」94頁）と推測している。しかし，市会には公営派をおり，民営3社の紛争を公営化で解決する方策を断行すべきであった。

(7) その後，「かくて東京の市内交通近代化は，民間資本の手で推進されることとなった。このため東京市は後，莫大な犠牲を払って，自ら蒔いた種を刈り取ることになる」（前掲「東京都交通局60年史」97頁）となる。払込資本金4,299万円の東京鉄道を6,458万円で買収する。株主は7％前後の配当金を受けながら，9年間で元本が1.46倍になったのである。しかし，このような政策選択の失敗の原因は，星亨は当然であるが，渋沢栄一・田口卯吉といった企業派の責任はより重大である。都市としてこの「失敗の本質」を不問にした責任，どこにも責任追求ができない行政システムは，都市経営の癌であった。

(8) 民営認可は，政治がらみの事業認可で，「民営方式の利権体質，利潤追求性向を，特許条件で淘汰していくというものでなかった。結局，交通事業の混乱・停滞を招き，独占利益を補償する形での，公営交通の創設という後味の悪い結末を迎える」（高寄・前掲「公営交通史」130頁）のであるが，東京市にとって，民営容認のツケは余りにも大きかった。

(9) 当初の総収入方式が，なぜか田口卯吉が利益金方式への修正を提案し，利益6分以上で積立金・準備金を控除した純益折半方式とし，星亨は7分以上の利益金から積立金・準備金・後期繰越金のみでなく，配当金も差し引きした純利益の3分の1に変更し，市会も承認した。高寄・前掲「公営交通史」145〜147頁。その後，田口卯吉・渋沢栄一らは，再調査を実施して，星亨と対立し，参事会を辞職する。しかし，考えてみれば，「民営論をかかげて，公営交通を阻みながら，民営交通の横暴を，実質的に放任せざるを得なかった。良識派民営論の見通しの悪さは，尾崎市長以上であり，利権派民営論と同様に責任が重い」（高寄・前掲「公営交通史」148頁）といえ，弾劾されるべきである。明治38年の3電気鉄道の公納金は，閣議決定された資料では年間138万円であったが，実際は16.5万円しかなかった。公納金積算の誤差発生について，高寄・前掲「公営交通史」185・186頁参照。

(10) 高寄・前掲「公営交通史」187〜190頁参照。

(11) 前掲「東京百年史Ⅲ」727頁参照。

民営交通買収の軌跡と政策評価

　第2の視点として，民営交通買収の決定プロセス・買収価額の評価の検証である。第1の課題として，買収プロセスである。買収における政治勢力の構図（図2参照）は，「政党利権派－財界・鉄道会社と，市民派政治家－社会政策学者・市民運動という」[1]諸勢力の連携・対立・構想という軌跡を描いて展開

された。[(2)]

　第1に，「利権派市議の行政操作」で，執行部を上回っていた。「市有化論が高まると，東京市会の利権派は市有化論を悪用して，株価を操作し利得を肥やした。尾崎市長は利権派の『手品の品』を取り上げそこね，逆に利権派に手玉にとられ，翻弄された」[(3)]といえる。

　補助金の散布・許認可の操作という，旧い典型的利権政治から，「経済利権の散布による還流システムの構築という，スタイルを形成して」[(4)]いった。利権政治をどう懐柔するか，市長が清廉潔白だけでは，議会操縦はできず，結果として大きなデメリットを市財政，そして市民生活にもたらす悲劇を生む結果になる。

　第2に，「公営派勢力の敗北」である。政策的経営派は「都市行政の腐敗を淘汰し，政党利権を駆逐することは，都市行財政の政策決定の合理性を確立させるためには，不可欠の前提条件と考えた。官治的支配を都市行政に浸透させていくには，公営交通の設立によって利権政治撲滅の処方箋を描いた」[(5)]が前途多難であった。

図2　民営交通買収の政治勢力の構図

官庁サイド

中央官庁（樺山資紀）　　　　中央官庁（板垣退助）
東京市（松田秀雄）　　　　　東京市（尾崎行雄）
東京市会（利光鶴松）　　　　東京市会（中島行孝）

民営派 ─────────────────── 公営派

交通企業（三社体制）　　　　市民運動（社会党）
東京商工会議所　　　　　　　社会主義（社会政策学会）
経済人（渋沢栄一）　　　　　学識者（片山潜）

民間サイド

高寄昇三『近代日本公営交通成立史』253頁。一部訂正

政府の公営派支持も不確定で，政府における後藤新平などの公営派と大蔵省などの公営派批判との対立，東京市会における中島行孝などの公営派と利光鶴松などの民営派との抗争などで，公営派は政治的劣位で民営派を駆逐できなかった。注目すべき後藤新平の一貫した公営化への働きである。

　第3に，「中央省庁の公営批判」である。政府内部の状況は，内務省は公営を一時めざしたが，水道のように割り切って決断できなかった。しかも大蔵省も自治体不信から，終始，公営交通には良い感触をもっていなかった。

　ことに大蔵省官僚勝田主計は，後藤新平・尾崎市長の民営鉄道市有化論を激しく批判した。利権派排除論・株価操作撲滅論・経営能力改善論・財政強化論・交通経営安定化論は本末転倒として弾劾していった。[6]

　大蔵省の買収価格は，最大でも5,557万円と査定し，割高買収を攻撃していたが，官僚が机上演習的に算定できても，払込資本金の1.5倍以上となったが，国有鉄道化の買収額2.0倍より低い価格で，むしろ政治的に乗り切れるかであった。すなわち民営買収の悪しき前例が，国の既成事実として存在しており，公営派でまとまりを欠く政府が，低価格買収へと誘導できるかであった。

　第4に，「民営派の無能力・無責任」である。渋沢栄一ら経済界の動向は，さらに拙劣であった。「民営交通の優位性を強調し，公営化を阻止したが，成立した民営交通は，利害打算の合併劇の混乱，利潤追求の料金値上げ，路線延長の抑制など，民営交通のデメリットが露呈した。このような醜い経営事態を経済界は収拾・治癒できなかった」[7]が，民営良識派と目される都市ブルジョアジーの民営賛成の無責任・無節操，さらに公納金の収益金方式という，経営センスの拙劣性（417頁注6参照）は，社会非難を甘受しなければならない。[8]

　第5に，「市民運動の政策対応」である。市民運動は一貫して市有化を支援した。「電車焼討騒動にみられる暴発的行為ではなく，東京市の利権的民営化に即応し，その施策を批判し，政策的に分析し，市民を啓発し，行政に警告し，公営化を主導していった事実」[9]は評価されるべきである。

　明治32年に「市街地鉄道市有期成同盟会」を結成して，その後も，公営交通創設への運動を続けた。[10]要するに公営化は，市長・議員・企業家・中央官

僚が，民営派になびき，公営派は政治的に劣勢のもとで，公営断念に追い詰められていった。

第6に，「政府認可行政の拙劣性」である。買収への政治的流れが変化したのは，政府外貨不足による，地方外債発行の容認で，反対勢力の牙城であった大蔵省も，一転して公営化を容認するご都合主義であった。中央省庁が，政府の財政都合で行政の原則を，捻じ曲げるのは醜態の極みといえる。[11]

しかも民営交通の経営は窮地にあり，政府は民営派を追い詰めて，株価を暴落させて，安価な買収を策謀すべきであったが，無策のまま高値買収を認可し，利権派・株主に法外な利得をもたらした。しかし，民営買収による巨額の損失については，政策経営視点から内務省の行政指導責任は免れないのではないか。

第2の課題は，民営交通買収の軌跡を，時系列でみてみる。結果として割高買収となった誤謬の選択の軌跡である。政府・東京市は明治29年以来，7度の市有化の試みで44年6月に買収するが，15年の歳月と6,453万円の巨費を費やした，波乱に満ちた買収劇であった。[12]

第1に，第1回の試みは，明治29年に，市営交通出願競争が激化したので，内務省は公営交通で事態の沈静化を図ろうとし，特例市制下であったが，板垣内務大臣（明治29年4月14日就任）が，東京市の意向を打診したが，明確な感触を得られなかった。

原因は特例市制下であり，新事業への自主性は乏しく，東京市会は水道建設に忙殺され，道路事情から建設時期でないと判断したと推測できるが，先にみたように東京府知事が決断すべきであった。

東京市の態度が煮え切らないので，後任の樺山内務大臣（明治29年9月20日就任）は，政府方針を民営化へと変更する。この時点で東京馬車鉄道を買収していれば，28年資本金48.8万円で，80万円もあれば十分に買収でき，電気軌道への主導権を公営が握り，その後，明治44年までの民営企業の独占利益2,500万円以上を，市財政に公共還元できたのである。

第2回の試みは，明治31年に特例市制廃止となり，松田市長が就任した。東京市会が，明治31年8月に市営交通事業敷設を決議し，資本金600万円で事業化を決定するが，公営化といえ敷設権確保が目的であった。その背景には民間

3社のうち進歩党系の東京電気鉄道・東京電車鉄道のみが認可され，自由党系の東京自動鉄道が不許可となった露骨な党弊がみられた。

そのため利権派議員利光鶴松が関与した東京自動鉄道の利権復活が主たる目的であり，市営電車創設の意思はなく，自動鉄道認可への陽動作戦として利用された。しかし，東京市の公営申請に虚偽性があっても，認可すれば公営派が優位となり，政府・東京府・東京市会の公営派は，それなりの政治勢力は保有しており，公営化が実現する可能性はあった。[13]

しかし，先にみたように東京市参事会は，東京市街鉄道免許にあって諮問をうけたが，明治32年10月，8対7という僅差（418頁注6参照）で，民営化を可決し，民営交通となり，直接創業は完全に消滅してしまった。

第3回の試みは，明治36年尾崎市長が就任し，東京市会は同年，公営交通方式を議決する。この決定は，民営3社が合併問題で紛糾し，民営交通の弱点をさらけだし，円滑な交通経営が期待できない状況となったからである。

しかし，東京市の方針が敷設権を得て事業化するのか，民営企業を買収して事業化するのか曖昧なままで，尾崎市長は買収を試みが，具体的成果は得られず頓挫している。[14]

第4回の試みは，明治39年，東京市会の市有化賛成議員は，市有化を試みる。鉄道3社の料金値上げ審議の最中にあって，早期買収を提案し，市会も満場一致で可決する。しかし，市会市有賛成派・市有反対派・市参事会は，調査会報告書をめぐって対立し，参事会調査会は直接的創業を困難とみなした。

さらに報償契約による営業期間満了前買収でも，高額買収額となり，しかも経営は赤字であるとして，明治39年12月に市有化案を否決してしまう。しかし，市有賛成派は営業期間満了後の買収は，明治85年まで待つことになり，非現実的決定として，再度買収案を提出するが，市会は買収賛成・反対案の双方とも否決してしまう。[15]

第5回の試みは，市会賛成派は明治40年12月，再度，市有化をめざす。政治的には39年9月の東京鉄道設立に対して，区議会などでは公営交通設立の要望は強く，東京市も40年12月再度買収を決定する。

民営交通は，経営的に明治39年の鉄道ブームが去り，40年に日露戦争後の反

動不況が起こり，東京鉄道株も急落する。尾崎市長は好機到来として，この不況をとらえて買収交渉をすすめ，40年12月，6,750万円で買収仮契約締結にこぎつける。その後市会・会社株主総会も可決する。

　明治41年1月，東京市は認可申請を内務大臣に提出するが，西園寺内閣はなかなか決定をせず，政府内部での調整は難航した。7か月後の同年7月に「詮議難相成」と，内務省は理由も示さないまま通牒が交付され，買収交渉は破綻した。[16] 先走りした市当局は責任をとり，市長・参事会員の辞表提出となった。

　明治41年12月，東鉄は料金値上げを申請するが，東京市会はこれを可決してしまう。対応としては東鉄の経営を悪化させ，買収価格を抑制する好機にあった。「東鉄側の裏工作が激しかったといえ，これは自殺行為に等しかった」[17] と非難されている。

　当然，市民は値上げ反対運動を展開し，次第に激化していった。「政府はこうした世論を無視できず，東鉄の値上げ案は葬られた」[18] のである。民営派は勢力を結集し，東鉄の経営危機に付け込み，割安買収の絶好のチャンスを活かすべきであった。

　第6回の試みは，政府主導ですすめられた。政府内部は，推進派の後藤逓信相と慎重派の平田内相が対立していたが，閣議は明治42年10月，政府公債価格に影響がなければ，市有化を是認する方針を固めた。後藤逓信相は東京市を督励し，6,150万円で買収価格は妥結したが，政府はまたしても不許可にした。

　第7回の試みも，政府主導で買収交渉は進められた。後藤逓信大臣・東京市・内務次官が協議し，細部にわたる事項も詰めて，明治44年6月，政府は買収に関する命令事項を提示する。同年7月に買収価格6,416円で仮契約が締結された。政府が締結を急いだのは，買収を地方外債に求め外貨獲得という政府事情があったからで，同年8月に政府認可があり買収は完了する。

　要するに「買収問題は政府主導で展開し，外貨の当面の処理・官治派の利権派駆逐という，公営交通問題より他の要素から公有化がすすめられていった」[19]，実際，明治44年6月26日の買収命令から，買収完了の8月1日まで37日のスピード解決であった。

　この一連の買収劇をみて，東京市の重要課題へ如何に政府が介入し，ご都合

主義で決定され，東京市に損害をもたらした事実を，如実に立証している。

　第3の視点として，買収の政策評価である。公営後の路線延長・料金水準の実績は，公営の成果を立証しているので，検証すべき買収額評価をみてみる。なお公営・市営の比較については，東京鉄道と大阪公営交通の対比でも，公営水準の高さが実証されている。[20]

　しかし，資本金・資産評価額での買収は不可能で，現実は先行した国有鉄道の民営買収方式が参考とされたが，悪しき先例となった。[21]

　第1の課題は，「買収額抑制への行政努力欠如」である。第1に，大蔵省は，「東京鉄道買収ノ価格ニ就イテ」（明治42年10月5日）で，適正買収額を算定しているが，平均益金年額304万円に過ぎず，益金方式では18.27倍の買収価格5,557万円としている。このような会社を6,800万円で買収すれば，初年度158万円赤字，5年後162万円赤字，10年後106万円赤字と警告している。[22] もっとも国鉄民営鉄道買収の益金方式では，20倍で買収6,080万円となる。

　第2に，いずれにせよ適正な価格での買収には，会社の益金圧縮が必要であった。しかし，政府・東京府は，なんらの行政努力も策謀もなさなかった。京都府・市は結託して，中央政府を動かし民営を圧迫し，払込資本金450万円の会社を425万円で買収している。[23] 東京でも東京鉄道の経営悪化は料金値上げ失敗で深刻であり，東京市が政治的策謀を駆使していけば，払込資本金額での買収は可能であった。現実は表33をみても割高買収となっている。

　第2の課題は，「買収価格の粉飾」である。第1に，資産評価3,806.7万円の企業を6,458.3万円で買収となったが，「買収差金は無形財産いわゆる権利金にあたる」[24] と主張されているが，社会常識からみて，納得できない理屈である。

　第2に，東京鉄道の資産評価は，買収価格吊り上げのための粉飾操作が行われていたと推測できる。卑近な事例は道路整備費を抑制し，会社資産を増加させる。高配当金を実施し益金粉飾などである。

　第3の課題として，買収価格を比較してみると，第1に，東京の買収価額は，財産評価額・払込資本金対比でみても数値は高い。神戸の買収が払込資本金対比で高いのは電気事業が交通事業の2倍で，しかも市内独占という経営実態を反映した数値である。また京都が買収額・益金20倍方式で東京より高いのは，

京都が民営を経営的に追い詰め益金を極度に悪化させたからであった。

第2に，東京では割高買収額2,495万円と推計でき，道路負担減収805万円で，結局，約3,300万円の損失（429頁注25参照）を被った。44年度東京市税282万円の11.7年分に相当する巨額である。[25]

ひるがえって東京市の対応は，明治30年代の民営交通容認と同様に，自主性がなく長期にわたる経過をたどっている。「東京市が数度にわたり，買収に挑んだが，その都度挫折・破綻の憂き目をみたが，政府が本腰を入れた結果が，このような即決的解決となったことは，東京市の自治管理能力のなさを，世間に晒すことになった」[26]のである。

政府の市内交通に対する施策も，お粗末であった。まず政策ビジョンがない。東京市内交通をどうするのか，方針が定まらず，いたずらに東京市の提案に注文をつけるだけで，公営化の指導・支援を惜しんだ。

しかも民営交通の値上げを処理できず，市民運動の反対も沈静化させる術もなく，市会の利権派策謀も阻止できなかった。大蔵省は盛んに割高買収を攻撃したが，公営化のメリットという政策効果は視野になかった。

表33　民営交通事業買収価格の一覧　　　（単位：千円）

買収会社 （買収時期）	財産評価額 A 払込資本金 B	営業収入 C 営業支出 D	収益金 E 営業費比率 D	買収価格 F 益金20倍 G	F／A F／B	F／G F／C
東京鉄道 （明 44.8）	38,067 42,990	7,410 3,924	3,487 52.9	64,580 69,740	1.70 1.50	92.6 18.5
神戸電気 （大 6.8）	15,011 13,132	2,993 1,463	1,530 49.3	21,340 30,600	1.42 1.63	69.7 13.9
京都電気鉄道 （大 7.7）	 4,500	381 260	121 68.2	4,250 2,420	 1.06	175.6 35.1
横浜鉄道 （大 10.4）	4,438 4,650		298	6,200 5,960	1.40 1.33	104.0 20.8
名古屋鉄道 （大 11.8）	14,847 11,500	2,592 1,429	1,162 55.1	11,920 23,260	0.80 1.03	51.2 10.3

資料　各都市『買収顛末誌』『民営鉄道史』『電気・交通局史』。
出典　髙寄昇三『近代日本公営交通成立』288頁。

結局，政府の外貨不足というお家の都合から，地方外債を認め，民間企業・利権派の思惑に沿った高値買収認可となっている。関東大震災復興事業でも，最終的には東京市への財政転嫁という決着で処理しているように，政府は常に都市政策的には拙劣な決断しかなし得なかった。

　第4の視点として，明治後期の公営企業を総括すると，目立つのは政府・都市自治体の行政・経営能力の水準・対応であった。第1に，政府の公益企業行政の政策欠如である。内務省は些細な規制行政の介入を繰り返し行っているが，肝心の買収にあって，東京市と共同で民営企業の策謀を逆手にとって，安価な買収への誘導する高次の施策注入はなしていない。

　何のための許認可権か，実効性のある認可権行使には，適正な施策選択を行政指導する責任がある。都市自治体の犠牲を無視し，民営認可で処理すれば，政党介入による紛糾から逃れられるといった，安易な対応は責任放棄にひとしい。マクロ政策の視点から，公営・民営事業のメリット・デメリットを予測して，認可権を行使すべきである。

　第2に，政府交通認可行政における公営主義の欠落である。元来，政府にとって公営企業行政は，主要行政でなく，担当セクションもなく，事業申請がだされれば対応していくという即応システムであった。ただ水道は例外として政策的対応策がなされたが，市内交通については，理念・方針もないままであった。

　しかし，都市自治体にとって，財源・財源なき状況で，都市行政を実践していくには，公営企業はかけがえのない唯一の経営手段であった。政府は，都市自治体の公営主義は市会に介入され，混乱をきたしていたが，公営交通の政策効果を考慮すれば，公営優先の認可行政を貫くべきであった。

　仮に東京市に公営認可を与え，事業化が迷走しても，公営化が実現される可能性は大きい。しかし，民営化によって弊害が発生し，買収となると認可行政のミスは巨額の損害となって東京市へ転嫁される。認可行政のミスがあっても，公営化は民営化のミスより損害は小さい。

　第3に，都市自治体における経営能力の格差である。東京市は公営交通の直接的創業チャンスが幾度もあったが，市会の行政介入・利権行為で逃がし，買収方式となったが，その後の経営が安定せず，公営一元化もすすまなかった。

東京市の政党介入は大阪市より浸透していたが，東京市の市長の官僚化・短期政権という，経営ガバナンスの劣悪化が要因であった。

政府許認可行政がどうあれ，地方自治体の経営能力の差が，きわめて大きいことがわかる。公営企業の実績にあって，東京と大きな格差となったのは，「都市の選択」「市長の決断」の相違であった。政府の対応も，民営派に撹乱され褒められた状況ではないが，大阪市のように確固たる公営化の決意・ビジョンが確認できれば，公営化の認可をくだしたであろう。

第4に，公益企業における公営・民営の競合にあって，都市自治体は敗北を喫したといえる。その要因は，政策認識・経営戦略における"公共性"への信奉性の欠如であった。この落差は，都市ガバナンスにおける，「弱い市長」と「強い市会」という行政風土を培養し，都市経営の実践の阻害要素となった。

この点，大阪・京都にあっては，「弱い市長」という制度的欠陥を，卓抜した市長の経営能力によって克服し，市長・議員の協調関係を涵養していき，都市経営を実施していった。

第5に，公営企業の運営にあって，公営主義はそのメリットを遺憾なく発揮していったとはいえない。その卑近な先例が，市区改正事業における民営交通の特許命令分担金であった。しかし，公営交通にあって，この負担システムを実践したのが，大阪市で交通企業による道路拡幅負担システムの導入であった。

本来の特許命令負担金継承者である東京市は，民営交通を容認したが，負担金方式は導入しなかっただけでなく，公納金も零細収入であった。折角の集積利益の公共還元というメリットの吸収ができなかった。

第6に，大阪市は公営企業のメリットを，交通だけでなく，水道・電気・瓦斯事業も含めた，公営一元化施策を掲げて，昭和期，瓦斯以外はすべて公営化に成功する。

それは大正・昭和初期，ほとんどの市政で，市長の官僚化によって，行政がマンネリ化し停滞する。しかし，大阪市のみは関市長が，市長主導型行政を成熟させ，強力なリーダーシップで，地下鉄建設・大電買収などを実現させたからである。

第7に，都市にとって民営交通買収で，問題が解決したのでなく，東京市の

事例をみても，公営交通の経営もさることながら，電力公営化によって将来の禍根を根絶し，都市公営企業の経営収益化・政治安定化を達成する必要があった。

　さらにバス事業・地下鉄創業など，時代の変化に対応して公営企業施策は発生したが，都市自治体の対応は後手に回った。卑近な事例がバス事業で，民営に先行され莫大な創業独占利益喪失となる。路面電車は，国鉄環状線・私鉄乗入れなどの経営環境悪化で慢性的赤字を深めていった。

　戦時体制になると，電力統合は，自治体のドル箱である電気事業損失となった。明治以降，地方自治体が培ってきた，経営戦略が時代の波にさらされ，崩壊の一途をたどりつつあったが，戦後，地方自治体は公共デベロッパーとして，活路を探ることになる。

注

（1）高寄・前掲「公営交通史」232頁。
（2）民営買収の政治過程については，同前232〜248頁参照。
（3）（4）同前234頁。（5）同前235頁。（6）同前223〜232頁参照。（7）同前238頁。
（8）都市ブルジョアジーと目される，渋沢栄一・田口卯吉なども，参事会にあって利権派に翻弄され，民営交通を容認する致命的失敗をする。要するに参事会で当初，利権派に賛成し，後に利権派の詐術に気付き，反対・辞職するのは，「政治的センスのなさを示すだけでなく，利権派を利した政治的責任は重い」（同前238頁）のである。
（9）同前239頁。
（10）その後，明治35年の東京市街地鉄道会社認可・3社体制の料金値上げ・公営化における利権派への批判など，「市民大会を開催し，民営利権派を攻撃した。注目すべき点は，多くの行財政資料・会社関係記録が，公開され，実質的な情報公開が定着していったことは，都市政治・行政の民主化を成熟させていく，土壌を豊かにしていった」（同前239頁）のである。東京市街鉄道問題で市民階層が示した運動の成果は「政治的行政的に政府・政治家が，これら勢力を無視できない社会環境を形成し，政治的にも認知させ，大阪・名古屋そして全国の都市に波及し，大正デモクラシーの先駆けとなった」（同前243頁）と評価すべき実績である。
（11）政府の態度変更の理由としては，「明治40年はじめ戦後反動がやってき，入超と正貨の流出があいついだため，41年秋桂内閣は財政緊縮，デフレ政策に転じたのであるが，その後安易な外貨依存政策をとったため，また物価騰貴，入超，正貨の流出をまねいたのである。そこで政府は，地方団体に外債募集計画があれば暗にこれを奨励して援助を与え，辛うじて減少する正貨を補充することにつとめたのである」

428　第2章　都市経営の課題と都市政治の構図

（前掲「東京都財政史上」478・479頁）と説明されている。

（12）民営電気買収については，安部・前掲「都市独占論」293〜340頁，中西・前掲「私有鉄道史」335〜339頁，大島・前掲「官僚国家と地方自治」132〜134，180〜190頁，高寄・前掲「公営交通史」184〜248頁参照。

（13）市会での公営派はそれなりの勢力を保持していた。参事会の議決を受け，松田市長は明治32年10月に市会に民営容認案を提出するが，公営派は内務省が市営案の可否を決定していないのに，民営容認を提案するのは不当と激怒した。松田市長は内務次官から市営困難の内諭があり，民営容認をせざるを得ないと弁明している。前掲「東京都交通局60年史」94・95頁参照。東京市会の公営・民営派の抗争は，その後もつづいた。市会は民営3社合併の混乱をみて，36年10月，再度，公営方式を議決している。

（14）この市有化の決議は，尾崎市長にしてみれば，利権派の手品箱の種を取り上げるつもりであったが，「星派は市有そのものには賛成する意向はないが単なる市有決議によって株価吊上げをたくらみ，この両者の思惑によって市有決議を生むことになった」（中西・前掲「私有鉄道史」249頁）のである。しかし，この経由は結局，尾崎市長を利用して，利権派が株価操作で巨額の利益を懐におさめた結果となり，利権派は尾崎市長を見事に操ったといえ，一枚も二枚も役者が上であった。当時「市有化の条件は全くといっていいほどそろっていなかった。……政府においても市有は全く問題にされなかった。意図はどうあれ，客観条件を無視したため，結果として街鉄に利用された尾崎市長の行動は，市民の容赦ない非難をかった」（前掲「東京都交通局60年史」99頁）のである。

（15）高寄・前掲「公営交通史」206・207頁参照。

（16）理由は推測するしかないが，買収価格が高過ぎることと，巨額の買収債発行が，国債市場に与える影響，ことに国債金利の上昇につながることを危惧したからであるからと判断できる。しかし，買収額は明治39年からはじまった国有鉄道による民営買収方式より割安であり，また国債への影響を防止するのであれば，政府融資・分割支払などの対応策をとればすむ問題である。私設鉄道買収価格方式については，高寄・前掲「公営交通史」276〜285頁，買収債発行と国債価格への影響については，同前208・209頁参照。

（17）（18）前掲「東京都交通局60年史」102頁。

（19）高寄・前掲「公営交通史」218頁。

（20）安部・前掲「都市独占論」316〜340頁参照。

（21）日本鉄道会社の事例では，建設費5,505.8万円×益金・建設費比率0.125×20＝1億3,764.5万円となる。益金に20の補正係数を掛けるのは，金利5％とする資本還元方式にもとづいた算定である。営業費比率50.13の普通の会社を，払込資本金の2.42倍，建設費の2.58倍で買収しているが，事前の買収算定方式が提示されているので，当然，建設費を膨張させる，益金をふくらます操作が行われた。実際，日本鉄道では100万円の投資は250万円の買収費となる。買収額操作については，高寄・前掲「公営交通史」105頁参照，本書49頁注11参照。

第2節　政党政治の台頭と市長の経営実績　429

（22）高寄・前掲「公営交通史」226・227頁参照。

（23）東京鉄道の経営は，閉塞状況が深まっていた。明治40年代になり，「内務省の軌道敷設基準が変更されて，従来は幅員15.1ｍ（8間）以上の道路であれば軌道敷設が許可されたが，最小幅員18.1ｍ（10間）となった」（神戸市交通局『神戸市交通局60年史』20頁）ため，路線延長は，道路拡幅費の自己負担がふくらみ事実上不可能となっていた。政府・自治体が特許条件である路線延長要求すれば，会社経営は行き詰まり株価は下落し，買収価格の抑制はできたが，そのような策謀を計ることもなく，割高買収に応じている，

（24）前掲「東京都財政史上」479頁。

（25）民営容認・買収という経過による投資の損失は，東京電気鉄道の明治35〜39年設備投資費整備費2,813万円のうち道路整備費320万円で，道路費比率11.4％，なお市区改正事業の特許命令分担金74.5万円を加算しても，東京電気鉄道の道路費負担比率14.0％に過ぎない。一方公営化された東京市営電気軌道第1期の設備投資費3,058万円のうち道路整備費978万円で，道路費比率32.0％である。買収時44年度までの東京電気鉄道設備費を推計すると，その間の資本金増加は，払込資本金は2,700万円から44年4,284万円と1,59倍に増加しているので，民営路線整備費は2,813万円×1.59倍＝4,473万円となる。民営・公営との道路整備費の差は4,473万円×（32.0％－14.0％）＝805万円となる。さらに買収価格6,458万円は割高で，財産評価額3,807万円との差引で2,651万円割高。益金方式では，平均払込資本金4,299万円と益金20倍方式6,974万円の差額2,675万円割高，払込資本金・買収額差2,159万円割高，平均2,495万円，道路整備費負担減少被害805万円との合計，買収割高額平均2,495万円の合計3,300万円となる。なお民営配当金と公営市債金利の経営コスト差額は算定しない。算定データは，内務省土木局編纂『土木局統計年報第16回』206・219頁，高寄・前掲「公営交通史」128・186・188・288・316頁参照。

（26）高寄・前掲「公営交通史」218頁。

参考文献

・都市政治・都市行政

井上友一『都市行政及法制上下』博文館 1911年
Ｃ・Ａビーアド博士『東京市政論』東京市政調査会　1923年
亀掛川浩『自治50年史（制度篇）』良書普及会 1940年
鶴見祐輔『後藤新平第4巻』勁草書房　1967年
大霞会編『内務省史第1～4巻』地方財務協会 1970年
北岡伸一『後藤新平』中央公論社　1988年
小路田泰直『日本近代都市史研究序説』柏書房　1991年
桜井良樹『大正政治史の出発』山川出版社 1997年
原田敬一『日本近代都市史研究』思文閣出版　1997年
新藤宗幸・松本克編『雑誌「都市問題」にみる都市問題－1925～1945年』岩波書店 2010年
越沢明『後藤新平』筑摩書房　2011

・都市財政

東京市政調査会『市設貯銀行』東京市政調査会 1926年
奥田孝一『地方債概論』有斐閣 1938年
藤田武夫『日本地方財政制度の成立』岩波書店 1961年
吉川秀造『明治財政経済史研究』法律文化社　1969年
持田信樹「日本における近代的都市財政の成立Ⅰ・Ⅱ」『社会科学研究』第36巻第3・6
号;1984.9・1985.3
高寄昇三『現代地方債論』勁草書房1988年
持田信樹『都市財政の研究』東大出版会　1993年
加藤三郎『政府資金と地方債』日本経済評論社 2001年
高寄昇三『明治地方財政史第1～6巻』經草書房 2000～2007年
高寄昇三『大正地方財政史上・下』公人の友社　2008・2009年
高寄昇三『昭和地方財政史第1～5巻』公人の友社　2010～2015年
松元崇『山県有朋の挫折』日本経済新聞社 2011年

・都市経営・都市政策

安部磯雄『社会問題解釈法』東京専門学校出版社 1901年
安部磯雄『応用市政論』日高有倫堂 1908年
安部磯雄『比較市政論』早稲田大学出版部 1909年
片山潜『都市社会主義』社会主義図書部 1911年
安部磯雄『都市独占事業論』隆文館 1911年
田川大吉郎『都市政策汎論』白揚社 1925年
安部磯雄『土地公有論』クララ社 1929年
関一『都市政策の理論と実際』三省堂 1936年
矢崎武夫『日本都市の発展過程』弘文堂 1962年

柴田徳衛『現代都市論』東大出版会 1967年
長幸男・住谷一彦編『近代日本経済思想史Ⅰ』有斐閣 1969年
高寄昇三『市民自治の都市政策』学陽書房 1976年
柴田徳衛『日本の都市政策』有斐閣 1978年
宮本憲一『都市経済論』筑摩書房 1980年
高寄昇三『都市経営の戦略』經草書房 1986年
高寄昇三『都市経営思想の系譜』經草書房 1990年
宮本憲一『都市政策の思想と現実』有斐閣 1999年
高寄昇三『新地方自治の経営』学陽書房 2004年

・都市計画

東京市政調査会編『本邦都市計画事業と其財政』東京市政調査会 1929年
東京都立大学都市研究会『都市構造と都市計画』東京大学出版会 1968
林家辰三郎編『文明開化の研究』岩波書店 1979年
御厨貴『首都計画の政治』山川出版社 1984年
石田頼房『日本近現代都市計画史研究』柏書房 1987年
藤森照信『日本思想史体系・都市建築』岩波書店 1990年
石塚裕道『日本近代都市論』東大出版会 1991年
中邨章『東京市政と都市計画』敬文堂 1993年
本間義人『土木国家の思想』日本経済評論社 1996年
石田頼房『日本近現代都市計画の展開』自治体研究社 2004年

・国土開発・港湾行政

内務省地方局有志『田園都市』博文館 1907年
広井勇『日本築港史』丸善株式会社 1927年
吉川秀造『士族授産の研究』有斐閣 1942年
運輸省港湾局『日本港湾修築史』日本港湾協会 1951年
山口真弘・住田正二『港湾行政論』日本港湾協会 1955年
大江志乃夫『日本の産業革命』岩波書店 1968年
寺谷武明『日本港湾史論序説』時潮社 1972年
石塚裕道『日本資本主義成立史研究』吉川弘文館 1973年
祖田修『前田正名』吉川弘文館 1973年
日本港湾協会『日本港湾史』日本港湾協会 1978年
祖田修『地方産業の思想と運動』ミネルヴァ書房 1980年
梅村又次・中村隆英編『松方財政と殖産興業』東大出版会 1983年
中村政則等『日本近代思想大系・経済構想』岩波書店 1988年
松浦茂樹『明治の国土開発』鹿島出版会 1992年
岩本由輝『東北開発120年』乃水書房 1994年
松浦茂樹『戦前の国土整備計画』日本評論社 2000年
鈴木淳編『工部省とその時代』山川出版社 2002年
稲吉晃『海港の政治史』名古屋大学出版会 2014年

・公営企業

竹中龍雄『日本公企業成立史』大同書院　1939年
電気事業経営研究社編『電気事業報償契約論』電気事業経営研究社 1930年
日本水道史編纂委員会『日本水道史』日本水道協会 1967年
中西健一『日本私有鉄道史研究・増補版』ミネルヴァ書房 1979年
高寄昇三『近代日本公営水道成立史』日本経済評論社 2003年
高寄昇三『近代日本公営交通成立史』日本経済評論社 2005年
岡山市水道局『岡山市水道誌』岡山市水道局 1965年
函館市水道局『函館市水道百年史』函館市 1989年
新潟市『新潟市水道80年史』新潟市水道局 1990年
長崎市水道局編『長崎水道百年史』長崎市 1992年
広島市水道局『広島水道百年史』広島市水道局 1998年

・東京市史

東京市区改正委員会編纂『東京市区改正事業誌』東京市区改正委員会 1919年
赤木須留喜『東京都政の研究』未来社 1977年
藤森照信『明治の東京計画』岩波書店 1982年
尚友倶楽部・桜井良樹編『阪谷芳郎・東京市長日記』芙蓉書房 2000年
桜井良樹『帝都東京の近代政治史』日本経済評論社 2003年
源川真希『東京市政』日本経済評論社 2007年
西尾林太郎『阪谷芳郎』吉川弘文館 2019年
東京都財政史研究会『東京都財政史・上中下巻』東京都 1969年
東京百年史編集委員会『東京百年史第2～5巻』ぎょうせい 1979年
東京都都市計画局『東京の都市計画』東京都 1989年
東京都公文書館『都史紀要3・銀座煉瓦街』東京都 1955年
東京都公文書館『都史紀要7・七分積金』東京都 1960年
東京都公文書館『都史紀要13・明治初年の武家地処分問題』東京都1965年
東京都公文書館『都史紀要25・市区改正と品海築港計画』東京都 1976年
東京都公文書館『都史紀要33・東京馬車鉄道』東京都 1989年
東京都公文書館『都史資料集成第3巻・東京市街鉄道』東京都 2001年
東京都公文書館『都史資料集成第2巻・東京市役所の誕生』東京都 2001年
東京都公文書館『都史資料集成第3巻・東京市街鉄道』東京都 2001年
東京都港湾局『東京港史第1巻・通史各論』東京都港湾局 1994年
東京市電気局『創業20年史』東京市電気局 1931年
東京市電気局『東京電気局30年史』東京市電気局 1940年
東京都交通局『東京都交通局40年史』東京都交通局 1951年
東京都交通局『東京都交通局50年史』東京都交通局 1961年
東京都交通局『東京都交通局60年史』東京都交通局 1972年
東京都水道局『東京都水道史』東京都 1952年
東京都『東京近代水道百年史』東京都水道局 1999年

・大阪市史

池原鹿之助『鶴原定吉伝略伝』池原鹿之助 1917年
大阪歴史学会編『近代大阪の歴史的展開』吉川弘文館 1976年
芝村篤樹『関一・都市思想のパイオニアー』松籟社 1989年
大山勝男『［大大阪］時代を築いた男・評伝関一』公人の友社 2016年
大阪市『明治大正大阪市史第1～4巻』清文堂出版 1933年
大阪市『昭和大阪市史・行政編』大阪市 1952年
大阪市『昭和大阪市史概説』大阪市　1951年
新修大阪市史編纂委員会『新修大阪市史第5～7巻』1991・1994年
大阪市『大阪市政80年の歩み』大阪市 1969年
大阪市『大阪市の90年の歩み』大阪市 1979年
大阪都市整備協会編『大阪市の区画整理』大阪都市整備協会 1995年
大阪市港湾局『大阪港史第1巻』大阪市港湾局 1949年
大阪市『大阪築港100年史・上』大阪市港湾局 1997年
大阪市電気局『大阪市営電気軌道沿革誌』大阪市電気局 1923年
大阪市電気局『電燈市営10年史』大阪市 1935年
大阪市電気局『大阪市電気局40年史』大阪市電気局 1943年
大阪市交通局『大阪市交通局75年史』大阪市交通局 1980年
大阪市『大阪市水道局60年史』大阪市水道局 1961年

・京都市史

明田鉄男『京都を救った豪腕知事』小学館 2004年
伊藤之雄編『近代京都の改造』ミネルヴァ書房 2006年
京都市企画部『京都市政史上・下巻』京都市 昭 1940・1941年
京都市市政史編纂委員会『京都市史第1巻』京都市 2009年
京都市『京都の歴史第8巻』学芸書林 1975年
京都市電気局『京都市営電気事業沿革誌・上下』京都市電気局 1933・1938年

・名古屋市史

名古屋市『大正昭和名古屋市史第1～10巻』名古屋市 1959～1971年
新修名古屋市史編集委員会『新修名古屋市史・第5・6巻』名古屋市 2000年
名古屋市『名古屋市70年史』名古屋市 1959年
名古屋市都市計画局『名古屋都市計画史』名古屋都市センター 1999年
名古屋港管理組合『名古屋港史；建設・港勢編』1990年
名古屋市交通局50年史編集委員会『市営50年』名古屋市交通局 1972年
名古屋市水道局『名古屋市水道50年史』名古屋市水道局 1964年

・横浜市史

大西比呂志『横浜市政史の研究』有隣堂 2004年

横浜市『横浜市史稿政治篇3』横浜市 1932年
横浜市『横浜市史第2～5巻』有隣堂 1959～1976年
横浜市総務局市史編集室『横浜市市史Ⅱ第1巻上下』横浜市 1993・1996年
横浜港史刊行委員会『横浜港史総論・各論・資料編』横浜市港湾局 1989年
横浜市交通局『横浜市営交通80年史』横浜市交通局 2001年
横浜水道局『横浜水道百年の歩み』横浜市水道局 1987年

・神戸市史

村田誠治『神戸開港30年史上・下』開港30年紀念会 1897年
水上浩躬『神戸港ノ現状及改良策』神戸市 1906年
加藤勝三郎編『神戸築港問題沿革誌』神戸市 1908年
伊藤貞五郎『神戸市長物語』神戸市政研究社 1925年
赤松啓介『神戸財界開拓者』太陽出版 1980年
鳥居幸雄『神戸港1500年』海文堂 1982年
神戸新聞社『神戸市長14人の決断』神戸新聞総合出版センター 1994年
小原啓司『神戸のまちづくりと明治の区画整理』丸善出版サービスセンター 2002年
高寄昇三『神戸・近代都市の形成』公人の友社 2017年
神戸市『神戸市史本編総説・各説』神戸市 1921年
神戸市『神戸市史本編各説』神戸市 1924年
新修神戸市史編集委員会『新修神戸市史・歴史編Ⅳ近現代』神戸市 1994年
新修神戸市史編集委員会『新修神戸市史・行政編Ⅰ』神戸市 1995年
神戸市会『神戸市会史明治編・大正編』神戸市会 1968年・1970年
神戸開港百年史編集委員会『神戸開港百年史港勢編・建設編』1970・1972年
神戸市電気局『10年間の神戸市電気事業』神戸市電気局 1927年
神戸市交通局『神戸市交通局40年史』神戸市交通局 1958年
神戸市交通局『神戸市交通局60年史』神戸市交通局 1981年
神戸市交通局『神戸市交通局80年史』神戸市交通局 2003年
神戸市水道局『神戸市水道70年史』神戸市水道局 1973年
神戸市水道局『神戸市水道百年史』神戸市水道局 2001年

索　引

あ行

愛知紡績 50
青山市長 197 215 282
上地命令 69 70 71
安治川土地株式会社 89 354
安積開墾事業 17 21
熱田港 104 105
浅野総一郎 278 326 350 355 356 357
　　　205
浅山市長 209 209
安部磯雄 32 153 154 155 156 205
アポヌマン 188
網屋吉兵衛 25 122
安藤市長 97 267 278
生田川付替事業 123 124
池上市長 252 257
板垣内務大臣　168 385 417
市原市長 108 115 119　236 262 274
　　　275 276 278 339
市原盛宏 275
市原横浜市長 30 218
市来市長 245
市来東京市長 209
伊藤俊輔 123
伊藤博文 16
井上馨 9 16 73 76 110
井上市長
インサイダー的株価操作 201
植村大阪市長 208
植村市長 195 252 254 256 261 204
　　　405 406
宇品港 325
埋立免許料 346
埋立地市税減免 115 357 361
埋立賦課金 126 219 320 339 347 348
　　　349
営団地下鉄 363 388
鴨東線京阪電鉄乗入 265 266 272
大木喬任 69

大久保利通 16 17 20 21 324
大隈重信 16 335 337
大蔵省預金部融資 53 184
大阪瓦斯会社 143 157 254 368
大阪瓦斯増資会社 377
大阪市営地下鉄 388
「大阪市街鉄道ニ関スル上申」156 405
大阪巡航合資会社 137 143 254
大阪築港中止 87 332 336
大縄権 352
大阪電燈会社 143
大西市長
大野市長 262
大森府知事 139 265 266
岡山水道 399
奥田市長 163 194 229 238 239
奥田東京市長 210 222 223
尾崎行雄 190 232 421
尾崎市長 194 212 215 232 238 305
　　　420 422 424 429
尾崎東京市長 205 210
オースマン 303
小野浜鉄桟橋事業 123

か行

会計検査院 134 402
外部依存開発 69 61
「河港道路修築規則」317 321
鹿島神戸市長 208 223
鹿島市長 214 215 254 286 291 293
　　　298 299
片山潜 32 153 154 155 156
学区統一 217 222 241 258 263 268
　　　269 270 277 292
勝田市長 209 212 215 296
加藤市長 282
金井長崎区長 396
樺山内務大臣 385 421
加納宗七 13 25 122 125 133 135
加納湾造成事業 122
上下京連合区会 4 14 94 95
借換債発行 170 176 218

カリスマ市長 192 199 200 210 214
　　225 230
川崎造船所 11 65 130 134
河島醇 23 27
為替差益 8 99 101 171 182 186
為替差損 79 180 186 281
為替差損政府肩代　1 1 3
官業払下 44 65
勧業貸付金 8 18 51 55 65 103 384
勧業基立金 7 21 24 27 51 93
神田兵右衛門 26 122 134 287
関東大震災復興事業 77 78 116 118 426
議会解散権　166 198 234
起業基金 17 53 54
起業公債 17 51
擬似都市経営論 39
北垣国道 92 94 95 96 99 263 264
北垣知事 262 264
京都策 263 264
京都電気鉄道 92 97 102 106 156 266
　　386 486
京都電燈会社 96 97 101 239 266 392
銀行会社人民貸 44 53 55
銀座煉瓦街空家解消対策 14
区画整理事業 78 162
区画整理方式 74
日下長崎県知事 396
楠本正隆 77 310
繰入金論争 371
桑茶政策 69 70 71
郡区地方税分離条例 12
郡区町村編制法 2 3
蹴上発電所 92 96
京浜運河構想 356
京浜工業地帯　117 356 357
原案執行権 166 198 234
憲政会 199 231 232 244 245 296
建築税 303 305 310
公営一元化主義 22 158 388
公益資本主義 25 31 44 64 121 154 379
郊外私鉄市内乗入 252 255 409
公共信託 29 148 368
公共投資先導型 82 468

耕地整理事業 107 127 130 227
公納金 143 368 369 370 414 415 416
　　417 418 428
「神戸港の現状及改良策」216 289
神戸葺合港湾改築株式会社 349
公有水面埋立法 346
公和会 115 274
港湾共同経営 339
港湾施設収益配当金 129 167 218 219
　　225 277 278 339 341
港湾調査会 318 321 360
港湾法人化構想 317 322
港湾法人化方式 318 319
五代友厚 25 44 55 65 84 123
後藤市長 192 197 211 214 228 229
　　230 240
後藤新平 19 22 27 32 36 68 191 192
　　197 199 212 216 218 225 229
　　233 239 240 241 242 243 257
　　313 420
小林丑三郎 32
戸別税 143 263 264 271

さ行

西郷菊次郎 32 96 194 264
西郷市長 96 97 101 186 212 218 264
　　265
西郷京都市長 156 165 214 223
坂井港 324 335 383
栄町通開設 121 126 135 218 305
阪谷市長 163 192 194 214 22 235 236
　　237 238 244 247 248
阪谷芳郎 235 289 344
笹島街道 104
産業基立金 7 8 9 13 27 28 93 95 100
　　218
三市特例市制 164
三電協定 163 222 223 239 248
「三府神奈川県区部郡部会規則」12
三部経済制 11 12 15 108 139 224 239
　　328 373 374
市会浄化運動 195 198 201 202 204

437

205
「市街鉄道ニ対スル方針確定ノ件」156
　　403 405
事業型経営 158 162 221 225 226 228
事業型都市経営 158 227
事業型都市経営論 36 58
市区改正条例 105
市債許可制 173 225 380
施策型経営 158 221 223 227
市税補填主義 370 371
市設貯蓄銀行 9 179 184 185 188 225
市長主導型行政 163 195 196 211 251
　　427
市長主導型経営 194
市長主導型政治 203 274
市長主導型都市経営 32 88 158 159 194
　　203
実勢地価課税 225 226
実践的都市経営論　31 32 158
実費主義 371 372
実務的行政管理論 32
実務的都市経営思想 149
市電路線変更 231 256 313 405 409
渋沢栄一 9 10 14 25 27 44 55 73 74
　　234 235 312 290 390 417 418
　　428 420
下関事件賠償金 115 335
「重要港湾ノ選定及ビ施設ノ方針」318
収益金方式 37 415 417 418 420
受益者負担 63 166 167 320 326 327
　　339 358
受益者負担金 107 226 225 373
勝田主計 420
新川運河開削事業 11 122 317
新堀川運河 106 282
水道公営主義 33 45
水道条例 147 287 302 380 392 394
　　400 401 390
隅田川口改良工事 327
スラム・クリアランス 11 14 30 34 71
　　76 303
生活環境都市論 33
政策科学経営論 32

政策型経営 162 224 238
政策型都市経営 58 126 143 224
清酒税 305 307
西部耕地整理 136
西部耕地整理組合 228
政府直轄事業 1 88 120 123 124 219
　　318 320
政府民間鉄道買収 47
政友会 5 7 192 199 232 242 244 245
　　269 228 319 360
関市長 88 158 159 194 195 212 225
　　252 258 297 372 427
関戸由義 26 126 133 135 218 397
関一 32 36 88 155 225 252 257
関一大阪市長 217

た行

第1期神戸築港事業 126 340
第1期横浜築港事業 335 337 338
第5回内国博覧会 156 255 403
第2琵琶湖疏水事業 96 265
第4回内国博覧会 94 100
大電買収 88 258 261 387 407 427
高島嘉右衛門 13 25 26 1134 114 354
　　389
田口卯吉 23 30 234 312 314 322 417
　　418 428
宅地開発税 12 226 303 305 310
田村太兵衛 252
地域循環経済 24 61
地券方式 74 80
築港義社 86 331
地方外債 57 170 171 173 176 179 180
　　181 182 185 426
地方外債発行 58 164 187 421
地方改良運動 19 37 41 138 144 175
地方振興派 16 17 21
地方税規則 3 4 12 21
超過課税 68 141 173 305 308 371
直轄事業負担金 318 324 340 344 345
超過買収方式 74 78 80 102 127 168
　　218 305

月島埋立事業 11 14
鶴原大阪市長 148 156 163 165 211 223 254 265 290
鶴原市長 87 90 147 156 157 158 216 222 251 253 254 255 260 265 331 403 404 405 406 408
鶴原定吉 194 253
鶴原定吉市長 32 84
寺島陶蔵 125
デレーケ 331
『田園都市』40 41 151
電車焼討事件 107 108 148 152 366 371
電力統合 172 236 246
東京瓦斯事業 382 390
東京銀行設立案 9
東京市街鉄道市有期成同盟 156
「東京市区改正意見書」302 312
東京市区改正条例 301 302 309 312 314
東京借家会社構想 74 80
東京築港 30 77 312 313 326 327
東京電気鉄道買収債 169 170 180 181
東京馬車鉄道 63 162 167 200 228 364 366 367 384 411 421
「道路橋梁河川港湾等通行銭徴収ノ件」317
特別不動産資金 297
特例市制 92 168 224 252 302 379
都市計画法 19 77 87 128 166 219 243 250 301 310
都市公益資本主義 25 31 62 154
都市開発資本主義 29 31
都市実務経営思想 149
都市社会主義思想 153
都市振興派 16 21
利光鶴松 420 422
土地区画整理 97 108 116 303
土地増価税 151 159 166 226 226 310
土地建物処分規則 304
特許命令分担金 45 143 167 226 303 304 312 407

な行
内貴市長 263 264 268

内発的開発 24 60 61 92 93
中川運河 107 108 353
長崎水道 396 395
永田市長 211 229 243 244
名古屋港 105 328 330
名古屋電気鉄道 106 107 108 152
名古屋紡績 110
鳴滝市長 212 215 227 287 288
西久保市長 191 229 244 245
西村捨三 90 252 331 404
西村捨三知事 86
日本鉄道会社 45 49 429
入港料 219 329 332 338 339
入府税 226 314 320
濃尾大地震 103 110
農本主義 19 37 38
農本主義思想 37
野蒜港 54 334 357 383

は行

博多築港株式会社 325
函館水道 385 394 395
艀荷役損失 289 322
「8億円計画」199 216 218 228 236 241 242 250
パーマー 391 395 398
パリ入府税 303
バルトン 106 398 402 402
ハワード 40
ビーアド博士 32 36 158 242 313
七分積金 9 10 11 14 45 380 381 382 391
日比谷官庁街集中計画 76
兵庫運河開削事業 127 136
広島水道 399 400 402
琵琶湖疏水事業 94
歩合金 8 13 95 380 381
ファン・ドールン 83 334 390 397 400
歩一税 68 143 145 226 228 303
葺合港湾改築株式会社 349
福井坂井港 84 324
福岡港 325

複合経営体 367 375
福沢諭吉 30 35 314
武家地処理 67 69 71
不動産特別会計 131
フランス外債 96 182
ブラントン 83 85
米貨震災復興債 180 181
米貨債為替差損 280
報償契約 64 143 148 152 157 205 226
　　254 364 368 369 377 387 406
　　422
法定外普通税 ?143 166 173 222 224
　　225 236 303 305 382
法定外目的税 303 305 312
貿易五厘金 8 95 134 219 224 323
法定地価 169
法定地価課税主義 306
星亨 27 30 77 81 190 195 231 230
　　238 327 230 417 418
ポート・オーソリティー 126 319
ポート・オーソリティー構想 167 169
　　219
ポート・オーソリティー方式 48 319
本末論争 312

ま行

前田正名 18 19
槇村知事 27 94 99 264
槇村正直 24 27 92 93 99 100
マーシャル 121 334
松田市長 195 231 234 414 421
松田秀雄 190 231
松田府知事 30 312 327
松田道之 77
三井銀行 176 179 397
三菱助成 44 48
三菱払下 70 72
水上神戸市長 210 211 227 266 322
水上市長 216 227 286 289 290 291
　　293
湊川付替事業 64 123 127 135 288 349
宮城野蒜港 46 84

民営バス優先認可 165 363 387
無産党 202 206 245
村野山人 4 26
ムルドル 314
門司港 326
門司築港会社 326
森鴎外 33 36 314

や・ら・わ行

安田善次郎 278 326 350
柳田国男 43
山県有朋 20 210 201 204 302 312
山下市長 252 255 405
由利公正 69 73 79
用地全面買収方式 73 75 80
預金部融資 175
横浜市営瓦斯 382 390
横浜市営瓦斯事業 116
横浜市改良期成会 273 274
横浜水道 115 141 392 395
横浜米貨債 113 186
横浜米貨為替差損 117
横浜米貨債為替差損補填 181
芳川顕正 35 31 77 302 309 314 327
芳川府知事 312 327
吉田新田埋立事業 114 354
吉田禄在 4 26 28 104 109 110
淀川改修工事 86 331 336
陸上交通事業調整法 388
若松港 323 325 326 329
若松築港会社 325 329
渡辺昇 85

〔著者略歴〕
1934年　神戸に生まれる。
1959年　京都大学法学部卒業。
1960年　神戸市役所にはいる。
1975年　『地方自治の財政学』にて「藤田賞」受賞。
1979年　『地方自治の経営』にて「経営科学文献賞」受賞。
1985年　神戸市退職。甲南大学教授。
2003年　姫路獨協大学教授。
2007年　退職。

〔著　書〕『10大都市時代』日本経済新聞社,『外郭団体の経営』『地方自治の政策経営』
　　　　以上 学陽書房,『地方自治の保守と革新』『現代都市経営論』『都市経営思想
　　　　の系譜』『宮崎神戸市政の研究Ⅰ～Ⅵ』『現代イギリスの地方財政』『地方分権
　　　　と大都市』『明治地方財政史Ⅰ～Ⅵ』以上 勁草書房,『近代日本公営水道成立
　　　　史』『近代日本公営交通成立史』以上 日本経済評論社,『大正地方財政史上・
　　　　下巻』『昭和地方財政史第1～5巻』『神戸・近代都市の形成』以上 公人の友
　　　　社。

近代日本都市経営史　上巻

2019年8月1日　第1版第1刷発行

著　者　高　寄　昇　三

発行者　武　内　英　晴

発行所　株式会社 公人の友社
〒112−0002 東京都文京区小石川5-26-8
電話 03-3811-5701　FAX 03-3811-5795
メールアドレス　info@koujinnotomo.com
印刷所　田中印刷出版株式会社

Ⓒ TAKAYOSE Syozo　2019　Printed in Japan
＊落丁本・乱丁本はお取替いたします。
＊本書の全部または一部の複写・複製・転訳載および磁気また
　は光記録媒体への入力を禁じます。

——— 高寄昇三 著 ———

「地方創生」で地方消滅は阻止できるか　二四〇〇円

「ふるさと納税」「原発・大学誘致」で地方は再生できるか　二〇〇〇円

大正地方財政史上巻　五〇〇〇円

大正地方財政史下巻　五〇〇〇円

昭和地方財政史第一巻　五〇〇〇円

昭和地方財政史第二巻　五〇〇〇円

昭和地方財政史第三巻　五〇〇〇円

昭和地方財政史第四巻　五〇〇〇円

昭和地方財政史第五巻　五〇〇〇円

神戸・近代都市の形成　五〇〇〇円

＊表示価格は二〇一九年八月現在。消費税は含まれておりません。

——— 公人の友社刊 ———